Legalidad derecho y política:
Marcos jurídicos para un nuevo contrato social

CIENCIAS SOCIALES EN ABIERTO

Editada por

DAVID CALDEVILLA DOMÍNGUEZ
ALMUDENA BARRIENTOS-BÁEZ

Vol. 13

PETER LANG

Berlin - Bruxelles - Chennai - Lausanne - New York - Oxford

María Isabel Huerta Viesca /
Ricardo Teodoro Alejándrez /
María José Márquez Ballesteros (eds.)

Legalidad derecho y política: Marcos jurídicos para un nuevo contrato social

PETER LANG

Berlin - Bruxelles - Chennai - Lausanne - New York - Oxford

Información bibliográfica publicada por la Deutsche Nationalbibliothek
La Deutsche Nationalbibliothek recoge esta publicación en la
Deutsche Nationalbibliografie; los datos bibliográficos detallados
están disponibles en Internet en http://dnb.d-nb.d.

Catalogación en publicación de la Biblioteca del Congreso
Para este libro ha sido solicitado un registro en el catálogo
CIP de la Biblioteca del Congreso.

ISSN 2944-4276
ISBN 978-3-631-91599-8 (Print)
E-ISBN 978-3-631-92951-3 (E-PDF)
E-ISBN 978-3-631-93426-5 (EPUB)
DOI 10.3726/b22633

Publicado por Peter Lang GmbH, Berlín, Alemania
info@peterlang.com - www.peterlang.com

PREFACIO

El presente libro, *Legalidad derecho y política. Marcos jurídicos para un nuevo contrato social*, incluido en la colección *'Ciencias sociales en abierto'* de la editorial PETER LANG reúne textos que sirven de puente entre el ayer y el hoy y lanzan sus redes al mañana.

Todos los capítulos que conforman las presentes páginas suponen una apuesta comprometida con la Academia, la ciencia y sus investigadores por parte de unos autores que quieren exponer sus experiencias profesionales en las aulas y en los laboratorios, transmitiendo y compartiendo sus logros. Los campos del saber en los que se centra la colección *'Ciencias sociales en abierto'* compendian lo que damos en llamar Ciencias Sociales, Docencia y Humanismo pues en ellas encontramos el verdadero centro del universo: el hombre, ya que sin él nada tendría sentido.

La Academia halla su esencia y motivo de ser en esfuerzos como el que aquí se presenta, fruto de años, si no de carreras docentes completas, llenos de labores concienzudas, vocacionales y reiteradas, las más de las veces calladas, pero con gran predicamento social pues la imagen de la Ciencia y los científicos es socialmente siempre muy valorada, aunque sea más citada que comprendida por el gran público.

Los autores de los capítulos conformantes de este volumen son profesores investigadores con años de desempeño en Universidades de muchos países, en especial los de la Lengua y los de los países hermanos lusófonos, a los que se unen algunos europeos que trabajan en idioma italiano, francés e inglés.

Su valía, su profesionalidad y su buen hacer revierten en la sociedad el esfuerzo que ésta realiza para que los centros de investigación y docencia mejoren y la hagan avanzar; es un camino de doble sentido que busca una simbiosis perfecta. Acompasar necesidades y aportaciones de una y de otra, Academia y sociedad, deben ser el motor de esta relación nuclear para el desarrollo del hombre.

El compromiso de calidad, exigido y exigible en todo producto científico se halla respaldado por la inestimable, y pocas veces valorada en su justa medida, labor del conspicuo Comité Editorial conformado por más de 200 doctores de más de 40 universidades internacionales, y cuyas filiaciones encabezan cada libro. Así podemos asegurar que los resultados aquí expuestos responden a los cánones de excelencia científica irrenunciable en el trabajo académico; es decir, todos los capítulos han superado la llamada revisión por doble par ciego (*peer review*). Este método, apriorístico y secular en la Universidad avala que la evaluación es llevada a cabo por académicos de igual categoría (pares), que desconocen la autoría de los textos arbitrados (ciegos) y al menos en número de dos (doble).

Deontológica e inconcusamente, todos los firmantes se han comprometido a salvaguardar las exigencias propias de la ética investigadora: renunciar al plagio, veracidad en la obtención de datos, presentación de conclusiones pertinentes y desinteresadas, planteamiento de resultados que supongan un avance académico-científico, eludir la autoalabanza y la colusión académica, las autocitas o las de favor a terceros, evitar la parcialidad en la selección de las fuentes epistemológicas y teóricas, remitirse a todos los datos procedentes, adecuados, relevantes y actuales y no omitir informaciones que puedan colisionar con los postulados o pretensiones del texto o directamente los refuten.

Por ello, está garantizado el total cumplimiento de todos los requisitos imprescindibles y la observancia rigurosa de lo anteriormente descrito. Todo ello supone la marca identitaria de la colección *'Ciencias sociales en abierto'* y que este título cumple plenamente. Por ello, la editorial, los coordinadores y los autores coinciden al manifestar:

- El consentimiento en la publicación de su trabajo y, de existir, de sus entidades financiadoras (tácita o explícitamente).
- La originalidad del texto como fruto de un trabajo, análisis y/o reflexión personales.
- Las citas empleadas no obedecen a criterios de favor.
- La bibliografía es actualizada y pertinente.
- Trabajo de revisión a cargo de revisores externos a la editorial PETER LANG y pertenecientes a la Comunidad Universitaria Internacional.
- Coherencia y calidad de los resultados, aportaciones, objetivos y conclusiones.

Por ello, supone un honor poder afirmar que, gracias a su esfuerzo editorial y a sus autores, en ideal simbiosis, la colección 'Ciencias sociales en abierto' se posiciona a la altura de las mejores y más grandes recopilatorios de literatura científica mundial, logrando que PETER LANG sea una de las editoriales más señeras, según el índice referencial SPI (2022).

Rogamos al lector marque estas iniciales páginas como si de un *albo lapillo notare diem* se tratase ya que podrá dumir dulces frutos del árbol de la ciencia.

David Caldevilla-Domínguez

I. P. Grupo Complutense de Investigación en Comunicación ***Concilium*** (nº 931.791)

Universidad Complutense de Madrid (España)

Coordinador adjunto en la colección 'Ciencias sociales en abierto'

COMITÉ EDITORIAL

Francisco Javier Jiménez Ríos
Universidad de Granada (España)
Abigail López Alcarria
Universidad de Granada (España)
Enric López C.
CETT - Universitat de Barcelona (España)
Lorena López Oterino
Universidad de Castilla-La Mancha (España)
Sidoní López Pérez
Universidad Internacional de La Rioja (España)
Manuel José López Ruiz
Universidad de Granada (España)
Paloma López Villafranca
Universidad de Málaga (España)
Arantza Lorenzo De Reizábal
Universidad Pública de Navarra (España)
Manuel Osvaldo Machado Rivero
Universidad Central "Marta Abreu" de Las Villas (Cuba)
Cristina Manchado Nieto
Universidad de Extremadura (España)
Rafael Marcos Sánchez
Universidad Internacional de La Rioja (España)
Pedro Pablo Marín Dueñas
Universidad de Cádiz (España)
Sara Mariscal Vega
Universidad de Cádiz (España)
María José Márquez Ballesteros
Universidad de Málaga (España)
Davinia Martín Critikián
Universidad CEU San Pablo (España)
Marta Martín Gilete
Universidad de Extremadura (España)

Nazaret Martínez Heredia
Universidad de Granada (España)
Soledad María Martínez María-Dolores
Universidad Politécnica de Cartagena (España)
Alba María Martínez Sala
Universidad de Alicante (España)
Xabier Martínez Rolán
Universidade de Vigo (España)
Sendy Meléndez Chávez
Universidad Veracruzana (México)
María Isabel Míguez González
Universidade de Vigo (España)
Olga Moreno Fernández
Universidad de Sevilla (España)
Louisa Mortimore
Universidad Internacional de La Rioja (España)
Daniel Muñoz Sastre
Universidad de Valladolid (España)
Sara Navarro Lalanda
Universidad Internacional de La Rioja (España)
Daniel Navas Carrillo
Universidad de Málaga (España)
Marta Oria De Rueda
Universidad Isabel I (España)
Inmaculada Concepción Orozco Almario
Universitat Jaume I de Castellón (España)
Delfín Ortega Sánchez
Universidad de Burgos (España)
Enrique Ortiz Aguirre
Universidad Complutense de Madrid (España)
Graciela Padilla Castillo
Universidad Complutense de Madrid (España)

Blanca Tejero Claver
Universidad Internacional de La Rioja (España)
Ricardo Teodoro Alejandre
Universidad Veracruzana (México)
Raúl Terol Bolinches
Universitat Politècnica de València (España)
Ana Tomás López
Universidad Nacional de Educación a Distancia (España)
Rocío Torres Mancera
Universidad de Málaga (España)
Karen Cesibel Valdiviezo Abad
Universidad Técnica Particular de Loja (Ecuador)
Carmen Vázquez Domínguez
Universidad de Cádiz (España)
Enric Vidal Rodá
Universitat Internacional de Catalunya (España)
Mónica Viñarás Abad
Universidad Complutense de Madrid (España)
Óscar Javier Zambrano Valdivieso
Corporación Universitaria Minuto de Dios (Colombia)
Jessica Zorogastua Camacho
Universidad Rey Juan Carlos (España)

ÍNDICE

PRÓLOGO

Tenemos el honor de prologar la obra *Legalidad, Derecho y Política. Marcos jurídicos para un nuevo contrato social.* Como puede observar el lector al leer un título tan ambicioso, no es tarea fácil. Escribir unas líneas introductorias útiles como hilo conductor de un conglomerado de trabajos de investigación y de experiencias docentes e innovadoras es un verdadero reto por varias razones.

Por un lado estamos ante una selección de trabajos multidisciplinares, que aportan soluciones e interpretaciones a cuestiones muy variadas que difícilmente podrían converger en una obra de otras características. Conexionado con lo anterior, los estudios presentados en esta obra se corresponden con disciplinas variopintas y con diferentes ramas científicas y humanísticas. Sin embargo, a pesar de estas dificultades y de las ópticas tan distintas de los autores sobre temas tan dispares, todos los trabajos de esta obra se enfocan en el mismo objetivo loable: conseguir el avance científico en la innovación docente y en la investigación de campos poco o casi nada explorados hasta el momento.

Encontramos temas principalmente jurídicos, como los relacionados con los chatbots y las informaciones falsas, el *lobbying* en Portugal y las agencias de comunicación, el periodismo en la red, el caso de conflicto entre la Administración pública y RTVM, la libertad de expresión, el acceso a justicia, el alcance del concepto de ciudadanía europea y las implicaciones de la inteligencia artificial, la gerontoinmigración y la dependencia, el concepto jurídico de medio ambiente a través del método del caso, la instrumentalización del derecho internacional mediante el uso del ámbito legal, el derecho al conocimiento del origen biológico, derechos humanos y de los empleados domésticos, crítica a la naturalización del derecho, la comunicación y la publicidad institucional ante el derecho administrativo, los retos para tribunales y justicia en tiempos de pandemia, o la aplicación del principio de razonabilidad en los procedimientos administrativos para la regularización de migrantes.

Algunos temas introducen una conexión muy interesante entre todos los aspectos del título de la obra, como los dedicados a la vivienda social colectiva, los derechos fundamentales y democracia constitucional, los principios de libertad e igualdad, los derechos humanos y los grupos vulnerables, el derecho a la revolución, la posibilidad de disolver el parlamento, medio rural y dependencia, la política criminal, el sistema de prevención y protección de infancia y la adolescencia, los movimientos y mecanismos para el control e interpretación del derecho constitucional, el futuro del derecho en la era digital, la búsqueda de orígenes en procesos adoptivos, el reto de los criptoactivos, la resolución alternativa de litigios, la influencia comunitaria en el comercio electrónico transfronterizo, la efectividad del derecho fundamental a morir de forma digna o el Reglamento Mica.

Otros trabajos tienden a destacados aspectos docentes, como los dedicados a la enseñanza del derecho financiero y tributario a través del método del caso y la *flipped-clasroom*, el aprendizaje en LOMLOE, la reforma a la administración educacional y los efectos en la asociatividad escuela-universidad o los métodos de investigación en derecho mercantil.

Estas investigaciones multidisciplinares e interdisciplinares tienden un puente fabuloso para la respuesta a la complejidad extraordinaria que presenta el contexto social, jurídico y económico actual. Permiten el desarrollo de la libertad intelectual de los autores en investigaciones originales con enfoques de calidad e innovadores, a la vez que rigurosos y con fuerte impacto. Introducen propuestas de perfeccionamiento en la interpretación y en la aplicación de la regulación jurídica, proponen mejoras en la elaboración y el desarrollo de las normas jurídicas y aportan soluciones a cuestiones de lagunas y contradicciones sociales o jurídicas. Significan, en suma, un paso adelante crítico, original y de calidad muy importante en el ámbito docente e investigador.

María Isabel Huerta Viesca
Ricardo Teodoro Alejándrez
María José Márquez Ballesteros
Universidad de Oviedo (España)
Universidad Veracruzana (México)
Universidad de Málaga (España)

MEDIO RURAL, SERVICIOS SOCIALES Y DEPENDENCIA

Raúl Álvarez Pérez[1]

El presente texto surge del proyecto de investigación desarrollado por el autor en coordinación con el Área de Derechos Sociales de la Diputación Provincial de Málaga.

1. INTRODUCCIÓN

La sostenibilidad del medio rural pasa por emprender numerosas acciones de tipo económico, político, social y cultural. Éstas deben servir para revitalizar este tipo de territorios y ofrecer a sus habitantes verdaderas oportunidades de subsistir en un -mundo rural vivo-. Un mundo rural donde las oportunidades laborales existan, donde el diálogo y la complementariedad entre el medio rural y el medio urbano se produzca de manera permanente, donde la sostenibilidad en el marco de la globalización sea posible a través de la recuperación de lo -local- y donde todos/as y cada uno/a de sus habitantes sean atendidos/as desde los servicios públicos en igualdad de condiciones a aquellos/as ciudadanos/as que residen en grandes núcleos urbanos de población.

El tema central que se aborda en este trabajo guarda relación con la organización y funcionamiento de los servicios sociales comunitarios de las zonas rurales de la provincia de Málaga en torno a la atención a la población dependiente. Esta temática viene manifestándose en los últimos años de especial relevancia e interés, sobre todo en el marco de los estudios de calidad de vida y bienestar, cohesión social y territorial, cuidados, comunidades y servicios de proximidad (Kruger y Jiménez, 2013; Sotomayor, 2014; Comas y Soronellas, 2021; Russell y McNight, 2022; Jaraíz y Zugasti, 2021).

Las comarcas objeto de estudio, Serranía de Ronda, Axarquía-Costa del sol y Nororma-Sierra Norte de Málaga, presentan unos porcentajes de población mayor de 65 años del 20.9%, 19,8% y 21,1% respectivamente (INE, 2021). La tasa de dependencia en las tres comarcas se sitúa por encima del 50% (INE, 2021).

La realidad cambiante en territorios de marcado carácter rural como las comarcas contempladas en esta investigación hace pertinente plantearse la siguiente pregunta: ¿el actual sistema público de servicios sociales será capaz en las próximas décadas de atender, desde criterios de calidad, eficiencia e igualdad de oportunidades, a las personas dependientes que residen en el medio rural desde un modelo de servicios sociales sostenible?

---

1. Universidad Pablo de Olavide (España)

2. OBJETIVOS

Los objetivos generales que se han contemplado en esta investigación son: (1) hacer balance de las repercusiones que ha tenido la aplicación de la ley de la dependencia a nivel de servicios sociales comunitarios en las comarcas de Serranía de Ronda, Norte-Los Montes y Axarquía-Costa Oriental[2] y (2) establecer recomendaciones sobre la organización y funcionamiento de los servicios sociales de este tipo de territorios, para que estos puedan garantizar la calidad de la atención a la población dependiente, en igualdad de condiciones a la población dependiente atendida en núcleos de población urbanos.

En coherencia con estos dos objetivos generales se han planteado los siguientes objetivos específicos: a) analizar desde el punto de vista cuantitativo y cualitativo que ha supuesto la aplicación de la ley a nivel de organización interna de los servicios sociales, interrelaciones e influencias entre áreas y servicios de los propios servicios sociales comunitarios, volumen de trabajo generado, dotación de recursos humanos, aplicación del catálogo de recursos, afrontamiento de próximas fases de aplicación de la ley, y b) conseguir que sean los propios responsables políticos, gestores y profesionales implicados/as en su gestión quienes identifiquen: aportaciones relevantes de la ley a los servicios sociales comunitarios, carencias y debilidades existentes, y posibles medidas que permitan mejorar los servicios sociales en su funcionamiento, capacidad de respuesta y personalización de ésta.

3. ENVEJECIMIENTO, MEDIO RURAL Y ATENCIÓN A LA DEPENDENCIA

La sociedad española es una sociedad cada vez más envejecida. En 2001 la población mayor de 65 años en España era del 16% y en 2022 ascendía al 20,08% de la población (INE, 2022). A su vez, el grado de envejecimiento de una población repercute directamente en el aumento de la población dependiente de manera que, a mayores porcentajes de población envejecida, mayores porcentajes de personas en situación de dependencia. En el caso del medio rural, además de una esperanza de vida elevada y una caída de la fecundidad, se produce un fenómeno particular de este medio, la reducción del volumen de las generaciones intermedias como consecuencia del intenso éxodo rural de los más jóvenes hacia los núcleos urbanos en busca de oportunidades (Camarero, 2009):

> *En las edades jóvenes e intermedias existe una sobreemigración femenina importante, de forma tal que la relación de sexos en dichas edades es de 80 mujeres por 100 hombres. Existe un importante vacío generacional en el medio rural que hace que la generación intermedia constituya el principal pilar de la vida rural (Ibidem, 2009, 155: 18).*

Algunos de los principales problemas con los que conviven las personas en el medio rural son el sobreenvejecimiento, la dependencia, las desigualdades de género y la vulnerabilidad (Camarero *et al.*, 2016). Ante este panorama, es necesario poner en evidencia que las necesidades específicas y particulares del envejecimiento rural, requieren de programas y servicios específicos que eviten la discriminación de estas personas por razón de -hábitat-. Resultará de interés desde un punto de vista analítico, evidenciar el efecto de doble discriminación que se produce en determinados ámbitos rurales al añadirse a la

2. De las nueve comarcas contempladas en la provincia de Málaga las tres comarcas seleccionadas son las que cuentan con mayor nº de municipios, densidad de población más baja y mayor grado de dispersión de ésta.

edad, las características del territorio como otro elemento discriminatorio adicional. La variable -territorio- está considerada una variable importante de la estratificación social, teniendo una serie de manifestaciones la desigualdad que se genera como son las regiones dependientes y las desigualdades territoriales (Tezanos, 2001). Precisamente por esta razón, a nivel de intervención social se ha de intervenir de manera singular, teniendo en cuenta criterios demográficos, geográficos, culturales, de actividad, de recursos naturales, para evitar fomentar el aislamiento, la discapacidad, la dependencia y el desamparo. Esto requiere de políticas flexibles que contemplen la diversidad, una planificación integral que promueva el envejecimiento activo y la generación de programas innovadores que no traten de replicar modelos que, si bien pueden ser muy adecuados en un contexto urbano, resultan inapropiados en el medio rural (Rodríguez, 2004). En muchos núcleos rurales se constatan las dificultades y obstáculos existentes para que las personas mayores puedan acceder a unos recursos escasos, a veces distantes, cuando no inexistentes, de sus lugares de residencia.

Las necesidades particulares del medio rural precisan de actuaciones y programas diferenciados y específicos. Los recursos y programas de prevención y asistencia a las personas mayores en el medio rural deben ser flexibles, innovadores, integrales y que faciliten la participación de los mismos. Tener presentes las singularidades del medio rural debe ser el punto de partida de cualquier modelo organizativo y de intervención que se pretenda desarrollar. Son necesarios en cada territorio modelos propios de planificación que precedan la intervención, y estarán abocadas al fracaso las soluciones cómodas de trasplantar modelos, en apariencia brillantes, de otros lugares (Rodríguez, 2004).

Los servicios sociales en el medio rural han seguido un modelo predominantemente urbano, recursos como las unidades de estancia diurna, centros de día y residencias, tal y como se han diseñado e implementado, no llegan (no pueden llegar) a los núcleos pequeños de población. Visto desde otra perspectiva, los servicios sociales del medio rural también han de ser valorados y pensados desde la perspectiva económica. Su implantación y desarrollo tienen una incidencia económica positiva en el medio y redunda en la sostenibilidad económica y social de las áreas rurales. Para posibilitar la sostenibilidad del mundo rural es necesario potenciar medidas que permitan atraer y facilitar el arraigo de población en los territorios rurales dispersos, fortalecer las redes de apoyo social, aplicar la perspectiva de género a las políticas y proyectos de desarrollo rural, crear y mantener servicios de calidad, mejorar la accesibilidad a los recursos existentes para la población dependiente y sus cuidadoras, organizar redes sociales fuertes de proyectos e iniciativas colectivas (Rodríguez, 2004).

4. METODOLOGÍA

El enfoque metodológico planteado contempla una doble perspectiva de análisis, cuantitativa-cualitativa, de la realidad objeto de estudio. Desde el punto de vista cuantitativo se han utilizado los datos estadísticos facilitados por la Diputación Provincial de Málaga (SAAD), sobre aplicación de la Ley en el periodo enero de 2007- diciembre de 2011 (periodo de nacimiento y expansión). Además, se ha administrado un cuestionario a los profesionales de las seis Zonas de Trabajo Social (ZTS) competencia de la Diputación provincial de Málaga. Éste ha sido de tipo mixto y cumplimentado por la totalidad de los profesionales implicados en el desarrollo de la ley (21). Por otra parte se han desarrollado grupos de discusión (3) con los equipos de profesionales de los servicios sociales comunitarios de Serranía de Ronda, Norte-Los Montes y Axarquía-Costa Oriental. También entrevistas en profundidad a los/as directores/as (3) de las ZTS mencionadas y a familiares cuidadores de personas dependientes (12). La media de duración de las entrevistas en profundidad ha sido de 75 minutos. Estas se han desarrollado en despachos individuales de los propios servicios sociales comunitarios. Con familiares de personas dependientes se han utilizado además, técnicas proyectivas para la profundización en cuestiones sensibles y expresión de emociones.

5. RESULTADOS

Según los datos facilitados por la propia Diputación provincial de Málaga, con fecha de 1 de diciembre de 2011, la prestación, servicio y/o recurso más prescrito a los/as beneficiarios/as de la ley en todas las ZTS han sido por este orden: la -prestación económica de apoyo a cuidadores/as no profesionales-, el SAD (servicio de ayuda a domicilio), excepto en la ZTS Serranía de Ronda donde es al contrario, SAD en primer lugar y prestación económica en segundo, -servicio de teleasistencia- y en cuarto lugar, la -atención residencial- excepto en la zona Norte – Los Montes donde es al contrario, atención residencial en tercer lugar y teleasistencia en cuarto.

Junto a esta realidad, los/as participantes en esta investigación destacan que aunque el servicio de ayuda a domicilio se ha considerado en más de una ocasión como idóneo, finalmente no se ha llegado a prescribir debido al fuerte recelo existente a permitir la entrada de personas ajenas al núcleo familiar para cuidar de un familiar en situación de dependencia. A esta razón se le unen dificultades relacionadas con la falta de personal cualificado en este tipo de territorios, los problemas para cubrir desplazamientos, etc.

En cuanto a los recursos sociales, directores/as y profesionales ponen el énfasis en la escasez, y en muchos casos la ausencia, de recursos como las unidades de estancia diurna. A su vez, directores/as y profesionales de equipo reconocen que la prescripción de -la prestación económica por cuidados en el entorno familiar- ha venido en muchas ocasiones condicionada por la ausencia en las zonas de otras alternativas de las contempladas en el catálogo (lo que algunos/as profesionales han venido a llamar -la estrechez del catálogo y por las dificultades para realizar desplazamientos.

Respecto a lo que ha caracterizado y definido a los servicios sociales comunitarios desde que la ley se puso en marcha se destaca lo reflejado en la siguiente tabla:

A nivel de	Característica/Virtud
Organización Interna	Aumento de los recursos humanos.
	Eficiencia
	Incorporación de nuevas tecnologías
	Formación y reciclaje de los profesionales
	Prioridad al desarrollo de la ley
Relación entre áreas y Servicios	Aumento de relaciones entre áreas y servicios
	Consideración y valoración de la profesión
	Nivel de coordinación bueno entre distintas áreas y servicios de la Diputación provincial de Málaga, mejorable en lo que se refiere a la Junta de Andalucía (comunidad autónoma) y escasa o nula con respecto al sistema sanitario
	Criterios y directrices políticas por encima de criterios técnicos
	Nuevas necesidades de coordinación y de trabajo conjunto (interdependencia y complementariedad)

Volumen de trabajo generado/resuelto	Gran Volumen de trabajo generado y resuelto en plazos aceptables
	Sobreesfuerzo de gestión con resultado satisfactorio, sin afectar a la calidad de la atención de manera relevante
	Cumplimiento de objetivos marcados.
	Optimización de la capacidad de trabajo de los/as trabajadores /as sociales
	Necesidad de mejora en los tiempos destinados a -valoraciones y aplicación de recursos-
	Plus de sobrecarga: el seguimiento SAD

Tabla 1. Características de los Servicios Sociales Comunitarios.
Fuente: Elaboración propia (cuestionarios aplicados y grupos de discusión).

La entrada en vigor de la ley de la dependencia ha supuesto el reconocimiento de un derecho, la apertura de un abanico de posibilidades de atención ante las situaciones de dependencia y un nuevo yacimiento de empleo. Desde la perspectiva de los déficits se destaca la escasez, e incluso ausencia de actuaciones, que favorezcan la prevención de las situaciones de dependencia y la promoción de la autonomía personal. Para los servicios sociales comunitarios, la ley de la dependencia ha supuesto una carga extra de trabajo y responsabilidad, pero también un nuevo impulso para los propios servicios sociales y un cambio en positivo para su imagen. En la actualidad, la situación en la que se encuentra la ley se vive desde los propios servicios sociales comunitarios con preocupación, incertidumbre y desesperanza ya que no se ve claro el futuro de la ley y de sus posibles beneficiarios/as.

La aplicación y desarrollo de la ley desde los servicios sociales comunitarios ha supuesto para estos un gran esfuerzo de reorganización, tanto a nivel general de cada unidad de trabajo social como de cada profesional implicado en su desarrollo. En todo este proceso de reorganización interna ha tenido un importante protagonismo el procedimiento administrativo que lleva aparejado el desarrollo de la ley.

La dotación de nuevos recursos humanos en los comunitarios para la implementación de la ley, reconociendo que se ha producido, es valorada como insuficiente a tenor de la demanda generada desde su entrada en vigor y el trabajo que ya de por sí venían asumiendo los servicios sociales antes de la entrada en vigor. Un aspecto relevante destacado por todos/as los/as participantes en esta investigación es que dotar a los servicios sociales comunitarios del medio rural de recursos humanos, a partir de unos criterios donde no se tienen en cuenta la geografía del territorio y la dispersión de la población, se considera un error. En referencia a las principales necesidades que deberían cubrirse, para afrontar con garantías de éxito las próximas fases de aplicación de la ley, los/as profesionales identifican lo expresado en la siguiente tabla:

NECESIDADES
Mayor presupuesto y flexibilidad
Mayor dotación de recursos humanos
Estabilidad laboral de los/as profesionales.
Más y mejor formación continua para los técnicos/as
Información y formación profesional y social sobre autonomía personal
Formación/reciclaje en elaboración de diagnósticos sociales y toma de decisiones
Mejorar conocimiento y manejo de recursos disponibles (orientar bien las demandas)

Agilización/simplificación trámites Inter administraciones y mejora del flujo de comunicaciones
Mayor eficiencia en procesos administrativos y de gestión de las prestaciones y recursos.
Seguimiento continuado desde SSSS comunitarios de los recursos aplicados
Mejora de la atención ciudadana.
Corresponsabilidad en la creación de recursos a partir de las peculiaridades de las zonas de actuación.
Recursos asistenciales cercanos o en su defecto facilidades para el traslado a los mismos.
Canales de coordinación predeterminados y de obligado cumplimiento entre los/as profesionales de las distintas áreas implicadas en la implantación de la ley

Tabla 2. Necesidades Servicios Sociales Comunitarios.
Fuente: Elaboración propia (cuestionarios y grupos de discusión).

A continuación se detallan en la siguiente tabla las medidas que permitirían mejorar a los servicios sociales comunitarios de las zonas rurales en su funcionamiento, capacidad de respuesta y personalización de éstas:

MEDIDAS
Descentralización de todo el proceso de intervención
Mejora de la metodología de la intervención (necesidades y diagnósticos sociales)
Personalización de la respuesta: contar con tiempo necesario para el "estudio de casos"
Reducción de ratios de población por técnico/a (trato personalizado y de calidad)
Optimización del tiempo (desplazamientos, espacios compartidos, dificultad para dar continuidad a la tarea)
Información y formación continua sobre recursos e intervención profesional
Mejora de la coordinación y distribución de tareas entre profesionales
Mejora de las infraestructuras, equipamientos y espacios de trabajo
Distribución racional de los puntos de atención al público
Accesibilidad real a toda la tipología de servicios y recursos contemplados en la ley
Flexibilidad en la aplicación de los recursos (características de las zonas de trabajo)
Diseño e implantación de "recursos multifunción".
Mayor acercamiento de los recursos a los núcleos más pequeños de población.
Elaboración de planes municipales de servicios sociales.

Tabla 3. Medidas para mejorar los Servicios Sociales Comunitarios.
Fuente: Elaboración propia (cuestionarios y grupos de discusión).

Medidas concretas que permitirían afrontar a medio plazo la realidad social de las personas dependientes de zonas rurales podrían ser:

NUEVAS MEDIDAS
Estructuración de los servicios desde una perspectiva de desarrollo comunitario
Descentralización del procedimiento (competencias) a nivel de entidades locales
Mayor presencia en zonas aisladas de servicios y recursos especializados
Diseño de servicios y recursos cercanos a núcleos de población aislados y dispersos
Modelos organizativos en UTS basados en el sistema de "Profesional de Referencia"
Impulsar y hacer efectiva la coordinación sociosanitaria, especialmente a nivel local

Procedimientos flexibles y adaptados a los cambios que se producen en beneficiarios/as y sus entornos inmediatos
Activación de la participación social contemplados en la ley de servicios sociales
Evitar el aislamiento de personas dependientes por falta de recursos
Formas y estrategias de intervención diversas (necesidades y características cambiantes)
Impulsar y facilitar la integración de personas con problemas mentales en la dinámica social y comunitaria de su localidad.
Apoyo a familiares cuidadores (más formación).
Talleres ocupacionales para personas mayores y discapacitados.
Más recursos y medidas dirigidas a ciudadanos/as con diversidad funcional.
Reforzar y facilitar el transporte a centros ocupacionales de ámbito comarcal

Tabla 4. Medidas para afrontar cambios. **Fuente:** Elaboración propia (cuestionarios y grupos de discusión).

Directores/as y profesionales consideran urgente mejorar la comunicación y coordinación entre los/as profesionales de base y las instancias superiores que tienen encomendadas las tareas de planificación de servicios. En este sentido se identifica una desconexión entre distintos niveles de planificación e intervención que a nivel general está provocando la creación de un -mapa de recursos sociales- con importantes desequilibrios territoriales. Según ellos/as, parecen primar más los criterios e intereses políticos que los criterios técnicos y una planificación equilibrada en los distintos territorios. No tener en cuenta a la hora de planificar e implantar servicios y recursos sociales, criterios tan importantes en este tipo de territorios como es el de la -dispersión de la población-, está llevando a situaciones donde es difícil de mantener unos mínimos de calidad a nivel de intensidad y frecuencia de la atención a la población dependiente; además, esto afecta también a los/as ciudadanos/as en general de los núcleos de población más pequeños y dispersos.

Respecto a la figura de los/as trabajadores/as sociales en las zonas analizadas se reivindica que éstos puedan llegar a ser verdaderos -profesionales polivalentes- y -de referencia-, que abordan la realidad de las personas de núcleos de población pequeños desde una perspectiva integral. A la par se ve como necesario aumentar la presencia y dedicación de los/as profesionales en las zonas más aisladas y con población más dispersa. Aquí se podría trabajar desde la –integralidad- y en el marco del denominado -trabajo social comunitario-, el cual se considera necesario recuperar y fortalecer. Junto a todo esto se detecta la necesidad de generar por comarcas o zonas de trabajo social, según el caso, planes estratégicos que sirvan de -hoja de ruta- a nivel de servicios sociales.

Con respecto a los servicios sociales especializados que ya existen se considera que la primera medida a tomar, para optimizar su rendimiento, es la de facilitar un servicio de transporte público con horarios ajustados a la realidad de la población dependiente. Otro tipo de medidas propuestas apuntan directamente a los recursos especializados y a su manera de concebirlos. En este sentido, se propone la creación de -recursos multifunción y polivalentes-, la apertura de mente a nuevos diseños y modelos de recursos especializados más acordes con la realidad social de determinados pueblos y zonas del medio rural. Igualmente se considera fundamental flexibilizar la norma de aplicación y funcionamiento de los distintos servicios y recursos buscando la complementariedad entre ellos.

Por otra parte, se mantienen dudas sobre la rentabilidad social de los recursos existentes en la actualidad. La razón por la que estas dudas existen guarda relación con la excesiva sectorización por colectivos a nivel de atención, además de la rigidez de las normas de aplicación y funcionamiento de estos recursos. Señalar que directores/as de zona y profesionales de base manifiestan muchas dudas sobre la verdadera voluntad política que existe para acometer en el sistema de servicios sociales los cambios necesarios para atender de una manera más adecuada a la población dependiente del medio rural.

En la insostenibilidad a medio plazo del actual modelo de atención a nuestros dependientes en el medio rural están influyendo factores ajenos a la propia voluntad del potencial cuidador/a. Ante este escenario de futuro, se apuesta por mejorar, ampliar e intensificar, el servicio de ayuda a domicilio y paralelamente los servicios residenciales.

Respecto a diseños y planteamientos organizativos distintos a los actuales en los recursos sociales para la población dependiente en nuestro ámbito de estudio, se indica que sería conveniente tener en cuenta aspectos como la -municipalidad de los recursos- en este tipo de territorios y la flexibilidad de los recursos tanto en su diseño como en su norma de aplicación y funcionamiento.

El resultado de la redefinición de los servicios sociales a distintos niveles en este tipo de territorios debería ser el conseguir unos recursos adaptados a las necesidades de las personas y no al contrario, como sucede en la actualidad en no pocos casos.

En relación a los/as familiares cuidadores/as de personas dependientes contempladas en este trabajo destacar que éstas consideran la prestación económica que perciben por asumir el rol de cuidadoras como una ayuda que al menos, desde el punto de vista económico, alivia la carga que supone asumir prácticamente en solitario los cuidados de sus seres queridos.

Reconociendo que esta prestación supone una ayuda y un alivio, igualmente se considera que es totalmente insuficiente teniendo en cuenta todas las necesidades que presentan las personas dependientes. El servicio de ayuda a domicilio como alternativa a la prestación económica se valora a todas luces como insuficiente desde el punto de vista de la frecuencia e intensidad de los cuidados que permite recibir la persona dependiente.

A esto habría que sumarle la percepción que tienen los familiares–cuidadores de éste servicio profesional. Opinan que, desde el punto de vista de la calidad de los cuidados, nunca serán equiparables a los cuidados suministrados por un familiar. La dedicación y calidad de los cuidados será mayor si éstos son suministrados por un familiar. Respecto de las motivaciones primeras para cuidar a familiares dependientes, se identifica un componente educativo y cultural que podría resumirse en el denominado -deber moral-. Este -deber moral- parece sentirse de manera más intensa en los casos en los que la persona a cuidar es un menor dependiente.

Los/as cuidadores/as – familiares reconocen el trabajo que han venido desarrollando hasta ahora los servicios sociales comunitarios en lo que al desarrollo y aplicación de la ley de la dependencia se refiere. En este sentido se destaca la posibilidad que estos brindan de disponer de un espacio profesional donde poder recibir apoyo psicológico y descargar temores y ansiedades. A pesar de esta valoración positiva del papel desempeñado por los servicios sociales comunitarios, los/as cuidadores/as–familiares consideran la ayuda recibida insuficiente, y esto les hace mantener una doble actitud hacia ellos: por una parte de agradecimiento y por otra parte de exigencia para intentar recibir más y mejor ayuda. La lentitud y tardanza de ciertos trámites administrativos es uno de los aspectos que se identifican como más negativos por parte de las personas cuidadoras.

Respecto de los recursos sociales existentes en las distintas zonas de trabajo social son valorados en unos casos como inexistentes, en otros insuficientes, alejados de la población beneficiaria, de difícil acceso y organizados a nivel de funcionamiento sin tener muy en cuenta las particularidades de la población dependiente. En gran medida, las personas cuidadoras identifican como razón fundamental por la que esta situación se produce, el no tener suficientemente en cuenta a la hora de ubicar y organizar la red de recursos sociales, las características particulares de los distintos territorios donde deberían desarrollar sus actuaciones. Uno de los principales obstáculos identificados en la actualidad, para acceder a los recursos sociales disponibles es el del transporte. La escasez, ausencia y/o falta de diversidad a nivel de recursos sociales en las zonas objeto de estudio, lleva a los familiares entrevistados a experimentar un sentimiento de discriminación como ciudadanos/as necesitados de ayuda, frente a aquellos ciudadanos/as que viven en núcleos de población mayor.

Los/as familiares – cuidadores/as consideran que el modelo de atención a las personas dependientes del medio rural, basado hasta ahora fundamentalmente en la implicación de la -generación soporte-, es insostenible a medio–largo plazo. Las razones en las que se sustenta esta valoración son fundamentalmente un conjunto de factores ajenos a la voluntad personal de potenciales cuidadores/as–familiares como el tener que trabajar los dos miembros del matrimonio o pareja y residir fuera de la localidad donde vive la persona dependiente.

Las actuales cuidadoras–familiares de personas dependientes reivindican la existencia, no sólo de programas, servicios y recursos de atención a la dependencia, sino también en el ámbito puramente municipal, la implantación de programas que permitan prevenirla y promover la autonomía de las personas antes de que se produzcan las situaciones de dependencia.

El conjunto de familiares–cuidadores reivindican como necesario para una mejora de las situaciones en las que se encuentran las personas dependientes, una mayor sensibilidad social hacia las situaciones de dependencia, más recursos sociosanitarios de los que actualmente existen en sus respectivos territorios, y una ubicación más acertada de éstos para garantizar el acceso a ellos.

Hasta aquí, y a tenor de lo expresado por los/as directores/as de zonas de trabajo social, por los/as trabajadores sociales de base y por los/as familiares cuidadores/as de personas dependientes, conviene destacar el alto grado de coincidencia identificado en el diagnóstico, valoración y propuestas de mejora que los distintos agentes contemplados en esta investigación han realizado sobre la aplicación de la ley de la dependencia en el ámbito territorial objeto de estudio.

El 62.5 % de los/as profesionales que han contestado al cuestionario muestran un grado de acuerdo igual o superior a 9 sobre 10 con la siguiente afirmación: -al igual que la ley de la dependencia ha venido a ampliar la acción social de los servicios sociales comunitarios en las zonas rurales, también está poniendo de relieve la necesidad de acometer cambios en la concepción, diseño, planificación y gestión de éstos, para dar respuestas más diversas y ajustadas a la realidad de la población dependiente de estos territorios-.

El 81,25% de los profesionales que han contestado al cuestionario considera que a la hora de diseñar, organizar e implantar los recursos sociales en sus respectivas ZTS, no se están teniendo suficientemente en cuenta las características del territorio, la dispersión de la población existente y las particularidades culturales que poseen cada zona de actuación. Además, el 93,75% de estos profesionales consideran que tampoco se está teniendo suficientemente en cuenta las distancias a recorrer y las características del recorrido hasta llegar a núcleos de población mayores donde se ubican determinados recursos sociales especializados que son necesarios para la población dependiente.

Las situaciones que están viviendo a nivel de atención, aquellas personas dependientes cuya dependencia guarda relación con problemas mentales y de diversidad funcional se califican de -especialmente delicadas-. En estos casos, cualquier atención especializada pasa por realizar desplazamientos largos y complicados a núcleos urbanos. Desplazamientos que no están garantizados mediante transporte público y que por tanto, en el caso de poder realizarlos, tiene que ser mediante un vehículo privado.

El conjunto de profesionales y directores/as de zona llegan a la conclusión de que en el medio rural donde ellos/as actúan no se están teniendo las mismas oportunidades de ejercer un derecho subjetivo reconocido que en núcleos de población mayores. Por otra parte, el 93.75 % de éstos muestran un grado de acuerdo igual o superior a 8 sobre 10 con que -el modelo de atención de nuestros mayores en el medio rural está basado en gran parte en la implicación de la -generación soporte- (familiares cuidadores) y que teniendo en cuenta la evolución demográfica, este modelo no es sostenible a medio plazo-.

A su vez, el 75% de los/as profesionales muestran un grado de acuerdo igual o superior a 9 sobre 10, con el hecho de que -cuanta menor población tiene un municipio y más dispersa se encuentra ésta, menores son las posibilidades de aplicación del catálogo de recursos y servicios contemplados en la ley-. Finalmente, el 93.75 % de los/as profesionales que han contestado al cuestionario muestran un grado de acuerdo igual o superior a 7 sobre 10 con la hipótesis de que -un diseño y planteamiento organizativo distinto al actual de los recursos sociales para la población dependiente en su zona ofrecería más posibilidades de aplicación de la ley.

ASPECTOS	SI	NO	NS / NC
Características del territorio	18.75%	81.25%	
Dispersión de la población	12.5%	81.25%	6.25%
Distancia a núcleos mayores		93.75%	6.25%
Rasgos socioculturales de la zona	12.5%	81.25%	6.25%

Tabla 5. Aspectos que se tienen en cuenta a la hora de diseñar, organizar e implantar los recursos sociales en tu zona. **Fuente:** Elaboración propia (cuestionarios).

6. DISCUSIÓN

A tenor de los resultados obtenidos podemos afirmar que en el discurso de todas las personas que han participado en esta investigación existen tres conceptos centrales de forma explícita o implícita.

Estos son -la centralidad de los cuidados- (Comas y Soronellas, 2021), el enfoque de la intervención basado en comunidades (Russell y McNight, 2022) y la necesidad de incorporar los servicios de proximidad (Jaraíz y Zugasti, 2021).

Por otra parte, queda patente en lo expuesto como la vulnerabilidad de la población rural en general, y especialmente de colectivos como menores dependientes y enfermos mentales, además de las desigualdades de género (Camarero *et al.*, 2016) son problemas evidentes que requieren de actuaciones inmediatas. Además de ello, y visto desde una perspectiva más global, las desigualdades territoriales (Tezanos, 2001) son evidentes.

De momento, planteamientos como los expuestos por Rodríguez (2004) sobre la necesidad de intervenir de manera singular en el medio rural, teniendo en cuenta criterios demográficos, geográficos, culturales, que eviten fomentar el aislamiento, la discapacidad, la dependencia y el desamparo, no están siendo desarrollados.

Por último, incidir en un aspecto relevante para el trabajo social. Queda patente por la cantidad de aportaciones realizadas en este trabajo por parte del colectivo de trabajadores y trabajadoras sociales, que ni a la profesión, ni a los/as profesionales se les está sacando todo el partido que tienen (Álvarez, 2011: 33).

7. CONCLUSIONES

A partir de los resultados expuestos, y estableciendo la necesaria vinculación entre éstos con nuestra pregunta de investigación, objetivos e hipótesis formulada inicialmente, se puede afirmar que existe un amplio consenso en torno a la idea de que -la ley de la dependencia ha venido a ampliar la acción social de los Servicios Sociales Comunitarios en las zonas rurales.

Sin embargo, existe la necesidad de acometer cambios en la concepción, diseño, planificación y gestión de éstos, para dar respuestas más diversas y ajustadas a la realidad de la población dependiente de estos territorios- (hipótesis general).

Las dos ideas que mayor consenso y unanimidad han conseguido han sido la de que (1)-el modelo de atención de nuestro mayores en el medio rural está basado en gran parte en la implicación de la -generación soporte- (familiares cuidadores) y esto, teniendo en cuenta la evolución demográfica, no es sostenible a medio plazo- y (2) la idea de que -cuanta menor población tiene un municipio y más dispersa se encuentra ésta, menores son las posibilidades de aplicación del catálogo de recursos y servicios contemplados en la ley-.

Por otra parte señalar que, existiendo un amplio consenso en torno a la idea de que -un diseño y planteamiento organizativo de los recursos para personas dependientes, distinto al actual ofrecería más posibilidades de aplicación de la Ley-, éste consenso comienza a diluirse cuando se trata de abordar la cuestión de qué modelos alternativos serían los que harían posible una mayor y mejor atención por parte de los servicios sociales a la población dependiente (aunque si se pueden identificar propuestas concretas sobre las que reflexionar y comenzar a trabajar (véase tabla 5).

En cuanto a los objetivos contemplados inicialmente se puede concluir que se ha conseguido realizar una fotografía precisa para un periodo concreto de tiempo (2007-2011), de lo que ha sido la implantación de la ley de la dependencia en las zonas rurales de la provincia de Málaga.

Esta fotografía, junto con las propuestas y recomendaciones de mejora aportadas, deberían permitir iniciar un trabajo más intenso a nivel analítico y reflexivo, que concluya con el establecimiento de aquellos modelos organizativos y de funcionamiento que permitirían a los servicios sociales del medio rural, atender a la población dependiente con garantías de calidad y en igualdad de condiciones con respecto a otro tipo de territorios.

Con este trabajo se sientan las bases para abrir una línea de investigación más ambiciosa que permita a nivel de Comunidad Autónoma analizar y reflexionar sobre los servicios sociales en el medio rural y la protección social de la población dependiente.

8. REFERENCIAS

Álvarez, R. (2015): "La ley de la Dependencia y los Servicios Sociales de las zonas rurales de la provincia de Málaga", *Revista LIDER: labor interdisciplinaria de desarrollo regional, 17*(26), pp. 9-35. https://revistaliderchile.com/index.php/liderchile/article/view/72

Álvarez, R. (2011): "Aportaciones relevantes de la Ley 39/2006 para los servicios sociales y el trabajo social". En: A. Hidalgo Lavié (coord.). *Trabajo Social en el ámbito de la Ley de Promoción de la Autonomía Personal y Atención a las personas en situación de dependencia* (pp. 23-27). Netbiblo y UNED.

Camarero, L., Cruz F., González, M., Del Pio, J., Olvida, J. y Sampedro, R. (2009): *La Población Rural en España. De los desequilibrios a la sostenibilidad social.* La Caixa.

Camarero, L., Cruz, F. y Oliva, J. (2016): "Rural sustainability, inter-generational support and mobility. *European Urban and Regional Studies", 23*(4), 734-749. https://doi.org/10.1177/0969776414539338

Comas, D. y Soronellas, M. (2021): "Envejecimiento, dependencia y cuidados: retos sociales y retos asistenciales". *Arxiu d'Etnografia de Catalunya*, 22, 5-18.

Jaraíz, G. y Zugasti, N. (2021): "Proximidad e intervención social profesional. Una mirada desde los Servicios Sociales de proximidad". *Cuadernos de Relaciones Laborales, 39*(2), 239-258. https://dx.doi.org/10.5209/crla.69142

Kruger, K. y Jiménez, E. (2013): "La ley de dependencia ¿Un cambio en el régimen de bienestar español? Familiarización versus profesionalización". *Scripta Nova: Revista electrónica de geografía y ciencias sociales*, 17, 425-462.

Rodríguez, P (2004): "Envejecimiento en el medio rural: necesidades singulares, políticas específicas". *Boletín sobre envejecimiento nº 11*. Observatorio de personas mayores. Madrid: IMSERSO.

Russell, C. y Mcnight, J. (2022): *The connected community.* Berrett-Koehler.

Sotomayor, E. (2014): "Crisis del modelo de atención a las personas en situación de dependencia en España: implantación y aplicabilidad de la Ley de Promoción de la autonomía personal y atención a las personas en situación de dependencia". *Sistema: Revista de ciencias sociales*, 233-234, 79-94.

Tezanos, J. F. (2001): *La sociedad dividida. Estructuras de clases y desigualdades en las sociedades tecnológicas.* Madrid: Biblioteca Nueva.

EL DERECHO DEL NIÑO A CONOCER SUS ORÍGENES BIOLÓGICOS EN LA FILIACIÓN DETERMINADA POR TRHA HETERÓLOGAS

Camila Astudillo González[1]

1. INTRODUCCIÓN

A partir de la adolescencia, toda persona se formula preguntas relativas a su origen y a su identidad, requiriéndose que, para un adecuado desarrollo de la personalidad, se obtengan respuestas acertadas y oportunas, lo que se relaciona directamente con los niveles de autoestima que el menor de edad o adolescente pueda alcanzar en su edad adulta. En tal sentido, cuando existente una coincidencia entre el vínculo legal y el vínculo biológico, aquello no supone mayor inconveniente, generándose la disyuntiva cuando precisamente no existe esta coincidencia y se esconde de manera definitiva la procedencia biológica de una persona, como ocurre en el caso de la aplicación de técnicas de reproducción humana asistida y en los casos de adopción.

2. OBJETIVOS

Esta investigación tiene como objetivo principal determinar si en las técnicas de reproducción humana asistida heterólogas, se da cumplimiento al derecho del niño a conocer sus orígenes biológicos, considerando que el artículo 182 del Código civil chileno prohíbe expresamente impugnar o reclamar una filiación diferente cuando haya operado este tipo de técnicas, teniéndose como padres del niño, niña o adolescente a quienes se hayan sometido a ella.

3. METODOLOGÍA

Para tales efectos la metodología principal empleada en esta investigación es el método dogmático, analizando las distintas instituciones involucradas, así como las normas y principios que regulan la materia.

4. FILIACION DERIVADA DE LA APLICACION DE TRHA HETEROLOGAS

Este es, probablemente, uno de los casos que más conflictos genera en relación con el derecho del menor a conocer los orígenes. El supuesto consiste en que una pareja – o una

1. Universidad del Alba (Chile)

persona sola – se somete a la aplicación de una TRHA en la que ha participado un tercer donante, pudiendo haberse utilizado o no su material genético para engendrar la criatura.

En estos casos no existe una coincidencia biológica entre el hijo y al menos uno de los padres – pues podría operar tanto respecto del padre no progenitor como de la madre que no es progenitora – lo que trae como lógica y necesaria consecuencia que el menor tendrá por padre o madre a quien no lo es biológicamente. La única norma en nuestra legislación que se refiere al tema – el ya indicado art. 182 CC - prescribe que el padre y la madre del hijo concebido mediante la aplicación de TRHA son el hombre y la mujer que se sometieron a ella, y posteriormente indica en el inciso segundo que no podrá impugnarse la filiación determinada de acuerdo a la regla precedente, ni reclamarse una distinta, impidiendo que la filiación en la que haya operado una TRHA sea impugnada o reclamada, teniéndose por padres a quienes se sometieron a ella. Esta norma además tiene por finalidad, en su primer inciso, la de atribuir la paternidad y maternidad del hijo concebido mediante la aplicación de TRHA al hombre y a la mujer que se sometieron a ella, adquiriendo real importancia justamente en los supuestos de TRHA heterólogas, pues si esta norma no tuviese aplicación, no podrían ser considerados padre o madre del menor quienes no aportaron el material genético al proceso de procreación (Court Murasso, 2010, p. 185). En otras palabras, es la misma norma en comento la que determina quienes serán los padres de la criatura producto de la aplicación de la TRHA, basándose para ello en un elemento netamente volitivo, que es la decisión de someterse a ella (Cornejo Aguilera, 2010, p. 55).

Si bien existen diversas técnicas que pueden recibir aplicación, el problema no se relaciona con la técnica que se pretende emplear, sino en la ausencia de mecanismos que permitan impugnar o reclamar las filiaciones establecidas por aplicación de TRHA. En efecto, el art. 182 prohíbe expresamente impugnar o reclamar una filiación diferente cuando haya operado una TRHA, teniéndose por padres del menor a quienes se hayan sometido a la técnica, y, como ya habíamos adelantado, cuando participa un tercer donante los vínculos biológicos no coincidirán con los legales, y al no poder ejercer las acciones de filiación correspondientes, se le priva al niño de conocer sus verdaderos orígenes biológicos pues ésta es la única forma de alcanzar este conocimiento.

La doctrina ha adoptado diversas posiciones respecto de las consecuencias jurídicas que implica la prohibición expresa del legislador en orden a no reclamar ni impugnar este tipo de filiaciones. Así, la primera cuestión a dilucidar consiste en determinar a quién se le aplica la prohibición del art. 182 del CC; seguidamente revisaremos algunas opiniones sobre la jerarquía que tendría el derecho del menor a conocer su origen biológico sobre los de los terceros partícipes y, para concluir, nos referiremos a las diversas opiniones existentes entre la doctrina acerca de la prohibición de impugnación y reclamación en comento.

4.1. Sujetos a los que afecta la prohibición del art. 182 del CC

En doctrina se ha discutido bastante acerca de a quién le resulta aplicable lo dispuesto en el inciso final del art. 182 CC, distinguiéndose dos claras posturas que se encuentran lejos de encontrar un punto de confluencia. Por una parte, encontramos a quienes postulan que la norma en comento debe aplicarse solamente al padre que se sometió a la TRHA sin aportar su material genético y al tercero aportante del mismo, pero no así al hijo nacido producto de la técnica, pues implicaría violentar su derecho a la – verdadera – identidad, mientras que por otro lado están los que consideran que la redacción de la norma es clara y por lo tanto debe aplicarse tanto a la pareja que se somete a la técnica y al menor nacido producto de ella como al tercero aportante, estimando que cualquier discriminación sobre este punto desatendería el claro tenor literal de la norma.

Entre quienes estiman que la aplicación del inciso segundo del art. 182 del CC encuentra su límite en el legítimo interés del menor de conocer su ascendencia biológica, se ha postulado que la imposibilidad de reclamar una filiación distinta tiene por objeto impedir al tercero aportante de gametos perturbar la estabilidad de la pareja que ha conseguido un hijo mediante la aplicación de la TRHA, negándole con ello la posibilidad al progenitor biológico de indagar y acreditar el vínculo que lo une con el niño que ha sido procreado (Corral Talciani, 1985, p. 56), agregando que si se interpreta que esta norma recibe aplicación también para el hijo, se ha puesto una lápida al derecho a conocer la verdadera identidad, sin que se pueda encontrar una razón que justifique el menoscabo al derecho a la libre investigación de la paternidad cuyo único origen es haber sido el producto de la aplicación de una TRHA, idea a la que adherimos, pues no nos parece justa la diferencia de trato que recibe aquél hijo cuya filiación es biológica - y que por ende puede ejercer el derecho a la libre investigación de la paternidad y en consecuencia conocer sus orígenes biológicos - respecto de aquél que ha nacido producto de la aplicación de una TRHA, a quien se le niega tal posibilidad, pues si los padres hubiesen recurrido a un adulterio consentido en lugar de someterse a una TRHA, nadie dudaría de que el hijo puede impugnar la filiación del marido y reclamar la del tercero que inseminó a la mujer. A mayor abundamiento, se ha considerado que estamos frente a una regla aplicable al tercero aportante de gametos pero no así al menor que desee indagar acerca de sus orígenes biológicos, pues a partir de una interpretación sistemática y basada en los principios constitucionales e internacionales que rigen la materia, es dable sostener que el precepto sólo se aplica a los padres biológicos y formales pero no al hijo, quien sigue detentando la titularidad de la acción de reclamación para demandar al aportante de gametos y de la acción de impugnación que necesariamente deberá intentar para dejar sin efecto la filiación formal. Se trata del ejercicio simultáneo de las acciones de reclamación e impugnación a que se refiere el art. 208 del Código Civil (Corral Talciani, 2010, p. 71).

Por otro lado, se ha postulado que la norma es aplicable tanto a los padres que se someten a la técnica como al hijo producto de ella y al tercero aportante, ya que no cabe duda que la disposición se aplica tanto al tercero que proporcionó los gametos como al hijo fruto de esta procreación asistida, pues aunque la solución que ofrece el legislador sea criticable, ello no justifica permitir torcer su claro sentido, agregando luego que lo que prescribe la norma es que el padre o la madre son los que se sometieron a la TRHA, y que por eso no puede impugnarse ni reclamarse otra filiación. Pretender que sólo son los padres y el tercero, pero no el hijo de quienes están afectos a esta limitación contraviene claramente con la disposición. Es cierto que el principio general es la libre investigación de la paternidad o maternidad, pero la norma especial es ésta, la que prevalece por sobre la regla general (Abeliuk Manasevich, 2000, p. 121). En este mismo sentido, se ha estimado que de la redacción de la norma fluye que la prohibición opera tanto respecto del tercero donante como de los padres que se sometieron a la técnica y el hijo nacido producto de ella, quienes no podrán impugnar esta filiación, agregando que con ello se cierra la puerta a juicios difíciles o incluso escandalosos, como los que han tenido que conocer y resolver los tribunales extranjeros (Ramos Pazos, 2005, p. 376), agregando luego que la eventual colisión de esta norma con el derecho del niño a conocer los orígenes es un asunto que deberá ser resuelto cuando se dicte la ley especial sobre fecundación asistida.

4.2. Prevalencia – o no – del derecho del menor a conocer el origen biológico sobre los intereses de los demás involucrados

El derecho a conocer su filiación por parte del hijo mayor de edad podría entrar en conflicto, al menos, con otros dos derechos: el de los padres jurídicos, puesto que el conocimiento de la forma como se ha engendrado el hijo puede afectar la convivencia familiar y a la propia intimidad de los padres (es decir que en este caso podríamos hablar de una eventual vulneración a la intimidad personal y familiar, y de un interés familiar a una estabilidad afectiva sin interferencias); el del donante, que en principio actúa amparado por el anonimato, y que ante la hipótesis de que el hijo, en un futuro, pueda conocerle como su padre biológico, podría recelar, pensando – aunque fuese erróneamente – en la posibilidad de que tal hijo le reclamase algo (en este supuesto también nos encontraríamos frente a la vulneración del derecho a la intimidad del donante, pero esta vez fundada en su deseo de permanecer en el anonimato), sin perjuicio que ninguno de los dos argumentos le resulta suficiente para negarle al menor el derecho a conocer los orígenes (Vidal Prado, 1996, pp. 265-282).

Por otro lado, en virtud del derecho a la identidad, de la protección del interés superior del niño y del principio de la verdad biológica actual, debiera respetarse el derecho del hijo que ha sido el resultado de la aplicación de TRHA de conocer al menos la identidad de quienes han sido sus progenitores genéticos, no pudiendo primar el interés del aportante de mantener su anonimato o el de los padres afectivos de no perturbar la estabilidad de la relación legal establecida con el hijo por sobre su derecho a la identidad (Corral Talciani, 2010, p. 81). Por su parte, se ha concluido que existen buenas razones para terminar con el anonimato del donante y permitir al hijo investigar la identidad de su progenitor, pero que tales argumentos, por loables que sean, se estrellan contra la realidad de nuestro derecho de familia, que es reacio a permitir una investigación amplia de la paternidad del hijo en los supuestos de aplicación de TRHA (Gumucio Schonthaler, 1997, p. 175).

En este sentido, no compartimos la firmeza que la ley atribuye a la filiación así determinada, por el mismo hecho de no poder ser contradicha a través del ejercicio de la acción de impugnación de la paternidad que intente demostrar que no existe relación biológica entre el padre y el hijo nacido por aplicación de la TRHA, así como que tampoco se permita reclamar una filiación distinta ejercida con los mismos fines, pues con ello se cercena profundamente la posibilidad que tiene el menor de ejercer su derecho a la identidad (Gumucio Schonthaler, 1997, p. 175). Así, no parece haber duda de que el precepto veda el ejercicio de la acción de impugnación por parte del padre formal que pretenda demostrar que el hijo concebido con gametos ajenos no es en realidad (biológicamente) hijo suyo. Tampoco suscita controversia la conclusión de que la norma impide al tercero aportante de gametos el ejercicio de la acción de reclamación de la paternidad o maternidad biológica respecto de hijo concebido de esta forma, así como la necesaria acción de impugnación de la filiación del padre o madre formales (no biológicos). Pero sí es dudoso el alcance de la exclusión de las acciones de reclamación o impugnación por parte del hijo, sobre todo si ha llegado a la mayoría de edad y es plenamente capaz (Gumucio Schonthaler, 1997, p. 175). Por su parte, otros han estimado que sobre este punto concurren una serie de intereses, derechos y principios, entre ellos el reconocimiento a la personalidad y sus atributos - donde debemos necesariamente incluir la intimidad, el honor y el derecho a un estado civil –, la dignidad de la persona, la protección a la familia, el derecho a la verdad, posibilitando la investigación de la paternidad y maternidad, y la igualdad jurídica, y para el caso en que deba asumirse una jerarquía respecto de ellos, el principio esencial al que deben supeditarse todos los problemas en cuestiones de filiación es el de la protección y defensa del hijo con independencia de su origen (Etcheberry Court, 1991, p. 27).

Asimismo, se ha sostenido que el derecho al conocimiento de la propia génesis es absoluto e irrenunciable, pues se trata de un derecho anterior y superior axiológicamente tanto respecto de la familia como respecto de los terceros que no sean parte de ella pero que de algún modo se puedan ver afectados en sus intereses, y a mayor abundamiento, lo que se encuentra en juego es nada más y nada menos que la propia dignidad y liberad del menor, quien debe tener la posibilidad de construir su propia identidad (Mizrahi, 2006, p. 63). Lo anterior se refuerza con la posición que ha tenido la jurisprudencia de Argentina sobre este punto, que ha indicado que pocos derechos humanos pueden ser más dignos de protección que el derecho a ser emplazado en el estado de hijo, a conocer la identidad, a reconocer raíces, a vivir con la dignidad que otorga el saber de quién se es hijo (Mizrahi, 2006, p. 63).

En la posición contraria, se ha considerado que el legislador no podría establecer una solución diversa para determinar la filiación en estos casos, pues la consecuencia de ello será el riesgo de eliminar una herramienta de comprobada utilidad para aquellas parejas que no pueden optar por la procreación natural, considerando válida la decisión del legislador en orden a privilegiar el ejercicio de los derechos reproductivos de los padres, estimado que ante eventuales conflictos debiesen existir razones adicionales que justifiquen la búsqueda de los orígenes biológicos, pues revelar la información acerca del tercero implicaría vulnerar su derecho a la identidad (Cornejo Aguilera, 2010, p. 55). No adherimos a la idea planteada por el autor, pues si bien nos parece que la norma en comento reviste importantes características prácticas, estas no alcanzan la suficiente relevancia para que su invocación permita superponer el derecho de los padres por sobre el derecho del menor, pues resulta contrario al interés superior del niño, que debe primar sobre todo otro interés, y la verdad biológica. Asimismo, el objetivo de la norma en comento es que la pareja heterosexual que acude a estas TRHA mediante la utilización de gametos provenientes de terceros no sea vea perturbada por las posibles pretensiones que tengan los hijos nacidos como producto de la aplicación de la técnica en orden a reclamar la paternidad o maternidad del hijo mediante la utilización de las pruebas biológicas (Corral Talciani, 2011, pp. 169-177).

Finalmente, y en una posición ecléctica, ante los eventuales conflictos de intereses que se suscitan a propósito de las TRHA entre sus distintos partícipes, debiera primar el interés superior del niño, con el objeto de hacer efectiva la tutela de sus derechos fundamentales, sin perjuicio de que ello no pueda llevarnos al extremo de considerar como absolutos los derechos de los hijos frente a los de los demás involucrados, toda vez que la posibilidad del hijo de conocer su procedencia biológica se encuentra directamente relacionada con la preservación del anonimato del donante en una suerte de colisión de derechos, ya que lógicamente, si se admite el derecho del hijo para investigar su verdadera filiación biológica, no cabe hablar de anonimato, o al menos, no de uno absoluto (Turner Saelzer, 2000, p. 14).

A mayor abundamiento, en cuanto a la vulneración de la intimidad del donante y del padre infértil, no parece que ella sea perturbada por la posibilidad del hijo de conocer su origen biológico, toda vez que la protección de la intimidad de estas personas dice relación con la prohibición a la publicidad y conocimiento por cualquiera de su participación en la reproducción asistida; pero respecto del hijo, este derecho debe quedar en segundo plano, ya que, como todo derecho, no es absoluto y debe ceder ante otro preferente, como es el que tiene toda persona a conocer su propia identidad biológica (Turner Saelzer,

2000, p. 13). Adherimos a estas consideraciones y agregamos, además, que aun cuando entendiésemos que la intimidad se pueda ver vulnerada frente a las pretensiones del menor de conocer sus orígenes, es este último derecho el que debiera primar, pues las intromisiones en la vida privada pueden justificarse si con ello se aseguran los derechos y libertades de los demás y la satisfacción de exigencias de orden público y del bien común.

En cuando a la vulneración de la paz familiar por la interferencia afectiva de una persona ajena a la familia en que el hijo se encuentra inserto, no nos parece que se trate de una pretensión jerárquicamente más relevante que el interés del menor consistente desarrollar su identidad, sobre todo teniendo en consideración el interés superior del niño, que informa toda nuestra legislación. En este sentido, debemos señalar que cuando los lazos afectivos con los padres legales del menor son realmente fuertes, no hay motivo por el que estos puedan ser destruidos si se le permite al menor indagar sobre su verdadero origen. Es deber de los padres entregarle el apoyo y contención necesarios para que permita sobrellevar la situación, y a mayor abundamiento, no puede darse por sentado que en todos los casos el menor resulte profundamente afectado con la intervención de un tercero ajeno en su vida, pues en muchas ocasiones los Tribunales de Justicia han decretado regímenes de visitas a favor del hijo respecto de padres con los que no han tenido ningún contacto, ya sea por la corta edad del niño o porque éste ha desaparecido por un tiempo prolongado durante su vida. Debemos convenir en que cuando estas visitas son paulatinas y respetan los procesos psicológicos y la madurez del niño, no tienen por qué generarle graves daños psicológicos, muy por el contrario, pues le permitiría acercarse a sus raíces y alcanzar la verdadera identidad.

En relación con esto, se ha señalado que el eventual perjuicio psíquico y afectivo que podría recibir el niño al saber que su nacimiento fue producto de una técnica de fertilización asistida, no es un argumento sostenible, ya que dicho perjuicio bien podría producirse (quizás con mayor gravedad) al conocer el hijo por terceras personas las circunstancias de su generación (Turner Saelzer, 2000, p. 14). Así, creemos que lo que se pretende al adoptar esta postura es decidir sobre qué es lo mejor para el menor sin consultársele, o bien sin atender a la asistencia de especialistas que puedan dilucidar si efectivamente le causa un perjuicio al menor el conocimiento de sus propios orígenes. Recuérdese que no todos los niños – ni las personas – reaccionan de la misma forma ante un mismo estímulo, todo va a depender de las especiales condiciones que cada ser humano reviste y del grado de madurez que tenga la persona afectada, por lo tanto entender este criterio como regla general es, en nuestro concepto, una falacia *ad populum* y por lo tanto debiese ser en principio descartada como un argumento válido para desechar la posibilidad del menor de ejercer su derecho a conocer los orígenes biológicos. A mayor abundamiento, entendemos que una de las principales cuestiones que deberían trabajarse en este ámbito es acerca de los miedos, prejuicios e inquietudes que estas personas tienen en torno a los orígenes del niño a ser adoptado. Así también, sobre qué, cómo, cuándo hacerle conocer al adoptado su condición de tal y la demás información atingente a sus orígenes (Herrera, 2008, p. 207), e incluso la Corte de Apelaciones de Santiago se ha pronunciado sobre el tema, decretando que si bien la menor de edad se encuentra en una condición que puede estimarse como que no conoce la verdad sobre su origen, también es cierto que dicho aspecto cognoscitivo resulta ser un proceso que se irá desarrollando en el tiempo, el cual con apoyo psicológico podrá ser de menor costo afectivo para la menor (Corte de Apelaciones de Santiago, 2016).

En conclusión, los intereses que contrastan el derecho del niño a conocer sus orígenes biológicos recién mencionados (el anonimato, la paz familiar o el daño psicológico que se le pueda causar a menor) no parecen alcanzar la relevancia suficiente para imponerse sobre el derecho del niño a la verdadera identidad, principalmente porque éste se encuentra amparado en el principio del interés superior del niño que informa toda nuestra legislación nacional.

4.3. Opiniones doctrinarias acerca de la imposibilidad de impugnar o reclamar una filiación diferente cuando ha operado una TRHA

Sobre este punto se ha señalado que la legislación vigente sobre técnicas de reproducción asistida, esto es, el artículo 182 del Código Civil y la normativa ministerial, no podría prosperar una acción de investigación de paternidad intentada contra el donante de gametos. Ello, porque una de las ideas fundamentales detrás de la nueva ley de filiación es la del derecho a la identidad o a conocer su propio origen que tiene toda persona, de manera de hacer prevalecer la verdad biológica por sobre la verdad formal, resultando justamente la procreación asistida una de las materias en que dicho principio encuentra excepción (Turner Saelzer, 2000, pp. 17-18). Todo ello en consideración al carácter no absoluto de los derechos que detenta el menor de edad.

En este sentido, una legislación prudente debiera garantizar al hijo, una vez alcanzada su mayoría de edad, el derecho a investigar la identidad del titular de los gametos que le dieron origen, independientemente de los efectos jurídicos que pueda atribuirse a esa determinación, aun cuando la ley no le imponga la responsabilidad jurídica de la paternidad o maternidad, agregando luego que la misma ley debiera preocuparse de introducir algunas modificaciones al Código Civil y otras leyes, o entregar normas especiales para hacerse cargo de los problemas más acuciantes relativos a la filiación y a la familia, como por ejemplo posibilitar la indagación de la identidad del progenitor biológico, autorizar al marido a impugnar la paternidad del niño procreado con semen de un tercero, dar derecho a adoptar al hijo gestado por la madre portadora, entre otros (Corral Talciani, 1985, pp. 26-17). En este mismo sentido debe dictarse una ley que regule la aplicación de las técnicas de reproducción humana asistida con donante que permita a los nacidos producto de ella, tener acceso a la historia clínica de su fecundación y al nombre del o los donantes, tomando como base la regulación de la adopción pero ampliándola de tal forma que comprenda tanto la identidad genética como la filiatoria, debiendo además legislarse sobre la materia, estableciéndose que tanto en hospitales como en las clínicas que realizan fecundación asistida se lleven un registro confidencial con la historia genética y el nombre de cada donante (Gómez de la Torre, 2012, p. 66).

5. DISCUSIÓN DE RESULTADOS

Estimamos que efectivamente el derecho a la identidad debiese constituir un límite a la restricción prescrita en el art. 182 CC, la redacción de la norma y su contenido de carácter especial nos obligan a afirmar que no resulta posible hacer distinción alguna en favor del derecho del menor a conocer los orígenes, pues ello resultaría contrario al tenor literal de la norma, que no realiza ninguna diferenciación.

Sin perjuicio de lo anterior – y a mayor abundamiento –, creemos que el legislador debiera ocuparse de la dictación de una norma que subsane los efectos que conlleva la prohibición del inciso segundo del art. 182 CC, disposición que permita al menos que el menor tenga acceso a la información sobre su ascendencia biológica que le sea necesaria para satisfacer su derecho a la verdadera identidad, sin que ello implique establecer vínculos filiativos u obligaciones recíprocas para las partes. En tal caso, podríamos decir que el menor vería satisfecha su pretensión de conocimiento de sus orígenes, a la vez que los terceros donantes, al no existir la posibilidad de contraer obligaciones que no desean respecto del menor, no se inhibirán a la hora de decidir afirmativamente sobre la donación de su material genético y, finalmente, los padres del menor no verán perturbada la estabilidad familiar y la pretensión de ser padres que tenían al momento de decidir someterse a la TRHA.

Por otro lado, el derecho a conocer los orígenes no debiese ser garantizado únicamente a partir de los dieciocho años, pues en primer lugar se trata de un derecho cuyo titular es precisamente el menor de edad – sin perjuicio de que, además, es un derecho que subsiste una vez superada la mayoría de edad –, y en segundo lugar porque nos parece que no es más que una distinción odiosa que carece de una fundamentación razonable, no vemos porqué un menor de diecisiete años o menos no pueda detentar la titularidad de un derecho que los mismos tratados internacionales sobre la materia establecen a su favor.

Aun con todo, la solución propuesta presenta un nuevo inconveniente, pues aun cuando nuestra legislación contara con mecanismos eficaces para que el menor pueda satisfacer su pretensión de conocer los propios orígenes, éste, al ser menor de edad, deberá concurrir representado por quien detente sobre él la patria potestad, debiendo recurrir a otros, quienes podrían no querer prestarle la asistencia necesaria, sea sencillamente porque no se quiere desestabilizar la paz familiar o bien porque las circunstancias anteriores, coetáneas y posteriores en las que se ha producido el embarazo no han sido deseadas, como ocurre cuando ha mediado una violación producto de la cual ha nacido un niño o bien cuando el padre ha manifestado sus dudas acerca de su paternidad al tener conocimiento del embarazo o cuando ha propuesto a la madre la posibilidad de practicar un aborto. Sobre este punto, el problema se ha descrito en los siguientes términos:

> *distinta es la situación cuando la madre biológica es quien se niega a concurrir al tribunal ante una demanda de reclamación de paternidad por parte del padre biológico de un hijo menor de edad, solicitando que se practique la prueba biológica de ADN, a fines de demostrar la existencia del vínculo biológico. Con su no concurrencia al tribunal se impide la determinación de la paternidad, aquí existe un vacío legal pues no hay norma que obligue a la madre a llevar al hijo. A lo más se podría decretar desacato, diligencia que generalmente no es ordenada por los jueces. La madre, como representante del hijo en tanto titular del cuidado personal y de la patria potestad, estaría impidiéndole hacer efectivo su derecho a conocer quién es su padre biológico y a entablar una relación jurídica con él (Gómez de la Torre, 2012, p. 60).*

Creemos, finalmente, que en todos aquellos estos casos en los que el menor no tiene cómo ejercer su derecho, debiera existir una suerte de defensor de menores u organismos de defensa de los derechos de los mismos cuya principal función sea velar porque los derechos de los niños se vean garantizados cuando sus padres se nieguen a hacerlos valer, sin que ello constituya una vulneración lo suficientemente grave como para quitarles el cuidado personal del menor, como ocurre a propósito del derecho a conocer los orígenes, ya que si bien es un derecho relevante en la formación de la personalidad de toda persona, su infracción no reviste los niveles de gravedad suficientes como para sustraer el cuidado personal de los menores a la madre o a quien lo detente.

Concluimos que el legislador debiera ocuparse de la dictación de una norma que subsane los efectos que conlleva la prohibición del inciso segundo del art. 182 CC, disposición que permita al menos que el niño, niña o adolescente tenga acceso a la información sobre su ascendencia biológica que le sea necesaria para satisfacer su derecho a la verdadera identidad, sin que ello implique establecer vínculos filiativos u obligaciones recíprocas para las partes. En tal caso, podríamos decir que el niño, niña o adolescente vería satisfecha su pretensión de conocimiento de sus orígenes, a la vez que los terceros donantes, al no existir la posibilidad de contraer obligaciones que no desean respecto del menor, no se inhibirán a la hora de decidir afirmativamente sobre la donación de su material genético y, finalmente, los padres del menor no verán perturbada la estabilidad familiar y la pretensión de ser padres que tenían al momento de decidir someterse a la TRHA.

6. CONCLUSIONES

Esta investigación podemos concluir que en las técnicas de reproducción humana asistida heterólogas, no se da cumplimiento al derecho del niño a conocer sus orígenes biológicos, considerando que el artículo 182 del Código civil chileno prohíbe expresamente impugnar o reclamar una filiación diferente cuando haya operado este tipo de técnicas, teniéndose como padres del niño, niña o adolescente a quienes se hayan sometido a ella. Al no poder ejercer las acciones de filiación correspondientes, se le privaría al niño de conocer sus verdaderos orígenes biológicos, pues ésta es la única forma de alcanzar este conocimiento, conculcando con ello su derecho a la identidad.

7. REFERENCIAS

Abeliuk Manasevich, R. (2000). *La Filiación y sus efectos*. Editorial Jurídica de Chile.

Cornejo Aguilera, P. (2010). Estatuto Filiativo y Principios Constitucionales. *Revista Derecho y Humanidades*, 16, 43-61.

Corral Talciani, H. (1985). *Familia y procreación artificial, perspectivas para una legislación en Chile*. Editorial Colegio de Abogados de Chile.

Corral Talciani, H. (2010). Intereses y derechos en colisión sobre la identidad del progenitor biológico: los supuestos de la madre soltera y del donante de gametos. *Revista Ius et Praxis*, 16, 57-88.

Corral Talciani, H. (2011). Reproducción humana asistida y filiación. Un análisis del nuevo artículo 182 del Código Civil. *En Primeras Jornadas de Derecho Médico, Cuadernos Jurídicos 2*, 169-177.

Court Murasso, E. (2010). *Curso de derecho de familia, la filiación por naturaleza*. Editorial Legal Publishing.

Etcheberry Court, L. (1991). *Familia y Personas*. Coord. por Enrique Barros Bourie. Editorial Jurídica.

Gómez de la Torre Vargas, M. (2012). *Congreso Internacional de Derecho Familiar, Disertaciones y Ponencias*. Editorial La Ley.

Gumucio Schonthaler, J. (1997). *Procreación Asistida, Un Análisis a la Luz de la Legislación Chilena*. Editorial Jurídica Conosur.

Herrera, M. (2008). *El Derecho a la Identidad en la Adopción*. Editorial Universidad.

Mizrahi, M. (2006). *Identidad filiatoria y pruebas biológicas*. Editorial Astrea.

Ramos Pazos, R. (2005). *Derecho de familia*. Editorial Jurídica.

Turner Saelzer, S. (2000). Técnicas de reproducción humana asistida. Una perspectiva desde los intereses del hijo. *Revista de Derecho (Valdivia)*, 9, 13-26.

Vidal Prado, C. (1996). El derecho a conocer la filiación biológica (con especial atención a la filiación materna). *Revista jurídica de Navarra*, 22, 265-282.

CONSECUENCIAS TRIBUTARIAS DEL METAVERSO: LOS CRIPTOACTIVOS

María Bernad Furest [1]

1. INTRODUCCIÓN

El presente estudio tiene por objeto el tratamiento fiscal que reciben los criptoactivos, debiendo entender por estos las criptomonedas y los *Non Fungibles Token's* (NFT's), para lo que se hace necesario delimitar estos conceptos, así como la naturaleza y características de estos activos digitales con el fin de establecer la calificación jurídico-tributaria que corresponda en atención a la funcionalidad de estos. Además, se hace imprescindible hacer referencia a la tecnología *Blockchain,* ya que posibilita las transacciones evitando duplicidades, dotando de seguridad las operaciones con criptoactivos, y convirtiendo estos *tokens* en únicos, de lo que deriva la importancia económica de estos atendiendo a la exclusividad intrínseca que de ellos se desprende.

Constituye el metaverso un nuevo escenario de mercado donde el medio de pago lo constituyen las criptomonedas, siendo los bienes los NFT's. La irrupción de los criptoactivos supone un desafío en los ordenamientos jurídicos y en especial en el ámbito tributario, pues, como cualquier fenómeno económico, este tendrá repercusiones fiscales, de las que nos ocupa analizar las implicaciones que se derivan respecto a la imposición directa e indirecta. Para ello se examinará la sujeción y gravamen de estos en el Impuesto sobre la Renta de Personas Físicas, el Impuesto sobre el Patrimonio y el Impuesto sobre el Valor Añadido. El estudio de su tributación, en cualquier caso, no está exento de dificultades derivadas de la complejidad que atañe al mundo virtual, la ausencia de una regulación específica y la aplicación de la normativa del mundo analógico al virtual.

2. OBJETIVOS

El objetivo principal consiste en arrojar algo de luz respecto a las obligaciones tributarias relacionadas con estos criptoactivos, tanto para los mineros e inversores de criptomoneda como para los creadores e inversores de NFT's.

Los objetivos específicos son:

1. Universidad de Granada (España)

1. Analizar la sujeción de las mencionadas actividades con criptoactivos en el Impuesto sobre la Renta de Personas Físicas, Impuesto sobre Actividades Económicas, Impuesto sobre el Valor Añadido e Impuesto sobre el Patrimonio.
2. Establecer las diferencias en cuanto a la tributación de criptomonedas y NFT´s.
3. Exponer las deficiencias regulatorias tributarias.

3. METODOLOGÍA

La metodología empleada en este estudio consiste en un análisis de la legislación tributaria vigente, así como de las consultas vinculantes emitidas por la Dirección General de Tributos que han contribuido, en gran medida, a esclarecer la tributación de estos criptoactivos. Sin embargo, existen cuestiones sobre las que no existe un pronunciamiento claro por parte de la Administración Tributaria, por lo que se hace preciso un estudio atendiendo a las especialidades que presentan los criptoactivos en cuanto a su naturaleza, características y operatividad del mercado, con objeto de determinar la calificación jurídico-tributaria que adquieren las transacciones con criptomonedas y NFT´s.

4. CRIPTOMONEDAS, *BLOCKCHAIN* Y *NON FUNGIBLES TOKEN´S*

Las criptomonedas constituyen dinero virtual definidas por el Banco Central Europeo (2012) como un "tipo de dinero electrónico no regulado, que es emitido y generalmente controlado por sus creadores, y utilizado y aceptado entre los miembros de una determinada comunidad virtual" (p. 13), aunque a su vez ya advierte que dado el rápido crecimiento y evolución que experimenta la realidad virtual, este concepto no pretende ser exhaustivo y es susceptible de modificaciones o adaptaciones que lo aproximen a la actualidad e insiste en que las criptomonedas son representaciones de valor y que no cumplen con las funciones del dinero (2019). La Autoridad Bancaria Europea a través de Resolución del Parlamento Europeo, de 26 de mayo de 2016, sobre monedas virtuales (2016/2007(INI)) entiende el dinero virtual como "una representación digital de valor no emitida por un banco central ni por una autoridad pública, ni necesariamente asociada a una moneda fiduciaria, pero aceptada por personas físicas o jurídicas como medio de pago y que puede transferirse, almacenarse o negociarse por medios electrónicos" (p. 3). En este mismo sentido se pronuncia la Ley 10/2010, de 28 de abril, de prevención del blanqueo de capitales y de la financiación del terrorismo, la cual define en su artículo 1.5 las criptomonedas como "representación digital de valor no emitida ni garantizada por un banco central o autoridad pública, no necesariamente asociada a una moneda legalmente establecida y que no posee estatuto jurídico de moneda o dinero, pero que es aceptada como medio de cambio y puede ser transferida, almacenada o negociada electrónicamente" (p. 8).

En lo que se refiere a su obtención, las criptomonedas se pueden adquirir: a través de la minería o por su compra. Debiendo entender la minería de acuerdo con Llases (2021) como aquella "actividad retribuida en criptomonedas consistente en validar las transacciones y añadirlas a un libro contable público, la cadena de bloques (blockchain)" (p. 31), y la compra de criptomonedas como "transacciones financieras digitales (cash electrónico), de persona a persona (peer-to-peer) difícilmente manipulable, y dotadas de mayor seguridad y privacidad" (Torres, 2020, p. 8), siendo estas más rápidas que las convencionales por no contar con intermediarios financieros, aunque irreversibles, pues una vez realizadas no son susceptibles de modificaciones o cancelaciones dada su tecnología *Blockchain* y pese a no contar con intermediarios financieros que acepten y validen estas operaciones de transmisión, no se produce una ausencia total de control, pues se sustituye por mecanismos tecnológicos complejos basados en la criptografía que constituyen un libro contable de operaciones, dotándolas de seguridad y haciéndolas inmunes al fraude, es decir, impidiendo cualquier alteración de la información registrada e integrando la información a una cadena de bloques, encajándolos entre sí, contribuyendo en ello los mineros con su actividad, por lo que Chávez Cerda (2019) añade como características de los criptoactivos derivadas del *Blockchain:* la imposibilidad de obtener reembolso y la inviabilidad de falsificación.

De acuerdo con Hernández (2020), las criptomonedas, encuentran dificultades basadas en su volatilidad y liquidez por no existir un reconocimiento general, lo que unido a que no tienen consideración de moneda en curso real, ni divisa que la represente, han excluido la calificación de tales como dinero, considerándose las criptomonedas como activos digitales.

En cuanto a las principales características de las criptomonedas y en resumidas cuentas, podemos destacar fundamentalmente:

- Las criptomonedas son descentralizadas, pues no son emitidas ni controladas por ningún banco central ni autoridad pública, en contraposición con el dinero hasta ahora entendido. Son los propios creadores de criptomonedas, quienes controlan su emisión, dependiendo su valor de la aceptación que tenga esta moneda virtual en el mercado.
- No constituyen dinero en curso legal, pero si una representación de valor, además no tienen representación física pues no se corresponden con ninguna divisa, por lo que se almacenan en una *wallet* o cartera virtual con capacidad de almacenar y transferir el valor de estas monedas.
- Su aceptación como método de pago no es universal, sino que su aceptación como tal está condicionada a la conformidad de los usuarios, pues el Banco Central Europeo (2012) define este dinero virtual como "un tipo de dinero electrónico no regulado, que es emitido y generalmente controlado por sus creadores, y utilizado y aceptado entre los miembros de una determinada comunidad virtual" (p. 13).

El principal inconveniente de las criptomonedas es que internet funciona como medio para transmitir información, duplicando la información que se transmite, con las criptomonedas se pretende transmitir valor y para hacerlo efectivo no puede haber duplicidad de pagos (González de Frutos, 2018), además hay que añadir la problemática que este dinero se almacena en *wallets* y está expuesto a los ataques de cibernéticos de *hackers*, por lo que las criptomonedas deben contar con mecanismos que proporcionen seguridad a estas transacciones, es por ello que utilizan sistemas de *Distributed Ledger Technology*, siendo el *Blockchain* un subtipo de este.

No estableceremos las diferencias entre *Distributed Ledger Technology* y *Blockchain*, pues su complejidad se escapa de nuestra rama de conocimiento, pero haremos una breve referencia al sistema de *Blockchain*, sin pretensión de entrar en valoración de los algoritmos empleados, con la finalidad de mejorar la comprensión del funcionamiento de las criptomonedas.

El *Blockchain* es una base de datos que, empleando la criptografía, permite registrar las transacciones, representadas como bloques y transmitidas a toda la red que, valida la operación, añadiendo el bloque a la cadena y transmitiendo este activo digital. Esta cadena de bloques opera a modo de libro mayor contable y permite registrar las operaciones entre las dos partes (García Valdecasa, 2017), esta base de datos es descentralizada y permite la llevanza del libro contable sin necesidad de ninguna autoridad o institución que actúe como intermediaria, creando un registro compartido y siendo sus participantes los encargados de su llevanza (Porxas, 2018). Por tanto, estos bloques, representan transacciones y funcionan como piezas de un puzle, enlazándose unos con otros, reflejando en la misma cadena las transacciones anteriores con las posteriores, creando un histórico de los movimientos, y estando toda la información disponible para la red, siendo los propios usuarios quienes validan las operaciones, convirtiéndose en inalterables.

No obstante, en el metaverso conviven las criptomonedas y los NFT's, empleando ambos el sistema *Blockchain,* y debiendo entender los NFT's o *Non-Fungible Tokens* de acuerdo con Galea (2002) como "un trozo de código (software) que hace uso de la tecnología blockchain, normalmente bajo la forma de un smart contract donde el "objeto físico" del contrato es un activo digital (un archivo incrustado o pegado irrevocablemente a este trozo de código) que declara su unicidad" (p.15). El uso de la tecnología *Blockchain* tiene como principal consecuencia la conversión de archivos digitales en únicos, que se pueden comprar, vender y almacenar, pero no duplicar, por lo que cada NFT será único pudiendo transferirse garantizando su exclusividad, y en palabras de Segura (2022), "los NFT's son básicamente certificados que permiten garantizar, por un lado, que una única persona (o empresa) es dueña de una obra digital referenciada por el NFT; y por otro, garantizar la autenticidad y la naturaleza única del contenido digital" (p. 3).

En cuanto a la adquisición de NFT's se estará a lo que establezca la plataforma o mercado en el que operen, siendo el método más extendido el intercambio de NFT´s por criptomonedas.

De las definiciones anteriores se deducen sus principales características:

- Se trata de activos no fungibles, únicos e irrepetibles, no existiendo dos iguales y por tanto no intercambiables por otros idénticos, pues en su exclusividad reside su valor.
- Son indivisibles, los NFT's no se pueden dividir en unidades más pequeñas. Se representan como una entidad completa y no se pueden fraccionar.
- Los NFT's pueden representar una amplia gama de activos digitales, como obras de arte, música, vídeos, coleccionables virtuales, artículos de juego, entradas para eventos, certificados y mucho más.
- Los NFT's se pueden transferir de un propietario a otro de manera segura y sencilla mediante transacciones en la cadena de bloques, a su vez son compatibles con múltiples plataformas e intercambiables en diversos mercados que admitan el Blockchain, lo que garantiza un historial de propiedad, así como verificar su autenticidad.

4.1. Tributación de las criptomonedas

En este epígrafe abordaremos la tributación de las criptomonedas, que es cuanto menos compleja, dada la reciente creación de estas, su rápida evolución, la implementación de esta tecnología tan difusa y la ausencia de una regulación específica. Además, debemos distinguir varios escenarios, diferenciando la actividad de los mineros de la de los inversores. Para la delimitación del panorama actual de la fiscalidad de las criptomonedas tomaremos como referencia la doctrina sentada por la Dirección General de Tributos (DGT).

4.1.1. Mineros

La actividad de los mineros, así como las contraprestaciones recibidas, darán lugar a obligaciones tributarias que deberán satisfacer estos sujetos.

En cuanto al Impuesto sobre la Renta de Personas Físicas regulado en la Ley 35/2006, de 28 de noviembre, del Impuesto sobre la Renta de las Personas Físicas y de modificación parcial de las leyes de los Impuestos sobre Sociedades, sobre la Renta de no Residentes y sobre el Patrimonio (en adelante IRPF y LIRPF), para determinar los rendimientos a los que da lugar debemos atender al origen de las rentas. Tal actividad podría plantear dudas sobre su calificación como rendimientos del trabajo, de actividades económicas, o incluso de ganancias o pérdidas patrimoniales. Para su consideración como rendimientos del trabajo, se exige una relación laboral por cuenta ajena, con las notas de dependencia que la caracteriza, por lo que para que las rentas recibieran tal calificación, sería necesario un empleador, y es aquí donde encontramos la imposibilidad de calificar las rentas obtenidas como rendimientos del trabajo pues es el propio sistema quien retribuye la actividad de los mineros, sin olvidar la limitación del artículo 29.4 del Real Decreto Legislativo 2/2015, de 23 de octubre, por el que se aprueba el texto refundido de la Ley del Estatuto de los Trabajadores, que señala que el salario deberá ser en moneda de curso legal. Respecto a su consideración como rendimientos de actividades económicas, el artículo 27 LIRPF establece que tendrán consideración de rendimientos de actividades económicas aquellos que procediendo del trabajo personal o del capital supongan la ordenación por cuenta propia de medios de producción o de recursos humanos con el fin de intervenir en la producción o distribución de servicios, supuesto en el que se encuadra la actividad de los mineros pues requiere de complejos equipos e infraestructuras destinados a resolver los algoritmos del *Blockchain* a fin de verificar las transacciones con las criptomonedas, por su parte la finalidad de intervenir en el mercado quedará constatada con la realización de tal actividad de forma profesional con la intención de proceder al cambio de dinero digital por dinero virtual y lucrarse con ello, es por tanto, que las contraprestaciones recibidas tendrán consideración de rendimientos de actividades económicas dado el origen de estas rentas. No obstante, podemos considerar que la actividad del minado se desarrolle al margen de cualquier actividad económica sino se acreditan las condiciones anteriores, sería por ejemplo el caso en el que se realice la actividad del minado como entretenimiento y no con la finalidad de vender las criptomonedas recibidas, difícilmente demostrable la intención de no intervenir el mercado si a pesar de realizar esta actividad como entretenimiento se procede constantemente a su venta, aunque no por ello estas criptomonedas deben quedar eternamente condenadas en la *wallet* sino que entendemos que en algún momento tendrá que darse salida a estas de forma aislada, en cuyo caso la ganancia obtenida quedaría sujeta al IRPF como ganancias y pérdidas patrimoniales, aunque esta última consideración tienen carácter residual y corresponde al contribuyente la prueba de su realización al margen de una actividad económica.

Además, el desarrollo de cualquier actividad económica en el territorio nacional determina la realización del hecho imponible que del Impuesto sobre Actividades Económicas (en adelante IAE), y la obligación de darse de alta para quienes ejerzan dicha actividad conforme a las tarifas establecidas en el Real Decreto Legislativo 1175/1990, de 28 de septiembre, por el que se aprueban las tarifas y la instrucción del Impuesto sobre Actividades Económicas. La Consulta Vinculante V3625-16 de la DGT determinó que las actividades de minería pertenecen al grupo 831.9 denominado "otros servicios financieros n.c.o.p.", si bien es cierto que la pertenencia a esta tarifa es provisional de acuerdo con la regla 8º de la instrucción, lo cierto es que a pesar del auge de esta actividad y su singularidad, sin olvidar el transcurso de casi 10 años desde que surgieron interrogantes acerca de la tarifa de pertenencia, aun no se contempla tarifa específica para tal actividad, por lo que parece que esta clasificación se ha visto abocada a la permanencia.

En relación con Impuesto sobre el Valor Añadido (en adelante, IVA), regulado en la Ley 37/1992, de 28 de diciembre, del Impuesto sobre el Valor Añadido, señala la Consulta Vinculante V1274-20 de la DGT que, de conformidad con la sentencia de 3 de marzo de 1994, R. J. Tolsma, Asunto C-16/1993 del Tribunal Europeo, es necesario una relación directa entre el servicio prestado y la contraprestación recibida para que la prestación de servicios sea gravada por el impuesto, y de acuerdo con la consulta V3625-16 en la actividad de minado no se acredita que la contraprestación recibida sea el contra favor del servicio prestado, pues no puede identificarse al destinatario o cliente efectivo de la misma, en la medida que las nuevas criptomonedas son automáticamente generadas por la red y por tanto la actividad no estará sujeta a IVA, por lo que el minado de criptomonedas supone la generación de nuevos activos digitales y no implica una transmisión de bienes y servicios a cambio de contraprestación, constituyendo lo anterior, la principal razón de la no sujeción de la actividad del minado en el IVA. Sin embargo, Vilarroig-Moya (2018) destaca una incongruencia respecto a lo anterior pues el epígrafe 831.9 del IAE considera que el minero presta un servicio y que las criptomonedas que recibe son una especie de contraprestación al trabajo que desarrolla, en cambio este carácter de contraprestación se niega a efectos del IVA.

4.1.2. Inversores

Los sujetos adquirientes de criptomonedas, por los medios señalados anteriormente, pueden actuar como inversores, esperando obtener rentabilidad con estos activos. En este sentido, adquirirán criptomonedas con la finalidad de obtener ganancias con su venta, es decir la entrega de dinero virtual a cambio de dinero legal, sin embargo, también existe la posibilidad de intercambiar monedas virtuales con la esperanza de adquirir otras más rentables. La adquisición, venta o intercambio de monedas virtuales, tributarán como ganancias o pérdidas patrimoniales en el IRPF, de acuerdo con las Consultas Vinculantes de la DGT: V0808-18 y V0999-18, ya que ambos casos se produce una alteración del patrimonio fruto de la compra o transmisión de criptomonedas, por lo que la imputación temporal de las rentas vendrá referida al momento en el que se produzca la entrega bien por compraventa o por permuta. En el caso de venta, la determinación de la ganancia se realizará de acuerdo con el artículo 35 LIRPF, y el caso de intercambio de monedas, debemos entenderlo como permuta regulada en el artículo 37.1.h), conforme a la Consulta Vinculante V1948-21 de la DGT. En cualquier caso, debemos entender las plusvalías o minusvalías como la diferencia entre el valor de adquisición y el valor de transmisión, pudiendo ser este último el importe real de enajenación, siempre que no resulte inferior al valor de mercado, o el mayor entre el valor de mercado de la criptomoneda entregada y el valor de mercado de aquella que percibe a cambio, dependiendo de venta o permuta respectivamente.

Conviene matizar las siguientes cuestiones sobre los valores de adquisición y de mercado, por un lado las criptomonedas se adquieren y almacenan en el *wallet*, pero esto no implica que el valor de adquisición sea idéntico en todas, la determinación de cuáles se transmiten viene establecida en la Consulta Vinculante V-1604 de la DGT, la cual determina que la transmisión se realizará por orden de antigüedad, siendo los primeros adquiridos los primeros en transmitirse, pues a falta de criterio expreso se aplicará lo dispuesto en el artículo 37.2 LIRPF, que no es otro que *Firt in, First Out* (FIFO), las primeras en entrar son las primeras en salir, por otro lado la determinación del valor de mercado, reviste de cierta dificultad su determinación y exactitud, cuestión que no ha pasado desapercibida ante la Organización para la Cooperación y el Desarrollo Económicos (2020), pues ya advierte de la fluctuación de las monedas digitales en corto periodo de tiempo, a la vez que toma conciencia de que las plataformas de intercambio pueden tener diferentes precios para la misma moneda virtual.

La ganancia o pérdida patrimonial que se derive de estas transacciones se integrará en la base de ahorro, sin embargo, de acuerdo con la Consulta Vinculante V1579-22, en caso de pérdida o robo de criptomonedas en plataforma fraudulenta, se entiende que existe una relación contractual de la que el usuario ostenta una posición acreedora y que la contraparte queda obligada a la restitución, de no producirse estaríamos ante un crédito vencido y no satisfecho que solo originaría pérdida patrimonial cuando se entienda fiscalmente este derecho de crédito incobrable conforme al artículo 14 LIRPF, momento en que se produciría la pérdida patrimonial integrándose en la base imponible general, pues la pérdida patrimonial no trae origen en la transmisión de bienes.

A efectos del Impuesto sobre el Patrimonio que grava los bienes y derechos de contenido económico de los que un sujeto sea titular y en consonancia con las Consultas Vinculantes V0590-18 y V0250-18 DGT: "las criptomonedas deberán declararse en el Impuesto sobre el Patrimonio por su precio de mercado determinado a fecha de devengo (31 de diciembre de cada año)" conforme al artículo 24 de Ley 19/1991, de 6 de junio, del Impuesto sobre el Patrimonio (LIP).

4.2. Tributación de los *Non Fungibles Tokens*

Respecto a los NFT's dada su reciente creación o repercusión en la sociedad, su fiscalidad aun genera muchas dudas y las consultas a la DGT comienzan a plantearse, aunque sus resoluciones se limiten hasta ahora a dos V2274-22 y V0486-22 y únicamente se pronuncien sobre el IVA. Para el análisis de la fiscalidad de los NFT's debemos atender a un doble enfoque: desde el punto de vista del creador y desde el del inversor.

4.2.1. Creadores

Debemos entender por creadores de NFT´s aquellos sujetos que realizan la incrustación del archivo digital, la intervención de estos sujetos origina el nacimiento de los NFT's y tal actividad quedará sujeta a IRPF en la medida que genere renta, es decir, que se realicen auténticas transacciones de NFT´s. La creación de NFT´s con dicha finalidad tendrá la consideración de rendimientos de actividades económicas, pues el proceso de acuñación supone ordenación de medios, lo que unido a su puesta en venta constituye una manifestación de intervenir en el mercado. Su consideración como rendimientos del trabajo se aparta de la naturaleza real de estas transacciones, pues a pesar de la existencia de una relación por cuenta ajena en la que la función principal consista en la creación de *tokens*, la retribución no vendrá determinada por la ganancia obtenida con las transacciones, sino por un sueldo fijado en moneda en curso legal como contraprestación del trabajo realizado, cuestión distinta sería si una parte de la retribución fuera en especie con activos digitales, en cuyo caso esta contrapartida recibirá la calificación de rendimientos del trabajo en especie. Además señala Pérez-Carasa (2022), un supuesto particular y casi excepcional en que la creación de NFT´s tendrá la consideración de ganancias y pérdidas patrimoniales, que es la acuñación de forma aislada al margen de cualquier actividad económica, bien porque la dotación de medios no revista de suficiente identidad o porque no exista ánimo de intervenir en el mercado y añade a modo ejemplificativo, que tendrá tal consideración la acuñación a título particular y a efectos didácticos aunque posteriormente se produzca su venta de forma aislada. De lo anterior se deduce que, tras la realización de transacciones, deberá prestarse especial atención a los requisitos objetivos y subjetivos del concepto rendimientos actividades económicas, para la determinación del origen de las rentas y por consiguiente su consideración en el IRPF.

En cuanto a la determinación del valor de los NFT´s dada la operativa del mercado, este vendrá expresado en criptomonedas por constituir estas la contrapartida, por lo que se hace necesario valorarlas en el momento que se formaliza la transacción por su valor de mercado en euros.

La consideración de las rentas como rendimientos de actividades económicas a su vez, traerá consecuencias respecto al IAE y el IVA, pues por un lado, determinará la obligación de alta en el IAE, que ante la falta de pronunciamiento expreso por la administración tributaria y de una tarifa específica que contemple las transacciones en el metaverso, a dicha actividad no le corresponderá una tarifa única sino que esta dependerá del tipo de bien incrustado; y por otro lado, la creación y explotación de los NFT's constituye una actividad sujeta y no exenta del IVA, considerándola como prestación de servicios por vía electrónica, no teniendo cabida en la entrega de bienes ya que el objeto de la transacción es el certificado de autenticidad que representa el NFT y no la entrega física del archivo. El artículo 70. Uno de la LIVA dispone que "en las operaciones cuya contraprestación no consista en dinero se considerará como base imponible el importe, expresado en dinero, que se hubiera acordado entre las partes", por lo que este importe debería coincidir con el cambio a euros de las criptomonedas recibidas.

4.2.2. Inversores

Entendemos por tales aquellos sujetos que adquirentes de NFT´s mediante transacciones que supongan el intercambio de NFT´s por moneda en curso legal, criptomonedas o incluso por otros NFT's. La adquisición de NFT´s depende de la operativa de la plataforma en la que se encuentren, aunque con carácter general se trata de operaciones entre criptoactivos y por consiguiente con la consideración de permutas, calificándose dicha operación como ganancia o pérdida patrimonial a efectos del IRPF, ya que se produce una alteración en el patrimonio del inversor. Si la ganancia o pérdida patrimonial trae origen en una permuta por ser una operación entre criptoactivos, esta deberá valorarse como la diferencia entre el valor de adquisición y valor de transmisión, conforme a la regla especial contemplada en el artículo 37 LIRPF, por lo que el valor de transmisión deberá entenderse como el mayor entre el valor de mercado de bien o derecho entregado o el valor de mercado del bien o derecho que se recibe. Sin embargo, si las transacciones no se realizan entre criptoactivos, sino que interviene dinero en curso legal, se aplicará lo dispuesto en el artículo 35 LIRPF.

Al igual que sucede en las criptomonedas, los NFT´s adquiridos tributarán en el IP por el valor de mercado a fecha 31 diciembre, ante sus principales características: no fungibilidad y unicidad, la determinación del valor de mercado resulta sumamente complejo, pues al ser el NFT único e irrepetible no hay posible comparación para su determinación, por lo que corre el riesgo de quedar al arbitrio de su propietario.

4.3. Incidencia de las características de las criptomonedas y NFT´s en su tributación

Se hacen patentes las diferencias entre criptomonedas y NFT´s, pues a pesar de tener ambos la consideración de criptoactivos por el empleo de la tecnología *Blockchain*, sus características revisten de diferencias notorias de las que se derivan importantes consecuencias fiscales respecto a las operaciones con criptoactivos objeto de nuestro estudio, es por ello que profundizando en la naturaleza de los criptoactivos podemos apreciar su incidencia en la tributación de las criptomonedas y NFT's, pues de ella se derivan sus principales diferencias. En el IRPF, se aprecian diferencias en las siguientes notas características, lo que traerá consigo diferente tratamiento tributario:

- Fungibilidad: Las criptomonedas son intercambiables entre sí en función de su valor, asimilándose al dinero tradicional. Si bien existen diferentes tipos de criptomonedas: Bitcoin, Ethereum, Litecoin o Ripple, entre otras, cada tipo de criptomoneda puede tener diferente valor, pero dentro del mismo tipo de criptomonedas estas comparten valor. De manera que no es lo mismo el valor de bitcoin en comparación con una Etherum, pero si será coincidente el valor de todos los Bitcoins o Ethereum, por ejemplo. Los NFT's en cambio son únicos, no existen dos iguales, lo que determina que cada token tiene un valor único y no es intercambiable por otro igual. De acuerdo con lo anterior, la determinación de qué criptomonedas se transmiten en venta o intercambio se aplica el criterio FIFO, no habiendo elección sobre cuáles de ellas se quiere transmitir, por el contrario, los NFT dado su carácter no fungible, si existe dicha elección.
- Mercado: Las criptomonedas cuentan con un mercado más amplio, sirven para realizar transacciones pues tienen consideración de dinero virtual. Los NFT´s operan en un mercado más especializado sirviendo como medio para autentificar y comercializar activos únicos. Con carácter general las criptomonedas se adquieren entregando dinero legal por dinero virtual, lo que nos sitúa ante una compraventa, opuesto a la adquisición de NFT's, que tendrá lugar a través del intercambio de dinero virtual por estos y por tanto consideración de permuta, lo que implicará diferencias en la determinación de valor de la ganancia o pérdida patrimonial de los inversores en criptomonedas y de los adquirentes de NFT's.
- Valor de mercado: El valor de las criptomonedas viene determinado especialmente por la oferta y demanda que recae sobre ellas, teniendo un componente objetivo en su valoración, en cambio el valor de los NFT's obedece a criterios subjetivos relacionados con la singularidad del archivo digital incorporado en él, si bien las criptomonedas al ser fungibles tomaremos como referencia el valor indicado en las plataformas en las que operan, por el contrario, los NFT's, al ser únicos y no tener equivalentes, no existe comparativa posible, si bien inicialmente el valor de venta del NFT determinará su valor de mercado, en el supuesto de futuras transacciones, la posible evolución del valor de este una vez almacenado en la *wallet* no será una tarea sencilla, pues la ausencia de referencia no permite otra alternativa que acudir a criterios subsidiarios como podría ser, por ejemplo, el prestigio del autor del bien incrustado, lo que no deja de suponer un inconveniente su determinación en términos cuantitativos, así como a efectos probatorios.

En el IAE, el grupo de pertenencia viene definido por el propio concepto de criptomoneda o NFT, si bien las criptomonedas son definidas como métodos de pago, todas ellas presentan la misma tarifa de pertenencia ya definida por la DGT, en cambio los NFT's constituyen una representación de un activo digital que incorporan, pudiendo ser este de diversa índole y determinante del grupo de pertenencia en el IAE. En cuanto al IVA, la sujeción de los criptoactivos a este impuesto se hace depender de la relación entre los sujetos intervinientes, en la medida que pueda acreditarse que la contraprestación recibida es la contrapartida del servicio prestado.

Respecto al IP, ambos criptoactivos tienen la consideración de activos digitales de contenido económico, y en concreto de bienes inmateriales conforme a las Consultas Vinculantes V0999-18, V1149-18, de 11 y V2005-2 de la DGT, por lo que en cualquier caso quedarán sujetos al IP por su valor de mercado a fecha de 31 de diciembre, lo que parece obviar la volatilidad que presentan los criptoactivos, y que no puede pasar desapercibida, pues reflejo de lo anterior es que el valor de mercado puede presentar variaciones entre las diversas plataformas *Exchange* de consulta, así como del momento del día en el que se consulten, por lo que consideramos que dicha determinación de valor no es representativa del mismo, ya que en un mercado tan fluctuante sería más apropiado tomar en consideración la evolución de valor de las criptomonedas en el año en curso o periodo determinado próximo al cierre del año y no en un momento determinado, pues como he sabido por las características del mercado, este no tardará en cambiar produciéndose incrementos y disminuciones notorias. Las anteriores consideraciones son igualmente aplicables a los NFT´s pues la determinación del valor de estos dada la operatividad del mercado se realizará a través de la expresión del valor en criptomonedas que a su vez requieren de su conversión a euros.

5. CONCLUSIONES

A pesar de la carente regulación de los criptoactivos y la ausencia de pronunciamiento en la legislación tributaria sobre ellos, todas las actividades relacionadas con los criptoactivos encajan dentro del régimen tributario. Sin embargo, la novedad que suponen los criptoactivos y la complejidad que reviste el mundo virtual genera cierta inseguridad jurídica acerca de las obligaciones fiscales de quienes operan con estos activos digitales. Hasta el momento, Hacienda solo se ha pronunciado de forma aislada sobre aquellas cuestiones concretas planteadas por los contribuyentes lo que indudablemente ha contribuido para esclarecer la sujeción de los criptoactivos en los impuestos objeto de nuestro estudio pero que resulta insuficiente para una tributación justa, transparente y eficaz, pues la falta de claridad en ciertos aspectos pueden dificultar el cumplimiento correcto de las obligaciones fiscales relacionadas con los criptoactivos.

Aun cuando las criptomonedas y NFT´s tienen consideración de criptoactivos, se aprecian diferencias respecto a su tributación, ya que no comparten idéntica naturaleza y presentan distintas características, por lo que se hace necesario atender a estas, así como a las circunstancias en las que se producen las transacciones con criptoactivos, los negocios jurídicos subyacentes y la finalidad de estos.

Respecto a las deficiencias y problemáticas de la aplicación de la normativa del mundo analógico al virtual, y en atención a la gran volatilidad que experimentan los activos digitales, destacamos las dificultades en cuanto a su valoración y en concreto respecto al valor de mercado, por lo que se pone de manifiesto la conveniencia de establecer criterios específicos de valoración que atiendan a las circunstancias especiales del mercado en el que operan los criptoactivos, dada la insuficiencia de los preestablecidos.

En definitiva, la regulación tributaria en relación con los criptoactivos puede ser ambigua debido a la falta de definiciones precisas para operaciones específicas, por lo que se requiere una guía tributaria que contemple las complejas operaciones y facilite al contribuyente el cumplimiento de sus obligaciones tributarias, así como una regulación que atienda a la especial naturaleza de estos criptoactivos.

6. REFERENCIAS

Banco Central Europeo, Crypto-Assets: Implications for financial stability, monetary policy, and payments and market infrastructures, mayo de 2019. https://n9.cl/ziydr

Banco Central Europeo, Virtual Currency Schemes, October 2012. https://n9.cl/mov5n

Chávez Cerda, P. (2019). Naturaleza jurídica de las criptomonedas. *Revista De Derecho, Ciencias Sociales Y Políticas*, 65-81.

Galea, A. L. F. (2022). Utilidad de Blockchain y NFT para autores. *Revista Digital de ACTA*, 115, 1-23.

García-Valdecasas, M. G. M. (2017). Blockchain: ¿el notario del futuro?. *In Anales de la Academia Matritense del Notariado* (No. 57, p. 323-353). Editoriales de Derecho Reunidas. EDERSA.

González de Frutos, U. (2018). La fiscalidad en el mundo Blockchain. *Revista de Contabilidad y Tributación. CEF*, 425, 5–36. https://doi.org/10.51302/rcyt.2018.4265

Hernández, B. F. (2020*). La protección del inversor minorista en el panorama Fintech. Crowdfunding. Criptomonedas. Initial Coin. Offerings*. (ICO). Dykinson.

Ley 10/2010, de 28 de abril, de prevención del blanqueo de capitales y de la fi-nanciación del terrorismo. *Boletín Oficial del Estado*, 13, de 29 abril de 2010. https://www.boe.es/eli/es/l/2010/04/28/10

Ley 19/1991, de 6 de junio, del Impuesto sobre el Patrimonio. *Boletín Oficial del Estado*, 136, de 7 Junio 1991. https://www.boe.es/eli/es/l/1991/06/06/19/con

Ley 35/2006, de 28 de noviembre, del Impuesto sobre la Renta de las Personas Físicas y de modificación parcial de las leyes de los Impuestos sobre Sociedades, sobre la Renta de no Residentes y sobre el Patrimonio. *Boletín Oficial del Estado*, 285, de 29 noviembre 2006. https://www.boe.es/eli/es/l/2006/11/28/35/con

Ley 37/1992, de 28 de diciembre, del Impuesto sobre el Valor Añadido. *Boletín Oficial del Estado*, 312, de 29 diciembre de 1992. https://n9.cl/k7h65

Llases, L. (2021). Breve análisis de la concentración de la potencia de minado en Bitcoin. *Revista Papeles de Europa*, 34, 29-39. https://doi.org/10.5209/pade.73881

Organización para la Cooperación y el Desarrollo Económicos. (2020). *Taxing Virtual Currencies: An Overview of Tax Treatments and Emerging Tax Policy Issues*. OECD Publishing. https://n9.cl/1snbg

Pérez-Carasa, Í. E. (2022). Guía del tratamiento tributario de los NFTs (Tokens No Fungibles) en España (Parte 2). *Cuadernos de derecho y comercio*, 78, 17-142.

Porxas, N. y Conejero, M. (2018). Tecnología blockchain: funcionamiento, aplicaciones y retos jurídicos relacionados. *Tecnología blockchain: funcionamiento, aplicaciones y retos jurídicos relacionados*, 24-36.

Real Decreto Legislativo 1175/1990, de 28 de septiembre, por el que se aprueban las tarifas y la instrucción del Impuesto sobre Actividades Económicas. *Boletín Oficial del Estado*, 234, de 29 septiembre de 1990. https://n9.cl/sjv2i

Real Decreto Legislativo 2/2015, de 23 de octubre, por el que se aprueba el texto refundido de la Ley del Estatuto de los Trabajadores. *Boletín Oficial del Estado*, 255, de 24 de Octubre de 2015. https://www.boe.es/eli/es/rdlg/2015/10/23/2/con

Resolución del Parlamento Europeo, de 26 de mayo de 2016, sobre monedas virtuales (2016/2007(INI)). Asunto (2018/C 076/13). https://n9.cl/u03gy

Segura, L. Z. (2022). ¿Qué son y cómo se utilizan actualmente los NFT? *Investiga. TEC, 15*(44), 3.

Torres, J. M. (2019). *criptomonedas: qué son, cómo utilizarlas y por qué van a cambiar el mundo.* Gestión 2000.

Vilarroig-Moya, R. (2018). Tributación de criptomonedas. *Balance: Revista de economía* 26, 15-20.

LOS PRINCIPIOS DE LIBERTAD E IGUALDAD EN LOS DEBATES EN TORNO AL RECONOCIMIENTO POLÍTICO DE LA DIVERSIDAD CULTURAL EN UN ESTADO LIBERAL. ANÁLISIS DESDE EL PROCESO CONSTITUYENTE CHILENO

Priscilla Brevis Cartes[1]

1. INTRODUCCIÓN

Los debates teóricos y políticos sobre los principios propios de una democracia liberal han tomado relieve práctico en el marco del proceso constituyente chileno. En ese contexto, este trabajo se detiene en las reflexiones referidas al reconocimiento político de las diferencias culturales, especialmente abiertas en el primer momento constituyente en Chile, pero que, sin embargo, son disputas que se están convirtiendo también a nivel mundial en una forma paradigmática de conflicto político (Butler y Fraser, 2000, p. 23).

Es posible hablar de un primer momento constituyente cuando una Convención Constitucional elegida democráticamente elaboró una Propuesta de Constitución Política (Convención Constitucional, 2022), que fue rechazada en el plebiscito de salida del 4 de septiembre de 2022 (Servicio Electoral de Chile, 2022); y, por otra parte, de un segundo momento constituyente que se desarrolló durante el año 2023, donde dos órganos centrales, una comisión experta y un consejo constitucional, más un comité técnico de admisibilidad (https://www.procesoconstitucional.cl/), construyeron una propuesta restringida a ciertos bordes políticos acordados previamente por partidos y fuerzas políticas (Ley 21.533, 2023, art. único Nº 1). Que finalmente fue también rechazada en el plebiscito del 17 de diciembre de 2023.

Los temas de reconocimiento, si bien toman fuerza en Chile en el marco de estos procesos, ya se planteaban mucho antes en la discusión política nacional (Millaleo, 2021a), y se enmarcan desde luego en debates filosófico-jurídicos sobre el multiculturalismo (Taylor, 2009; Kymlicka, 2015).

La fallida propuesta de Constitución de 2022 se situaba en el marco de un constitucionalismo transformador (Bogdandy, 2022, p. 14) que colocaba como eje el principio de igualdad sustantiva y daba centralidad al reconocimiento político de la diversidad cultural. En ese contexto, consagraba la plurinacionalidad, el pluralismo jurídico cultural y la interculturalidad, contemplando además escaños reservados para pueblos indígenas en

1. Universidad de Concepción (Chile)

diversos órganos colegiados (Convención Constitucional, 2022, arts. 1, 11, 25, 44.2, 162, 165, 190, 252, 387).

En ese contexto, el presente artículo revisa: 1. Los acercamientos teóricos sobre el reconocimiento de la diversidad cultural en los Estados liberales; 2. El fundamento del reconocimiento político de la diversidad cultural en base a la protección de la libertad; y 3. El fundamento de la igualdad desde su comprensión sustantiva.

2. OBJETIVOS

El trabajo que se presenta tiene como objetivo principal reflexionar sobre los debates en torno al reconocimiento político de la diversidad cultural en los Estados liberales, desde la teoría democrática y las luchas por el reconocimiento. Lo anterior se logra revisando el intento por consagrar a escala constitucional la plurinacionalidad en el Estado de Chile, su fracaso luego del rechazo de una nueva Constitución en primer momento constituyente y las limitaciones en el segundo proceso constitucional.

3. METODOLOGÍA

La metodología utilizada es cualitativa, desarrollando un método inductivo y, como técnica, el estudio de caso. El método inductivo, como un procedimiento lógico que va desde los hechos particulares a las afirmaciones de carácter más general, será de especial importancia para revisar el proceso constituyente chileno y relacionarlo con las preguntas en torno a cuál es la relación existente entre el Estado liberal y la identidad cultural, y si es posible el reconocimiento constitucional de la diversidad cultural y, a la vez, asegurar la unidad política.

4. DESARROLLO DE LA INVESTIGACIÓN

Este trabajo se construye desde el marco teórico de las llamadas luchas por el reconocimiento (Taylor, 2009), que permiten postular a la heterogeneidad y el reconocimiento de la diversidad cultural como base de la articulación de las relaciones políticas y sociales. En tal sentido, la investigación que se presenta fundamenta la hipótesis de que el reconocimiento de la diversidad cultural es indispensable dentro de los Estados liberales contemporáneos.

4.1. La diversidad cultural y su reconocimiento en los Estados de Derecho

Los Estados Latinoamericanos postcoloniales durante el siglo XIX vivieron procesos de colonización interna de sus territorios, desarrollando conquistas y despojando a la población indígena de sus tierras, recursos e identidad (Meentzen, 2007, p. 26). Durante el siglo XX, por su parte, desarrollaron políticas públicas que entendían las diferencias étnicas y culturales como elementos que debían ser obviados o reprimidos para construir el imaginario de un Estado-nación con homogeneidad cultural interna (Pantel, 2004, p. 73). Esas políticas pueden ser clasificadas como de asimilación: directa, en tanto buscaban derechamente la absorción de culturas; o bien, indirecta, en tanto no reconocían la diversidad cultural en el desarrollo de políticas públicas. Más tarde, las políticas sociales de la segunda mitad del siglo XX fueron paternalistas y asistencialistas; sin embargo, en las últimas décadas, los pueblos indígenas comenzaron a demandar derechos (Pantel, 2004, p. 18), reivindicando desde lo jurídico el respeto de la diferencia.

Ese enfoque en derechos marca el desarrollo actual de los derechos humanos (Benhabib, 2006, p. 8). Ello se tradujo en luchas por espacios políticos al interior de los Estados, que han tenido distintos avances en distintas partes de América Latina con los llamados movimientos indigenistas y los neoconstitucionalismos latinoamericanos.

Entre los distintos espacios de reivindicación política, las Constituciones se transformaron en un lugar central, en tanto ellas conforman un espacio de construcción simbólica y material de la comunidad política, espacio negado para los pueblos originarios por décadas por medio de un silencio simbólico (Millaleo, 2021a, p. 8).

Diversas Constituciones en América Latina proclamaron el carácter pluricultural del Estado, con distintas fórmulas políticas, como la Constitución de Colombia de 1991, la Constitución de Bolivia de 1967, la Constitución de Ecuador de 1998 y la Constitución de Perú de 1993. En Chile los debates sobre estos reconocimientos políticos quedaron congelados en un status quo que solo tras el estallido social tomaron fuerza en el espacio público (Heiss, 2021).

Hasta ahora, la experiencia política de los pueblos originarios en Chile ha sido la exclusión constitucional, lo que se condice con la experiencia institucional que desde las políticas públicas no los ha situado como sujetos políticos, sino como destinatarios de políticas públicas principalmente asistenciales. Por ello, el reconocimiento político de la diversidad cultural para los pueblos originarios se centró en el primer momento constituyente en la idea de plurinacionalidad, en tanto ésta rompía con la idea de que los pueblos originarios son extraños a la comunidad política del Estado y que los indígenas no son ciudadanos como indígenas, sino sólo como personas en abstracto (Millaleo, 2021a), donde su individualidad se diluye en el imaginario universalizante de la ciudadanía.

La idea de plurinacionalidad se posicionaba, entonces, como central para el reconocimiento político de la diversidad cultural. Esta idea rompía desde luego con el imaginario jurídico del Estado-nación (Estévez Araujo, 2001) y conllevaba una serie de otros reconocimientos constitucionales, a partir de un tratamiento recíproco entre el Estado y las comunidades nacionales que lo integran, proponiéndose transformar por medio de este reconocimiento el sentido negativo que teñía las diferencias culturales (Millaleo, 2021a, p. 34).

Estas propuestas levantaron críticas teóricas que sostenían que un reconocimiento político de esas características hacía transitar al Estado de una política ciudadana a una política identitaria, que quebrantaba la unidad política del Estado (Svensson, 2022a). Se planteaba, entonces, la idea de que el reconocimiento político de la diversidad en estos términos era fragmentario de la sociedad, que hasta ahora se habría reconocido en "un mismo origen" (Peña, 2021).

En este sentido, se planteó por las visiones más críticas que el primer momento constituyente había levantado un reclamo simbólico anclado equivocadamente en una tendencia identitaria, remplazando el lugar común de la ciudadanía (Svensson, 2022b, p. 19). Se habló de una cuestión identitaria que colocaba en peligro el principio de igualdad y tensionaba los principios de las democracias liberales (Peña, 2022). La llamada cuestión identitaria, que también se calificó como "vuelta de actitudes tribales" (Svensson, 2022b, p. 113), se consideró por esta visión un cambio radical en la autocomprensión de la sociedad chilena, que se entendía como una comunidad de origen precisamente bajo la idea del Estado nacional (Peña, 2022, p. 150).

Bajo esta lógica, el imaginario del Estado-nación se visualizaba con una realidad social indispensable y, desde tal perspectiva, las llamadas demandas identitarias eran consideradas opuestas a una democracia liberal (Canal CEP, 2022), que debía estructurarse en base al universalismo, al que se asociaba no sólo la construcción de la ciudadanía sino también la de los derechos humanos (Brevis Cartes, 2023).

Es posible, entonces, situar la cuestión del reconocimiento de la diferencia en los debates liberales sobre las opciones de reconocimiento diferenciado, abiertos ampliamente en las discusiones de la década de los ochenta, sobre todo a partir de las obras de Charles Taylor (2009) y Will Kymlicka (2015), y que se referirían principalmente a si es deseable y por qué el reconocimiento político de la diversidad cultural al interior de sociedades democráticas y, por tanto, de cuál es la noción de igualdad a proteger dentro del liberalismo político.

Esto lleva, en este caso, a la pregunta de si el Estado liberal puede reconocer políticamente múltiples identidades bajo la concepción de varias naciones que conforman el Estado y, a la vez, asegurar la unidad política.

El liberalismo clásico o procedimental proponía formas de igualdad que eran ciegas a las diferencias y, precisamente, las luchas por el reconocimiento político de las identidades diferenciadas redefinen la concepción liberal de la igualdad, comprendiéndola más allá del igualitarismo y configurando lo que puede denominarse liberalismo de la diferencia.

En este sentido, Charles Taylor distingue dos modelos políticos de los Estados liberales: la política de la dignidad igualitaria y la política de la diferencia. La política de la dignidad igualitaria se basa en la idea de que todos los seres humanos son dignos de respeto igual; en cambio, la política de la diferencia se fundamenta en la necesidad de definir la propia identidad, cuestión básica a respetar en un Estado liberal (Taylor, 2009, pp. 73-77).

Para el modelo de respeto igualitario, las personas deben ser tratadas en una forma ciega a la diferencia, pues la ciudadanía, como categoría política, permite la participación en la esfera pública de un ser humano universal. Por tanto, la forma de entender el principio de igualdad requería la exclusión de los tratos diferenciados, pues ellos son vistos como privilegios (Brevis Cartes, 2022). La igualdad de iure posibilitaba el acceso teórico al bien común.

Esta idea de igualdad formal será históricamente cuestionada y se ampliará su comprensión hacia la idea de igualdad material y sustantiva, que permitirá el desarrollo de una política liberal de la diferencia, abierta a reconocer las particularidades. Se fundamenta esta nueva concepción en la idea de que constreñir a las personas en un molde homogéneo, universal, atentaría precisamente contra los principios de igualdad y libertad.

4.2. La libertad como fundamento del reconocimiento político de la identidad cultural en el Estado Liberal

Charles Taylor (2009) sitúa las exigencias de reconocimiento diferenciado al interior de las democracias liberales desde la noción de identidad. Explica, en este sentido, que el reconocimiento político de las diferencias culturales sería apremiante por su nexo con la identidad.

La tesis de Taylor (2009) es que la identidad se moldea en parte por el reconocimiento, por la falta de éste, o por un falso reconocimiento. El reconocimiento, entonces, sería una necesidad humana vital asociada a la idea de libertad y, por tanto, una exigencia en el Estado liberal.

Desde este punto de vista, existe una íntima conexión entre identidad y reconocimiento, pues la identidad se relacionaría con la posibilidad de ser, que no se configura desde el aislamiento o la intimidad, sino en el mundo, en la relación con otros. En tal sentido, dirá el autor que *"si se quiere comprender la íntima conexión entre la identidad y el reconocimiento, debemos tomar en cuenta un rasgo decisivo de la condición humana que se ha vuelto casi invisible, su carácter fundamentalmente dialógico"* (Taylor, 2009, p. 62).

Por ello, la identidad y la diferencia serían términos relacionales que hay que entender como procesos colectivos (Butler y Fraser, 2000, p. 17). La identidad tendría así dos esferas o ámbitos: por un lado, la esfera íntima, en la formación del yo en un diálogo interno; y, por otro, la esfera pública, en el diálogo con otros y en donde la política del reconocimiento desempeña un rol crucial (Taylor, 2009, p. 69).

En este sentido, la Corte Interamericana de Derechos Humanos (Corte IDH) ha señalado que la identidad es el conjunto de atributos y características que permiten la individualización de la persona en sociedad y que estará íntimamente ligada a la experiencia de cada individuo, pero también a la forma en que se relaciona con los demás (Corte IDH, Caso Pavez Pavez, considerandos 61-63).

Por esto, el reconocimiento de la diferencia se relaciona dentro de los Estados liberales con la forma de entender un principio básico, el de la libertad. Las dos concepciones clásicas de la libertad entran en juego, en palabras de Isaiah Berlin (1958), aquella que entiende la libertad como positiva, de autogobierno, y aquella otra que la concibe como negativa, de no interferencia. En tal sentido, los derechos humanos, en palabras de la propia Corte IDH, son categorías que protegen la identidad y, por ello, la igualdad y la identidad se relacionan con la idea de libertad positiva, de autogobierno y autodeterminación.

Así, desde un enfoque en Derechos Humanos, nociones centrales en el actual modelo del Estado Constitucional (Ferrajoli, 2008, p. 28), el derecho a la identidad se encuentra relacionado al concepto de libertad positiva, a la posibilidad de todo ser humano de autodeterminarse y escoger libremente las opciones y circunstancias que le dan sentido a su existencia. Siguiendo esta lógica, en un Estado liberal, el reconocimiento de la identidad sería una exigencia para posibilitar la libertad del individuo.

El reconocimiento político de la identidad conlleva la exigencia de constatar la diferencia en la esfera pública y exige que esa diferencia no se transforme en desigualdad. Por ello la importancia del Estado en ese reconocimiento, pues permite configurar una construcción simbólica donde las diferencias de las personas no son negadas en la abstracción de una ciudadanía, sino que son respetadas y consideradas en la conformación del cuerpo político.

Así, esas identidades son reconocidas y respetadas, no sumergidas en una homogeneidad abstracta, que es en realidad inexistente. El reconocimiento de las identidades diferenciadas permite, entonces, el acceso igualitario de los sujetos y las sujetas del cuerpo político a los derechos y al bien común, pero también a la participación en la conducción política del Estado.

Por ello, el reconocimiento a escala constitucional de la diversidad cultural se fundamentaría en el principio de libertad, pues negar este reconocimiento es socavar la identidad, constreñir a las personas a un molde homogéneo que no les pertenece (Taylor, 2009, pp. 73-77) y, en tal sentido, coarta la libertad del individuo a su propia autodeterminación.

En tal sentido, el reconocimiento y la protección de la diversidad cultural se configuran como una manifestación de los principios democráticos que superan las iniciales concepciones liberales (Sayago Armas, 2019, p. 246), en tanto son una manifestación de la idea de libertad, en relación a lo cual el Estado busca adoptar las medidas políticas y jurídicas necesarias para que esa libertad se viva en términos amplios de reconocimiento igualitario.

Iris Marion Young (2000) amplía la fundamentación del reconocimiento de la diferencia en el Estado, complementando la idea de libertad con la de justicia social. En tal sentido, si se estima que esta perspectiva no es contradictoria a la tesis de Taylor, sino por el contrario, complementaria, es posible observar que la libertad no sería un valor autónomo y distinto al de la igualdad y la justicia, sino que serían conceptos relacionales. Los derechos de libertad e igualdad se conectan con el de justicia, particularmente en el modelo de Estado Social (García Manrique, 2010), y justifican el reconocimiento diferenciado de la identidad cultural.

4.3. La igualdad y la diferencia desde los derechos humanos

Las propuestas de reconocimiento político de la diversidad cultural, no sólo en términos de plurinacionalidad, sino también de acciones afirmativas, fueron objetadas por quienes consideraban que distorsionaban una serie de principios democráticos, tales como el principio de representación y respeto a la voluntad popular (Libertad y Desarrollo, 2020) y, especialmente, el de igualdad (Tapia, 2020).

En el segundo momento constituyente, aún en curso, se limita la amplitud del reconocimiento político, tanto en la forma, al reducir la participación de representantes indígenas en el proceso, como en el fondo, al limitar la posibilidad de un reconocimiento plurinacional. La propuesta, aún en construcción, al menos en el anteproyecto se limita a plantear escuetamente el reconocimiento de su existencia, de sus derechos individuales y colectivos y al diálogo intercultural (Comisión Experta, 2023, art. 7.1 y 7.2).[2]

La discusión teórico-política planteada en el proceso constituyente chileno fue limitada para el segundo momento en los llamados bordes. Buscando sacar del debate constitucional la posibilidad de consagrar una plurinacionalidad, se estableció que "La Constitución reconoce a los pueblos indígenas como parte de la nación chilena, que es una e indivisible" (Constitución Política de la República de Chile. Art. 154).

Lo interesante es observar que el temor a la fragmentación de la unidad política y a un socavamiento del principio de igualdad fundamentó tal acuerdo. Para quienes se posicionan dentro de las lógicas de un liberalismo clásico, el reconocimiento político de las identidades culturales puede afectar por un lado la unidad política y, por otro, el principio de igualdad.

En relación con la primera cuestión, la concepción del Estado-nación era defendida como base de la unidad del Estado. Sin embargo, ya Haberle planteaba, a propósito del pluralismo, que la idea de que el Estado-nación o Estado nacional ya no era útil como referente de orientación necesario para el modelo de Estado Constitucional contemporáneo. Lo anterior, pues el imaginario del Estado-nación era insuficiente, en

2. Art. 7. 1. La Constitución reconoce a los pueblos indígenas como parte de la Nación chilena, que es una e indivisible. El Estado respetará y promoverá sus derechos individuales y colectivos garantizados por esta Constitución, las leyes y los tratados internacionales ratificados por Chile y que se encuentren vigentes. 2. El Estado reconoce la interculturalidad como un valor de la diversidad étnica y cultural del país y promueve el diálogo intercultural en condiciones de igualdad y respeto recíprocos. En el ejercicio de las funciones públicas se debe garantizar el reconocimiento y la comprensión de dicha diversidad étnica y cultural.

tanto debía precisamente recoger múltiples variables, desde la idea de unidad hasta la de multiculturalidad (Haberle, 2017, p. 121).

Por otro lado, en relación con las políticas identitarias, se plantea principalmente que éstas pugnarían con el principio de igualdad, entendido como de igual regla para todas las personas. Serían los derechos humanos los protectores de las minorías al garantizar los derechos civiles y políticos básicos para todas las personas, con independencia de su grupo identitario de pertenencia.

Esta forma de comprender la igualdad lleva a sostener que los reconocimientos políticos, como el de plurinacionalidad u otras acciones afirmativas, sólo exacerbarían lo que se considera un problema (Kymlicka, 2015, p. 17) y que, en realidad, el camino de una democracia liberal sería enfatizar la dignidad igual de todas las personas que acceden al espacio público, por medio de la noción homogeneizadora de la ciudadanía, y al bien común, por medio de los derechos humanos.

El problema es que esa igualación teórica no se condice con la realidad, por tanto, muchas personas históricamente en desventaja se ven impedidas sistemáticamente de aprovechar esos derechos ciudadanos y de acceder como sujetos políticos a la esfera pública.

En este sentido, Kymlicka (2015) afirma que el problema no es que las doctrinas tradicionales de los derechos humanos den una respuesta errónea a tales cuestiones, sino que, más bien a menudo, no dan ninguna. Por ejemplo, explica, el derecho a libertad de expresión nada diría sobre una política lingüística adecuada (Brevis Cartes, 2021). Dirá, en este sentido, que "*los liberales dieron por supuesto que allá donde se protegieran dichos derechos individuales, no era necesario atribuir derechos adicionales a los miembros de minorías étnicas o nacionales específicas*" (Kymlicka, 2015, p.15).

Una interpretación muy distinta de la igualdad ofrece el liberalismo de la diferencia, que reconoce las identidades y exige una política de reconocimiento diferenciado para alcanzar una igualdad de resultado. Esa política de la diferencia surge de la valoración de la identidad, que exige que se reconozca la identidad única del individuo o del grupo, distinto de todas las demás.

Así, esta discrepancia radica, entonces, en que precisamente la igualdad es un concepto controvertido (García Manrique, 2010). La igualdad, mucho antes de su incorporación como derecho, fue concebida en el pensamiento político clásico como un hecho, sinónimo de semejanza. En cambio, la igualdad recogida en los derechos humanos no es entendida como descriptiva de la realidad, sino como una aspiración jurídica fundamental. Esta aspiración es la que consagra la propia Declaración Universal de Derechos Humanos (ONU, 1948, arts. 1 y 2). Bajo esta lógica, la igualdad como un derecho no debiera ser entendida como sinónimo de uniformidad, similitud ni homogeneidad, sino como la aspiración jurídica de que las diferencias realidades no se transformen en desigualdades sociales. Lo contrario a la igualdad, por tanto, es la desigualdad y no la diferencia.

Por ello, la igualdad, como un derecho humano, se traduce en un principio político que admite, y a su vez exige, políticas de acción afirmativa, que reconocen situaciones de desigualdad inicial y establecen tratos diferenciados para generar acceso igualitario a los derechos en el seno del Estado. Es la noción de igualdad sustantiva, que remite precisamente a la idea de justicia social asociada a una estructura política que la posibilite (Nussbaum, 2009), que, como se mencionó, es relacional con la idea de libertad y también de reconocimiento.

Por ello, es posible sostener que el derecho humano a la igualdad exigiría el respeto de las identidades diferenciadas dentro del Estado. En tal sentido, es posible sostener que el liberalismo de la diferencia defiende la identidad protegiendo políticamente la diversidad y garantiza la vigencia de los principios liberales básicos, de modo que los diversos grupos identitarios, especialmente los históricamente excluidos, puedan expresar y promover su propia identidad en la esfera pública, no sólo en la conducción política de sus vidas, sino también del Estado.

Desde luego, este es un punto de crítica para quienes consideran como peligrosa una "política de la identidad" (Peña, 2022, pp. 12-16) y, por ello, quienes defienden el reconocimiento político de las diferencias aclaran que no todas las reivindicaciones de reconocimiento pueden ser consideradas razonables dentro del Estado. En tal sentido, Fraser, por ejemplo, postula una relación de criterios y procedimientos para distinguir las reivindicaciones justificadas de las que no lo son (Fraser y Honneth, 2018, p. 43).

Este reconocimiento político de las identidades se traduce en una ciudadanía diferenciada, que dota a las personas que se autoadscriben a grupos identitarios de los mecanismos necesarios para enfrentar las discriminaciones que pueden sufrir a manos de la cultura mayoritaria. En tal sentido, los derechos diferenciados lejos de producir una división interna en el Estado permiten fortalecer el carácter diverso y democrático, configurándose como una herramienta para enfrentar tensiones en su interior (Millaleo, 2021b, p. 92).

En este sentido, el proceso constituyente que ha vivido Chile se levantó como una oportunidad histórica para construir un pacto político que reconociera una mayor igualdad en la diversidad (Millaleo, 2021a, pp. 94-95), en especial en el primer momento constituyente, que permitía configurar una salida a las exclusiones políticas de los pueblos indígenas en Chile.

5. CONCLUSIONES

La diversidad cultural y el respeto de la identidad suponen retos para las democracias liberales, en particular para la chilena que vive un proceso de debate teórico-político sobre el reconocimiento de derechos diferenciados. La emergencia de las luchas por el reconocimiento diferenciado en Chile ha encontrado cabida en el proceso constituyente; sin embargo, la consagración de la plurinacionalidad se ha visto frenada por aquellas posturas que la consideraban como una fragmentación de la unidad política y un peligro para el respeto del principio de igualdad dentro de un Estado liberal.

Estos cuestionamientos son construidos desde una concepción de liberalismo político clásico, que plantea la exigencia de neutralidad de la esfera pública para respetar el principio de igualdad y que concibe la perpetuación del imaginario del Estado-nación como fundamental para el resguardo de la unidad política.

Sin embargo, las políticas del reconocimiento, a propósito de las luchas por el reconocimiento de las diferencias, cuestionan tal escenario liberal para plantear que es indispensable el reconocimiento político de la diversidad cultural, como forma de proteger la identidad y, por tanto, la libertad, y como mecanismo de construcción de la igualdad desde una noción sustantiva.

El liberalismo adquiere, así, una concepción de la igualdad no sólo formal, sino material. Esta versión del liberalismo, que se denominó liberalismo de la diferencia, parte por valorar las identidades al interior de la sociedad, pero, a su vez, toma en cuenta las graves desigualdades sociales existentes en la realidad, de modo que para evitar que las diferencias se traduzcan en desigualdades, adopta medidas políticas diferenciadas.

Estos reconocimientos políticos tienen múltiples manifestaciones; sin embargo, el de la plurinacionalidad encierra la construcción de un imaginario político del Estado inclusivo, que abandona los silencios simbólicos y las historias de asimilación, etnocentrismo y limpiezas étnicas.

Los debates actuales que se plantean a propósito del proceso constituyente chileno no hacen sino constatar cómo las distintas formas de entender la igualdad y la libertad repercuten en el modelo de Estado y su imaginario político.

La comprensión de la igualdad desde los derechos humanos, sustancia de las actuales democracias liberales, justificaría el reconocimiento de las identidades como un derecho humano interrelacionado a otros derechos, especialmente el de igualdad, de reconocimiento y de justica social.

Desde tal perspectiva, es posible fundamentar la necesidad de introducir las llamadas acciones afirmativas y los derechos políticos diferenciados, con especial énfasis en el de plurinacionalidad.

Lo que se buscaba con un reconocimiento político de los pueblos originarios, y en particular con la noción de plurinacionalidad, era la construcción de un Estado que diera igual valor a las diferentes identidades.

Por ello, es posible concluir que el reconocimiento político de la diversidad cultural en la conformación de los Estados es indispensable para la profundización de las democracias liberales contemporáneas, pues tales reconocimientos protegen la identidad como un valor político, es decir, construyen un nuevo imaginario de unidad en la diversidad.

6. REFERENCIAS

Benhabib, S. (2006). *Las reivindicaciones de la cultura. Igualdad y diversidad en la era global*. Katz Editores.

Berlin, I. (31 de octubre de 1958). *Dos conceptos de Libertad* («Inaugural lecture»). Conferencia inaugural en la Universidad de Oxford.

Bogdandy, A. von. (2022). Innovaciones latinoamericanas: el constitucionalismo regional transformador como marco para Chile. *Estudios constitucionales, 20*(especial), 11-19. https://dx.doi.org/10.4067/S0718-52002022000300011

Brevis Cartes, P. (2021). *Interpretación multicultural de los derechos humanos. Una aproximación desde la filosofía hermenéutica* [Tesis doctoral, Universidad de Barcelona, España]. https://dialnet.unirioja.es/servlet/tesis?codigo=301964

Brevis Cartes, P. (2022). Intercultural Interpretation in the Inter-American Court of Human Rights. *HUMAN REVIEW. International Humanities Review / Revista Internacional De Humanidades, 11*(8), 1–13. https://doi.org/10.37467/revhuman.v11.4285

Brevis Cartes, P. (2023). Derechos humanos e interculturalidad. Los desafíos de una comprensión hermenéutica diatópica. *CES Derecho, 14*(1), 31–44. https://doi.org/10.21615/cesder.7147

Butler, J. y Fraser, N. (2000). *Reconocimiento o Redistribución. Un debate entre marxismo y feminismo*. Editorial Traficante de sueños.

Canal Centro de Estudios Públicos (CEP). (17 de marzo de 2022). *La cuestión identitaria* [Archivo de video]. Youtube. https://www.youtube.com/watch?v=2pPMk77pa8w

Comisión Experta. (2023). *Anteproyecto de Constitución Política de la República de Chile*. https://www.procesoconstitucional.cl/anteproyecto-de-nueva-constitucion/

Convención Constitucional. (2022). *Propuesta Constitución Política de la República de Chile*. https://n9.cl/kghqz

Corte Interamericana de Derechos Humanos. (4 de febrero de 2022). Sentencia Caso Pavez Pavez vs. Chile. Fondo, reparaciones y costas.
Estévez Araujo, J. A. (2001). La soberanía de la imaginación jurídica. En VVAA, *El Derecho en la Facultad. Cuarenta años de la nueva Facultad de Derecho de Barcelona*. Marcial Pons.
Ferrajoli, L. (2008). *Democracia y garantismo*. Editorial Trotta.
Fraser, N. y Honneth, A. (2018). *¿Redistribución o reconocimiento?*. Ediciones Morata.
García Manrique, R. (2010). La semántica confusa de la igualdad. *Doxa. Cuadernos De Filosofía Del Derecho*, 33, 591–624. https://doi.org/10.14198/DOXA2010.33.31
Haberle, P. (2017). *Pluralismo y Constitución*. Editorial Tecnos.
Heiss, C. (2021). Chile: la democracia desafiada. En R. Bueno (coord), *Democracia, autoritarismo e resistencia: América Latina e Caribe* (pp. 319-334). Editora Max Limonad.
Kymlicka, W. (2015). *Ciudadanía multicultural*. Editorial Paidós.
Ley 21533 de 2023. Modifica la Constitución Política de la República con el objeto de establecer un procedimiento para la elaboración y aprobación de una nueva Constitución Política de la República. 17 de enero de 2023 D. O.
Libertad y Desarrollo. (2020). *Escaños reservados para pueblos originarios* [en línea]. Temas Públicos N° 1472-1. https://n9.cl/q2s4t
Meentzen, Á. (2007). *Políticas públicas para los pueblos indígenas en américa latina. Los casos de México, Guatemala, Ecuador, Perú y Bolivia* [en línea]. Fundación Konrad Adenauer. https://n9.cl/uez7v
Millaleo, S. (2021a). *Inclusión constitucional de los pueblos originarios en Chile. El desafío de la plurinacionalidad*. LOM ediciones.
Millaleo, S. (2021b) *Por una vía chilena a la plurinacionalidad. Intervenciones de una década (2010-2020)*. Catalonia.
Nussbaum, M. (2009). Las capacidades de las mujeres y la justicia social. *Debate Feminista*, 39. https://doi.org/https://doi.org/10.22201/cieg.2594066xe.2009.39.1421
ONU. (1948). *Declaración Universal de Derechos Humanos*. https://www.un.org/es/documents/udhr/UDHR_booklet_SP_web.pdf
Pantel, B. (2004). Derechos internacionales y derechos políticos indígenas: el desafío democrático. En J. Aylwin. (Ed.), *Derechos humanos y pueblos indígenas: tendencias internacionales y contexto chileno* (pp. 72-81). Instituto de Estudios Indígenas, Universidad de la Frontera.
Peña, C. (5 de septiembre de 2021). *Entrevista a Carlos Peña y su dura crítica a los constituyentes: desmesura, falta de reflexión y autoritarismo / Entrevistado por Marcelo Soto* [en línea]. Ex-Ante. https://n9.cl/xxb3rs
Peña, C. (2022). *La Política de la Identidad*. Editorial Taurus.
Proceso Constitucional. (2023). *Bases institucionales* [en línea]. https://www.procesoconstitucional.cl/bases-institucionales/
Sayago Armas, D. (2019) La protección de las minorías: un desafío en clave de constitucionalismo multinivel. *Revista de Derecho Político, 1*(106), 199-250. https://doi.org/10.5944/rdp.106.2019.26155
Servicio Electoral de Chile. (2022). *Resultados Plebiscito 2022*. https://historico.servel.cl/servel/app/index.php?r=EleccionesGenerico&id=237
Svensson, M. (6 de septiembre de 2022a). Cómo la política identitaria corrompió el proceso constituyente (Columna de opinión). *CIPER*. https://www.ciperchile.cl/2022/09/06/politica-identitaria-y-proceso-constituyente/

Svensson, M. (2022b). *Pluralismo. Una alternativa a las políticas de identidad*. Instituto de Estudios de la Sociedad.

Tapia, R. (17 de diciembre de 2020). Escaños reservados (Carta al director). *La Tercera*. https://n9.cl/azocu

Taylor, C. (2009). *El multiculturalismo y "La política del reconocimiento"* (2ª ed. en español). Fondo de Cultura Económica.

Young, I. M. (2000). *La justicia y la política de la diferencia*. Ediciones Cátedra.

DERECHOS HUMANOS, IGLESIA CATÓLICA Y GRUPOS VULNERABLES. A PROPÓSITO DEL 75° ANIVERSARIO DE LA DECLARACIÓN UNIVERSAL DE LOS DERECHOS HUMANOS

Mariano Carbajales[1]

El presente texto nace en el marco del proyecto de investigación interno (PID) de la Universidad Católica de Temuco, Chile.

1. INTRODUCCIÓN

En el marco del 75° aniversario de la Declaración Universal de los Derechos Humanos (DUDH) y, particularmente, en el 25° aniversario de la adopción, por parte de la Asamblea General de las Naciones Unidas (ONU) de la "Declaración sobre los Defensores de Derechos Humanos" (1998), este artículo pretende auscultar alguna de las razones por las cuales, la institución más antigua en la promoción y defensa de la dignidad humana, la Iglesia Católica, no ha ratificado, a la fecha de escribir el presente, la mayoría de los instrumentos jurídicos en materia de derechos humanos (DD.HH.).

En efecto, desde la encíclica *Pacem In terris*, en 1963, el Magisterio de la Iglesia, de modo constante, destaca la defensa de la dignidad de la persona humana como raíz y núcleo de los derechos humanos, pues en ella se asientan todos los demás derechos que se han ido reconociendo desde aquella encíclica hasta nuestros días. Sin embargo, y en lo que a primera vista puede resultar paradójico, el Estado Ciudad del Vaticano, persona jurídica de derecho público que representa la Santa Sede, no se encuentra entre sus signatarios.

Consideramos que el aporte que la Iglesia Católica puede hacer en materia de DD.HH., no obstante esa exención de ratificación, representaría, no sólo un valioso y fundamental aporte para la consolidación de la defensa de los DD.HH. y las instituciones creadas y dedicadas a tal objetivo, sino, y muy especialmente, en aquellos países donde los derechos humanos de grupos vulnerados, con escasa visibilidad, es sistemáticamente violada.

En este artículo pasaremos una somera revista de la situación jurídica de la Iglesia Católica en el ordenamiento jurídico internacional y las razones por las que hasta ahora no ha ratificado la mayoría de los instrumentos jurídicos en materia de DD.HH.

Con este fin, se torna necesario, en primer lugar, conocer cuál es la situación jurídica de la Santa Sede ante el derecho internacional, su capacidad para firmar tratados internacionales y las razones por las que reviste el carácter de Observador Permanente de las Naciones Unidas.

---

1. Universidad Católica de Temuco (Chile)

Por último, se revela la necesidad de redefinir el concepto de grupos vulnerables y, en particular, el de minorías religiosas, considerando la vaguedad de ambos y la tenue protección, considerando las actuales circunstancias, de tales minorías.

Vaya por delante que en el presente artículo solo se esbozan las ideas fuerza que dan impulso a una investigación de carácter docente del autor en la Universidad Católica de Temuco.

2. OBJETIVOS

El presente artículo forma parte del inicio de una naciente investigación que tiene como objetivo precisar la juridicidad del concepto de grupos vulnerables y, en particular, el de minorías religiosas. No se alcanza una definición sino sólo se destaca de forma razonada y justificada, la necesidad de su re conceptualización y el aporte significativo que la Iglesia Católica puede hacer al respecto.

3. METODOLOGÍA

La metodología utilizada es de carácter cualitativo, revisando los aspectos esenciales del magisterio pontificio en materia de DD.HH., sus conexiones entre los distintos derechos y las razones por las que hasta ahora la Ciudad- Estado Vaticano no se encuentra entre los signatarios de la DUDH. Con este fin, se torna necesario, en primer lugar, conocer cuál es la situación jurídica de la Santa Sede ante el derecho internacional y su capacidad para firmar tratados internacionales. En segundo lugar, cuál es su doctrina, expresada en los documentos pontificios, en materia de DD.HH. En este punto, merece hacerse un apartado en el cual se expongan las iniciativas que la Iglesia Católica ha llevado a cabo en defensa de los DD.HH., particularmente, las minorías religiosas (católicas) y la necesidad de incorporar a estas minorías dentro de la definición de "grupo vulnerable".

4. EL ESTADO CIUDAD DE VATICANO COMO SUJETO DE DERECHO INTERNACIONAL

La ciudad del Vaticano, adquiere el status de Estado a partir de febrero de 1929, fecha en la que el reino de Italia y la Iglesia Católica ponían fin a la llamada "cuestión romana", y en el cual se garantizó a la Santa Sede una posición jurídica que le permitiese cumplir su misión específica y carácter universal, con absoluta independencia. El instrumento jurídico donde se sellaron esas garantías fue un Tratado político, ratificado en la forma de los acuerdos internacionales. La declaración de arreglo por parte de la Santa Sede, el reconocimiento del «Reino de Italia (por entonces bajo la dinastía de la Casa de Saboya) con Roma como capital del Estado italiano» y un convenio financiero, anexo al Tratado, que limitaba a lo estrictamente necesario la indemnización por la pérdida del patrimonio de San Pedro. Así, se daba por zanjado, de manera definitiva e irrevocable, el conflicto abierto el 20 de septiembre de 1870[2].

La fórmula ideada para asegurar a la Iglesia «cuanto necesita para proveer, con la debida libertad e independencia, al gobierno de la diócesis de Roma y de la Iglesia Católica en Italia y en el mundo» (art. 26), descansa sobre el reconocimiento de la «soberanía de la Santa Sede en el campo internacional» (art. 2) y de su soberanía y jurisdicción sobre la Ciudad del Vaticano (art. 3), y se completa con los compromisos jurídico-políticos asumidos por el Estado italiano[3]. El art. 24 del Tratado define la naturaleza y el alcance de esta soberanía: «La Santa Sede, en relación a la soberanía que le compete aun en el campo internacional, declara que desea permanecer y permanecerá ajena a las rivalidades temporales entre los otros Estados y a los Congresos internacionales convocados para tal objeto, a no ser que las partes contendientes acudan de común acuerdo a su misión de paz, reservándose en todo caso hacer valer su potestad moral y espiritual.»[4] De esta forma, la Santa Sede se auto limita en su capacidad de obrar en el orden internacional a fin mantenerse al margen de los conflictos que son ajenos a su misión exclusivamente espiritual y moral. En una palabra, a mantenerse "neutral"[5] en todo aquello que no concierna a su específica misión espiritual y la doctrina y enseñanzas a ese fin dirigidas (magisterio pontificio).

Es en este marco jurídico internacional en el que la Santa Sede participa de las Asambleas Generales de las Naciones Unidas a pesar de su oposición a varios de los tratados, pactos o convenios internacionales que permiten llevar a la práctica los derechos incluidos en la DUDH.

---

2. Art. 26 del Tratado: «La Santa Sede sostiene que con los acuerdos, suscritos hoy, se le asegura debidamente cuánto necesita para proveer, con la debida libertad e independencia, al gobierno pastoral de la diócesis de Roma y de la Iglesia Católica en Italia y en el mundo; declara definitiva e irrevocablemente arreglada la "cuestión romana" y reconoce el Reino de Italia bajo la dinastía de la Casa de Saboya con Roma capital del Estado italiano. A su vez Italia reconoce el Estado de la Ciudad del Vaticano bajo la soberanía del Sumo Pontífice. Queda abrogada la ley del 13 de mayo de 1871 n. 214 y cualquier otra disposición contraria al presente Tratado». Tomado de Corral Salvador, C. J. y Gimenez Martínez de Carvajal, J. (1981). Concordatos Vigentes. Tomo II. También con el original italiano titulado El Convenio financiero. Anexo, pp. 251-253)
3. Los compromisos se refieren al derecho de legación del Romano Pontífice, la ciudadanía vaticana, las exenciones a favor de los entes centrales de la Iglesia, la propiedad de bienes inmuebles, la protección de la persona del Papa, exenciones a favor de cardenales y altos dignatarios de la Curia (cf. los arts. 8, 9, 11, 12-19,21 en Corral Salvador, C. J. y Gimenez Martínez de Carvajal, J. (1981). Concordatos Vigentes. Tomo II. nota 6, pp. 237-249).
4. Cf. el original italiano en Corral S. ob. cit. nota 1, p. 248. Por todo, ver Viejo Ximénez, J. M. (2005). Posición jurídica de la Iglesia Católica en el orden internacional, Almogaren, 36, 45-84
5. En el ius belli clásico, la neutralidad es el estatuto propio de los Estados que no están en guerra y deciden permanecer imparciales. Véase Casanovas, y La Rosa, O. (2001). El Derecho Internacional humanitario en los Conflictos armados (I): Objetivos militares, Bienes de carácter civil, métodos y medios de combate. En M. Diez De Velasco (Ed.) Instituciones de Derecho Internacional Público (pp. 868-889); y también Pastor Ridruejo J. A. (1996). Curso de Derecho Internacional Público y organizaciones internacionales, citado por Viejo Ximénez ob. Cit.

La Santa Sede y Suiza son las únicas entidades que tienen la especial posición de Estados Observadores Permanentes No-Miembros en esta organización internacional[6]. La consideración de observador permanente fue reconocida a los Estados no miembros, movimientos de liberación nacional, organizaciones internacionales y organizaciones no gubernamentales. La Santa Sede encajaba en el grupo de los Estados no miembros, que podían adquirir el estatus de observador permanente en atención a su reconocimiento por otros Estados y sujetos del derecho internacional[7].

La posición de Estados Observadores Permanentes es una categoría que se ha desarrollado de acuerdo a la cortesía, la práctica y los precedentes internacionales, que son fuente del derecho internacional. Los dos criterios usados por el Secretario General de las Naciones Unidas para determinar la elegibilidad para la posición de Observador Permanente han sido:

1. Que el Estado tenga membresía en al menos una agencia especializada de las Naciones Unidas; y
2. Que el Estado sea generalmente reconocido como tal por los Miembros de las Naciones Unidas[8].

La Santa Sede cumplía con sendos requisitos.

La Santa Sede y el Estado de la Ciudad del Vaticano[9] guardan relaciones con las distintas organizaciones internacionales, de tal manera que la Santa Sede mantiene observadores permanentes ante la propia Organización de las Naciones Unidas así como ante las organizaciones internacionales pertenecientes a su sistema. Por su parte, el Estado de

6. Véase Sybesma-Knol, R. G. (1981). Status of Observers in the U.N. Existen cinco tipos de Observadores Permanentes: (1) Estados No-Miembros; (2) agencias especializadas del sistema de las Naciones Unidas; (3) organizaciones intergubernamentales que no son parte del sistema de las Naciones Unidas; (4) movimientos de liberación nacional reconocidos por la Asamblea General; y (5) organizaciones no-gubernamentales.

7. Según el art. 4° de la Carta: 1. Podrán ser Miembros de las Naciones Unidas todos los demás Estados amantes de la paz que acepten las obligaciones consignadas en esta Carta, y que, a juicio de la Organización, estén capacitados para cumplir dichas obligaciones y se hallen dispuestos a hacerlo. 2. La admisión de tales Estados como Miembros de las Naciones Unidas se efectuará por decisión de la Asamblea General a recomendación del Consejo de Seguridad.

8. Véase VV.AA. (1962). Selected Legal Opinions of the Secretariat of the United Nations and Related Inter-Governmental Organizations, Doc. N.U. ST/LEG/8, p. 2 36.

9. Los conceptos de Iglesia Católica, Santa Sede y Estado de la Ciudad del Vaticano vienen con frecuencia unidos y no raras veces fundidos, si no confundidos, especialmente, en el Derecho internacional. La Iglesia Católica es considerada jurídicamente como una comunidad autónoma e independiente de cualquier potestad humana con la particularidad de que ejerce una soberanía exclusivamente espiritual que corresponde a su Romano Pontífice (Primado Romano). El hecho de que se trate de una comunidad compleja y universal, hace que el Romano Pontífice necesite de la ayuda y colaboración de un conjunto de órganos subordinados. Este conjunto de órganos, encabezado por el Romano Pontífice, es lo que se conoce por Santa Sede. (Véase Corral Salvador, C. y Sánchez Patrón, J. (2005) La participación de la santa sede en las Naciones Unidas: su nuevo estatuto de estado observador permanente. Revista de la Universidad de Navarra). Finalmente, la Iglesia Católica, como comunidad internacional de orden espiritual, se distingue -aunque no separada- de los otros dos sujetos internacionales. El código de Derecho Canónico, establece en su artículo 361 establece que: En este Código, bajo el nombre de Sede Apostólica o Santa Sede se comprende no sólo al Romano Pontífice, sino también, a no ser que por su misma naturaleza o por el contexto conste otra cosa, la Secretaría de Estado, el Consejo para los asuntos públicos de la Iglesia, y otras Instituciones de la Curia Romana.

la Ciudad del Vaticano es por el contrario miembro de la Unión Postal Universal o de la Unión Internacional de Telecomunicaciones[10]. Como norma aceptada por todas las entidades internacionales, las invitaciones a participar o adherirse a las organizaciones internacionales o a las conferencias o convenios internaciones se cursan a la Santa Sede, la cual decide en cada caso -según las finalidades perseguidas en cada caso concreto si sus representantes deberán considerarse enviados en nombre de la Santa Sede o del Estado.

La Santa Sede adquiere definitivamente el estatuto de Observador Permanente en 1964. A partir de entonces la Santa Sede tiene acceso para estar presente en los órganos y conferencias de la Organización internacional y la capacidad para hacer uso de las sedes y servicios establecidos y prestados por la misma, pudiéndose diferenciar entre el acceso a órganos y conferencias, así como entre el acceso a sedes y servicios de dicha Organización internacional. Pero lo más importante es que gracias a este reconocimiento, los derechos y prerrogativas que conforme al derecho consuetudinario gozan los Estados No Miembros resultan consolidados y fortalecidos a través de su inserción en un código normativo y, desde entonces, exigir su aplicación[11].

Llegados hasta aquí, se torna necesario distinguir los términos Santa Sede-Estado Vaticano e Iglesia Católica que hemos venido mencionando y que muchos confunden o, simplemente, sin rigor ni pretensión jurídica, pero con un sentido que tampoco dista de la realidad, los usan indistintamente. En la doctrina internacional predomina la tesis de que el ordenamiento internacional no atribuye ni califica a los sujetos del derecho. Los sujetos del ordenamiento internacional lo son en virtud de la «facticidad», en virtud del hecho de su presencia en el tráfico jurídico propio del ordenamiento internacional, o -dicho de otro modo- en virtud de que realizan actividades jurídicamente relevantes en el derecho internacional. Los estados, en cuanto miembros de la comunidad internacional, no son «estados» en el sentido del concepto que les da la teoría política, esto es, la de ser una organización social dotada de población, territorio y un gobierno soberano. El dato relevante en el ordenamiento internacional es el de ser una autoridad que no reconoce una autoridad superior (*superiorem non recognoscens*). "La creación del Estado de la Ciudad del Vaticano no origina una segunda subjetividad internacional; significa solamente la adquisición de soberanía territorial por parte de la Santa Sede, que sigue siendo el único sujeto; cuando aquél actúa en el plano del ordenamiento internacional, no es sino un órgano de esta última" (Feruto, 1988). Así, entonces podemos afirmar que en el ordenamiento internacional (no en el orden jurídico interno), la Santa Sede es un sujeto de derecho en paridad con los demás estados y es en este carácter que participa en los organismos internacionales.

Otra confusión que suele suscitarse acerca de la personalidad jurídica de la Santa Sede o Sede Apostólica, es respecto del oficio pontificio[12], englobadas en el complejo orgánico de la Curia Romana, constituida por la Secretaría de Estado o Papal, del Consejo para los asuntos públicos de la Iglesia, de las Congregaciones, Tribunales, y de otras Instituciones, cuya constitución y competencia se determinan por ley peculiar.(cfr. C. 360 CIC). De esta

10. También del Consejo Internacional del Grano, Organización Internacional de Telecomunicaciones Vía Satélite (INTELSAT), Instituto Internacional para la Unificación del Derecho Privado (UNIDROIT), Conferencia Europea de las Administraciones de Correos y Telégrafos (CEPT), Organización Europea de las Telecomunicaciones por Satélite (EUTELSAT)

11. Véase Marchesi(2004). y Margiotta Broglio, (2004)., citado por Corral Salvador y Sánchez Patrón, ob. cit. p.461.

12. Cfr. Canon 361 del Código de Derecho Canónico (CIC)

forma, siguiendo clasificaciones al uso en el ámbito del Derecho Administrativo, podemos decir que un sentido restrictivo-subjetivo, la Santa Sede es el Papa, mientras que en un sentido objetivo (organizativo, amplio) incluye también a otras instituciones como las más arriba mencionadas[13].

Así, la Secretaría de Estado en nombre de la Santa Sede -representando a la Iglesia Católica- y del Estado de la Ciudad del Vaticano, actúa en favor de ambos sujetos internacionales. No obstante, la actuación de uno u otro sujeto internacional se deducirá de la finalidad y de la representación concreta asumida en cada caso. Dentro de la duplicidad de representación, no es por igual ni en importancia ni en actividad. La primordial es la correspondiente a la Santa Sede en cuanto órgano representativo de la Iglesia Católica.

Sentadas las bases jurídicas por las cuales la Santa Sede, participa en las Asambleas de las Naciones Unidas, con el status jurídico de Observador Permanente, nos toca abordar ahora el segundo punto del presente trabajo.

4.1. *Excursus* acerca de la Iglesia Católica y la DUDH

En el ámbito académico y también fuera de él, no es infrecuente escuchar la contradicción que en principio implica que la "Iglesia católica" (fundiendo o confundiendo bajo este término al Estado Vaticano y la Santa Sede) defiende y predica, en sus enseñanzas, los derechos humanos, pero, sin embargo, no ha asumido un compromiso general en los tratados y convenios internacionales relacionados con los DD.HH., muchos de ellos consagrados en la DUDH. Así, se señala por ejemplo, que la Santa Sede no ha ratificado el Pacto Internacional de Derechos Económicos, Sociales y Culturales[14]. Tampoco ha ratificado el Pacto Internacional de Derechos Civiles y Políticos, ni la Convención sobre la Eliminación de Todas las Formas de Discriminación Contra la Mujer[15]. Sólo tres convenciones de las Naciones Unidas sobre Derechos Humanos han sido ratificadas por la Santa Sede: la Convención sobre los Derechos del Niño (1990)[16] ; la Convención

13. Para un mayor y más profundo análisis de la organización de la Iglesia, ver Barra (2012).

14. Pacto Internacional de Derechos Económicos, Sociales y Culturales, abierto a firma el 16 de diciembre, 1966, 999, U.N.T.S. 3 (entrada en vigor 3 de enero, 1976). Véase Alto Comisionado De Las Naciones Unidas Para Los Derechos Humanos: Base de datos de los Tratados (acnudh), Estatus de los Principales Instrumentos Internacionales de Derechos Humanos, www.unhchr.ch/pdf/reportsp.PDF [en adelante, ACNUDH, Estatus de ratificación].

15. Pacto Internacional de Derechos Civiles y Políticos, Doc. N.U. A/6316, 999 U.N.T.S. 171, (entrada en vigor el 23 de marzo, 1976); Convención sobre la Eliminación de Todas las Formas de Discriminación Contra la Mujer, aprobada el 18 de diciembre, 1979, Doc. N.U. A/34/46, (entrada en vigor 3 de septiembre, 1981). Véase ACNUDH, Estatus de ratificación.

16. Convención sobre los Derechos del Niño, aprobada el 20 de noviembre, 1989, Doc. N.U. A/Res/44/49, (entrada en vigor el 2 de septiembre, 1990), (ratificado por la Santa Sede el 20 de abril, 1990). Véase ACNUDH, Estatus de ratificación. La Santa Sede también ha firmado la Convención sobre el Estatuto de los Apátridas, aprobada el 28 de septiembre, 1954, E.S.C. Res. 256 (entrada en vigor el 5 de junio, 1960).

Internacional sobre la Eliminación de Todas las Formas de Discriminación Racial (1969)[17] y la Convención sobre el Estatuto de los Refugiados (1956).[18]

Este comportamiento, que para muchos puede parecer contradictorio, resulta comprensible desde el momento en que el Romano Pontífice reúne en su persona la triple condición: Pastor de la Iglesia Católica, Jefe del Estado Ciudad del Vaticano y máxima autoridad de la Santa Sede y tiene como misión única, exclusiva y excluyente, guardar el depósito de la fe que se ha encomendado a su resguardo y el magisterio eclesiástico que ha heredado de sus antecesores. Esta triple misión: espiritual, temporal y universal, hace que su rol dentro de las organizaciones internacionales sea muy diferente al del resto de los Estados[19]. Por otro lado, cabe recordar que la DUDH, es una declaración no vinculante para los Estados Miembros, es decir, los Estados Miembros adquieren un compromiso de respetar y hacer valer los Derechos allí consagrados en sus propios territorios nacionales

Si esto es entendido, se puede comprender por qué la Santa Sede, como órgano de gobierno de la Iglesia Católica se abstiene de participar en discusiones u opiniones de carácter netamente político sin injerencia o afectación alguna en lo que constituye la doctrina y la fe católica que está llamada a resguardar o, por lo contrario, interviene y emite su opinión en caso de que vulneren o afecten negativamente la fe y su doctrina como son los casos del aborto, la eutanasia, el control de la natalidad, la contra concepción, la familia o el matrimonio de personas de igual sexo. Todo ello en base a lo que es el núcleo que da vida

17. Convención Internacional para la Eliminación de Todas las Formas de Discriminación Racial, 660 U.N.T.S. 195 (entrada en vigor el 4 de enero, 1969). Véase ACNUDH, Estatus de ratificación.

18. Convención sobre el Estatuto de los Refugiados, 189 U.N.T.S. 137 (entrada en vigor el 22 de abril, 1954), (ratificada por la Santa Sede el 15 de marzo, 1956). Véase Alto Comisionado De Las Naciones Unidas Para Los Derechos Humanos: Base de datos de los Tratados (ACNUDH), Estatus de ratificación, www.unhchr.ch/html/menu3/b/treaty2ref.htm.

19. Por ejemplo, la Santa Sede no opina de cuestiones políticas, fuera de sus competencias, y, en esta medida, muchas de las discusiones que se entablan en el seno de la Asamblea, quedan fuera de sus competencias. La Santa Sede tiene una misión espiritual /y doctrinal, y por ello sólo considera su opinión cuando las cuestiones debatidas afectan directamente su doctrina y magisterio como lo son el aborto, la eutanasia, el matrimonio entre personas del mismo sexo, la familia, la concepción y el aborto

y sustenta todos los derechos fundamentales: la dignidad humana[20] y su conformidad con el derecho natural[21]

Asimismo, y desde un sentido activo, afirmativo o propositivo, la Iglesia, por su histórica y arraigada experiencia en atender y tratar a los grupos marginales de la sociedad[22] tiene mucho que aportar en materia de derechos humanos. Los vulnerables y marginales están n los orígenes del cristianismo[23] y trasunta toda la doctrina católica. Sin ir más lejos, y para situarnos en la actualidad, el Papa Francisco, ha puesto a los grupos vulnerables y marginales en el centro de su pontificado y tanto así que ha adoptado el nombre de Francisco pensando en los pobres. "Para mí es el hombre de la pobreza, el hombre de la paz, el hombre que ama y custodia la creación... Es el hombre que nos da este espíritu de paz, el hombre pobre... ¡Ah, ¡cómo quisiera una Iglesia pobre y para los pobres!"[24]. Este nombre programático, ha sido encarnado en el mismo magisterio de su ministerio petrino: "En sus visitas apostólicas, nunca falta la visita a los presos, que, además, son siempre pobres, a los enfermos, también casi siempre pobres, a veces niños, y, otras, ancianos, a inmigrantes y refugiados, como también a dos sectores especialmente golpeados por el sistema y decisivos para una alternativa humanizadora: los jóvenes y las familias, y también a los trabajadores, a los movimientos populares y a los solidarizados con todos ellos" (Trigo, 2017).

---

20. El magisterio pontificio junto con la doctrina social de la Iglesia es profuso en referencias a la dignidad humana como fundamento a partir del cual nace todos los demás derechos humanos hoy reconocidos.
21. El derecho natural es aquel que emana de la misma naturaleza humana y que no requiere una norma positiva para su existencia sino tan solo su reconocimiento. Según la Real Academia Española, en su Diccionario de Español Jurídico (DEJ) el derecho natural es el "conjunto de normas o principios ético-jurídicos primarios de validez universal existentes con independencia de la voluntad humana." Su origen no estará en la voluntad de las personas, sino en la naturaleza, interpretada con arreglo a criterios diversos: naturaleza creada por un ser supremo, naturaleza racional del ser humano, etc. Para Hugo Grocio (1583-1645) es "un dictado de la recta razón, que indica que alguna acción para su conformidad o disconformidad con la misma naturaleza racional, tiene fealdad o necesidad moral, y por consiguiente está prohibida o mandada por Dios, autor de la naturaleza. Los actos sobre los cuales recae el dictado son lícitos o ilícitos de suyo, y por lo tanto, se toman como mandado o prohibidos por Dios, necesariamente: en el cual concepto se diferencia este derecho no solamente del humano, sino también del divino voluntario, el cual no manda o prohíbe lo que de suyo y por su misma naturaleza es lícito o ilícito, sino que prohibiendo o mandando hace las cosas lícitas o ilícitas". El derecho natural responde a una razón tan universal y permanente, es tan inmutable "que ni aun Dios lo puede cambiar". Para Samuel Puffendorf (1632-1694) es "todo lo que contribuye necesariamente a la sociabilidad universal debe ser tenido por prescrito en el derecho natural; y todo lo que le enturbia, debe, por el contrario, ser prohibido por el mismo derecho". Al respecto, cabe destacar que el derecho natural ha sido cuestionado y hasta negado por ciertas corrientes de la filosofía jurídica positivista. No es este el sitio para extendernos respecto de esta cuestión.
22. En este sentido, cabe recordar, sólo a modo de ejemplo, dos instituciones que hoy se consideran fundamentales en el llamado Estado de Bienestar son iniciativa de la Iglesia Católica: los hospitales y las pensiones de subsistencia
23. Sobre el tratamiento de los pobres y vulnerables en las Sagradas Escrituras, véase Graneros, D. "Los vulnerables y marginales en las Sagradas Escrituras, en los orígenes del cristianismo y en el magisterio del Papa Francisco". Extracto.
24. Encuentro con los representantes de los medios de comunicación. Aula Pablo VI, sábado 16 de marzo 2013, en Francisco Papa (2014). Una Iglesia de todos: mis reflexiones para un tiempo nuevo, Espasa-Calpe, 228

En este punto, atendiendo a la actual realidad internacional, consideramos que un aporte significativo que la Santa Sede puede hacer, es la protección de minorías religiosas actualmente perseguidas o discriminadas. Para ello, debemos considerar el concepto de "grupos vulnerables" en el marco de la DUDH.

5. LOS "GRUPOS VULNERABLES EN EL MARCO DE LA DUDH

El problema que se plantea fundamentalmente en cuanto a la protección de los llamados grupos vulnerables, básicamente, son dos: El primero, hace referencia a su conceptualización, la amplitud de su término dificulta su determinación y, con ello, la inclusión o exclusión de ciertos colectivos. El segundo, es si estos colectivos merecen realmente una tutela especial que los ponga en un plano de "desiguladad" respecto del resto los individuos y grupos humanos[25]. Esto es un problema no sólo de cara a su justificación, sino porque los colectivos que se encuentran en dicha situación de vulnerabilidad son particularmente heterogéneos y habilitar mecanismos de protección para ellos ha derivado en tener que considerar la situación de cada uno de los colectivos en situación de vulnerabilidad.

Un ejemplo claro que presenta la amplitud del concepto y su diferenciación o protección especial y, de este modo, afectar el principio de "igualdad" de todos los seres humanos consagrados en el art. 2° de la DUDH, es el de la mujer respecto de la cual se ha generado una gran polémica en torno a caracterizarla como un grupo vulnerable, en especial cuando se argumenta a su favor la llamada discriminación positiva. Pero además, por lo que respecta al marco de protección de la mujer, éste se ha orientado especialmente al ámbito concreto de las mujeres víctimas de la violencia de género (sin perjuicio de que haya otros centros de actuación de gran trascendencia por lo que a la mujer como grupo vulnerable respecta) (Gómez Labajo, 2015).

La Real Academia de Española define la vulnerabilidad del siguiente modo: *"Que puede ser herido o recibir lesión, física o moralmente"* (RAE, 2013). Partiendo de esta definición, el concepto parece claro, sin embargo, como hemos anticipado, en el plano jurídico internacional, marco apropiado para tratar el tema en atención a su protección jurídica universal el concepto dista de ser claro y distinto y, como hemos señalado, en algunos casos genera no pocas polémicas lo que no se condice con lo que deber ser un ordenamiento jurídico, llamado a dar seguridad tanto en sus conceptos como en la protección de los derechos e intereses que aspira proteger.

Por tales razones, considerando la amplitud del concepto, algunos autores han considerado, con buen criterio, estimar algunas características que permitan encuadrar dicha noción o mejor dicho, algunos elementos, parámetros que determinarían dicha vulnerabilidad. En este caso nos valdremos del estudio elaborado por dos autores, Scheneiderbauer y Ehrlich (2006) -advirtiendo desde ya que no es el único ni el mismo es absoluto sino sólo referencial. En él se muestran algunos de los factores que pueden ser importantes para determinar esa especial vulnerabilidad como son entre otros, el índice de envejecimiento

25. Art.2 DUDH: "Toda persona tiene todos los derechos y libertades proclamados en esta Declaración, sin distinción alguna de raza, color, sexo, idioma, religión, opinión política o de cualquier otra índole, origen nacional o social, posición económica, nacimiento o cualquier otra condición. Además, no se hará distinción alguna fundada en la condición política, jurídica o internacional del país o territorio de cuya jurisdicción dependa una persona, tanto si se trata de un país independiente, como de un territorio bajo administración fiduciaria, no autónomo o sometido a cualquier otra limitación de soberanía".

de la población, su densidad, el índice de enfermos de algunas enfermedades importantes (como es el caso de los enfermos de VIH/sida, por ejemplo), u otros como el crecimiento de la población tanto rústica como urbana, conflictos en el Estado que sea objeto de análisis u otros indicadores más generales, de índole económica, como son la renta per cápita, el nivel de salario medio, cualificación profesional, o nivel de formación/estudios de las personas.

En la actualidad, considerando las declaraciones del relator especial encomendado por el Alto Comisionado de las Naciones Unidas, para el derecho mental y la salud, quien toma los grupos protegidos por los diferentes instrumentos jurídicos existentes en el marco de las Naciones Unidas, son calificados como vulnerables: Los niños y adolescentes, mujeres y niñas; Personas con discapacidad; Migrantes, refugiados y solicitantes de asilo; Personas LGBTI y Personas mayores

La vulnerabilidad de las minorías religiosas discriminadas o, directamente, atacadas, no aparece destacada dentro de los instrumentos jurídicos actualmente existentes. Para encuadrar su protección especial o reforzada, debemos recurrir al grupo genérico (aún más genérico que el de vulnerabilidad) de "minorías". La Declaración de las Naciones Unidas sobre las Minorías de 1992, en el primero de sus artículos se refiere a las minorías en base a su identidad (nacional o étnica), cultural, religiosa, y lingüística, disponiendo además que los Estados han de velar por la protección y existencia de estas minorías.

También, se podría acudir a una definición de minoría recogida por el Relator Especial de la Subcomisión de Prevención de Discriminaciones y Protección a las Minorías, Francesco Capotorti, que data del año 1977, y que se expresa del siguiente modo: "Un grupo numéricamente inferior al resto de la población de un Estado, que se encuentra en una posición no dominante y cuyos miembros, que son nacionales del Estado, poseen características étnicas, religiosas o lingüísticas diferentes de las del resto de la población y manifiestan, aunque sólo sea implícitamente, un sentimiento de solidaridad para preservar su cultura, sus tradiciones, su religión o su idioma" (Naciones Unidas, 2010).

Sin embargo, no existe un concepto internacionalmente aceptado de minoría, pudiendo con ello decir que la existencia de una minoría se trata de una cuestión fundamentalmente de hecho, debido a la dificultad de lograr un concepto universal dada la diversidad de situaciones en que pueden encontrarse estas minorías.

Es aquí donde, creemos, la Santa Sede puede aportar un enorme valor en atención a la experiencia que la Iglesia Católica tiene en la materia, muy particularmente las minorías religiosas. En el caso concreto de las minorías de religión católica que actualmente se encuentran no sólo discriminadas, sino directamente atacadas en al menos 50 países según la Lista Mundial de Persecución 2023 quien los clasifica en persecución severa y persecución extrema[26]. El próximo aniversario de la DUDH puede ser una excelente ocasión para ello.

6. CONCLUSIONES

En el presente artículo, inicio de una naciente investigación, hemos procurado poner de resalto la necesidad que actualmente existe de re conceptualizar con mayor precisión jurídica a los grupos vulnerables y, en particular a las minorías religiosas, quienes, a la luz de la actual atención internacional, así como de los instrumentos jurídicos existentes, no parecen estar entre los más destacados ni merecedores de una protección reforzada

26. Se puede acceder al texto en: https://materiales.puertasabiertasal.org/ty-mapa-ebook-2023

frente a la que actualmente existe. Para ello, hemos considerado que la Santa Sede, en su carácter de Observador Permanente de las conferencias y comisiones de las Naciones Unidas, puede hacer un aporte único, irremplazable y fundamental.

7. REFERENCIAS

Alto Comisionado De Las Naciones Unidas Para Los Derechos Humanos (s/f). *Base De Datos De Los Tratados (acnudh), Estatus de los Principales Instrumentos Internacionales de Derechos Humanos.* www.unhchr.ch/pdf/reportsp.PDF

Barra, C. (2012). *Derecho Público Canónico. La organización de la Iglesia Católica.* Vol.1. Marcial Pons.

Casanovas y La Rosa, O. (2001). El Derecho Internacional humanitario en los Conflictos armados (I): Objetivos militares, Bienes de carácter civil, métodos y medios de combate. En M. Diez de Velasco (Ed.) *Instituciones de Derecho Internacional Público.* (pp. 868-889).

Corral Salvador, C. y Giménez Martínez de Carvajal, J. (1981). *Concordatos Vigentes.* Tomo II, 249, [También con el original italiano; el Convenio financiero Anexo en 251-253]

Feruto, S. (1988) *L'Attivita inlernazionale della Sanla Sede.* Giuffré.

Francisco Papa (2014). *Una Iglesia de todos: mis reflexiones para un tiempo nuevo,* Espasa-Calpe.

Gómez Labajo, A. (2015). Los Derechos de grupos sociales vulnerables. Trabajo fin de Grado en Derecho. Universidad de Valladolid.

Marchesi, G. (2004). *II nuovo Statuto della Santa Sede all'ONU, La Civiltá Católica,* Vol. IV, 580-589

Margiotta Broglio, F. (2004). Sul nuovo ruólo della Santa Sede alie Nazioni Unite, *Rivista di Studipolitici internazionali,* 555-563

Naciones Unidas (2010). *Derechos de las minorías: Normas internacionales y orientaciones para su aplicación.* Naciones Unidas – Derechos Humanos, Oficina del Alto Comisionado.

Pastor Ridruejo, J. A. (1996). *Curso de Derecho Internacional Público y organizaciones internacionales.* Tecnos.

RAE (Real Academia Española) (2013). *Diccionario de la lengua española. Entrada: Vulnerable.* (22ª ed.). http://buscon.rae.es/drae/?type=3&val=vulnerable&val_aux=&origen=REDRAE

Scheneiderbauer, S. y Ehrlich, D. (2006). Social levels and hazards (in)dependence in determining vulnerability. En K. Birkmann (Ed.), *Measuring Vulnerability to Natural Hazards.* (pp. 78- 112). United Nation University Press.

Sybesma-Knol, R. G. (1981). *Status of Observers in the U.N.* Cambridge University Press.

Trigo, P. (2017). *Francisco, el papa del Concilio Vaticano II.* San Pablo.

Viejo Ximénez, J. M. (2005). Posición jurídica de la Iglesia Católica en el orden internacional, *Almogaren,* 36, 45-84.

VV. AA. (1954). *Base de datos de los Tratados. Convención sobre el Estatuto de los Refugiados,* 189 U.N.T.S. 137 (entrada en vigor el 22 de abril de 1954), (ratificada por la Santa Sede el 15 de marzo de 1956). ACNUDH.

VV. AA. (1954). *Convención sobre el Estatuto de los Apátridas.* (aprobada el 28 de septiembre de 1954), E.S.C. Res. 256 (entrada en vigor el 5 de junio de 1960).

VV. AA. (1966). *Pacto Internacional de Derechos Económicos, Sociales y Culturales.* (abierto a firma el 16 de diciembre de 1966), 999, U.N.T.S. 3 (entrada en vigor 3 de enero de 1976).

VV. AA. (1969). *Convención Internacional para la Eliminación de Todas las Formas de Discriminación Racial, 660 U.N.T.S. 195. Estatus de ratificación* (entrada en vigor el 4 de enero, 1969). ACNUDH.

VV. AA. (1976). Pacto Internacional de Derechos Civiles y Políticos, Doc. N.U. A/6316, 999 U.N.T.S. 171. (entrada en vigor el 23 de marzo de 1976)

VV. AA. (1979). *Convención sobre la Eliminación de Todas las Formas de Discriminación Contra la Mujer.* (aprobada el 18 de diciembre de 1979). Doc. N.U. A/34/46, ACNUDH, Estatus de ratificación.

VV. AA. (1989). *Convención sobre los Derechos del Niño. Estatus de ratificación.* (aprobada el 20 de noviembre de 1989), Doc. N.U. A/Res/44/49, (entrada en vigor el 2 de septiembre de 1990), (ratificado por la Santa Sede el 20 de abril de 1990). ACNUDH.

VIVIENDA SOCIAL COLECTIVA: OPOSICIONES AL DÉFICIT HABITACIONAL EN PUEBLO NUEVO - FERREÑAFE

Milagros Medaly Chicoma De la Cruz[1]

El presente texto es resultado del Grupo de Investigación "HOUSING-LAB" del Programa de Arquitectura, Universidad de San Martín de Porres - Filial Norte, Chiclayo, Perú.

1. INTRODUCCIÓN

Debido a la persistente desigualdad que se ha observado en el Perú desde mediados del siglo XX, se ha producido un notable fenómeno de migración interna. La población que reside en áreas rurales, donde sus necesidades básicas no son satisfechas y han experimentado promesas incumplidas por parte del Estado, ha optado por abandonar sus lugares de origen y establecerse en las áreas urbanas como una solución a esta situación (Meza, 2016). Por ello se viene proponiendo implementar políticas públicas que impulsen el crecimiento equitativo en todo el país, fomentando el desarrollo de ciudades intermedias (Banco Mundial, 2016).

Las ciudades pequeñas relacionan la vida rural y urbana, por otro lado, las ciudades intermedias cumplen la función de unir el sistema urbano entre las ciudades grandes y pequeñas, es por lo que son pilares fundamentales del sistema urbano, conectan los espacios a nivel regional y nacional (Canziani & Schejtman, 2013). Entre las ciudades intermedias que se están desarrollando en los últimos años está la provincia de Ferreñafe, la cual ha experimentado un crecimiento demográfico acelerado en los últimos años, lo que ha generado una demanda creciente de viviendas. Sin embargo, la oferta de viviendas no ha logrado mantenerse al ritmo de este crecimiento, lo que ha llevado a la aparición de asentamientos informales y condiciones de hacinamiento en muchos hogares.

Dicha provincia cuenta con un sector "Pueblo Nuevo" donde el déficit habitacional se manifiesta en diferentes formas. Existe una escasez de viviendas formales y asequibles para aquellos que deseen acceder a una vivienda propia. Esto dificulta el acceso a beneficios sociales y limita las oportunidades de mejorar las condiciones de vida de la población. Además, los asentamientos informales, caracterizados por la falta de servicios básicos y la precariedad de las estructuras, son otra expresión del déficit habitacional en el sector. Es un desafío complejo que requiere de acciones concretas para garantizar el derecho a una vivienda digna para todos los habitantes.

1. Universidad de San Martín de Porres (Perú)

En definitiva, la investigación se divide en cuatro etapas que se detallan en los tres apartados siguientes. Inicialmente, se lleva a cabo un análisis territorial del departamento de Lambayeque lo que proporciona una visión general del trabajo, permitiendo obtener información detallada sobre el entorno físico, social y cultural, esto abarca elementos como el clima, la topografía, los recursos naturales, la infraestructura existente, las características demográficas y las pautas de comportamiento de la comunidad. Además, ofrece datos fundamentales para la planificación y la organización del territorio a nivel urbano, facilitando identificar áreas de oportunidad y desafíos presentes. Seguidamente la estrategia metodológica se basa en el trabajo original de Zaida Muxi, Josep María Montaner y David Falagán, titulado "Herramientas para habitar el presente. La vivienda del siglo XXI" (2011). Se realiza una adaptación de su esquema analítico para el estudio local, centrándose en la selección de cuatro diferentes tipos de manzanas urbanas. Finalmente, se realiza el análisis de referentes de vivienda colectiva y la identificación de los tipos de usuarios del proyecto que establecerá un programa arquitectónico adecuado. Abriendo así la posibilidad de que un proyecto de vivienda social colectiva sea una solución viable y efectiva para lograr mejoras significativas en las condiciones de vida de la comunidad.

2. OBJETIVOS

El objetivo general de este proyecto es plantear estrategias urbanas a nivel de máster plan y establecer un programa arquitectónico de vivienda social colectiva contemporánea en la localidad de Pueblo Nuevo – Ferreñafe. Para lograrlo, se plantean los siguientes objetivos específicos: analizar el territorio y el contexto actual de las viviendas en la ciudad, analizar referencias nacionales e internacionales de vivienda colectiva para obtener conocimiento sobre las estrategias empleadas, caracterizar el lugar para seleccionar una ubicación adecuada y, finalmente, identificar los tipos de usuarios potenciales y establecer un programa arquitectónico adecuado para el proyecto.

3. METODOLOGÍA

La presente investigación se basa en un método de trabajo que involucra la revisión de publicaciones, el uso de herramientas de información geográfica, fotografías y la recopilación de datos. Se ha desarrollado una metodología por fases para alcanzar los objetivos establecidos. En primer lugar, se realiza un estudio exhaustivo del territorio buscando comprender la situación actual del crecimiento habitacional en el territorio y las migraciones como una consecuencia de ello, haciendo uso de herramientas de sistemas de información geográfica (GIS) y mapeos del territorio para comprender la dimensión física de los procesos (Vecslir & Tommei, 2022). Para analizar el contexto actual de la vivienda se toma como referencia la publicación "Herramientas para Habitar el presente. Vivienda en España: sociedad, ciudad, tecnología y recursos" (Z. Muxi y J. Montaner, 2010), reinterpretando un abordaje metodológico global adaptado al contexto local de Pueblo Nuevo, realizando una ficha de análisis como instrumento. Seguido se determina los antecedentes de proyectos de vivienda social colectiva en otras latitudes que sirvan como referencias para el conocimiento de las estrategias empleadas. Finalmente, tomando en consideración el Plan de Desarrollo Urbano (PDU) de Ferreñafe, se va a generar ciertas estrategias en el sector, obteniendo así ubicaciones adecuadas para el emplazamiento del proyecto e identificar los tipos de usuarios potenciales mediante datos y estudios del Instituto Nacional de Estadística e Informática (INEI), estableciendo un programa arquitectónico adecuado, de acuerdo con sus principales actividades.

4. DESARROLLO DE LA INVESTIGACIÓN

4.1. Territorio

La región de Lambayeque presenta diversas potencialidades naturales en términos de economía y producción agrícola, así como una variedad de tipos de cobertura vegetal. Una región con un clima favorable y suelos fértiles, lo que lo convierte en un área propicia para la agricultura. La principal actividad económica del territorio es la producción agrícola, destacando cultivos como la caña de azúcar, el algodón, los cítricos, los espárragos y otros productos hortofrutícolas (BCRP, 2017). Estos cultivos se benefician de las condiciones climáticas favorables y la disponibilidad de recursos hídricos, lo que contribuye al desarrollo económico de la región.

Destacando que la provincia de Ferreñafe se encuentran los bosques costeros, caracterizados por su adaptación a las condiciones áridas y salinas. Estos bosques suelen albergar especies de árboles y arbustos adaptados a la escasez de agua, como el algarrobo y el zapote. Además, se encuentran los bosques de montaña, que se caracterizan por su alta biodiversidad y su papel fundamental en la regulación del ciclo hidrológico, albergando una gran cantidad de especies vegetales y animales, algunas de ellas endémicas y en peligro de extinción (MINAM, 2018). Además, desempeñan un papel esencial en la captura y almacenamiento de agua, siendo vitales para el abastecimiento hídrico de las comunidades locales y el mantenimiento de los ecosistemas circundantes (imagen 1).

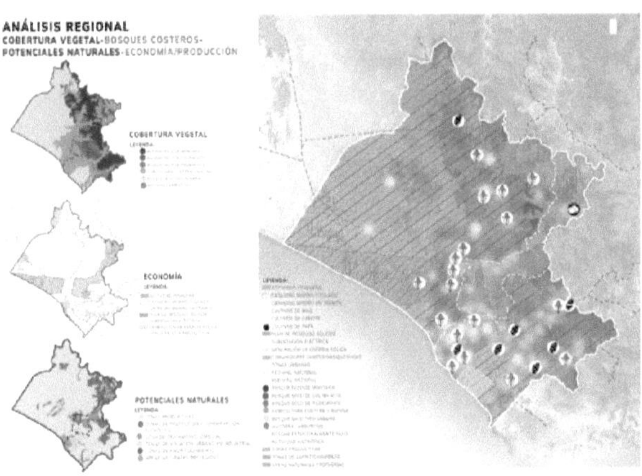

Figura 1. Análisis Territorial Lambayeque. **Fuente:** Elaboración propia.

Lambayeque está situada en una extensa llanura aluvial que se ha formado debido a los ríos Lambayeque, Zaña, La Leche y otros afluentes. Estos ríos presentan un régimen hídrico variable y son propensos a crecidas súbitas durante la temporada de lluvias intensas, lo que incrementa el riesgo de inundaciones. Además, la región está expuesta a fenómenos climáticos como El Niño, los cuales generan un aumento en las precipitaciones (SENAMHI, 2014). Esta situación sobrecarga los sistemas de drenaje y puede ocasionar desbordamientos de ríos y canales, afectando tanto a las áreas urbanas como rurales de la región. Es importante destacar que la ocupación de áreas vulnerables y la deforestación de cuencas hidrográficas contribuyen aún más a este problema, ya que disminuyen la capacidad de absorción del suelo y agravan las inundaciones (imagen 2).

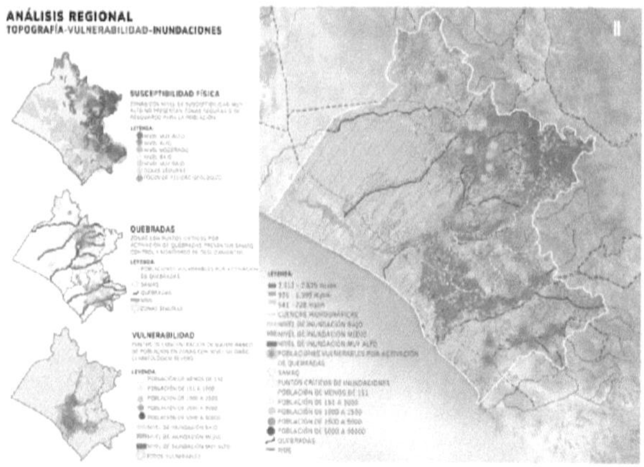

Figura 2. Análisis Territorial Lambayeque. **Fuente:** Elaboración propia.

4.1.1. Problemas Sociales

Se cuenta con un porcentaje bajo de instituciones de educación ocupacional por lo que en la zona altoandina se encuentra casos de deserción escolar y de pobreza extrema, presentando Ferreñafe la tasa más alta de analfabetismo (11,7%) en la región Lambayeque (INEI, 2017), así mismo en los caseríos y parte de la zona urbana no cuentan con los servicios básicos, el mayor porcentaje de violencia en el territorio es el psicológico (imagen 3).

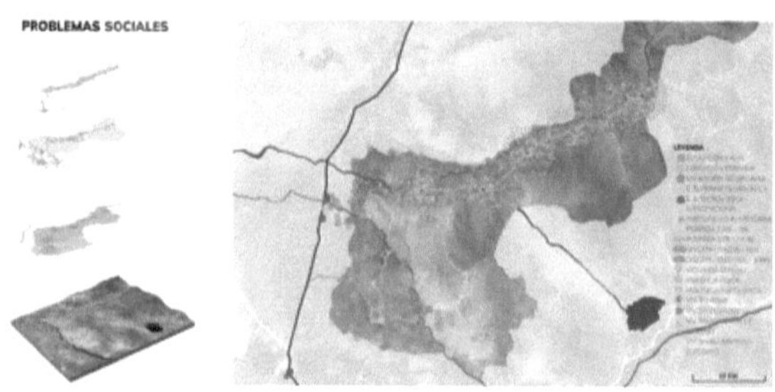

Figura 3. Análisis Problemas Sociales de Ferreñafe. **Fuente:** Elaboración propia.

4.1.2. Recursos Hídricos

El recurso más importante del territorio son sus cuerpos de agua (Río La Leche y el Canal Taymi) es la fuente de vital vida y permite ser al valle de Ferreñafe fértil, la ocupación habitacional próxima a estos ríos se genera por ser la agricultura la base de su economía

(ANA, 2019). Sin embargo, también presenta un riesgo para esta población ya que el clima de esta parte del Perú tiende a generar desbordes e inundaciones, que sin una planificación urbana se generarían grandes tragedias (imagen 4).

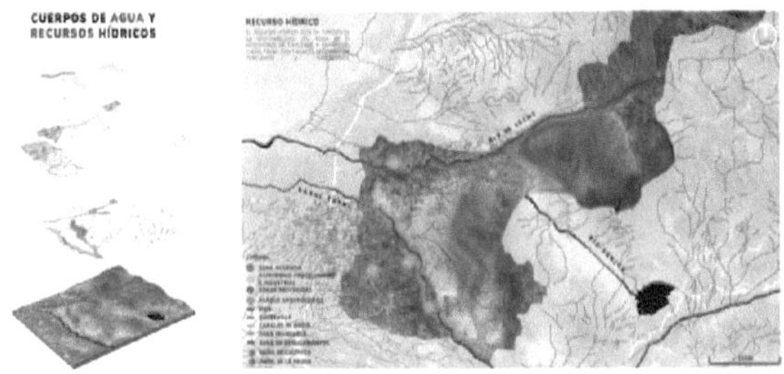

Figura 4. Recursos Hídricos de Ferreñafe. **Fuente:** Elaboración propia.

4.1.3. Patrimonio y Reservas Naturales

Hay una gran cantidad de monumentos arqueológicos prehispánicos, los cuales no le dan la importancia debida, ya que muchos de ellos no cuentan con protección del estado, en el territorio hay dos reservas naturales importantes: el Santuario Histórico Bosque de Pómac y el Refugio de Vida Silvestre Laquipampa, las cuales se conectan mediante una ruta marcada caseríos, que a la vez son protectores de dichos lugares (imagen 5).

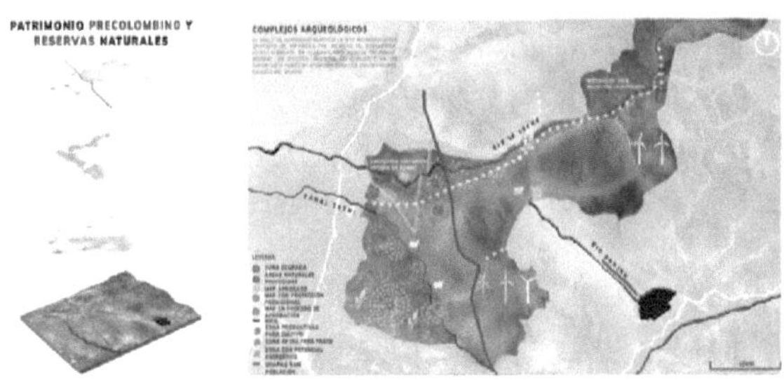

Figura 5. Patrimonio Precolombino y Reservas Naturales. **Fuente:** Elaboración propia.

4.1.4. Vías de Comunicación y Transporte

Ferreñafe es importante por su agricultura, la cual permite abastecer a su población como también la comercialización de sus productos, sin embargo, las vías no son aptas para llevar esta actividad con normalidad. Destacando que el territorio en cuestión presenta diferentes trochas carrozables en las zonas agrícolas, las cuales conectan caseríos y pueblos menores con la urbe, teniendo así distancias más cortas de ciudad en ciudad, las cuales generan un intercambio comercial sectorial (imagen 6).

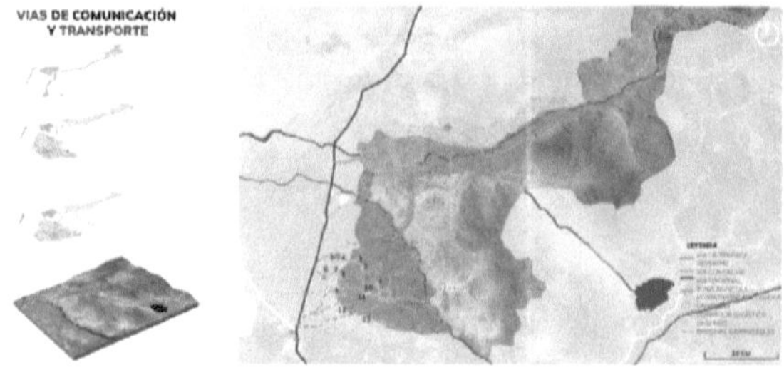

Figura 6. Vías de Comunicación y Transporte. **Fuente:** Elaboración propia.

4.1.5. Economía y Equipamiento

La ocupación habitacional en lugares intangibles se da por el poco equipamiento en los distritos y caseríos aledaños de Ferreñafe, ya que la necesidad de tener una mejor calidad de vida hace que los pobladores migren al centro urbano, además, generando cambios en la economía por el abandono de hectáreas agrícolas (imagen 7).

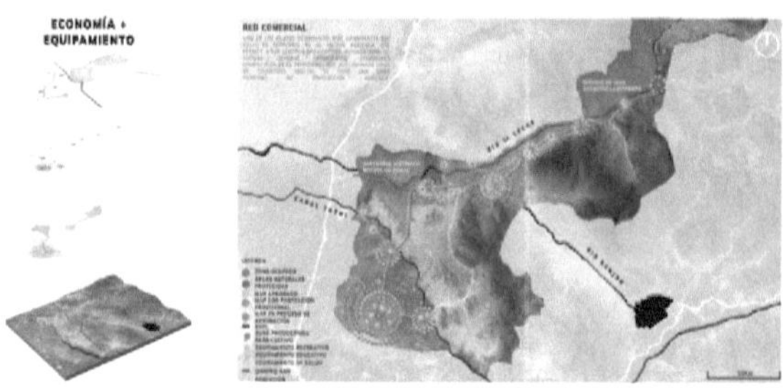

Figura 7. Vías de Comunicación y Transporte. **Fuente:** Elaboración propia.

4.2. Paisaje

En el análisis mediante un mapeo reflexivo de los territorios, lugares y redes simultáneamente en multiescala (Elinbaum & Barchi, 2022) se identifican dos implicancias. Por un lado, las zonas de oportunidad para la recuperación de la mancha vegetal a nivel territorial, donde se observa que Ferreñafe urbano (considerando su población) presenta más precariedad desde el centro hacia la periferia, siendo su potencial una ciudad intermedia, como conexión entre el campo y la ciudad. Por otro lado, a nivel paisaje, la ciudad de Ferreñafe va adaptando su forma con relación al recurso hídrico (acequias y drenes), la cual está siendo degradada al igual que la mancha vegetal, siendo importante la recuperación de estas zonas, a través de la revitalización convirtiéndolas en ejes articuladores y potencializadores de la biodiversidad ecológica.

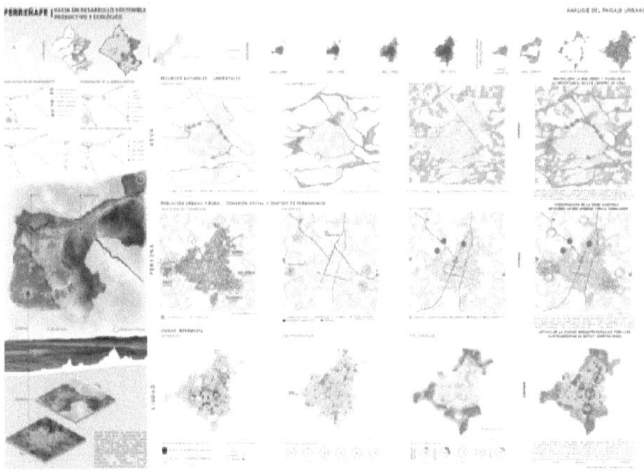

Figura 8. Ciudad Ferreñafe - Pueblo Nuevo. **Fuente:** Elaboración propia

La infraestructura vial de las zonas rurales corresponde a trochas sin tratamiento, que implican recorrer largas distancias hasta encontrar las vías que conectan al centro y otras ciudades. Por ello, difícilmente pueden dar a conocer sus productos y participar de la vida urbana, generando así la migración de la zona rural a la ciudad. La ciudad presenta una zona de mayor población en relación a la concentración de equipamientos paralelos a la vía que atraviesa la ciudad que une al distrito Pítipo, Ferreñafe y la provincia de Chiclayo, la cual quiebra en su centro para conectarse con la zona comercial del mercado. Por ello, en las zonas periféricas -que es donde más precariedad y zonas delictivas presentan, ya que no se genera tanta actividad como en el cercado de la ciudad de Ferreñafe- es necesario generar nuevos tejidos habitaciones y articular los espacios públicos con las zonas centrales de Ferreñafe (imagen 8).

4.3. Análisis de la vivienda

En el año 2006, se llevó a cabo la inauguración de la exposición "Habitar el presente. Vivienda en España: sociedad, ciudad, tecnología y recursos" por parte del Máster Laboratorio de la Vivienda del siglo XXI de la Universidad Politécnica de Catalunya. Esta exposición posteriormente dio lugar a una publicación (Montaner *et al.*, 2011). La metodología de análisis de proyectos estaba basada en los cuatro conceptos que daban nombre a la exposición (imagen 9). El enfoque principal era abordar el tema de la vivienda en cualquier lugar del mundo, adaptando y ajustando las condiciones medioambientales, socioeconómicas, culturales y complejidades urbanas específicas de cada contexto.

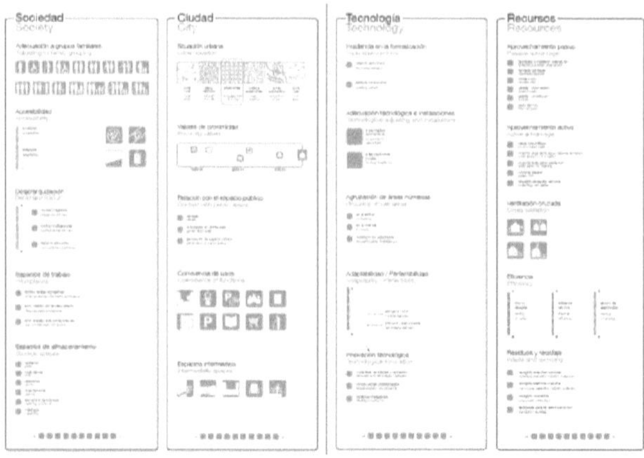

Figura 9. Plantilla de valoración, resultado de la exposición "Habitar el presente. Vivienda en España: sociedad, ciudad, tecnología y recursos". **Fuente:** Herramientas para habitar el presente. La vivienda del siglo XXI.

A continuación, se propone una reinterpretación de un enfoque metodológico global adaptado al contexto local de Pueblo Nuevo, utilizando una ficha de análisis como herramienta. Se seleccionan cuatro manzanas del área en cuestión, cada una con características diferentes. Después de recopilar toda la información relevante en campo, se procede a filtrarla y utilizarla para elaborar las fichas de análisis (imagen 10). En estas fichas se aplican los componentes establecidos en la metodología explicada, que abarcan la ciudad, la tipología, la sociedad y recursos. Esta guía, si bien está organizada, no es rígida, ya que se busca mantener la flexibilidad en los conceptos. Se reconoce que todos los entes urbanos son volubles y están en constante cambio, especialmente en las áreas de expansión (Gamarra Sampén et al., 2022).

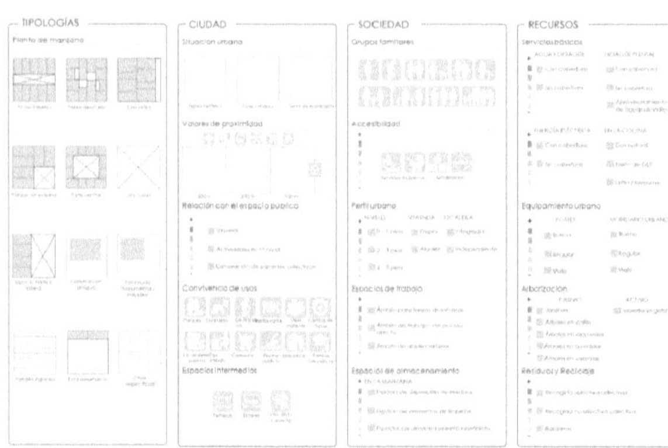

Figura 10. Ficha de análisis para los casos de estudio, a partir de J. Montaner, Z. Muxi, en la publicación "Herramientas para habitar el presente. La vivienda del siglo XXI".
Fuente: Elaboración propia.

Obteniendo que la zona de estudio presenta tres tipos de tejidos habitacionales: histórico, urbano y en expansión. En las zonas periféricas, se observa la degradación de grandes áreas de vegetación y parcelas agrícolas. Las áreas residenciales carecen de espacios públicos con vegetación. Además, se identifica la presencia de zonas oscuras - delictivas, donde la precariedad va desde el centro urbano hacia la periferia. Sin embargo, se destaca que el distrito de Pueblo Nuevo cuenta con diversos espacios comunes deportivos, recreativos y educativos, los cuales podrían formar parte de una nueva red de tejido habitacional, permitiendo la integración del sector con diferentes puntos de Ferreñafe.

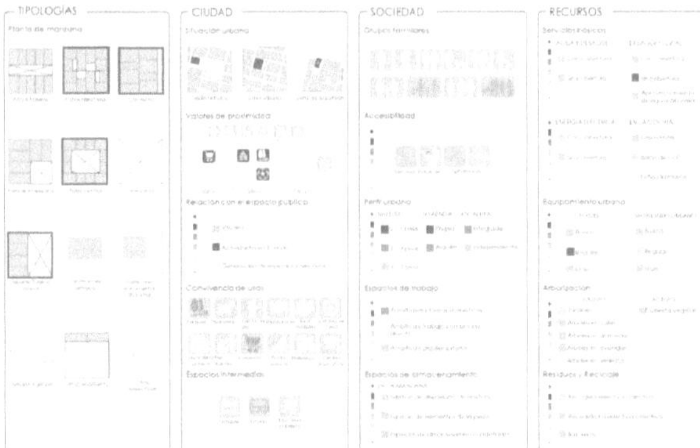

Figura 11. Aplicación de la metodología. **Fuente:** Elaboración propia.

4.4. Referentes Nacionales e Internacionales

Se analiza la tesis de pregrado "Propuesta de vivienda colectiva como alternativa a los modelos habitacionales que ofrece el mercado inmobiliario en Chiclayo". La propuesta de vivienda colectiva se basa en los parámetros de diseño adecuados para la vivienda contemporánea. Se consideran cuatro estrategias de ubicación, teniendo en cuenta la existencia previa del Ex Convento Santa María, un importante patrimonio histórico de la ciudad. El edificio se organiza en tres bloques de viviendas, con un bloque alargado perpendicular como base (imagen 12). Se incluyen una variedad de servicios comunes dentro del edificio, que beneficiarán a los residentes y a la comunidad en general (Tenorio Pairazaman, 2019).

En un experimento innovador, el Pabellón de los Países Bajos en la Expo 2000 revela un enfoque de diseño que difiere de la arquitectura moderna. La disposición espacial se representa en planta, identificando el modo de ocupación del espacio a través de piezas intercambiables. La relación clave que se destaca es la interacción entre el ser humano, la naturaleza y la tecnología. El pabellón se compone como una superposición de paisajes artificiales que recrean los ecosistemas holandeses, ofreciendo una posible solución para futuras necesidades en el terreno, mediante la combinación de la tecnología y la naturaleza, el edificio enfatiza la artificialidad de esta última. De esta manera, la naturaleza está dispuesta en diferentes niveles apilados, siendo un mini-ecosistema, garantizando una iluminación adecuada y abordar la escasez de tierras (Ruiz, 2013). El pabellón es un símbolo de la naturaleza multifacética de la sociedad, ya que presentó la noción paradójica de que a medida que aumenta la diversidad, también puede aumentar la cohesión. El dinamismo caracterizado por el Pabellón de la Expo 200 nos lleva a pensar en la flexibilidad que debería mostrarse en el interior de la vivienda social, siendo uno de los elementos más destacados del proyecto «67 Viviendas sociales en Carabanchel», los tabiques móviles, los cuales son dispositivos ampliamente utilizados en la arquitectura contemporánea para modificar la forma del espacio interior. Estos tabiques móviles, influenciados por la arquitectura japonesa, desempeñan un papel importante en la vivienda, ya que contribuyen a la idea de dinamismo de la casa - máquina, adaptándose a las necesidades según el momento del día. De esta manera, la configuración de la vivienda puede variar para adaptarse a diferentes situaciones (Soler, 2015).

Figura 12. Estrategias empleadas en Ferreñafe. **Fuente:** Elaboración propia.

5. RESULTADOS

5.1. Estrategias Urbanas

Como estrategias urbanas en el sector se plantea: Revitalizar la red verde y visibilizar la importancia de los cuerpos de agua, generando un corredor ecológico en la acequia "El Pueblo" como signo de identidad de la localidad, potenciando la ciudad a través de la diversidad biológica. Como respuesta a las inundaciones se plantea aterrazamiento en los campos cultivos cercados a los drenes y acequias, además, del uso de cuencas secas de drenaje extendido con tanques de almacenamiento. Para la preservación de la zona agrícola: integrar la red urbana con la ruralidad, empleando espacios de transición entre la ruralidad con la zona urbana, destinados para vivienda sostenible productiva, las cuales ayudarán en la preservación de la zona agrícola. En puntos estratégicos se proyectan zonas de bioretención, su función es retener el agua y preservar el área verde. Articular la ciudad mediante espacios públicos, implementando ejes verdes en la zona urbana que se proyectan hasta la zona rural, las cuales generarán un nuevo tejido habitacional, ya que dichos ejes conectarán con todos los espacios públicos de la ciudad, integrando así la ciudad desde el centro hacia la periferia (imagen 13). Por lo tanto, se crea un entorno propicio para la interacción social, siendo los ejes verdes un espacio al que las personas puedan acceder fácilmente y donde puedan realizar diversas actividades (Rojo, 2018).

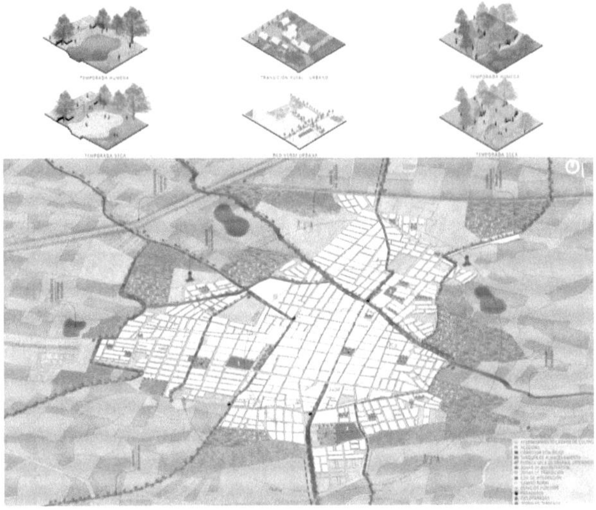

Figura 13. Estrategias empleadas en Ferreñafe. **Fuente:** Elaboración propia.

5.2. Superficies y Programa Arquitectónico

Para la elección de terrenos es necesario identificar las zonas de concentración de equipamientos, la cual está presente en el eje que une a la ciudad de Ferreñafe con el distrito de Pítipo y la provincia de Chiclayo, presentando al lado oeste de la ciudad carencias de equipamientos; sin embargo, cuenta con varios espacios educativos y recreativos. Es por ello por lo que el terreno 1 - sector oeste, genera un nuevo tejido habitacional al relacionarse con los diferentes espacios públicos del sector, articulando el centro urbano de Ferreñafe con la periferia, ya que el terreno 2 y 3 están ubicados en los extremos del eje central de la ciudad, además, situados sobre puntos vulnerables por las inundaciones producto de las lluvias (imagen14).

Figura 14. Ponderación de Terrenos - Ferreñafe. **Fuente:** Elaboración propia.

La determinación del usuario y programa arquitectónico se fundamentan en base a los sectores económicos más dinámicos y con mayor potencial en Ferreñafe, siendo la agricultura, la ganadería, el comercio y la agroindustria la base de la economía del sector.

El comercio está relacionado con las actividades agrícolas y pecuarias. Se destaca por la amplia diversificación de actividades que llevan a cabo los habitantes de la localidad. Se ha identificado la presencia tanto de negocios formales como informales en sectores como restaurantes, hoteles, centros de recreación, transporte y otros (PDU Ferreñafe - GEOPLAN, n.d.). Teniendo en consideración que Ferreñafe - Pueblo Nuevo cuentan con manifestaciones culturales, religiosas y artísticas, planteando en el programa espacios para desarrollar dichas actividades (imagen 15).

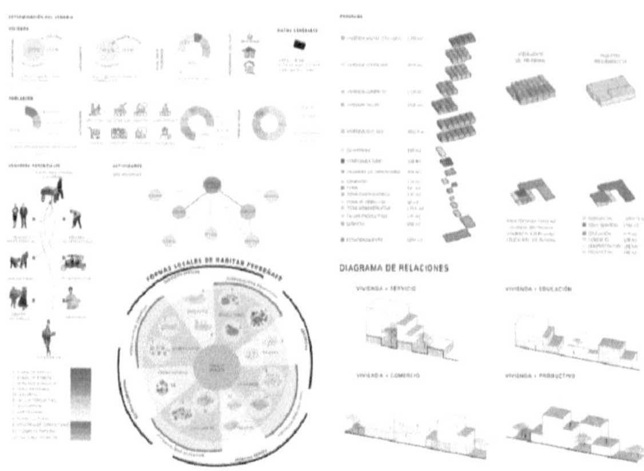

Figura 15. Determinación del Usuario y Programa Arquitectónico.
Fuente: Elaboración propia.

6. CONCLUSIONES

El territorio analizado presenta oportunidades para la recuperación de la vegetación, especialmente en las zonas periféricas, el recurso hídrico y la mancha vegetal requieren una revitalización para convertir estas áreas en ejes que promueven la biodiversidad. Además, la falta de infraestructura vial en las zonas rurales dificulta la conexión con el centro y limita la participación en la vida urbana, lo que impulsa la migración de la zona rural a la ciudad, considerando que hay concentración de equipamientos en el centro de la urbe creando una zona de mayor actividad, mientras que las áreas periféricas presentan mayor precariedad y delincuencia.

El desafío de la vivienda en Ferreñafe requiere abordarse desde un enfoque más amplio de políticas estatales, ya que presentando un nivel de hacinamiento de 4.5 personas por habitación en las viviendas y gran parte de esta problemática relacionada con la migración constante, es crucial garantizar que las personas puedan quedarse en sus lugares de origen y recibir la atención adecuada a sus necesidades.

Al emplear las fichas de estudio con los componentes de ciudad, tipología, sociedad y recursos, se reconoce que las áreas residenciales carecen de espacios públicos con vegetación y otros, manifestándose más en las zonas de expansión urbana, esto aumenta la posibilidad de réplica de asentamiento urbano sin planificación urbana. Llevando a una lógica de dispersión urbana, homogeneidad del tejido y falta de diversidad de usos en las calles, contradiciendo el modelo de ciudad densa, diversa y con menos trayectorias.

Las propuestas de vivienda colectiva analizadas ofrecen una alternativa a los modelos habitacionales en el país, considerando los parámetros de diseño contemporáneo y la ubicación estratégica del Ex Convento Santa María, el proyecto busca brindar servicios comunes y beneficios a los residentes y la comunidad. Otras propuestas como «el Pabellón de los Países Bajos en la Expo 2000» y «67 Viviendas sociales en Carabanchel» también incorporan elementos innovadores en su diseño y responden a necesidades específicas de optimización y flexibilidad.

Se plantean estrategias urbanas para revitalizar la red verde y resaltar la importancia de los cuerpos de agua, creando un corredor ecológico, también se propone medidas para hacer frente a las inundaciones, como el aterrazamiento de los campos de cultivo y el uso de cuencas secas de drenaje. Se integra la zona agrícola con la red urbana a través de espacios de transición y viviendas sostenibles, generando articular la ciudad mediante espacios públicos y ejes verdes que conectan la zona urbana con la rural.

La determinación del usuario y programa arquitectónico se basa en los sectores económicos clave de Ferreñafe: agricultura, ganadería, comercio y agroindustria. Además, se consideran las manifestaciones culturales, religiosas y artísticas de la localidad al planificar espacios para desarrollar dichas actividades.

7. REFERENCIAS

ANA (2019). *Informe Principal Estudio Hidrológico De La Unidad Hidrográfica Motupe La Leche.* https://n9.cl/drm70

Banco Mundial (2016). *Perú: Hacia un sistema integrado de ciudades - una nueva visión para crecer* (Notas de Política).

BCRP (2017). *Banco Central de Reserva del Perú Sucursal Piura Caracterización del Departamento de Lambayeque I. Características Socioeconómicas.*

Canziani, J. y Schejtman, A. (2013). *Ciudades intermedias y desarrollo territorial. In Ciudades intermedias y desarrollo territorial.* Pontificia Universidad Católica del Perú. https://doi.org/10.18800/9786124146299

Elinbaum, P. y Barchi, M. (2022). Expandiendo la (in)formación urbanística a través del mapeo reflexivo. La experiencia del Diario Urbano. *Bitácora Urbano Territorial, 33*(1), 109–123. https://doi.org/10.15446/bitacora.v33n1.104460

Gamarra Sampén, A., Tenorio Pairazamán, R. D. F. y Carrasco Aparicio, J. C. (2022). Habitar el pasado. Del barrio a las islas residenciales peruanas. I2 Investigación e Innovación. *Arquitectura y Territorio, 10*(2). https://doi.org/10.14198/i2.22339

Meza, S. (2016). *La vivienda social en el Perú.* Diagnostico preliminar. Universitat Politècnica de Catalunya.

MINAM (2018). *Definiciones Conceptuales de los Ecosistemas del Perú. Ministerio del Ambiente* - MINAM.

Montaner, J. M., Muxi, Z. y Falagán, D. (2011). Herramientas para habitar el presente: La vivienda del siglo XXI. *Journal of Chemical Information and Modeling. 53*(9). https://doi:10.1017/CBO9781107415324.004

PDU Ferreñafe - GEOPLAN. (n.d.). https://geo2.vivienda.gob.pe/mvcs/planes/pdu_rcc_ferrenafe.php?mod=1

Rojo, J. (2018). *El deterioro del espacio público y su impacto en las áreas destinadas a la socialización y al desarrollo de la accesibilidad en las ciudades medias mexicanas: caso Culiacán, Sinaloa.* Universidad Autónoma de Barcelona. https://ddd.uab.cat/record/189620

Ruiz, N. (2013). *En los límites de la arquitectura: espacio, sistema y disciplina* [Tesis Doctoral, Universidad Politécnica de Cataluña]. Tesis Doctorals en Xarxa. https://www.tdx.cat/handle/10803/117069

SENAMHI (2014). *El fenómeno EL NIÑO en el Perú.*

Soler, A. (2015). *Flexibilidad Polivalencia: modelos de libertad para la vivienda social en España*. Universidad Politécnica de Madrid. [Tesis Doctoral, Universidad Politécnica de Madrid]. Archivo Digital UPM. https://doi.org/10.20868/UPM.THESIS.39841

Tenorio Pairazaman, R. de F. (2019). *Propuesta de vivienda colectiva como alternativa a los modelos habitacionales que ofrece el mercado inmobiliario en Chiclayo*. [Tesis Doctoral, Universidad Católica Santo Toribio de Mogrovejo] Repositorio de Tesis USAT. http://tesis.usat.edu.pe/handle/20.500.12423/2149

Vecslir, L. y Tommei, C. I. (2022). Urbanismo para futuros arquitectos. Algunas reflexiones y estrategias metodológicas. *Bitácora Urbano Territorial, 33*(1), 153–167. https://doi.org/10.15446/bitacora.v33n1.104515

CHATBOTS E INFORMACIONES FALSAS: UNA REVISIÓN BIBLIOGRÁFICA SOBRE SU IMPACTO, SOLUCIONES Y ENFOQUES REGULATORIOS

Juan Dempere[1]

1. INTRODUCCIÓN

La Inteligencia Artificial (IA) ha evolucionado significativamente desde su inicio, lo que ha llevado al desarrollo de herramientas sofisticadas como los *chatbots*. Los chatbots basados en IA, como GPT-4 de OpenAI, han mostrado potencial en varias industrias, incluyendo noticias y medios (Radziwill y Benton, 2017). La habilidad de los chatbots para comprender, generar y comunicar lenguaje humano los hace particularmente atractivos en estos contextos. Sin embargo, la proliferación de chatbots también plantea problemas de precisión, sesgo y posible mal uso.

Las noticias falsas, una preocupación prevalente en la era digital de hoy, es la difusión de información falsa bajo la apariencia de noticias legítimas (Lazer *et al.*, 2018). Este fenómeno tiene impactos sociales significativos, incluyendo la erosión de la confianza pública en las instituciones de noticias (Allcott y Gentzkow, 2017), la polarización del discurso político (Bakir y McStay, 2018), e incluso la violencia real y la inestabilidad social (Wardle y Derakhshan, 2017).

Esta revisión bibliográfica tiene como objetivo proporcionar una visión general e integral de la relación entre los chatbots basados en IA y las noticias falsas, resumiendo la investigación actual, destacando controversias y sugiriendo aplicaciones prácticas para aquellos responsables en los procesos de decisión. La revisión se centra en cómo los chatbots influyen en la generación y difusión de noticias falsas, la efectividad de los chatbots en la detección y lucha contra las noticias falsas, y algunas consideraciones éticas y regulaciones asociadas. Esta revisión proporciona una base para futuras direcciones de investigación y estrategias para abordar la difusión de noticias falsas a través de chatbots basados en IA.

2. MATERIALES

Esta revisión incorpora una amplia variedad de fuentes bibliográficas asociadas con el papel y el impacto de los chatbots basados en IA en el proceso de generación y difusión de noticias, y su efectividad para abordar el desafío de las noticias falsas. Los materiales incluyen artículos revisados por pares, informes técnicos y literatura gris. Estos recursos

1. Higher Colleges of Technology (Emiratos Árabes Unidos)

provienen de disciplinas diversas como la Ciencia de la Computación y la Inteligencia Artificial (Radziwill y Benton, 2017), el Periodismo (Thurman *et al.*, 2017), y las Ciencias Sociales (Lazer *et al.*, 2018).

La inclusión de estas fuentes interdisciplinarias permite una exploración completa de los chatbots en contextos relacionados con las noticias. Los materiales varían desde estudios teóricos que examinan las posibles ventajas y desafíos de integrar chatbots en la generación y difusión de noticias, investigaciones empíricas que miden los impactos de los chatbots en la propagación y prevención de noticias falsas (Shu *et al.*, 2017), hasta artículos que evalúan las implicaciones éticas del uso de chatbots en la difusión de noticias.

Además, las fuentes consultadas cubren aplicaciones reales de chatbots de IA en el dominio de las noticias. Otros recursos investigan el uso de chatbots en la lucha contra las noticias falsas, como estudios sobre el despliegue de IA en redes sociales para detectar y eliminar información falsa de sus plataformas (Marwick y Lewis, 2017). Esta diversidad de fuentes contribuye a una comprensión más matizada del tema.

3. MÉTODOS

Esta revisión de alcance adopta un enfoque sistemático y transparente para identificar, seleccionar y analizar la literatura pertinente sobre el papel de los chatbots en la generación y difusión de noticias, su impacto en las noticias falsas y su potencial como herramientas para combatir la desinformación (Arksey y O'Malley, 2005).

La estrategia de búsqueda abarca cinco etapas: identificar la pregunta de investigación, identificar estudios relevantes, selección de estudios, recopilación de datos, y recopilación, resumen y reporte de los resultados (Levac, Colquhoun y O'Brien, 2010). La pregunta de investigación se formuló para explorar la interacción entre los chatbots y la generación, difusión y consumo de noticias, con un enfoque específico en el fenómeno de las noticias falsas.

Se identificaron estudios relevantes a través de una búsqueda exhaustiva en bases de datos académicas, como Google Scholar, IEEE Xplore y JSTOR, y fuentes de literatura gris, como informes y documentos técnicos. Los términos de búsqueda utilizados incluyeron "chatbots", "IA", "generación de noticias", "difusión de noticias", "noticias falsas", "desinformación", "información errónea" y "alfabetización mediática". Las búsquedas no se limitaron por idioma o fecha de publicación para asegurar un alcance completo de la revisión (Peters *et al.*, 2015).

El proceso de selección de estudios involucró una revisión inicial de títulos y resúmenes, seguido de una revisión de texto completo de los artículos seleccionados. Los criterios de inclusión fueron artículos que discuten el papel de los chatbots en la generación y difusión de noticias, su impacto en la propagación de noticias falsas, y las estrategias para combatir las noticias falsas utilizando chatbots. Se excluyeron los estudios que no se centraban en estos temas.

Los datos de los estudios seleccionados se recopilaron utilizando herramientas de extracción de datos basadas en IA incluyendo SEMANTIC SCHOLAR, ELICIT.ORG, CONSENSUS.APP, Scite.Ai, que capturaron información sobre los autores, año de publicación, diseño del estudio, tamaño de la muestra y hallazgos clave (Arksey y O'Malley, 2005). Los datos extraídos se analizaron cualitativamente, utilizando análisis temático para identificar temas y tendencias clave en la literatura (Braun y Clarke, 2006).

A lo largo de la revisión, se empleó un enfoque reflexivo, teniendo en cuenta los posibles sesgos y la influencia de los antecedentes y perspectivas de los investigadores en el proceso de investigación (Malterud, 2001).

4. RESULTADOS

4.1. El Papel de los Chatbots en la Generación y Difusión de Noticias

La utilización de chatbots en la industria de los medios de comunicación ha estado escalando rápidamente, transformando la cara de la generación y difusión de noticias (Veglis y Maniou, 2019b). Debido a su capacidad para interactuar de manera conversacional, entregar contenido personalizado y operar las 24 horas del día, muchas organizaciones de noticias han integrado chatbots en sus sistemas (Trivedi *et al.*, 2019). Estas herramientas impulsadas por IA se utilizan en una variedad de contextos, incluyendo plataformas de noticias en línea, canales de redes sociales y aplicaciones de noticias (Maniou y Veglis, 2020).

La transformación de los chatbots en la generación de noticias ha sido destacada, pasando de ser un recurso básico a una herramienta sofisticada (Veglis y Maniou, 2019b). Originalmente, los chatbots facilitaban respuestas simples y ofrecían información general, pero con el avance de la IA, sus capacidades se han expandido enormemente. Ahora crean noticias, responden detalladamente sobre temas noticiosos específicos y suministran noticias personalizadas basados en preferencias individuales (Veglis y Maniou, 2019b; Maniou y Veglis, 2020). Un ejemplo de esta transformación es el chatbot del Washington Post, Heliograf, que generó alrededor de 850 artículos durante los Juegos Olímpicos de Río 2016 (What's New in Publishing, 2021; Veglis y Maniou, 2019b).

Al confrontar los chatbots con los medios de comunicación tradicionales y otras soluciones de IA, las características singulares de los chatbots resaltan. En contraste con medios como la televisión, la radio y los periódicos, que distribuyen contenido uniforme, los chatbots aportan un alto nivel de individualización, entregando noticias ajustadas a las necesidades informativas del usuario. Por otro lado, a pesar de que otras soluciones de IA como los agregadores de noticias ofrecen contenido personalizado, frecuentemente no disponen de la interactividad que los chatbots poseen, limitando así su capacidad para ajustar las necesidades del usuario con la información noticiosa (Shawar & Atwell, 2007).

La adopción de chatbots en la generación y difusión de noticias está influenciada por múltiples factores. La eficiencia de costos, la capacidad operativa continua, la provisión de contenido personalizado y la interacción en tiempo real son algunas de las principales fuerzas impulsoras (Veglis y Maniou, 2019b; Maniou y Veglis, 2020). Sin embargo, desafíos como entender consultas complejas de los usuarios y asegurar la precisión de la información pueden ser barreras para la adopción. Estos desafíos representan oportunidades para futuras investigaciones y avances tecnológicos (Alsheddi y AlHenaki, 2022).

Las futuras investigaciones en el campo de los chatbots para la generación y difusión de noticias pueden girar en torno a varias áreas temáticas. Comprender aún más el potencial de los chatbots en contextos de periodismo diversos, desarrollar estrategias para superar las limitaciones existentes, mejorar el diseño e interactividad de los chatbots, y explorar sus roles en la dirección de problemas como la desinformación, son todas áreas de investigación prometedoras (Veglis y Maniou, 2019b; Maniou y Veglis, 2020).

4.2. Impacto de los Chatbots en las Noticias Falsas

A medida que los chatbots se vuelven cada vez más prevalentes en la generación y difusión de noticias, crece la inquietud por su papel en la fabricación y propagación de noticias falsas. Diversas investigaciones evidencian que los chatbots pueden ser utilizados para diseminar desinformación de manera amplia y eficaz (Allcott y Gentzkow, 2017). Su naturaleza automatizada y la capacidad para interactuar con extensas audiencias pueden convertirlos en posibles vectores de contenido falso, agravando el problema de las noticias falsas. Marwick y Lewis (2017) detallan cómo los chatbots en las redes sociales manipulan seguidores, difunden propaganda y reorientan sutilmente el discurso público. Se utilizan en países como Azerbaiyán, Italia y Venezuela para atacar a los disidentes o alterar el marco de las noticias. Fueron prominentes durante las elecciones presidenciales de 2016 en EE.UU., ayudando a propagar y normalizar teorías conspirativas, como 'Pizzagate': teoría de la conspiración que falsamente afirmaba que miembros destacados del Partido Demócrata, especialmente aquellos asociados con Hillary Clinton, dirigían una red de tráfico sexual infantil desde la pizzería Comet Ping Pong en Washington D.C. Originada de interpretaciones erradas de correos del Comité Nacional Demócrata filtrados por WikiLeaks, 'Pizzagate' se esparció a pesar de la falta de pruebas, provocando reacciones reales, incluido un tiroteo en la pizzería Comet Ping Pong en diciembre de 2016. El incidente subraya el potencial de las teorías de conspiración online para desencadenar acciones peligrosas.

Los chatbots, al igual que toda tecnología, tienen un potencial tanto positivo como negativo. Desafortunadamente, un aspecto negativo ha sido su empleo en la generación y diseminación de noticias falsas (Shao *et al.*, 2018a). Se ha evidenciado que actores con malas intenciones pueden manipular chatbots para esparcir desinformación en redes sociales, afectando de manera sutil la percepción de los usuarios (Ferrara *et al.*, 2016). Esta manipulación se ve facilitada por la habilidad de los chatbots de simular conversación y conducta humana, incrementando la credibilidad de la información difundida.

La propagación de noticias falsas genera serias repercusiones en la sociedad, como la distorsión de la opinión pública y la pérdida de confianza en fuentes noticiosas legítimas (Lazer *et al.*, 2018). Los chatbots, debido a su alcance y velocidad, pueden intensificar estos efectos, desencadenando confusión y diseminación acelerada de desinformación (Vosoughi *et al.*, 2018). Por ejemplo, durante la crisis del COVID-19, la Organización Mundial de la Salud (OMS, o por sus siglas en inglés WHO) (2019) alertó en 2019 sobre el peligro de la 'infodemia', descrita como la avalancha de informaciones acerca del COVID-19 (algunas verdaderas y otras falsas), lo que dificultó a las personas distinguir fuentes de información y consejos confiables y certeros cuando era requerido. Dempere (2022) aconseja el desarrollo de políticas gubernamentales en tecnologías de la información y comunicación destinadas a limitar el peligro de la 'infodemia'.

No obstante, los chatbots también presentan promesa en la lucha contra las noticias falsas. Algunos investigadores están desarrollando algoritmos para capacitar a los chatbots en detectar y refutar información falsa (Shu *et al.*, 2017). El emisor canadiense CBC, por ejemplo, creó un servicio de chat que usó bots para responder preguntas sobre noticias falsas en tiempo real durante las elecciones de 2019 (BBC Bitesize, n.d.).

Los chatbots, gracias a sus habilidades conversacionales, pueden tener una ventaja única en la lucha contra las noticias falsas, pues pueden interactuar directamente con los usuarios y explicar por qué cierta información es considerada falsa, fomentando habilidades de pensamiento crítico y alfabetización mediática (Zhou y Zafarani, 2018). A pesar de estas capacidades prometedoras, los chatbots tienen limitaciones, como reflejar sesgos presentes en los datos de entrenamiento (Bolukbasi *et al.*, 2016) o luchar para discernir entre sátira, opinión y noticias falsas (Binns *et al.*, 2017).

El papel de los chatbots en la distribución de noticias está modificando los patrones de consumo. Pero, esta personalización puede conducir a cámaras de eco, donde los usuarios sólo están expuestos a información que se alinea con sus creencias, exacerbando la propagación de noticias falsas (Pariser, 2011).

4.3. Chatbots como herramienta para combatir las noticias falsas

Los chatbots se perfilan como un recurso prometedor en la batalla contra las noticias falsas. Gracias a su capacidad para gestionar grandes volúmenes de datos, sumada a sus habilidades de aprendizaje automático y procesamiento de lenguaje natural, se vuelven ideales para la tarea de verificar y controlar noticias falsas (Mendoza, Poblete y Castillo, 2019). Las investigaciones indican que los chatbots pueden usarse en tiempo real para identificar información potencialmente falsa antes de su propagación, limitando así su alcance (Shao *et al.*, 2018a).

El uso de chatbots en la verificación de información es particularmente útil en las redes sociales, donde la desinformación es común. Empresas como Facebook usan chatbots para escanear y verificar automáticamente contenido, asegurando la precisión de la información en sus plataformas (Vosoughi, Roy y Aral, 2018). Medios de comunicación, como Associated Press (AP), usan chatbots para monitorear y marcar historias potencialmente falsas (Shin y Thorson, 2019).

El aprendizaje automático mejora la precisión de los chatbots en la verificación de noticias, permitiéndoles aprender de cada instancia para identificar mejor futuras informaciones falsas (Conroy, Chen y Rubin, 2015). Empresas como Microsoft y Google están invirtiendo en investigación y desarrollo para mejorar las habilidades de aprendizaje automático de sus chatbots, logrando una detección de noticias falsas más precisa (Ferrara *et al.*, 2016).

Al monitorear y bloquear automáticamente noticias falsas, los chatbots desempeñan un papel clave en la reducción de la propagación de desinformación, fomentando la información precisa y veraz (Lazer *et al.*, 2018). Además, pueden ayudar a reducir el efecto de 'cámara de eco' en las redes sociales (Del Vicario *et al.*, 2016), o la tendencia de los usuarios a interactuar y compartir informaciones que confirma sus creencias preexistentes, mientras ignoran o desacreditan informaciones que las desafían. Este fenómeno es facilitado por algoritmos de personalización y filtrado, que muestran a los usuarios contenidos que es similar a lo que han interactuado en el pasado. Como resultado, las personas a menudo están expuestas a una gama limitada de puntos de vista, creando el efecto de una cámara de eco donde ciertas ideas, creencias o prejuicios se refuerzan a través de la repetición y la validación dentro de una red cerrada de información.

Los chatbots han probado ser efectivos al tratar con rumores y teorías de conspiración, especialmente durante momentos de crisis. Estos programas de computadora se han usado ampliamente para desacreditar mitos y proporcionar información precisa (BBC Bitesize, n.d.; Pennycook *et al.*, 2020). No obstante, aunque son útiles para combatir noticias falsas, no son la solución final y deben complementarse con otros enfoques como la alfabetización mediática y medidas regulatorias (Wardle y Derakhshan, 2017).

4.4. Consideraciones éticas y confiabilidad de los chatbots en la difusión de noticias

El empleo de chatbots en la diseminación de noticias suscita interrogantes éticas relevantes vinculadas a la credibilidad, confiabilidad y sesgos potenciales. Como sistemas de IA, los chatbots funcionan mediante algoritmos que pueden perpetuar sesgos existentes, requiriendo una reflexión cuidadosa sobre estos aspectos éticos en su uso para propósitos informativos (Verma, 2019). Según Thurman *et al.*, (2017), los chatbots alimentados por IA suscitan preocupaciones éticas y sociales y, de manera quizás inesperada, pueden intensificar la necesidad de competencias - juicio noticioso, curiosidad y escepticismo - que personifican los periodistas humanos.

La confiabilidad de los chatbots depende de factores como la exactitud de la información que proporcionan, transparencia de su fuente, y respeto a la privacidad del usuario (Brundage, 2016). Sin embargo, los chatbots pueden generar una falsa seguridad, especialmente si los usuarios desconocen que están interactuando con un sistema de IA.

En la generación de noticias, se presentan cuestiones éticas como la autenticidad y responsabilidad del contenido. A diferencia de periodistas humanos, los chatbots no pueden comprobar independientemente la veracidad de una historia, recayendo la responsabilidad en los desarrolladores y plataformas que los emplean (Dignum, 2018).

Los chatbots, como cualquier sistema de IA, dependen de la calidad de los datos de entrenamiento. Si estos datos contienen sesgos, es probable que el chatbot perpetúe dichos sesgos, potenciando la discriminación. Por ejemplo, un chatbot formado con datos sesgados podría favorecer ciertas fuentes, generando una representación sesgada de las noticias (Bolukbasi *et al.*, 2016).

Los chatbots en noticias pueden afectar el equilibrio entre libertad de expresión y periodismo responsable. Democratizan la generación y consumo de noticias, pero también pueden propagar desinformación, debilitando el periodismo profesional (Edwards & Veale, 2017). Por ejemplo, la OMS (WHO, 2021b) advirtió que la propagación de desinformación sobre el COVID-19, potenciada en las redes sociales y plataformas digitales similares, podría representar un peligro mucho más grande para la salud pública mundial que el mismo coronavirus. Dempere (2021) reporta que los países con limitaciones mediáticas y poca libertad de prensa pudieron censurar de manera efectiva las noticias falsas y controlar la desinformación en Internet durante la pandemia, lo que condujo a una reacción gubernamental significativamente más rápida.

Existe el riesgo de que los chatbots sean usados maliciosamente para diseminar noticias falsas, dada su capacidad para generar y difundir rápidamente grandes volúmenes de información. Pueden ser usados para amplificar narrativas falsas y manipular la opinión pública, como se ha visto en campañas de desinformación (Ferrara, 2020).

4.5. Chatbots y alfabetización mediática

Los chatbots, como instrumentos de IA, pueden jugar un rol clave en el fomento de la alfabetización mediática. Al educar a los usuarios en las complejidades de los medios y contenido digital, los chatbots pueden ayudar a formar una sociedad capaz de distinguir noticias falsas de información verdadera (Hobbs y Jensen, 2018).

Los chatbots pueden potenciar la alfabetización mediática del público a través de recursos, cuestionarios interactivos y servicios de verificación de sucesos. Los chatbots ofrecen un servicio personalizado, permitiendo a los usuarios hacer preguntas y obtener respuestas inmediatas, facilitando la navegación a través de los contenidos de información

(Greenbalt, 2017). Su presencia en diversas plataformas permite un alcance amplio y diverso, promoviendo una alfabetización mediática extensa. Por ejemplo, Radio Canadá empleó un chatbot para combatir la desinformación, enseñando a los visitantes del sitio a reconocer fuentes de confianza y a identificar noticias falsas (Jassova, 2022).

Programados para detectar y marcar noticias falsas, los chatbots pueden instruir activamente a los usuarios acerca de los peligros de la desinformación. Algunos ofrecen servicios de verificación de eventos en tiempo real que identifican y corrigen inexactitudes en noticias o posts en redes sociales (Shu *et al.*, 2017), previniendo la difusión de noticias falsas y educando a los usuarios sobre la importancia de una evaluación crítica del contenido.

Los chatbots se están popularizando en contextos educativos, actuando como asistentes de aprendizaje que brindan instrucción y retroalimentación personalizados. Pueden ser utilizados para enseñar habilidades de alfabetización mediática en escuelas (Smutny & Schreiberova, 2020), impulsando el pensamiento crítico y la capacidad de discernir noticias falsas de información verídica (Pomerance, Greenberg y Walsh, 2020). Los estudiantes pueden interactuar con chatbots para aprender a verificar fuentes noticiosas, comprender la estructura de las noticias e identificar características comunes de las noticias falsas.

4.6. Regulación de Chatbots y Noticias Falsas

La regulación de la IA y los chatbots, particularmente en cuanto a su papel en la diseminación de noticias y la propagación de noticias falsas, es un campo en rápido desarrollo (Schellekens, 2013; Sannikova, 2023; Dwivedi *et al.*, 2023). Los legisladores de todo el mundo luchan con las implicaciones de tales tecnologías, esforzándose por equilibrar la prevención del mal uso con la promoción de la innovación (Sannikova, 2023; Dwivedi *et al.*, 2023).

Numerosas jurisdicciones han promulgado regulaciones para combatir las noticias falsas, ejemplificado por el creciente cuerpo de investigación sobre el tema (Zhang y Ghorbani, 2020). Por ejemplo, la Ley de Ejecución de la Red de Alemania impone fuertes multas a las plataformas de redes sociales que no eliminen de inmediato el contenido ilegal, incluyendo noticias falsas. La Ley de Protección contra Falsedades en línea y Manipulación de Singapur prevé sanciones penales contra la diseminación de información falsa que pueda perjudicar el interés público (Helm y Nasu, 2021). Estas regulaciones, aunque criticadas por potencialmente reprimir la libertad de expresión, ilustran los pasos proactivos que algunos gobiernos están tomando para combatir las noticias falsas (Zhang y Ghorbani, 2020).

Los enfoques regulatorios para los chatbots y las noticias falsas varían ampliamente en diferentes regiones (Schellekens, 2013; Sannikova, 2023). Algunos países como los Estados Unidos mantienen un enfoque laissez-faire, centrado en la autorregulación por parte de las empresas tecnológicas (Dwivedi *et al.*, 2023). En contraste, la Unión Europea persigue una postura regulatoria más proactiva, como lo demuestra el Reglamento General de Protección de Datos (GDPR) y la propuesta de Ley de Servicios Digitales (Helm y Nasu, 2021; Schellekens, 2013). Comprender estos enfoques variados es clave para moldear regulaciones efectivas que aborden los desafíos planteados por los chatbots y las noticias falsas (Sannikova, 2023; Dwivedi *et al.*, 2023).

Más allá del desafío de la regulación, los chatbots también pueden desempeñar un papel en mejorar la transparencia y la rendición de cuentas en la diseminación de noticias e información (Sannikova, 2023). Por ejemplo, los chatbots podrían utilizarse para proporcionar divulgaciones en tiempo real sobre la fuente y credibilidad del contenido de las noticias, ofreciendo a los usuarios más contexto para juzgar su fiabilidad (Diakopoulos, 2020). Además, podrían ser programados para explicar sus procesos de toma de decisiones, permitiendo a los usuarios entender cómo filtran y presentan la información (Sannikova, 2023; Dwivedi *et al.*, 2023).

4.7. Implicaciones Sociales

La irrupción de los chatbots de IA en la producción y distribución de noticias tiene efectos importantes para actores como empresas, gobiernos y entidades educativas. Veglis y Maniou (2019a) analizan cómo los chatbots transforman la narrativa periodística a través del diálogo interactivo, mientras Gkinko y Elbanna (2022) destacan su capacidad para proporcionar contenido de noticias personalizado, facilitando la comunicación dirigida. Por ejemplo, el Washington Post ha creado un chatbot, Heliograf, que genera automáticamente noticias, y la BBC tiene un chatbot que distribuye noticias personalizadas a través de Facebook Messenger (Ortiz, 2023). Shawar y Atwell (2007) sugieren que los chatbots son medios eficientes para distribuir contenido de noticias, reduciendo costos operativos, aunque enfrentan desafíos en cuanto a la gestión de noticias falsas (Shao et al., 2018a).

Las empresas pueden beneficiarse de la incorporación de chatbots a sus estrategias de comunicación, gracias a su capacidad para proporcionar noticias personalizadas (Wardhana et al., 2021). Los gobiernos pueden emplear chatbots para proporcionar a los ciudadanos noticias y datos fiables (Androutsopoulou et al., 2019), y las instituciones educativas pueden utilizarlos para educar sobre noticias falsas (Kooli, 2023). Sin embargo, Bell (2023) subraya el riesgo de mal uso de los chatbots, que pueden convertirse en fuentes de desinformación si no se manejan adecuadamente.

Los chatbots pueden ser rentables para la diseminación de noticias, impactando positivamente en la sostenibilidad financiera de las organizaciones de noticias (Shawar y Atwell, 2007). Aun así, existen preocupaciones sobre la calidad de las noticias producidas por los chatbots y el riesgo de propagación de noticias falsas (Bell, 2023).

Los chatbots podrían apoyar a los medios independientes y alternativos proporcionando herramientas eficientes para la creación y distribución de contenido, permitiendo una mayor competencia con los medios tradicionales (Veglis & Maniou, 2019b). Sin embargo, Shao et al. (2018b) advierten que su mal uso para propagar desinformación podría suponer riesgos, resaltando la necesidad de regulaciones y controles para su uso responsable.

5. DISCUSIÓN Y CONCLUSIONES

Los chatbots, aunque no son un concepto novedoso, han ganado rápidamente terreno en el panorama de generación y difusión de noticias. Han jugado un papel influyente en la configuración de los patrones de consumo de noticias, aportando un nivel de interactividad sin precedentes a la experiencia del usuario (Huang y Rust, 2018). Sin embargo, también se ha identificado su papel en la generación y propagación de noticias falsas, presentando una espada de doble filo en esta era centrada en los medios de comunicación. A pesar de esto, los chatbots también ofrecen soluciones prometedoras para combatir las noticias falsas. Su capacidad para verificar los hechos, monitorear y bloquear las noticias falsas, cuando se combina con algoritmos avanzados de aprendizaje automático, puede reducir significativamente la propagación de la desinformación (West *et al.*, 2019).

Este estudio ha abierto vías para futuras investigaciones. La efectividad de los chatbots para combatir las noticias falsas necesita una mayor investigación. Esto incluye los posibles sesgos y limitaciones de los chatbots para detectar y prevenir las noticias falsas. La interacción entre la libertad de expresión, el periodismo responsable y el uso ético de los chatbots también justifica una exploración más profunda. Además, el papel de los chatbots para promover la alfabetización mediática y el pensamiento crítico, particularmente en entornos educativos, presenta un terreno fértil para futuras investigaciones.

En el dinámico panorama de generación y difusión de noticias, los chatbots han encontrado su lugar tanto como una bendición como una maldición. Aunque representan riesgos relacionados con la propagación de desinformación, también ofrecen beneficios sustanciales en la lucha contra las noticias falsas. Hay una clara necesidad de avance tecnológico continuo y supervisión ética y regulatoria para asegurar que el uso de los chatbots promueva la difusión de información precisa y verificada. A medida que la línea entre las comunicaciones humanas y de bots se difumina, se vuelve cada vez más vital invertir en herramientas y estrategias que salvaguarden la verdad y la autenticidad en el espacio de los medios digitales (Gu, *et al.*, 2017).

6. REFERENCIAS

Allcott, H. y Gentzkow, M. (2017). Social Media and Fake News in the 2016 Election. Journal of Economic Perspectives, *31*(2), 211-236. https://doi.org/10.1257/jep.31.2.211

Alsheddi, A. y AlHenaki, L. (2022). English and Arabic Chatbots: A systematic literature review. *International Journal of Advanced Computer Science and Applications, 13*(8), 662-675. https://doi.org/10.14569/ijacsa.2022.0130876

Androutsopoulou, A., Karacapilidis, N. I., Loukis, E. y Charalabidis, Y. (2019). Transforming the communication between citizens and government through AI-guided chatbots. *Government Information Quarterly, 36*(2), 358-367. https://doi.org/10.1016/j.giq.2018.10.001

Arksey, H. y O'Malley, L. (2005). Scoping studies: towards a methodological framework. *International Journal of Social Research Methodology, 8*(1), 19-32. https://doi.org/10.1080/1364557032000119616

Bakir, V. y McStay, A. (2018). Fake News and The Economy of Emotions. *Digital Journalism, 6*(2), 154-175. https://doi.org/10.1080/21670811.2017.1345645

BBC Bitesize (n.d.). What are 'bots' and how can they spread fake news? *BBC*. www.bbc.co.uk/bitesize/articles/zjhg47h

Bell, E. (2023, March 3). A fake news frenzy: why ChatGPT could be disastrous for truth in journalism. *The Guardian*. www.theguardian.com/commentisfree/2023/mar/03/fake-news-chatgpt-truth-journalism-disinformation

Binns, R., Veale, M., Van Kleek, M. y Shadbolt, N. (2017, Septiembre 13). Like Trainer, Like Bot? Inheritance of Bias in Algorithmic Content Moderation. In 9th International Conference on Social Informatics. *arXiv Preprint* arXiv:1707.01477v1 [cs.CY]. https://doi.org/10.48550/arXiv.1707.01477

Bolukbasi, T., Chang, K. W., Zou, J., Saligrama, V. y Kalai, A. (2016, Julio 21). Man is to Computer Programmer as Woman is to Homemaker? Debiasing Word Embeddings. *arXiv Preprint* arXiv:1607.06520 [cs.CL]. https://doi.org/10.48550/arXiv.1607.06520

Braun, V. y Clarke, V. (2006). Using thematic analysis in psychology. Qualitative *Research in Psychology, 3*(2), 77-101. https://doi.org/10.1191/1478088706qp063oa

Brundage, M. (2016). Artificial Intelligence and Responsible Innovation. En: Müller, V.C. (eds) *Fundamental Issues of Artificial Intelligence*. Synthese Library, vol 376. Springer, Cham. https://doi.org/10.1007/978-3-319-26485-1_32

Conroy, N. J., Chen, Y. y Rubin, V. L. (2015). Automatic deception detection: Methods for finding fake news. *Proceedings of the Association for Information Science and Technology, 52*(1), 1–4. https://doi.org/10.1002/pra2.2015.145052010082

Del Vicario, M., Bessi, A., Zollo, F., Petroni, F., Scala, A., Caldarelli, G., ... y Quattrociocchi, W. (2016). The spreading of misinformation online. Proceedings of the National *Academy of Sciences, 113*(3), 554–559. http://www.pnas.org/content/113/3/554.abstract

Dempere, J. (2021). Control of the first wave of COVID-19: Some economic freedom-related success factors. *Journal of International Studies, 14*(4), 187-200. https://doi.org/10.14254/2071-8330.2021/14-4/13

Dempere, J. y Modugu, K. P. (2022). Explanatory Power of Tourist Destination Competitiveness on the Control of the First Wave of COVID-19. *European Journal of Management and Business Economics*, Vol. ahead-of-print No. ahead-of-print. https://doi.org/10.1108/EJMBE-07-2021-0215

Diakopoulos, N. (2020). Automating the news: How algorithms are rewriting the media. *Harvard University Press*. www.jstor.org/stable/j.ctv24w634d

Dignum, V. (2018). Ethics in artificial intelligence: Introduction to the special issue. *Ethics and Information Technology, 20*(1), 1–3. https://doi.org/10.1007/s10676-018-9450-z

Dwivedi, Y. K., Kshetri, N., Hughes, L., Slade, E. L., Jeyaraj, A., Kar, A. K., Baabdullah, A. M., Koohang, A., Raghavan, V., Ahuja, M., Albanna, H., Albashrawi, M. A., Al-Busaidi, A. S., Balakrishnan, J., Barlette, Y., Basu, S., Bose, I., Brooks, L., Buhalis, D., ... y Wright, R. (2023). Opinion Paper: "So what if ChatGPT wrote it?" Multidisciplinary perspectives on opportunities, challenges and implications of generative conversational AI for research, practice and policy. *International Journal of Information Management, 71*, 102642. https://doi.org/10.1016/j.ijinfomgt.2023.102642

Edwards, L. y Veale, M. (2017). Slave to the algorithm? Why a 'right to an explanation' is probably not the remedy you are looking for. D*uke Law & Technology Review, 16*, 18-84. https://scholarship.law.duke.edu/dltr/vol16/iss1/2

Ferrara, E. (2020). What types of COVID-19 conspiracies are populated by Twitter bots? *First Monday, 25*(6). https://doi.org/10.5210/fm.v25i6.10633

Ferrara, E., Varol, O., Davis, C., Menczer, F. y Flammini, A. (2016). The rise of social bots. *Communications of the ACM, 59*(7), 96-104. https://doi.org/10.1145/2818717

Gkinko, L. y Elbanna, A. R. (2022). AI chatbots sociotechnical research: An overview and future directions. *International Workshop on Socio-Technical Perspective in IS Development*, 3239, 173-183. https://ceur-ws.org/Vol-3239/paper17.pdf

Greenbalt, A. (2017, April 4). The future of fact-checking: Moving ahead in political accountability journalism. *American Press Institute*. www.americanpressinstitute.org/publications/reports/white-papers/future-of-fact-checking/

Gu, G., Kropotov, V. y Yarochkin, F. (2017). The fake news machine: How propagandists abuse the Internet and manipulate the public. TrendMicro, *A TrendLabs Research Paper*. https://documents.trendmicro.com/assets/white_papers/wp-fake-news-machine-how-propagandists-abuse-the-internet.pdf

Guzmán, A. L. y Lewis, S. C. (2019). Artificial intelligence and communication: A Human–Machine Communication research agenda. *New Media & Society, 22*(1), 70-86. https://doi.org/10.1177/1461444819858691

Helm, R. K. y Nasu, H. (2021). Regulatory responses to 'fake news' and freedom of expression: Normative and empirical evaluation. *Human Rights Law Review, 21*(2), 302-328. https://doi.org/10.1093/hrlr/ngaa060

Hobbs, R., y Jensen, A. (2018). The past, present, and future of media literacy education. *Journal of Media Literacy Education, 10*(1), 1-21. https://doi.org/10.23860/jmle-1-1-1

Huang, M.-H. y Rust, R. T. (2018). Artificial Intelligence in Service. *Journal of Service Research, 21*(2), 155–172. https://doi.org/10.1177/109467051775245

Jassova, B. (2022, Jan 4). Real Chatbot Examples: Virtual Assistants in Action. https://landbot.io/blog/chatbot-examples

Kooli, C. (2023). Chatbots in Education and Research: A Critical Examination of Ethical Implications and Solutions. *Sustainability, 15*(7), 5614. https://doi.org/10.3390/su15075614

Lazer, D. M. J., Baum, M. A., Benkler, Y., Berinsky, A. J., Greenhill, K. M., Menczer, F., Metzger, M. J., Nyhan, B., Pennycook, G., Rothschild, D., Schudson, M., Sloman, S. A., Sunstein, C. R., Thorson, E. A., Watts, D. J. y Ziyttrain, J. L. (2018). The science of fake news. *Science, 359*(6380), 1094-1096. https://doi.org/10.1126/science.aao2998

Levac, D., Colquhoun, H. y O'Brien, K. K. (2010). Scoping studies: advancing the methodology. *Implementation Science, 5*(1), 1-9. https://doi.org/10.1186/1748-5908-5-69

Malterud, K. (2001). Qualitative research: standards, challenges, and guidelines. *The Lancet, 358*(9280), 483-488. https://doi.org/10.1016/S0140-6736(01)05627-6

Maniou, T. A. y Veglis, A. (2020). Employing a Chatbot for News Dissemination during Crisis: Design, Implementation, and Evaluation. *Future Internet, 12*(7):109, 1-14. https://doi.org/10.3390/fi12070109

Marwick, A. y Lewis, R. (2017). Media Manipulation and Disinformation Online. *Data & Society Research Institute.* https://datasociety.net/library/media-manipulation-and-disinfo-online/

Mendoza, M., Poblete, B. y Castillo, C. (2019). Twitter under crisis: Can we trust what we RT? *Proceedings of the first workshop on social media analytics*, 71–79. https://doi.org/10.1145/1964858.1964869

Ortiz, S. (2023, May 23). The best AI chatbots: ChatGPT and other noteworthy alternatives. *ZDNet.* www.zdnet.com/article/best-ai-chatbot/

Pariser, E. (2011). *The Filter Bubble: How the New Personalized Web Is Changing What We Read and How We Think.* Penguin Press.

Pennycook, G., McPhetres, J., Zhang, Y., Lu, J. G. y Rand, D. G. (2020). Fighting COVID-19 misinformation on social media: Experimental evidence for a scalable accuracy-nudge intervention. *Psychological Science, 31*(7), 770–780. https://doi.org/10.1177/0956797620939054

Peters, M. D., Godfrey, C. M., Khalil, H., McInerney, P., Parker, D. y Soares, C. B. (2015). Guidance for conducting systematic scoping reviews. *International Journal of Evidence-Based Healthcare, 13*(3), 141-146. https://doi.org/10.1097/XEB.0000000000000050

Pomerance, L., Greenberg, J. y Walsh, K. (2020). Learning about learning: what every new teacher needs to know. Harvard Education Press. *National Council on Teacher Quality.* http://files.eric.ed.gov/fulltext/ED570861.pdf

Radziwill, N. M. y Benton, M. C. (2017). Evaluating Quality of Chatbots and Intelligent Conversational Agents. *arXiv preprint.* arXiv:1704.04579. https://doi.org/10.48550/arXiv.1704.04579

Sannikova, L. (2023). Legal issues in the use of chatbots in socio-political communications. *Государство и право, 1*(1), 68-78 https://doi.org/10.31857/s102694520024146-1

Schellekens, M. (2013). Are internet robots adequately regulated? *Computer Law & Security Review, 29*(6), 666-675. https://doi.org/10.1016/J.CLSR.2013.09.003

Shao, C., Ciampaglia, G. L., Varol, O., Flammini, A. y Menczer, F. (2018a). The spread of low-credibility content by social bots. *Nature Communications, 9*(1), 4787. https://doi.org/10.1038/s41467-018-06930-7

Shao, C., Hui, P. M., Wang, L., Jiang, X., Flammini, A., Menczer, F. y Ciampaglia, G. L. (2018b). Anatomy of an online misinformation network. *PLoS ONE, 13*(4), e0196087. https://doi.org/10.1371/journal.pone.0196087

Shawar, B. A. y Atwell, E. (2007). Chatbots: Are they really useful? *LDV Forum, 22*(1), 29-49, https://doi.org/10.21248/jlcl.22.2007.88

Shin, J. y Thorson, K. (2019). Partisan selective sharing: The biased diffusion of fact-checking messages on social media. *Journal of Communication, 69*(1), 32–51. https://doi.org/10.1111/jcom.12284

Shu, K., Sliva, A., Wang, S., Tang, J. y Liu, H. (2017). Fake news detection on social media: A data mining perspective. *arXiv preprint.* arXiv:1708.01967v3 [cs.SI]. https://doi.org/10.48550/arXiv.1708.01967

Smutny, P. y Schreiberova, P. (2020). Chatbots for learning: A review of educational chatbots for the Facebook Messenger. *Computers & Education, 151*, 103862. https://doi.org/10.1016/j.compedu.2020.103862

Thurman, N., Dörr, K. y Kunert, J. (2017). When Reporters Get Hands-on with Robo-Writing: Professionals Consider Automated Journalism's Capabilities and Consequences. *Digital Journalism, 5*(10), 1240-1259. https://doi.org/10.1080/21670811.2017.1289819

Trivedi, A., Gor, V. y Thakkar, Z. (2019). Chatbot generation and integration: A review. *5*(2), 1308-1311. www.ijariit.com/manuscripts/v5i2/V5I2-1840.pdf

Veglis, A. y Maniou, T. A. (2019a). Embedding a chatbot in a news article: Design and implementation. In Proceedings of the 23rd Pan-Hellenic Conference on Informatics, 169-172. *Association for Computing Machinery.* https://doi.org/10.1145/3368640.3368664

Veglis, A. y Maniou, T. A. (2019b). Chatbots on the rise: A new narrative in journalism. *Studies in Media and Communication, 7*(1), 1-6. https://doi.org/10.11114/SMC.V7I1.3986

Verma, S. (2019). Weapons of Math Destruction: How Big Data Increases Inequality and Threatens Democracy. Vikalpa: *The Journal for Decision Makers, 44*(2), 97-98. https://doi.org/10.1177/0256090919853933

Vosoughi, S., Roy, D. y Aral, S. (2018). The spread of true and false news online. *Science, 359*(6380), 1146-1151. https://doi.org/10.1126/science.aap9559

Wardhana, A. K., Ferdiana, R., y Hidayah, I. (2021). Empathetic chatbot enhancement and development: A literature review. 2021 International Conference on Artificial Intelligence and Mechatronics Systems (AIMS), Bandung, Indonesia, 1-6. https://doi.org/10.1109/AIMS52415.2021.9466027

Wardle, C. y Derakhshan, H. (2017). Information disorder: Toward an interdisciplinary framework for research and policy making. *Council of Europe report, 27*(2017), 1-85.

West, M., Kraut, R. y Chew Han Ei. (2019). I'd blush if I could: closing gender divides in digital skills through education (GEN/2019/EQUALS/1 REV.5). *UNESCO.* https://unesdoc.unesco.org/ark:/48223/pf0000367416

What's New in Publishing. (June 11, 2021). The Washington Post's robot reporter has published 850 articles in the past year. https://whatsnewinpublishing.com/the-washington-posts-robot-reporter-has-published-850-articles-in-the-past-year/

WHO - World Health Organization (2019), Novel coronavirus (2019-nCov). Situation report – 13, www.who.int/docs/default-source/coronaviruse/situation-reports/20200202-sitrep-13-ncov-v3.pdf

WHO - World Health Organization (2021a), Fighting misinformation in the time of COVID-19, one click at a time, available at: www.who.int/news-room/feature-stories/detail/fightingmisinformation-in-the-time-of-covid-19-one-click-at-a-time

Zhang, X. y Ghorbani, A. A. (2020). An overview of online fake news: Characterization, detection, and discussion. *Information Processing & Management, 57*(2):102025. https://doi.org/10.1016/J.IPM.2019.03.004

Zhou, X. y Zafarani, R. (2018). A survey of fake news: Fundamental theories, detection methods, and opportunities. *arXiv Preprint* arXiv:1812.00315v2 [cs.CL]. https://doi.org/10.1145/3395046

LE ALTERNATIVE DISPUTE RESOLUTION TRA EFFETTIVITÀ DELLA TUTELA E "CRISI" DELLA GIURISDIZIONE. RIFLESSIONI DI SISTEMA A PARTIRE DAL CASO DELL'ARBITRO PER LE CONTROVERSIE FINANZIARIE

Viviana Di Capua[1]

1. INTRODUZIONE

In Italia, il ricorso alle *Alternative Dispute Resolution* (ADR) ha avuto uno sviluppo piuttosto lento e limitato, sia nell'ambito del diritto amministrativo, sia in quello del diritto privato (Taccola, 2007, 253). Le ragioni sono ampiamente note: la domanda di maggiore e più efficace tutela è stata sempre soddisfatta dal legislatore, soprattutto nell'ambito dei rapporti tra cittadino e pubblica amministrazione, intervenendo sulla disciplina processuale, attraverso l'introduzione di procedure giurisdizionali speciali in settori particolarmente sensibili, piuttosto che affidare compiti di tipo giustiziale ad organi posti al di fuori del potere giudiziario (Longobardi, 2005, 52).

Superato il problema della loro piena praticabilità nella composizione dei conflitti di diritto pubblico, perlomeno di quelli aventi ad oggetto prestazioni e obblighi degli apparati pubblici (Chiti, 2000, 1; Domenichelli, 2020, 55; Ramajoli, 2014, 1), negli ultimi anni, l'impiego delle ADR è divenuto sempre più frequente, anche grazie alle politiche europee di rafforzamento della tutela del "cittadino-consumatore", culminate nell'emanazione della direttiva 2013/11/UE (c.d. Direttiva sull'ADR per i consumatori). Oltre a ravvisarne l'opportunità per la riduzione del carico di lavoro delle giurisdizioni amministrative nazionali e per "avvicinare" le due parti, cittadino e pubblica amministrazione, il legislatore europeo ha delineato dei veri e propri *standard* procedurali: adeguata informazione, terzietà e indipendenza del soggetto decidente, trasparenza, flessibilità, tempi e costi ridotti.

Proprio con riguardo agli obiettivi perseguiti dall'Unione europea attraverso le ADR, è stato osservato che esse avrebbero una finalità non tanto deflattiva del contenzioso, quanto piuttosto integrativa dell'offerta di giustizia, garantendo nuovi e più idonei mezzi di tutela in relazione a settori in cui, per diverse ragioni, esisteva il rischio concreto dell'inadeguatezza del ricorso ai tradizionali strumenti giurisdizionali (Sticchi Damiani, 2004; Sticchi Damiani, 2003, 743; Ramajoli, 2014, 1). Più in particolare, tali rimedi sono

---

1. Ricercatrice di Istituzioni di diritto pubblico presso il Dipartimento di Scienze Politiche dell'Università degli Studi di Napoli Federico II.

stati indicati come strumenti in grado di fornire, in determinati contesti, forme di tutela maggiori, o comunque, più appropriate rispetto a quelle ottenibili davanti al giudice (*Appropriate Dispute Resolution*) (Edwards, 1986, 668; Massa, 1994, 504; Sticchi Damiani, 2004, 39).

Attribuire alle ADR la funzione di rimedi in grado di fornire una tutela migliore e più efficace a peculiari situazioni giuridiche del cittadino non altrimenti adeguatamente protette costituisce il risultato di una lettura innovativa, che ricostruisce il rapporto tra ADR e ricorso giurisdizionale in termini di complementarità e integrazione reciproca (Delsignore, 2015, 927).

Se introdotti nell'ordinamento, gli strumenti alternativi non devono privare il soggetto della possibilità di rivolgersi al giudice per la risoluzione della controversia, comportando, altrimenti, una lesione del diritto fondamentale all'azione, sancito dall'articolo 24 della Costituzione. Così intesi, tali strumenti non finiscono per delegittimare il potere giurisdizionale statale (Cassatella, 2020, 346), giacché si affiancano ad esso senza sostituirlo.

Le riflessioni che seguono si propongono di verificare, innanzitutto, se sia possibile, pur in assenza di un quadro regolatorio univoco, delineare una nozione e alcuni tratti qualificanti di un modello di "giustizia non giurisdizionale" e, in secondo luogo, se e in che termini la tutela garantita al cittadino attraverso i rimedi alternativi alla giurisdizione possa dirsi, in alcuni casi, più "appropriata" rispetto a quella ottenibile davanti al giudice. A tal fine, l'Arbitro per le Controversie Finanziarie (ACF), istituito presso la Consob dal d.lgs. 6 agosto 2015, n. 130 e dalla legge 28 dicembre 2015, n. 208 per risolvere alcuni tipi di controversie tra investitori non professionali e intermediari finanziari e bancari, costituirà una prospettiva di osservazione privilegiata del fenomeno delle ADR e un parametro di verifica delle ipotesi formulate.

2. LE *ALTERNATIVE DISPUTE RESOLUTION* (ADR) DI TIPO GIUSTIZIALE: EMERSIONE E TRATTI QUALIFICANTI DI UN MODELLO DI "GIUSTIZIA NON GIURISDIZIONALE"

Nonostante i metodi non giurisdizionali di composizione delle controversie siano stati ampiamente indagati dalla dottrina, che suole rinvenirne le origini nella cultura giuridica degli Stati Uniti d'America (Cassatella, 2004, 1203), tuttavia, ad oggi risulta ancora difficile fornire una definizione univoca, precisa e completa di ADR; la locuzione viene, infatti, riferita a strumenti eterogenei, spesso profondamente diversi tra loro (Domenichelli, 2020, 55).

In linea generale, si ritiene che la categoria comprenda strumenti di tutela non giurisdizionale caratterizzati: da una natura conciliativa, ovvero rispondenti alla logica propria della *mending justice* (Cappelletti, 1981, 57), intesa come una giustizia che non decide chi abbia torto e ragione, ma che "ricuce" le relazioni e ristabilisce il dialogo tra le parti, adattandosi perfettamente alla natura dei rapporti di durata; da una procedura informale, semplice e flessibile, che, talvolta, viene governata da un soggetto con requisiti di terzietà, imparzialità e professionalità, talaltra, gestiti dalle stesse parti, che assumono il ruolo di protagoniste "del" e "nel" conflitto (Danovi, Ferraris, 2018, 19); dall'essere diretti alla definizione rapida ed effettiva della lite (Cintioli, 2009, 917).

Quella delle ADR è dunque una categoria dai confini mobili, che si allarga e si restringe a seconda di quale sia la definizione cui l'interprete scelga di aderire (Ramajoli, 2015, 481; Posteraro, 2021, 268).

Appare utile ai fini dell'indagine una classificazione di tipo funzionale, che distingue tra *Adjucative* e *Non adjucative* ADR: nelle prime, la soluzione della controversia insorta tra due o più parti viene affidata ad un soggetto terzo, che impone la propria scelta attraverso una decisione assimilabile a quella giudiziaria; nelle seconde, la composizione della lite avviene tramite procedure di tipo conciliativo, adottando criteri equitativi piuttosto che di giustizia (Frosini, 2011, 2).

È evidente che solo la prima delle due categorie ha dei tratti tipici della funzione amministrativa giustiziale (Calabrò, 2012, 68), intesa come attività, tesa a rispondere in maniera immediata (e non mediata dalla compatibilità con l'interesse pubblico) alla garanzia di giustizia all'interno dell'azione amministrativa, svolta in modo neutrale, cioè da organi che si collochino in posizione di estraneità (indipendenza) e indifferenza (imparzialità) rispetto alla materia e agli interessi dei destinatari della funzione, e che, infine, si esplichi in decisioni amministrative, ovvero atti formalmente amministrativi ma sostanzialmente assimilabili alle sentenze (Calabrò, 2012, 29).

3. LA DIFFUSIONE DELLE ADR DI TIPO GIUSTIZIALE NEL SETTORE BANCARIO E FINANZIARIO.

Le ADR di tipo giustiziale hanno avuto ampia diffusione nel settore bancario e finanziario.

Le ragioni sono varie.

Innanzitutto, il ricorso a tali strumenti è dovuto principalmente ai caratteri che la regolazione assume in questi settori. Se la legge si limita a costruire la disciplina di indirizzo, demandandone l'attuazione a soggetti dotati di alte competenze specialistiche, appare una logica e diretta conseguenza che agli stessi soggetti venga attribuito anche il potere di decidere controversie strettamente tecniche che possono insorgere nello specifico ambito di loro competenza (Ramajoli, 2014, 10; Giovannini, 2015, 141). Rispetto a questo tipo di controversie, gli strumenti di giustizia tradizionale presentano, infatti, una serie di limiti che incidono sia sull'effettività della tutela, sia, più in generale, nella capacità dello Stato di (e delle stesse istituzioni sovranazionali) di dare struttura giuridica al mercato di riferimento (Cassatella, 2018, 164).

Non va poi trascurata l'esigenza di attuazione del diritto obiettivo, e più in particolare, di assicurare che il comportamento degli intermediari sia conforme a canoni di trasparenza e correttezza, sul quale si fonda la fiducia nei mercati, che fa retrocedere la ricerca di una conciliazione tra le parti in lite.

Infine, la forte conflittualità delle relazioni che si svolgono nei mercati bancari e finanziari conduce a marginalizzare il ruolo della giurisdizione, spesso considerata come un rimedio estremo, e a spingere il legislatore verso la ricerca di soluzioni alternative che assicurino una tutela più efficace – in termini di convenienza economica, celerità e satisfattività – del "consumatore" di servizi finanziari.

4. L'ARBITRO PER LE CONTROVERSIE FINANZIARIE (ACF) E LA TUTELA DEL "CONSUMATORE" DI SERVIZI FINANZIARI.

L'introduzione dell'Arbitro per le Controversie Finanziarie (ACF), avvenuta con l'emanazione del d.lgs. 6 agosto 2015, n. 130 e dalla legge 28 dicembre 2015, n. 208, rappresenta un importante momento delle ADR nel settore bancario e finanziario.

L'attuale disciplina dell'ACF rappresenta la risposta al fallimento delle procedure di conciliazione e arbitrato, previste dal d.lgs. 8 ottobre 2007, n. 179 e gestite da un'apposita Camera istituita presso la Consob, che si erano rivelati inadeguati rispetto agli obiettivi di deflazione del contenzioso e di effettività della tutela stragiudiziale per i quali erano stati istituiti (Cassatella, 2018, 168).

Attraverso l'istituzione dell'ACF, il legislatore nazionale ha dato attuazione alla politica europea di rafforzamento della tutela stragiudiziale degli investitori non professionali, culminata nell'adozione della direttiva 2013/11/UE (c.d. Direttiva sull'ADR per i consumatori), che ne ha decretato la piena equiparazione ai consumatori (Clarich, 2015, 123).

La disciplina procedurale riflette la volontà di superare le debolezze del sistema consensuale previgente, ritenuto, peraltro, scarsamente adeguato a valorizzare la prospettiva dell'interesse generale, e di dare vita ad uno strumento obbligatorio, governato da principi di ordine processuale e caratterizzato da un certo grado di vincolatività della decisione finale.

Del resto, la funzione dell'ACF può essere compresa solo se inquadrata nell'ambito dei poteri attribuiti per legge alla Consob di vigilanza sulla trasparenza e sulla correttezza dei comportamenti degli intermediari finanziari che operano con strumenti finanziari e sulla trasparenza dei mercati regolamentati e dell'ordinato svolgimento delle negoziazioni che vi si svolgono (cfr. art. 5, comma 1 e 3, d.lgs. 24 febbraio 1998, n. 58, c.d. Testo Unico della Finanza o TUF).

La risoluzione stragiudiziale della controversia tra investitore e intermediario, solitamente derivante da un comportamento di quest'ultimo contrario ai doveri di correttezza e trasparenza, costituisce un mezzo indiretto di tutela dell'interesse generale di cui la Consob è portatrice, consistente nel "correggere" le imperfezioni dei mercati finanziari che conducono all'inefficienza dell'economia.

Ne è prova la limitazione della competenza funzionale dell'ACF alle controversie relative alla violazione da parte degli intermediari degli obblighi di diligenza, correttezza, informazione e trasparenza previsti nei confronti degli investitori nell'esercizio delle attività di intermediazione finanziaria, con esclusione espressa delle domande di risarcimento dei danni che non siano conseguenza immediata e diretta dell'inadempimento o della violazione da parte dell'intermediario di tali obblighi e di quelli non patrimoniali (cfr. art. 4, commi 1 e 2, Regolamento ACF).

In definitiva, l'obiettivo che l'ordinamento intende conseguire attraverso l'ACF non è il raggiungimento di un accordo tra l'investitore e l'intermediario, ma la tutela effettiva dell'investitore attraverso la condanna dell'intermediario che, a causa di un comportamento scorretto, abbia arrecato un danno, direttamente, all'investitore e, indirettamente, ad una serie infinita di future contrattazioni destinate a concludersi nell'ambito di quel mercato.

Se così è, si può convenire con l'osservazione di chi ha individuato nella gestione della controversia uno strumento, indiretto, di tutela dell'interesse pubblico della regolazione dei mercati e, per questa via, un riflesso giustiziale dello Stato regolatore, laddove all'attribuzione a determinati apparati amministrativi del compito di regolare i rapporti settoriali ad alta specializzazione tecnica corrisponde la creazione di strumenti di tutela stragiudiziale settoriale dei rapporti soggetti a regolazione (Cassatella, 2018, 173).

4.1. L'organizzazione e il funzionamento.

La disciplina dell'organizzazione e del funzionamento dell'ACF è contenuta nella delibera della Consob n. 19602 del 4 maggio 2016 (d'ora in avanti, Regolamento ACF), adottata in attuazione dell'articolo 32-*ter* del Testo Unico sulla Finanza (TUF) e del regolamento sui procedimenti per l'adozione di atti di regolazione generale.

Per quanto riguarda l'organizzazione, l'ACF è composto: a) da un presidente e da due membri scelti dalla Consob; b) da un membro designato congiuntamente dalle associazioni degli intermediari maggiormente rappresentative a livello nazionale; c) da un membro designato dal Consiglio Nazionale dei Consumatori e degli Utenti (CNCU), previsto dall'articolo 136 del Codice del consumo (art. 5, comma 4, Regolamento ACF).

L'imparzialità e la terzietà dell'organismo rispetto all'oggetto del contendere sono assicurate già a livello organizzativo attraverso la previsione che dispone la nomina di uno o più supplenti (non solo nei casi di assenza o impedimento ma anche) nelle situazioni di conflitto di interessi (art. 5, comma 6, Regolamento ACF).

La norma trova un riflesso sul piano funzionale nella disciplina che obbliga i componenti del collegio, una volta investiti di una specifica controversia, di verificare l'inesistenza di eventuali rapporti con le parti o con i loro rappresentanti, che possano minare la loro imparzialità e indipendenza, nonché di interessi personali, diretti o indiretti, relativi all'oggetto della controversia (art. 7, comma 2, Regolamento ACF). Tale obbligo persiste durante lo svolgimento del procedimento (art. 7, comma 3, Regolamento ACF).

Analogamente, le norme che subordinano la nomina dei componenti al possesso di requisiti di specifica e comprovata competenza ed esperienza e che la escludono per coloro che, a causa di pregressi rapporti di lavoro, potrebbero avere un qualche interesse nella controversia, assicurano l'indipendenza funzionale dell'organismo sia rispetto all'autorità presso la quale è incardinato, sia rispetto alle associazioni degli intermediari e dei consumatori che sono rappresentate nella sua composizione.

Il collegio è supportato da una segreteria tecnica, alla quale spettano compiti di natura ausiliaria, tra cui: l'assistenza al presidente e al collegio; la cura degli adempimenti necessari per la costituzione e il funzionamento del collegio e l'ordinato e corretto svolgimento dei procedimenti; la definizione dei contenuti del sito web dell'ACF; il compimento delle attività connesse alla redazione della relazione annuale (art. 9, Regolamento ACF).

La delibera della Consob n. 21867 del 26 maggio 2021, che ha modificato il Regolamento ACF, ha rafforzato le funzioni della segreteria tecnica, con l'obiettivo di creare nel procedimento davanti all'ACF alcuni "spazi" di dialogo tra le parti per la ricerca di una soluzione consensuale della controversia.

Il ruolo della segreteria tecnica consente, dunque, all'investitore di correggere, sul piano della tutela, quella condizione di debolezza endemica che l'investitore sconta nel rapporto contrattuale con l'intermediario, e a dargli tutto il supporto necessario per usufruire al meglio dello strumento stragiudiziale. Va in questa direzione la norma che attribuisce alla segreteria tecnica, in sede di valutazione della ricevibilità del ricorso e laddove ne ravvisi la necessità, il compito di invitare il ricorrente a trasmettere eventuali integrazioni o chiarimenti entro un termine di dieci giorni, con la conseguenza che il termine originario entro il quale il ricorso deve essere trasmesso all'intermediario inizia a decorrere dalla scadenza del termine concesso al ricorrente per la trasmissione di integrazioni o chiarimenti (art. 11, comma 2, Regolamento ACF).

A ciò si aggiungano: le funzioni relative alla verifica preliminare della ricevibilità o inammissibilità del ricorso che, qualora abbia esito negativo, comporta l'obbligo di informare il Presidente del collegio (art. 11, comma 3, Regolamento ACF); quelle inerenti alla formazione e alla conservazione del fascicolo istruttorio, che viene comunicato alle parti e reso disponibile sul sito web dell'ACF (art. 11, comma 7, Regolamento ACF), e alla predisposizione di una relazione per il collegio sui fatti oggetto della controversia (art. 11, comma 7, Regolamento ACF); quelle riguardanti le numerose comunicazioni alle parti per lo svolgimento del procedimento contenzioso; il compito di assistere alle riunioni del collegio e di redigere il verbale; la competenza a verificare l'esecuzione delle decisioni dell'ACF e, nel caso in cui l'intermediario sia inadempiente, a promuovere il relativo procedimento sanzionatorio (art. 16, comma 2, Regolamento ACF).

Il procedimento davanti all'ACF ricalca, sotto il profilo strutturale delle fasi in cui è articolato e dei principi che lo governano, il modello generale dei principi che lo governano, il modello generale dei procedimenti giustiziali, dei quali i ricorsi amministrativi rappresentano, anche per ragioni storiche, l'esempio paradigmatico (Travi, 2011, 38; Calabrò, 2012; Calabrò, 2012, 175; Pajno, 2015, 747; Gallo, 2019, 1; Immordino, 2020, 661; Leone, 2020, 557).

L'atto introduttivo ha la forma del ricorso, che deve essere proposto entro un anno dalla data di presentazione del reclamo all'intermediario (art. 10, comma 3, Regolamento ACF), inteso come qualsiasi comunicazione scritta presentata con modalità che assicurino la certezza della data di inoltro e di ricezione (ad esempio, raccomandata con avviso di ricevimento, fax o e-mail) con cui l'investitore contesta all'intermediario un comportamento o un'omissione, correlati alla violazione dei canoni di condotta prescritti dalla legge, che ritiene ingiusti (Finocchiaro, 2019, 8).

Se il reclamo ha avuto esito negativo o l'intermediario non ha risposto nel termine di sessanta giorni, l'investitore può presentare ricorso all'ACF attraverso il sito web, usando il relativo modulo e seguendo le istruzioni operative (art. 10, comma 2, lett. b) e art. 11, comma 1, Regolamento ACF).

Il ricorso può contenere una domanda di risarcimento del danno per inadempimento o anche di restituzione di somme di denaro oppure, più semplicemente, una domanda volta ad ottenere l'adempimento di uno specifico obbligo rimasto inadempiuto (ad esempio, la mancata consegna della documentazione relativa ad un rapporto contrattuale) (ACF, Relazione sull'attività svolta nel corso del 2022, 78).

Nel caso in cui la richiesta riguardi una somma di danaro, essa non può superare i 500.000 euro, che rappresenta la soglia massima di competenza dell'ACF (art. 4, comma 2, Regolamento ACF). Qualora il danno sia astrattamente superiore, è comunque possibile presentare ricorso all'ACF a condizione, però, che la domanda risarcitoria sia contenuta entro tale soglia.

L'assonanza con i procedimenti contenziosi si coglie sia dall'atto introduttivo, che ha la forma del ricorso, sia dall'accertamento delle condizioni di ricevibilità e di ammissibilità del ricorso stesso.

Le prime sono elencate dall'articolo 10 del Regolamento ACF, il quale stabilisce che il ricorso può essere proposto: solo dall'investitore, personalmente oppure a mezzo di associazione di categoria o tramite procuratore: se non sono pententi altre procedure stragiudiziali di risoluzione delle controversie oppure procedimenti arbitrali o giurisdizionali, a meno che non vi sia stata la dichiarazione di improcedibilità del ricorso o se la mediazione obbligatoria non sia andata a buon fine; se è stato presentato reclamo all'intermediario oppure se, dopo sessanta giorni dalla sua presentazione, questi sia rimasto in silenzio; se sulla medesima controversia non vi sia già una decisione dell'ACF o una sentenza del giudice, anche se non passata in giudicato, o un lodo arbitrale; se il ricorso sia stato presentato con modalità diverse da quelle indicate; se è proposto oltre il termine di un anno dalla data di presentazione del reclamo all'intermediario.

Le condizioni di ricevibilità del ricorso all'ACF sono numericamente maggiori di quelle previste dal Codice del processo amministrativo che, invece, si limita ad attribuire al giudice il potere/dovere di dichiarare, anche d'ufficio, il ricorso irricevibile se accerta la tardività della notificazione o del deposito (art. 35, comma 1, lett. a), c.p.a.).

Poiché l'ACF è uno strumento alternativo al processo e ad altri rimedi stragiudiziali, l'aggiunta di ulteriori condizioni di ricevibilità del ricorso legate alla pendenza di ulteriori procedimenti è supportata da un duplice ordine di ragioni: da un lato, evitare che lo strumento stragiudiziale sia usato inutilmente, qualora la definizione della controversia sia stata già affidata al processo; dall'altro, scongiurare il pericolo di un "contrasto" tra decisioni adottate all'esito di procedimenti differenti.

Le condizioni di ammissibilità sono elencate, in negativo, dall'articolo 12, comma 2, del Regolamento ACF, per il quale il ricorso è inammissibile quando: non contiene la determinazione della cosa oggetto della domanda (c.d. *petitum*) e l'esposizione dei fatti e delle ragioni su cui essa si fonda (c.d. *causa petendi*); la controversia esula dalla competenza dell'ACF; l'intermediario non riveste la posizione di legittimato passivo della controversia; la qualifica dell'intermediario non sussiste al momento della presentazione del ricorso.

L'irricevibilità o l'inammissibilità del ricorso sono dichiarate dal Presidente e comunicate alle parti entro il termine di ventuno giorni decorrente dalla data di presentazione del ricorso o dalla scadenza del termine (non superiore a dieci giorni) per il soccorso istruttorio (art. 14, comma 5, Regolamento ACF).

Ove, invece, il ricorso sia ritenuto ricevibile e ammissibile, il Presidente dà incarico alla segreteria tecnica di proseguire con l'istruttoria del procedimento mediante la trasmissione del ricorso all'intermediario (art. 11, comma 3, Regolamento ACF). Si tratta di un atto di impulso che dà avvio alla fase istruttoria, che vede protagonista la segreteria tecnica ed è regolata dal principio del contraddittorio.

Entro trenta giorni dalla ricezione del ricorso, l'intermediario presenta le proprie deduzioni, corredate di tutta la documentazione afferente al rapporto controverso, alle quali il ricorrente, nei successivi quindici giorni, può controbattere con deduzioni integrative e l'intermediario ulteriormente replicare nel termine di quindici giorni. È prevista la possibilità per il collegio di chiedere, attraverso la segreteria tecnica, che le parti forniscano ulteriori elementi informatici e documenti entro un termine perentorio non inferiore a sette giorni (art. 11, comma 8, Regolamento ACF).

Seppur caratterizzata da una certa sommarietà, l'istruttoria nel procedimento davanti all'ACF è modellata sui principi generali di carattere processuale. La natura contenziosa del procedimento impone, infatti, una struttura rigida, senza perciò accontentarsi di un generico rinvio ai poteri conciliatori o mediatori dell'arbitro.

Le disposizioni richiamate ricalcano, da un lato, le norme del processo amministrativo che pongono a carico delle parti l'onere della prova e, dall'altro, quelle che attribuiscono al giudice poteri officiosi, tra le quali spicca per similitudine, anche lessicale, l'articolo 63, comma 1, del Codice del processo amministrativo, secondo cui il giudice può chiedere alle parti, anche d'ufficio, chiarimenti o documenti.

Nell'istruttoria davanti all'ACF convivono, dunque, il principio dispositivo e il metodo acquisitivo, allo scopo di riequilibrare la posizione delle parti, analogamente a quanto accade nel processo amministrativo, dove l'applicazione dell'uno o dell'altro è regolata dal principio della disponibilità (o prossimità, o vicinanza) della prova, enunciato dall'articolo 64, comma 1, c.p.a., che grava le parti dell'onere di fornire gli elementi di prova che siano nella loro disponibilità, riguardanti i fatti posti a fondamento delle domande e delle eccezioni (Villata, 2015, 773; Satta, 2017, 911; Sica, 2013, 131). Ciò per la ragione che il procedimento davanti all'ACF e il processo amministrativo hanno ad oggetto rapporti caratterizzati da un certo squilibrio, seppur intercorrenti tra soggetti di natura giuridica diversa (privati nel primo, privati e pubblici nel secondo).

Sicché le parti hanno l'onere di provare tutto quanto possono concretamente dimostrare; mentre tutte le volte in cui questa possibilità non sussiste, continua ad applicarsi l'onere del principio di prova e rientrano in gioco i poteri istruttori officiosi del giudice (Manfredi, 2020, 591).

L'esercizio dei poteri officiosi è (anche) funzionale a rilevare una causa di nullità contrattuale; in questo caso, il collegio tecnico stimola il contraddittorio delle parti, invitandole a presentare osservazioni, al fine di verificare se l'investitore intenda effettivamente valersene, qualora si tratti di una causa di nullità che può essere fatta valere solo dallo stesso (art. 11, comma 9, Regolamento ACF).

L'istruttoria davanti all'ACF è solo documentale: non sono ammesse consulenze, audizioni e prove testimoniali. Ciò dipende dal fatto che l'oggetto del procedimento è "cartolare", basandosi su contratti finanziari altamente formalizzati.

Di regola, il procedimento si conclude nel termine di novanta giorni decorrente dal momento in cui la segreteria tecnica ha completato la formazione del fascicolo, salvo che il Presidente o il collegio non dispongano una proroga nel caso in cui le questioni trattate siano nuove o particolarmente complesse.

4.2. Il contenuto, la natura giuridica e gli effetti della decisione finale.

Con esclusione delle ipotesi in cui siano pronunciate l'irricevibilità o l'inammissibilità del ricorso, il procedimento davanti all'ACF si conclude con una decisione deliberata dal collegio nel termine di novanta giorni decorrente dalla data in cui la segreteria tecnica ha ultimato la formazione del fascicolo, fatti salvi i casi di proroga. L'esito del procedimento può essere comunicato alle parti mediante il solo invio del dispositivo e, in questo caso, la decisione corredata della relativa motivazione è trasmessa alle parti entro i successivi trenta giorni (art. 14, comma 1, Regolamento ACF).

La decisione deve essere deliberata dal collegio applicando le norme giuridiche che disciplinano la materia e tenendo conto degli atti di carattere generale emanati dalla Consob e dall'Autorità europea degli strumenti finanziari e dei mercati (AESFEM) ovvero da altre Autorità di vigilanza nazionali ed europee, delle linee guida delle associazioni di categoria validate dalla Consob, dei codici di condotta delle associazioni di categoria ai quali l'intermediario aderisce (art. 15, comma 1, Regolamento ACF).

L'atto con cui il collegio conclude il procedimento giustiziale è definito dal Regolamento ACF, in alcuni casi, come «decisione» e, in altri, come «pronuncia».

La definizione normativa non risolve, tuttavia, il problema di chiarire quale sia la natura giuridica di tali atti, e dunque, di stabilire se si tratti di provvedimenti amministrativi, di sentenze o di qualcosa di diverso.

Da un'analisi delle caratteristiche concrete emerge che le decisioni dell'ACF: sono motivate; sono irrevocabili, nel senso che non possono essere oggetto di riesame da parte dello stesso organo né di altra autorità amministrativa o giurisdizionale; è ammessa solo la correzione di errori materiali; non precludono un intervento nella stessa materia dell'autorità giudiziaria; sono emanate da un organo amministrativo contenzioso, di natura collegiale, incardinato presso un'autorità indipendente; presentano un "nucleo comune", costituito dal contenuto di accertamento della conformità o difformità rispetto alla legge della condotta dell'intermediario, che, nel caso di accoglimento del ricorso, si arricchisce della condanna al risarcimento del danno patito dall'investitore (Cassatella, 2018, 178); hanno la funzione di "precedenti" nei reclami presentati davanti agli intermediari (art. 3, comma 4, lett. b), Regolamento ACF), contribuendo così allo sviluppo dell'ordinamento finanziario (Finocchiaro, 2019, 10); se di accoglimento, sono dotate di effetti giuridici e di forza esecutiva peculiare.

La stabilità delle decisioni dell'ACF e la procedura di elaborazione porterebbe ad assimilarle alle sentenze, dalle quali, però, si distinguono per la mancanza di effetto preclusivo altrimenti proprio del giudicato. Infatti, la definizione della controversia non impedisce la proposizione di un ricorso giurisdizionale né alle parti di raggiungere un accordo sulle modalità di adempimento della decisione.

Più corretto sembrerebbe allora qualificare tali atti come decisioni amministrative, categoria dai confini fluidi e incerti, storicamente risalente (Vitta, 1906, 183; Giannini, 1958, 220; Giannini, 1952, 169; Giannini 1950, 440; Benvenuti, 2006, 1781; Nigro, 1996, 500), costruita su due concetti estremamente controversi, quello di accertamento amministrativo e quello di procedimento contenzioso (Nigro, 1996, 502).

La nozione viene tradizionalmente impiegata per indicare gli «atti amministrativi di accertamento, formati in modo contenzioso, e cioè mediante un procedimento costruito in modo tale da dar rilievo [...] ad un conflitto d'interessi (giuridicizzati o no) o d'opinioni fra gli amministrati, o fra l'autorità ed uno o più amministrati, che essi atti si volgono a risolvere, così accertando l'applicabilità della legge ad un caso concreto e determinando, talvolta, anche le modalità di applicazione della legge stessa» (Nigro, 1996, 501).

Le decisioni amministrative si caratterizzano per la condizione di imparzialità degli autori rispetto all'attività esercitata, per la previsione di un quorum strutturale ai fini della valida formazione del collegio, per l'osservanza dei principi e delle regole che conferiscono struttura contenziosa al procedimento (ad esempio, in tema di contraddittorio rafforzato o di istruttoria più ampia, ecc.), per la necessità di una motivazione e, infine, per la loro irrevocabilità (Nigro, 1996, 517).

Alla luce di ciò, appare possibile concludere che le decisioni dell'ACF presentano pressoché tutte le caratteristiche delle decisioni amministrative e, dunque, possono essere inquadrate a pieno titolo in tale categoria. Ciò, del resto, appare coerente con la natura giustiziale dell'ACF.

La decisione di accoglimento del ricorso è dotata di effetti giuridici e di forza esecutiva peculiari.

L'intermediario, entro trenta giorni dalla ricezione della decisione corredata della motivazione, comunica all'ACF gli atti realizzati al fine di conformarsi ad essa, attraverso il sito web. Qualora l'intermediario sia inadempiente, si apre una fase eventuale che può concludersi con l'applicazione di una "sanzione" reputazionale.

La segreteria tecnica è investita del compito di effettuare una "pre-istruttoria" sulle ragioni del mancato adempimento (art. 16, comma 2, Regolamento ACF). La mancata conformazione alla decisione può, infatti, derivare, oltre che dalla scelta di non adempiere, anche dalla proposizione di un ricorso giurisdizionale oppure dall'avvio di negoziazioni tra le parti volte a raggiungere un accordo sull'esecuzione della decisione.

Se l'intermediario decide di non eseguire (o di eseguire parzialmente) la decisione, la notizia è pubblicata, a sue spese, per cinque anni sul sito *web* dell'ACF, per sei mesi sul sito web dell'intermediario e su due quotidiani a diffusione nazionale, di cui uno economico (art. 16, comma 3, Regolamento ACF). Si tratta di un mezzo di coazione indiretta dell'intermediario che serve a rendere effettiva la tutela del ricorrente vittorioso, seppur nei limiti della ridotta efficacia della certezza notiziale connaturata alla decisione del collegio (Cassatella, 2018, 180).

Non deve stupire che il legislatore abbia attribuito alla decisione effetti giuridici dimidiati rispetto a una sentenza.

La finalità dell'ACF non è quella di sostituirsi al giudice, ma di offrire all'investitore un mezzo di tutela alternativo al ricorso giurisdizionale che può anche rivelarsi più efficace sotto il profilo della convenienza economica, della celerità e della possibilità di pervenire ad un accordo con l'intermediario nel corso del procedimento o addirittura nella fase di esecuzione della decisione.

D'altra parte, la previsione di una "sanzione" reputazionale appare in linea con l'importanza che la fiducia degli investitori riveste nei mercati finanziari: un intermediario notoriamente inadempiente non merita la fiducia degli investitori (Celati, 2020, 322).

La notizia del mancato adempimento viene cancellata dal sito web dell'ACF e dell'intermediario se la decisione viene adempiuta tardivamente oppure se le parti raggiungano un accordo (art. 16, comma 3-*bis*, Regolamento ACF).

Qualora il ricorrente o l'intermediario si rivolgano al giudice, l'ACF pubblica le informazioni relative all'avvio del procedimento giurisdizionale e del relativo esito. Se il giudizio si conclude in modo diverso e favorevole all'intermediario, l'ACF dispone la cancellazione della notizia dell'inadempimento, precisando anche che l'esito del processo è stato diverso da quello del procedimento contenzioso (art. 16, comma 4, Regolamento ACF).

La decisione dell'ACF può essere corretta esclusivamente per errori materiali (Art. 17, Regolamento ACF).

La tendenza a precisare i limiti di operatività della correzione materiale conferma la natura irrevocabile della decisione dell'ACF, in linea con quanto detto in precedenza circa l'esaurimento del potere degli organi contenziosi con la formulazione dell'accertamento contenuto nella decisione.

5. L'ACF TRA NATURA GIUSTIZIALE E FUNZIONE "MEDIATRICE".

Traendo una sintesi da quanto osservato, emerge, innanzitutto, che l'ACF appartenga alla categoria delle ADR di tipo giustiziale e, in secondo luogo, che sia uno strumento di tutela adeguata ed effettiva degli investitori, avuto riguardo alle funzioni del regolatore pubblico e alle peculiarità dei mercati finanziari.

La soluzione stragiudiziale della controversia tra investitore e intermediario, che solitamente deriva da un comportamento di quest'ultimo contrario ai doveri di correttezza e trasparenza, costituisce un mezzo indiretto di tutela dell'interesse generale di cui la Consob è portatrice, consistente nel "correggere" le imperfezioni dei mercati finanziari che conducono all'inefficienza dell'economia. L'obiettivo che l'ordinamento intende perseguire attraverso l'ACF non è il raggiungimento di un accordo tra l'investitore e l'intermediario, quanto piuttosto la tutela effettiva dell'investitore attraverso la condanna dell'intermediario che, a causa di una condotta scorretta, abbia arrecato un danno all'investitore, e, indirettamente, ad una serie indefinita di future contrattazioni destinate a concludersi nell'ambito di quel mercato.

Ciò non toglie, tuttavia, che in molti casi l'ACF possa svolgere anche una funzione "mediatrice", aprendo un canale di comunicazione diretto tra le parti coinvolte e consentendo alle stesse di addivenire ad una soluzione conciliativa prima e a prescindere dall'adozione da parte del collegio di una decisione nel merito. In questa prospettiva, la segreteria tecnica assume un'importanza strategica, essendo investita di compiti funzionali a riequilibrare la posizione delle parti, a porre l'investitore nelle condizioni di far valere il suo diritto leso e finanche a creare degli "spazi" di dialogo nell'ambito del procedimento.

Va da sé che la conclusione di un accordo tra le parti, prima e anche a prescindere da una decisione di merito, è largamente agevolata dalle funzioni della segreteria tecnica che, nell'ambito di un'istruzione probatoria governata anche dal metodo acquisitivo, consente di colmare il divario conoscitivo tra intermediario e investitore, dotando quest'ultimo della forza necessaria per negoziare con l'investitore un'eventuale soluzione conciliativa.

Non stupisce, dunque, che la percentuale di procedimenti estinti sia aumentata significativamente ogni anno, sintomo evidente che, spesso, l'ACF funge da "mediatore" tra le parti, seppur nell'ambito di un procedimento che non è strutturalmente concepito con l'obiettivo di mediare o conciliare le parti. La funzione di mediazione, tuttavia, sconta inevitabilmente i limiti di un'istruttoria solo documentale, che prevede un contraddittorio tra le parti contenuto entro un confine temporale piuttosto ingiusto.

Va da sé che valorizzare ulteriormente le potenzialità di mediazione dell'ACF significherebbe ampliare, qualitativamente e quantitativamente, l'istruzione probatoria, al momento solo documentale e limitata ad alcuni mezzi di prova, e forse immaginare un contraddittorio tra le parti più ampio anche sotto il profilo dei contenuti.

Ad ogni modo, la progressiva riduzione dei ricorsi presentati annualmente rappresenta una indiscussa testimonianza della funzione "preventiva" svolta dall'ACF nella commissione degli illeciti, attraverso il progressivo allineamento delle prassi degli intermediari, in sede di trattazione dei reclami, agli orientamenti 'giurisprudenziali' raccolti nelle relazioni annuali.

Per le ragioni indicate, è dunque possibile concludere che l'ACF sia idoneo a «garantire una composizione effettiva del conflitto: termine che, in questa accezione, sintetizza l'esigenza di giungere ad assetti di interessi stabili e sottratti a ulteriori defatiganti controversie» (Cassatella, 2021, 8).

6. RIFERIMENTI

Benvenuti, F. (1959), Autotutela (diritto amministrativo). In: *Scritti giuridici* (II). Giuffrè, 2006, 1781-1817.

Calabrò, M. (2012), *La funzione giustiziale nella pubblica amministrazione*. Torino: Giappichelli.

Calabrò, M. (2012), Ricorsi amministrativi e funzione giustiziale. Prospettive di riforma e valorizzazione del ricorso gerarchico improprio. *Diritto e processo amministrativo*, 175-220

Cappelletti, M. (1981), Appunti su conciliatore e conciliazione. *Rivista trimestrale di diritto e procedura civile*, 49-67.

Cassatella, A. (2004), Il ricorso alle A.D.R. nelle controversie fra privati e pubblica amministrazione: ammissibilità e limiti. *Diritto & Formazione*, 1203-1236.

Cassatella, A. (2018), Las A.D.R. y la protección de los inversores en Italia: el caso del Árbitro de las controversias financieras de la Consob. In: *Vías Extrajudiciales de Protección del Inversor e Instrumentos en la Financiación de Empresas, Estados Unidos*, dirigida por Belando Garín, B., Boldó Roda, C., coordinado por Andrés Segovia, B., González Pons E., 163-185.

Cassatella, A. (2020), *La transazione amministrativa*. Editoriale Scientifica.

Cassatella, A. (2021), La crisi del processo come fattore di trasformazione del sistema giustiziale. In: *Pandemia e gestione responsabile del conflitto. Le alternative alla giurisdizione, Atti del Convegno, Trento, 10 giugno 2021*, a cura di Cassatella, A., Dalla Bontà, S., Mattevi, E. Editoriale Scientifica, 1-12.

Celati, B. (2020), Soft law nella regolazione dei mercati finanziari e tutela giurisdizionale. *Rivista della regolazione dei mercati*, 312-347.

Chiti, M.P. (2000), Le forme di risoluzione delle controversie con la pubblica amministrazione alternative alla giurisdizione. *Rivista italiana di diritto pubblico comunitario*, 2000, 1-23.

Cintioli, F. (2009), Le tecniche di "alternative dispute resolution" nelle controversie della pubblica amministrazione. *Diritto e processo amministrativo* (4), 917-1011.

Clarich, M. (2015), I ricorsi dinnanzi alle autorità amministrative indipendenti. In: *Verso nuovi rimedi amministrativi? Modelli giustiziali a confronto*, a cura di Falcon G., Marchetti, B. Editoriale Scientifica, 125-131.

Danovi, F., Ferraris, F. (2018), ADR: finalità e modelli. In: *ADR. Una giustizia complementare*, a cura di Danovi, F., Ferraris, F. Milano. Giuffrè, 1-24.

Delsignore, M. (2015), I rimedi alternativi alla judicial review oltre manica. *Diritto processuale amministrativo* (3), 919-951.

Domenichelli, V. (2020), La giustizia nell'amministrazione fra procedimento e processo, fra giurisdizione amministrativa e modelli alternativi di risoluzione delle controversie. *Rivista trimestrale di diritto pubblico* (1), 55-71.

Edwards, H.T. (1986), Alternative dispute resolution: panacea o anathema?. *Harward Law Review*, 668-684.

Finocchiaro, G. (2019), Arbitro per le controversie finanziarie. In: *Il libro dell'anno del diritto 2019*. Treccani. https://n9.cl/dg2ro

Frosini, T.E. (2011), Un diverso paradigma di giustizia: le alternative dispute resolution, *Rivista AIC* (2), 1-12. https://n9.cl/haok2

Gallo, C.E. (2019), *Manuale di giustizia amministrativa*. Giappichelli.

Giannini, M.S. (1952), Accertamenti amministrativi e decisioni amministrative. *Foro italiano* (IV) 169-185.

Giannini, M.S. (1958), Accertamento (diritto costituzionale e amministrativo). *Enciclopedia del diritto* (I). Giuffrè, 219-227.

Giannini, M.S. (1959), *Lezioni di diritto amministrativo*. Giuffrè.

Giovannini, M. (2015), I poteri giustiziali delle autorità indipendenti. In: *Verso nuovi rimedi amministrativi? Modelli giustiziali a confronto*, a cura di Falcon, G., Marchetti, B. Editoriale Scientifica, 133-152.

Immordino, M. (2020), I ricorsi amministrativi. In *Giustizia amministrativa*, a cura di Scoca, F.G., VIII ed. Torino: Giappichelli, 661-682.

Leone, G. (2020), *Elementi di diritto processuale amministrativo*, V ed. Padova: CEDAM.

Longobardi, N. (2005), Modelli alternativi per la risoluzione delle controversie. *Diritto processuale amministrativo*, 52-74.

Manfredi, G. (2020), Attualità e limiti del metodo acquisitivo nel processo amministrativo. *Diritto processuale amministrativo*, 578-601.

Massa, T. (1994), «ADR» dentro o fuori dal processo?. *Questione giustizia* (2-3).
Nigro, M. (1996), Decisione amministrativa. *Enciclopedia del diritto* (IX). Giuffrè, 810-823.
Pajno, A. (2015), I ricorsi amministrativi tradizionali: una prospettiva non tradizionale. *Rivista Italiana di Diritto Pubblico Comunitario*, 747-773.
Posteraro, N. (2021), L'amministrazione contenziosa: le *Alternative Dispute Resolution* (con particolare riguardo alla figura del difensore civico). *Il Processo* (2), 265-326.
Ramajoli, M. (2014), Strumenti alternativi di risoluzione delle controversie pubblicistiche. *Diritto amministrativo* (1-2), 1-43.
Ramajoli, M. (2015), Interesse generale e rimedi alternativi pubblicistici. *Diritto processuale amministrativo* (1) 481-506.
Satta, F. (2017), Vicinanza alla prova e codice del processo amministrativo: l'esperienza del primo lustro. *Rivista Trimestrale di Diritto e Procedura Civile*, 911-938.
Sica, M. (2013), L'istruttoria probatoria nel processo amministrativo tra principio dispositivo e poteri ufficiosi. In: AIPDA, *Annuario 2012*. Editoriale Scientifica, 111-139.
Sticchi Damiani, S. (2003), Le forme di risoluzione delle controversie alternative alla giurisdizione. Disciplina vigente e prospettive di misurazione statistica. *Rivista Italiana di Diritto Pubblico Comunitario*, 743-774.
Sticchi Damiani, S. (2004), *Sistemi alternativi alla giurisdizione. ADR nel diritto dell'Unione Europea*. Giuffrè.
Taccola, C. (2007), Gli strumenti alternativi di risoluzione delle controversie in Italia e in Europa. In: *Le tutele procedimentali. Profili di diritto comparato*, a cura di Massera, A. Jovene, 2007, 253-287.
Travi, A. (2011), Ricorsi amministrativi. *Digesto delle discipline pubblicistiche*. Giappichelli.
Villata, R. (2015), Considerazioni in tema di istruttoria, procedimento e processo. In: *Scritti di giustizia amministrativa*, Villata, R. Milano: Giuffrè, 756-790.
Vitta, C. (1906), Nozione degli atti amministrativi e loro classificazione. *Giurisprudenza italiana* (IV), 183-245.

EVOLUCIÓN DEL CONCEPTO DE CIUDADANÍA EUROPEA. DE LA CONSTRUCCIÓN HISTÓRICA A SU DESARROLLO FUTURO: IMPLICACIONES EN LA INTELIGENCIA ARTIFICIAL

Ramiro Díaz-Maroto Oro[1], *Sonia Valle de Frutos*[1]

La presente investigación forma parte de la Tesis Doctoral: "Discurso parlamentario e influencia en la opinión pública internacional en el marco de la Unión Europea" y desarrollo de una de las líneas de trabajo del Grupo de Investigación PROMAPICULTURINTERNACIONAL de la URJC.

1. INTRODUCCIÓN

Este capítulo aborda la ciudadanía europea como concepto dinámico en sí mismo, en permanente construcción y evolución. Con una naturaleza tan propia como solvente en su desarrollo y manifestación, no puede quedar desprendido de su vital concepción en cuanto a los principios y consensos que lo caracterizan y lo definen. En tal sentido, ha sido encumbrado por tanto, como un término natural de especial relevancia y significación por su propia categoría, función e identidad.

Lo es también, de manera suficiente, por sus particulares consideraciones e implicaciones al constituirse como un actor clave verdaderamente significativo para el avance y el desarrollo mismo de las sociedades contemporáneas democráticas europeas. Especialmente, no solo por representar una garantía plena al ser un concepto formal y sustancial del propio derecho sino también por la dimensión cultural que adquiere y ostenta en su firme carácter, expresión y valor. A nuestro juicio, entendemos que esta última interpretación ha quedado algo más descuidada con respecto a la anterior. O al menos, no ha centrado tanto la atención en la investigación como sí lo ha hecho la primera interpretación en su aproximación y fundamentación más formal. De ahí, entre otras razones, que esta misma circunstancia señalada sea una de las principales motivaciones a las cuales trata de responder este estudio y su correspondiente investigación.

Ambas dimensiones son realidades conceptuales que han perfilado la esencia de su significado y resultan necesarias para poder comprender tales comportamientos, e infundir sobre él los significantes necesarios, en particular en su pretendida relación con la opinión pública, circunscrita en nuestro caso al marco propuesto de la Unión Europea en donde ha alcanzado un papel protagonista como indiscutible.

Por ello, nos interesa proponer la reflexión sobre el devenir histórico que la ciudadanía europea ha experimentado en su desarrollo y determinar su trascendencia llegando a

1. Universidad Rey Juan Carlos (España)

advertir sus posibles derivaciones para lograr la obtención de una mayor profundización del término remarcando así su nivel de importancia. Pues, sin duda alguna, ante un escenario tan cambiante como el que prevé enfrentar ahora con la Inteligencia Artificial como desafío presente y futuro conviene considerar, de tal manera, cuáles son los principales retos y percepciones que deberá afrontar y orientar este mismo concepto en adelante.

Así, en este estudio, el concepto de ciudadanía europea es abordado desde perspectivas multidisciplinares tan necesarias como útiles para poder contextualizar su alcance y representatividad respecto a una adecuada determinación conceptual. Sin por ello, perder de vista el recorrido marcado que permitirá ubicarlo, a su vez, en este pretendido marco investigador respecto a sus fines y objetivos. Particularmente, desde un enfoque predominantemente sociológico y cultural que nos resulta de interés para interpretar los desencadenantes y horizontes futuros que pudiera desencadenar. En su conjunto, esto nos servirá para sentar también las bases del propio término de una manera objetiva como concluyente a través de una práctica de revisión y actualización del mismo.

En definitiva, desde esta contribución abunda por una parte, el deseo mismo y el interés de admitir y advertir cómo el término ha sido determinante en la construcción de una identidad europea acreedora de su base y permanencia cultural. Y, por otra parte, pretendemos ofrecer cuáles vienen siendo sus derivaciones y posibilidades más cercanas respecto a su afección e implicación directa de cuanto acontece en nuestras sociedades y en nuestro tiempo como expresión de la propia realidad cultural que es capaz de construir y de manejar. Lo cual, en consecuencia, se prolonga y se sustenta sobre el mismo fundamento de la opinión pública, centro mismo para la decisión y la acción, que nos permite en tanto interpretar profundamente este concepto de ciudadanía circunscrito en nuestro caso al marco exploratorio mismo de la Unión Europea.

2. OBJETIVOS

El objetivo principal de esta investigación es el de ofrecer una construcción evolutiva del concepto que servirá para explicar los pilares de su desarrollo y la comprensión dada en sus interpretaciones desde sus propios inicios hasta los desencadenantes y sus relaciones actuales.

En tanto que, desde esta asunción tan propia como necesaria de la dimensión política, social y cultural, no podemos dejar de priorizar la importancia que tiene profundizar cómo se ha ido construyendo el propio concepto en su misma esencia e interés evolutivo. No solo porque ante un escenario cambiante como incierto, el de la Inteligencia Artificial, nos permita reivindicar su papel protagonista y destinatario sino porque sería realmente útil establecer cuáles pudieran ser sus implicaciones y percepciones de desarrollo futuro. Algo que, actualmente, ocupa la centralidad de las preocupaciones y el debate mismo en la agenda política y ciudadana europea.

Asimismo, en relación con el objetivo prioritario y fundamental, destacan ente otros objetivos específicos los que se enuncian a continuación. En primer lugar, profundizar sobre el concepto de ciudadanía europea desde una perspectiva evolutiva con el fin de poder identificar e interpretar fehacientemente cómo se ha venido construyendo respecto a sus implicaciones materiales, formales y culturales en el marco propio de la Unión Europea. En segundo lugar, establecer un análisis del enfoque europeo sobre la Inteligencia Artificial y el papel que pudiera jugar la ciudadanía en el mismo. En tercer lugar, determinar las relaciones que pudieran originarse desde la ciudadanía respecto al nuevo escenario cambiante de la opinión pública. En cuarto y último lugar, proponer cómo algunas implicaciones pudieran servir de utilidad para resolver, al menos, la dificultad manifiesta y latente de poder encontrar una concordancia entre el concepto de ciudadanía de la Unión Europea, bajo el de Ciudadanía Digital y sus implicaciones en el enfoque europeo futuro sobre la Inteligencia Artificial. Pues, sin duda alguna, todo ello se percibe hasta el momento como un común denominador ante tales nuevos escenarios ya perfilados que requieren a su vez, ciertamente, de una aclaración y definición en la búsqueda de mayores certidumbres que han de resultar cercanas y posibles.

3. MARCO TEÓRICO

La ciudadanía europea tal y como hemos advertido es un concepto constantemente en evolución. Podríamos afirmar que no ha dejado de constituirse por sí mismo tal como así se reconoce y se revela en los propios avances y desarrollos que lo han sustentado prácticamente desde su origen. No solo en materia de derechos y libertades sino también, respecto a los valores e implicaciones culturales que explican y sostienen los distintos marcos normativos que determinan cómo se ha ido configurando su pretendido enfoque europeo.

3.1. De la ciudadanía europea a la ciudadanía digital

En los tratados fundacionales de las denominadas Comunidad Europea del Carbón y del Acero (1951), de la Comunidad Económica Europea y de la Comunidad Europea de la Energía Atómica (1957) ni tan siquiera, en modo alguno, se consideraron los derechos fundamentales y libertades públicas. En ellos quedaría desprendido el reconocimiento alguno en su acepción material y formal como categoría de pleno derecho. Así, una posible razón que podría explicar esta laguna fundamental reside en el hecho de que las Comunidades Europeas se crearon originariamente como organizaciones internacionales de naturaleza básicamente económica. Aunque, lo probable como posible explicación mucho más certera es que los seis estados miembros de las mismas estaban integrados en la Organización de Naciones Unidas y del Consejo de Europa, desde cuyo respaldo se habían aprobado, respectivamente, la propia Declaración Universal de Derechos Humanos (1948) así como el Convenio Europeo para la Protección de los Derechos Humanos (1950). Tales circunstancias, seguramente, acabarían siendo decisivas para no incluir esa parte dogmática en los mismos Tratados fundacionales por no considerarlo necesario (Mellado *et. al*, 2022, p. 81).

Sin embargo, la ciudadanía europea como categoría inherente de derechos, a pesar de haber tenido una evolución tan dispar, ha logrado alcanzar en todo su proceso un impacto transformador como propio en Europa. El germen lo puso, desde su entrada en vigor, el Tratado de Maastricht (1992) o Tratado de la Unión Europea que institucionalizó el estatuto de ciudadanía de la Unión y los derechos que lo componen. Pues, tal y como reconoció en su artículo 8, ahora artículo 20.1 del Tratado de Funcionamiento de la Unión Europea (2012) "es ciudadano de la Unión toda persona que tiene la nacionalidad de un Estado miembro". Ello significa que la ciudadanía de la Unión quedó, desde entonces, estrechamente vinculada al concepto mismo de ciudadanía nacional cuyo estatus permanente se emparenta propiamente con la nacionalidad de un Estado. Algo que, a su vez, también quedó ratificado por el mismo Tratado de Ámsterdam de 1997 al establecer que "la ciudadanía de la Unión se añade a la ciudadanía nacional sin sustituirla". En tanto que, como concepto jurídico y autónomo con respecto al de nacionalidad que también es, "presupone la existencia de un vínculo entre los ciudadanos europeos de carácter político, aunque no se trata de un vínculo de pertenencia a un pueblo (...) No exige la existencia de un pueblo, sino que se basa en la existencia de un espacio político europeo, del que se derivan derechos y obligaciones" (Poiares Maduro, 2009, como se citó en Mellado *et. al.*, 2022).

Así, tan necesario e importante fue en aquel entonces el surgimiento de un espacio político europeo que en los inicios mismos de la Europa actual quedaron ya emparentados el reconocimiento de la ciudadanía y de sus derechos con un significativo salto cualitativo que permitió convertir la idea de Comunidad en Unión. Lo cual conllevó, entre otros, el de sufragio activo y pasivo como europeos provocando modificaciones en los textos constitucionales de los estados miembros. No obstante, en este momento, muchos consideraron la inclusión del concepto de ciudadanía como un "brindis al sol" (VV.AA., 2015, p. 210).

Después, tras los tratados de Maastricht y el fracaso de Niza junto con la malograda idea de querer articular una Constitución Europea que sirviese para la legitimidad de dicha Unión, se produjeron en la ciudadanía notables avances aunque inadecuados e insuficientes. Pues, tras la incorporación del euro en 2022, acabaría convirtiéndose en potencia global de complejo trasfondo y calado geopolítico, demográfico y económico que superó todas sus posibilidades y expectativas posibles.

En esos indicios hacia su concepción e integración, a su vez, fue realmente significativo que en la negociación de la Conferencia Intergubernamental del Tratado de Niza se lograse como resultado la propia Carta de Derechos Fundamentales de la Unión Europea (2000), una de las señas de identidad más importantes de la ciudadanía europea. Pues, ya en su propio preámbulo establece la decisión de los pueblos de Europa de compartir valores comunes al haberse instituido la ciudadanía de la Unión que ha creado un espacio donde se hace necesario la protección de los derechos y libertades fundamentales dada la evolución de la sociedad, del progreso social así como de los avances científicos y tecnológicos.

Encontramos en esta misma referencia, un avance altamente consustancial en su evolución no solo dada sus implicaciones formales sino también de su necesaria aceptación cultural como acepción propiamente natural del concepto dado el compromiso de la ciudadanía europea por reconocer la necesidad de querer compartir unos valores comunes en un espacio diverso cultural donde los derechos y los valores, en tanto y de modo conjunto, han de quedar y ser firmemente preservados.

Finalmente, sella y confirma ese gran salto el propio Tratado de Lisboa (2007), el cual considera a la ciudadanía como un pilar fundamental de la Unión Europea donde de una forma inequívoca como certera se puso de manifiesto la democracia representativa "como principio de funcionamiento de la unión en virtud de la cual los ciudadanos estarán directamente representados en el Consejo Europeo y en el Consejo de Ministros por sus gobiernos nacionales que serán responsables ante sus parlamentos nacionales". De modo que, ante tales planteamientos, se reconoce al mismo tiempo de manera expresa una doble legitimidad democrática junto a una democracia parlamentaria, base común política y cultural en toda la Unión. Por tanto, desde esa idiosincrasia plena doblemente política y cultural, se reconoce y se establece el derecho de todo ciudadano de participar en la vida democrática de la Unión. Se hace así manifiestamente patente el principio de democracia participativa asociado a una ciudadanía de la Unión determinado por el propio deber de las instituciones de ofrecer a la ciudadanía la posibilidad de poder expresar e intercambiar su opiniones desde la práctica necesaria de un diálogo abierto, transparente y regular.

Es por tanto, este momento, el que marca un alcance crucial en la determinación del concepto de ciudadanía europea reconociéndose así una dimensión formal y política como social y cultural a un mismo tiempo de manera certera y concreta. De hecho, es a raíz de la firma y entrada en vigor de este mismo tratado cuando la ciudadanía europea adquiere un verdadero valor y un papel protagonista clave por medio del desarrollo propio de la *Iniciativa Ciudadana Europea.* Esta, por tanto, se trata de una herramienta e instrumento único que permite a los ciudadanos poder participar de un modo natural como efectivo y directo en la misma configuración de la Unión Europea mediante el ejercicio y/o propuesta a la Comisión Europea de nuevas leyes y mecanismos bajo propuesta propiamente ciudadana. Al respecto, entendemos que no quedaría del todo completa esta interpretación conceptual de no ser por hacerse del todo efectiva así la participación de la ciudadanía en la vida misma de la Unión Europea.

Esa participación indiscutiblemente pasa por determinar en la evolución de su mismo concepto para así fijar su propia consideración, en cuanto a su imprescindible influencia, el establecimiento del papel activo y prioritario que se reconoce en la ciudadanía digital europea. No cabe duda que, bajo este pretendido enfoque europeo, esta misma acepción e interpretación del término expresa una preocupación constante y permanente en el seno de la Unión Europea y sus instituciones. Hasta tal punto, que así se ha llegado a considerar y a establecer en la propia Declaración Europea sobre los Derechos y Principios Digitales para la Década Digital (2023) en la cual, conjuntamente, tanto desde el propio Parlamento Europeo, el Consejo y la Comisión han llegado a proclamar solemnemente la misma atribuyendo a la ciudadanía europea un papel participante como relevante respecto a sus posibilidades e implicaciones en la democracia participativa.

Asimismo, desde tales planteamientos, la ciudadanía europea implícitamente asociada en sus inicios y en su correspondiente evolución desde las dinámicas y desencadenantes propios de la democracia representativa ha mantenido un amplio recorrido en su comportamiento y lógica expresión. Del mismo modo que, en tal sentido, una ciudadanía digital deberá fundamentarse en la práctica de una democracia más participativa, extensa y abierta así como proclive a una mayor inclusión y transparencia como garantía de ella y como actor protagonista donde queden representados y garantizados todos sus derechos y deberes fundamentales para ello. Pues, por definición y extensión, una democracia participativa debiera ser también síntoma manifiesto de una ciudadanía europea que ha de prepararse para ser a la par digitalmente competente.

3.2. Los desafíos presentes y futuros de la ciudadanía europea

Esa pretendida competencia, la de lograr ciudadanos europeos digitalmente competentes en 2030, es lo que ha motivado que las instituciones europeas -en particular la Comisión Europea y el propio Parlamento Europeo- hayan querido crear y proponer, decididamente, un programa de atención y de trabajo denominado *Brújula Digital 2030: el enfoque de Europa para el Decenio Digital* (2021), orientado a alcanzar tales fines. Ello, traducido en términos de ciudadanía digital con el horizonte de querer ampliar sus derechos y garantías encuentra su propia base formal y cultural en esta misma propuesta. Así, con ella, se reivindica incluso la necesidad de definir el enfoque de la Unión Europea sobre su futuro digital y el de sus ciudadanos tratando de asegurar, como principal desafío presente y futuro, que el espacio digital o esfera pública digital sea también reconocido ampliamente en derechos y libertades fundamentales en línea como los que son aplicados fuera de línea.

Decididamente, lo que se ha venido a constituir como una auténtica transformación digital se ha constituido también, como tal, en el ámbito de la ciudadanía. Esto explica la necesidad de haber tenido que ampliar y experimentar en su misma base política, social y cultural la inclusión de nuevos principios y derechos digitales contenidos solemnemente en la Declaración proclamada en 2022. Asimismo, cabe destacar que estos mismos principios digitales han obtenido en el derecho primario de la Unión Europea su principal fuente de referencia para completar sus correspondientes desarrollos. En concreto, el Tratado de la Unión Europea (TUE), el Tratado de Funcionamiento de la Unión Europea (TFUE) y la Carta de Derechos Fundamentales.

La ciudadanía digital europea ha sido por tanto reconocida como tal, desde el mismo instante por el cual los principales organismos de la Unión han proclamado la tan reciente Declaración de Derechos y Principios Digitales para la Década Digital, con cierto apremio, reconociendo a través de ella su impronta e importancia. De hecho, no solo ha supuesto una simple declaración de intenciones perfectamente articuladas sino que constituye, de por sí, un compromiso firme al pretender alcanzar por medio de la misma cuantos sean necesarios para su consolidación y observancia. Pues, sí se quiere avanzar en materia de derechos y libertades desde una interpretación común en torno a una verdadera identidad ciudadana europea, se han de favorecer todos los mecanismos de participación posibles, lo cual permitirían acrecentar los valores y principios sobre los que se construye la misma haciendo factible por tanto, la reivindicación en los mismos términos que se recogen en esta disposición respecto a las consideraciones propias que hacen proclive el desarrollo efectivo de una auténtica y verdadera ciudadanía digital.

Así, desde los derechos y libertades más formales se ha avanzado también, consecuentemente, en el establecimiento y consolidación de los valores sociales y culturales, surgidos al amparo del progreso social y del desarrollo científico tecnológico, habiendo encontrado su mayor exponente en esta misma Declaración como realidad transversal, hoy referente, que se ocupa de los desafíos presentes y futuros de la ciudadanía europea. Por ende, la ciudadanía digital europea, sobre todo si quiere erigirse y constituirse desde la participación democrática como base legitimadora necesaria y fundamento propio del sistema político europeo así como de la propia base social cuyo fundamento no es otro que el de la misma Opinión pública europea, actor reconocidamente clave y fundamental, desde la cual expresar sus propios sentimientos y capacidades suficientes tendrá que considerar este mismo enfoque europeo que, en plena transformación social como tecnológica, reclama situar en el centro mismo de toda acción a las personas, empoderar a los ciudadanos e incentivar la innovación.

De modo que, como así se recoge en los desafíos y retos propuestos desde el programa *Itinerario hacia la Década Digital para 2030* -cuyos principios parten ya de esta misma Declaración-, en términos de poder así alcanzar un mayor desarrollo competitivo y una soberanía digital única como propia de modo abiertamente amplio y democrático, "han de ser un marco de referencia integral y no deben leerse de forma aislada " puesto que, para su constatación y efectividad, deberán respaldar los valores fundamentales de solidaridad e integración mediante la conectividad, el acceso a los servicios públicos digitales en línea, la libertad de elección en la interacción con los algoritmos y los sistemas de inteligencia artificial, la promoción de un entorno digital equitativo, el fomento de la participación en el espacio público digital, la protección y seguridad así como el empoderamiento del propio entorno digital, la garantía de la privacidad y el control individual de los datos, la promoción y provisión de la sostenibilidad, entre los retos y desafíos presentes y futuros establecidos como principios y valores fundamentales más destacados (Declaración Europea sobre los Derechos y Principios Digitales, 2023, p. 2).

Este enfoque europeo supone en tanto para la propia ciudadanía digital y la sociedad europea un pilar fundamental de cara a favorecer el desarrollo mismo de una democracia abierta y participativa que ha de contribuir a la elaboración de políticas inclusivas y permitir un amplio compromiso con las personas, lograr la estimulación de base para desarrollar iniciativas locales como factores facilitadores que permitan mejorar la aceptación social y el apoyo público a las decisiones democráticas (Brújula Digital 2030: el enfoque de Europa para el Decenio Digital, 2021, p. 14). El desafío es también hoy por tanto, un reto transformador presente y futuro tan cierto como lleno de posibilidades.

3.3. Hacia una integración y su percepción clave en la Inteligencia Artificial

Aunque, probablemente, los desafíos y retos de la ciudadanía europea queden aún más ensanchados ante la emergencia propia de la Inteligencia Artificial. Un escenario novedoso como cambiante y transformador que también lo será, sin duda, para la ciudadanía europea.

Conscientes de ello, bajo propuesta misma efectuada el 21 de abril de 2012 por la Comisión Europea, el Parlamento Europeo ha venido trabajando en el proceso preparatorio de la Ley de Inteligencia Artificial (IA) europea, la primera ley integral sobre IA en el mundo, la cual recientemente ha alcanzado ya una posición negociadora encaminándose por tanto, hacia el objetivo último de lograr su acuerdo definitivo de ratificación. Con esta legislación, la Unión Europea ha decidido mantener en este sentido un liderazgo global activo respecto a la economía de datos y sus distintivos usos.

El enfoque europeo apunta también sobre esta materia y, en particular en su relación con la ciudadanía europea, en promocionar y sostener los múltiples beneficios y ventajas que la IA pudiera aportar en cuanto a: la mejora de la atención médica y de la seguridad en los transportes; la personalización de productos y servicios; la facilidad para acceder a la información, educación y formación; el desarrollo de una nueva generación de productos y servicios contribuyendo a alcanzar los objetivos del Pacto Verde Europeo; el refuerzo de la democracia en la prevención de la desinformación y los ciberataques; el acceso a información de calidad, diversa y transparente; la prevención del delito; el uso de estrategias de seguridad y defensa útiles para atacar sistemas clave en la guerra cibernética, entre los más destacados.

Pero, también, la firme dependencia de los sistemas de IA pone encima de la mesa numerosos riesgos, los cuales lo son también de manera significativa para el conjunto de los ciudadanos europeos y su sistema de principios y valores. Una de las amenazas principales que se señalan es que algunos derechos fundamentales y principios democráticos podrían verse afectados ante un excesivo e inadecuado uso de la IA. Entre ellos, el sesgo de los datos utilizados de manera intencional o involuntaria que podría representar una realidad social compleja percibida como objetiva y precisa cuando realmente no lo es -fenómeno conocido como *mathwashing-*, la toma de decisiones influenciada por la etnia, el sexo o la edad, la pérdida de privacidad con el consiguiente riesgo de la protección de datos al utilizarse, por ejemplo, en equipos de reconocimiento facial, el impacto directo sobre el empleo pudiendo originar una gran destrucción de puestos de trabajo aunque crearía otros nuevos, la distorsión de la competencia ante la acumulación de información que podría acabar con los competidores y las bases del libre mercado, la pérdida del control humano sobre las armas peligrosas afectando a la seguridad global.

En cambio, del lado de la democracia, las amenazas podrían significarse en cuanto al aumento y proliferación de contenido *deepfake* o *ultrafalso* bajo apariencia realista lo cual podría entrañar serios peligros financieros, daños reputacionales y problemas en las tomas de decisiones. Además, podría conllevar una mayor fractura e incremento de la polarización en la esfera pública y llegar, incluso, hasta el fraude y la manipulación electoral. También, la propia libertad de reunión y de protesta podrían quedar comprometidas al permitir el control y el rastreo de personas participantes en distintas acciones.

La ciudadanía europea se enfrenta por tanto, de manera consustancial, a otro nuevo y significativo avance en su continuo y permanente logro evolutivo. En esta ocasión, de momento, lo hace auténticamente desde percepciones útiles basadas en la oportunidad como en cualquier riesgo posible. Cada progreso es diferente. Lo que sí se prevé en este caso es que implicará de por sí un proceso transformador en cuyo caso, ha de alcanzar en él una lógica de adaptación e integración amplia. Ciudadanía e IA están por tanto, predestinadas a entenderse tratando de preservar en ella los derechos y principios fundamentales así como los valores dados que revelan con firmeza su carácter acreedor y mantenedor de ellos, plenos como necesarios para el fortalecimiento de la base política, social y cultural. Ciertamente, posibles por la ciudadanía europea y la identidad que ha creado.

4. METODOLOGÍA

La metodología empleada en esta investigación es de tipo descriptiva, sirviendo este método fundamental a las pretensiones y fines que perseguimos en ella. Dado que, ante fenómenos internacionales de tal consideración sobre el cual pretendemos indagar en nuestro caso se percibe de forma destacada la propia acumulación de descripciones, las cuales nos facilitan y abren el camino para el análisis y la comparación (Calduch, 2014, p. 77). Ambos métodos, en tal sentido, predisponen la base del trabajo metodológico que hemos seguido en este particular estudio.

De un lado, el propio método analítico nos permite así un conocimiento profundo sobre la construcción evolutiva del concepto de ciudadanía en el marco de la Unión Europea así como la determinación del enfoque europeo respecto a la Inteligencia Artificial y su indiscutible papel u orientación de la ciudadanía, lo cual implica una aplicación y revisión del concepto. Esto, a su vez, permite desentrañar los posibles componentes y variables esenciales que pone de manifiesto un significativo proceso de teorización en cuanto conlleva implícitamente la práctica propia del ejercicio de la conceptualización y la clasificación (Calduch, 2014, p. 77). El instrumento más efectivo para poder efectuar tales praxis es el de la propia revisión bibliográfica, como técnica eminentemente cualitativa, la cual nos permite en este estudio la articulación de un marco conceptual consolidado y actualizado sobre la propia trayectoria que ha seguido el concepto de ciudadanía europea y sus implicaciones posibles en el desarrollo de la Inteligencia Artificial.

Para ello, la presente investigación aborda un recorrido sistemático por los diferentes marcos normativos que tomaremos como referencia respecto a la correspondiente inclusión y tratamiento en ellos del concepto de ciudadanía. Entre los cuales se encuentran el Tratado de Maastricht (1992) que marcó su introducción como ciudadanía de la Unión hasta el propio Tratado de Lisboa (2007), el cual incluye la Iniciativa Ciudadana Europea suponiendo como tal el primer instrumento de democracia participativa en la Unión. Además, en estas fuentes primarias que situamos como referentes, nos basamos también en la propia Declaración Europea sobre los Derechos y Principios Digitales para la Década Digital (2023) que traza, sin lugar a dudas, los principales exponentes que ha de seguir la ciudadanía digital como actor clave en el desarrollo futuro de las sociedades decididamente abiertas y democráticas en el marco europeo. Sin olvidarnos, para poder completar este enfoque europeo revisado y actualizado, del papel decisivo que debiera obtener la ciudadanía europea en su integración y predisposición a la Inteligencia Artificial lo que nos lleva a considerar como referente, entre otros documentos, el Proyecto de Informe sobre Inteligencia Artificial en la Era Digital (2021) que ha servido de base para los trabajos preparatorios de la Ley abordados por la Comisión Especial del Parlamento Europeo sobre Inteligencia Artificial en la Era Digital.

Por otro lado, respecto a la aplicación del método comparativo sobre una misma realidad internacional que acontece en momentos temporales diferentes nos permite entonces, poder "captar la dimensión dinámica en términos históricos logrando diferenciar los sucesos o variables estructurales, que tan sólo cambian a largo plazo, de los meramente coyunturales" (Calduch, 2014, p. 77). Algo que, en nuestro caso particular, mediante el instrumento cuantitativo propio de análisis que nos proporcionan los Eurobarómetros sobre percepción de la ciudadanía y sus desarrollos futuros e implicaciones en la Inteligencia Artificial nos posicionan en una relación notablemente ventajosa para poder ampliar y profundizar sobre el concepto de ciudadanía europea y sus relaciones en los términos ya señalados.

5. RESULTADOS Y DISCUSIÓN

La evolución de la ciudadanía europea en su desarrollo formal y cultural resulta una cuestión que, cuantitativamente, se percibe así a través del Eurobarómetro especial (508) sobre Valores e identidades de los ciudadanos de la UE (2021). Pues, en dicha encuesta, realizada por Kantar Bruselas a petición de la Comisión Europea, se muestra un alto nivel de consenso respecto a los valores políticos y culturales que creemos sustanciales como decisivos en los respectivos desarrollos, implicaciones y perspectivas que ha ido adoptando respecto a la constatación y la consignación de sus propias actuaciones y significados.

Si consideramos, por ello, indicadores directamente relacionados con las actitudes y las percepciones de los ciudadanos europeos, reconocemos la determinación de los mismos valores políticos y culturales en su configuración y plenitud lo que revela por tanto, su carácter representativo y fundamental como así confirman los siguientes resultados.

En términos, de derechos fundamentales de pensamiento, expresión y credo reciben un apoyo del 81% de los ciudadanos de la UE y un 4% su desacuerdo. Esto implica que más de ocho de cada diez ciudadanos de la UE apoyan tales libertades básicas para el ejercicio de la ciudadanía. Mientras, los de reunión, organización y manifestación, principios clave en su papel activo y crítico, más de siete de cada diez ciudadanos los suscriben con un 77% de acuerdo frente al 5% que no lo están. Con relación a la libertad de circulación el 74% reconoce como tal este derecho frente al 4% que lo desestima.

De igual modo, en cuanto a garantías propias también reconocidas por la ciudadanía como valores cruciales para su desempeño, el 82% de los encuestados en toda la UE respalda la igualdad jurídica ante la ley y el derecho a un juicio justo frente al 5% que lo rechaza. De modo que, mayoritariamente, los ciudadanos apoyan un poder judicial independiente.

Otros derechos consustanciales en materia de derechos humanos, consignados como valores concretos por la ciudadanía europea como expresión de su firme voluntad, expresan que más de la mitad de los europeos (57%) se oponen a la pena de muerte aunque, existen países como Chequia y Lituania más propensos a restringir tales apoyos. El 66% apoyan la concesión de asilo político y el 76% defiende el deber de los gobiernos de proteger a aquellos ciudadanos más vulnerables haciendo valer en los Estados miembros el principio de solidaridad, etc. De igual manera, se registra un consenso en la mayoría de los ciudadanos de la UE sobre el respeto a los estilos particulares de vida tanto personal como familiar reconocido por un 79% de los encuestados frente al 6% que no está de acuerdo. Consecuentemente, el rechazo a cualquier fórmula de discriminación, por cualquier motivo, es del 79% frente al 5% que muestran su desacuerdo.

Ante tales datos derivados (fig. 1) podemos extraer una lectura concreta. Pues, en relación al proceso mismo de construcción y evolución de la ciudadanía europea, su presencia ha valido a la ampliación constante y permanente de derechos que le son tan propios como inherentes, los cuales, por un lado, han resultado claves en su contribución para la construcción de esta amplia comunidad política que nos hemos dado tanto en sus fines, principios y valores. Y, por otro lado, creemos que estos mismos reconocimientos que sostienen su identidad confirman su aportación a la construcción civilizatoria bajo un exponente claro de consciente y fehaciente base cultural, la cual infiere sus consideraciones y el conjunto de relaciones que, culturalmente, la ciudadanía europea representa y se ha sabido dar a sí misma en sus sucesivas derivaciones. Esto es algo que, en tanto por su alcance e importancia, nos hace mantener, en línea con lo apuntado por Jáuregui (1998), que la cultura es un "elemento esencial de integración Europea" (p. 787) como también creemos lo ha sido la propia definición y evolución del concepto de ciudadanía de la Unión Europea. Para comprobarlo, basta con acercarse al reconocimiento de sus derechos, principios y valores.

Figura 1. Cuadro resumen valores e identidades de los ciudadanos de la UE. **Fuente:** Elaboración propia, datos extraídos del Eurobarómetro especial 508 (2021).

No solo han sido derechos y libertades fundamentales las que han ampliado su horizonte y su carácter existencial y comportamental. A nuestro juicio éste último el más importante de todos por su constatada influencia. El propio progreso tecnológico también ha actuado decididamente sobre ella. Pero, más aún, la propia dimensión cultural como así reconoce el propio Castells (2006) convirtiendo de modo determinante este paradigma en un hecho ampliamente novedoso y revolucionario que ha atravesado en sí el concepto hasta lograr hoy el tan aceptado como decisivo de Ciudadanía Digital. En tal sentido, su papel ha sido relevante en la configuración de nuevas identidades como en las mediaciones sociales, que nos lleva a coincidir con Sierra (2012) en reivindicar la necesidad de una actuación por parte de los poderes públicos en el desarrollo de sus competencias. Esto es, la promoción de espacios públicos, la formación ética, la participación social, el empoderamiento ciudadano y el desarrollo de una nueva cultura de diálogo.

En aras de obtener un mayor respaldo y dotar de facultades plenas como suficientes a la ciudadanía europea, el Enfoque Europeo ha resultado en este sentido un modelo referente y garantista al pretender lograr, por medio de reconocidas iniciativas y/o proyectos como el de *Brújula Digital 2030: el enfoque de Europa para el Decenio Digital,* afianzar su significativo carácter y expresión lo que revela, a su vez, la preocupación y actuación por parte de las instituciones europeas en pretender su inclusión en el funcionamiento social y cultural de base digital que ha tenido como pincipal exponente la declaración formal de los Derechos y Principios Digitales que consagran, a su vez, la definición e integración total de una ciudadanía digital cambiante y transformadora de su propio término.

Al respecto, el Eurobarómetro especial (518) sobre los Derechos y Principios Digitales, publicado en 2021, ha considerado que el 82% de los ciudadanos de la UE perciben con interés el hecho de que la propia Comisión Europea haya promovido una visión europea, tanto formal como cultural, en estos ámbitos propiamente de la ciudadanía para tratar así de reforzar su competencia digitalmente ciudadana que tendrá por tanto, una clara repercusión en sus actuaciones como agente natural activo y participativo en las sociedades y democracias europeas.

A su vez, de sus indicadores cuantitativos se perfilan con interés los siguientes resultados que creemos esclarecedores. El 80% de los europeos considera que los Estados miembros deberían colaborar más para garantizar el acceso a las tecnologías digitales, estimular la innovación y favorecer la competitividad a escala mundial. Asimismo, en función de los valores que expresan, tan sólo la mitad de los europeos (50%) perciben que los derechos y principios digitales están lo suficientemente protegidos mientras que más de un tercio de los ciudadanos (36%) considera, en cambio, que la UE no ampara los derechos en el entorno digital. Por otro lado, más de la mitad de los europeos (57%) perciben que los derechos que se aplican fuera de línea también han de ser respetados en línea. Finalmente, menos de la mitad (45%) piensa que la implantación de los derechos y principios digitales en sus respectivos países no está siendo adecuada ni segura especialmente para ciudadanos más vulnerables como niños y adolescentes frente a un 40% que considera amparados y efectivos en sus respectivos países en relación al control de datos y el legado digital.

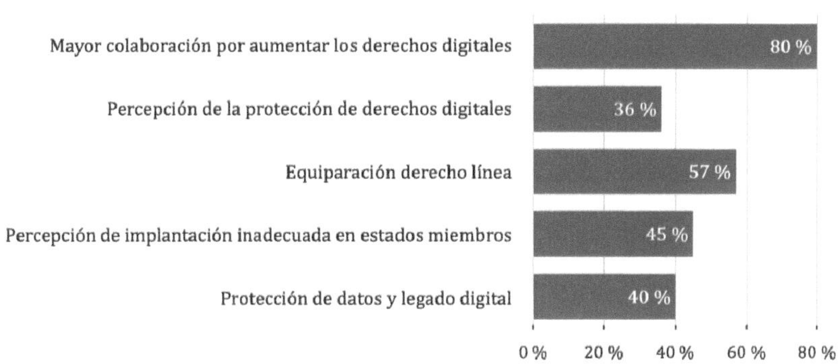

Figura 2. Percepción de la ciudadanía europea sobre la implantación de los derechos y principios digitales. **Fuente:** Elaboración propia, datos extraídos del Eurobarómetro especial 518 (2021).

Así, de esta misma radiografía (fig. 2) sobre la percepción de la ciudadanía europea ante sus mismos derechos y principios digitales creemos que expresan tanto su reconocimiento, como base fundamental para su desarrollo político, social y cultural como una preocupación latente en la protección y ampliación de los mismos, lo cual motiva una decisiva y consecuente actuación de las instituciones europeas con iniciativas tan destacadas y pioneras como las que ya hemos referido anteriormente demostrando así el enfoque europeo su carácter pionero y estratégico en el desarrollo competente de una ciudadanía europea digital.

Sin embargo, en su evolución y percepción futura se prevé posibilidades cambiantes en sus expresiones y valores ante el inminente desarrollo de la Inteligencia Artificial y sus sistemas. No sabemos cómo actuarán en ella y menos aún advertir sus repercusiones que, sin duda, las habrá. De lo que sí estamos seguros es que, en el continuo social y cultural de la historia, los grandes cambios han arrastrado consigo grandes transformaciones. Esto se advierte y se reconoce en el propio Proyecto de Informe sobre IA en la Era Digital (2021) donde se pone de manifiesto, en lo que a ciudadanía se refiere, la necesidad de abordar imperiosamente las cuestiones tanto normativas como éticas que deban velar, por encima de cualquier desarrollo tecnológico, por su capital humano en cada una de sus realidades paraguas que desde siempre la han acompañado.

6. CONCLUSIONES

Creemos que la evolución de la ciudadanía no puede quedar desprovista, en su estudio e interpretación, de la dimensión cultural. Pues, para entender sus comportamientos y expresiones, reconocidamente, necesitamos ubicarla en los valores e identidades que también desarrolla en atención a sus acciones y demandas como así se ha reconocido en los distintos marcos normativos que hemos propuesto y nos han permitido un aproximación al conocimiento evolutivo y perspectivo de la ciudadanía europea.

Con todo ello, concluimos que la ciudadanía europea no es solo una expresión formal de derechos y libertades. Ha significado también la constitución de una amplia comunidad cultural en cuyo enfoque europeo se ha privilegiado este consustancial valor sobre el cual ha visto ampliar y crecer sus expresiones y principios de un modo exponencial en su devenir hasta haber alcanzado derechos y principios digitales que están ampliando su misma base política y cultural. Consciente, en un esfuerzo madurativo, por tanto de querer avanzar así en el futuro de las democracias europeas. Nos preocupa, en tal sentido, cómo se integrará en el contexto de la IA y de si se tendrá en cuenta su inferencia cultural que en tan modo notable ha asegurado su progreso estructural, material y funcional. Asimismo, constatamos, en línea con la propia exposición de motivos que presenta el Informe sobre ciudadanía de la UE de 2020 (2022) que la ciudadanía ha sido uno de los logros más tangibles de la Unión, situándose en el centro de una identidad europea común basada en los valores de igualdad, diversidad, tolerancia e inclusión. Habrá que estar vigilantes, ciudadanos y poderes públicos, ante las actitudes y percepciones que podrían marcar sus orientaciones futuras. Aunque, más bien, nos reafirmamos en considerar que el carácter estratégico y prioritario de la Unión Europea, así como su preocupación por establecer un marco sobre la Inteligencia Artificial, presenta una difícil concordancia con su aplicación y los valores fundamentales que sostienen la ciudadanía en relación con sus derechos y deberes fundamentales.

7. REFERENCIAS

Brújula Digital 2030: el enfoque de Europa para el Decenio Digital (2021). *Comisión Europea* 9/03/2021, p. 1-24. https://n9.cl/qjk19

Calduch Cervera, R. (2014). *Métodos y técnicas de investigación internacional.* Universidad Complutense de Madrid.

Carta de los Derechos Fundamentales de la Unión Europea (2000). *Diario oficial de la Unión Europea nº C 364/1* de 12/12/2000, p. 1-22. https://n9.cl/2fw1

Castells, M. (2006). *La era de la información. La sociedad de red, vol I.* Alianza.

Declaración Europea sobre los Derechos y Principios Digitales (2023). *Diario oficial de la Unión Europea nº C 23/1* de 23/01/2023, p. 1-7. https://n9.cl/k3ff5

Eurobarómetro especial (508): Valores e identidades de los ciudadanos de la UE (2021). *Comisión Europea, Dirección General de Comunicación* de 29/11/2021 https://n9.cl/4s20w

Eurobarómetro especial (518): Derechos y Principios Digitales (2021). *Comisión Europea, Dirección General de Comunicación. https://n9.cl/qwz6h*

Jauregui Oroqueieta, J. A. (1998). La emergencia de un modelo cultural, en Oreja Aguirre, M. (director), Fonseca Morillo, F. (Coord.), *El tratado de Ámsterdam. Análisis y comentarios* (vol. I) (p. 787 y ss). McGraw Hill.

Informe sobre la ciudadanía de la UE de 2020. La capacitación de los ciudadanos y la protección de sus derechos (2022). *Parlamento Europeo,* Informe A9-0019/2022 de 3/02/2022. https://n9.cl/1cd56

Mellado Prado, P., Alguacil González-Aurioles, J. y Sánchez González, S. (2022). *Derecho e instituciones de la Unión Europea (Edición post-Brexit).* Editorial Universitaria Ramón Areces.

Proyecto de Informe sobre IA en la Era Digital (2021). *Comisión Especial sobre Inteligencia Artificial en la Era Digital. Parlamento Europeo* 2/11/2021. https://n9.cl/nylvd

Sierra Caballero, F. (2012). Ciudadanía digital y sociedad de la información en la Unión Europea. Un análisis crítico. *Andamios, 9*(19), 259-282. https://n9.cl/xy9go

Tratado de Ámsterdam por el que se modifican el Tratado de la Unión Europea, los Tratados constitutivos de las Comunidades Europeas y determinados actos conexos (1997). *Diario oficial de las Comunidades Europeas nº C 340/1* de 10/11/1997 p. 1-144 https://n9.cl/skmw1

Tratado de Funcionamiento de la Unión Europea, versión consolidada (2010). *Diario oficial de la Unión Europea nº C 83/47* de 30/03/2010, p. 1-154. https://n9.cl/tefm3c

Tratado de Lisboa por el que se modifican el Tratado de la Unión Europea y el Tratado Constitutivo de la Comunidad Europea (2007). *Diario oficial de la Unión Europea nº C 306/1* de 17/12/2007 p. 1-283. https://n9.cl/2v3d0

Tratado de Maastricht (1992). *Diario oficial de la Unión Europea nº C 191/1* de 29/07/19912 p. 1-112. https://n9.cl/64lnw

VV.AA. (2015). La ciudadanía europea: un análisis crítico. *Revista de Derecho de la Unión Europea,* 28, 207-214. https://n9.cl/esrf8t

APORÍAS EN LOS DERECHOS FUNDAMENTALES Y DEMOCRACIA CONSTITUCIONAL

Diana Milagros Dueñas Roque[1]

1. INTRODUCCIÓN

La Teoría de la democracia y la Teoría de los derechos fundamentales se encargan de explicar la evolución, naturaleza jurídica, importancia, características, tipologías, aplicación y contradicciones existentes con respecto a dichas doctrinas. Las aporías en la obra de Kelsen fueron analizadas por el iusfilósofo Ferrajoli en atención a dicho estudio planteó su propuesta teórica, la cual delimita la existencia de diez aporías en su obra la *Lógica del Derecho*, no obstante, en la presente investigación sólo se abordaran tres aporías relacionadas a la democracia (aporía 10 y 11) y los derechos fundamentales (aporía 3). Si bien es cierto tales aporías son analizadas en el plano teórico, no obstante, tienen su existencia en la realidad peruana, por consiguiente, se formuló la interrogante qué tipo de correlación existe entre la democracia constitucional y los derechos fundamentales, de la cual nacen las interrogantes específicas. La investigación se desarrolla en cinco apartados. El primero, plantea los objetivos, general y específicos, que constan en establecer el tipo de correlación entre la democracia constitucional y los derechos fundamentales; determinar las aporías en la obra de Kelsen según Ferrajoli y evidenciarla realidad actual de los derechos fundamentales y la democracia constitucional del Perú. La segunda formula la metodología empleada, a partir del enfoque cuantitativo, diseño no experimental, transeccional; variables; métodos, técnicas e instrumentos; así como, la población, muestra y encuesta. La tercera sección, justifica los resultados de la investigación en atención a los objetivos específicos. La cuarta, demuestra la discusión presentando hipótesis con sus respectivas pruebas; se argumenta el cumplimiento de los objetivos según los hallazgos de acuerdo a las aporías o contradicciones 3, 9 y 10. Los resultados de la investigación constituyen una novedad científica, también se ilustraron las limitaciones y conclusiones de la investigación.

2. OBJETIVOS

Objetivo general: Establecer el tipo de correlación entre la democracia constitucional y los derechos fundamentales.

Objetivos específicos:

1. Universidad Nacional del Altiplano (Perú).

- Determinar las aporías en la obra de kelsen relacionadas a los derechos fundamentales y democracia constitucional según el pensamiento del iusfilósofo Ferrajoli.
- Evidenciar la realidad actual de los derechos fundamentales y la democracia constitucional en el contexto peruano.

3. METODOLOGÍA

3.1. Enfoque

Se aplicó el enfoque o modelo cuantitativo que, precisamente, se caracteriza por privilegiar el dato como esencia sustancial de su argumentación. El dato es la expresión concreta que simboliza una realidad, pues lo que no se pude medir no es digno de credibilidad, por tanto, todo debe estar soportado en el número, en el dato estadístico que s aproxima a la manifestación del fenómeno (Palella & Martins, 2012).

3.2. Diseño

En la investigación se empleó el Diseño no experimental de tipo transeccional. En este el diseño se observan los hechos tal y como se presentan en el contexto real y en un tiempo determinado para luego analizarlos (Palella & Martins, 2012).

3.3. Variables

Variables	Dimensiones	Indicadores
Independiente: Democracia constitucional	Aporía 9 Aporía 10	Democracia representativa. Principio de mayoría. Consenso y disenso. Derechos sociales como garantía. Constitucionalismo rígido.
Dependiente: Derechos fundamentales	Aporía 3	Falta de garantías. Preminencia del principio de legalidad. Ausencia de la ley de actuación.

abla 1. Definición operacional. **Fuente:** Elaboración propia.

3.4. Métodos, técnicas e instrumentos según los objetivos

Objetivo 1: Se analizaron las aporías 3, 9 y 10 a través del método deductivo - inductivo[2] en razón que se han examinado las tres aporías vinculadas a la democracia constitucional y derechos fundamentales existentes en el pensamiento de Kelsen según la propuesta iusfilosófica de Luigi Ferrajoli; la técnica de análisis documental nos permitió delimitar

2. Witker (1996) indica que: "El inductivo es aplicable a las investigaciones jurídica, formalistas o dogmáticas (objeto - sujeto), mientras que el deductivo es aplicable en las investigaciones empíricas o sociológicas (realidad - concepto)" (p.6).

las ideas de Kelsen y Ferrajoli para distinguirlas y así haber podido concretar el nivel de investigación del campo explicativo, correlacional y transversal; se utilizó la ficha de análisis documental, en la cual se sistematizó la explicación de las causas de los fenómenos estudiados, la correlación de variables y los resultados de las encuestas.

- La realidad de la democracia constitucional y los derechos fundamentales en el contexto peruano fue abordado mediante el método sintético – analítico; se empleó la técnica de la encuesta escrita y como instrumento la Guía de encuesta.

3.5. Población y muestra

La población está conformada por 51 presidentes de barrios de la ciudad de Puno, Perú. El tamaño de la muestra fue determinado por el muestreo aleatorio simple cuya formula es:

$$n = \frac{N \times Z_a^{\,2} \times p \times q}{d^2 \times (N-1) + Z_a^{\,2} \times p \times q}$$

N= 51= Tamaño conocido de la población.

pq= (0.5)(0.5)= Varianza poblacional.

z= 1.96= Valor del nivel de confianza.

d= 0.05= Error muestral aceptable.

Reemplazando los valores en la fórmula, se obtiene nuestro tamaño de muestra siendo 46 presidentes de barrios.

3.6. Encuesta

Los instrumentos fueron creados de acuerdo a las variables que constan en la definición operacional, no obstante, cabe precisar que la Guía de encuesta consta de 10 preguntas con sus respectivas alternativas conforme a la Escala de Likert.

4. RESULTADOS

4.1. Primer objetivo específico: Determinar las aporías en la obra de kelsen relacionadas a los derechos fundamentales y democracia constitucional según el pensamiento del iusfilósofo Ferrajoli

En la actualidad el desarrollo teórico acerca de los derechos fundamentales y la democracia es sofisticado, sin embargo, en la realidad fáctica de los pueblos no tienen su materialización cabal, por ello, es necesario especificar las aporías existentes en los derechos fundamentales y la democracia según el pensamiento de Ferrajoli.

4.1.1. Aporías en los derechos fundamentales (Aporía 3)

Kelsen planteó que los derechos fundamentales constitucionalmente establecidos no existen en ausencia de los deberes correspondientes y de las sanciones correlativas (Ferrajoli, 2017), en ese sentido, tal premisa genera tres aporías:

1. Los derechos fundamentales al no contar con garantías equivalen a palabras vanas o sin sentido, esto es, que los derechos fundamentales para ser tales deben de ser garantizados por el ordenamiento jurídico. Kelsen afirmó que el orden jurídico confiere un derecho subjetivo[3] a un individuo cuando le otorga la posibilidad de poner en movimiento el proceso que habrá de terminar en la ejecución de la sanción, en otras palabras, el derecho subjetivo resulta concebido como el poder jurídico de poner en movimiento el ordenamiento (Ferrajoli, 2017). Entonces los derechos fundamentales al no ser derechos subjetivos no gozan de garantía, por tanto, no pueden ser protegidos a través de los procesos.
2. Negación de la normatividad de las constituciones y la inversión de la jerarquía de las fuentes, esta última, entendida como la subordinación de las normas constitucionales al poder del legislador (Ferrajoli, 2017), esto significa que, el principio de legalidad se superpone al principio de constitucionalidad.
3. Remoción del "deber ser" tanto lógico como constitucional de la legislación sobre la base del valor asociado únicamente a su "ser" efectivo, o sea, estamos frente a derechos fundamentales pero luego el legislador no dicta ninguna ley de actuación, entonces para Kelsen tales normas es como si no existieran y sería de hecho legítima su violación (Ferrajoli, 2017). Se entiende que por ley de actuación es aquella normatividad que efectiviza el cumplimiento de los derechos fundamentales.

El discípulo de Norberto Bobbio afirma que la ajenidad de la noción de "derechos fundamentales" a la teoría del derecho ha sido heredada en gran parte por la teoría del derecho postkelseniana, no obstante, el citado iusfilósofo procedió a elaborar una definición formal de los derechos fundamentales, en el sentido siguiente: *derechos que en virtud de la cuantificación universal de sus titulares, son atribuidos a todos en cuanto personas, ciudadanos y/o capaces de obrar, considerada como definición carente de connotaciones axiológicas* y por eso capaz de incluir derechos universales moralmente deplorables como el derecho a tener y llevar armas -segunda enmienda de la Constitución de Estados Unidos- (Ferrajoli, 2017). En un Estado constitucional de Derecho no se concibe tal ajenidad, todo lo contrario, los derechos fundamentales es uno de los objetos de estudio del constitucionalismo garantista, constitucionalismo popular, constitucionalismo fuerte, constitucionalismo transnacional, etc.

En definitiva, el giro antipositivista de la teoría de los derechos fundamentales se ocupó de la noción de los derechos fundamentales como idea axiológica de la filosofía moral o política y no como noción formal de la teoría del derecho; el citado giro consistió en la configuración garantista de los derechos fundamentales como límites y vínculos jurídicos al poder legislativo por su positivización constitucional como "principios" y el rol de los tribunales constitucionales como órgano de control de la legitimidad de la legislación.

3. Precisar que Kelsen sustenta su extraña tesis de que los derechos fundamentales no eran derechos subjetivos sino derechos políticos, siendo su tratamiento como conceptos de la filosofía política y moral o de la teoría política de la democracia, o bien como nociones de las disciplinas constitucionalistas referidas a concretos principios de derecho positivo (Ferrajoli, 2017).

Cabe señalar que, resulta trascendental la incorporación de los derechos fundamentales o principios morales a las constituciones que habría restablecido la conexión entre Derecho y moral; asimismo, puesto en crisis el paradigna iuspositivista como el cambio del razonamiento judicial, dejando de lado la aplicación de reglas y priorizando la ponderación de principios (Ferrajoli, 2017). El cambio de paradigma incorpora diversos cambios en el Derecho, uno de ellos es la pugna entre reglas y principios, es decir, se apertura el debate entre la teoría conflictivista y la teoría no conflictivista; la primera, plantea la fórmula de peso; y, la segunda, postula la pacificación entre los derechos fundamentales.

4.1.2. Aporías en la democracia constitucional (Aporía 9 y 10)

Kelsen planteó diversos aspectos de las aporías sobre la democracia política, explicaremos algunos:

1. La democracia representativa es identificada por Kelsen con la libertad política en el sentido de autonomía, de autogobierno o de autodeterminación según la tesis rousseaauniana. Un sujeto es políticamente libre cuando se somete a un ordenamiento jurídico en cuya creación participa, esto es, que un individuo es libre cuando coincide "lo que quiere hacer" con lo que "debe hacer" conforme al orden social, así pues, la democracia significa que la voluntad representada en el orden legal del estado es idéntica a las voluntades de los súbditos. La creación cuantitativa de la democracia política como maximización de la libertad política *-significa la concordancia entre la voluntad individual y la voluntad colectiva expresada en el orden social-* asegurada por el "principio de mayoría"[4] *-el orden social debe concordar con la voluntad del mayor número y discrepar con el menor número posible-* (Ferrajoli, 2017).

La asimilación de la libertad política al máximo acuerdo de voluntades individuales *-voluntad de los representados-* con la voluntad política colectiva *-voluntad de los representantes-* caracteriza una aporía, pues se contradice con otra tesis de Kelsen que afirma que el voto popular contribuye a la elección del que está llamado a decidir y no a la formación de las voluntades de los electos. Kelsen sostuvo de que no existe la "voluntad general"[5] porque el pueblo no es un todo colectivo homogéneo. Pensar en el grado de consenso particularmente elevado, hasta alcanzar una completa unanimidad acarrearía la aparición de ordenamientos totalitarios, lo que es contrario al pensamiento de Kelsen basada en el pluralismo, conflicto y presencia del consenso y disenso (Ferrajoli, 2017).

El planteamiento kelseniano formal y político de la democracia como voluntad de la mayoría, acompañada del elemento cuantitativo, resulta desmentida y contradicha por la noción ampliada de la jurisdicción como actividad creadora de nuevo derecho y el poder judicial como poder creador de normas y no como poder representativo. De esta forma, el principio de legalidad y el principio de representatividad de los órganos de producción del derecho (funciones legislativa y de gobierno) que es la base de la democracia política resultan trastocados por la citada contradicción (Ferrajoli, 2017).

Por otro lado, en la teoría kelseniana de la democracia política se da el debilitamiento de la fuente de la legitimación de la jurisdicción y del principal fundamento axiológico

4. Asegura el más alto grado de libertad política.

5. La voluntad popular es una ficción y una ideología política que tiene como objetivo ocultar la situación real y mantener la ilusión de que el legislador es el pueblo o cuerpo electoral, el cual se limita a crear el órgano legislativo (Ferrajoli, 2017, p. 224).

de la separación de poderes. En este punto, se debe explicar que para el joven Kelsen la administración y jurisdicción (actividades ejecutivas) tienen legitimación política por la sujeción a la ley e indirectamente por el consenso popular del que la ley en democracia es expresión. Afirmación que pierde sustento en manos del Kelsen de la madurez por dos razones: a) la fenomenología de los poderes y de la producción normativa según la dicotomía creación/aplicación, pues todo acto de aplicación del derecho de normas superiores es también un acto de creación del derecho, esto es, de normas inferiores, y viceversa; b) la concepción de la jurisdicción como actividad más volitiva que cognoscitiva (Ferrajoli, 2017).

1. La democracia formal o procedimental esta viciada por tres aporías. Kelsen concibió a la democracia como un método de formación de las decisiones públicas, donde la forma de gobierno en la que el poder es ejercido por el pueblo o por su mayoría, directamente o a través de representantes. *Primera aporía*, la democracia formal ignora los límites y vínculos impuestos a cualquier mayoría por los derechos fundamentales constitucionalmente establecidos, toda vez, que las actuales democracias en las que el poder de gobierno del pueblo o mayoría de sus representantes, no es absoluto sino limitado y vinculado por los derechos constitucionales. *Segunda aporía*, surge de la contradicción entre la defensa de la democracia formal y del reconocimiento de mínimas condiciones de sustancia para que se pueda hablar de democracia, que consisten en garantías de las libertades fundamentales. Existe un nexo entre las formas de democracia política, basadas en el poder y voluntad popular según el ejercicio de derechos políticos (libertad de prensa, información, reunión y asociación); y, la garantía de los demás derechos fundamentales. Los derechos sociales a la subsistencia y a la educación, que sirven para asegurar la efectividad y el ejercicio, tanto de los derechos políticos como de los derechos de libertad. *Tercera aporía*, consiste en la inconsistencia teórica de una noción exclusivamente formal de democracia. Con la liberación del constitucionalismo rígido y concentrado caracterizado por los derechos fundamentales que las constituciones han impuesto a cualquier poder (Ferrajoli, 2017).

4.2. Segundo objetivo específico: Evidenciar la realidad actual de los derechos fundamentales y la democracia constitucional en el contexto peruano

4.2.1. Gobierno de Pedro Castillo

El Perú se ha caracterizado en estos últimos periodos por tener gobiernos inconsistentes e irregulares, encarnados en Alberto Fujimori (BBC Mundo, 2009), Alejandro Toledo (BBC Mundo, 2019), Ollanta Humala (BBC Mundo, 2017), Pedro Kuczynski (BBC Mundo, 2018), Martín Vizcarra (BBC Mundo, 2020). Todos ellos han generado inestabilidad política, jurídica, social y económica en el pueblo peruano. La población ha quedado perturbada al vivir directamente los efectos de muchas de las decisiones inadecuadas de los mandatarios y al tomar conocimiento mediante la prensa que sus mandatarios estuvieron involucrados en diversos actos de corrupción, en muchos casos las noticias criminales llegaron a la Fiscalía y Poder Judicial.

En la elección presidencial del año 2021 se eligió en segunda vuelta a Pedro Castillo Terrones (BBC Mundo, 2021), venció a la candidata Keiko Fujimori, quien afirmó continuar con el sistema implantado por su padre, el expresidente Alberto Fujimori, basado en una economía de libre mercado que impulsa la inversión privada; tanto padre e hija -los

Fujimori- se vieron involucrados en actos de corrupción a gran escala que traspasaron el territorio nacional (BBC Mundo, 2022a); por ello, el pueblo peruano de a pie, en su gran mayoría, escéptico de sus anteriores gobernantes y principalmente de la líder del partido Fuerza Popular optó por elegir a Pedro Castillo como resultado del antivoto promocionado contra Keiko.

Cuando Castillo asumió la presidencia de la República, el pueblo tomó conocimiento de sus primeros desaciertos por su falta de un plan de gobierno. En el primer año de su mandato reformuló cuatro veces su Gabinete Ministerial, lo que demostró que presidia un gobierno desordenado e incierto (Carranza & Álvarez, 2022). Por su parte, la prensa limeña durante todo su gobierno se afanó por presentar cada semana reportajes que lo involucraban en actos de corrupción, desacreditándolo frente a sus electores.

El breve periodo de Castillo fue representado por su incapacidad en la gestión pública, elevación de riesgo regulatorio, liderazgos múltiples, planteamiento de una Asamblea Constituyente, Deterioro de la confianza empresarial, relación inestable entre el Congreso y el Ejecutivo, produciendo incertidumbre en la institucionalidad política (Carranza & Álvarez, 2022), en consecuencia, se dieron dos intentos de vacancia presidencial por incapacidad moral por gobernar en forma irracional, ya que, Castillo nombró cinco gabinetes y unos 80 ministros. Finalizó la presidencia de Pedro Castillo cuando anunció la disolución del Congreso y la instauración de un gobierno de excepción. El tercer pedido de vacancia prosperó con una mayoría de 101 votos de los congresistas (BBC Mundo, 2022b).

4.2.2. Gobierno de Dina Boluarte

Dina Boluarte[6] asumió la presidencia de la República del Perú, después de que el Congreso aprobara la destitución de Pedro Castillo por querer establecer un "gobierno de excepción"(BBC Mundo, 2022c). Las protestas en el Estado Peruano comenzaron al producirse la citada destitución. Los manifestantes de las ciudades de Arequipa, Cajamarca, Huancayo, Cusco y Puno demandaron la liberación del expresidente, cierre del Congreso, renuncia de la Presidenta Dina Boluarte, Asamblea constituyente y el adelanto de elecciones. La respuesta del Estado peruano ha sido la utilización del Estado de emergencia y el uso de la fuerza para restablecer el orden; produciéndose de esa forma la pérdida de 66 vidas humanas y miles de heridos (Informe Nro. 190 de la Defensoría del Pueblo). El gobierno de Dina Boluarte declaró Estado de Emergencia mediante múltiples Decretos Supremos[7]. Las protestas sociales se fueron agudizando en diversas partes del Estado Peruano pero principalmente en la zona sur, teniendo como picos de violencia entre diciembre de 2022 y febrero de 2023 (Informe Nro. 190 de la Defensoría del Pueblo)con

---

6. Abogada de profesión, ganó los comicios generales de 2021 en segunda vuelta, participando como candidata a vicepresidenta de Castillo por el partido Perú Libre. Después de que Castillo disuelva el Congreso, ella marco distancia con el mandatario y calificó lo ocurrido como "acto inconstitucional" y anunció iniciar un combate a la corrupción en la instituciones del Estado (BBC Mundo, 2022c).

7. 139-2022-PCM del 12-12-22 (Andahuaylas, Chincheros, Grau, Cotabambas, Antabamba y Aymaraes del departamento de Apurímac); 141-2022-PCM del 13-12-22 (Ica); 142-2022-PCM del 13-12-22 (Arequipa); 143-2022-PCM del 14-12-22 (A nivel Nacional); 144-2022-PCM del 15-12-22 (inmovilización social); 146-2022-PCM del 17-12-22 (Huamanga); 147-2022-PCM del 19-12-22 (Virú, Cangallo y Huamanga); 002-2023-PCM del 10-01-23(Puno); 009-2023-PCM del (Puno, Cusco, Lima, Andahuaylas, Madre de Dios, Moquegua y carretera de la Red Vial Nacional); 013-2023-PCM del 24-01-23 (Puno); 018-2023-PCM del 04-02-23 (Madre de Dios, Cusco, Puno, Apurímac, Arequipa, Moquegua y Tacna); y, 23-2023-PCM del 17-02-2023 (Loreto).

constantes enfrentamientos entre la ciudadanía y las fuerzas del orden, evidenciándose que existe en forma marcada una discriminación estructural de parte de los ciudadanos de la capital -Lima- hacia los pobladores de la zona sur del país, pues, a parte de desconocer la cultura milenaria del Tahuantinsuyo, rechazan la cultura andina con su idiosincrasia (respectivas lenguas, tradiciones, cosmovisiones, derecho consuetudinario y costumbres) adoptada por el desarrollo histórico, social, antropológico, jurídico y económico del Estado Peruano.

El Perú es el tercer país con mayor población indígena de la región (CEPAL, 2007). Los ciudadanos del sur efectuaron las protestas sociales porque se encuentran extenuados por la desatención del gobierno central, excesiva corrupción de altos funcionarios que deciden el destino del país, los contratos ley promocionados por la Constitución de 1993 -implantado mediante golpe de estado por el ex presidente Alberto Fujimori-, inexistencia de tecnología, extracción desmedida de recursos naturales por multinacionales extranjeras, impuestos tributarios excesivos para la mediana y pequeña empresa, etc. Cabe indicar que los sectores sociales más marginados vieron a Pedro Castillo como el reflejo de su realidad, de ese modo, se sintieron representados, es así, que en todo el periodo de Pedro Castillo vieron que la prensa limeña lo atacó cada semana, los poderes políticos y económicos no respaldaron su gobierno sin dejar de mencionar la inexperticia del presidente que impactó y consternó a la mayoría de pobladores peruanos, a ello se suma la palabra de Dina Boluarte, quien se comprometió a no asumir la presidencia si en algún momento Pedro Castillo era vacado por el Congreso, no obstante, Dina Boluarte actuó en contra de sus compromisos con el pueblo, por esa razón, la zona sur del país consideró un acto ilegítimo de parte del actual presidente de la República, acto seguido, procedieron a rechazar todas sus decisiones. La reacción de Dina Boluarte y el Presidente (Alberto Otárola Peñaranda) del Consejo de Ministros del Perú fue impertinente, debido a que, no han implementado medidas adecuadas para hacer frente a las masivas protestas sociales por la deslegitimación política de la actual gobernante, únicamente ordenaron la represión por parte de la Policía Nacional y Fuerzas armadas en contra de los manifestantes y demás ciudadanos de "Andahuaylas, Ayacucho, Junín -Pichanaqui-, Arequipa, Cusco, La Libertad -Virú-, Lima y Puno; este último pueblo fue el más afectado con una pérdida de 18 vidas humanas" (Informe Nro. 190 de la Defensoría del Pueblo).

4.2.3. Resultados de la encuesta

Categoría	Nro. de presidentes de barrio	Porcentaje
Totalmente en desacuerdo.	0	0.0%
En desacuerdo.	0	0.0%
Me es indiferente.	8	15.7%
De acuerdo.	25	49.0%
Totalmente de acuerdo.	18	35.3%
Total	51	100.0%

Tabla 2. Democracia constitucional. **Fuente:** Elaboración propia.

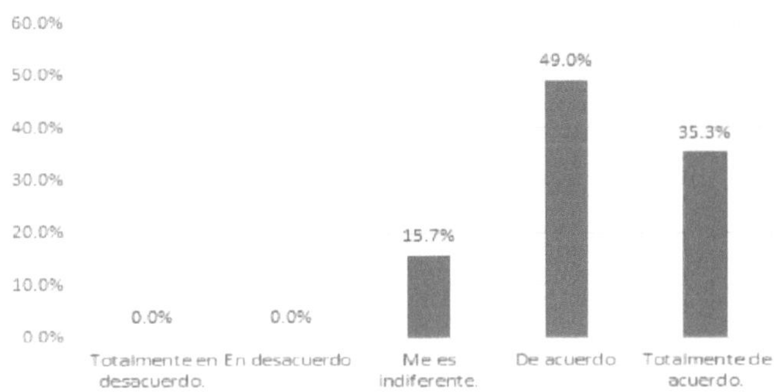

Figura 1. Democracia constitucional. **Fuente:** Elaboración propia.

De la Figura 1 se puede apreciar que al 15.7% de los encuestados les es indiferente la democracia constitucional entendida en su doble contenido democracia formal y material; el 49% de presidentes de barrios están de acuerdo que la democracia constitucional es importante para que se respeten los consensos y disensos arribados por el pueblo; y, el 37.3% de ciudadanos encuestados estan totalmente de acuerdo que las normas constitucionales tengan mayor relevancia que las leyes por el cambio de paradigma, asimismo, que el principio de mayoría en las democracias no deben tener poder absoluto porque están limitados por los derechos fundamentales.

Categoría	Nro. de presidentes de barrio	Porcentaje
Totalmente en desacuerdo.	0	0.0%
En desacuerdo.	0	0.0%
Me es indiferente.	1	2.0%
De acuerdo.	23	45.1%
Totalmente de acuerdo.	27	52.9%
Total	51	100.0%

Tabla 3. Derechos fundamentales. **Fuente:** Elaboración propia.

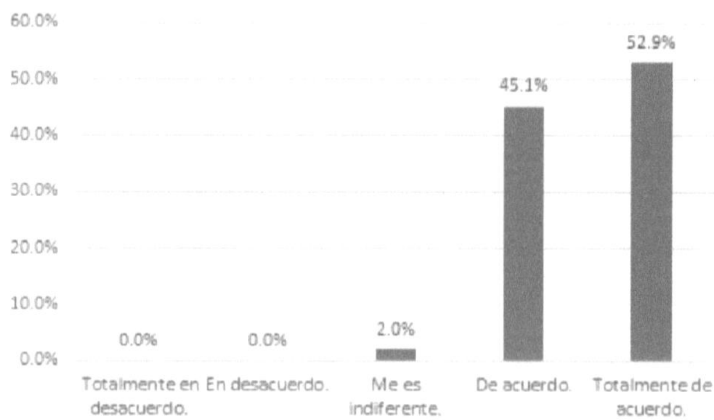

Figura 2. Democracia constitucional. **Fuente:** Elaboración propia.

De la Figura 2 se puede considerar que el 2% de los encuestados son indiferentes al ejercicio efectivo de sus derechos fundamentales porque la realidad no lo permite; el 45.1% de los ciudadanos refirieron estar de acuerdo que los diversos derechos fundamentales son importantes y deben ser ejercidos plenamente, pues su protección no debe ser difícil mediante un proceso judicial; y, el 52.9% están totalmente de acuerdo con que el principio de mayoría se encuentre limitado por los derechos fundamentales y que en la actualidad no estamos viviendo en tiempos de los derechos fundamentales, ya que, su vulneración de parte del Estado como de los particulares es indudable en nuestro contexto peruano.

Sobre la correlación entre Democracia Constitucional y Derechos Fundamentales se ha obtenido lo siguiente:

1. **Formulación de hipótesis**

- Hipótesis nula H_0:
    - No existe relación significativa entre derechos fundamentales y democracia constitucional .
- Hipótesis alterna H_1:
    - Existe relación significativa entre derechos fundamentales y democracia constitucional.

2. **Nivel de significancia:** α **=0.05**

3. Condición para la toma de decisión:

- p > 0.05 => Se acepta H0 (hipótesis nula).
- p<=0.05 => Se acepta H1 (hipótesis de investigación).
- En suma, se rechaza Ho (hipótesis nula) porque p=,000<0.05 y se acepta H1 (hipótesis alterna), la que se considera hipótesis de investigación.

4. Valor de prueba: Spearman

Correlaciones

			Democracia Constitucional	Derechos fundamentales
Rho de Spearman	Democracia Constitucional	Coeficiente de correlación	1,000	,749**
		Sig. (bilateral)	.	,000
		N	51	51
	Derechos fundamentales	Coeficiente de correlación	,749**	1,000
		Sig. (bilateral)	,000	.
		N	51	51

**. La correlación es significativa al nivel 0,01 (bilateral).

Tabla 4. Relación entre la Democracias constitucional y Derechos fundamentales. **Fuente:** Elaboración propia.

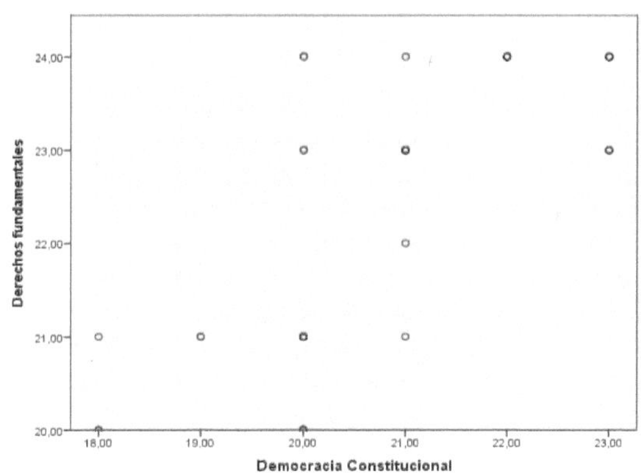

Figura 3. Democracia constitucional. **Fuente:** Elaboración propia.

RANGO	RELACIÓN
-0.91 a -1.00	Correlación negativa perfecta
-0.76 a -0.90	Correlación negativa muy fuerte
-0.51 a -0.75	Correlación negativa considerable
-0.11 a -0.50	Correlación negativa media
-0.01 a -0.100	Correlación negativa debil
0.00	No existe Correlación
+0.01 a +0.10	Correlación positiva debil
+0.11 a +0.50	Correlación positiva media
+0.51 a +0.75	Correlación positiva considerable
+0.76 a +0.90	Correlación positiva muy fuerte
+0.91 a +1.00	Correlación positiva perfecta

Tabla 5. Grado de relación según coeficiencia de correlación. **Fuente:** Elaboración propia.

De la Tabla 4 se distingue que el coeficiente de correlación entre la Democracia constitucional y los Derechos fundamentales es de 0,749, por ello, de la Figura 3 se comprueba que existe correlación entre las dos variables porque los ejes poseen puntos en común formando una curva. Según la Tabla 5 el resultado de 0,749 como coeficiente de correlación esta dentro del rango +0.51 a +0.75 entonces la relación de la variable independiente y dependiente es una relación positiva considerable.

5. DISCUSIÓN

La hipótesis general estriba en que existe una "correlación positiva considerable" entre la variable independiente y la variable dependiente de la investigación de acuerdo al análisis de componentes principales con el paquete estadístico SPSS; la prueba Spearman delimitó el coeficiente de correlación de las citadas variables obteniendo como resultado 0.749, el cual confirma la existencia del tipo de correlación entre variables. La primera hipótesis específica se funda cuando aseveramos que Ferrajolí encontró aporías o contradicciones en el pensamiento de Kelsen en su libro *La Lógica del Derecho*: i) *aporías sobre la democracia* (A9 y A10)[8] tenemos la contradicción o aporía entre: a) la voluntad popular (*elección de los que deciden y no como formación de las voluntades de los electos*); y, la identidad entre la voluntad de los representados y voluntad de los representantes; b) democracia como voluntad de la mayoría y poder judicial como creador de normas; c) democracia formal y sus límites (derechos fundamentales); d) defensa de la democracia formal y garantías (subsistencia y educación) para que se pueda hablar de democracia; e) democracia y noción exclusiva de la democracia formal o procedimental; y, ii) *aporías sobre derechos fundamentales* (A3)[9] tenemos la contradicción o aporía entre: a) derechos subjetivos que poseen garantías o están garantizados por el ordenamiento jurídico; y, los derechos fundamentales que carecen de dichas garantías; b) subordinación de la Constitución Política a la ley; c) inexistencia de una ley que efectivice los derechos fundamentales.

La segunda hipótesis específica consiste en evidenciar que en el Perú la "realidad actual" de la democracia constitucional y derechos fundamentales se encuentran en profunda crisis, pues la democracia política durante el periodo de Pedro Castillo se mostró frágil por el

8. Aporía 9 y 10.
9. Aporía 3.

constante actuar ilimitado -arremetidas- del Poder Legislativo contra el Poder Ejecutivo, prensa concentrada exclusivamente en el actuar del presidente; y, las diversas decisiones inidóneas del Presidente y su entorno. Asimismo, la hoy presidente Dina Boluarte cuando asumió el mandato fue rechazada por varios sectores sociales del Perú, principalmente de la zona sur; empero, la respuesta de Boluarte no fue la tolerancia, la exhortación al diálogo, su compromiso de no asumir el mandato por las pretensiones de vacancia presidencial (Pedro Castillo) del legislativo, el respeto de los derechos fundamentales de la ciudadanía; actuó irracionalmente debido a que aprobó con el Consejo de Ministros doce Estados de Emergencia, produciéndose múltiples enfrentamientos entre la policía y la población, de esa forma, perdieron la vida alrededor de 66 ciudadanos en las protestas sociales, cifra proporcionada mediante el Informe Nro. 190 de la Defensoría del Pueblo de la República del Perú. En definitiva, el gobierno de Boluarte promovió: i) la vulneración masiva de los derechos fundamentales de los ciudadanos peruanos por parte de la fuerza policial; ii) la ausencia de la democracia constitucional (constructo Ferrajoliano); iii) debilitamiento de la democracia política, formal o procedimental (constructo Kelseniano).

Se probó la primera y segunda hipótesis específica a través de la encuesta, utilizando la escala de Likert, aplicada a los presidentes de 46 barrios de la ciudad de Puno, pertenecientes a la zona sur del Perú. Los encuestados respecto a la democracia constitucional reconocen que: i) las disposiciones constitucionales tienen preponderancia sobre las leyes; ii) la creación de normas se debe dar por el poder legislativo y ejecutivo; iii) los jueces no deben crear normas; iv) el principio de mayoría no debe tener poder absoluto; la educación fortalece la democracia política. Los encuestados en relación a los derechos fundamentales admiten que: i) no es fácil lograr la protección de los derechos fundamentales mediante un proceso judicial; ii) son importantes los derechos fundamentales, por tanto, deben ser ejercidos plenamente; iii) la democracia política es fortalecida por el derecho a la educación; iv) en el Perú no estamos viviendo en tiempos de los derechos fundamentales.

De esta forma, podemos aseverar que se cumplieron con los objetivos de la investigación, lo que significa, que las aporías o contradicciones existentes de los derechos fundamentales y democracia constitucional no solo existen en la teoría planteada por el iusfilósofo Ferrajoli luego de analizar la propuesta de Kelsen, sino también están presentes en la realidad peruana actual porque a nivel A10 y A11 se tiene: a) la voluntad popular de los peruanos se contradice con la voluntad de los representantes, cuando toman decisiones ejerciendo su voluntad de electos en desmedro del pueblo que lo eligió (ejemplo: el legislativo peticionó vacancia presidencial por incapacidad moral en varios periodos de gobierno, desestabilizando la realidad política, jurídica, económica y social); b) la voluntad de la mayoría (democracia) se contradice con la creación de normas en manos de los jueces, cuando los representantes del pueblo peruano creen que son los únicos que generan normas, toda vez, que el paso del Estado de Derecho al Estado Constitucional de Derecho permite que los jueces puedan generar normas (ejemplo: el ejecutivo presidido por Boluarte aprobó 12 Estados de emergencia en menos de tres meses para disuadir las propuestas sociales en contra de su mandato);c) la democracia formal en el Perú se contradice con sus límites (derechos fundamentales), debido a que el gobierno de Boluarte al haber sido elegida como vicepresidenta cumpliendo requisitos de forma o procedimentales, toma decisiones que vulneran abiertamente los derechos fundamentales de la ciudadanía (ejemplo: muerte de más de 66 peruanos en manos de la policía nacional y criminalización del derecho fundamental a la protesta social); d) la democracia representativa vigente en el Perú se contradice con la democracia formal que enarbola el gobierno de turno (ejemplo: Boluarte y el Congreso impiden que se programe nuevas elecciones a pedido de un sector importante del pueblo; ambos poderes del

Estado tienen la pretensión de quedarse en el poder hasta el 2026). Y finalmente a nivel A3 se tiene: a) los derechos subjetivos se contradicen con los derechos fundamentales que pese a tener hoy garantías, es como si no las tuvieran, pues su protección vía constitucional es muy inaccesible en manos de jueces no especialistas con excepción de las salvedades (ejemplo: se solicitó que el Tribunal Constitucional se pronunciará sobre la vacancia presidencial por incapacidad moral en el caso de Martín Vizcarra y no lo hizo, pues por mayoría (cuantitativamente) resolvieron que el TC no podía pronunciare sobre la demanda competencial porque se había producido la sustracción de la materia; hoy continua el problema); b)subordinación de la Constitución a la ley. El gobierno de Boluarte le da mayor valor a los decretos supremo que a la Constitución porque a través de las transferencias presupuestarias se le fortaleció a la policía y fuerzas armadas para que se enfrente y vulnere derechos fundamentales de los manifestantes que peticionan nuevas elecciones y reforma constitucional (ejemplos: El gobierno de Boluarte emitió el Decreto Supremo Nro. 22-2023-EF -publicado en El peruano el 23 de febrero del año 2023- que autoriza la transferencia de sesenta y tres millones ochocientos cuarenta y nueve mil ciento siete soles a favor del Ministerio del Interior para financiar bonificación al personal policial por el Estado de Emergencia establecida en los Decretos Supremos Nro. 09-2023-PCM y 10-2023-PCM; y, el Decreto Supremo Nro. 147-2023-EF -publicado en El Peruano el 6 de julio del año 2023- que autoriza la trasferencia de doce millones doscientos cincuenta y nueve mil seis soles a favor de las Fuerzas Armadas para financiar las actividades de inteligencia y contrainteligencia. Por su parte, Pedro Castillo al intentar dar el autogolpe de Estado también fue un intento de ruptura del orden constitucional, que ha sido rechazado por el pueblo peruano, entonces, una vez más se verifica el rol secundario de la Constitución Peruana.

Los resultados de la investigación constituyen una novedad o aporte científico porque nos permite comprender las aporías o contradicciones de la democracia constitucional y derechos fundamentales que en la actualidad existen en la realidad peruana desde una mirada teórica – práctica. Las limitaciones o sesgos que tuvo la investigación es que no se encontraron antecedentes (artículos científicos, tesis, *papers*, libros) sobre nuestro objeto de estudio en el contexto peruano. Se sugiere continuar con la investigación para analizar la tipología de la democracia e indicar cuál seria la más adecuada para el Perú; además, urge clarificar la teoría de los derechos fundamentales y su aplicación en contextos de riesgo como nuestro país; y, se podría determinar soluciones en futuros estudios a favor del pueblo peruano, ya que, está sumergido en una profunda crisis estructural.

6. CONCLUSIONES

Ferrajoli desarrolla la democracia formal y material. La definición formal de democracia no expresa el contenido de la decisión ni valores que persigue la democracia, pero son suficientes para discriminar un gobierno democrático de uno no democrático, pues tiene la finalidad de determinar quién y cómo se decide en los regímenes democráticos. De su parte la *democracia sustancial o material* esta conformada por normas -son los derechos de libertad y los derechos sociales- que definen *qué* se puede decidir y *qué* no es susceptible de decisión.

Existe una correlación considerable entre democracia constitucional y derechos fundamentales, pues los derechos fundamentales son las garantías o límites al principio de mayoría en gobiernos democráticos, no obstante, las aporías o contradicciones A3, A10 y A11 postergan al Perú en tiempos donde no se vive una democracia real y no se ejercen plenamente los derechos fundamentales. Mientras en el Derecho se está viviendo una transición de paradigma o modelo, lo cual significa que los operadores del Derecho deben cambiar de mentalidad en la forma de aplicar, razonar, interpretar, explicar y entender el Derecho, por consiguiente, se originaron diversas variaciones: el significado de la Constitución, derechos fundamentales, democracia constitucional, democracia deliberativa, el privilegio del principio de constitucionalidad sobre el principio de legalidad y la oposición entre principios y reglas, subsunción versus ponderación, la capacidad de los jueces de crear normas, etc; en otras palabras, existen muchos avances, los cuales constituyen retos significativos para los Abogados, sin embargo, a nivel de la factualidad, como se tiene dicho, vemos que en el Perú ni siquiera nos aproximamos al cumplimiento de muchas categorías e instituciones jurídicas citadas, alguna de ellas, la "democracia representativa", "democracia formal o política" tenemos serios problemas con el cumplimiento de la "ley" y sobre todo de la "Constitución Política", el respeto irrestricto de los "derechos fundamentales", etc.

7. REFERENCIAS

BBC Mundo. (30 Setiembre, 2009). *Condenan a Fujimori por corrupción.* https://n9.cl/2flqs

BBC Mundo. (17 de Julio, 2019). *Alejandro Toledo: de qué acusan al expresidente peruano arrestado en Estados Unidos por el caso Odebrecht.* https://www.bbc.com/mundo/noticias-america-latina-49011091

BBC Mundo. (14 de Julio, 2017). *Perú: ¿por qué dictaron orden de prisión contra Humala y Nadine Heredia? ¿y qué tienen que ver con el escándalo Odebrecht y Venezuela?*
https://www.bbc.com/mundo/noticias-america-latina-40604896

BBC Mundo. (21 de Marzo, 2018). *Los 5 escándalos que provocaron la caída de PPK en Perú.*
https://www.bbc.com/mundo/noticias-america-latina-43491464

BBC Mundo. (13 de Noviembre, 2020). *Martín Vizcarra: qué es el "Club de la construcción", el escándalo de presunta corrupción que le costó la presidencia al exmandatario peruano.*
https://www.bbc.com/mundo/noticias-america-latina-54896219

BBC Mundo. (15 de Junio, 2021). Elecciones en Perú.
https://www.bbc.com/mundo/noticias-america-latina-57492302

BBC Mundo. (8 de Abril, 2022a). *Gustavo Gorriti: "El caudillismo de Fujimori sigue presente en el Perú de hoy".*
https://www.bbc.com/mundo/noticias-america-latina-60991625

BBC Mundo. (7 de Diciembre, 2022b). *Pedro Castillo: destituyen y detienen por rebelión al presidente de Perú después de que disolviera el Congreso en una jornada de caos político.*
https://www.bbc.com/mundo/noticias-america-latina-63895102

BBC Mundo. (7 de Diciembre, 2022c). *Quien es Dina Boluarte, la primera mujer presidenta de Perú.*
https://www.bbc.com/mundo/noticias-america-latina-63895218

Bobbio, N. (1986a). ¿Qué alternativas a la democracia representativa? en ¿Qué socialismo?, Trad. De J. Moreno. Plaza y Janés.

Bobbio, N. (1986b). *Fundamentos y futuro de la democracia (conferencia).* Edeval.

Cajica Lozada. G. (2000). *Estado Constitucional de Derecho y Legitimidad Democrática. Comntarios a un texto de Ferrajoli.* En Revista Jurídica de la Escuela Libre de Derecho de Puebla, 1(2), Enero – Junio, pp. 128-144. https://n9.cl/j1560

Cuenca, G. y Alvarez, A. (2022). *El Primer año de la presidencia de Pedro Castillo y su impacto en la situación y perspectiva del clima de negocios en el Perú.* https://n9.cl/rr4um

CEPAL (Comisión Económica para América Latina). (2007). *Panorama Social de América Latina 2006*, LC/G 2326-P. Santiago de Chile. Publicación de las Naciones Unidas.

Ferrajoli, L. (1992). El Derecho como sistema de garantías (ponencia). *Revista Jueces para la Democracia*, Nro. 16-17, pp.61-69.

https://dialnet.unirioja.es/servlet/articulo?codigo=2551827

Ferrajoli, L. (2017). *La Lógica del Derecho. Diez aporías en la obra de Hans Kelsen*. Trotta.

Informe Defensorial Nro. 190. (2023).Crisis política social: Balance defensorial tras tres meses de iniciado el conflicto (Del 7 de diciembre de 2022 al 6 de marzo de 2023). Lima, Perú: Defensoría del Pueblo. https://n9.cl/xlsoh

Palella, S. y Martins, F. (2012). *Metodología de Investigación Cuantitativa*. Caracas: FEDUPEL Fondo Editorial de la Universidad Pedagógica Experimental Libertador.

Vigo, R.(2010). *Del Estado de Derecho Legal al Estado de Derecho Constitucional*. Revista Auctoristas Prudentium, mayo, pp. 5-16. Argentina: Universidad del Istmo.

https://dialnet.unirioja.es/servlet/articulo?codigo=5046342

Witker, J.(1996). *Técnicas de Investigación Jurídica*. Universidad Nacional Autónoma de México.

LA INSTRUMENTALIZACIÓN DEL DERECHO INTERNACIONAL MEDIANTE EL USO DEL ÁMBITO LEGAL: EL CASO DE CHINA

Ignacio Fonseca Lindez[1], *Pablo Javier Miró Colmenárez*[1]

El presente texto nace del desarrollo de una línea de investigación en el ámbito del grupo de investigación "Ecotecnología e innovación: Claves para el desarrollo del siglo XXI" de la Facultad de Derecho de la Universidad Católica San Antonio de Murcia.

1. INTRODUCCIÓN

El Derecho Internacional se ha convertido en un importante campo de batalla para la consecución de objetivos estratégicos por parte de algunos actores estatales. La instrumentalización del Derecho Internacional, mediante el uso del ámbito legal, se encuentra en el epicentro de la estrategia china para reorganizar el ordenamiento global actual a favor de un sistema propicio que sustente los principios de gobernanza chinos.

Este estudio, el primero en lengua castellana, se centra en desarrollar cómo China hace uso de su concepto de *falu zhan,* la traducción literal de las palabras ley (*falu*) y guerra (*zhan*) en chino mandarín, para implementar su doctrina de instrumentalización del Derecho Internacional haciendo uso de su influencia política, económica y militar mientras reclama la soberanía de ciertos territorios en su vecindad.

Para ello, se profundizará en cómo China desarrolla Operaciones Legales para ejercer su jurisdicción nacional en territorios disputados o con regímenes especiales bajo el Derecho Internacional, desestabilizar el ordenamiento jurídico actual y, de esa manera, asegurarse ventaja competitiva en la consecución de sus objetivos estratégicos en Taiwán, Hong Kong y en el Mar de la China Meridional.

2. OBJETIVOS

El presente artículo es una investigación sobre la implementación doctrinal que hace China de su concepto *falu zhan* acerca de la instrumentalización del Derecho para la consecución de objetivos estratégicos. El objetivo de este estudio es analizar el uso del ámbito legal como instrumento de poder por parte de China para alcanzar sus objetivos estratégicos sin recurrir, necesariamente, al uso de la fuerza. El estudio también analiza las estrategias específicas de instrumentalización del Derecho Internacional utilizadas por China así como los instrumentos jurídicos nacionales que utiliza para la ejecución de sus Operaciones Legales en Taiwán, Hong Kong y en el Mar de la China Meridional.

---

1. Universidad Católica San Antonio de Murcia (España).

3. METODOLOGÍA

Teniendo en consideración el incipiente estado en el que se encuentra la investigación académica en esta disciplina, el desarrollo metodológico de este estudio se ha centrado en tres vertientes.

En primer lugar, se ha empleado un método de investigación detallado para la consecución de bibliografía específica haciendo uso de traducciones certificadas de fuentes primarias en chino mandarín así como de fuentes secundarias occidentales que tratan la temática. Un criterio utilizado para la incorporación de fuentes bibliográficas en este estudio ha sido verificar si las distintas fuentes reflejan aspectos doctrinales chinos de la instrumentalización del Derecho o si desarrollan la implementación de su concepto de *falu zhan*.

En segundo lugar, para verificar que el contenido de las fuentes secundarias empleadas captura de manera adecuada el contenido de la fuente primaria en chino mandarín, se han realizado entrevistas a especialistas en geopolítica china de la Escuela de Estudios Estratégicos del Pacífico, del Departamento de Investigación de la Universidad del Cuerpo de Marines de los Estados Unidos, así como a varios de los autores de las fuentes secundarias empleadas.

Finalmente, para la elección de fuentes chinas, se ha tenido en consideración la implementación práctica que China hace a la hora de desarrollar su doctrina y se ha contrastado mediante la realización de entrevistas a expertos en la materia que trabajan en el ámbito académico y de la seguridad y defensa.

4. DESARROLLO DE LA INVESTIGACIÓN

Desde la década de los años noventa del Siglo XX, China combina, dentro de su doctrina militar, una serie de métodos militares y no militares para la realización de sus campañas militares que denomina guerra irrestricta (Liang y Xiangsui, 1999). Uno de los elementos más significativos al interno de la guerra irrestricta china es el concepto de la instrumentalización del Derecho, denominado *falu zhan*, que se centra en amoldar el terreno para justificar legalmente cualquier intervención militar china mientras que, a su vez, allana el camino para proyectar una imagen ilegitima de la actuación de sus adversarios (Liang y Xiangsui, 1999).

Desde la perspectiva del Derecho Internacional, China adopta estrategias para manipularlo a su favor e instrumentalizarlo, intentando obtener de esta manera ventajas competitivas contra sus adversarios puesto que la doctrina china no necesariamente contempla la necesidad de respetar marcos jurídicos internacionales (Wenshen, 2004). A su vez, dentro del marco del concepto *falu zhan*, China divide mayoritariamente la instrumentalización del Derecho Internacional en acciones defensivas, ofensivas y disuasivas (Yunxia, 2007).

Por último, cabe destacar que la doctrina china concibe el Derecho Internacional Humanitario como un ordenamiento de reglas fluidas, encaminadas a la consecución de los objetivos esperados y para usarlo en la manipulación de la percepción de la Comunidad Internacional (Fonseca y Miró, 2022).

Puesto que la instrumentalización del Derecho en China, y particularmente del Derecho Internacional, está doctrinalmente sistematizado y es utilizado para producir efectos que controlen o manipulen a sus adversarios en el ámbito jurídico y le permitan la consecución de sus objetivos estratégicos, se va a utilizar el término de Operaciones Legales (Fonseca,

2019) en los siguientes apartados para reflejar cómo, en la práctica, China implementa su concepto de *falu zhan* en tres escenarios diferentes.

En primer lugar, se expondrá el caso de cómo China proyecta y vigoriza su hegemonía y control ante Taiwán, en segundo lugar se mostrará cómo China afianza y perfila su posición territorial sobre Hong Kong y, finalmente, se plasmará la Operación Legal que China está realizando en el Mar de la China Meridional para moldear, redefinir y consolidar su posición geoestratégica.

4.1. Operaciones legales en Taiwán

La implementación del concepto de *falu zhan* en la relación de China hacia Taiwán se caracteriza, principalmente, en aprovechar las incertidumbres jurídicas que hay alrededor del ambiguo estatus taiwanés bajo el amparo del Derecho Internacional, creando espacios de oportunidad para la consecución de los objetivos estratégicos chinos mediante el uso de operaciones legales.

Después del fin de la guerra civil china en 1949, sin la consecución de un tratado de paz entre las partes beligerantes, no se discutió la cuestión de soberanía sobre Taiwán. Aunque Taiwán posee los elementos esenciales reflejados en la Convención de Montevideo sobre derechos y deberes de los Estados para poder ser calificado como Estado, cuando Japón renunció a todo derecho, título y reivindicación sobre las islas de Formosa (Taiwán) y los Pescadores (Penghu) en 1951 no se especificó a favor de qué parte renunció, dejando el estatuto de Taiwán indeterminado.

En primer lugar, China emplea todas las herramientas políticas, diplomáticas y del uso de la información para mantener la postura de que cualquier disputa o conflicto entre China y Taiwán es de carácter interno y únicamente se deben apreciar dichos conflictos como disputas entre un gobierno central y un gobierno local (Brady, 2017).

Desde la lente de la operación legal china en Taiwán, los esfuerzos por parte de China en mantener cualquier disputa entre ambas partes como asuntos domésticos tienen como objeto no tener que abstenerse como miembro permanente del Consejo de Seguridad de Naciones Unidas en caso de que China fuese parte de disputas que pongan en peligro la paz internacional, como refleja el artículo 27.3 de la Carta de Naciones Unidas. De esta forma, ante cualquier agresión por parte de China hacia Taiwán, al considerarse una disputa interna y, por tanto, que no pone en peligro la paz internacional, China mantendría su poder de veto de cualquier resolución del Consejo de Seguridad (Junshi, 2006).

A su vez, consiguiendo China allanar el terreno jurídico para que se considere cualquier conflicto con Taiwán como una disputa interna, en caso de que hubiese un conflicto bélico entre China y Taiwán, el principio de no intervención se debería respetar y otros países solo podrían apoyar con fuerzas militares si lo permitiese, por invitación, el gobierno nacional chino. Bajo el mismo argumento, China se ampara en que, si se diese el caso de que un tercer país apoyase a Taiwán con fuerzas militares, se vería agredida e invocaría su derecho a la legítima defensa del artículo 51 de la Carta de Naciones Unidas.

Otra de las herramientas utilizadas por parte de China para implementar su concepto de *falu zhan* hacia Taiwán es eliminar el reconocimiento diplomático de Taiwán en organizaciones internacionales y, si no pudiese conseguirlo, asegurarse de comunicar que la participación de Taiwán en dichos foros internacionales es como representación de una provincia china.

En segundo lugar, China interpreta de manera favorable a sus intereses el Derecho Internacional, específicamente en su postura acerca del estatuto jurídico del Estrecho de

Taiwán. China defiende la tesis de que el Estrecho de Taiwán no debe ser considerado como aguas internacionales, generando interpretaciones diferentes del Derecho Internacional Marítimo y generando disputas territoriales marítimas (Chen, 2022).

Debido a que China no considera a Taiwán un Estado soberano, no tiene en consideración las 12 millas náuticas de aguas territoriales que concede la Convención de las Naciones Unidas sobre el Derecho del Mar a los Estados ribereños y califica estas aguas como aguas territoriales. A su vez, China va más allá e interpreta que también tiene soberanía sobre la zona contigua y la zona económica exclusiva de Taiwán e incluso ejerce control en aguas internacionales en el Estrecho de Taiwán exigiendo que cualquier país le pida permiso a China para poder hacer uso del Estrecho de Taiwán, limitando el derecho a paso inocente que permite la Convención.

En 1998 China extendió su Ley de aguas territoriales y zona contigua al Estrecho de Taiwán estipulando que el gobierno central chino tiene el Derecho de regular el tránsito de navegación por el estrecho de embarcaciones y aeronaves extranjeras. Estas estipulaciones de derecho interno son contrarias al artículo 36 de la Convención de las Naciones Unidas sobre el Derecho del Mar que garantiza la libertad de navegación por rutas de alta mar o rutas que atraviesen una zona económica exclusiva que pasen a través de un estrecho utilizado para la navegación internacional.

Finalmente, el último de los elementos en la implementación China de su concepto de *falu zhan* hacia Taiwán se manifiesta a través de los esfuerzos jurídicos para contener cualquier esfuerzo de poder ejercer el derecho de libre determinación del pueblo taiwanés. China instrumentaliza el derecho para coaccionar a Taiwán a mantenerse bajo el marco jurídico chino de la reunificación mediante la implementación de legislación interna, como sería la ley anti-secesionista del año 2005, para crear justificaciones para el uso de la fuerza contra Taiwán, allanando el camino para responder a una declaración de independencia con el uso de la fuerza.

El artículo 8 de dicha ley autoriza el uso de fuerza militar en eventos de secesión por parte de Taiwán o cuando no se consiguiese la reunificación por medios pacíficos, eliminando la posibilidad a Taiwán de maniobras políticas que no se encarrilen bajo la política china de reunificación sin generar un potencial conflicto armado.

A través de la instrumentalización del Derecho, China está ejerciendo un control cada vez más severo hacia Taiwán con el objetivo final de consolidar su posición de soberanía hegemónica hacia la isla sin necesariamente tener que hacer uso de la fuerza. Sin embargo, en paralelo, China está asentando las bases jurídicas necesarias para, en caso de conflicto armado contra Taiwán, ser capaz de tener una narrativa jurídica que se centre en intentar aislar a la Comunidad Internacional de proporcionar apoyo militar a Taiwán.

4.2. Operaciones legales en Hong Kong

Mediante la Declaración Conjunta Sino-Británica de 1984, China expresó su intención de ejercer su soberanía sobre Hong Kong a partir del 1997. China y el Reino Unido acordaron que durante los siguientes 50 años, desde el 1997, el sistema político de la China continental no se implementaría en Hong Kong, permitiendo a dicho territorio la continuación de un sistema capitalista. Con el cambio de paradigma, se constituye la Región Administrativa Especial de Hong Kong bajo la fórmula de *"un país, dos sistemas"* con una Ley Fundamental de la Región Administrativa Especial de Hong Kong de la República Popular China que, aun siendo una ley nacional China, sirve, de facto, como la Constitución del territorio de Hong Kong.

Históricamente hay que tener en consideración que el territorio de Hong Kong había sido arrendado por el Imperio chino al Imperio británico en 1898 por una duración de 99 años. La Declaración Conjunta Sino-Británica de 1984 señala el acto jurídico por el cuál China expresa su decisión de rescindir el arrendamiento del territorio y continuar ejerciendo su soberanía sobre el territorio una vez terminase la duración del contrato de arrendamiento en 1997. Si bien es cierto que la Ley Fundamental especifica que el territorio de la Región Administrativa Especial de Hong Kong pertenece a China, dicha ley también concede al territorio una independencia ejecutiva, legislativa y judicial cuasi completa, salvo en materia de defensa y relaciones internacionales. En términos de aplicación de leyes chinas, solo un número reducido de leyes son aplicables a Hong Kong y deben ser promulgadas o adoptadas dentro de la legislación interna de Hong Kong. En términos judiciales, Hong Kong disfruta de un sistema judicial pleno e interno llegando a resolverse cualquier causa judicial ante el Tribunal de Apelaciones. En contra parte, en el caso de China, las sentencias firmes de la Corte de Apelación pueden ser anuladas por autoridades competentes no judiciales.

Durante los años sucesivos a la promulgación de la Ley Fundamental, empezó a haber un debate respecto a la fuente de autoridad de donde deriva la Ley Fundamental. Mientras que China defiende la tesis de que la Ley Fundamental deriva de la Constitución china, puesto que fue aprobada por la Asamblea Popular Nacional de China y promulgada y firmada por el presidente chino, otras vertientes defienden la tesis de que la Ley Fundamental deriva su autoridad de la Declaración Conjunta Sino-Británica. Estas discrepancias jurídicas fundamentales han ido minando el imperio de la ley en Hong Kong desde su inicio, agravando problemas legales y sacudiendo los pilares fundamentales en los cuales se estableció la democracia en el territorio. A su vez, China aprovecha este vacío legal de interpretación para incrementar su interferencia en los asuntos locales de Hong Kong y asegurar el efectivo control jurídico y político del territorio.

Al igual que con Taiwán, China ha implementado su concepto de *falu zhan* mediante la realización de operaciones legales para asegurarse el control territorial efectivo de Hong Kong y contener cualquier noción que pudiese haber acerca de una desconexión hacia el poder hegemónico central chino.

En 2020, China hizo uso de una operación legal para conseguir la implementación de la Ley de la República Popular de China para salvaguardar la Seguridad Nacional en la Región Administrativa Especial de Hong Kong, centrada en intervenir en Hong Kong por temas de secesión, subversión y actividades terroristas. Dicha ley puede anular cualquier ley o sentencia judicial firme en Hong Kong alegando intereses de seguridad nacional·

Si bien se había comunicado desde China que se tenía intención de legislar sobre seguridad nacional para Hong Kong, el contenido de la Ley de Seguridad Nacional y sus tiempos de implementación no fueron comunicados hasta el 1 de Julio de 2020; fecha que marca el 23º aniversario del traspaso de soberanía de Hong Kong del Reino Unido a China.

A su vez, la ley anula, de facto, la independencia de Hong Kong acordada a través de su Ley Fundamental, habiendo allanado el camino para el control efectivo de China en Hong Kong y siendo capaz de controlar, y alterar, los principios de libertad y democráticos en los que se fundamenta el territorio de Hong Kong (Clift, 2020).

Si bien la nueva ley de Seguridad Nacional, bajo el prisma del Derecho interno chino, no es inconstitucional, va en contra del espíritu de la Ley Fundamental de Hong Kong y del acuerdo negociado bajo el amparo de la Declaración Conjunta Sino-Británica, puesto que la Ley Fundamental ya prevé, en su artículo 23, poder legislar, de manera independiente, para prohibir actos de secesión, sedición y subversión contra el gobierno central chino en el territorio de Hong Kong (Chan, 2020). A su vez, la Ley de Seguridad Nacional estipula en su artículo 62 que dicha ley prevalece sobre cualquier ley local de Hong Kong, quitándole peso jurídico a la Ley Fundamental.

En términos de la implementación de la Ley de Seguridad Nacional en Hong Kong, China hizo uso de su influencia política en la región y de un vacío jurídico para poder establecer control fáctico sobre Hong Kong a través de la ley.

La Ley Fundamental de Hong Kong especifica, en su artículo 18, que una vez el gobierno central chino adicione una ley nacional al anexo III de la Ley Fundamental, serán las autoridades de Hong Kong las que tienen la potestad de elegir si promulgar dicha ley nacional a través de su presidente o legislar su implementación a través del poder legislativo. Sin embargo, esta excepción solo se contempla en materia de defensa, asuntos exteriores o en materia fuera de los límites de la autonomía de la región pero contemplada en la Ley Fundamental. La Ley de Seguridad Nacional para Hong Kong no entra, a priori, en ninguna de esas categorías.

Hasta ese momento, Hong Kong siempre utilizó su potestad legislativa para decidir implementar leyes nacionales que no fuesen expresamente relacionadas con defensa o asuntos exteriores. Sin embargo, para la promulgación de la Ley Nacional de Seguridad, el presidente del ejecutivo de Hong Kong decidió, por primera vez en la historia, hacer uso de su potestad de promulgación de leyes nacionales en una materia no contemplada expresamente en la Ley Fundamental (Fu, 2020).

Desde la implementación de la Ley de Seguridad Nacional para Hong Kong, cualquier conducta que critique al gobierno central puede ser transferida a la China continental, se pueden abolir los derechos fundamentales de la Ley Fundamental por motivos de disidencia política y las autoridades de Hong Kong están obligadas a servir al aparato de seguridad chino. A su vez, el poder ejecutivo en Hong Kong está ahora obligado a ser supervisado por el territorio continental chino y el poder judicial de Hong Kong está obligado a transferir casos a la jurisdicción china. Este último punto ha obligado a varios países a tener que replantearse sus relaciones bilaterales con Hong Kong y, en varias instancias, a suspender acuerdos de extradición.

La implementación de la Ley de Seguridad Nacional para Hong Kong por parte del gobierno chino señala una nueva era de imposición y ejercicio de control del poder central para enterrar cualquier idea de potencial independencia que pudiese ocurrir en el territorio de Hong Kong. Mediante la implementación de la Ley de Seguridad Nacional en Hong Kong, haciendo uso de la instrumentalización del Derecho, China ha plasmado sus objetivos reales hacia Hong Kong. En primer lugar, China ha aclarado su posición acerca de la Ley Fundamental de Hong Kong, que está a todos los efectos subordinada al ordenamiento constitucional chino y al interés nacional del Partido Comunista Chino, habiendo enterrado cualquier previsión futura de autonomía que pudiese ser interpretado bajo el sistema actual que tiene Hong Kong.

Finalmente, China ha allanado el terreno legal para dejar claro que la Ley Fundamental de Hong Kong no tiene ninguna expresión de obligaciones internacionales que pudiese imponer limitaciones a la jurisdicción china y, mediante la implementación de la Ley de Seguridad Nacional en Hong Kong, China ha manifestado que la Ley Fundamental de Hong Kong es susceptible de ser modificada por otra ley nacional china.

4.3. Operaciones legales en el Mar de la China Meridional

China instrumentaliza el Derecho nacional e internacional para imponer el ejercicio de su soberanía en las islas del Mar de la China Meridional y así expandir el ejercicio de su control territorial hacia el sur y el este de su esfera de influencia. El objetivo chino es impedir o controlar el acceso a dichas aguas a sus competidores estratégicos cambiando la práctica legal del Derecho del Mar para implementar una estrategia de disuasión y de denegación de acceso haciendo uso simultáneo de argumentación jurídica falseada y disuasión coercitiva mediante el empleo de la guardia costera (Pedrozo, 2011).

Para ello, China lleva implementando el concepto de *falu zhan* desde el final de la Segunda Guerra Mundial, realizando reivindicaciones territoriales en el Mar de la China Meridional y proclamando el ejercicio de su soberanía hacia las Islas Spartly, las Islas Paracel y el Banco Macclesfield a través de la adaptación de legislación interna para reivindicar el mar territorial de las islas como aguas territoriales chinas.

Las Islas Spartly han sido históricamente objeto de disputa entre China y Vietnam. En 1988 China ocupó seis de los islotes que comprenden en archipiélago de Spartly, ejercitando su presencia militar y reclamando soberanía sobre las islas. A su vez, hay que tener en consideración que en 1974 China invadió y ocupó las Islas Paracel y expulsó a las fuerzas vietnamitas que estaban en la isla. Desde entonces China ha incrementado su presencia militar en las Islas y las utiliza como base de operaciones para la proyección de operaciones de combate en el Mar de la China Meridional.

En la década de los 90 del Siglo XX, China implementó la Ley sobre Aguas Territoriales y Zona Contigua, enfocada en reivindicar la jurisdicción de la zona contigua de las islas por temas de seguridad así como orientadas a que buques de guerra de terceros países tuviesen que notificar a China antes de transitar las aguas territoriales de las islas. Estas leyes internas violan el artículo 19 de la Convención de las Naciones Unidas sobre el Derecho del Mar que permite a buques de guerra el derecho de paso inocente en mar territorial sin previo consentimiento por el Estado ribereño.

A su vez, China aplica de manera ilegal su jurisdicción interna en materia de medio ambiente para sancionar a aquellos países limítrofes que hacen uso de las aguas territoriales de las Islas, donde China aplica su jurisdicción. Haciendo uso de la jurisdicción interna en materia de medio ambiente, en 2010 China impuso una veda de pesca unilateral en el Mar de la China Meridional e incautó, a través de su guardia costera, barcos pesqueros vietnamitas en las Islas Paracel.

Finalmente, China ha modificado sus leyes de recolección de datos hidrográficos para poder recabar información de carácter militar en cualquier agua bajo su jurisdicción, ejercitando medios ilegales de recopilación de inteligencia en aguas que, bajo el Derecho Internacional, no están bajo su jurisdicción. A través de la presencia militar y la instrumentalización del Derecho mediante la imposición de leyes nacionales chinas a sus competidores estratégicos en las Islas del Mar de la China Meridional, China es capaz de controlar y trastornar el tráfico marítimo comercial en Asia a través del control de una de las rutas comerciales más importantes de Asia.

5. CONCLUSIONES

Este estudio propone un marco de referencia para el entendimiento de cuándo un país está siendo objeto de Operaciones Legales por parte de China para intentar alterar el ordenamiento jurídico o para influenciar en las decisiones políticas internas y crear a largo plazo dependencias de China. China hace uso de su concepto de *falu zhan* para instrumentalizar el Derecho y diseña Operaciones Legales para reclamar soberanía en su vecindad territorial y ejercer control absoluto en la consecución de sus objetivos estratégicos.

Las Operaciones Legales chinas están diseñadas para ser implementadas en tiempo de paz, siendo capaces de alterar el ordenamiento jurídico de su adversario, o interpretando el Derecho Internacional a su favor, para asegurar a China ventaja estratégica frente a sus adversarios tanto en tiempo de paz como en tiempo de conflicto armado con el fin último de diseñar el tablero geoestratégico favorable a los principios de gobernanza chinos. En el caso de Taiwán, China implementa su concepto de *falu zhan* para encuadrar sus relaciones y conflictos con Taiwán como disputas internas entre un gobierno central y un gobierno local, elimina el reconocimiento internacional al gobierno taiwanés, lo excluye de participación en el ámbito internacional excepto como representante de una provincia china y contiene cualquier esfuerzo de poder ejercer el derecho de libre determinación de Taiwán. Si bien es cierto que China está intentando la consecución de la unificación de Taiwán sin provocar un conflicto armado, en paralelo está allanando el terreno para tener condiciones favorables en el ámbito jurídico en el caso de tener que hacer uso de la fuerza contra Taiwán.

En el caso de Hong Kong, China ha ejercitado el concepto de *falu zhan* mediante el desarrollo de una operación legal centrada en asegurar su hegemonía hacia el territorio, e instrumentalizando el Derecho de Hong Kong para, desde dentro, controlar su ordenamiento jurídico, socavar el principio del imperio de la ley arraigado en el sistema de Hong Kong y cambiar la práctica jurídica hasta el 2047, momento en el cual se terminará el plazo acordado en la Declaración Conjunta Sino-Británica y las libertades y valores democráticos que fueron acordados. A su vez, mediante el control de la Ley Fundamental de Hong Kong, China ejerce el control fáctico contra cualquier acto que esté encaminado a entorpecer el dominio del Partido Comunista Chino y fuerza a países que tiene acuerdos de cooperación con Hong Kong a revisitar sus relaciones bilaterales y, en muchas instancias, a rescindirlas.

En el caso del Mar de la China Meridional, la interpretación que hace China de la Convención de las Naciones Unidas sobre el Derecho del Mar o la adaptación de leyes internas enfocadas al control territorial, se pueden contemplar como el desarrollo del concepto de *falu zhan*. Mediante el uso simultáneo de la instrumentalización del Derecho del Mar y amenazas en hacer uso de la fuerza, China ha conseguido en los últimos años que países transitando por en el Mar de la China Meridional cambien la práctica jurídica acorde al Derecho Internacional cuando transitan dichas aguas. De esta forma China ha preparado el campo de batalla legal para la consecución de su objetivo estratégico en el Mar de la China Meridional que es implementar su estrategia de control efectivo del paso por dichas aguas a los navíos de sus adversarios.

Finalmente, se proponen dos recomendaciones que podrán ser implementadas por cualquier país para adaptarse a una potencial erosión de principios, instituciones y procesos democráticos por parte de China. En primer lugar, verificar en los acuerdos de cooperación o en los acuerdos bilaterales que se adoptan con China las consecuencias jurídicas que tendría un potencial vacío legal o las consecuencias de interdependencia hacia China que se podría tener bajo los auspicios de cooperación. En segundo lugar, hacer uso de los organismos internacionales para protestar y contrarrestar la instrumentalización del Derecho Internacional que hace China para interpretar tratados internacionales o principios de Derecho Internacional de una manera que favorece sus intereses geoestratégicos presentes o futuros y apelar, y recordar, sobre la correcta interpretación del Derecho Internacional.

6. REFERENCIAS

Brady, A.M.. (2017). How 'China' frames 'Taiwan'. In Tsang, Steve (ed.), *Taiwan's Impact on China: Why Soft Power Matters More than Economic and Political Inputs*. Electronic edition. Cham: Palgrave Macmillan, 38.

Chen, Y.J.. (2022). One China' contention in China–Taiwan relations: law, politics and identity." *China Quarterly*, 252, 35.

Chan, Johannes (2020) Maintaining Institutional Strength: The Court, the Act of State and the Rule of Law, in Cora Chan and Fiona de Londras (eds), *China's National Security: Endangering Hong Kong's Rule of Law?* Chicago: Hart Publishing, 56.

Clift, B. (2020). Hong Kong's Made-in-China National Security Law: Upending the Legal Order for the Sake of Law and Order, *Australian Journal of Asian Law*, 2020, Vol 21 No 1, Article 01: 1-23 https://papers.ssrn.com/sol3/papers.cfm?abstract_id=3749674

Fonseca, I. (2019). *Guerra híbrida y operaciones legales. Catálogo de Publicaciones de Defensa*, 119.

Fonseca, I. y Miró, P.J. (2022). La instrumentalización del derecho mediante el uso del ámbito legal: una aproximación teórica. *International Visual Culture Review, 5*. https://doi.org/10.37467/revvisual.v9.3757

Raul (Pete) Pedrozo (2011)., *The Building Of China's Great Wall At Sea*, 17 Ocean & Coastal L.J: http://digitalcommons.mainelaw.maine.edu/oclj/vol17/iss2/5

Fu, HL (2020) *China's Imperatives for National Security Legislation', in Cora Chan and Fiona De Londras* (eds), China's National Security: Endangering Hong Kong's Rule of Law? Hart Publishing, 145.

Junshi S. (2006). *Zhonggong dui Tai falü zhan* (The Chinese Communists' Legal Warfare against Taiwan).: Zhengzhi zuozhan xuexiao junshi shehui kexue yanjiu zhongxin.

Liang, Q., & Xiangsui, W. (1999). *Unrestricted warfare*. PLA Literature and Arts Publishing House Arts.

Wenshen, Z. (2004). *Legal Warfare: Discussion of 100 Examples and Solutions*. Publishing House.

Yunxia, S. (2007). *Under Informatized Conditions: Legal Warfare*. PLA Published House.

The Law of the People's Republic of China on Safeguarding National Security in the Hong Kong Special Administrative Region. LN 136 de 2020. https://www.gld.gov.hk/egazette/pdf/20202444e/es220202444136.pdf

Resolution of the Approval of the Declaration of the Government on China's Territorial Sea (1958) (promulgated by the Standing Comm. Nat'l People's Cong., Sept. 4, 1958) (China), http://www.asianlii.org/cn/legis/cen/laws/rotscotnpcotaotdotgocts1338/

Law on the Territorial Sea and the Contiguous Zone (promulgated by the Standing Comm. Nat'l People's Cong., Feb. 25, 1992), art. 2 (1992) (China), http://www.asianlii.org/cn/legis/cen/laws/tsatcz392/

U.N. Office of Legal Affairs Div. for Ocean Affairs & the Law of the Sea, *Declarations and Statements,* http://www.un.org/Depts/los/convention_agreements/convention_declarations.htm (last visited Mar. 4, 2012); *see also* Statement of theChinese Government on the Baseline of the Territorial Sea (promulgated by the State Council, May 15, 1996, effective date May 15, 1996), art. 2 (China), http://www.asianlii.org/cn/legis/cen/laws/sotcgotbotts659/

Law of the People's Republic of China on Island Protection (decree of the President of the People's Republic of China, Dec. 26, 2009), http://www.procedurallaw.cn/english/law/201001/t20100110_300174.html

Law of the People's Republic of China on Safeguarding National Security in the Hong Kong Special Administrative Region http://www.xinhuanet.com/english/2020-07/01/c_139178753.htm

VISIONES DEL FUTURO DEL DERECHO EN LA ERA DIGITAL

Teresa Maria Geraldes Da Cunha Lopes[1], *Lucia Villalón Alejo*[1]

1. INTRODUCCIÓN

El futuro del derecho en la era digital está en constante evolución y es probable que se desarrollen nuevas soluciones y marcos legales para abordar los desafíos que surgen en este entorno tecnológico en constante cambio. En este trabajo intentaremos analizar las visiones del futuro del derecho en la era digital a partir de los diversos diálogos e interacciones entre los formantes dinámicos legislación, jurisprudencia y doctrina.

Nos enfocaremos a algunas de las posibles perspectivas sobre el futuro del derecho en la era digital, con especial énfasis:

a) En los retos de la protección de datos personales en la era digital;
b) En la automatización de procesos legales y,
c) En los desafíos éticos-jurídicos de producción de una arquitectura jurídica para la robótica y la inteligencia artificial.

Colocaremos como hilo transversal de tratamiento del tema, el énfasis en la necesidad de una mayor colaboración internacional en la regulación de la tecnología y de la necesidad de partir del formante dinámico doctrinal para la producción de la interpretación jurisprudencial y la jurisdificacion de principios y conceptos. : La tecnología y el entorno digital son globales, lo que ha llevado a un creciente interés en la cooperación internacional en la regulación de la tecnología y, en la solución de casos concretos. Es probable que en el futuro se sigan buscando soluciones colaborativas para abordar los desafíos transnacionales relacionados con la tecnología.

2. ARQUITECTURAS JURÍDICAS COMPLEJAS

La producción de una arquitectura jurídica para los robots y la inteligencia artificial es un tema complejo que cubre una amplia gama de áreas, incluidas la seguridad, la privacidad, la responsabilidad y la ética. Pero es un tema inescapable ya que es el eje central del futuro del derecho en la Era digital.

Tema transversal y que no puede ser tratado a nivel local, sino a través de amplias convergencias de producción de corporii iura globales y regionales. En la Unión Europea, por ejemplo, el "*Marco jurídico para la robótica*" establece un marco integral para

1. Universidad Michoacana de San Nicolás de Hidalgo (México)

regular los robots, que cubre una variedad de cuestiones, incluidas directrices éticas, responsabilidad y protección de datos personales. De manera similar, en Estados Unidos no existe una regulación federal integral para los robots, pero varias leyes existentes, como las que rigen los productos de consumo, la seguridad en el lugar de trabajo y la privacidad, se aplican a los robots.

Las regulaciones para robots y la Inteligencia artificial deben, entonces, desarrollarse de manera coordinada, considerando la naturaleza interrelacionada de estas cuestiones, para garantizar que los robots se utilicen de manera segura, ética y responsable. Esto requiere debates continuos y colaboración entre expertos en derecho, ética e ingeniería para desarrollar regulaciones integrales y efectivas para un derecho de las nuevas tecnologías, en particular para los robots y la Inteligencia artificial.

Debates que producen principios, campos autónomos, vocabularios que enmarcan los nuevos modelos jurídicos, revisiones, ampliaciones y transformaciones de instituciones preexistentes. Debates que no están exentos de la confusión doctrinal propia a los períodos de "revolución científica "y de introducción del "nuevo paradigma", que en sí es al mismo tiempo enriquecedora, productiva y embriagante Algunos autores hablan de la emergencia de un "Derecho de la Robótica", otros de "Derechos Digitales", otros aún de "Derecho de los Robots y de la Inteligencia Artificial". Sin embargo, lo importante no es tanto la denominación de un campo emergente de las Ciencias Jurídicas, sino la delimitación de las cuestiones centrales del mismo. Cuestiones que se pueden clasificar en términos generales en tres áreas principales

1. **Responsabilidad:** Determinar quién es responsable de las acciones de los robots autónomos y los daños que puedan causar.
2. **Ética:** Los robots y la inteligencia artificial pueden potencialmente causar daño a los humanos, los animales y el medio ambiente, por lo que es necesario directrices éticas para garantizar su uso responsable.
3. **Regulación:** Es necesario contar con regulaciones nacionales e internacionales que regulen el uso y desarrollo de robots, incluido su diseño, implementación y eliminación. Esto también incluye la regulación de las tecnologías basadas en IA.

Estos desafíos han llevado a pedidos de regulaciones claras y completas para regir el uso y despliegue de robots y para garantizar que los responsables de sus acciones rindan cuentas. El desarrollo de tales regulaciones requiere la colaboración entre expertos en los campos del derecho, la ética y la ingeniería.

3. DIFERENTES REGIONES; DIFERENTES ETAPAS DE REGULACIÓN

La regulación se refiere a las leyes y políticas que rigen el diseño, la implementación y el uso de robots y de la inteligencia artificial. La regulación de los robots es fundamental para garantizar que se utilicen de manera segura, ética y responsable y que no causen daño a los humanos, los animales o el medio ambiente. Algunos de los desafíos en la regulación de robots incluyen:

1. Cambio tecnológico rápido: El ritmo del cambio tecnológico en robótica es rápido, lo que dificulta que las regulaciones se mantengan al día y garanticen que los robots se utilicen de manera segura y responsable.
2. Naturaleza internacional de la robótica: Los robots se desarrollan y utilizan a nivel mundial, lo que dificulta el establecimiento de regulaciones internacionales consistentes.

3. Complejidad: Los robots son sistemas complejos y puede resultar difícil determinar cómo regular sus diversos componentes e interacciones.
4. Equilibrar la innovación y la regulación: Es fundamental garantizar que las regulaciones no sofoquen el progreso de la innovación en el campo de la robótica y, al mismo tiempo, garantizar que los robots se utilicen de manera segura y responsable.

A pesar de estos desafíos, se necesitan regulaciones integrales y efectivas que regulen el uso y desarrollo de robots. Esto incluye regulaciones a nivel internacional, nacional y local y requerirá la colaboración entre expertos en los campos del derecho, la ética y la ingeniería. El objetivo de dichas regulaciones debería ser promover la innovación y el progreso en el campo de la robótica y al mismo tiempo garantizar que los robots se utilicen de manera segura, ética y responsable.

3.1. Unión Europea

La Unión Europea (UE) ha adoptado un enfoque proactivo para regular los robots, reconociendo la necesidad de marcos éticos y legales para garantizar un despliegue seguro y responsable. Algunos de los elementos críticos del marco regulatorio de la UE para la robótica y la IA, insctritas en la Visión "Década Digital de europa", en la Declaración Interinstitucional sobre Derechos Digitaless" y, en la "Agenda Digital", incluyen:

1. La creación de una Agencia Europea de Robótica e Inteligencia Artificial (ERA) se encargará de apoyar el desarrollo y despliegue de la robótica en la UE.
2. El establecimiento de directrices éticas y de normatividad para la robótica y la inteligencia artificial, incluidas reglamentos, directivas y resoluciones sobre protección de datos personales, transparencia, mercados digitales, resiliencia cibernética, inteligencia artificial y dignidad humana.[2]
3. El desarrollo de un marco legal para el uso de la robótica en el lugar de trabajo, incluida la responsabilidad por los robots y los derechos de los trabajadores.
4. La promoción de la investigación y la innovación en robótica e inteligencia artificial, centrándose en garantizar que los beneficios de la robótica se compartan equitativamente en toda la sociedad.

El marco regulatorio de la UE para la robótica y la para la inteligencia artificial representa un importante paso adelante para garantizar el despliegue seguro y responsable de robots y de la inteligencia digital en la UE, bajo un enfoque garantista de los derechos fundamentales, pero también con la preocupación de la construcción de una "soberania

2. a) Normas de Derecho civil sobre Robótica (2015/2103(INL)), https://www.europarl.europa.eu/doceo/document/TA-8-2017-0051_ES.html

b)Libro Blanco sobre Inteligencia Artificial (2020) https://eur-lex.europa.eu/legal-content/ES/TXT/PDF/?uri=CELEX:52020DC0065

c) reglamento General de Protección de Datos (2028), https://europa.eu/youreurope/business/dealing-with-customers/data-protection/data-protection-gdpr/index_es.htm

d) Paquete de la Ley (Reglamento) de Mercados Digitales y Ley de Servicios Digitales , a consultar en https://www.europarl.europa.eu/news/es/headlines/society/20211209STO19124/la-ley-de-mercados-digitales-y-la-ley-de-servicios-digitales-explicadas

e) Ley de Inteligencia artificial (propuesta en 2021) , ver en https://eur-lex.europa.eu/legal-content/EN/TXT/?uri=CELEX:52021PC0206

f)Ley de Ciberresiliencia (2023) , https://digital-strategy.ec.europa.eu/es/policies/cyber-resilience-act

digital". Sin embargo, todavía es necesario mantener debates y colaborar entre expertos en los campos del derecho, la ética y la ingeniería para seguir desarrollando e implementando estas regulaciones. El uso cada vez mayor de robots en diversos campos pone de relieve la importancia de continuar los esfuerzos para regular la robótica en la UE.

3.2. Estados Unidos

Es necesario promulgar una regulación federal integral para los robots en los Estados Unidos. En cambio, las regulaciones y leyes existentes, como las que rigen los productos de consumo, la seguridad en el lugar de trabajo y la privacidad, se aplican a los robots según sea necesario.

Algunas regulaciones e iniciativas específicas relacionadas con los robots en los EE. UU. incluyen:

1. Comisión de Seguridad de Productos de Consumo (CPSC): La CPSC es responsable de garantizar la seguridad de los productos de consumo, incluidos los robots, y ha emitido directrices para el uso seguro de los robots en el hogar.
2. Administración de Salud y Seguridad Ocupacional (OSHA): OSHA es responsable de garantizar la seguridad de los trabajadores en los EE. UU., incluidos aquellos que trabajan con robots.
3. Comisión Federal de Comercio (FTC): La FTC protege la privacidad del consumidor y ha emitido pautas para la recopilación y el uso de datos personales por parte de robots.
4. Instituto Nacional de Estándares y Tecnología (NIST): NIST ha desarrollado pautas para el despliegue seguro de robots, incluidas pautas para la ciberseguridad.
5. Iniciativa Nacional de Robótica: Esta es una iniciativa de investigación federal destinada a promover el desarrollo y uso de robots en los EE. UU.

Estas regulaciones e iniciativas son esenciales para garantizar el despliegue seguro y responsable de robots en los EE. UU. Sin embargo, todavía es necesario seguir desarrollando e implementando regulaciones integrales específicas para los robots. El uso cada vez mayor de robots en diversos campos resalta la importancia de las discusiones y la colaboración continuas entre expertos en derecho, ética e ingeniería para desarrollar regulaciones efectivas para los robots en los EE. UU.

3.3. En México

Las lagunas son todavía grandes. A pesar del encuadramiento de los mercados digitales y de la propiedad intelectual en los capítulos 19 y 20 del T-MEC, es necesario construir una regulación federal integral específica para robots y para la inteligencia artificia. Sin embargo, las leyes y regulaciones existentes, como las que rigen los productos de consumo, la seguridad en el lugar de trabajo y la privacidad, también se aplican a los robots. Ha habido algunas iniciativas y esfuerzos en México para promover el desarrollo y uso de la robótica, como el Programa Nacional de Robótica, que promueve el desarrollo e implementación de la robótica en diversos campos, incluyendo la industria, la educación y la investigación. También de resaltar el trabajo del Consejo Mexicano de Ética para la Inteligencia Artificial y la Robótica,

Por otro lado, hay que resaltar que México también es miembro del Banco Interamericano de Desarrollo (BID), que ha establecido el Programa de Robótica e Inteligencia Artificial para promover el desarrollo y despliegue de la robótica en América Latina y el Caribe.

A pesar de estos esfuerzos, todavía existe la necesidad de un mayor desarrollo e implementación de regulaciones integrales específicas para robots y para la inteligencia artificial en México. El creciente uso de robots en diversos campos resalta la importancia de las discusiones continuas y la colaboración entre expertos en derecho, ética e ingeniería para desarrollar regulaciones efectivas para los robots en México.

4. CUESTIONES ESPECIALES

4.1. Privacidad

La regulación de las cuestiones de privacidad de los robots es un aspecto crítico de la regulación de los robots, ya que los robots pueden recopilar, almacenar y procesar grandes cantidades de datos personales. La protección de datos personales es un derecho fundamental en muchos sistemas legales, y se deben implementar regulaciones para garantizar que se respeten los derechos de privacidad de las personas en el contexto de los robots. El Reglamento General de Protección de Datos (RGPD) proporciona un marco integral para proteger los datos personales en la Unión Europea. El RGPD se aplica a los robots que procesan datos personales y exige que las organizaciones implementen medidas técnicas y organizativas adecuadas para garantizar la seguridad de los datos personales. Además del GDPR, otras leyes y regulaciones internacionales de privacidad pueden aplicarse a los robots, incluida la Ley de Privacidad del Consumidor de California en los Estados Unidos, la Ley de Protección de Información Personal y Documentos Electrónicos (PIPEDA) en Canadá y la Ley de Privacidad en Australia. Para garantizar la protección de los datos personales en el contexto de los robots, se deben implementar regulaciones claras, consistentes y aplicables. Esto requerirá debates continuos y colaboración entre expertos en derecho, ética e ingeniería para desarrollar regulaciones efectivas para robots que equilibren los beneficios de la robótica con la necesidad de proteger los derechos de privacidad.

4.2. Impuestos

La tributación de los robots es un tema complejo y en evolución que los formuladores de políticas y expertos de todo el mundo están discutiendo. Gravar a los robots plantea muchas preguntas vitales, incluyendo quién debería ser responsable de pagar los impuestos sobre los robots, para qué debería usarse el impuesto y cómo debería usarse el impuesto además de cómo ser calculado.

Algunos de los factores críticos que darán forma al futuro de los impuestos a los robots incluyen:

a) El impacto de los robots en el empleo y el mercado laboral: Los robots tienen el potencial de desplazar a los trabajadores humanos y perturbar las industrias, y los impuestos a los robots pueden utilizarse para abordar el impacto social y económico de estas perturbaciones.
b) El impacto fiscal de los robots: a medida que los robots se generalicen y se integren en diversos aspectos de la sociedad, será necesario considerar el impacto fiscal de los robots al desarrollar políticas fiscales.
c) El diseño del impuesto: existen varios enfoques diferentes para gravar los robots, incluidos impuestos sobre su venta, uso o implementación, y el diseño del impuesto desempeñará un papel fundamental a la hora de determinar su impacto.

Es obvio que la tributación de los robots es un tema complejo y en evolución que requerirá debates continuos y colaboración entre formuladores de políticas, expertos y partes interesadas para garantizar que los robots paguen impuestos de manera justa, efectiva y equitativa.

4.3. Propiedad intelectual

La arquitectura jurídica de la de propiedad intelectual, que incluye patentes, marcas registradas y derechos de autor, afecta al derecho de la Robótica y de la Inteligencia artificial de varias maneras. En cuanto a las patentes, las invenciones relacionadas con robots y sus componentes, como sensores y sistemas de control, pueden ser susceptibles de protección. Las marcas comerciales pueden usarse para proteger marcas y logotipos asociados con robots y sus fabricantes. Es posible que se apliquen derechos de autor al software y la programación que controlan los robots. Además, la ley de secretos comerciales puede utilizarse para proteger información confidencial relacionada con el diseño y operación de robots. La protección legal de estas formas de propiedad intelectual puede otorgar a las empresas derechos exclusivos sobre sus creaciones y ayudar a promover la innovación en robótica.

Sin embargo, también es esencial considerar los posibles desafíos y limitaciones al aplicar la ley de propiedad intelectual a los robots. Por ejemplo, puede surgir la cuestión de quién posee los derechos de propiedad intelectual de un robot que ha sido programado o diseñado por varias personas o entidades.

Por otro lado, hay que considerar la cuestión de la propiedad intelectual en la era de la inteligencia artificial (IA) "generativa" (creativa), tema que ha suscitado mucho debate en los últimos años. A medida que las máquinas comienzan a producir obras que tradicionalmente habrían sido creadas por humanos, surgen muchas preguntas sobre quién (o qué) tiene los derechos sobre esas creaciones. En resumen, la cuestión de la propiedad intelectual en la era de la IA "creativa" es compleja y multifacética. A medida que la tecnología avanza, la sociedad y las leyes tendrán que adaptarse y evolucionar para abordar estos nuevos desafíos. Es probable que este sea un área de intenso debate y evolución en los próximos años.

Esta dinámica evolutiva tiene que responder a cuestiones esenciales: ¿Puede una IA ser considerada "creativa"? Aunque las IAs pueden generar música, arte, literatura y otros tipos de contenidos, hay un debate sobre si estas creaciones son verdaderamente "creativas". La creatividad a menudo implica innovación, originalidad e intencionalidad. Las máquinas, por el momento, no tienen intenciones o emociones; simplemente siguen algoritmos. ¿Quién es el dueño de las creaciones de la IA? Si una IA genera una obra, ¿es el propietario de esa IA quien tiene los derechos sobre la obra, o es el programador que diseñó el algoritmo? ¿O podría ser que la IA, como "entidad" creadora, tenga algún tipo de derecho? Las leyes actuales de propiedad intelectual no están diseñadas para abordar estas preguntas. El dinamismo del formante legislativo deberá responder al potencial de las nuevas posibilidades de la Inteligencia artificial, en particular su capacidad de producción de una flexible (continua) abundancia de contenido. Si una IA puede generar rápidamente grandes cantidades de contenido, esto podría llevar a un diluvio de creaciones. Tal podría tener implicaciones en términos de valor percibido, saturación del mercado y dificultades para destacar en un campo abarrotado. Para ya no hablar de inúmeros problemas éticos y de autenticidad. Con la IA creando contenido, surge la cuestión de la autenticidad y, por ende, del valor y de la atribución de la obra. ¿Es "menos valioso" un cuadro pintado por una IA que uno pintado por un humano? ¿Y cómo se siente el público al consumir arte generado por máquinas?

En consecuencia es necesario colocar en el centro del debate la innovación y evolución del arte. Aunque hay preocupaciones sobre la IA y la creatividad, también hay oportunidades. Las IAs pueden ser herramientas valiosas para los artistas, permitiéndoles explorar nuevos medios y técnicas. Además, las IAs pueden ayudar a democratizar el proceso creativo, permitiendo a más personas producir y compartir su arte.

4.4. Robots en la salud

La regulación de los robots sanitarios implica establecer normas y directrices para su diseño, fabricación, uso y mantenimiento en la asistencia sanitaria. El objetivo de la regulación es garantizar la seguridad y eficacia de los robots sanitarios, proteger la privacidad de los pacientes y promover el uso ético de estas tecnologías. Las agencias gubernamentales y las organizaciones internacionales pueden establecer regulaciones y pueden incluir leyes y pautas sobre seguridad, privacidad y uso ético. Los organismos certificadores también podrán establecer normas para el aseguramiento de la calidad y la evaluación del desempeño de los robots sanitarios. Los robots sanitarios están en constante evolución y las regulaciones deben seguir el ritmo de los avances tecnológicos para garantizar que estos dispositivos sigan utilizándose de forma eficaz y segura en la atención sanitaria. 15Esto puede implicar actualizar las regulaciones existentes, desarrollar nuevas directrices y promover la colaboración entre las partes interesadas en el campo.

4.5. Los robots legales

Éstos pueden ayudar con la revisión de documentos, la investigación legal y el análisis de contratos. La justicia electrónica se refiere al uso de medios electrónicos para facilitar la administración de justicia, como la resolución de disputas en línea y los procedimientos judiciales virtuales. El uso de robots legales y la justicia electrónica tiene el potencial de mejorar la eficiencia y la accesibilidad del sistema legal.

Por ejemplo, los robots legales pueden automatizar tareas repetitivas, liberando tiempo para que los abogados humanos se concentren en cuestiones más complejas. La justicia electrónica puede hacer que el proceso legal sea más accesible para personas que de otro modo podrían enfrentar barreras para buscar justicia, como problemas de distancia o movilidad.

Sin embargo, el uso de robots legales y justicia electrónica plantea algunas consideraciones legales y éticas importantes, como el potencial de sesgo en la toma de decisiones y la necesidad de proteger los datos sensibles y la privacidad. En términos de regulación, puede ser necesario establecer pautas para el uso de robots legales y justicia electrónica en el sistema legal, incluidas cuestiones relacionadas con la privacidad y seguridad de los datos, la rendición de cuentas y la transparencia. El objetivo de la regulación sería garantizar que el uso de estas tecnologías conduzca a resultados justos y eficaces en la administración de justicia.

4.6. Equidad, Género y Robots

La equidad y el género en relación con los robots se refieren al impacto de estas tecnologías en diferentes grupos de personas en términos de acceso y oportunidades. En cuanto a la equidad, existe la preocupación de que los robots y la automatización puedan contribuir a mayores disparidades y desigualdades en la sociedad, particularmente para las comunidades marginadas con acceso limitado a la educación y la capacitación en nuevas tecnologías.

Por otro lado, los robots también pueden utilizarse como herramientas para promover la equidad al reducir la carga del trabajo repetitivo o peligroso y brindar nuevas oportunidades de avance económico y social. En cuanto al género, existe la preocupación de que los prejuicios de género puedan incorporarse a los robots y los sistemas de automatización, lo que generaría un trato y oportunidades desiguales para las mujeres y otros grupos marginados.

Por ejemplo, hay escasez de mujeres y grupos subrepresentados en el campo tecnológico, lo que puede provocar una falta de diversidad en el desarrollo y despliegue de robots. Es esencial considerar estas cuestiones de equidad y género en el desarrollo y despliegue de robots y garantizar que estas tecnologías promuevan la justicia y la igualdad para todas las personas. Esto puede implicar establecer estándares y directrices para evitar sesgos en el diseño y desarrollo de robots, así como promover la diversidad y la inclusión en la tecnología y la robótica.

5. EL ESCENARIO DEL GRAN HERMANO

El concepto de control político y el escenario del "gran hermano" relacionado con los robots se refiere al potencial de los gobiernos y otras entidades de utilizar robots y tecnología para monitorear y controlar la vida de las personas. En este escenario, los gobiernos y otras organizaciones podrían utilizar robots equipados con sensores avanzados y capacidades de recopilación de datos para recopilar y analizar grandes cantidades de información sobre individuos. Información que podría usarse para monitorear los movimientos de las personas, rastrear sus actividades en línea e incluso predecir su comportamiento. Esto genera preocupaciones sobre la privacidad y la libertad, ya que la vida personal de las personas podría estar sujeta a una vigilancia constante y sus acciones podrían ser monitoreadas y controladas. También plantea interrogantes sobre la rendición de cuentas y el potencial de abuso de poder. Para evitar que el escenario del "gran hermano" se convierta en realidad, es vital establecer directrices y regulaciones claras para el uso de robots y tecnología en la sociedad, particularmente en lo que respecta a la privacidad y la protección de datos. Esto puede implicar la implementación de leyes de privacidad estrictas, el establecimiento de mecanismos de supervisión independientes y la promoción de la transparencia y la responsabilidad en el uso de estas tecnologías

6. CONCLUSIONES

La regulación de los robots es un área que evoluciona rápidamente, y el futuro de la regulación de los robots dependerá de muchos factores, incluidos los avances tecnológicos, las tendencias sociales y económicas y los resultados de los debates y la colaboración en curso entre expertos en derecho, ética e ingeniería.

Algunos de los factores críticos que probablemente darán forma al futuro de la regulación de los robots incluyen:

a) Avances tecnológicos: a medida que los robots se vuelvan más avanzados y se integren en diversos aspectos de la sociedad, seguirá creciendo la necesidad de una regulación que garantice su implementación segura y responsable.

b) Consideraciones sociales y éticas: El despliegue de robots plantea muchas preocupaciones sociales y éticas, incluidas la privacidad, la protección de datos y los derechos de los trabajadores, y éstas seguirán dando forma al futuro de la regulación de los robots.
c) Tendencias económicas: el despliegue de robots tiene el potencial de alterar diversas industrias y el mercado laboral, y el futuro de la regulación de los robots dependerá en parte de cómo se desarrollen estas perturbaciones y de las medidas adoptadas por los gobiernos y otras partes interesadas.
d) Cooperación internacional: el uso de robots es un fenómeno global y el futuro de la regulación de los robots dependerá del grado en que se pueda lograr la cooperación internacional para desarrollar regulaciones consistentes a través de las fronteras.

Es probable que el futuro de la regulación de los robots esté determinado por una compleja interacción de factores tecnológicos, sociales, económicos y políticos y debe responder a las siguientes preguntas:

1. ¿Qué leyes y regulaciones rigen el diseño, la fabricación y el uso de los robots sanitarios?
2. ¿Cómo se garantiza la calidad de los robots?
3. ¿Cuál es el papel de los organismos certificadores en la regulación de los robots?
4. ¿Cómo se monitorea y evalúa la efectividad de los robots?
5. ¿Qué medidas existen para garantizar que los robots se utilicen de manera adecuada y de acuerdo con las mejores prácticas?
6. ¿Cómo se mantiene el marco legal para los robots a la par de los avances tecnológicos?
7. ¿Cuáles son los estándares de seguridad para los diferentes tipos de robots según su función?
8. ¿Cómo se protege la privacidad en el uso de robots?
9. ¿Qué consideraciones éticas se tienen en cuenta para la producción y uso de robots?

Se necesitarán debates continuos y colaboración entre expertos en derecho, ética e ingeniería para garantizar que los robots se utilicen de manera segura, ética y responsable.

7. REFERENCIAS

Andrea, B. (2013). Robots as Products: The Case for a Realistic Analysis of Robotic Applications and Liability Rules. *Law, Innovation and Technology*, *5*(2), 214-247.

Andrade, F., Neves J., Novais, P. y Machado, J. (2004). Software agents as legal persons, *IFIP Advances in Informationand Communication Technology*, 149.

Barfield, W. y Pagallo, U. (2018). *Research Handbook on the Law of Artificial Intelligence.* Edward ElgarPublishing.

Bertolini, A., Salvini, P., Pagliai, T., Morachioli, A., Acerbi, G., Trieste, L., Cavallo, F., Turchetti, G. y Dario, P. (2016). On Robots and Insurance. *International Journal of Social Robotics*, 8, 381-391.

Bringsjord, S., Bello, P. y Ferrucci, D. (2001). Creativity, the Turing Test, and the (Better) Lovelace Test. *Minds andMachines*, 11, 3–27.

Burri, T. (31 de mayo de 2018,). *The EU is right to refuse legal personality for Artificial Intelligence*. https://acortar.link/wxbUFr
Calo, R. (2017). *Artificial intelligence policy: A primer and roadmap*. https://acortar.link/fePA7k
Citron, D. K. (2007). Technological due process. *Washington University Law*. 2, 1249–1313.
Comisión Europea (2018). *High-level Expert Group on Artificial Intelligence: Ethics Guidelines for Trustworthy AI*. (Working Document for Stakeholders' Consultation). https://acortar.link/LTFh1I
Comisión Europea (2018). *Comunicación de la comisión al parlamento europeo, al consejo europeo, al consejo, al comité económico y social europeo y al comité de las regiones*. ("EUR-Lex - 52021DC0323 - EN - EUR-Lex") *Inteligencia artificial para Europa*. SWD 137 final. https://acortar.link/EXy8h8
Delcker, J. (4 de noviembre de 2018). *Europe divided over robobot personhood*. https://acortar.link/z5FDmb
Díaz Alabart, S. (2018). *Robots y Responsabilidad Civil*, (1ºª ed.). Reus.
Di Viggiano, P. L. (2018). Robotics, Rights and Liabilities Juridical Prospects of Intelligent Machines. *Curentul Juridic, The Juridical Current, Le Courant Juridique*, 72, 88- 103.
Dyrkolbotn, S. (2015). A Typology of Liability Rules for Robot Harms. En M. I. Aldinhas Ferreira, J. Silva Sequeira, M. Osman Tokhi, E. E. Kadar, S. Virk y A. Gurvinder, *A World with Robots – International Conference on Robo Ethics: ICRE, Intelligent Systems, control and Automation: Science and Engineering*. Springer, pp. 119-133.
García-Prieto Cuesta, J. (2018). ¿Qué es un robot?. En M. Barrio Andrés (Ed.) *Derecho de los Robots*. (pp. 25-60).
Gómez-Riesco Tabernero De Paz, J. (2018). Los robots y la responsabilidad civil extracontractual. En M. Barrio Andrés (Ed.) *Derecho de los Robots*. (pp. 109- 130). Wolters Kluwer.
Gómez Salado, M. A. (2018). Robótica, empleo y seguridad social. La cotización de los robots para salvar el actual estado de bienestar. *Revista internacional y comparada de relaciones laborales y derecho del empleo*, 6, 139-170.
Günsberg, P. (2019). Some thoughts on artificial intelligence (AI) systems and responsibility. *SSRR Electronic Journal*, 1–9. https://ssrn.com/abstract=3329176
Javier Galán, C. (15 de abril 2019). ¿Deben cotizar los robots a la seguridad social? https://acortar.link/AJjhlu
Curtis E. A. (1996). Liability for Distributed Artificial Intelligences. *Berkeley Technology Law Journal*, 11, 147-183.
Katyal, S. K. (2019). Private accountability in the age of artificial intelligence, *UCLA Law Review*, 56–141.
Levendowski, A. (2017). How copyright law can fix artificial intelligence's implicit bias problem. *Washington Law Review*, 579, 579–630.
Legarre, S. y Rivera, J. C. (2006). Naturaleza y dimensiones del stare decisis. *Revista chilena de derecho, 33*(1), 109-124.
Nevejans, N. (2016). *European Civil Law rules in Robotics*. https://acortar.link/3KdGJh
Nieva Fenoll, J. (2018). *Inteligencia artificial y proceso judicial* (1ª edición). Marcial Pons.
Nilsson, N. J. (2009). *The Quest for Artificial Intelligence: A History of Ideas and Achievements*, Cambridge University Press.
Nissan, E. (2010). *Computer Applications for Handling Legal Evidence, Police Investigation and Case Argumentation*. Springer.
Palmerini, E. (2017). Robótica y Derecho: sugerencias, confluencias, evoluciones en el marco de una investigación europea. *Revista de Derecho Privado*, 32, 53-97.

Parlamento Europeo (2017). *Normas de Derecho civil sobre robótica. Resolución del Parlamento Europeo, de 16 de febrero de 2017, con recomendaciones destinadas a la Comisión sobre normas de Derecho civil sobre robótica (2015/2103(INL))*. https://acortar.link/kePvzJ

Pfeifer, R. y Scheier, C. (1999). *Understanding Intelligence*. MIT Press Cambridge.

SCJN (2009). Criterio y Conducta. *Revista semestral del Instituto de Investigaciones Jurisprudenciales y de Promocióny Difusión de la Ética Judicial, 5*(enero-junio).

Solum, L. B. (1992). Legal Personhood for Artificial Intelligences. *North Carolina Law Review, 70*(4), 1231-1288.

Surden, H. y Williams, M. A. (2016). Technological Opacity, Predictability, and Self-Driving Cars. *Cardozo Law Review*, 38. 121-181.

Turner, J. (2019). Robot Rules (1ª ed.), Palgrave Macmillan.

Wurah, A. (s/f). *We Hold These Truths.*

VV. AA. (2018). *Open letter to the European Commission. Artificial intelligence and Robotics.* https://acortar.link/jfk0yP

MOVIMIENTOS SOCIALES Y MECANISMOS PARA EL CONTROL E INTERPRETACIÓN DEL DERECHO CONSTITUCIONAL

Ivon Dayann Gil Pedreros[1]

El presente texto nace en el marco del Proyecto de investigación "PARTICIPACIÓN DEL PUEBLO EN LA INTERPRETACIÓN Y DEFENSA DE LA CONSTITUCIÓN"

1. INTRODUCCIÓN

Los sistemas normativos han establecido mecanismos para garantizar la intervención de la ciudadanía en el debate constitucional, tales como: las audiencias públicas, la posibilidad de demandar una ley por inconstitucional o de proponer reformas constitucionales, acciones de amparo o de tutela, plebiscitos y referendos. Sin embargo, la mayoría de estos implican requisitos difíciles para su convocatoria, organización y ejecución; por lo cual terminan limitando a sus participantes, repercutiendo en la disminución de los niveles de participación. Un análisis formal del tema llevaría a considerar que la existencia de mecanismos de participación daría por cumplido los adjetivos participativo y deliberativo de una democracia, sin embargo, en los últimos años se ha hecho evidente que los cambios sustanciales en cuestiones constitucionales, como derechos de las parejas homosexuales, aborto, autoderminación de los pueblos, entre otros, no son el resultado únicamente de tribunales o cortes constitucionales progresistas, sino también, son el producto de la participación popular que ejercen los movimientos sociales y que dará lugar a la movilización legal.

En consecuencia, en este capítulo, se procederá en primer lugar, a examinar los mecanismos legales de participación, seguido de un análisis de la relevancia de los movimientos sociales en los debates constitucionales, los cuales conducen a la movilización dentro del marco normativo.

2. OBJETIVOS

El objetivo general del presente capitulo es explorar los mecanismos de participación y deliberación que permiten a la población participar en el debate constitucional en Colombia, Argentina, Chile y México. A partir de lo anterior, se desprenden dos objetivos específicos: i) analizar los mecanismos tradicionales; jurídico políticos, acciones judiciales y audiencias públicas; finalmente, ii) estudiar la importancia de Movimientos Sociales al interior de la movilización legal en temas constitucionales.

---

1. Corporación Universitaria de Asturias. (España)

3. METODOLOGÍA

Para el desarrollo del trabajo se adelantó una investigación de carácter teórico con metodología cualitativa a partir del análisis de textos jurídicos.

4. MECANISMOS DE PARTICIPACIÓN

Los diferentes modelos de democracia no son excluyentes sino complementarios (Baños, 2006), por esta razón, posiblemente se encontrarán textos constitucionales que garanticen solo una democracia directa, mientras que otros contendrán amplios instrumentos propios de la democracia participativa y deliberativa. Se considera que "La participación ciudadana en las decisiones constitucionales es esencial para la construcción de una democracia sólida y representativa" (Dahl, 2006, p. 149) pues a través de los mecanismos jurídico-políticos, la ciudadanía realiza control sobre las intuiciones del Estado, (Ramírez Nárdiz, 2016). La literatura generalmente diferencia entre mecanismos de participación política-electoral, política no electoral, cívica (Cordourier Real, 2015); así como también acciones judiciales, que permiten la defensa de los derechos e intereses colectivos y difusos en los tribunales de justicia (Zovatto, 2010). Haciendo uso del derecho de autodeterminación de los pueblos a darse su propia Constitución, cada Estado establece distintos mecanismos mediante los cuales la ciudadanía puede participar de los asuntos constitucionales.

Para efectos de esta investigación se entenderá que solo algunos instrumentos de participación permiten al pueblo interferir en la interpretación y control de los asuntos constitucionales; con el fin de facilitar su análisis en un primer momento, los organizaremos en tres grupos: i) jurídicos políticos, ii) acciones judiciales y iii) audiencias públicas.

a. Jurídicos - políticos

Durante las últimas dos décadas hay una creciente demanda de mayor participación directa de los ciudadanos en la toma de decisiones políticas en Latinoamérica y más recientemente en Europa. Esta tendencia ha surgido dentro del marco del nuevo constitucionalismo latinoamericano y ha sido impulsada por la crisis económica y política en Europa. Las Constituciones de países latinoamericanos como Colombia y Bolivia, que surgieron en el marco del nuevo constitucionalismo latinoamericano, han abogado por una mayor participación ciudadana en la toma de decisiones políticas (Ramírez Nárdiz, 2016). En los textos constitucionales de los países pertenecientes al Civil Law se encuentran mecanismos de participación popular que permiten a las personas intervenir en los asuntos constitucionales; la cual inicia con instrumentos como las asambleas constituyentes que permiten la reforma total de la Constitución por una nueva; el referendo mediante el cual la ciudadanía aprueba o rechaza una reforma constitucional, consultas a la ciudadanía y asambleas públicas. Se entiende que son mecanismos jurídico-políticos porque tienen una creación y desarrollo constitucional o legal y son políticos porque para su convocatoria requiere la participación del poder legislativo o del poder ejecutivo. A continuación, se exponen algunos de ellos en el escenario latinoamericano.

En Colombia, la reforma constitucional solamente es procedente por medio de una Asamblea Constituyente y a través de un referendo; la primera, entendida como un órgano colegiado integrado por lideres políticos elegidos por la ciudadanía quienes pretenden un cambio de los principios estructurales de la Constitución; mientras que el referendo constitucional, regulado por el artículo 378 de la norma superior, es un mecanismo que permite a los ciudadanos expresar su aprobación o rechazo a una reforma constitucional;

para su convocatoria es necesaria la aprobación de un proyecto de Ley por parte del legislativo y el voto afirmativo de más de la mitad de los sufragantes y que, el número de éstos, exceda de la cuarta parte del total de ciudadanos que integran el censo electoral.

Así mismo, el texto constitucional colombiano contempla otros mecanismos de participación, que, si bien, no implican un cambio absoluto de la norma superior, si permiten a la ciudadanía participar del debate constitucional. En este sentido, la iniciativa popular, regulada en el artículo 155 de la Constitución Política de Colombia es un derecho político que faculta a un grupo de ciudadanos para presentar proyectos de acto legislativo de reforma constitucional y de Ley ante el Congreso. De igual forma, la consulta previa contenida en el artículo 330 de la Constitución Política de Colombia establece que los gobiernos deben consultar a los pueblos indígenas y tribales interesados, mediante procedimientos apropiados y en particular a sus instituciones representativas cada vez que se prevean medidas legislativas o administrativas susceptibles de afectarles directamente. Respecto de la consulta sobre asuntos constitucionales no existe normatividad expresa que obligue a realizarla, sin embargo, gracias al desarrollo jurisprudencial de la Corte Constitucional, en Sentencia C-702 de 2010, es necesaria la elaboración de una consulta previa a las comunidades indígenas y étnicas para la adopción de actos legislativos que las afecten.

Como se observa, la Constitución colombiana contienen varios mecanismos de participación ciudadana que permiten al pueblo influir directamente o indirectamente en la interpretación y control de los asuntos constitucionales. Sin embargo, dichas acciones no son suficientes, pues en la mayoría de los casos, para su convocatoria es necesaria el cumplimiento de quórums mínimos de participación, tramites desgastantes ante el Congreso de la República, así como también, los problemas del sistema democrático del país afectan una consiente participación de la población, al respecto, (Ramírez-Nárdiz, 2016)

Por otro lado, en Chile, existen figuras similares de participación; como el plebiscito establecido en el artículo 130 de la Constitución Política de la República de 1980, según el cual, "*el Presidente de la República, con acuerdo del Congreso Nacional, podrá someter a plebiscito los proyectos de ley sobre materias de especial trascendencia, y las decisiones de especial importancia que le corresponda adoptar conforme a esta Constitución*" (art. 130). De igual forma, en asuntos constitucionales de importancia el plebiscito en materia constitucional es restringido al procedimiento establecido en el numeral 4° del artículo 32 y a los artículos 128 y 129 del texto constitucional, es decir que el proyecto de reforma que se someta al plebiscito solo será aquel que previamente haya sido aprobado por el congreso.

Por otro lado, la Convención Constituyente, no se encuentra regulada en la Constitución Chilena sino en la Ley No. 21.2000, según la cual, es una asamblea conformada por 155 personas elegidas por votación popular en el marco de proceso electoral. Estas personas son responsables de redactar y elaborar la nueva Constitución, la cual será sometida a plebiscito. En procura de fomentar la participación popular, la ciudadanía, previa reunión de 15.000 firmas provenientes de al menos 4 regiones pueden presentar propuestas de reforma constitucional a la Convención; incluso también esta última puede llevar a cabo plebiscito intermedio dirimente para convocar a la ciudadanía a decidir mediante voto la inclusión de temas en el texto constitucional (Amar *et al.*, 2021). Pese a lo anterior, el pensamiento sobre la Convención Constituyente es desfavorable, pues se considera que permite la exclusión y la marginación y no representa verdaderamente a la población chilena, además, se piensa que la asamblea se ve influenciada por grupos de poder económico y político que limitan la generación de cambios profundos (Paúl, 2022)

A demás de lo mencionado, en Chile se llevan a cabo consultas indígenas que es un mecanismo establecido en el Convenio 169 de la Organización Internacional del Trabajo (OIT) sobre pueblos indígenas y tribales en países independientes, ratificado por Chile en 2008. El objetivo de las consultas es permitir la participación de los pueblos indígenas en la toma de decisiones que afecten a sus derechos, cultura, territorio y recursos naturales (Meza, 2015). Cabe mencionar que, aunque no hubo una consulta indígena específica sobre la Constitución, se realizaron diversas consultas y encuentros con pueblos indígenas en el marco del proceso constituyente, con el fin de recoger sus demandas y propuestas para una nueva Carta Magna (Meza, 2015).

Como se observa, los mecanismos mencionados buscan cumplir con el adjetivo "participación" de las democracias, sin embargo, para la convocatoria de los mismos se requieren de trámites legislativos largos y desgastantes, además, en algunos casos, sus resultados no son vinculantes o se ven influenciados por la autoridad dominante (Amar *et al.*, 2021), esto, lleva reforzar la crisis de legitimidad de los Estados porque en la práctica no son mecanismos de fácil acceso para la ciudadanía, lo cual la rezaga ante el debate de asuntos de interés constitucional. Con excepción de la consulta previa o consultas populares, los demás mecanismos expuestos promueven una participación del pueblo a través de la representación, pero no una deliberación ni mucho menos una participación directa.

b. Acciones judiciales

La acción de inconstitucionalidad y la acción de amparo o de tutela se han convertido en herramientas de uso constante por parte de la ciudadanía para intervenir en la interpretación y control constitucional. Así por ejemplo, en Colombia la acción pública de inconstitucionalidad, regulada en el artículo 241 de la Constitución Política de Colombia, es considerada un mecanismo de defensa de los derechos y garantías constitucionales, que está disponible para cualquier persona que considere que una norma o acto con fuerza de Ley viola la Constitución

Así mismo, la acción de tutela definida en el artículo 86 de la Constitución Política como mecanismo de protección inmediata ante posibles vulneraciones o amenazas a los derechos fundamentales, se ha transformado en uno de los principales mecanismos para influir en la interpretación constitucional. Al respecto, Rodríguez (2015) sostiene que la Corte Constitucional ha utilizado la acción de tutela para adoptar una interpretación amplia y progresista de la Constitución. Baste mencionar el caso de la Sentencia SU 214 de 2016, mediante la cual, se declaró que la prohibición del matrimonio entre parejas del mismo sexo era discriminatoria e inconstitucional, y ordenó que se permitiera el matrimonio entre parejas del mismo sexo en todo el país. La sentencia fue un hito histórico en la lucha por los derechos de la comunidad LGBTQ+ en Colombia y fue interpuesta por ciudadanos y algunos funcionarios públicos.

En México, la Constitución Política de los Estados Unidos Mexicanos establece en el artículo 105 la acción abstracta de inconstitucionalidad, como un recurso legal que se tramita exclusivamente ante la Suprema Corte de Justicia de la Nación, cuyo objetivo es denunciar la posible contradicción entre la Constitución y las normas generales. A diferencia del caso colombiano, no puede ser presentada por un ciudadano o grupo de personas, sino que solamente los legisladores y legisladoras federales o locales, así como también una minoría parlamentaria que represente al menos el 33% de los integrantes del órgano que haya expedido la norma impugnada, pueden presentar una acción de inconstitucionalidad (Sistema de Información Legislativa, 2023). Además, también pueden promover este tipo de acciones el Procurador General de la República, los partidos políticos que estén registrados ante el INE o los partidos locales en materia electoral, la CNDH y los organismos locales que trabajen en la misma materia (Hernández, 2017). Aunque en México no se le permita a los ciudadanos individualmente presentar acciones de inconstitucionalidad, estos lo hacen mayormente por medio de órganos colegiados como la Comisión Nacional de Derechos Humanos. Dicha acción ha contribuido a realizar cambios fundamentales en las disposiciones constitucionales, así por ejemplo, en el Amparo de revisión No.1170/2017, sentencia pronunciada por la Segunda Sala en sesión de 18 de abril de 2018, en la cual se determinó que la autoridad tiene la responsabilidad de garantizar los derechos de las mujeres víctimas de violación sexual, incluyendo el acceso inmediato a la interrupción legal del embarazo (Suprema Corte de Justicia de La Nación, 2018).

De forma similar, en Argentina la declaración de inconstitucionalidad de una norma puede ser solicitada por vía de acción (acción de declaración de inconstitucionalidad) o por vía de excepción como sucede en la acción de amparo (artículo 43 de la Constitución Nacional de Argentina) a cualquier juez nacional o provincial. Debe ser pedida por una persona que demuestre el perjuicio causado por la norma considerada inconstitucional; la declaración de inconstitucionalidad no es abstracta ni preventiva y solo conlleva la inaplicabilidad de la norma en el caso concreto. Precisamente, el hecho que se exija la demostración objetiva del perjuicio para que la persona adquiera la legitimación y poder presentar la acción de inconstitucionalidad de una norma se considera una limitación en el uso de la misma; así como también, los jueces y tribunales a menudo utilizan términos técnicos jurídicos para evitar la declaración de inconstitucionalidad de una norma. En caso de que la Ley en cuestión pueda ser interpretada de una manera compatible con la Constitución, los tribunales rara vez la declaran inconstitucional. En su lugar, interpretan la Ley de una manera que no vaya en contra de la Constitución, y en ocasiones solo se limitan a modificar la interpretación que las autoridades administrativas responsables de aplicar la Ley tienen de la misma. (Bouzat, 1998)

Algunas de las dificultades del recurso de amparo están relacionadas con que dicho mecanismo se enfoca en resolver específicamente el pedido que se hace, sin tratar cuestiones abstractas si la violación ya ha cesado. Por lo tanto, la decisión debe indicar de manera detallada la autoridad cuya acción o decisión está siendo cuestionada y especificar claramente la conducta que debe cumplirse, con las especificaciones necesarias para su ejecución. Además, la sentencia tiene un efecto restitutorio sobre el derecho violado, aunque en algunos casos se le ha otorgado un efecto preventivo para evitar futuras violaciones (Landa, 2011).

c. Audiencia pública

La audiencia pública es un mecanismo de participación en el proceso de toma de decisiones, donde se proporciona un espacio institucional para que aquellos que puedan verse afectados o tengan un interés particular puedan expresar su opinión al respecto. Es una instancia en la cual la autoridad responsable permite que se escuchen las voces de los ciudadanos antes de tomar una decisión que pueda impactarlos (Bush & Quezada Saldías, 2022).

Generalmente asociada al principio de justicia natural del derecho anglosajón y derecho al debido proceso legal en la legislación estadounidense que implica permitir la participación del público y escuchar sus opiniones antes de tomar decisiones que afecten a la comunidad, al medio ambiente u a otros sectores (Gordillo, 2021). En otros términos, es un mecanismo que promueve la deliberación, pero no la toma de decisiones, sin embargo, tiene los siguientes beneficios: a) Constituye una garantía objetiva de que el Estado actúa de manera razonable; b) Es un mecanismo efectivo para fomentar el consenso en la opinión pública sobre la legalidad y conveniencia de las acciones del Estado, c) Proporciona una garantía objetiva de transparencia en los procedimientos estatales; d) Contribuye a la democratización del poder, ye) Constituye una forma de participación ciudadana en el poder público (Gordillo, 2021).

Este mecanismo ha transitado al Derecho Constitucional, de tal forma que tribunales han abierto espacios dentro de sus sesiones para la participación de la ciudadanía. Al respecto señala Gargarella que, frente a problemas públicos de gran importancia y masivas violaciones de derechos, los tribunales han convocado a audiencias públicas en las que participan las partes involucradas, funcionarios estatales de distintos niveles y jurisdicciones, y representantes de la sociedad civil como organizaciones de víctimas o consumidores, propiciando que los tribunales se comprometan frente a violaciones masivas de DH, impulsar la discusión y regulación sobre situaciones difíciles y han dejado la actitud de deferencia frente al legislativo.

En el escenario colombiano, el Decreto Ley 2067 de 1991, en sus artículos 12 y 13, introdujo la opción de que la Corte Constitucional realice audiencias públicas las cuales, pueden ser convocadas por cualquiera de los magistrados y se decidirá sobre su convocatoria por voto de la mayoría de los asistentes; a dicha diligencia podrán concurrir y participar las partes, el Procurador General, entidades públicas y privadas y expertos en el asunto a tratar. Este tipo de prácticas señala Gargarella, han contribuido en acercar la justicia constitucional a la sociedad civil haciéndola participe en la solución de casos difíciles. De forma similar, García Jaramillo considera que esto es lo que ha intentado hacer la Corte Constitucional Colombiana con las audiencias públicas y con la causal de inexiquibilidad de las normas por elusión deliberativa. En el caso de las audiencias públicas los Tribunales o Cortes Constitucionales deben ser sensibles a la opinión pública expresada no solo en las audiencias públicas sino también mediante marchas y distintas expresiones ciudadanas, lo cual no justifica que los tribunales deban decidir los casos teniendo como termómetro únicamente la opinión pública (García, 2015).

Por otro lado, en Argentina las audiencias públicas están reglamentadas en el Decreto 1172 de 2003 y son un mecanismo de participación que puede ser convocado por una autoridad estatal, o por un persona física o jurídica de carácter público o privado; en el cual, todas las personas que se consideren afectadas por una decisión del ejecutivo, pueden presentar su perspectiva individual, grupal o colectiva a la autoridad competente, la cual no es de obligatorio acogimiento, sin embargo exige a la institución estatal a fundamentar sus decisiones. En lo que respecta a la Corte Suprema, las audiencias públicas fueron instauradas con la Acordada 30 de 2007, en la cual se estableció que serán convocadas cuando lo dispongan al menos tres jueces y no se necesita el acuerdo de todos los magistrados de la Corte, serán públicas, acudirás las partes o quien ellos designen y terceros interesados. Las audiencias pueden ser, informativas, conciliar y ordenadora. La primera se institucionaliza la democracia deliberativa y tiene como fin interrogar a las partes; la segunda busca que las partes lleguen a soluciones no adversarial y la tercera es para que el tribunal adopte medidas que mejoren el trámite del proceso (Vendramin, 2018). Dicho mecanismo dialógico se ha utilizado en casos en donde existe un gran activismo judicial y las decisiones judiciales afectaran a un gran número de personas, es decir en donde el interés público prevalece (Vendramin, 2018).

Como se observa, las audiencias públicas tienen un efecto positivo porque promueven el debate sobre el contenido de la Constitución, sin embargo, sus efectos no son vinculantes, así como tampoco, su convocatoria es obligatoria para la mayoría de los tribunales o cortes constitucionales, por esta razón es un mecanismo que en ocasiones resulta relevante durante el desarrollo de un proceso ante la Corte, pero si se hace necesario evaluar cuan efectividad dentro del trámite constitucional.

Las acciones jurídicas y las audiencias públicas se han convertido en herramientas utilizadas por la población para encontrar una voz dentro del debate constitucional ante los tribunales, sin embargo, la figura abstracta del pueblo o de la población se concretará en los movimientos sociales, actores del sistema social, respecto de los cuales se ha observado un incremento en la participación en el Derecho, y cuya práctica se ha denominado movilización legal

5. MOVIMIENTOS SOCIALES Y MOVILIZACIÓN LEGAL

En un Estado que promueve la deliberación de los asuntos públicos, la noción de pueblo resulta abstracta, por lo cual ante la necesidad práctica de concretización se propondrá el concepto de movimiento social como una categoría sociológica que permite analizar la organización y funcionamiento de la población entorno a los asuntos constitucionales de interés y otros actores sociales. El movimiento social puede ser definido como "una colectividad excluida que mantiene una interacción sostenida con las elites económicas y políticas en busca del cambio social". Así mismo, se sugiere que los "movimientos sociales se constituyen en gran medida de grupos cuyo poder económico y político es relativamente escaso. El estatus de exclusión es el fundamento básico que explica su forma de movimiento social (Burawoy, 2017).

Además, de ser excluidos, los movimientos sociales deben ser colectivos y sostenerse durante un periodo de tiempo. La duración de un movimiento se relaciona con la escala de la acción colectiva: cuanto más amplia sea, más tiempo deberá perdurar para que se le considere un "movimiento" en sí mismo. Los movimientos a nivel local, como los barriales y comunitarios, suelen tener una duración corta, ya que se enfocan en metas específicas y a corto plazo, como la solución de un problema ambiental local o la mejora de la seguridad nocturna mediante la iluminación de calles. Por otro lado, los movimientos a nivel nacional suelen requerir una mayor persistencia, posiblemente al menos un año, para ser considerados movimientos sociales debido a su alcance y complejidad. (Almeida, 2020).

De igual forma, otro elemento característico es que su actividad debe girar en torno a un asunto de interés; por lo general, los movimientos sociales surgen como una respuesta a los perjuicios sociales, económicos y ambientales que se perciben por la comunidad como dañinos y que los canales institucionales no son capaces de resolver (Almeida, 2020); sin embargo, no cualquier asunto tiene la capacidad de movilizar a un grupo de individuos, pues un problema social debe tener la capacidad de ser emocionante y llamativo para atraer y mantener el interés del público (López, 2012)

En esta medida, definir el tema de interés en torno al cual el movimiento social requiere necesariamente una definición clara que esté en sintonía con las valoraciones y perspectivas de los ciudadanos y sus organizaciones. Esta definición precisa debe superar los desafíos de cualquier controversia y ser aceptable para la mayoría, lo que permitirá al gobierno tomar medidas efectivas utilizando los recursos disponibles. Es importante tener en cuenta que los problemas públicos no son realidades objetivas, sino que surgen a partir de definiciones que están influenciadas por creencias, valoraciones y los propios hechos (Charles & Cobb, 2003).

Ahora bien, es de advertir que la intervención de los movimientos sociales en asuntos públicos parece ser mayormente estudiada respecto a su incidencia en la formación de políticas públicas, dejándose de lado la relación entre individuos e instituciones judiciales; precisamente, la acción de los movimientos sociales en torno a asuntos legales se le acuña al término movilización legal, la cual comenzó a ser estudiada solo desde la década de los setenta, cuando se publicaron una serie de trabajos que analizaban el papel del derecho en los sistemas políticos democráticos. Desde esta perspectiva se toman los presupuestos centrales del análisis de los movimientos sociales y se expanden al campo jurídico (Tavera, 2020), de tal forma que, retoma la idea de que los movimientos sociales y las instituciones legales son sitios relevantes de conflicto. Quiere decir lo anterior, que la movilización legal se refiere a cualquier proceso en el que los actores individuales o colectivos utilizan normas jurídicas, discursos o símbolos legales para influir en la política y lograr un objetivo específico. La forma de acción puede consistir en procesos ante las instituciones judiciales o fuera de ellas con el fin de realizar presión política en el campo jurídico. (Tavera, 2020).

El enfoque de la movilización legal sostiene que el papel del derecho en el cambio social es contextual y procesal. Esto se debe a que las relaciones jurídicas, las instituciones y las normas pueden tener un efecto ambivalente: por un lado, mantienen la estructura general del status quo, pero también brindan oportunidades limitadas para desafiar y transformar el orden dominante. (Tavera, 2020).

Como se mencionó en párrafos anteriores, el tema que incentiva el actuar de los movimientos sociales depende las valoraciones y creencias que se le den a un asunto en particular que se percibe como una necesidad real que afecta al grupo excluido. Dentro de la movilización legal, el problema que se establece en la agenda tiene un interés jurídico que por lo general encuentra un respaldo importante porque los textos constitucionales latinoamericanos tienen un gran contenido de derechos. Así por ejemplo, la movilización puede tener objetivos como la justicia de género, ambiental y económica, entre otros.

Según Tavera, para Manzo (2018) los movimientos sociales cuentan con dos estrategias para el logro de sus objetivos; en primer lugar, la estrategia de reconocimiento o movilización legal reproductiva y en un segundo momento, la estrategia de ampliación o movilización legal transformadora. Con la primera, se busca que los derechos consignados en los ordenamientos jurídicos sean reconocidos para los movimientos sociales, es decir, se busca, con la acción legal cambiar la interpretación legal dominante sobre el derecho haciendo uso de los recursos jurídicos disponibles (Manzo, 2018) En otros términos: "La movilización legal como estrategia de reconocimiento de derechos se centra en el reclutamiento de los instrumentos o recursos jurídicos propios del ordenamiento jurídico positivo y se enmarca en lo que este último define como "accionable bajo la ley" y, por ende, tiende a reproducir el campo jurídico" (Tavera, 2020)

En cuanto a la estrategia de ampliación o movilización legal transformadora esta sucede cuando los movimientos sociales buscan ampliar derechos a través de la movilización legal, es decir, cuando demandan regulaciones que aún no están contempladas en las leyes de un país, están expandiendo el ámbito jurídico. A diferencia de la estrategia de reconocimiento, esta estrategia se caracteriza por ser transgresiva y disruptiva frente a las normas y valores dominantes, desafiando los límites de lo que se considera posible o no desde el punto de vista jurídico, tanto dentro como fuera del campo legal (Manzo, 2018). Al respecto Tavera señala que "En estos casos, el uso del derecho por los movimientos sociales constituye un desafío a los límites de aquello que dicho campo define como "accionable bajo la ley", expande las fronteras de lo jurídicamente pensable y permite develar las estructuras de poder y de dominación subyacentes a él" (Tavera, 2020)

Estas tácticas de movilización se concretizan en una tendencia creciente a incorporar formas de participación ciudadana más directa en los procesos de reforma o cambio constitucional. Es importante tener presente que la participación ciudadana desempeña un papel fundamental en todo el proceso constituyente, tanto a nivel institucional como no institucional. En este último aspecto, un estudio del PNUD sobre cambios constitucionales en el mundo destacó el papel de los ciudadanos como iniciadores del proceso constituyente a través de manifestaciones y otras acciones que colocan en la agenda pública la demanda de una nueva constitución, e incluso el tipo de mecanismo preferido para lograrlo. A lo largo del proceso, también pueden surgir diversas oportunidades de participación institucional que, dependiendo del diseño adoptado, involucran a los ciudadanos como electores, asesores y/o colaboradores en la redacción, y como aprobadores del cambio constitucional (Amar *et al.*, 2021).

Las manifestaciones son una de las principales herramientas utilizadas por los movimientos sociales, la cual ocurre en la etapa inicial u originaria del proceso constituyente. Se manifiesta a través de acciones e iniciativas como protestas callejeras, formación de movimientos sociales y campañas electorales, entre otras, que colocan en la agenda nacional la necesidad de un cambio constitucional. Esta forma de participación no es institucional, ya que surge de la movilización social y política autónoma, sin necesariamente utilizar los mecanismos establecidos por el ordenamiento jurídico vigente. Como resultado, sus efectos no son vinculantes para el poder político gobernante, pero tienen impactos políticos significativos al actuar como una fuerza impulsora para iniciar el proceso constituyente y con diversos efectos a lo largo del mismo. Ejemplos de esto son las masivas protestas y movilizaciones sociales que llevaron a los procesos constituyentes en Bolivia desde el año 2000, en Ecuador a partir de principios del siglo, en Islandia durante 2008, en Túnez a partir de 2010 (junto con otros países de la "Primavera Árabe") y la campaña "Séptima Papeleta" en Colombia en 1991. (Programa de las Naciones Unidas para el Desarrollo, 2021).

Por otro lado, en la última década, se ha observado un destacado uso de diversos mecanismos innovadores para involucrar a la ciudadanía en la generación de políticas públicas y procesos constituyentes. Uno de estos mecanismos es conocido como campañas de colaboración abierta o crowdsourcing. (Programa de las Naciones Unidas para el Desarrollo, 2021). A través de las campañas de colaboración abierta o crowdsourcing, se brinda la oportunidad de recopilar contribuciones concretas de la ciudadanía en el proceso constituyente. Esto se logra mediante la participación en plataformas en línea específicamente diseñadas para este fin, donde se puede realizar comentarios sobre el borrador del texto constitucional en su totalidad o en partes específicas. Estas campañas se han vuelto posibles gracias al aumento en el uso de las tecnologías de la información y comunicación (TIC), que permiten alcanzar a un público más amplio que los métodos tradicionales y con un menor costo de implementación.

Las plataformas web dedicadas y las redes sociales como Facebook y Twitter suelen ser utilizadas para este propósito. Además, el uso de las TIC en procesos participativos ofrece la ventaja de ahorrar tiempo a los participantes, ya que pueden contribuir desde cualquier lugar utilizando dispositivos electrónicos como teléfonos móviles, tabletas o computadoras (Programa de las Naciones Unidas para el Desarrollo, 2021).

6. CONCLUSIONES

Como se observa, la movilización legal facilita la participación de la población en los asuntos constitucionales pues deja de lado la imposición de requisitos de trámite y quórums exigidos por los mecanismos jurídico – políticos; así como también, no impone la necesidad de acudir directamente al tribunal constitucional, lo cual exige, en la mayoría de casos la utilización de operadores jurídicos especializados para que ofrezcan asesoría en la interposición y trámite de acciones jurídicas (sin embargo, no puede desconocerse que en algunos casos la utilización de estos últimos puede ser una estrategia de los movimientos sociales); así como tampoco la movilización entorno a la Ley está supeditada a la voluntad de convocatoria de los tribunales constitucionales. En consecuencia, la movilización legal se transforma en un mecanismo eficiente para que la población organizada en movimientos sociales participe en el debate de asuntos constitucionales de interés, que encuentra respaldo en la Constitucionalismo deliberativo.

7. REFERENCIAS

Cordourier, C. R. (2015). Participación ciudadana e instituciones: un análisis desde la teoría de Robert Dahl. *Estudios Sociológicos, 33*(99), 579-605. https://goo.su/rVyyms

Almeida, P. (2020). *Movimientos sociales: La estructura de la acción colec Movimientos sociales: La estructura de la acción colestivativa*. CLACSO.

Amar, M., Cardemil, M., Ferrero, M., Hoehn, M., Rivera, F. y Soto, V. (2021). *La participación ciudadana en procesos constituyentes: experiencia comparada y la Convención Constitucional en Chile*. Biblioteca del Congreso Nacional de Chile.

Baños, J. (2006). Teorías de la democracia: Debates actuales. *Andamios, 2*(4), 35-58. https://goo.su/zxGv

Bouzat, G. (1998). La argumentación jurídica en el control constitucional: Una comparacion entre el judicial review y el control preventivo y abstracto de constitucionalidad. *Revista Jurídica de la Universidad de Palermo, 18*(54), 273-285.

Burawoy, M. (2017). Social Movements in the Neoliberal Age. En M. Paret, C. Runciman, & L. Sinwell, *Southern Resistance in Critical Perspective* (pp. 21-35). Routledge.

Busch Venthur, T. y Quezada Saldías, A. (2022). Cuando la sociedad civil habla, ¿los jueces escuchan?: análisis de las audiencias públicas ante el Tribunal Constitucional chileno y su impacto en las sentencias constitucionales. *Estudios Socio Jurídicos, 24*(1), 201-232. https://doi.org/10.12804/revistas.urosario.edu.co/sociojuridicos/a.10093

Charles D. E. y W. Cobb, R. (2003). Formación de la agenda. El caso de la política de los ancianos. En L. F. Aguilar, *Problemas públicos y agenda de Gobierno* (pp. 77- 104). Miguel Angel Pirrua.

Comisión Nacional de los Derechos Humanos. (19 de Enero de 2018). Comunicado de Prensa DGC/018/18. https://goo.su/bMu3uU

Contreras, P. y Montecinos, E. (2019). Democracia y participación ciudadana: Tipología y mecanismos para la implementación. *Revista de Ciencias Sociales, 25*(2), 178-191. https://www.redalyc.org/journal/280/28059953014/html/

Cordourier, C. R. (2015). Participación ciudadana e instituciones: un análisis desde la teoría democrática de Robert Dahl. *Estudios Sociológicos, 33*(99), 579-604. https://goo.su/rVyyms

Dahl, R. (2006). *On Democracy*. Yale University Press.

Ministerio de Cultura. (26 de Diciembre de 2018). Decreto 4208.

Demanda de acción de inconstitucionalidad (Suprema Corte de Justicia de la Nación 19 de Enero de 2018).

Elkins, Z., Ginsburg, T. y Melton, J. (2009). *The endurance of National Constitutions*. Cambrige University Press.

Fix, H. (1992). El Juicio de amparo mexicano y el recurso constitucional federal Alemán. *Revistas jurídicas UNAM, 26*(77). https://doi.org/10.22201/iij.24484873e.1993.77.3083

Francer, K. Z. (1983). Legal Mobilization: The Neglected Role of the Law in the Political System. *The American Political Science Review, 77*(3), 690-703. https://www.jstor.org/stable/1957268

Garcia, L. (2015). *Constitucionalismo Deliberativo: Estudio sobre el ideal deliverativo de la democracia y la dogmatica constitucional del procedimiento parlamentario*. Instituto de Investigaciones Juridicas de la Universidad Nacional Autónoma de México.

Gargarella, R. (2013). El nuevo constitucionalismo dialógico, frente al sistema de los frenos y contrapesos. *Revista Argentina de Teoría Jurídica, 14*(2), 1-32. https://goo.su/n1Bs1U

Gil, R. (Julio-Diciembre de 2019). La inconstitucionalidad de la Leu de Seguridad Interior; una afrenta al Estado de Derecho en México. *Cuestiones Constitucionales*, 41, Epub 22-Abr-2020, 500-512. https://goo.su/ESIsGKX

González, P. (2004). Acción Popular de inconstitucionalidad y Democracia. Revista de Derecho, *11*(2), 97-111. https://goo.su/2uDTnb

Gordillo, A. (2021). El procedimiento de audiencia pública. En *La defensa del usuario y del administrado* (págs. 395-416). Editorial Diké.

Grimm, D. (2006). *Diccionario de Ciencia Política: Teorías, métodos, conceptos*. Porrúa.

Henández, L. R. (2017). La acción abastracta de incosntitucionalidad y su interacci{on con la inconstitucionalidad por omisión legislativa. En E. Ferrer Mac Gregor, y R. Flores. *Pantoja, La Constitución y sus garantías* (págs. 741-764). Universidad Nacional Autónoma de México.

Kessler, M. (1990). Legal Mobilization for Social Reform: Power and the Politics of Agenda Setting. *Law & Society Review, 24*(1), 121-144. https://www.jstor.org/stable/3053789

Landa, C. (2011). El proceso de amparo en América Latina. *Anuario de Derecho Constitucional Latinoamericano*, 22, 207-226. https://www.corteidh.or.cr/tablas/r27649.pdf

Ley 25.432 (26 de Noviembre de 1996).

Lissidini, A., Welp, Y. y Zobatto, D. (2014). *Democracias en Movimiento*. Isidro Saucedo.

López, M. A. (2012). Los movimientos sociales y su influencia en el ciclo de las políticas públicas. *Región y Sociedad, 24*(55), 160-197. https://goo.su/UwB1

Manzo, M. (2018). La movilización del derecho por Movimientos Sociales: dinámicas de la política radical de transformacion y el espacio de lo jurídicamente pensable. *Oñati Sociolegal Series, 8*(5), 677-702. https://dialnet.unirioja.es/servlet/articulo?codigo=6707615

Maraniello, P. A. (2011). El amparo en Argentina. Evolución, rasgos y características especiales. *Revista del Instituto de Ciencias Jurídicas de Puebla, 5*(27), 7-36. https://www.redalyc.org/pdf/2932/293222188002.pdf

Meza, M. (2015). Consulta previa indígena en Chile: marco jurídico e implementación. *Departamento e Estudios, Extension y Públicaciones*, 1-10. https://goo.su/Eqx0

Muñoz, M. (2012). *Procesos y Asambleas Constituyentes en América del Sur*. Biblioteca del Congreso Nacional de Chile.

Nejaime, D. (2013). *Constitutional Change, Courts, and Social Movements*. Michigan Law Review, 877-902.

Nohlen, D. (2010). Jurisdicción Constitucional y Consolidación de la democracia. *Desafíos*, 18, 114-155. https://revistas.urosario.edu.co/index.php/desafios/article/view/393

Paúl, F. (2022). *Convención Constituyente: 3 razones que explican la caída en el apoyo al organismo que trabaja en la nueva Constitución de Chile*. BBC NEWS MUNDO. https://www.bbc.com/mundo/noticias-america-latina-61015040

Programa de las Naciones Unidas para el Desarrollo. (2021). *Participación ciudadana durante el funcionamiento de la Convención Constitucional*. Organización de las Naciones Unidas.

Ramírez, A. (2016). Participación Ciudadana e Interpretación de la Constitución. Análisis de la jurisprudencia de la Corte Constitucional colombiana en material de democracia particiva. *Revista del Instituto de Ciencias de Puebla*, 37, 171-192. https://www.scielo.org.mx/pdf/rius/v10n37/1870-2147-rius-10-37-00171.pdf

Sistema de Información Legislativa. (2023). *Acción de inconstitucionalidad*. http://sil.gobernacion.gob.mx/Glosario/definicionpop.php?ID=3

Suprema Corte de Justicia de La Nación. (2018). *Crónicas de Pleno y de Salas*. Ciudad de México.

Tavera, L. (2020). El enfoque de la movilización legal en el estudio de los movimientos sociales. *Revista Mexicana de Ciencias Políticas y Sociales*, *65*(239), 223-232. https://www.redalyc.org/journal/421/42170569010/html/

Vendramin, B. (2018). Las audiencias públicas en el ámbito de la Corte Suprema de Justicia argentina. *Anuario de Derecho Constitucional Latinoamericano*, *22*(1), 217-229. https://revistas.urosario.edu.co/xml/733/73362099009/index.html

SITUANDO EL APRENDIZAJE EN LOMLOE: UNA REVISIÓN SISTEMÁTICA

Óscar Gómez-Jiménez[1]

1. INTRODUCCIÓN

La Ley Orgánica 3/2020, de 29 de diciembre, por la que se modifica la Ley Orgánica 2/2006, de 3 de mayo de Educación (en adelante, LOMLOE) introduce un nuevo paradigma con el articulado del nuevo modelo educativo, en el cual se establece la necesidad de partir y priorizar un modelo de enseñanza-aprendizaje en base a la educación competencial, haciendo al alumnado partícipe y protagonista de su proceso educativo. Para lograr estos fines y principios, esta nueva normativa introduce el concepto "situaciones de aprendizaje", que han supuesto el centro del debate pedagógico escolar, ya que los y las docentes se han encontrado con problemas en su conceptualización.

El tema de este estudio, que es la definición del concepto de situaciones de aprendizaje, parte de un análisis de la literatura científica (perteneciente a las bases de datos Scopus, WOS y Scholar Google) y a la legislación educativa nacional e internacional, a través de las directrices de la Declaración Prisma (Urrutia y Bonfil, 2010) y a la lista de verificación CASP (Critical Appraisal Skills Programme, 2018).

1.1. Las situaciones de aprendizaje

Flores *et al.* (2009) definen que una situación, dentro del contexto educativo, es un acontecimiento que tiene lugar en el contexto próximo del alumnado. Cuando estos hechos se presentan con una intencionalidad educativa acompañada de actividades que lo articulan como una secuencia de actividades con carácter didáctico, estos acontecimientos se transforman en una situación de aprendizaje (Castro-Zubizarrieta *et al.*, 2023). Permiten la generación de conocimientos, el desarrollo de competencias, habilidades, destrezas, actitudes y valores (Feo, 2018), un despliegue de actuaciones asociadas a las competencias clave que permiten su adquisición y desarrollo.

Este nuevo constructo pedagógico que presenta LOMLOE, se establece en consonancia con los Objetivos de Desarrollo Sostenible, la Agenda 2030 y las Recomendaciones del Consejo, de 22 de mayo de 2018, relativas a las competencias clave para el aprendizaje permanente. Es decir, una regeneración didáctica (Prieto y Fernández, 2022) orientada a la acción, a lo que cada alumno/a ha de saber hacer en relación con las competencias que ha de desarrollar (Pérez, 2022).

---

1. Universidad Internacional de Valencia (España).

Aunque la definición de los planteamientos parta del articulado de LOMLOE, fue la, actualmente derogada, Orden ECD 65/2015, de 21 de enero, por la que se describen las relaciones entre las competencias, los contenidos y los criterios de evaluación de la educación primaria, la educación secundaria obligatoria y el bachillerato, quien establecía orientaciones metodológicas respecto al trabajo por tareas o situaciones-problemas. El enfoque de estos planteamientos era potenciar que el alumnado transfiera conocimientos adquiridos a situaciones de su vida cotidiana (Prieto y Fernández, 2022).

La conceptualización de las situaciones de aprendizaje nos obliga a partir de la perspectiva que establece la normativa nacional, para ir desgranando los diferentes conceptos y enfoques que surgen de la misma. Por ello, y tomando como referente el Anexo III del Real Decreto 157/2022, de 1 de marzo, por el que se establece la ordenación y las enseñanzas mínimas de la Educación Primaria, se establece que:

> *La adquisición efectiva de las competencias clave se verá favorecida por el desarrollo de una metodología que reconozca al alumnado como agentes de su propio aprendizaje, a través del diseño de situaciones estimulantes, significativas e integradoras, bien contextualizadas y respetuosas con el proceso de desarrollo integral del alumnado en todas sus dimensiones, teniendo en cuenta sus potencialidades, intereses y necesidades, así como las diferentes formas de comprender la realidad en cada momento de la etapa.* (pp. 24503)

Esta declaración de principios de acción educativa se orienta hacia la acción educativa y a las definiciones de competencias que establece DeSeCo (OCDE, 1997), que incide en el "saber hacer" para poder dar respuesta a las demandas complejas y llevar a cabo diversas tareas de forma adecuada a través de una combinación de habilidades teóricas y prácticas, motivaciones, valores éticos, actitudes emociones y componentes de índole social y comportamental.

Como indican Luengo y Moya (2022), la finalidad de las situaciones para el aprendizaje es lograr que el alumnado aprenda un conocimiento específico en un contexto determinado. Se caracteriza por entornos complejos que generan un reto con tareas o actividades integradoras asociadas (Piraval *et al.*, 2013) que se centran en el estudiante, proporcionándolo un rol protagonista, participativo, propositivo, creativo, activo, curioso, investigador y colaborativo ante la resolución de problemas simulados o reales (Feo, 2018; Luengo y Moya, 2022; Ruiz, 2023)

Desde el punto de vista programático, representa el más alto nivel de detalle en la integración del programa, comenzando con la coordinación de todos los elementos que componen la estructura de la programación educativa. Supone la representación del tándem de la estructura de las tareas educativas y el grupo-clase que permite la transferencia de conocimientos y la reconstrucción de experiencias vividas, mediante un diseño del espacio y tiempo del aula que fomenta la interacción entre estudiante y docentes para que el alumnado pueda adquirir y desarrollar las competencias clave.

Si tenemos en cuenta las situaciones de aprendizaje como un enfoque metodológico que organiza y secuencia los elementos curriculares en unidades de programación (Prieto y Fernández, 2022), el diseño de estas debe de partir de las experiencias previas del alumnado, estar convenientemente estructuradas, plantear un reto o problema de cierta complejidad en función de la edad y desarrollo del alumnado, favorecer la transferencia de los aprendizajes, así como facilitar el desarrollo progresivo desde un enfoque crítico y reflexivo.

Cuando hacemos referencia a las unidades de programación, se hace imprescindible la referencia a la normativa regional, elemento de referencia para adecuar los principios educativos nacionales a la realidad autonómica. En esta realidad regionalista, encontramos que las referencias a las situaciones de aprendizaje encuentran un nexo común: los elementos de su diseño. Todas las Administraciones Educativas regionales determinan la situación de aprendizaje como unidad básica de trabajo, estableciendo un modelo de diseño e implementación del proceso de enseñanza-aprendizaje, fundamentado en un enfoque metodológico competencial y experiencial junto con una evaluación criterial (Pérez, 2023).

Considerando el contexto educativo del alumnado, sus intereses y saberes previos, el diseño curricular ha de ser motivante (promoviendo el aprendizaje entre iguales y la cooperación), debe de contribuir al perfil de salida y ha de tener en cuenta los principios del DUA (para que el alumnado pueda participar, aprender y sentirse competente). Todo ello, a través de la inclusión de los saberes curriculares interdisciplinares y elaborando un producto que se comunique (que desarrolle la competencia de aprender a aprender, imprescindible para la inclusión educativa). Este modelo de diseño supone una actualización contextualizada a la teoría del aprendizaje situado de Lave y Wenger (1991), así como de la teoría sociocultural de Vygotsky (Guerra, 2020).

2. OBJETIVOS

El objetivo principal de este estudio es describir el concepto de situaciones de aprendizaje y su beneficio para el proceso de enseñanza y aprendizaje. Partiendo de la construcción terminológica que establecen los marcos normativos nacionales y regionales, así como la literatura científica sobre el tema, se han planteado las siguientes preguntas de investigación sobre la temática de este estudio:

1. ¿Qué se entiende como situaciones de aprendizaje?
2. ¿Cuáles son las principales ventajas que ofrecen en el contexto educativo?
3. ¿Su aplicación contribuye a desarrollar el enfoque competencial establecido en la ley educativa nacional?

3. METODOLOGÍA

Este estudio presenta una revisión sistemática para responder al objetivo principal anteriormente expuesto. Para su elaboración, se han seguido las directrices establecidas por la Declaración Prisma (Moher *et al.*, 2009) de acuerdo con su diagrama de flujo y lista de verificación de verificación CASP (Critical Appraisal Skills Programme, 2018), incluyendo los ítems relacionados con el objetivo de este estudio y a efectos de elaborar la revisión.

3.1. Estrategia de búsqueda y criterios de selección

La revisión de la literatura se ha realizado durante los meses de marzo a junio de 2023. Para realizar el proceso de búsqueda bibliográfica se han utilizado las siguientes bases de datos: Scopus, Web Of Science y Scholar Google.

Se han realizado tres búsquedas, donde se constituyeron términos clave para la temática del estudio. Los conceptos buscados han sido: "situaciones* and aprendizaje* and (curricular* or didactic* or learning* or lomloe*). De manera que la cadena de búsqueda ha sido: TITLE-ABS-KEY (situaciones* AND aprendizaje* AND (curricular* OR didactic* OR learning* OR LOMLOE*)) AND (MILIT-TO (LANGUAGE, "English") OR LIMIT-TO (LANGUAGE, "Spanish").

Los criterios de inclusión han sido: 1. Estudios en español o inglés; 2. Todo tipo de documentos (artículos, conferencias, capítulos de libros, trabajos académicos, etc.); y 3. Investigaciones que respondan a las preguntas de este estudio.

Partiendo de los resultados de búsqueda en ambas bases bibliográficas, la primera revisión se realizó leyéndolos títulos, resúmenes y palabras clave para seleccionar aquellos válidos y excluir el resto de los documentos. Posteriormente, la segunda revisión partió de la lectura completa de los estudios seleccionados en la fase anterior, determinando cuales eran válidos y seleccionables. La tabla 1 recoge los resultados de búsqueda y los estudios seleccionados en cada fase.

Bases de datos	Resultados de búsqueda	Primera revisión	Segunda revisión
Scopus	925	10	6
Web Of Science	532	15	7
Scholar Google	194	45	17

Tabla 1. Resultados de la búsqueda y estudios seleccionados.
Fuente: Elaboración Propia

De esta forma, la búsqueda inicial proporcionó 1.651 documentos, de los cuales (y siguiendo los criterios de inclusión y exclusión anteriormente expuestos) fueron seleccionados 70 documentos (dado que había documentos no relacionados directamente con la temática del estudio, no se encontraron en texto completo o no cumplían los requisitos para su inclusión). Tras excluir los trabajos no seleccionados en la primera fase, se procedió a la lectura completa en una segunda revisión, de la cual fueron seleccionados 1 documentos de Scopus, 2 de WOS y 12 de Scholar Google, componiendo el total de 15 documentos seleccionados para su inclusión.

Se han descontado y se han contabilizado una sola vez, en la primera fase, los estudios que aparecían duplicados y triplicados. Los estudios que aparecían en más de una base de datos han sido contabilizados en Scholar Google y excluidos en el resto, por eso la cifra de dicha base de datos es muy superior a la resultante en Scopus y WOS.

4. DESARROLLO DE LA INVESTIGACIÓN

Después del proceso de búsqueda, se han seleccionado 15 documentos, los cuales se reflejan en la tabla 2, asignando a cada documento los siguientes datos: título, autor/autores, año de publicación, y conclusiones. La mayoría de los documentos analizados están datados a partir del 2022, encontrando el gran grueso de la información en 2023 (el 80% de los trabajos analizados en este estudio).

La calidad de los estudios se evaluó ajustando la lista de verificación para revisiones sistemáticas CASP y lo expuesto por Gómez (2022) y Ferrada-Ferrada, Carrillo-Rosúa, Díaz-Levicoy y Silva-Díaz (2020). El objetivo de esta revisión es examinar la calidad y la confiabilidad de los estudios y determinar si ésta es suficiente para su inclusión en la revisión sistemática. En este caso, no se ha excluido ningún estudio después de la evaluación. En la siguiente tabla se puede comprobar la descripción de los estudios analizados para esta revisión sistemática.

Título	Autores	Año	Conclusiones
Situaciones de aprendizaje. Ideas para el despliegue curricular de las ciencias	Domènech-Casal, J.	2022	Es importante incorporar las prácticas de las diferentes disciplinas y transferir a otros contextos distinto del usado para aprender
Situaciones de aprendizaje en educación física en secundaria en Andalucía: sports to break barriers	Lamoneda, J.	2022	El diseño de SA precisa de un marco ecológico-contextual que lo define cada centro y grupo, por esta razón es de notable interés partir del centro de interés de los estudiantes, rasgos definitorios del plan de centro, necesidades reales y posibles colaboraciones con entidades externas
La educación física en la LOMLOE	Muñoz, J.C.	2022	Debemos conocer sus nuevos intereses y sus nuevas formas de aprender para tratar de proporcionales situaciones de aprendizaje atractivas, contextualizadas y significativas para que le resulte motivante el aprendizaje
Sitúate para aprender. Situaciones de aprendizaje en Educación Primaria y Secundaria	Alcalá. M.L., y Gasque, R.	2023	Es necesario replantear la educación y caminar hacia una escuela verdaderamente inclusiva, que contemple la individualización del aprendizaje y la diversidad como esencia de los procesos de enseñanza. Los principios del Diseño Universal del Aprendizaje nos dan la respuesta a esas nuevas formas de enseñar que demanda el alumnado
Propuesta práctica de TGfU basada en situaciones de aprendizaje alternativas y sus efectos sobre el aprendizaje y actitudes sociales de escolares de Educación Física en Educación Primaria	Alonso-Cayuelas, M., y Arias-Estero, J.L.	2023	El TGfU permite una enseñanza competencial enmarcada en el modelo de situaciones de aprendizaje que establece la nueva normativa nacional
Estrategias didácticas para generar situaciones de aprendizaje significativo en matemáticas utilizando herramientas digitales	Altamirano-Loor, D.C., y Mera-Vera, F. A.	2023	Es necesario capacitar en las nuevas metodologías que ofrecen las TICS a los docentes para transformar el conocimiento de la enseñanza tradicional a un espacio didáctico, innovador y participativo que incentive al aprendizaje significativo
Diseño de una situación de aprendizaje para 1º de Bachiller basada en el diseño, puesta en práctica y valoración de un plan de autoentrenamiento	Fernández, L.E., Carriedo, A., y González, C.	2023	Con el uso de situaciones de aprendizaje como metodología didáctica y genera un aprendizaje significativo, estimulando la educación emocional, las funciones cognitivas y que favorecen un buen clima en el aula

Situación de aprendizaje en Educación Física y Física y Química: el enfoque interdisciplinar en la LOMLOE	Herrero-Molleda, A., García-López, J., y Pérez-Pueyo, Á.	2023	Las situaciones de aprendizaje permiten utilizar la experiencia previa adquirida para introducir nuevos conceptos utilizando el aprendizaje previo del alumnado
Situaciones de aprendizaje en el área de lengua castellana y literatura. La generación del 27: una historia contada en masculino. Una situación de aprendizaje para 4º de la ESO	Hilario, P., y Ortiz, E.	2023	Las situaciones de aprendizaje potencias las metodologías activas, las técnicas para el trabajo cooperativo y los modelos inductivos, creativos y relacionales, así como la importancia constructivista en los modelos de enseñanza-aprendizaje.
Reflexiones sobre la concreción en el aula del currículo establecido en la LOMLOE para primera lengua extranjera y los retos para el profesorado	Lisa, P., y Timón, M.	2023	Es imprescindible la participación de la comunidad educativa en la elaboración de la normativa escolar, para que se pueda llevar a cabo en la realidad de los centros
Las TIC, TAC, TEP, TRIC en las situaciones de aprendizaje	López, J.V.	2023	El uso de las TIC, TAC, TEP, TRIC dentro del modelo de las situaciones e aprendizaje conseguirá motivar a un alumnado que es nativo digital, favoreciendo su participación en el proceso de enseñanza-aprendizaje
Aproximación crítica a las competencias clave y las competencias específicas de la LOMLOE como liderazgo para una innovación educativa. El caso de didáctica de la lengua	Ortiz, E.	2023	Enfocar en las maneras de materializar la adquisición de las competencias en el aula es tanto como implementar resortes válidos para la innovación educativa y los modelos de aprendizaje eficaces y vehicular modelos de enseñanza-aprendizaje acordes con el siglo XXI: indagatorios, investigativos, inductivos y creativos
La evaluación en Educación Física ¿Cómo evaluar en Educación Física y no morir en el intento?	Pérez-Pueyo, Á.	2023	La situación de aprendizaje permite el trabajo del modelo competencial, permitiendo un aprendizaje centrado en la adquisición de habilidades y destrezas
Objetivos de desarrollo sostenible y geografía: concepciones alternativas y actividades propuestas en situaciones de aprendizaje por maestros en formación	Sánchez, G., y Plaza, J.J.	2023	Los resultados indican que se está en un momento incipiente de la transformación educativa hacia la sostenibilidad y debe trabajarse en la superación tanto de las concepciones alternativas como de las prácticas escasamente reflexivas o indagatorias.
Una situación de aprendizaje para el desarrollo del sentido estocástico en Educación Primaria	Santaengrancia, J.J., Rodríguez-Muñiz, L.J. y Palop, B.	2023	El planteamiento de la situación de aprendizaje permite atender a la diversidad natural del aula

Tabla 2. Descripción de los estudios analizados. **Fuente:** Elaboración Propia

4.1. Discusión

La nueva terminología que expone la LOMLOE supone un elemento actual e innovador (Lisa y Timón, 2023) que cada docente ha de extraer y plasmar en su proceso de enseñanza y aprendizaje, a través de un análisis crítico exhaustivo de la legislación que permita promover dinámicas de aprendizaje por competencias en el aula. Ortiz (2023) recuerda que el modelo de educación competencial se encuentra presente en el sistema educativo español desde hace años, y que son los modelos pedagógicos tradicionales los que ya establecían la necesidad de integrar el aprendizaje en el contexto del alumnado para dar un tratamiento integral al proceso educativo (Alcalá y Gasque, 2023).

Gay y Alam (citado en Alcalá y Gasque, 2023) exponen la importancia de construir entornos de aprendizaje inclusivos que tengan en cuenta las características individuales del estudiantado, refuercen los constructos de cooperación y colaboración y promuevan climas de confianza y respeto mutuo. En esta línea son diversos los autores (Alcalá y Gasque, 2023; Hilario y Ortiz, 2023; Ortiz 2023) los que proponen la necesidad de crear ambientes donde el alumnado se encuentre motivado para enfrentar un aprendizaje contextualizado y relacionado con sus experiencias previas.

Para llegar a este proceso, Alcalá y Gasque (2023) apoyan los postulados desde la perspectiva pedagógica intrínseca al concepto de la enseñanza, la cual indica que en el aprendizaje influyen otros factores sociales, culturales y emocionales que rodean al alumnado y que van más allá del aula. Esto conlleva una necesidad cognitiva de facilitar a los estudiantes el establecimiento de conexiones entre los conocimientos previos y aquellos nuevos que se presentan (Domènech-Casal, 2023), que les permita involucrarse en propio proceso de aprendizaje y tener transferencia a la vida cotidiana (Herrero-Molleda *et al.*, 2023).

Sobre estas bases teóricas previas, Muñoz (2022), Hilario y Ortiz (2023) y Pérez-Pueyo (2023), proponen definir las situaciones de aprendizaje como un conjunto de tareas de carácter competencial que se integran dentro de las Unidades Didácticas. Suponen un paso más allá de las fórmulas programáticas tradicionales, porque comprenden la necesidad de contextualizar contenidos, procedimientos y actitudes, junto con destrezas y habilidades, de manera conjunta para la resolución de una tarea en situación.

Los cambios sustancias en la estructura curricular presenta un entramado de elementos que parten de las competencias clave hacía desarrollos más concretos mediante los descriptores operativos y las competencias específicas (Herrero-Molleda *et al.*, 2023; López, 2023; Santaengracia *et al.*, 2023). Esta nueva redacción de los elementos básicos que configuran el entramado educativo permite garantizar una estructuración al servicio de la educación inclusiva, la adquisición de competencias y la diversidad del alumnado (Lamoneda, 2023).

Es por ello que, para el diseño de situaciones de aprendizaje, se ha de partir de la localización de un centro de interés (Muñoz, 2022), dando respuesta a cuál es la demanda, el escenario y el contenido que queremos que el alumnado aprenda (Domènech-Casal, 2022) y pudiéndolo enfocar desde tres perspectivas didácticas posibles: realizar un proyecto globalizado, realizar un planteamiento interdisciplinar o plantear las tareas competenciales desde distintas materias independientes con un nexo común a nivel centro (Pérez-Pueyo, 2023).

Entre los documentos científicos analizados, distintas experiencias educativas que comparten un nexo en común: el diseño de actividades activas y extrapolables a la realidad del alumnado con un claro carácter competencial (Fernández *et al.*, 2023; Altamirano-

Loor y Mera-Vera, 2023). Los trabajos presentados, como indican Alonso-Cayuelas y Arias-Estero (2023), evidencian resultados positivos en la enseñanza competencial, integrando saberes de diversos contenidos a partir de situaciones-problema, haciendo uso de las metodologías activas y la cooperación entre iguales. En la misma línea, también se ha demostrado que los docentes (actuales y futuros) se encuentran en proceso de implementación del carácter indagador en el aula, rompiendo el modelo educativo tradicional en pro de una construcción compartida de conocimiento (Sánchez y Plaza, 2023).

Es importante no olvidar la repercusión que LOMLOE otorga al Diseño Universal para el Aprendizaje (por sus siglas, DUA), como pieza principal para la inclusión educativa del alumnado. La alineación de las situaciones de aprendizaje junto con los principios del DUA permite desarrollar la competencia de aprender a aprender, así como sienta las bases del aprendizaje durante toda la vida, dando cavidad individual a las necesidades, características, ritmos y modos de aprendizaje de los estudiantes (Hilario y Ortiz, 2023; Lisa y Timón, 2023; López, 2023)

5. CONCLUSIONES

Tal y como hemos indicado a lo largo del estudio, la LOMLOE ha supuesto una actualización y adecuación de los estándares del sistema educativo nacional a una nueva situación educativa y social enfocada a la potenciación del enfoque competencial como elemento vertebrador del modelo educativo español.

Este nuevo paradigma ha llevado a conceptualizar y concebir nuevos elementos curriculares que organizan y estructuran el nuevo modelo de enseñanza y aprendizaje, a través del diseño e implementación de las situaciones de aprendizaje. A pesar de la nueva terminología, este concepto se encuentra en el imaginario docente porque está estrechamente vinculado a la realización de experiencias didácticas que facilitan el aprendizaje del alumnado desde un punto de vista práctico que permite extrapolar los saberes teóricos a las situaciones de la vida cotidiana del alumnado.

Podemos afirmar (y dando así respuesta a la primera pregunta de investigación y al objetivo general del estudio) que, tras la realización de la revisión sistemática, las situaciones de aprendizaje son un elemento curricular que permite contextualizar los aprendizajes en situaciones funcionales enmarcadas dentro del entorno natural del alumnado.

Teniendo en cuenta la segunda pregunta de investigación, este nuevo diseño pedagógico ofrece múltiples ventajas dentro del ecosistema educativo, ya que sitúa al alumnado en el centro del proceso de enseñanza y aprendizaje, permitiendo el desarrollo de habilidades, actitudes y destrezas para desarrollarse y participar de forma activa en la sociedad actual.

Por tanto, y como comprobación del cumplimiento de la tercera pregunta de investigación propuesta, las situaciones de aprendizaje permiten desarrollar un marco de acción donde los y las discentes desarrollar las competencias establecidas a nivel nacional. Además, permiten el desarrollo de la competencia de aprender a aprender, que permite un aprendizaje a lo largo de la vida, necesario para la adaptación a los nuevos retos y desafíos del siglo XXI.

Respecto a las limitaciones de este estudio, hay que destacar que la principal limitación encontrada ha sido los términos de búsqueda, los cuales no han dado grandes resultados debido a la novedad de la temática presentada. Otra limitación, relacionada directamente con la anterior, son las bases de datos consultadas, ya que sería conveniente ampliar la búsqueda a otras bases de carácter nacional en estudios futuros (como Dialnet), para así poder encontrar literatura científica más amplia que dé cobertura a un estudio en mayor profundidad.

Por último, la evidencia encontrada no ha sido amplia (como acabamos de comentar), ya que no hay estudios (propiamente dichos) sobre las situaciones de aprendizaje, siendo esto una posible línea de investigación futura. Así como seria conveniente hacer una investigación sobre la definición del concepto a estudio en base a las opiniones y percepciones del profesorado de las etapas educativas no universitarias, ya que como evidencia la literatura consultada, las situaciones de aprendizaje no son un término nuevo aunque han creado amplia confusión dentro de la profesión docente.

6. REFERENCIAS

Alcalá, M. L. y Gasque, R. (2023) Sitúate para aprender. Situaciones de aprendizaje en educación primaria y secundaria. *Supervisión, 21*(68), 1-29. https://doi.org/10.52149/Sp21

Alonso-Cayuelas, M. y Arias-Estero, J. L. (2023). Practical proposal of TGfU based on alternative learning situations and its effects on learning and social attitudes of Physical Education students in Primary Education. *Espiral. Cuadernos del Profesorado, 16*(32), 106-117. https://doi.org/10.25115/ecp.v16i32.8656

Altamirano-Loor, D. C. y Mera-Vera, F. A. (2023). Estrategias didácticas para generar situaciones de aprendizaje significativo en matemáticas utilizando herramientas digitales. *Revista Dominio de las Ciencias, 9*(1), 168-185. https://doi.org/10.23857/dc.v9i1

CASP (2018). *CASP Checklist.* https://casp-uk.net/casp-tools-checklists/

Castro-Zubizarreta, A., Calvo, A., Haya, I. y Lázaro, S. (2023). Situaciones de aprendizaje: de la definición a la práctica. En A. Castro-Zubizarreta (Coord), *Situaciones de aprendizaje: concepto, diseño y desarrollo* (pp. 6-39). Universidad de Cantabria.

Domènech-Casal, J. (2023). Situaciones de aprendizaje. Ideas para el despliegue curricular de las ciencias. *Ciències*, 45, 73-86. https://doi.org/10.5565/rev/ciencies.469

Feo, R. J. (2018). Diseño de situaciones de aprendizaje centradas en el aprendizaje estratégico. *Tendencias Pedagógicas*, 31, 187–206. https://doi.org/10.15366/tp2018.31.011

Fernández, L. E., Carriedo, A. y González, C. (2023). Diseño de una situación de aprendizaje para 1º de Bachiller basada en el diseño, puesta en práctica y valoración de un plan de autoentrenamiento. *EmásF. Revita Digital de Educación Física,* 80, 61-76.

Ferrada-Ferrada, C., Carrillo-Rosúa, F. J., Díaz-Levicoy, D. y Silva-Díaz, F. (2020). La robótica desde las áreas STEM en Educación Primaria: una revisión sistemática. *Education in the Knowledge Society (EKS)*, 21, 1-18. https://doi.org/10.14201/eks.22036

Flores, J., Caballero, M. C. y Moreira, M. A. (2009). El laboratorio en la enseñanza de las ciencias: Una visión integral en este complejo ambiente de aprendizaje. *Revista de Investigación,* 68, 75-111.

Gómez, Ó. (2022). Robótica y LOMLOE: Revisión sistemática de la robótica como herramienta inclusiva. *HUMAN REVIEW. International Humanities Review / Revista Internacional De Humanidades, 13*(1), 1–13. https://doi.org/10.37467/revhuman.v11.4002

Guerra, J. (2020). El constructivismo en la educación y el aporte de la teoría sociocultural de Vygotsky para comprender la construcción del conocimiento en el ser humano. *Revista Dilemas Contemporáneos: Educación, Política y valores,* 2, 1-21.

Herrero-Molleda, A., García-López, J. y Pérez-Pueyo, Á. (2023). Situación de aprendizaje en Educación Física y Física y Química: el enfoque interdisciplinar en la LOMLOE. *Retos,* 47, 146-155. https://doi.org/10.47197/retos.v47.95150

Hilario, P. y Ortiz, E. (2023). Situaciones de aprendizaje en el área de Lengua Castellana y Literatura. La Generación del 27: una historia contada en masculino. Una situación de aprendizaje para 4º de la eso. *Supervisión21,* 68, 1-66. https://doi.org/10.52149/Sp21

Lamoneda, J. (2022). Situaciones de aprendizaje en Educación Física en Secundaria en Andalucía: Sports to break barries. *Revista Española de Educación Física y Deportes, 436*(4), 24-34. https://doi.org/10.55166/reefd.vi436(4).1071

Lave, J. y Wenger, E. (1991). *Situated learning: Legitimate peripheral participation*. Cambridge University Press.

Ley Orgánica 3/2020, de 29 de diciembre, por la que se modifica la Ley Orgánica 2/2006, de 3 de mayo, de Educación. *Boletín Oficial del Estado, 340,* de 30 de diciembre de 2020, 122868-122953. https://boe.es/eli/es/lo/2020/12/29/3

Lisa, P. y Timón, M. (2023). Reflexiones sobre la concreción en el aula del currículo establecido en la LOMLOE para primera lengua extranjera y los retos para el profesorado. *Supervisión 21,* 67, 1-23. https://doi.org/10.52149/Sp21

López, J. V. (2023) Las TIC, TAC, TEP, TRIC en las situaciones de aprendizaje. *Supervisión21,* 68, 1-33. https://doi.org/10.52149/Sp21

Luengo, F. y Moya, J. (2022). *Educar para el siglo XXI. LOMLOE: de la norma al aula*. Anaya.

Moher, D., Liberati, A., Tetzlaff, J. y Altman, D. G. (2009). Preferred reporting items for systematic reviews and meta-analyses: the PRISMA statement. *PLoS Med, 6*(7), e1000097. https://doi.org/10.1371/journal.pmed.1000097

Muñoz, J. C. (2022). La Educación Física en la LOMLOE. *EmásF. Revita Digital de Educación Física,* 78, 74-95.

OCDE (1997). *El proyecto DeSeCo: La definición y selección de competencias clave. Resumen Ejecutivo.* OCDE Publishing.

Orden ECD/65/2015, de 21 de enero, por la que se describen las relaciones entre las competencias, los contenidos y los criterios de evaluación de la educación primaria, la educación secundaria obligatoria y el bachillerato. *Boletín Oficial del Estado, 25,* de 29 de enero de 2015, 6986-7003. https://www.boe.es/eli/es/o/2015/01/21/ecd65

Ortiz, E. (2023). Aproximación crítica a las competencias clave y las competencias específicas de la LOMLOE como liderazgo para una innovación educativa. El caso de la didáctica de la Lengua. *Supervisión 21,* 67, 1-22. https://doi.org/10.52149/Sp21

Pérez, P. (2022). Las situaciones de aprendizaje en el corazón de la LOMLOE. *Aula de Secundaria,* 49, 35-39.

Pérez-Pueyo, A. (2023). La evaluación en Educación Física. ¿Cómo evaluar en educación física y no morir en el intento? En O. Ramos, y M. M. García (Coords). *La Educación Física para la mejora de la salud mental* (pp. 115-140). Gobierno de Cantabria.

Pérez, J. F. (2023). Situaciones de aprendizaje. Naturaleza, significación y alcance. *Avances En Supervisión Educativa,* 39. https://doi.org/10.23824/ase.v0i39.788

Piraval, M., Morales. B. y Gutiérrez. M. (2013). *Situaciones de Aprendizaje, Pautas Metodológicas Para el Desarrollo de Competencias en el Aula*. Dirección General de Currículo.

Prieto, A. J. y Fernández. J. (2022). Situaciones de aprendizaje: diseño y desarrollo. *EmásF, Revista Digital de Educación Física,* 79, 22-41.

Real Decreto 157/2022, de 1 de marzo, por el que se establece la ordenación y las enseñanzas mínimas de la Educación Primaria. *Boletín Oficial del Estado, 52,* de 2 de marzo de 2022, 24386-24504. https://www.boe.es/eli/es/rd/2022/03/01/157

Ruiz, A. (2023). Las situaciones de aprendizaje: concepto, partes y fases para su diseño. *Supervisión 21, 68*(68). https://doi.org/10.52149/Sp21/68.5

Sánchez, G. y Plaza, J. J. (2023). Objetivos de desarrollo sostenible y geografía: concepciones alternativas y actividades propuestas en situaciones de aprendizaje por maestros en formación. *Didáctica Geográfica,* 24, 151-175. https://doi.org/10.21138/DG.661

Santaengracia, J. J., Rodríguez-Muñiz, L. J. y Palop, B. (2023). Una situación de aprendizaje para el desarrollo del sentido estocástico en Educación Primaria. *Números, Revista de Didáctica de las Matemáticas,* 113, 63-80.

Urrutia, G. y Bonfill, X. (2010). Declaración Prisma: Una propuesta para mejorar la publicación de revisiones sistemáticas y metaanálisis. *Medicina clínica, 135*(11), 507-511. https://doi.org/10.1016/j.medcli.2010.01.015

LA NUEVA LEY DE POLÍTICA CRIMINOLÓGICA EN PANAMÁ, ¿POR QUÉ ES IMPORTANTE PARA LOS CRIMINOLÓGOS Y QUÉ SE PUEDE EXTRAPOLAR A LA REALIDAD ESPAÑOLA?

Rolando-Óscar Grimaldo-Santamaría[1], *María-Inmaculada Ruiz-Fincias*[2]

1. INTRODUCCIÓN

La intención de diseñar e implementar una Ley de Política Criminológica en el territorio panameño no es una idea reciente. La primera propuesta consolidada de la que se tiene conocimiento fue la presentada por la Comisión Intersectorial de Alto Nivel (en lo sucesivo CIAN) conformada para la elaboración de la denominada "Primera Propuesta de Política Criminológica Presentada a la Nación" (en lo sucesivo PRICRINA) fundamentada en el decreto ejecutivo Nº 66 de 5 de abril de 2002 y modificado por el decreto ejecutivo Nº 128 de 29 mayo de 2003. Entre las instituciones designadas que trabajaron en la elaboración de la propuesta estuvieron el Ministerio de Gobierno y Justicia, la Procuraduría General de la Nación, Policía Técnica Judicial, la Universidad de Panamá, el Instituto de Criminología de la Universidad de Panamá, la Dirección General del Sistema Penitenciario y la Policía Nacional; además de un equipo de organizaciones colaboradoras de la sociedad civil (Alianza Ciudadana Pro Justicia, 2004).

La idea de la constitución de la CIAN surge, tal como indica el apartado de presentación de la primera propuesta de Política Criminológica, después de la realización de la Primera Jornada Científica Nacional y Seguridad Ciudadana, organizada por el Instituto de Criminología de la Universidad de Panamá, donde los asistentes coincidieron en la necesidad de contar con un documento que fuera el producto de la participación de la sociedad civil e instituciones destinadas al control formal e informal de la sociedad panameña. El objetivo fundamental de esta propuesta era contar con un documento que facilitara la toma de decisiones con la finalidad de atender integralmente la criminalidad en Panamá, fenómeno que había cobrado relevancia en los últimos años (Alianza Ciudadana Pro Justicia, 2004; Grimaldo-Santamaría, 2012).

La PRICRINA, presentada en octubre del 2004, más allá de los aspectos netamente teóricos relacionados al ámbito criminológico que se tocaban en el documento, hacía referencia en el apartado de "acciones previas" a la importancia de contar con la voluntad estatal para su adecuada implementación. Entre estas "acciones previas" se encontraba 1) la institucionalización de la propuesta de Política Criminológica, 2) la creación y

1. Universidad Pontificia Comillas (España)
2. Universidad Camilo José Cela (España)

reglamentación de un organismo con independencia y autonomía presupuestaria, supeditado al Órgano Ejecutivo que se enfocara en liderar, planificar, coordinar, supervisar y evaluar la ejecución de la Política Criminológica y 3) el fomento de la integración entre todas las instituciones y entes involucrados en la ejecución de la Política Criminológica.

El apartado de "acciones previas" también deja entrever la primera propuesta de creación de la Comisión Coordinadora de Política Criminológica, tal como se denominó a la entidad que debería estar encargada de la planificación, organización y control de la puesta en marcha de la Política Criminológica en el país.

La PRICRINA también definió en su texto cuál debía ser el perfil del director, desde el punto de vista académico y profesional. Además, incluyó una síntesis diagnóstica que elaboró cada una de las subcomisiones[3] donde se definieron los síntomas, las consecuencias, el pronóstico y el control del pronóstico. De igual forma, se definieron los principios rectores, sus estrategias y el plan de acción para su consecución[4].

Además, la PRICRINA incorpora en un apartado final un aspecto que llama poderosamente la atención, la denominada "Matriz de responsabilidades para el cumplimiento de las acciones en materia de Política Criminológica". Este apartado indica una serie de tareas que deberían realizar 12 ministerios, 28 instituciones gubernamentales y 5 no gubernamentales de forma simultánea, integrada y coordinada a corto, mediano y largo plazo.

A partir de esas bases, la regulación de la Política Criminológica en el Estado panameño sigue avanzando hasta el día de hoy.

2. MATERIALES Y METODOLOGÍA

Para proceder a realizar la presente revisión-investigación, mediante un enfoque cualitativo, se aplican las técnicas de análisis documental y entrevistas en profundidad.

De este modo, por un lado, se realizó una recolección, revisión y síntesis de la información disponible acerca del fenómeno, desde sus inicios hasta la actual rendición de cuentas. Los datos extraídos proceden de los principales portales oficiales del Estado panameño, así como de información complementaria recopilada en fuentes abiertas.

Tras recoger todo el material de interés, se complementó y amplió con la entrevista en profundidad realizada el 22 de junio de 2023 al Subcomisionado de Policía, Héctor Wong, jefe de la Secretaría Ejecutiva de la Política Criminológica.

3. OBJETIVOS

En este contexto, el objetivo de la presente revisión-investigación es evidenciar no sólo la evolución de las políticas criminológicas en el Estado panameño, sino los aspectos más importantes de la Ley de Política Criminológica de Panamá actualmente vigente y su ejecución hasta el momento, prestando especial atención a la Secretaría Ejecutiva de

3. Las subcomisiones fueron: criminalidad adulta, criminalidad de menores, judicial, de prevención, penitenciaria, seguridad ciudadana y socioeconómica, entre otras.

4. Los principios rectores establecidos en la propuesta de Política Criminológica fueron: prevención, seguridad ciudadana, respeto a los derechos humanos, justicia social, desarrollo sostenible, participación ciudadana y la educación para una cultura de paz.

la Política Criminológica y el Consejo Nacional de la Política Criminológica recientemente conformados.

De igual forma se analizan la regulación profesional del criminólogo panameño y cuáles serán sus principales actuaciones como ente integrado en las políticas de seguridad.

4. RESULTADOS

Se expondrán seguidamente los resultados ordenados de una forma cronológica, desde la gestación de la Ley hasta la rendición de cuentas actualmente realizada.

4.1. Gestación de la Ley

La PRICRINA después de su presentación a finales del 2004 siguió, definido en términos positivos, una evolución favorable. De hecho, el Decreto Ejecutivo Nº 260 de 7 de junio de 2006 recoge el testigo de los aspectos tratados en la PRICRINA, incorporándolos en lo que más adelante se denominaría "Los Lineamientos Generales para una Política Criminológica del Estado Panameño" (en lo sucesivo LIGECRIM). Este documento, que fue firmado por el presidente de la República, Martín Torrijos Espino, y la Ministra de Gobierno y Justicia, Olga Golcher, es posiblemente el primer antecedente de normativa legal ligada al desarrollo e implementación de la Política Criminológica del Estado panameño.

Si bien es cierto que la LIGECRIM conservó la esencia de la primera propuesta de Política Criminológica, desde lo establecido en el apartado de acciones previas hasta la definición de los ejes rectores, solo era un Decreto Ejecutivo. No fue hasta el 18 de enero del 2022 que el Ministro de Seguridad Pública presenta el Proyecto de Ley 739, aprobado en tercer debate el lunes 22 de agosto del mismo año en el pleno de la Asamblea Nacional de Diputados. La Ley N° 328, de lunes 10 de octubre de 2022, que establece la Política Criminológica en la República de Panamá fue firmada por el presidente de Panamá, Laurentino Cortizo Cohen, en un acto público en la presidencia el mismo día de su sanción, donde destacó que "hemos sancionado la ley que establece la política de Estado en materia de Criminología, con el propósito de sentar las bases para un abordaje más científico en la toma de decisiones relacionadas con la criminalidad y la protección efectiva de los ciudadanos" (Órgano Judicial de Panamá, 2022, párr.2).

Como introducción a lo que se comentará a continuación, es importante destacar que la Ley de Política Criminológica en la República de Panamá (en lo sucesivo LECRIMPA) se fundamenta en parte de los postulados establecidos en la PRICRINA y la LEGICRIM. De este modo, la LECRIMPA es un documento compuesto de cinco capítulos, en función de las acciones que se aspiran a realizar, así como de las estrategias y herramientas necesarias para materializar las disposiciones generales (Ley 328 de Política Criminológica en la República de Panamá [LECRIMPA], 2022).

El capítulo I, de las Disposiciones Generales, está compuesto de cuatro artículos donde se plasman el objeto de la ley, los objetivos generales y específicos, y la identificación de los elementos nacionales que afectan la seguridad ciudadana. Desde el punto de vista de los objetivos, la LECRIMPA es ambiciosa en la medida que define 5 objetivos generales y 35 específicos. Este aspecto es positivo en la medida en que intenta cubrir un abanico amplio de situaciones vinculadas al fenómeno delictual, pero también exige contar con un robusto sistema de coordinación entre las instituciones involucradas para tal fin. Otro aspecto que se detecta en los objetivos, que se tendrá que analizar una vez se confeccione el Plan Nacional de Política Criminológica que se comentará más adelante, es la forma en la que se alcanzarán algunos de los objetivos específicos (artículo 3), principalmente por la amplitud o complejidad, por lo menos a simple vista, para medir el grado de cumplimiento. Entre estos artículos se pueden mencionar los relacionados a "ampliar las capacidades y oportunidades de los individuos, al incluirlos como actores y diseñadores en este proceso para mejorar su calidad de vida" (artículo 3, inciso 1, p. 1), "garantizar la seguridad ciudadana de la población panameña" (artículo 3, inciso 6, p. 2) y "comprometerse en el mejoramiento de la calidad de vida de su población" (artículo 3, inciso 18, p. 2), entre otros.

El capítulo II, relacionado a los Principios y Estrategias de la Política Criminológica, incluye los principios rectores (artículo 5) y las estrategias (artículo 6) en los que se fundamenta la ley. En ambos casos, la elaboración es el resultado de la actualización de los principios y estrategias plasmadas en los documentos precedentes a la ley y la incorporación de otros que obedecen al contexto actual. La LECRIMPA cuenta, por un lado, con 9 principios rectores adecuadamente definidos vinculados a la prevención, la seguridad ciudadana, el respeto a los derechos humanos, la justicia social, el desarrollo sostenible, la participación ciudadana, la educación para una cultura de paz, la rehabilitación y reinserción social, y las relaciones pacíficas comunitarias; y, por otro lado, cuenta con 9 estrategias donde se agrupan un total de 39 incisos. El análisis de estos incisos abre ciertos interrogantes similares a los comentados en el capítulo I, principalmente con la ejecución y medición de sus resultados; no obstante, será necesario esperar a la presentación del Plan Nacional de Política Criminológica para aclarar estas inquietudes. Algunos ejemplos de estos incisos se encuentran incluidos en LECRIMPA en la estrategia de prevención, inciso 1 - epígrafe b, que referencia el "rol social del centro educativo, a través de la educación como pilar para la realización del potencial humano; en la estrategia de seguridad ciudadana" (p. 5), inciso 2 - epígrafe d, que hace referencia a la "definición de la política de Estado en materia de seguridad humana" (p. 5); y en la estrategia en la participación ciudadana , inciso 6 - epígrafe a, que referencia la "participación comunitaria en las estructuras políticas y sociales" (p. 6), por mencionar algunas.

El capítulo III, vinculado a la creación de la Secretaría Ejecutiva de la Política Criminológica, la LECRIMPA hace referencia a la creación de esta estructura (artículo 7), las funciones de esta Secretaría Ejecutiva (artículo 8), el perfil de la persona responsable de la dirección (artículo 9) y los diferentes procesos de rendición de cuentas de los resultados (artículos 10, 11 y 12). La propuesta realizada en el capítulo III también conserva la esencia de los documentos iniciales comentados anteriormente, repitiendo en este sentido aspectos positivos y quizás no tan positivos desde el prisma en que se observe. La Secretaría Ejecutiva de Política Criminológica (en los sucesivo SEPOCRIM) se entiende como una entidad generadora de conocimiento, así como de supervisión y control de las acciones implementadas, o por implementar, en materia de seguridad. Por consiguiente, su adscripción al despacho superior del Ministerio de Seguridad Pública del Gobierno de Panamá (en lo sucesivo MINSEG) deja al secretario ejecutivo supeditado a un contexto laboral donde prevalece el rango jerárquico, siendo este aspecto un condicionante importante en la búsqueda de un desarrollo pleno de sus funciones. Además, el secretario ejecutivo solo podrá ser un ciudadano panameño, limitando de esta forma la incorporación de otros perfiles extranjeros que pudieran globalizar la forma de realizar determinadas tareas científico-académicas.

El capítulo IV hace referencia a otro apartado importante en la LECRIMPA, relacionado con la implementación del Consejo Nacional de Política Criminológica. Este consejo, que será presidido por el Ministro de Seguridad Pública a través del secretario ejecutivo, estará enfocado en la generación de proyectos, planes y programas de prevención. Además, su composición será el resultado de la reunión de un representante de las siguientes instituciones: Ministerio de Seguridad Pública, Ministerio de Educación, Ministerio de Gobierno, Ministerio de Desarrollo Social, Ministerio de Economía y Finanzas, Ministerio de Salud, Ministerio de Cultura, Ministerio de Trabajo Social y Desarrollo Laboral, Instituto de Criminología de la Universidad de Panamá, Instituto Panameño de Deportes, asociación o gremio de la profesión de Criminología y Victimología, y el Consejo Técnico de Especialistas en Inadaptados Sociales e Infractores. Al grupo anterior se sumará el presidente de la Comisión de Gobierno, Justicia y Asuntos Constitucionales de la Asamblea Nacional. Por otro lado, el artículo 14 de este capítulo de la LECRIMPA promueve el desarrollo profesional de la figura del criminólogo indicando que "cada institución vinculada a la ejecución de la Política Criminológica deber contar con profesionales formados en Criminología o disciplinas afines" (p. 9).

Finalmente, el capítulo V establece un aspecto interesante que no se había contemplado de tal forma en los documentos iniciales, vinculado a la necesidad de elaborar un Plan Nacional de Política Criminológica, propuesta que tendrá, indica la LECRIMPA, una visión general y será el instrumento para alcanzar los objetivos propuestos. Tal como se había comentado antes, la elaboración y diseño de ese plan podrá dar luz y con ello resolver algunas de las dudas mencionadas en el análisis de los tres primeros capítulos, principalmente las relacionadas con la puesta en marcha de algunos objetivos y estrategias. El capítulo V también contempla el aspecto presupuestario, fundamental para el desarrollo de cualquier proyecto. Al respecto, la LECRIMPA es ambiciosa y establece en su antepenúltima enmienda, el artículo 18, que "para la implementación de la presente Ley, se dispondrá de las partidas que sean necesarias, las cuales se incluirán en el presupuesto de la vigencia fiscal del año 2023" (p. 9). El artículo también hace referencia al interés que, a partir del 2023, la Secretaría Ejecutiva de Política Criminológica cuente con la independencia económica del Ministerio de Seguridad Pública, así como de los recursos e infraestructura necesaria para iniciar una adecuada ejecución de la LECRIMPA.

4.2. Primeros avances y asentamiento de la LECRIMPA

La LECRIMPA ha sido el resultado de más de 20 años de trabajo, período que contó, entre otros aspectos, con una propuesta inicial, la reglamentación legal -con algunos matices-, y un proceso final de adaptación y aprobación como Ley. Durante este proceso se podrían enumerar aspectos positivos y otros que probablemente no lo han sido tanto, pero quizás uno de los que llama poderosamente la atención es la integración, como pocas veces se ha visto en el territorio panameño, de la sociedad civil en su conjunto, destacando la participación de representantes de distintos sectores económicos y profesionales, de diferentes instituciones gubernamentales, del ámbito político y académico[5].

Es pertinente destacar, antes de analizar el estado de la cuestión actual y algunos de los avances conseguidos tras la aplicación de la legislación en los primeros meses, los aspectos esenciales que facilitan la comprensión y contextualización de cómo se aprobó y en qué punto se encuentran las actuaciones referentes a la LECRIMPA. De todos los aquí

5. En el contexto académico merece un especial reconocimiento el Instituto de Criminología de la Universidad de Panamá, que ha participado activamente durante todos estos años en impulsar esta propuesta, véase https://instcriminologia.up.ac.pa/

analizados, y algún otro complementario, es posible ampliar información recurriendo a la web oficial del MINSEG[6]:

1. La Política Criminológica es tratada como tema de Estado. Representantes del Ministerio de Seguridad Pública y la Secretaría Nacional de Prevención se reúnen para tratar la importancia de la Política Criminológica en Panamá. El objetivo general de la reunión es intentar elevar el decreto ejecutivo, LIGECRIM, a Ley de la República. Con esta acción se busca estabilizar a través del tiempo, independientemente del gobierno de turno, la aplicación de procedimientos científicos a la prevención de la delincuencia. (MINSEG, 2020)
2. Ministro Pino presenta proyecto sobre Política Criminológica de Estado. El ministro de Seguridad Pública presenta ante el pleno de la Asamblea Nacional de Panamá la propuesta de Política Criminológica de la República de Panamá. Con este documento se aspira a contar con una política de Estado en materia criminológica que facilite un abordaje integral del fenómeno delictual en el territorio panameño. (MINSEG, 2022a)
3. Comisión de Gobierno aprueba en primer debate el proyecto sobre Política Criminológica. Se aprueba de manera unánime en primer debate el proyecto de ley 739 que hace referencia a la Política Criminológica de la República de Panamá. En la defensa de la propuesta, que pasa a segundo debate, se contextualiza, entre otros aspectos, la importancia de la creación de la SEPOCRIM. (MINSEG, 2022b)
4. Política Criminológica lista para debate en el pleno de la Asamblea. Se recalca la aprobación en primer debate del proyecto de Ley 739 por la comisión del Órgano Legislativo del país. Además, se indica que todo está preparado para juzgar el proyecto de Ley en segundo debate. (MINSEG, 2022c)
5. Aprueban en segundo debate el proyecto de ley que crea la Política Criminológica. Se aprueba en segundo debate el proyecto de ley 739 en el pleno de la Asamblea Nacional de Diputados. Entre los aspectos a destacar, resalta la recomendación de los diputados de la eliminación de los artículos 2, 6 y 7. (MINSEG, 2022d)
6. Asamblea Nacional de Diputados aprueba el proyecto que crea la Política Criminológica en el país. Con 44 votos a favor y ninguno en contra se aprueba en tercer y último debate el proyecto de Ley 739, que establece finalmente la Política Criminológica en Panamá. Con la nueva ley, en palabras de los representantes del Ministerio de Seguridad, se busca "promover una integración efectiva, sostenible en el tiempo y que se evite la improvisación" (párr. 2) (MINSEG, 2022e)
7. Presidente Cortizo sanciona Ley 739, que crea la Política Criminológica. En un acto oficial en el Palacio de las Garzas, sede de la Presidencia de la República de Panamá, Laurentino Cortizo Cohen, presidente de Panamá, firmó en presencia del Ministro de Seguridad, Juan Manuel Pino, y de la presidenta de la Corte Suprema de Justicia, María Eugenia López Arias, el documento que hace referencia a la nueva ley de Política Criminológica. (MINSEG, 2022f)
8. MINSEG inaugura la Oficina de Secretaría Ejecutiva de la Política Criminológica. Cumpliendo lo establecido en la Ley Nº 328, del 10 de octubre de 2022, que establece la Política Criminológica del país, el 17 de noviembre se inaugura la

6. En el ánimo de visibilizar los avances, el Ministerio de Seguridad Pública del Gobierno de Panamá publica asiduamente las noticias relevantes a la implementación de la Ley, véase https://www.minseg.gob.pa/category/noticias-2/

oficina de la SEPOCRIM, ubicada en el Ministerio de Seguridad Pública. (MINSEG, 2022g)

9. Jornada de docencia y actualización sobre la Política Criminológica. Se realiza la primera jornada de docencia criminológica específicamente en la provincia de Colón. La actividad de dos días de duración, y organizada por el Ministerio de Seguridad Pública y el Sistema Nacional Integrado de Estadísticas Criminales (en lo sucesivo SIEC), tenía como objetivo explicar a profesionales de los diferentes estamentos de seguridad las particularidades de la nueva Ley. (MINSEG, 2022h)
10. Subcomisionado Wong orienta sobre la Política Criminológica. El recién nombrado como secretario ejecutivo, Subcomisionado Héctor Wong, participó en la primera jornada de actualización en ciencias penales y criminológicas con la temática "La seguridad pública y la Política Criminológica, retos y desafíos". La actividad se realizó en el centro regional universitario de Panamá Oeste. (MINSEG, 2022i)
11. Consejo Nacional de Política Criminológica se reúne para enfocar la aplicación de la Ley. El equipo interdisciplinario de 13 instituciones del Estado realizó la primera reunión del Consejo Nacional de Política Criminológica para tratar el tema de la seguridad en el país y establecer una ruta de actuación conjunta. (MINSEG, 2022j)
12. Consejo de la Política Criminológica avanza hacia un plan nacional de prevención. El Consejo realiza la primera reunión de coordinación del año 2023, donde se crearon 6 comisiones de trabajo en áreas específicas con la asignación de un responsable que rendirá cuentas de los avances periódicamente. Además, se establece la necesidad de comenzar con la elaboración del Plan Nacional de Seguridad. (MINSEG, 2023a)
13. Secretaría Ejecutiva de la Política Criminológica capacita a oficiales del SENAN y SENAFRONT. La Secretaría realizó dos jornadas formativas a diferentes funcionarios policiales del Servicio Nacional Aeronaval (SENAN), sede central, y el Servicio Nacional de Frontera (SENAFRONT), sede de Metetí. Se explicaron los principales objetivos de la nueva Ley de Política Criminológica. (MINSEG, 2023b)
14. Consejo Nacional de Política Criminológica recorre la Academia Internado Encontrando el Camino Correcto. Diez representantes de las instituciones del Estado que conforman el Consejo Nacional de Política Criminológica recorrieron las instalaciones de la Academia Internado Encontrando el Camino Correcto en Veracruz, con la finalidad de conocer su funcionamiento como actor en la prevención de la deserción escolar e inicio de carreras delictivas entre los jóvenes. (MINSEG, 2023c)
15. Estudiantes, estamentos e instituciones se instruyen sobre Política Criminológica. Alumnos de la carrera de Criminología de la Universidad Especializada de las Américas (en lo sucesivo, UDELAS), de la Universidad Metropolitana de Educación, Ciencia y Tecnología (AMECIT), funcionarios pertenecientes a los estamentos de seguridad, Ministerio Público, Cámara de Comercio, entre otras instituciones, participaron de las segundas jornadas de docencia criminológica. La actividad, realizada en la ciudad de Santiago-Veraguas, fue realizada por la Secretaría Ejecutiva y se informó a los asistentes sobre los aspectos relacionados a la Ley de Política Criminológica. (MINSEG, 2023d)
16. Capacitan a estudiantes de la Universidad Tecnológica sobre Política Criminológica. La Secretaria Ejecutiva impartió una formación sobre la Ley de Política Criminológica a estudiantes de las Facultades de Ciencias e Ingeniería

de Alimentos y Forestal de la Universidad Tecnológicas de Panamá (UTP). En la formación también estuvieron presentes profesores de las facultades en mención. (MINSEG, 2023e)

17. Instruyen a estudiantes de derecho de la USMA sobre Política Criminológica. Con presencia de la Decana de la Facultad de Derecho y Ciencias Políticas de la Universidad Santa María La Antigua (USMA), el secretario ejecutivo, Héctor Wong, impartió una formación relacionada a los aspectos más importantes de la Ley de Política Criminológica a los estudiantes que cursan esta titulación. (MINSEG, 2023f)
18. Estudiantes de la ISPOL fueron capacitados sobre Política Criminológica. El asesor legal de la Secretaría Ejecutiva, Jorge Ortega, explicó a los estudiantes del Instituto Superior Policial (ISPOL) los aspectos más destacables de la Ley de Política Criminológica, así como los últimos avances y actuaciones realizadas por la Secretaría Ejecutiva. (MINSEG, 2023g)
19. Inicia la mesa técnica para elaborar el 'Plan Nacional de Política Criminológica'. Con la participación de especialistas de las 11 instituciones y organizaciones que forman parte del Consejo Nacional de Política Criminológica se llevó a cabo, por un período de 3 días, la mesa técnica de trabajo destinada a la elaboración del Plan Nacional de Política Criminológica. Las reuniones de trabajo se realizaron en la sede de UDELAS, a las que también asistió el rector de esta universidad. (MINSEG, 2023h)
20. Consejo de la Política Criminológica se reúne con MEDUCA para reforzar programas de prevención de las escuelas. El equipo de representantes de instituciones y organizaciones que forman parte del Consejo de Política Criminológica se reunió con autorizades del Ministerio de Educación (MEDUCA). El objetivo de la reunión, a la también asistió el Viceministro de Educación, Ariel Rodríguez Gil, fue conocer de primera mano los principales programas de prevención del MEDUCA y saber de qué forma se podían potenciar. (MINSEG, 2023i)
21. SIEC y Secretaría de Política Criminológica realizan jornada de docencia en la provincia de Chiriquí. La SIEC y la Secretaría Ejecutiva organizaron en la provincia de Chiriquí la tercera jornada de docencia criminológica. La actividad que contó con la asistencia de estudiantes de la Universidad Autónoma de Chiriquí (UNACHI), así como de otras universidades con sedes regionales en la provincia, representantes de estamentos de seguridad, Ministerio Público, entre otras instituciones, puso de relieve la importancia de la Política Criminológica y cuáles serían las acciones presentes y futuras. (MINSEG, 2023j)

4.3. Evaluación actual de la implementación

Clarificada la cronología seguida para la implementación de la LECRIMPA hasta el momento, y tras el análisis de la literatura oficial proporcionada por el MINSEG, se dibuja una línea de tiempo muy interesante compuesta de micro actuaciones realizadas por la SEPOCRIM, que evidencian los principales pasos dados para la implementación efectiva de la norma.

Dichos datos se solapan con algunas apreciaciones realizadas por el secretario ejecutivo, Subcomisionado Héctor Wong (comunicación personal, 22 de junio de 2023), principalmente con lo que respecta a los logros positivos alcanzados en los 6 primeros meses de actividad de la Secretaría Ejecutiva de la Política Criminológica.

Antes de analizar los avances concretos, es pertinente señalar que en la conformación del personal de la Secretaría Ejecutiva, la presencia del criminólogo (en este caso 2 profesionales) es de relevancia, para efectuar un trabajo multidisciplinar y combinado con el resto del personal adscrito (1 psicólogo, 2 abogados, 1 sociólogo, 1 especialista en proyectos y 1 licenciado en Investigación Criminal y Seguridad). Esta plantilla profesional se encarga de la aplicación de toda la Ley, estando actualmente en el diseño de actuaciones piloto, así como proponiendo nuevas líneas de trabajo para el avance efectivo de la Política Criminológica (Subcomisionado Héctor Wong, comunicación personal, 22 de junio de 2023).

De este modo, la figura 1, utilizada por el equipo de la Secretaría Ejecutiva en su primera rendición de cuentas, y analizada en la entrevista realizada al secretario ejecutivo, muestra en el apartado de fortalezas un contexto muy parecido al descrito en el análisis cronológico, en el que se describen todas las acciones realizadas hasta el momento en pro de que la LECRIMPA dé sus primeros pasos e implique a diferentes estamentos oficiales del Estado panameño, como el Ministerio de Educación (en lo sucesivo MEDUCA), y a la sociedad civil en la detección de necesidades en zonas concretas.

No obstante, pese a que el grueso del análisis se centra en las fortalezas y avances, también se evidencian oportunidades, debilidades y amenazas.

Las acciones catalogadas como oportunidades permiten apreciar las primeras acciones de colaboración interinstitucional, nacional e internacional, que permitan paliar según la propia Secretaría una de sus principales debilidades: la ausencia de un personal científico-académico con experiencia en la implementación de programas y su adecuada medición.

Otras debilidades deberían ser solventadas con el tiempo, como, por ejemplo, las vinculadas a la asignación presupuestaria y al consejo asesor externo, o la elaboración de la encuesta nacional para que la detección de necesidades se ajuste específicamente a los ciudadanos, pudiendo extrapolar algunas de las actuaciones de sus planes piloto actuales (diagnósticos iniciales en colaboración con el MEDUCA señalados en el apartado de fortalezas), entre otros.

Es imprescindible resaltar de esta rendición de cuentas inicial lo que el equipo de la Secretaría Ejecutiva encuentra como amenaza, ya que por lo que se trasluce, se han detectado agentes exógenos que no asumen o comprenden que algunos procesos de prevención de la delincuencia, para su adecuada consolidación, requieren determinados tiempos.

FODA DE LA SECRETARÍA EJECUTIVA DE LA POLÍTICA CRIMINOLÓGICA

Junio 2023

FORTALEZA	DEBILIDADES
□ Conformación del Consejo Nacional de la Pol. Criminológica. □ Rec. Humano interdisciplinario de los Estamentos de Seguridad, MINSA y CSS. □ Proyecto de Reglamentación de la Ley 328. □ Primera fase: desarrollo de la Pol. Criminológica, reuniones de acercamiento y sensibilización sobre la Ley 328. □ Instalación de las mesas de trabajo técnica, para el desarrollo del Plan Nacional de la Pol. Criminológica. □ Conformación de (4) comisiones de trabajo, desarrollo del marco referencial y el análisis situación, en pro del Plan Nacional. □ Presentación de los programas del MEDUCA, elementos esenciales a incluir en el plan nacional: ✓ Mediación ✓ Fortalecimiento de la familia ✓ Niñas embarazadas ✓ Deserción escolar ✓ Seguimiento a los programas ✓ Estrategias de seguimiento, de cada una de las acciones. ✓ Estrategias sectorizadas, para intervención y prevención de los delitos más comunes. ✓ Reinserción, post cumplimiento de pena. □ Segunda fase: diagnóstica del plan de la Pol. Criminológica, detectando necesidades-país, que deben ser incluidas en el plan: ✓ Priorizar los esfuerzos de prevención en San Miguelito, Panamá Norte, Panamá Oeste y Colón. (datos estadísticos) ✓ Creación de un centro de atención post cumplimiento para jóvenes que brinde todos los servicios de atención integral y seguimiento, para reinserción efectiva. (E.I.S.I.) ✓ Se requiere mayor alcance de los gabinetes psicopedagógicos (más recurso humano)/MEDUCA. ✓ Creación de un Centro de atención y tratamiento Psico-social, externo a los centros penales (clínica de atención psicológica y psiquiátrica)	□ Conformación de un Consejo Asesor Técnico con mayor prestigio, certificación de internacional de ONG'S. □ Falta de presupuesto. □ Equipo especializado en elaboración y estructura de planes. □ La falta de experticia conlleva al ensayo y error. □ Equipo de trabajo heterogéneo. □ Empoderamiento, de algunos de los actores. □ Necesidad de aplicar una encuesta nacional, que arroje datos reales, para trabajar en base a evidencias. □ Personal especializado, solicitado, no otorgado.

OPORTUNIDAD	AMENAZAS
□ UNDOC/apoyo con expertos y la validación internacional del Plan Nacional. □ Observatorio del Delito de la Policía Nacional de Colombia/guía para la implementación del observatorio de la Secretaría Ejec. de la Pol. Criminológica. □ ILANUD, apoyo con técnicos expertos en el desarrollo del Plan Nacional (con lleva costos). □ Integración en las mesas de trabajo de un representante (Procuraduría General de la Nación, Corte Suprema de Justicia, Defensoría del Pueblo, Consejo de Rectores, Ministerio de la Mujer, Comité Ecuménico, Sociedad Civil).	□ Desde el punto de vista exógeno, hipótesis mal instituidas que marcan una línea de tiempo inflexibles. □ Tiempo.

Figura 1. FODA de la Secretaría Ejecutiva de la Política Criminología – junio 2023 –**Fuente:** Proporcionado por la Secretaría Ejecutiva de Política Criminológica de Panamá. Documento elaborado y presentado dentro del proceso de la primera rendición de cuentas al Ministro de Seguridad Pública de Panamá, junio de 2023.

5. CONCLUSIONES

La creación de la Ley de Política Criminológica en Panamá es una apuesta interesante, fresca y, sobre todo, necesaria para mejorar los niveles de desarrollo humano en el territorio panameño.

Entre las principales conclusiones que se pueden obtener de los aspectos antes tratados, destaca la apuesta del Estado panameño por la articulación de un ecosistema-país que aspira a la lucha eficaz contra los factores que inciden en el aumento de la criminalidad en un concepto amplio.

Además, las primeras acciones coordinadas entre las entidades que forman parte del Consejo Nacional ponen de relieve la hoja de trabajo trazada hasta el momento con respecto a la ejecución de la Política Criminológica. Entre ellas, destaca la información a diferentes agentes, así como la formación de profesionales de distintas instituciones implicadas, a fin de conocer de primera mano las líneas maestras directrices de la Ley.

Esto se complementa con los esfuerzos que se están realizando para la implicación de la sociedad civil en el asentamiento efectivo de la LECRIMPA, así como los planes piloto que en la segunda fase de la detección diagnóstica se han puesto en marcha, con el fin de ir avanzando a nivel procedimental.

Finalmente, también queda en evidencia que, a partir de este momento, se atribuyen al criminólogo funciones esenciales en las diferentes instituciones panameñas, recogiéndose en la Ley la necesidad específica de contar con la figura para conseguir una implementación óptima de las actuaciones, como se evidencia en la conformación profesional del equipo de la Secretaría Ejecutiva. Se tiene en cuenta para ello su formación interdisciplinar y una visión técnica y ecléctica del delito y sus componentes.

En la evaluación del impacto de las primeras actividades realizadas por la Secretaría Ejecutiva y los obstáculos detectados hasta el momento, se ponen de manifiesto aspectos relevantes tanto de logros iniciales como de potencialidades futuras, que pueden ayudar no sólo a mejorar la implementación de la LECRIMPA en sus pasos subsiguientes, sino servir de referencia en otros contextos si se pretende la implementación de leyes similares, por ejemplo, en el caso de España.

6. REFERENCIAS

Alianza Ciudadana Pro Justicia. (2004). *Primera propuesta de Política Criminológica.* http://alianzaprojusticia.org.pa/primera-propuesta-de-politica-criminologica/

Decreto Ejecutivo 66 de 2002, por la cual se conforma una comisión intersectorial de alto nivel para la elaboración de las políticas en materia criminológica y se designan sus miembros. *Gaceta Oficial Nº 24527*, de 5 de abril de 2002. https://www.gacetaoficial.gob.pa/gacetas/24527_2002.pdf

Decreto Ejecutivo 260 de 2006, que adopta lineamientos generales para una Política Criminológica del Estado panameño. *Gaceta Oficial Nº 25562*, de 7 de junio de 2006. https://www.gacetaoficial.gob.pa/gacetas/25562_2006.pdf

Grimaldo-Santamaría, R. O. (2012). *La investigación criminológica y su importancia para una adecuada política de seguridad ciudadana en Panamá.* [Tesis de doctorado, Universidad de Castilla-La Mancha]. Ruidera. https://ruidera.uclm.es/items/58d8e311-6f8f-4b09-afd7-e64b99992c90

Ley 328 de 2022, que establece la Política Criminológica de la República de Panamá. *Gaceta Oficial Nº 29643*, de 10 de octubre de 2022. https://www.gacetaoficial.gob.pa/pdfTemp/29643/GacetaNo_29643_20221013.pdf
Ley 386 de 2023, que regula el ejercicio profesional de la Criminología. *Gaceta Oficial Nº 29813-C*, de 28 de junio de 2023. https://www.gacetaoficial.gob.pa/pdfTemp/29813_C/GacetaNo_29813c_20230628.pdf
MINSEG (2020, 7 de junio). *Política criminológica es tratada como tema de Estado* [Comunicado de prensa]. https://n9.cl/rlgpb
MINSEG (2022a, 18 de enero). *Ministro Pino presenta proyecto sobre Política Criminológica de Estado* [Comunicado de prensa]. https://n9.cl/ye5icq
MINSEG (2022b, 20 de abril). *Comisión de Gobierno aprueba en primer debate proyecto sobre Política Criminológica* [Comunicado de prensa]. https://n9.cl/klvhb
MINSEG (2022c, 5 de agosto). *Política Criminológica lista para debate en el pleno de la Asamblea* [Comunicado de prensa]. https://n9.cl/b9v47
MINSEG (2022d, 18 de agosto). *Aprueban el segundo debate el proyecto de ley que crea la Política Criminológica* [Comunicado de prensa]. https://n9.cl/qmus5
MINSEG (2022e, 22 de agosto). *Asamblea Nacional de Diputados aprueba proyecto que crea la Política Criminológica en el país* [Comunicado de prensa]. https://n9.cl/yuvs1
MINSEG (2022f, 10 de octubre). *Presidente Cortizo sanciona Ley 739 que crea la Política Criminológica* [Comunicado de prensa]. https://n9.cl/wfugh
MINSEG (2022g, 10 de octubre). *MINSEG inaugura la Oficina de Secretaría Ejecutiva de la Política Criminológica* [Comunicado de prensa]. https://n9.cl/t6aha
MINSEG (2022h, 12 de octubre). *Jornada de docencia y actualización sobre la Política Criminológica* [Comunicado de prensa]. https://n9.cl/pkav0m
MINSEG (2022i, 30 de noviembre). *Subcomisionado Wong orienta sobre la Política Criminológica* [Comunicado de prensa]. https://n9.cl/648hd
MINSEG (2022j, 16 de diciembre). *Consejo Nacional de Política Criminológica se reúne para enfocar la aplicación de la Ley* [Comunicado de prensa]. https://n9.cl/lr353
MINSEG (2023a, 17 de marzo). *Consejo de la Política Criminológica avanza hacia un Plan Nacional de Prevención* [Comunicado de prensa]. https://n9.cl/n7gn3
MINSEG (2023b, 17 de marzo). *Secretaría Ejecutiva de la Política Criminológica capacita a oficiales del SENAN y SENAFRONT* [Comunicado de prensa]. https://n9.cl/4sve2
MINSEG (2023c, 30 de marzo). *Consejo Nacional de Política Criminológica recorre la Academia Internado Encontrando el Camino Correcto* [Comunicado de prensa]. https://n9.cl/sh0fs
MINSEG (2023d, 30 de marzo). *Estudiantes, estamentos e instituciones se instruyen sobre Política Criminológica* [Comunicado de prensa]. https://n9.cl/7y17a
MINSEG (2023e, 11 de abril). *Capacitan a estudiantes de la Universidad Tecnológica sobre Política Criminológica* [Comunicado de prensa]. https://n9.cl/fbocw
MINSEG (2023f, 21 de abril). *Instruyen a estudiantes de derecho de la USMA sobre Política Criminológica* [Comunicado de prensa]. https://n9.cl/wiuab
MINSEG (2023g, 25 de abril). *Estudiantes de la ISPOL fueron capacitados sobre Política Criminológica* [Comunicado de prensa]. https://n9.cl/9zoyy
MINSEG (2023h, 9 de mayo). *Inicia la mesa técnica para elaborar el Plan Nacional de Política Criminológica* [Comunicado de prensa]. https://n9.cl/v5aqi
MINSEG (2023i, 31 de mayo). *Consejo de la Política Criminológica se reúne con MEDUCA para reforzar programas de prevención en las escuelas* [Comunicado de prensa]. https://n9.cl/g2crb

MINSEG (2023j, 8 de junio). *SIEC y Secretaría de Política Criminológica realizan jornada de docencia en la provincia de Chiriquí* [Comunicado de prensa]. https://n9.cl/2yd34

Órgano Judicial de Panamá de Panamá (2022, 10 de octubre). *Sancionan ley que establece la Política Criminológica en Panamá.* [Comunicado de prensa]. https://n9.cl/jx26k

Proyecto de Ley 739 de 2022, que establece la Política Criminológica en la República de Panamá. *Asamblea Nacional de Panamá*, de 18 de enero de 2022. https://n9.cl/nzxyg

IVA Y DROPSHIPPING: LA INFLUENCIA DE LA DIRECTIVA (UE) 2017/2455 EN EL COMERCIO ELECTRÓNICO TRANSFRONTERIZO

Estefanía Harana Suano[1]

1. INTRODUCCIÓN

La digitalización y el desarrollo de las Tecnologías de la Información y la Comunicación (TIC) ha propiciado la aparición de modelos de negocio innovadores basados en un entorno online como es el caso del *dropshipping*. Se presenta como una variante del comercio electrónico surgida en aras de simplificar la logística y reducir los costes operativos para los minoristas digitales. Podemos definirlo como una estrategia comercial que permite a los vendedores online ofrecer productos sin tenerlos en stock, actuando como meros intermediarios entre los proveedores y sus clientes finales. Este modelo proporciona flexibilidad, bajo presupuesto inicial y la posibilidad de comercializar una amplia gama de productos sin la necesidad de gestionar la logística de almacenamiento y envío de los mismos. Este tipo de negocios ha supuesto grandes retos para la fiscalidad indirecta, dada la inexistente actualización legislativa en referencia a la nueva realidad digital en constante evolución. Por ello, con la interposición de la Directiva UE 2017/2455, la Unión Europea ha transformado drásticamente el régimen de fiscalidad indirecta aplicable al *dropshipping* para hacerlo más equitativo e intentar salvar las diferencias fiscales existentes con los comercios offline o tradicionales.

2. OBJETIVOS

El objetivo de esta investigación es realizar un análisis comparativo del panorama tributario anterior y posterior a la implementación de la Directiva (UE) 2017/2455 en el modelo de negocio del *dropshipping*. Se pretende identificar los desafíos y consecuencias a combatir por este sector debido a los cambios normativos, así como ofrecer propuestas para mitigar los impactos negativos en las plataformas de venta online.

3. METODOLOGÍA

En primer lugar, se iniciará esta pesquisa con una aproximación a la figura del *dropshipping*, su conceptualización, origen y evolución. En este sentido, estudiaremos la situación de

1. Universidad de Cádiz (España)

mercado actual del comercio electrónico y del *dropshipping* en España y su evolución, así como las ventajas e inconvenientes de este para los emprendedores digitales. En segundo lugar, examinaremos la situación fiscal de estos emprendedores digitales previa al 1 de julio de 2021, sus obligaciones de fiscalidad indirecta y la situación ventajosa del *dropshipping* en referencia a los comercios offline y al *e-commerce* tradicional, sirviendo de argumento para la imperiosa necesidad de una regulación paliativa del desequilibrio impositivo. Seguidamente, tras la exposición de motivos citada, realizaremos un estudio de la Directiva UE 2017/2455, analizando las nuevas obligaciones fiscales en materia del Impuesto sobre el Valor Añadido (IVA) aplicable al comercio online, haciendo hincapié en la especial estructura del *dropshipping*. Por último, nos centramos en argüir las consecuencias y desafíos a los que deben hacer frente este tipo de plataformas de ventas en consecuencia de la nueva normativa aplicable y cómo afecta a su evolución en el mercado; para finalizar la investigación haciendo propuestas que contribuyan a un escenario fiscal teniendo en consideración las múltiples vicisitudes posibles.

4. DESARROLLO DE LA INVESTIGACIÓN

4.1. Origen y evolución del *Dropshipping*

El origen del *dropshipping* en el comercio electrónico minorista no puede ser atribuido a un instante específico, sino más bien a una serie de factores motivadores de su aparición y a su presencia significativa en el mercado. En primer lugar, la crisis económica global del año 2008 desempeñó un papel fundamental en la adopción del *dropshipping* como modelo de negocio en el comercio electrónico minorista. Esta crisis afectó negativamente a la situación económica de diferentes países, conllevando una disminución en el consumo, la producción y la promoción de productos. Como consecuencia, las empresas y comercios se vieron obligados a adaptar sus estrategias de negocio a un entorno de escasez de recursos económicos, donde el precio se convirtió en un factor clave en las decisiones de compra de los consumidores.

En segundo lugar, el desarrollo y la evolución de Internet y las Tecnologías de la Información y de la Comunicación (TIC) durante los últimos años han sido un factor determinante ya que se ha convertido en un canal de comercialización y distribución altamente efectivo para la venta de bienes y servicios, provocando la necesidad de desarrollar sistemas de distribución omnicanal y generando nuevos modelos de negocio basados en el comercio electrónico y la globalización. Además, los cambios en los hábitos de compra de los consumidores, quienes ahora pueden comparar precios fácilmente y optar por la opción más económica, han impulsado la adopción del *dropshipping* como una forma de ofrecer productos a precios competitivos.

Otro factor importante es la globalización del mercado de consumo y el aumento de la competencia tanto a nivel nacional como internacional. Esto ha llevado a los minoristas a enfrentar márgenes reducidos y a competir agresivamente en términos de precios. En este contexto, muchos emprendedores y tiendas online han encontrado en el *dropshipping* una solución atractiva para vender productos sin incurrir en los altos costes asociados con los modelos de negocio tradicionales. Al adoptar este sistema de venta, los minoristas pueden evitar la responsabilidad de gestionar el transporte, la entrega y el control de inventario, al ser tareas asumidas por los proveedores de *dropshipping*. En suma, la pandemia de la COVID-19, ha supuesto un importante impulso para el comercio electrónico. La compra online llegó casi al 75% de los internautas durante el estado de alarma nacional lo que provocó una proliferación de modelos de negocio online, destacando entre ellos, sin duda, el *dropshipping*.

A medida que el comercio electrónico continúa creciendo, el *dropshipping* seguirá desempeñando un papel importante en la cadena de suministro y la distribución de productos en el mercado global. En este sentido, según el informe publicado por la Comisión Nacional de los Mercados y de la Competencia (en adelante, CNMC) cabe resaltar la importante evolución del comercio electrónico en España en el último año 2022 habiendo aumentado en el tercer trimestre un 28,88 % interanual hasta alcanzar los 18.933 millones de euros (Ilustración 1).

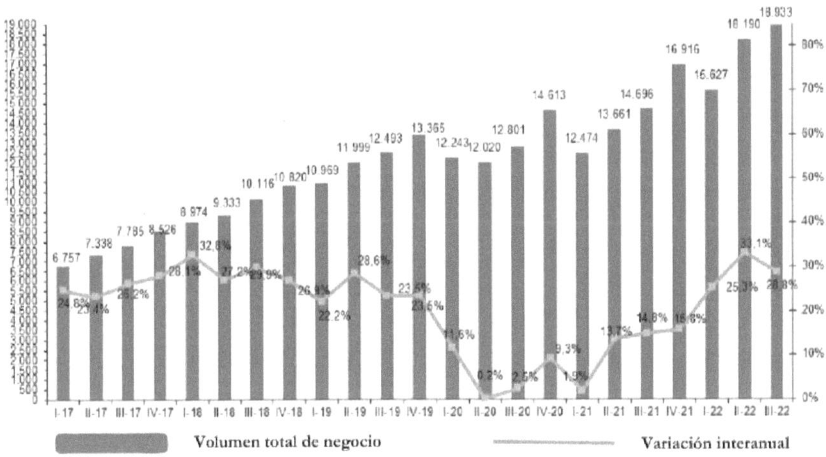

Figura 1: Evolución trimestral del volumen de negocio del comercio electrónico y variación interanual (millones de euros y porcentaje). **Fuente:** CNMC.

De acuerdo con este informe, se ha observado un saldo neto exterior negativo en España en relación con las compras realizadas desde el extranjero a sitios web españoles y las compras realizadas desde España al extranjero, con un déficit de 7.407 millones de euros. Este desequilibrio se atribuye al notable aumento del en las compras realizadas desde España al extranjero durante el año 2022 (Ilustración 2).

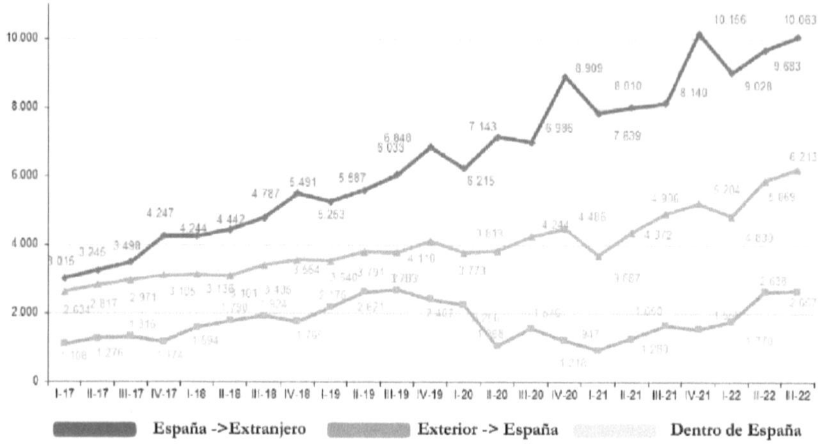

Figura 2: Evolución trimestral del volumen de negocio del comercio electrónico (millones de euros). **Fuente:** CNMC.

4.2. Definición y funcionamiento

El *dropshipping* puede definirse como una estrategia de negocio basada en la oferta por parte de una tienda online sin existir stock alguno bajo su poder del producto en cuestión, actuando de intermediario entre el verdadero proveedor de los productos y el cliente final. Es decir, el cliente hace la compra en la tienda online pero el producto no llega a las instalaciones de esta, sino que el proveedor real (ya esté situado en territorio nacional o internacional) lo envía directamente al cliente. Por tanto, existen tres actores en la operación: el *dropshipper* (o proveedor real del producto, ya sea nacional, comunitario o internacional), el intermediario (tienda online donde se ofertan los productos) y el cliente final que accede a la plataforma del intermediario para realizar la compra del producto (Ilustración 3).

Figura 3: Modelo de Dropshipping. **Fuente:** Elaboración propia.

Estamos ante un modelo de negocio con unas barreras de entradas muy bajas al no precisar de una inversión inicial elevada dada la ausencia de stock para empezar a operar y, por tanto, resulta innecesaria la inversión en un almacén, reduciendo enormemente los costes operativos, al no precisar realizar funciones de inventario y, ni siquiera, de transporte. El crecimiento del *dropshipping* se ha visto impulsado por la proliferación de proveedores a nivel mundial. En este sentido, China ha emergido como líder indiscutible, superando a sus competidores occidentales. Esto se debe principalmente a la capacidad de producción a menor coste por unidad por parte de los proveedores chinos, lo cual coloca a los proveedores de *dropshipping* de Estados Unidos y Europa en desventaja al intentar competir en igualdad de condiciones.

En suma, en la mayoría de las ocasiones, no se precisará siquiera la inversión en un alojamiento web propio pudiendo realizar la venta en plataformas consolidadas como es el caso de *Shopify*, mediante la cual el intermediario asumirá un coste considerablemente menor del producto en comparación con el que luego asumirán sus potenciales consumidores y, además, sin tener la necesidad de pagar el producto a su proveedor hasta su completo abono por el cliente final. Habida cuenta de lo anterior, además del esfuerzo publicitario, el comerciante únicamente deberá hacerse cargo del servicio de atención al cliente, gestionar los pedidos, hacer su seguimiento y asegurarse del correcto funcionamiento de la operación para lograr la satisfacción del cliente.

4.3. Ventajas e inconvenientes del modelo de negocio

Este modelo empresarial tiene importantes beneficios en relación con el modelo comercial tradicional e, incluso, con el *e-commerce* propiamente dicho. En primer lugar, dicha operativa no precisa de una inversión inicial cuantiosa, es decir, no es necesario un capital inicial elevado al no ser necesaria la adquisición de stock de productos para su venta favoreciendo, así, la flexibilidad de la ubicación al no precisar de ningún tipo de almacén ni instalaciones físicas.

Además, como se menciona en el epígrafe anterior, habitualmente es utilizada la plataforma *Shopify* para realizar la venta, otorgando al comerciante una base tecnológica ya que dicha plataforma dispone de modelos prediseñados listos para comenzar a operar sin demasiada complejidad informática. A su vez, estamos ante una plataforma que, además de operar en 175 países en todo el mundo, les facilita la pasarela de pago y el coste del servicio de la misma es económico y asequible. Todo ello, permite llegar a una audiencia global. Al no existir restricciones geográficas, aumenta el potencial de ventas y crecimiento del negocio.

A pesar de disfrutar de importantes ventajas, el comerciante de *dropshipping* debe combatir desafíos importantes con especial énfasis en su relación con el proveedor real e incluso la relación del proveedor con su cliente final. Es decir, una barrera importante para este tipo de negocios es el hecho de hay una clara dependencia del proveedor y de la calidad en su gestión para el éxito del negocio, siendo quien efectivamente realiza la entrega. Cuestiones como errores en la entrega, entregas demoradas en el tiempo o productos con desperfectos, podrían ocasionar una contrariedad y un sentimiento de agravio por parte del cliente, ocasionando la pérdida de dicho cliente para el futuro y de posibles quejas públicas, en su caso.

En suma, resulta esencial el escenario jurídico-fiscal en continuo cambio como desafío para los actores de este tipo de comercio online y más concretamente en lo referente al Impuesto sobre el Valor Añadido (en adelante, IVA) siendo el hecho imponible del mismo la venta de bienes o servicios, las adquisiciones intracomunitarias de bienes y las importaciones de bienes. Dada la especialidad y novedad de su operativa diaria, la normativa se ha visto obligada a adaptarse a la misma al no contemplarse estos escenarios posibles siendo de especial relevancia el aspecto impositivo, ya que dentro del mercado económico es crucial un equilibrio entre las cargas fiscales de los diferentes negocios para asegurar una competencia justa. Con motivo de ello y, debido a que con la normativa existente se beneficiaban impositivamente en materia del IVA a los actores de *dropshipping* en referencia con otro tipo de negocios online u offline, se ha actualizado la normativa y hemos asistido a una reforma integral del sistema anterior. Por tanto, en los siguientes epígrafes vamos a realizar un análisis del régimen fiscal indirecto anterior de este tipo de negocios y el actual.

4.4. El Impuesto sobre el Valor Añadido (IVA) en el *Dropshipping* hasta 1 de julio de 2021

En el *dropshipping* encontramos tres hechos imponibles a considerar dentro del Impuesto sobre el Valor Añadido. En primer lugar, existe una entrega de bienes realizada por el proveedor (habitualmente ubicado en China) al vendedor establecido en el Territorio de Aplicación del Impuesto (en adelante, TAI). Hasta el 1 de julio de 2021, esta entrega no estaría sujeta a IVA en TAI al no encontrarse en territorio español en el momento de la puesta a disposición del vendedor de los productos.

En segundo lugar, una entrega de bienes realizada por el vendedor, establecido en España, al consumidor final domiciliado en España. En esta ocasión, la entrega del bien tampoco estaría sujeta a IVA en España, encontrándose sujeta al IVA allí donde se inicie el transporte (China). Por tanto, el vendedor emitirá una factura al consumidor final sin IVA, bajo el régimen anterior.

Y, en tercer y último lugar, una importación de bienes procedentes habitualmente de China introduciéndose en territorio español. A este respecto, se considera el importador de los bienes al consumidor final, por tanto, será dicho consumidor el responsable del ingreso de IVA de dicha importación para poder recibir los bienes. Teniendo en cuenta la idiosincrasia del modelo, habitualmente el consumidor final no solía abonar el IVA de la importación debido a la existencia de una exención en las importaciones de bienes cuyo valor global no excediera de los 22 euros, siendo esta situación la mayoría de los casos. Estas particularidades del régimen fiscal del *dropshipping* provocaban la cuasi-inexistencia de obligaciones en materia de IVA por parte del vendedor, siendo el comprador quien asumía la responsabilidad del impuesto en determinadas situaciones, aunque en muchos casos también se beneficiaba de la exención aplicada a las importaciones de bajo valor.

Por último, en el caso de encontrarnos con un proveedor ubicado en un Estado Miembro de la Unión Europea y estemos, por tanto, ante una venta a distancia intracomunitaria de bienes, estas ventas tributaban en el Estado de origen de las mercancías a no ser que superara el umbral de ventas establecido para cada Estado Miembro, en cuyo caso, pasaban a tributar en el lugar de destino del cliente. Cuando se supere dicho umbral, el vendedor debía registrarse en todos los Estados Miembros donde dicho umbral había sido superado, presentar en cada uno de ellos las diferentes declaraciones e ingreso del IVA correspondiente, así como dar cumplimiento a las obligaciones formales establecidas en cada país en referencia a materia de facturación.

Esta complejidad administrativa y fiscal representaba un desafío significativo para los comerciantes de *dropshipping* que operaban a nivel transfronterizo dentro de la Unión Europea. El registro y cumplimiento de las obligaciones fiscales en múltiples países implicaba un costo adicional en términos de tiempo, recursos y conocimientos especializados en legislación fiscal de cada Estado Miembro.

4.5. El Impuesto sobre el Valor Añadido (IVA) del *Dropshipping* desde el 1 de julio de 2021

Con la entrada en vigor de la Directiva (UE) 2017/2455, de 5 de diciembre de 2017, se establece un nuevo marco jurídico-tributario para las operaciones de comercio electrónico pretendiendo una adaptación a la nueva realidad económica planteada por este. De esta manera, surgen un nuevo régimen y nuevos conceptos a los cuales acogerse según la operación realizada y la idiosincrasia del propio negocio, aspectos que afectan de lleno al comercio minorista *dropshipping*, pudiendo ocasionar un obstáculo para los operadores del mismo.

En primer lugar, se elimina la exención del IVA a la importación en el envío de bienes de escaso valor. Es decir, desde la entrada en vigor de la nueva Directiva se encontrarán sujetos a IVA todos los bienes importados en la Unión Europea de un territorio tercero con independencia de su valor, suponiendo así que el consumidor final estará obligado al IVA de la importación por todos y cada uno de los pedidos recibidos[2]. En este sentido, los operadores de servicios postales, empresas de transporte y agentes de aduanas serán los responsables de la recaudación del IVA a la importación, así como de realizar el pago en nombre de los compradores-importadores de bienes. Así, los consumidores finales se verán obligados a realizar dos pagos: uno inicial a la entidad que les vende los bienes y otro posterior al declarante encargado de recolectar el IVA a la importación en su nombre. Esta obligación adicional puede afectar negativamente la experiencia de compra de los consumidores y perjudicar su satisfacción como clientes.

A pesar de ello, en lugar de seguir este enfoque, el vendedor puede optar por actuar como importador de los bienes comercializados acogiéndose al régimen especial de importación conocido como IOSS (*Import One-Stop-Shop*), si el valor intrínseco de los productos no supera los 150 euros. Bajo este régimen, el vendedor puede beneficiarse de una exención del IVA a la importación y, posteriormente, repercutir las correspondientes cuotas de IVA en las ventas realizadas. Esto implica la asunción de la responsabilidad del cumplimiento de las obligaciones fiscales con relación al IVA por parte del vendedor, liberando al consumidor final de dichas obligaciones. Siendo así, se simplifican los trámites aduaneros y puede generar una mayor confianza y transparencia en las transacciones, incluyendo el precio final el IVA correspondiente. Sobre dicho aspecto, debemos analizar también el cambio de paradigma en la responsabilidad de lo conocido como "interfaz electrónica"[3] en la venta a distancia de bienes:

---

2. En palabras de Paolo Gentiloni (2023), comisario de economía de la UE, hasta el 65% de paquetes de comercio electrónico entran "infravalorados" evitando así pagar el arancel aduanero. Con la eliminación de la exención, Bruselas cree que se podrán recaudar unos 1.000 millones al año que irán, principalmente, a financiar el presupuesto de la UE, ya que los aranceles son uno de sus principales fuentes de ingresos.

3. Según Oliver Cuello, R., "las interfaces electrónicas (establecidas dentro o fuera de la Comunidad) a las que se considere sujetos pasivos de entregas de bienes por imperativo legal, incluirán en el régimen, por un lado, las ventas a distancia intracomunitarias de bienes en las que intervengan cuando el vendedor de las mercancías no esté establecido en la Comunidad. Y, por otro lado, las entregas nacionales de bienes (sin transporte de un Estado miembro a otro) cuando el vendedor de las mercancías no esté establecido en la Comunidad. Cuando la interfaz electrónica realice también ventas directas de bienes o servicios propios, las incluirá también en el régimen de la Unión o en el régimen exterior de la Unión, según corresponda".

1. Cuando un sujeto pasivo, utilizando una interfaz electrónica como un mercado en línea, una plataforma, un portal u otros medios similares, facilite la venta a distancia de bienes importados de terceros territorios o terceros países en envíos cuyo valor intrínseco no exceda de 150 EUR, se considerará que dicho sujeto pasivo titular de la interfaz electrónica ha recibido y suministrado él mismo dichos bienes.
2. Cuando un sujeto pasivo, utilizando una interfaz electrónica como un mercado en línea, una plataforma, un portal u otros medios similares, facilite el suministro de bienes en el interior de la Comunidad por parte de un sujeto pasivo no establecido en la Comunidad a una persona que no sea sujeto pasivo, se considerará que el sujeto pasivo titular de la interfaz electrónica que facilite el suministro ha recibido y suministrado él mismo los bienes.

En consecuencia, en el caso de que la plataforma online facilite el suministro de los bienes será considerada como sujeto pasivo de IVA creándose la ficción de que es ella la receptora de los bienes y, por tanto, la responsable de la recaudación de dicho impuesto. En este sentido, resulta esencial determinar cuándo se considera a una determinada plataforma o interfaz electrónica como "facilitadora" de ventas. Se consideran como tal aquellas intervinientes en la materialización del pedido y en la entrega de los bienes, aquellas que establezcan las condiciones generales bajo las cuales se realizan dicha entrega y aquellas que, además, intervengan en la autorización del cobro, todo ello tanto de manera directa como indirecta. A pesar de la existencia de un único transporte, esta nueva operativa supone dividir la situación en dos entregas diferenciadas. Por un lado, una entrega del proveedor a la interfaz (ficción jurídica) y, por otro, la entrega de la interfaz al cliente final (entrega real). El impacto de esta regulación será negativo para el *dropshipping*, pues el margen de beneficio se vería aún más reducido con este impuesto[4].

En referencia al régimen de venta a distancia intracomunitaria, es decir, cuando el proveedor del bien se encuentre situado en un Estado Miembro de la Unión con destino a otro Estado Miembro, en contraposición a los diferentes umbrales existentes con la normativa anterior, con el nuevo régimen de ventas a distancia se establece un umbral único de 10.000 euros para todos los países. En el caso de supera dicho umbral en las ventas realizadas a países de la UE (tanto de bienes a distancia como de servicios prestados de forma electrónica, de telecomunicaciones, radiodifusión y televisión) la tributación pasara a ser la del lugar de destino de los bienes, siendo este el domicilio del cliente final.

Por último, es posible la aplicación de un régimen simplificado en virtud del cual aquellos negocios interesados en acogerse a este tributarán en otros Estados miembros haciendo uso del sistema de "ventanilla única". Es un portal web mediante el cual se declara y abona el IVA de forma electrónica sin ser necesario darse de alta a estos efectos en el otro país, facilitando así la gestión de los impuestos de las tiendas online. De esta manera, solo tendrían la obligación de darse de alta en el sistema de ventanilla única y conocer cuáles son los diferentes tipos de IVA aplicables a sus productos en el resto de los estados para reflejarlos en su factura y ya la propia administración se encargará de remitir los impuestos recaudados al país correspondiente. Esta es una novedad en la materia pudiendo resultar

4. En palabras de Ramírez Gómez, S., "La regla descrita divide, pues, una única entrega –la del 'proveedor subyacente' al consumidor final– en dos: una primera, de aquel al titular de la interfaz, y una segunda, de este último –'sujeto pasivo considerado proveedor'– al consumidor, debiendo atribuirse a esta segunda entrega la expedición o el transporte de los bienes".

atractivo económicamente hablando, pero también bastante complejo de gestionar para los empresarios.

4.6. Consecuencias y desafíos fiscales a futuro

La nueva regulación, si bien busca establecer un marco más equitativo y eliminar las ventajas fiscales previas, también plantea ciertas consecuencias y desafíos fiscales a futuro. En primer lugar, la nueva regulación puede tener un impacto en la estructura de precios de los comerciantes de *dropshipping*. La necesidad de cumplir con las obligaciones fiscales adicionales puede derivarse en un aumento en los costes para los comerciantes. Como resultado, el margen de beneficios puede verse afectado, provocando un reajuste de sus precios para reflejar estos costes adicionales. Esto afectaría a la competitividad de sus productos en el mercado, por la posibilidad de una comparación de precios por parte de los clientes y, tras ella, finalmente opten por otras alternativas más económicas. Además de los desafíos fiscales, la nueva regulación del *dropshipping* también ha generado preocupaciones en cuanto a la desconfianza del cliente. Al percatarse del envío directo de los productos desde el proveedor o fabricante, algunos clientes pueden sentir incertidumbre acerca de la autenticidad, calidad y procedencia de los productos. Esta desconfianza se acentúa cuando los clientes descubren que podrían adquirir los productos más baratos al comprar directamente del proveedor o fabricante. A su vez, al conocer que el intermediario (el comerciante de *dropshipping*) agrega un margen de beneficio al precio, algunos clientes pueden sentir que están pagando más de lo necesario. Esta percepción puede llevarlos a considerar la posibilidad de comprar directamente, evitando el margen adicional del comerciante de *dropshipping*.

En este contexto, utilizar el stock y el *e-fulfillment* puede ser una opción beneficiosa para los comerciantes de *dropshipping* desde el punto de vista fiscal. Establecer almacenes locales en diferentes ubicaciones les permite tener un inventario físico disponible, provocando una notable mejora en la velocidad de entrega y reduce los costos de envío transfronterizos. Además, al utilizar servicios de *e-fulfillment*, los comerciantes pueden externalizar las tareas de almacenamiento, empaquetado y envío a proveedores especializados. Esto no solo optimiza la logística, también puede generar beneficios fiscales al evitar la necesidad de cumplir con regulaciones fiscales específicas de cada país.

Además de este nuevo panorama fiscal, es necesario resaltar el nuevo proyecto de la UE denominado *VAT in Digital Age* (en adelante, ViDA) donde se lanzan una serie de medidas surgidas de la necesidad de frenar la evasión de impuestos a nivel comunitario y que denota la clara insuficiencia de la directiva citada para abordar los desafíos derivados de la economía actual. Por dicho motivo, se busca modernizar el escenario del IVA y la armonización dentro de la UE del sistema fiscal estableciendo como uno de los escalones para conseguirlo la declaración electrónica en tiempo real de información fiscal a través de la factura electrónica además de una única ventanilla única que englobe todas las declaraciones de IVA. Pese a los esfuerzos realizados por construir un escenario jurídico-tributario adaptado a la nueva realidad digital, ello no es baladí para la existencia de un panorama en continua evolución que debe estar en continua reforma normativa. El derecho y las leyes no deben ir por detrás de la realidad económica a la que asistimos, como habitualmente sucede.

5. CONCLUSIONES

En virtud de lo expuesto a lo largo de la presente exposición, la Directiva (UE) 2017/2455 ha tenido un impacto significativo en el comercio electrónico transfronterizo y, en particular, en el modelo de negocio del *dropshipping*. Antes de la implementación de esta directiva, existían diferencias fiscales que beneficiaban a los comercios de *dropshipping* en comparación con otros modelos de negocio, generando desequilibrios en el mercado. Sin embargo, con la nueva normativa, se busca establecer un marco fiscal más equitativo y eliminar estas ventajas fiscales. Así, el *dropshipping* se presentaba como un modelo de negocio altamente atractivo para los emprendedores en lo que a fiscalidad se refiere, pero, tras dicha directiva, el escenario contemplado es completamente diferente, siendo fundamental hacer una revisión de las alternativas para no verse abocados a su desaparición.

Una posible solución es promover el uso de almacenes locales y servicios de *e-fulfillment* para los vendedores de *dropshipping*. Esto implicaría establecer acuerdos entre plataformas y proveedores logísticos para facilitar el almacenamiento y envío de productos desde ubicaciones cercanas a los consumidores. Al reducir los tiempos de entrega y los costos de envío, se mejora la experiencia del cliente y se fortalece la confianza en el modelo. En el contexto del *dropshipping*, el stock se refiere al inventario de productos que posee el vendedor o proveedor. Al utilizar el stock, se puede mejorar la velocidad de entrega y la disponibilidad de productos. El *e-fulfillment* se refiere al proceso de gestión y ejecución de pedidos en línea, incluyendo la recepción, el almacenamiento, el empaquetado y el envío de productos. Al utilizar servicios de *e-fulfillment*, los vendedores de *dropshipping* pueden externalizar estas tareas logísticas y concentrarse en otras áreas de negocio. Estas soluciones pueden contribuir a mejorar la confianza de los consumidores en el *dropshipping*, proteger sus derechos y promover un entorno más seguro y equitativo para todas las partes involucradas en esta forma de comercio electrónico. Además de la posibilidad de una adaptación del modelo de negocio, es esencial fomentar la cooperación entre las autoridades fiscales y las plataformas de comercio electrónico para facilitar el intercambio de información y garantizar un cumplimiento efectivo de las obligaciones fiscales. Asimismo, es importante promover la transparencia en el comercio electrónico transfronterizo y combatir la elusión fiscal. Esto se puede lograr mediante la implementación de medidas de control más estrictas y el uso de tecnologías de información y comunicación para monitorear las transacciones y detectar posibles irregularidades.

Por último, es importante destacar el papel del proyecto ViDA cuyo objetivo es simplificar y armonizar los aspectos fiscales en el comercio electrónico transfronterizo. Propone la creación de un sistema de ventanilla única mejorado, facilitando la declaración y el pago del IVA para los comerciantes en línea. La implementación de este proyecto proporcionará a los comerciantes de *dropshipping* una opción adicional para cumplir con sus obligaciones fiscales de manera más eficiente y reducir la complejidad administrativa asociada a las ventas a distancia intracomunitarias. En conclusión, es esencial que las regulaciones fiscales se adapten continuamente a la evolución del comercio electrónico y las nuevas formas de negocio. Las autoridades fiscales deben mantenerse actualizadas sobre las tendencias y los cambios en el mercado y revisar regularmente la normativa para garantizar que sea eficiente, justa y equitativa para todos los actores involucrados.

6. REFERENCIAS

Araújo, A. y Valadao, M. (2021). Responsabilidade tributária das plataformas de marketplace no comércio exterior eletrônico. *Revista do Programa de Pós-Graduação em Direito da UFC, 41*(1), 39. https://n9.cl/qysj2

Calvo Vérgez, J. (2021). La nueva fiscalidad del comercio electrónico en el IVA. *Quincena Fiscal, 1*(2), 2.

Canales Laso, C. (2019). El comercio electrónico y el fraude fiscal. *Cuadernos de Formación, 12*(24).

CNMC (2021). *Nota de prensa Comisión Nacional de los Mercados y la Competencia.* https://n9.cl/5fiks

Comisión Europea (2022). *El IVA en la era digital.* https://n9.cl/gg8ob

De la Osa Fondón, A. (2021). Nuevas reglas de tributación del Régimen Especial de Ventas a distancia, establecidas por el Real Decreto Ley 7/2021. *Anuario del Centro de la Universidad Nacional de Educación a Distancia en Calatayud* 27, 71-88. https://n9.cl/uwwvg

Directiva (UE) 2017/2455 del Consejo de 5 de diciembre de 2017 por la que se modifican la Directiva 2006/112/CE y la Directiva 2009/132/CE en lo referente a determinadas obligaciones respecto del impuesto sobre el valor añadido para las prestaciones de servicios y las ventas a distancia de bienes. https://n9.cl/3wwr9

Equipo de Estudios del Observatorio Nacional de Tecnología y Sociedad (2020). *El comercio electrónico B2B en España 2019.* https://n9.cl/1bzpu

Equipo de Estudios del Observatorio Nacional de Tecnología y Sociedad (2021). *Compras online en España.* https://n9.cl/h95u7

Fernandez, M. (2019). *Dropshipping España: La guía más extensa sobre dropshipping.* Recuperado de: https://n9.cl/y32gw

Fernández, M. (2021). *E-fulfillment: Completa tus pedidos de forma inteligente.* https://n9.cl/nhy3za

Gangolells, J. (2021). *El auge de los marketplaces. ¿Por qué usarlos para vender?* https://n9.cl/xdv5n

Gómez, M. V. (2023). *Bruselas exigirá que las importaciones de menos de 150 euros paguen aranceles.* https://n9.cl/4iab8

González Martínez, A. y Matesanz, F. (2021) *¿Sobrevivirá el dropshipping a la nueva normativa del IVA prevista para el 1 de julio de 2021?* https://n9.cl/i49q55

Hübner, A., Holzapfel, A. y Kuhn, H. (2016). Distribution systems in omni-channel retailing". *Business Research, 9*(2), 255-296. https://n9.cl/soq35

Instituto Nacional de Estadística. (2021). *Población que usa Internet (en los últimos tres meses). Tipo de actividades realizadas por Internet.* https://n9.cl/bqw5

Kaluzhsky, M. (2014). Dropshipping - a revolutionary form movement of goods in the global economic crisis. En Kovalev A.I., *Management and marketing in the innovation economy*, Ed. A. I. Kovalev. Sankt-Peterburg: Info-Da, 172-185.

Khouja, M. (2021). The evaluation of drop shipping option for e-commerce retailers. *Computers & Industrial Engineering, 41*(2), 109-126. https://n9.cl/s6ker

Khouja, M. y Stylianou, A. C. (2009). A (Q, R) inventory model with a dropshipping option for e-business. *Omega, 37*(4), 896-908. https://n9.cl/fu4ks

Ley 37/1992, de 28 de diciembre, del Impuesto sobre el Valor Añadido. Boletín Oficial del Estado 312, de 29 de diciembre de 1992. https://n9.cl/babht

Ma, S., Jemai, Z., Sahin, E. y Dallery, Y. (2017). The news-vendor problem with drop-shipping and resalable returns. *International Journal of Production Research. 55*(22), 6547-6571. https://n9.cl/1gnxi

Macías, A. (2020). *Cómo hacer dropshipping con stock europeo.* https://n9.cl/rxdnn
Matesanz, F. (2021). *La fiscalidad indirecta del comercio electrónico.* Aranzadi.
Matesanz, F. (2023). *ViDA. Segunda parte. Hacia un único registro de IVA comunitario.* https://n9.cl/or7y1
Matesanz, F. (2023). *ViDA. Tercera parte. Facturación electrónica y notificación digital de operaciones intracomunitaria.* https://n9.cl/sltvh
MCFI (2019). *Comercio Electrónico como influencia de la Globalización y la Logística Internacional.* https://n9.cl/v6hfno
OCDE. (2019). *The Role of Digital Platforms in the collection of VAT/GST on online sales.* OCDE. https://n9.cl/bipef
Oliver, R. (2009). Fiscalitat internacional i comerç electrònic. *Revista d'Internet, Dret i Política*, 9. https://n9.cl/aefki
Oliver Cuello, R. (2021). Nuevas reglas en el IVA del comercio electrónico. *Quincena fiscal*, 18.
Pascual, B. (2021). *Dropshipping, modelo de negocio digital.* https://n9.cl/ri34m
Pekarek, L. (2021). *The Truth About Dropshipping: The Good, The Bad, and The Ugly.* https://n9.cl/a9dc5
Plaza, A. (2021). *Adiós al 'dropshipping' barato: las importaciones inferiores a 22 euros llevan IVA desde hoy.* https://n9.cl/dz970
Rabinovich, E., Rungtusanatham, M. y Laseter, T. M. (2008). Physical distribution service performance and Internet retailer margins: The drop-shipping context". *Journal of Operations Management, 26*(6), 767-780. https://n9.cl/r5le3
Ramírez Gómez, S. (2021). La tributación del comercio electrónico transfronterizo en el IVA: el nuevo régimen tributario de las ventas a distancia y las interfaces digitales. *Revista de contabilidad y tributación*. 459, 24-25.
Rodríguez Correa, J. (2021). Nueva tributación en IVA del comercio electrónico: algunos aspectos problemáticos derivados de los cambios introducidos en las reglas de localización de las ventas a distancia. *Carta Tributaria,* 76.
Sánchez-Vellvé, F. J. y Milla-Burgos, S. L. (2018). Dropshipping en el comercio electrónico: el caso español. *Esic Market Economics and Business Journal, 49*(2), 311-337.
Shopify (2019). *Dropshipping: ¿Qué es dropshipping?.* https://n9.cl/9ktef
Shopify (2022). *Todo lo que debes saber para crear y administrar tu tienda en España.* https://n9.cl/i2rqt
Uhdre, D. C. (2021). Marketplaces: possibilidades e limites à sua responsabilização no âmbito da tributação indireta. *Revista Direito Tributário Atual*, 48, 141.
Verdún Fraile, E. y Hernández Moneo, I. (2019). Avances en el IVA: comercio electrónico de bienes y de servicios con particulares, y régimen definitivo de tráficos intracomunitarios de bienes entre empresarios. Antecedentes y modificaciones normativas 2019-2022. *Revista de Contabilidad y Tributación*, 436, 95-124.

MÉTODOS DE INVESTIGACIÓN EN DERECHO MERCANTIL. SINOPSIS DESDE UNA PERSPECTIVA ARTÍSTICA

María Isabel Huerta Viesca[1]

Este trabajo forma parte de una línea de investigación personal sobre Derecho mercantil y Arte.

1. OBJETIVOS Y ÓPTICA

Se realiza una brevísima aproximación al análisis de los métodos de investigación en las asignaturas de Derecho mercantil, con el fin de proporcionar una mini-síntesis a docentes y discentes sobre algunos de estos métodos y reflexionar brevemente sobre la metodología investigadora. Esta temática que atiende a los métodos de investigación no suele tratarse actualmente en la doctrina mercantilista. Sí hay estudios particularizados y aislados sobre alguna metodología concreta, pero no es un campo que atraiga la atención de los juristas y, en consecuencia, escasean los trabajos generales sobre la cuestión metodológica. La razón de este aparente desinterés actual puede estar en la inmensa cantidad de problemas jurídicos que suscitan las nuevas normas jurídicas que se van dictando, sin tregua y en un número abundantísimo, en la materia mercantil -fruto de la transposición de normativa de la Unión Europea o de la propia labor legislativa interna-, que conduce a los estudiosos a la necesidad de una acelerada pero cuidadosa interpretación de los nuevos textos. Esa labor interpretativa a menudo es ardua, porque el legislador no parece tomarse en serio las cuestiones metodológicas, dando lugar a regulaciones a veces carentes de coherencia con los textos de partida (es el caso de transposiciones de Directivas de forma sesgada o inexacta), o con otras normas internas coexistentes. Sin embargo, nunca hay que orillar cuestiones esenciales como son las metodológicas que sirven, precisamente, para que la interpretación y la creación jurídicas sean correctas y oportunas desde el punto de vista jurídico mercantil. Nunca deben perderse de vista los criterios que debe usar el jurista intérprete de las normas jurídicas para que su labor sea acertada en cada contexto profesional, *v. gr.* como abogado, como profesor o como juez. Por eso se retoma aquí la cuestión metodológica centrada en los criterios y sistemas más importantes para la investigación en el Derecho mercantil.

La óptica metodológica se complementa con una aportación ilustrativa artística, que puede conducir a una apreciación más cercana y atractiva de las metodologías referidas o de sus artífices principales. Todas las obras pictóricas que se aportan están en el dominio público

1. Universidad de Oviedo (España)

mundial y, sin excepción, son accesibles libre y gratuitamente en los *links* indicados. Su finalidad es hacer más amena la lectura y la aproximación a las cuestiones referidas. Se acompañan con el convencimiento de que una imagen dice mucho más que mil palabras y de que pueden ser del alguna utilidad para los docentes e interesados que se acerquen a esta temática.

2. ASPECTOS METODOLÓGICOS DE LA METODOLOGÍA

Parto de la idea central que configura al Derecho mercantil como el área de conocimiento que pretende acotar un sector de la realidad dentro del espacio general del mundo del Derecho. Su núcleo está constituido por el conjunto de normas jurídicas que específicamente regulan las relaciones de los empresarios entre sí y/o con sus clientes y consumidores. Se plantea, pues, el problema del mejor conocimiento de esa realidad.

Junto a la pedagogía, que es la técnica, o más arte, que permite expresar correctamente lo que uno quiere trasladar a los demás, de manera que sea también correctamente entendido, o. al menos, entendible para quien quiera entenderlo (Quijano, 2020), cada ciencia, si aspira a conseguir resultados científicos, ser y existir como tal, debe enfrentarse con una cuestión metodológica previa. Dentro del cómo se puede investigar en materia jurídica, contamos con los métodos clásicos investigadores, de los que atenderé a los que hasta ahora se han mostrado más útiles para los mercantilistas.

Figura 1. Jaques Louis David (1787). La muerte de Sócrates, Metropolitan Museum, Nueva York, https://n9.cl/oii4u

Fue Sócrates, además de cuestionarse todo críticamente ("*Εν οἶδα ὅτι οὐδὲν οἶδα, hèn oîda hóti oudèn oîda*"sólo sé que no se nada"), quien por primera vez introduce un método de conocimiento científico con la mayéutica (de *μαιευτική maieutikḗ*, propiamente 'técnica de asistir en los partos').

La preocupación metodológica presenta matices muy diferentes según nos encontremos ante un sector jurídico u otro o ante unas normas jurídicas u otras. Ha sido tratada sobre todo por los estudiosos del Derecho civil. Incluso aquellos métodos de mayor éxito en la ciencia jurídica comercial, cuando han sido utilizados por mercantilistas, lo han sido, en general, sin teorizar sobre la herramienta utilizada. Por ello, lo más conveniente en este punto será realizar una concisa exposición, resumida al máximo, sobre algún aspecto de algunos de los diferentes métodos existentes, los principales, sin perder de vista que en la moderna dogmática jurídica existe acuerdo en que la realidad del Derecho mercantil, fruto de múltiples factores de origen muy distinto (cultural, histórico, ético, político, económico, religioso, etc.), no será accesible a través de un método único aislado.

3. LA ESCUELA DE LA EXÉGESIS

Sobre todo a partir de la segunda mitad del siglo XVIII aparecen los criterios racionalistas con finalidad sistemática, que se convierten en principales tras el Código de Napoleón de 1804, que recoge el ideario iusnaturalista revolucionario y se considera el Código racional perfecto (Díaz, 1992; Legaz y Lacambra, 1961). Pues bien: esta escuela se caracteriza por el culto al texto de la Ley, es decir, a los artículos de los Códigos, y por el predominio absoluto de la voluntad del legislador en el momento de interpretación de la ley. Su idea latente es que *todo* está en los Códigos, obras completas y perfectas, de modo que al juez únicamente le queda aplicar la norma codificada y al jurista sólo le queda comentarla.

Figura 2. Jaques Louis David (1805-1807). La coronación de Napoleón, Wikimedia Commons, https://n9.cl/9op9l

Esta obra refleja de forma magistral el papel central del legislador-codificador, Napoleón, en el que convergen todas las miradas y todos los poderes del Estado.

Las notas de esta Escuela son: el respeto absoluto al texto de la Ley –el Código- en su redacción literal; como el Código es una ley estatal, se refuerza la superioridad del Derecho estatal legislado, y se aminora drásticamente la labor del juez, que debe limitarse a una misión de aplicación literal de lo legislado con un proceso simple de deducción mediante un sologismo lógico, en el que únicamente hay que buscar la interpretación de lo que dice legislador en el texto. La desconfianza del papel de los jueces es patente, al igual que se recela de la aplicación de principios generales o de la equidad que estén fuera de la literalidad de las normas codificadas.

En todos los países del grupo jurídico romano francés la Escuela exegética domina la ciencia del Derecho privado hasta, al menos, el último cuarto del siglo XIX, aunque eso no impidió que se tuviera que reconocer la importancia de los usos de comercio en la jerarquía normativa (Garrigues Díaz-Cañabate, 1976), lo que demuestra una cierta quiebra del pretendido poder absoluto del texto legislado.

Este método exegético sigue siendo muy importante en la actualidad. El primer momento de cualquier jurista ante un precepto debe conducirle a comprender su contenido e interpretarlo en su literalidad gramatical, saber qué quiere decir y entender su significado. Esté o no de acuerdo el intérprete con lo que diga un precepto mercantil, la comprensión exegética, del signficado de la norma, es siempre el primer paso para su aplicación o posteriores análisis.

4. LA ESCUELA HISTÓRICA

Esta Escuela surge en Alemania, con unas motivaciones frontalmente opuestas: si la Escuela exegética giraba en torno a los Códigos Napoleónicos y después se ha centrado en las leyes escritas, la Escuela histórica se muestra en decidida lucha contra la codificación y contra todos sus postulados. Frente a la exegética, de tintes racionalistas, la histórica tiene tintes romáticos y antirracionalistas (Vallet de Goytisolo, 1988). Con un trasfondo político en su contexto de origen, la Escuela histórica es contraria tanto al proceso como a los ideales de la codificación.

Figura 3. Desconocido (1779-1861), Carl von Savigny, https://n9.cl/0txcj Savigny es el máximo exponente de esta Escuela histórica, que pone el énfasis en el carácter histórico del Derecho como producto cultural y como resultado de la propia evolución histórica.

Esta metodología trataba de poner de manifiesto el proceso de maduración de las normas jurídicas mercantiles, revisando las situaciones sociales, económicas, ideológicas, etc., que propician su nacimiento, para así encontrar su función y su significado histórico y poder ulteriomente conocer su función y significado actuales (Hernández Gil, 1987). Los caracteres del método histórico podrían reducirse a estos postulados generales: no hay principios jurídicos *a priori*, porque todo lo jurídico responde a una causalidad; es imposible desintegrar el Derecho de su pasado, porque al igual que no hay principios definitivos o inmutables, en el sistema jurídico todo se apega a la historia y su devenir es impredecible.

Este método ha tenido la virtud de destacar el punto de partida histórico de todos los conceptos y todas las normas jurídicas. Creo que si se aplica con mesura y junto a otras metodologías puede llevarnos a buenos resultados y también puede resultar enriquecedor cuando permite observar cómo se van modificando las normas de acuerdo con la realidad social del tiempo en que deben aplicarse. Esto es especialmente interesante en un ámbito tan cambiante como ha sido desde sus orígenes y hasta hoy el Derecho de los mercaderes y el sector jurídico mercantil. Pienso que, aunque no pueda hoy ser utilizada la metodología de la Escuela histórica como método único, sí puede compaginarse con otras y ello puede proporcionarnos un conocimiento más profundo de la realidad jurídica mercantil.

5. LA JURISPRUDENCIA DE CONCEPTOS

Este método de la Jurisprudencia de conceptos, también denominado "Jurisprudencia constructiva" o "Método dogmático", se decanta por su tendencia a las construcciones lógicas y por el papel de dogmas que desempeñan los conceptos para llegar a esas construcciones. A través de este método la ciencia jurídica va sacando de las normas y de los conceptos de la ley unos principios generales, superiores, de los que se extráen las consecuencias para resolver los problemas jurídicos particulares.

Figura 4. Edvard Munch (1887). Jurisprudencia, Galería Nacional de Oslo, Noruega, Jurisprudence, 1887 - Edvard Munch - WikiArt.org

En general, esta metodología ha sido muy criticada, porque propicia un alejamiento de la realidad jurídica normativa en beneficio de una contrucción lógica que puede ser ajena a la respuesta jurídica dada por las leyes de Derecho positivo. Sin embargo, la utilidad de este método es clara en algunos supuestos; por ejemplo, cuando el Ordenamiento mercantil carece de respuesta a un problema –existe una laguna jurídica-, aplicándolo se puede subir desde los preceptos legales hasta un principio básico, para descender después hasta dar respuesta concreta al problema aparentemente huérfano en la norma positiva.

6. LA ESCUELA DEL DERECHO LIBRE

La Escuela del Derecho libre representa la antítesis de la metodología de la Escuela de la exégesis francesa, porque si en ésta la norma jurídica era la protagonista y el juez tenía un papel de simple aplicador, en la Escuela del Derecho libre el protagonismo lo asume rotundamente el juez. La norma jurídica de Derecho positivo está para auxiliar o apoyar, es preparatoria o un intento para lograr un orden jurídico concreto, pero en cualquier caso tiene una relevancia mucho más insignificante que la del juzgador.

Y no es sólo que el juez pueda completar el Ordenamiento en el caso de existencia de lagunas o de preceptos aplicables al caso concreto que hay que resolver, sino que hay un sector de los defensores de esta metodología que otorga una mayor libertad al juez y apoyan que *incluso* si existen normas aplicables al problema el juez pueda desvincularse de ellas y desviarse si lo requieren las circunstancias concretas del caso por sus características peculiares.

Figura 5. Adriaen van Ostade (1637). Lawyer in his Study, https://n9.cl/50z67k

Desde luego, creo que esta Escuela origina graves riesgos, fundamentalmente, el de la disolución de la objetividad del Derecho, con la consecuencia de la grave inseguridad jurídica que puede implicar para los ciudadanos. Pero también podemos observar que tiene aspectos positivos acertados, como son, sobre todo, la insistencia en una necesaria apertura del Derecho a la realidad social, sus trabajos en favor de la sociología jurídica, y su preocupación por la atención a un criterio de justicia que pueda atender adecuadamente a las circunstancias de cada caso concreto.

7. LA JURISPRUDENCIA DE INTERESES

Los partidarios del Método de la Jurisprudencia de intereses, o Método de observación de la realidad (Garrigues Díaz-Cañabate, 1976), ponen el punto de atención en la comprensión del *fin* al que obedece la norma jurídica mercantil, es decir, estudian sobre todo los motivos prácticos que explican que esa norma concreta exista. Cuando el jurista analiza las normas jurídicas, en consecuencia, no tiene que realizar deducciones lógicas abstractas, sino que debe entender la norma y aplicarla siempre conforme a los intereses que ha tenido presentes el legislador a la hora de crearla.

Figura 6. Desconocido (1892). Rudolf von Jhering. https://n9.cl/4wddd Ihering es uno de los pensadores jurídicos más relevantes de la Historia, junto a Savigny. Observó la inexactitud de la invariabilidad de los conceptos jurídicos y recalcó la necesidad de estudiar las causas éticas, históricas y psicológicas de las normas jurídicas, dando el primer paso, junto a Heck, de este método.

Este método es el más importante de los utilizados en el Derecho mercantil. Como subraya la conexión de las normas jurídicas con los intereses en conflicto, esto es, con su finalidad teleológica, lo que debe hacer el jurista es descubrir los verdaderos intereses económicos, sociológicos, psicológicos, éticos, etc. que han entrado en juego y han llegado a ser tutelados por la norma. En consecuencia, destaca el papel de la jurisprudencia, que debe seguir el camino marcado por la norma o, en su defecto, tiene que decidir procurando proteger el interés principal protegido como si fuera el legislador.

Este método permite incluir elementos valorativos de justicia material al interpretar las normas, de forma que el jurista o el juez no son meros autómatas que aplican unas normas fríamente, sino que pueden orientar la interpretacion y la aplicación normativa hacia la protección de los intereses que sean más dignos de protección.

Considero especialmente valioso de este método en el ámbito mercantil, en cuanto permite al jurista, en su labor diaria y sea cual sea su cometido, la realización de *los valores* de las normas jurídicas en su interpretación y aplicación. En el caso de las normas mercantiles esos valores serán los constitucionales y los resultantes de los principios generales odenadores del Derecho y del Derecho mercantil en concreto.

8. EL MÉTODO COMPARATIVO

Este método, relacionado con la metodología histórica, procura introducir, mediante la micro y la macrocomparación, el conocimiento y el análisis de las experiencias históricas y actuales de otros sistemas jurídicos para así llegar a una comprensión más profunda del Derecho propio. Ha sido usado desde muy antiguo en el mundo jurídico, aunque su consolidación como metodología y con terminología propia (Morán, 2022) se sitúa en 1900, tras la celebración en París del I Congreso Internacional de Derecho comparado en el marco de la Exposición Mundial de París de 1900 (García Cantero, 2000). La regionalización y la globalización han incidido decisivamente en su creciente importancia (Foster, 2006).

Figura 7. Ambrogio Lorenzetti (1339). Consecuencias del buen gobierno de la ciudad, fresco en la pared, Palacio Público de Siena (Italia). https://n9.cl/ipbmfw

Las ventajas del Derecho comparado, su virtualidad formativa y su utilidad práctica se han destacado por la doctrina, que observa, desde el punto de vista teórico, que posibilita una mejor comprensión del fenómeno jurídico (Pizzorusso, 2008), y ya desde una perspectiva más pragmática permite conocer más exactamente el Derecho interno y situarse en óptimas condiciones para mejorarlo y reinterpretarlo con afán competitivo (Martínez-Torrón, 1997), lo que es especialmente interesante en un mundo globalizado e internacionalizado (Lanchester, 2019).

Aunque se va implantando muy lentamente en las Universidades, este método tiene una función formativa valiosa. Puede propiciar una compensión más profunda de las normas mercantiles internas resultado de la introducción de normas internacionales o, en el caso europeo, de la transposición del Derecho de la Unión Europea. Incluso permite una detección de los errores que puedan producirse en esa introducción o transposición. Esta perspectiva también es aplicable en el desarrollo uniforme del Derecho del comercio internacional.

Comparto que la utilización del Derecho comparado como método de estudio no es sólo la citación de autores o referencias bibliográficas foráneas, sino que es mucho más. Presta toda su utilidad para facilitar la evolución del Derecho positivo y permite diseñar soluciones novedosas a nuestros problemas jurídicos mercantiles (Ospín Garzón, 2016).

Observo que el Método comparativo se sigue enfrentando a dificultades muy importantes, tanto idiomáticas como culturales, y al problema, importante, de comprensión del verdadero sentido de los sistemas jurídicos comparados. Es preciso que el comparatista entre en el tejido jurídico de referencia en su globalidad (Ferrante, 2016). Veo muy necesario huir de un excesivo entusiasmo acrítico al aplicar sistemas foráneos y, sobre todo, escapar de un servilismo o imitación de soluciones extrañas y ajenas, que pueden no ser equivalentes ni ajustadas a las del sistema propio. También creo que este método debe aplicarse con sensatez y con mesura, no vaya a ser que se produzca una distorsión indeseable al prestar más atención y estudio al Derecho extranjero que al propio.

Como ocurre con el histórico, creo que este método debe ser atemperado con la concurrencia del resto de las metodologías utilizadas, para evitar que el análisis y la aplicación del propio Derecho se vean reducidos a un traslado de soluciones adoptadas por otros Ordenamientos y lejanas por su tradición jurídica y su actualidad sociológica, política y económica, de las propias.

9. EL MÉTODO DEL ANÁLISIS ECONÓMICO DEL DERECHO

El método del análisis económico del Derecho tiene su origen en las Universidades de Chicago y Yale, de donde saltó a Europa. Pone el foco de atención en la competitividad económica del sistema jurídico. La tesis de Coase parte de considerar una superioridad de la teoría de la microeconomía sobre las ciencias sociales, por lo que proyecta la misma sobre éstas, de forma que se busque una explicación, por ejemplo, a las elecciones de las leyes con base en dicha teoría (Coase, 1988). El método busca explicar por completo el mundo jurídico utilizando categorías, métodos y técnicas del economista, partiendo de la configuración del individuo como *homo oeconomicus*, "maximizador racional de sus objetivos en la vida" (Paz-Ares Rodríguez, 1981).

Por mi parte pienso que el Derecho no puede buscar ni encontrar en la ciencia económica los valores de las normas jurídicas, puesto que el análisis económico del Derecho no tiene un alcance filosófico ni metodológico que permita sustituir los móviles de la política legislativa o la interpretación y estudio del Derecho por un juicio económico. Con un sector de la doctrina mercantilista, creo que las normas jurídico económicas deben ser interpretadas y aplicadas con arreglo a su carácter de origen: civil, mercantil, administrativo, fiscal, penal, etc., y no con criterios económicos (Rojo Fernández-Río, 1981).

Figura 8. Quentin Massys (1514). El cambista y su mujer, Museo del Louvre, https://n9.cl/919n7

Considero con la doctrina (Olivencia Ruiz, 2007), que no es el Derecho el que debe plegarse a los intereses económicos, sino la economía la que ha de respetar en un Estado de Derecho el imperio de la ley, los valores que ésta protege y la seguridad jurídica. Y aunque el análisis económico del Derecho tenga como premisas la eficiencia y la libertad de las partes para determinar entre ellas mismas la mejor manera de desenvolverse en el mercado (Hernando Nieto, 2012), y aunque se le deban reconocer ciertas implicaciones prácticas -como la preocupación por la inmediatez de las respuestas ante los problemas jurídicos, o la preocupación por la competitividad económica de las normas, o la investigación social y económica del ámbito en que deben aplicarse-, creo que esa luz eficientista no puede ser el faro que guíe la interpretación de las normas jurídico mercantiles, precisamente por las carencias de fondo de los valores en que se inspira, sobre todo la eficiencia, que no pueden justificar su conversión en una piedra angular del Derecho privado. Pensemos, por ejemplo, en la responsabilidad social de las empresas -en que se buscan objetivos que se pretenden sean adoptados voluntariamente por las empresas- muy alejados de la pura eficiencia económica.

Llamo aquí la atención, sin embargo, sobre la progresiva introducción del eficientismo o criterio económico en la ponderación de los intereses subyacentes, en muchas normas mercantiles en todo el mundo, en ocasiones con mención expresa a este supuesto valor, y en todas las parcelas mercantiles. Poco a poco se va consolidando con fuerza ese espíritu eficientista aunque, en mi criterio, no sea un valor jurídico propiamente dicho, por lo que no puede ser un criterio hermenéutico válido. Sigo la estela de varios académicos del análisis económico del Derecho, que se sienten incómodos ante la aceptación de la noción de la maximización de la riqueza como un paradigma *auxiliar* de la justicia y han apreciado la dificultad teórica de definir el papel correcto de la eficiencia como ingrediente de la justicia en relación con otras metas sociales (Parisi, 2010). Por mi parte comparto esas observaciones y creo que en ningún caso la eficiencia puede constituirse en el eje de nuestro sistema jurídico (Jiménez de Parga, 2001; D'Ors, 1999). La máquina de la eficiencia no puede engullir los presupuestos filosóficos del Derecho en general, ni tampoco en el sector mercantil. Todo lo contario: es la economía la que deberá plegarse ante los valores que protegen las normas en un Estado de Derecho (Olvencia Ruiz, 2007).

Entiendo que es necesario conjugar los aspectos económicos y la eficiencia con otros valores más importantes, desde mi punto de vista, como son los valores de justicia, equidad, seguridad jurídica, bien común sin aplastamiento del individuo, libertad de la persona y su dignidad, cuidado y protección de los más débiles, a que obliga el Estado social, primacía de los seres humanos sobre el dinero, protección del medio ambiente y otros contenidos éticos, políticos y filosóficos de las normas y las instituciones mercantiles concretas (Gondra Romero, 1981; Pasquau Liaño, 1986). El Derecho no puede encontrar ni en la economía ni en la ciencia económica los valores que dan vida al Derecho mercantil, porque los criterios económicos y la eficiencia económica carecen de valor filosófico de fondo capaz de sostener el sistema normativo mercantil (Gondra Romero, 1981). Entiendo que no es necesariamente justo lo que es puramente eficiente en términos económicos, porque existen otros valores en juego muy relevantes jurídicamente y operativos, como la igualdad y la justicia, en su vertiente conmutativa o distributiva (Tena, 2019; Roncero Sánchez, 2019).

Además, soy de la opinión de que no debe dejarse de lado la recuperación, a mi juicio acertada, de la reivindicación del sentido común, propio de la escuela escocesa del sentido común, que empezó a enseñar a mediados del siglo XVIII Thomas Reid en la Universidad de Aberdeen, recepcionada en España por Jaime Balmes; y es que el sentido común también debe ser ponderado a la hora de analizar las leyes vigentes y proponer las leyes futuras en el ámbito del Derecho mercantil, rechazando las que lo contraríen y superando el empleo en las ciencias sociales, en nuestro caso en el Derecho mercantil, de términos y conceptos extraídos de la ciencia económica, cuando no incluso de la pura matemática (Jiménez de Parga, 2001; D'Ors, 1999).

10. REFLEXIÓN FINAL

Para finalizar con estas escuetas anotaciones sobre la metodología de investigación del Derecho mercantil hay que referir cómo se pueden compaginar estos diversos métodos en un proceso interpretativo y cognoscitivo único. Desde mi punto de vista, partiendo de la necesidad de un pluralismo metodológico (Díaz, 1992), para llegar a una visión completa y coherente del Derecho mercantil, la mejor fórmula consiste en asignar a uno de estos métodos el carácter de método director, de modo que los demás tengan, en su caso, un valor complementario o auxiliador.

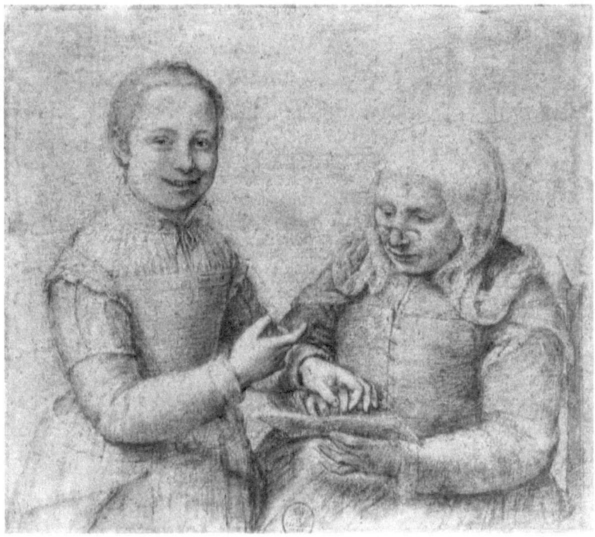

Figura 9. Sofonisba Anguissola (1550). Anciana estudiando el alfabeto con una joven, https://n9.cl/owrps

En mi opinión, el papel director ha de corresponder al método de observación de la realidad, en cuanto la dimensión más destacada del Derecho es la ordenación de intereses de conformidad con unos valores. Si el Derecho tiene un origen democrático, coincidirán plenamente con los valores compartidos por el conjunto de la sociedad de la cual se trata, y en nuestro caso los valores plasmados en la Constitución. De ahí el papel central del método que ostenta el pluralismo metodológico armonizador y limitado por el que opto. Creo que, muy lejos de adoptar una posición radical y excluyente entre los diversos métodos, se debe tender a combinar armónicamente los mismos en una integración de lo que tienen de útil y positivo: el genético, para analizar y observar el nacimiento de cada institución objeto de estudio; el exegético, para atender al estudio del contenido de la norma, su aclaración e interpretación, gramatical, lógica, histórica y sistemática, tratando de introducirse en los principios generales o dogmas fundamentales informadores; el evolutivo, para acercarnos a su crecimiento, a su proceso vital y observar sus transformaciones a partir de los cambios económicos, sociales y culturales; el comparativo, que permitirá enriquecer nuestro estudio con la confrontación de distintos sistemas jurídicos. En cualquier caso, siempre hemos de acudir a una interpretación histórico-actualizadora de las normas mercantiles vigentes, según las pautas del art. 3.1 del Código Civil, realizando esa interpretación conforme a la realidad social del tiempo en que han de ser aplicadas.

11. REFERENCIAS

Anguissola, S. (1550). *Anciana estudiando el alfabeto con una* joven. https://n9.cl/owrps

Coase, R. H. (1988). *La empresa, el mercado y la ley*, traducción de Guillermo Concome y Borel, Alianza Editorial.

David, J. L. (1787). (1787). *La muerte de Sócrates*, Metropolitan Museum. https://n9.cl/oii4u

David, J. L. (1805-1807). *La coronación de Napoleón, Wikimedia Commons*, https://n9.cl/9op9l
Desconocido (1779-1861), *Carl von Savigny*, https://n9.cl/0txcj
Desconocido (1892). *Rudolf von Jhering*. https://n9.cl/4wddd
Díaz, E. (1992). *Sociología y Filosofía del Derecho*, reimpresión de la segunda edición, Taurus Humanidades.
D'Ors, A. (1999). *Derecho y sentido común. Siete lecciones de derecho natural como límite del derecho positivo*, segunda edición, Civitas, 65-76,
Ferrante, A. (2016). Entre Derecho comparado y Derecho extranjero. Una aproximación a la comparación jurídica, *Revista Chilena de Derecho*, 43, 601-618.
Foster, N. H. (2006). The *Journal of Comparative Law*: a new scholarly resource, *The Journal of Comparative Law*, 1.
García Cantero, G. (2000). Nacimiento, desarrollo e importancia actual del Derecho comparado, *Actualidad Civil*, 2, 10 al 16 de enero de 2000, 43.
Garrigues Díaz-Cañabate, J. (1976). *Curso de Derecho Mercantil*, tomo I, séptima edición revisada con la colaboración de Alberto Bercovitz Rodríguez-Cano, Imprenta Aguirre, Madrid.
Gondra Romero, J. M. (1981). Del Derecho de la economía a la moderna Economía del Derecho (viejas y nuevas perspectivas de la colaboración interdisciplinar entre la ciencia económica y jurídica), *Ensayos de Economía*.
Hernández Gil, A. (1987). *Conceptos jurídicos fundamentales*, tomo I, Espasa Calpe, 175.
Hernando Nieto, E. (2012). Análisis económico del Derecho en tiempos neoconstitucionales, *Themis: Revista de Derecho*, 62, ejemplar dedicado al análisis económico del Derecho, 43.
Jiméndez de Parga, M. (2001). Reivindicación del sentido común, Diario *ABC*, 3.
Lanchester, F. (2019). Los deberes constitucionales en el Derecho comparado, *Revista de Derecho constitucional europeo"*, 13, 67-82.
Legaz y Lacambra, L. (1961). *Filosofía del Derecho*, segunda edición, Bosch Casa Editorial, 94-95.
Lorenzetti, A. (1339). *Consecuencias del buen gobierno de la ciudad,* fresco en la pared, Palacio Público de Siena (Italia). https://n9.cl/ipbmfw
Martínez-Torrón, J. (1997). Presente y futuro del Derecho comparado en España. *Revista de Derecho Privado*, 202-211.
Massys, Q. (1514). *El cambista y su mujer.* Museo del Louvre, París. https://n9.cl/919n7
Morán, G. M. (2022). El Derecho comparado como disciplina jurídica: la importancia de la investigación y la docencia del Derecho comparado y la utilidad del método comparado en el ámbito jurídico. *Anuario da Facultade de Dereito*, 6, 501-503.
Munch, E. (1887). *Jurisprudencia.* Galería Nacional de Oslo, Noruega. https://n9.cl/op29x
Olivencia Ruiz, M. (2007). Profesores y abogados. *La Toga, Revista online del Ilustre Colegio de Abogados de Sevilla.*
Ospín Garzón, A. F. (2016). Mis clases de Derecho Comparado y el Derecho Comparado de mis clases. *Docencia y Derecho*, *10*(5).
Parisi, F. (2010). Escuelas positivas, normativas y funcionales en el análisis económico del Derecho. *Ius et Veritas: Revista de la Asociación Ius et Veritas*, *41*(28).
Pasquau Liaño, M. (1986). Reflexiones acerca de la constitucionalización del Derecho privado, como tarea jurídica y como tarea política, Estudios en homenaje al Profesor Miguel Motos Guirao. *Revista de la Facultad de Derecho de la Universidad de Granada*, tomo III, 11, 161-174.

Paz-Ares Rodríguez, C. (1983). Una teoría económica sobre la mercantilidad de la compraventa (A propósito de la STS de 12 de diciembre de 1981), *Anuario de Derecho Civil*, 943-996.

Pizzorusso, A. (2008). Del Derecho Comparado al Derecho Cosmopolita, *Derecho PUPC: Revista de la Facultad de Derecho*, 61, 428-430.

Quijano González, J. (2020). La pedagogía necesaria, *El Norte de Castilla*. https://n9.cl/s3qst

Rojo Fernández-Río, A. (1981). El Derecho económico como categoría sistemática, *Estudios de Derecho mercantil en homenaje al Profesor Antonio Polo*, Editorial Revista de Derecho Privado, Editoriales de Derecho Reunidas, 977-1014.

Roncero Sánchez, A. (2019). *Big Data* y responsabilidad de los administradores de sociedades de capital, en *Revolución digital, Derecho mercantil y Token economía*, coord. M. del C. de la Orden de la Cruz, C. Martínez Laburta, y A. F. Muñoz Pérez (dirs.), (pp. 340-360).

Tena, R. (2019). ¿Son justos los precios personalizados mediante algoritmos?, *El Notario del Siglo* XXI, 87.

Vallet de Goytisolo, J. (1988). *Metodología jurídica*, Civitas, 1ª. Ed. 242-243.

Van Ostade, A. (1637). *Lawyer in his* Study, https://n9.cl/50z67k

EMPREGADO DOMÉSTICO NO SÉCULO XXI OS DIREITOS HUMANOS, AS RAZÕES E AS PROPOSIÇÕES LEGAIS NO BRASIL

Vilma Maria Inocêncio Carli[1]

1. INTRODUÇÃO

O objetivo desse trabalho é o de demonstrar que os direitos dos empregados domésticos, que até então no Brasil era considerado como um trabalho escravo, isto porque, o trabalho doméstico teve seu início na colonização do país, onde então só havia imigrantes e nativos, e nessa época os colonizadores se utilizavam da mão de obra escrava indígena, e posteriormente dos escravos chegados da África.

Isso ocorreu em meados do século XVI, porque a atividade açucareira, no Brasil era muito grande e exigia mão de obra, e a utilizada era a mão de obra escrava com a chegada dos escravos africanos, que aconteceu no Período Imperial, e com a chegada da Família Real no Brasil, onde a acontecia a segregação entre os escravos da senzala e os escravos domésticos, sendo que estes ou estas escravas, possuíam livre acesso à Casa Grande, e ficavam sob a proteção dos seus Senhores, prestando serviço dentro das dependências das casas, e recebendo um tratamento um pouco diferenciado em relação aos demais escravos.

Mas o fim do trabalho doméstico escravo ocorreu de maneira lenta e gradual, principalmente levando em conta de que os Senhores de Engenho e das Plantações não poderiam sofrer prejuízos econômicos, para que isso não ocorresse, existiam politicas rígidas e repressivas, principalmente quanto ao controle dos escravos alforriados, sendo acompanhado por políticas rígidas e repressivas, levando em conta somente a situação econômica do País, e não os direitos humanos.

Eis que foi editado em 1886 o Código de Posturas do Município de São Paulo, que foi primeiro que estabeleceu regras para os criados e as amas de leite, esse trabalho era previsto em lei como serviço doméstico, havia a necessidade de registro junto à Secretaria de Polícia e, competia a esta, a emissão de uma caderneta de identidade do trabalhador, existia também nesse Código, a previsão do serviço doméstico remunerado, e também do direito ao aviso prévio na rescisão contratual de 5 dias pelo empregador e de 8 dias pelo empregado.

---

1. Pós Graduada em Direito Processual Civil, Mestre em Direito e Economia, Doutora em Ciências Jurídicas e Sociais, Professora de Direito Civil e Direito Romano, Pesquisadora do Brasil, CNPq, Diretora Científica da ADFAS. Brasil, Directora de Tesis da UMSA/Argentina, Advogada.

Convém ainda esclarecer de que também havia a previsão de possibilidade do empregado ser demitido por justa causa, mas, acontece que com a abolição da escravatura no Brasil, que ocorreu em 13 de maio de 1888, foi que começaram a surgir as primeiras empregadas domésticas brancas para exercer a atividade de empregada doméstica no País, mas foi com a entrada em vigor (Brasil, Lei nº 3.071, 1916)

Dessa forma, é que foi editado em 1923, o Decreto 16.107 que dispunha especificamente sobre a locação de serviços domésticos, principalmente quanto a disposição que constava no artigo 2º que estabelecia o rol das ocupações que eram consideradas como serviço doméstico, mas só em 1941, por meio do Decreto Lei 3.078/1941, que o trabalho doméstico foi regulamentado.

E foi em 1960 com a entrada em vigor da Lei Orgânica da Previdência Social, é que determinou e permitiu que os empregados domésticos pudessem ser inscritos na Previdência Social, mas a sociedade brasileira não conseguia acompanhar o desenvolvimento social e jurídico e os empregados domésticos batalhavam para o reconhecimento da profissão, bem como de todos seus direitos trabalhistas.

O trabalho dos domésticos para atingir o reconhecimento social e equiparação de direitos do trabalhador doméstico às demais categorias profissionais, foi e continua sendo árdua, mas em 1972, foi promulgada a Lei 5.859, que dispôs sobre a profissão de empregada doméstica, definia no artigo 1º que a função de empregado doméstico era "aquele que prestava serviços de natureza contínua e de finalidade não lucrativa à pessoa ou à família no âmbito residencial destas, e ainda havia a previsão de direitos aos trabalhadores ao gozo de 20 dias de férias remuneradas por ano e recolhimento previdenciário (Brasil, 1973).

Dessa maneira, a história de desvalorização do trabalho doméstico, contribuía para que o empregado doméstico continuasse na informalidade, onde os trabalhadores domésticos possuía uma remuneração muito baixa associada à alta informalidade.

Os empregados domésticos só passaram a ter direitos aos direitos básicos de qualquer trabalhador, quando a Constituição de Federal de 1988, entrou em vigor no Brasil, onde teriam direito ao recebimento do valor do salário-mínimo, 13º salário, repouso semanal remunerado, férias, licença maternidade, aviso prévio e aposentadoria, mas convém esclarecer de que apesar de toda luta da classe de trabalhadores domésticos, a lei mais recente é a Lei Complementar 150/2015.

Sendo que essa nova Lei 150/2015, acrescentou à esta esfera de trabalhadores o direito à jornada de trabalho de 44 horas semanais, pagamento de horas extras, adicional noturno e o Simples Doméstico, que se trata de um regime unificado de pagamento de tributos, contribuições e encargos dos empregados domésticos.

A disposição do Art. 7º da Constituição Federal de 1.988 alterou a classe laboral dos empregados domésticos que tiveram diversos direitos estendidos, e essa nova tecnologia social inovadora de investimento em capital humano encontra-se em desenvolvimento e que ocorreu por meio de ganhos legislativos que os beneficiam e os equiparam a todos os empregados do país, e dessa maneira se observa de que fato e de direito conseguiram alcançar relativa paridade com os empregados comuns.

No entanto, apesar de todo o avanço, não se pode afirmar que todos os direitos dos trabalhadores brasileiros são idênticos, porque realmente quanto a ao empregado doméstico seja social ou juridicamente estão atualmente merecendo uma atenção em cada uma das suas particularidades, e principalmente na obtenção de direitos trabalhistas, portanto esse desenvolvimento social e de capital humano é de fundamental importância que seja analisado devidamente, de forma social, jurídica, humana, cultural e política.

2. A EMPREGADA DOMÉSTICA FRENTE À EVOLUÇÃO SOCIAL E A LEGISLAÇÃO BRASILEIRA

A evolução social e dos direitos da empregada doméstica, que sempre foi equiparado aos dos outros trabalhadores, mas na realidade isso nunca funcionou no Brasil, porque convém lembrar que a rápida transição entre a abolição formal da escravatura e a instituição da República no Brasil, deixou algumas sequelas e costumes que lembram as relações trabalhistas com os Senhores de Engenho, isto é, que na realidade não existiam nenhum relação de emprego, o trabalho era na realidade como um trabalho escravo. (Neto, 2009).

Então foi daí é que se percebeu a deflagração de um lento processo de mudança social, mas que ainda se encontra até hoje no século XXI em plena evolução, por ser um desenvolvimento ainda sem solução legal e que continua na busca de assegurar os direitos humanos fundamentais da trabalhadora doméstica, levando sempre em conta a cultura implantada no Brasil. (Nascimento, 2004).

É certo que apesar da luta formal da categoria, o trabalho doméstico no Brasil até os dias de hoje não foi ainda dissociado da questão racial, porque via de regra a maioria das domesticas que exercem a profissão seja de doméstica ou diarista são negras, e essa injusta herança vem justamente da época da abolição da escravidão, quando os negros foram admitidos no mercado de trabalho sem educação ou qualquer qualificação, percebendo salários irrisórios, e cumprindo uma jornada de trabalho inumana, e exaustiva.

Acontece que com a evolução da sociedade, e a observância dos direitos humanos, os direitos trabalhistas das empregadas domésticas, que atualmente se pode considerar plena de muitas conquistas que remonta ao século passado, mesmo porque a lei que consolida a legislação trabalhista no Brasil é datada de 1942, e que por uma infelicidade quando entrou em vigor não atendeu ao reclame da sociedade da época e ignorou completamente os direitos das empregadas domésticas, usando uma alegação esdrúxula, de que não constituíam uma categoria profissional para possuir direitos. (Martins, 2003).

Ocorre que o trabalho de empregada ou empregado doméstico ainda é possível e tem clientela em todo Brasil, e que apesar de conseguirem com muita luta serem vencedores em todas as conquistas trabalhistas, é muito relevante esse ganho social e legal, porque por mais insignificante que possa parecer, esse ganho trabalhista dos empregados doméstico também pode contribuir enormemente para a redução da pobreza e a dignidade da pessoa humana no país. (Alexandrino, 2010).

Convém sempre lembrar que o empregado doméstico já se trata de uma função ou cargo, que se encontra atualmente completamente normatizada, no Brasil, isso ocorre porque os afazeres domésticos nunca foram vistos como trabalho, e sempre foram considerados como funções naturais das mulheres, mas acontece que já passou da hora de a sociedade brasileira ultrapassar essa visão escravagista e machista e garantir, às empregadas domésticas, os mesmos direitos de qualquer trabalhador do País.

Ocorre que apesar se sentir que atualmente que existe uma melhoria na situação econômica e uma maior igualdade social que se sabe são condições que andam juntas e são necessárias para que o Brasil possa se tornar um país mais humano e desenvolvido, é certo que este reconhece e regulamenta a profissão de empregado doméstico desde o ano de 1972, mas em condições que eram muito diferentes das do trabalhador em geral, lhes faltavam alguns direitos e garantias, além do respeito aos seus direitos constitucionalmente adquiridos.

Por isso é tão necessário se fazer uma releitura das normas que cuidam da proteção do trabalho da classe trabalhadora doméstica, mas sempre baseados nos princípios que trata e normas especiais de tutela do trabalho da mulher, e sua adequação à nova ordem constitucional, lastreados sempre na igualdade e da dignidade da pessoa humana.

Mas é sempre bom lembrar que existe a necessidade de uma expansão desses direitos, incorporando uma visão mais social, resultando numa sociedade mais equilibrada, e o entendimento da sociedade de um modo geral tem se mostrado favorável a esse entendimento, sendo que a consolidação dessa posição corresponderia a um importante passo no avanço dos direitos sociais do país, principalmente do trabalhador doméstico.

A evolução dos direitos dos trabalhadores domésticos no Brasil, à regulação do trabalho doméstico que já havia entrado em vigor da Lei n. 5.859/1972, primeira lei específica da categoria doméstica, que amparou o trabalho doméstico, entretanto, não alcançou as pretensões dos trabalhadores, porque apesar de ser uma conquista, os direitos dos trabalhadores domésticos não foram respeitados, e a lei, portanto não atingiu sua eficácia plena. (Nino, 2011).

Pois bem quanto às novas conquistas que foram trazidas pela Lei n. 11.324/2006, ao empregado doméstico, como descanso remunerado em feriados, férias com trinta dias corridos acrescidos de um terço constitucional, estabilidade à gestante, vedação de descontos e incentivos fiscais, mas mesmo com todo novo avanço o trabalhador doméstico ainda permanecia limitado a outros direitos, como exemplo o recolhimento do Fundo de Garantia por Tempo de Serviço. (Barros, 2009)

Portanto, como se pode observar, os empregadores e empregados domésticos passaram ambos a ter mais deveres e direitos, sendo certo, que o Senado Nacional aprovou a Proposta de Emenda Constitucional (PEC) 478/2010, a qual veio para iguala a classe dos trabalhadores domésticos com os trabalhadores rurais e urbanos, já que, antes, os benefícios não eram iguais para todos.

Acontece que com a entrada em vigor da Lei nº 13.467, de 13 de julho de 2017, mas que teve somente sua efetividade e aplicabilidade em novembro de 2017, mas que trouxe felizmente a grande Reforma Trabalhista, e que ao ser aprovada pelo Congresso Nacional e sancionada pelo Presidente da República acabou por não trazer preocupação a categoria dos empregados domésticos e empregadores domésticos, pois os direitos dos trabalhadores foram completos e constitucionalmente assegurados. (Normando, 2005)

Convém esclarecer de que a Consolidação das Leis do Trabalho- CLT foi que recebeu essa grande e necessária reforma no sentido de adaptá-la aos dias atuais e ao Direito Moderno, mas é bom explicitar de que todos os trabalhadores brasileiros terão garantidos e assegurados todos os seus direitos dispostos no Art. 7º da Constituição Federal de 1.988, e que não poderão ser modificados ou suprimidos pela Lei nº 13.467/2017, que implantou a Reforma Trabalhista a partir do mês de novembro de 2017 no Brasil.

Ainda com a introdução das mudanças em favor das empregadas domésticas, passou assim a ser obrigatório, por exemplo, o recolhimento do Fundo de Garantia por Tempo de Serviço (FGTS), pagamento do Seguro-Desemprego e o cumprimento da jornada máxima de trabalho em quarenta e quatro horas semanais, entre outros direitos.

Mas, no entanto, nem todos os trabalhadores domésticos já têm conhecimento da importância desta mudança na sua vida funcional e social, por que se trata do reflexo de um processo de desenvolvimento nacional e que de certa forma se trata de direitos sociais adquiridos dos empregados domésticos, que devem ser cumpridos pelo empregador e aplicados pela Justiça Trabalhista de imediato. (Carrion, 2008).

Acontece que com a legislação que protegia o trabalhador doméstico, mesmo assim, ainda não era tratado quanto as formas e a proteção da jornada de trabalho, e não se falava em recolhimento dos direitos do trabalhador ao Fundo de Garantia por Tempo de Serviço (FGTS), e muito menos dos direitos do trabalhador doméstico ao recebimento do Seguro-Desemprego no caso de despedida sem justa causa, e ainda não lhes foram deferidos outros benefícios essenciais. (Süssekind, 1996).

2.1. Decreto-lei nº 3.078/1941 disposição sobre Locação de Serviços Domésticos

A limitação de direitos trabalhistas do empregado doméstico no Brasil, apesar dos avanços, ainda permeia na sociedade carregando a herança da escravidão a qual se pode observar por meio do tratamento diferenciado que ainda é dispensado ao empregado doméstico, e em alguns casos causa até indignação da forma que ainda são tratados por alguns empregadores. (Martinez, 2010).

Porém existiam muitas controvérsias quanto à aplicação do Decreto Lei n. 3.078/1941, que dispunha sobre a lotação dos empregados em serviço doméstico, e esse foi justamente um dos argumentos utilizados pelos doutrinadores de que o Decreto-Lei não tinha sido regulamentado, e para que na época pudesse ser considerado empregado doméstico, aqueles que de qualquer profissão, mas que trabalhasse mediante uma remuneração, e que prestassem serviços em residências particulares ou a benefícios destas pessoas, e assim se processou a ilegalidade, em total desrespeito aos direitos humanos. (Bossa, 1998).

Existia ainda um argumento que era muito discutido porque realmente a Consolidação das Leis Trabalhistas, deveria suprimir, e até revogar todas as normas de proteção ao trabalho do empregado doméstico da época, e que deveria vigorar tal lei tanto as contratações individuais, como as coletivas e até aquelas que regulavam o trabalho doméstico. (Valeriano, 1998).

Dessa maneira alguns doutrinadores entendiam na época de que a CLT apenas conseguiu excluir os empregados domésticos de sua proteção, mas que deixou em aberto todos os entendimentos quanto ao Decreto-Lei n. 3.078/1941, que continuou sua existência e vigor lado a lado com a Consolidação das Leis do Trabalho, na época. (Carrion, 2008).

Portanto, o entendimento era no sentido de que realmente a Consolidação das Leis do Trabalho na época não amparou o trabalhador doméstico, excluiu-o expressamente de sua regulamentação, mas convém lembrar também que a CLT não disciplinou as relações de emprego doméstico, permanecendo todos os empregados domésticos sendo regidos apenas pelo Decreto-Lei n. 3.078/1941 e, continuaram dessa forma como meros expectadores dos direitos e garantias disciplinadas pela Consolidação das Leis do Trabalho. (Ávila, 2010).

Mas foi somente a Lei n. 5.859 de 11/12/1972, que foi regulamentada pelo Decreto n. 71.885 de 1973, que reconheceu, amparou e que garantiu e conferiu direitos aos empregados domésticos, mas é bom esclarecer que essa lei também não trouxe grandes garantias ao empregado doméstico, frustrando completamente essa classe trabalhadora, mesmo porque a lei era constituída apenas de oito artigos, e garantia dessa forma um mínimo de direitos aos empregados domésticos. (Neto, 2009).

Acontece que atualmente a referida lei possuí os artigos incluídos pela Lei n. 11.324/2006, que estabelece que a empregada doméstica gestante passaria a ter estabilidade no emprego desde a confirmação da gravidez até 5 (cinco) meses após o parto, o que foi um grande ganho para a classe das empregadas domésticas.

Como também foram introduzidos alguns artigos por meio da Lei n. 10.208/2001, que estendeu ao empregado doméstico o benefício do seguro-desemprego, quando o empregado doméstico fosse dispensado sem justa causa dessa forma, então faria jus ao benefício do seguro-desemprego- Lei nº 7.998/90, que seria pago no valor de um salário mínimo, por um período máximo de três meses, de forma contínua ou alternada. (Ferraz, 2003).

2.2. As disposições da Lei 5859/1.972 que definiu a profissão de empregado doméstico no Brasil

A Lei 5.859 de 1.972 que dispunha sobre a profissão de empregado doméstico foi que definiu e limitou os direitos e deveres pertinentes a essa categoria profissional, que ocorreu tanto na área trabalhista mais como também na previdenciária, e que considerava empregado doméstico como aquele que prestava serviços de natureza contínua e de finalidade não lucrativa à pessoa ou à família no âmbito residencial desta. (Neto, 2009).

Ocorre que para que pudesse ser caracterizada como relação de emprego do empregado doméstico, era necessário que essa atividade fosse continua, portanto, caso fosse contratada uma faxineira para fazer somente a limpeza, a faxineira não estaria desenvolvendo um trabalho doméstico, e dessa forma seria regida apenas pela Consolidação das Leis Trabalhistas- CLT e não por outra legislação especial.

E como nessa época histórica o empregado doméstico, que hoje é reconhecido como um trabalhador comum, isto é, onde deve constar todos os requisitos necessários para que seja feita a caracterização da relação de emprego comum, e que seja de acordo com as disposições constantes nos Arts. 2º e 3º da CLT que são: pessoa física, não eventualidade, subordinação, onerosidade e pessoalidade. (Martinez, 2010).

E ainda que tivesse como finalidade a atividade não lucrativa, isto porque, antigamente o empregado doméstico simplesmente deveria viver para servir apenas e tão somente ao empregador, ou a família, porque os dirigentes sindicais, e toda a ideologia política que era compatível com a Constituição subscrita na época, e que se encontrava em vigor no País, não lhes garantia direitos trabalhistas.

Então dessa maneira se pode observar que existia um grande descompasso entre a Teoria e a Prática o que se pode observar ainda predomina no Brasil, e convém lembrar que se convive em pleno século XXI com essa herança antiquada chegando até a ser apresentar em alguns casos de forma desumana em flagrante desrespeito aos direitos humanos e fundamentais da pessoa humana.. (Neto, 2009).

Mas, convém esclarecer de que apesar de toda luta do trabalhador doméstico a natureza da relação de emprego doméstico, acabou de certa forma acompanhando a evolução da Doutrina a respeito da natureza jurídica da relação de emprego em geral, apesar de que ainda se encontra em processo de desenvolvimento social e legal para que se possa ainda alcançar a plenitude dos direitos e garantias trabalhistas do empregado doméstico. (Süssekind, 1996).

Mas convém esclarecer de que a Consolidação das Leis do Trabalho conhecida apenas como CLT, sua vigência teve início no dia 10/11/43, com a regulamentação feita por meio do Decreto Lei n. 5.452/1944, que se tratava da reunião das leis esparsas da época e foi um marco fundamental na história do Brasil. (Nascimento, 2004).

Eis que representou na época um grande avanço nas relações sociais e econômicas, vez que o Brasil pela primeira vez conseguia implantar uma legislação social, que possuía disposições sobre as garantias, e os direitos e as obrigações dos trabalhadores brasileiros que tivesse um vínculo empregatício. (Júnior, 2016).

Mas lembrando de que ainda não contemplava os direitos dos empregados domésticos, vez que o excluía da aplicação dos direitos trabalhistas conforme se pode ver pela disposição do Art. 7º., alínea "a" da Constituição Federal de 1.988, *in verbis:*

> *Art. 7o. Os preceitos constantes na presente Consolidação, salvo quando for, em cada caso, expressamente determinado em contrário, não se aplicam:*

a) Aos empregados domésticos, assim considerados, de um modo geral, os que prestam serviços de natureza não econômica à pessoa ou à família no âmbito residencial destas;

b) ...

Como se pode perceber o trabalho do doméstico que anteriormente era regulado pelo Decreto Lei n. 3.078 de 27/02/1941, o qual dispunha no Art. 1º. que somente era considerado como empregados domésticos "todos aqueles que, de qualquer profissão ou mister, mediante remuneração, prestem serviços em residências particulares ou a benefícios destas". (Souza & Carneiro, 2008).

Então, dessa forma se percebe de que a CLT não estendeu direitos trabalhistas do empregado doméstico, mas alguns doutrinadores entendem que o pagamento de salário ao empregado doméstico, dizia respeito somente à fidúcia, e a confiança que realmente deveria existir dentro da relação empregatícia doméstica e dessa forma acabou por se tornar um óbice às garantias trabalhista, parecendo ser este um ônus que era imposto ao doméstico , isto porque poderia compartilhar de toda intimidade do seu empregador. (Gomes & Gottschalk, 2004).

Portanto nada até o século XXI, justificava a existência de uma legislação que não se comprometia com o bem estar do empregado, e muito menos poderia garantir os seus direitos de trabalhador, além de não ser pago ao trabalhador doméstico uma remuneração adequada, todas as suas garantias, e seus direitos seja trabalhista ou humano não eram recompensados. (Ávila, 2010).

E que ainda o ordenamento jurídico trabalhista que não consiga entender e de certa forma praticar o princípio da igualdade entre os trabalhadores domésticos e os demais trabalhadores e que suas diferenças não deveriam ser respeitadas, fundamental, social e juridicamente.

3. A CONSTITUIÇÃO FEDERAL DE 1.988 E SEUS DESDOBRAMENTOS SOCIAIS, JURÍDICOS E NORMATIVOS DOS EMPREGADOS DOMÉSTICOS

A Constituição Federal/1988 foi denominada pelos brasileiros como a Constituição Cidadã porque atendeu ao anseio da sociedade, no sentido do reconhecimento, estabelecendo no Art. 5º. Que todos são iguais perante a lei sem qualquer distinção.

E dessa forma assegurou à categoria dos empregados domésticos os direitos elencados no Art. 7º., parágrafo único que dispõe no Art. 7º CF/88 que eram direitos dos trabalhadores urbanos e rurais, além de outros empregos que pudessem visar à melhoria de sua condição social como se pode observar pela disposição do Parágrafo Único abaixo:

> *(...)*
> *Parágrafo único – São assegurados à categoria dos trabalhadores domésticos os direitos previstos nos incisos IV, VI, VIII, XV, XVII, XVIII, XIX, XXI e XXIV, bem como a sua integração à previdência social. (Souza & Mercês, Direito e Processo do Trabalho, 2008)*

É certo que houve o reconhecimento da função do empregado doméstico constitucionalmente, mas mesmo assim não trouxe grandes e efetivas garantias para a classe trabalhadora doméstica, porque mesmo com a entrada em vigor da Lei n 11.324/2006 que pode ser considerada um grande avanço para o empregado doméstico, também não lhes conferiram certas conquistas, deixando o empregado doméstico à margem do direito. (Bonavides, 2010).

E no Parágrafo único, do Art. 7º. Da CF/88, se pode ver são assegurados à categoria dos trabalhadores domésticos os direitos previstos nos incisos IV, VI VIII, XV, XVII, XVIII, XIX, XXI e XXIV, todos do Art. 7º. Da CF/88, bem como a sua integração à Previdência Social, e dessa forma se pode entender que se encontra o trabalho doméstico pela primeira vez, equiparado ao trabalhador com vínculo permanente, e aquele avulso, embora em nenhum dos dois casos ocorre entre o trabalhador eventual. (Nascimento, 2004).

E é de grande importância perceber que o texto constitucional equiparava definitivamente a prestação do trabalhador urbano e a do trabalhador rural, e dessa forma deixava ambos em pé de igualdade, isto é, tanto o trabalhador rural como o urbano possuíam os mesmos direitos e com a mesma extensão, restando, dessa maneira um único ponto em que o tratamento se apresentasse diferençado, é como se deveria tratar sobre da prescrição disposta quanto aos créditos resultantes das relações de trabalho, com prazo prescricional de cinco anos para os trabalhadores urbanos e rurais, até o limite de dois anos após a extinção do contrato de trabalho. (Alexandrino, 2010).

Esclarecendo de que realmente não existia uma harmonização legal em prol do trabalhador doméstico, que precisava ser sentir respeitado, possuir dignidade, e que todos os tratamentos e direitos fossem garantidos e iguais aos extensos aos demais trabalhadores brasileiros, como se pode exemplificar no caso da limitação da jornada de trabalho, das horas extras com respectivo acréscimo mínimo de 50%, e ainda o pagamento do adicional noturno. (Ferraz, 2003).

E também, convém lembrar que quanto ao depósito do Fundo de Garantia por Tempo de Serviço- FGTS, atualmente se tornou obrigatório e ainda com a respectiva multa indenizatória, dentre outros, e dessa forma se pode observar que foi feito justiça quanto aos empregados domésticos com seus direitos plenamente equiparados aos dos demais trabalhadores do Brasil.

4. AS RELAÇÕES NORMATIVAS INSERIDAS NOS DIREITOS HUMANOS DOS EMPREGADOS DOMÉSTICOS

A sociedade contemporânea vem demonstrar uma grande vontade de eliminar a discriminação social e jurídica que permeia a relação do empregado doméstico, vez que por muito tempo viveram à margem da tutela legal, e foi com muita luta que alguns direitos lhes foram conferidos.

Contudo a sociedade bem como o legislador brasileiro buscou de certa forma reparar todo o erro cometido ao longo da história, e atualmente, o clamor social exige que os trabalhadores domésticos venham a possuir os mesmos direitos e segurança jurídica e social que os demais empregados, seja o urbano ou o trabalhador rural. (Nascimento, 2004).

Acontece que a vontade popular é no sentido de extirpar de vez que o emprego doméstico seja considerado uma subespécie, ou até uma categoria de segunda classe de trabalhadores, mesmo porque até o Direito do Trabalho avançou e promove a equidade, com base no princípio da isonomia. (Moraes, 2004).

E trata de fato e de direito, da mesma forma todos os trabalhadores, inclusive reconhecendo-lhes os mesmos direitos e garantias sem levar em conta as funções que são exercidas, por considerar que toda categoria de empregados no País tenham as mesmas condições e os mesmos direitos, ao exercer qualquer atividade desde que esta seja lícita.

É bem verdade que atualmente o Direito do Trabalho não pode compactuar com o desrespeito e a desvalorização do trabalhador, e por isso é grande a necessidade do reconhecimento dos empregados domésticos, e o respeito como pessoa humana, à preservação da dignidade do trabalhador. (Normando, 2005).

Seja o trabalhador doméstico, o rural, e o comercial e até outro, e ainda deve possuir maior proteção ao trabalhador propiciando-lhe melhores condições de trabalho, valorizando o labor desenvolvido pelo empregado doméstico e pondo fim a discriminação e marginalização em que estes se encontram.

Então dessa maneira a equiparação dos direitos trabalhistas é realmente uma medida acertada em prol dos interesses não só dos empregados, que passando a ter os mesmos direitos que todos os trabalhadores do País, mas atualmente até se pode observar que já se podem sentir algumas melhoras também para os empregadores domésticos que poderão contar com pessoas que atualmente buscam mais qualificação para o exercerem a função doméstica, e o uso dos aparelhos e manuseio e a limpeza de objetos eletrônicos e elétricos com mais desenvoltura e conhecimento, e principalmente com total segurança pessoal. (Cunha, 2002).

Por isso os direitos sociais, dentre os quais se incluem os direitos trabalhistas e previdenciários, são reconhecidos constitucionalmente como direitos humanos, e dessa forma a dignidade, pode ser considerada como um dos atuais paradigmas do Estado Democrático de Direito, que determina a funcionalização de todos os outros institutos jurídicos à pessoa humana. (Moraes, 2004).

E se pode perceber que atualmente se elevando à dignidade da pessoa humana a todos os demais institutos jurídicos em nível constitucional, dessa forma a dignidade da pessoa humana que se trata de um dos fundamentos do Estado Democrático de Direito não há como se negar a igualdade dos direitos do empregado doméstico com o empregado comum. (Silva, 2002).

Entendem todos os doutrinadores que seria necessário uma nova e especial legislação somente para o empregado doméstico, mas que pudesse impor o cumprimento do princípio da dignidade da pessoa humana, e o princípio da igualdade, onde pudesse ser concedido e estendido todos os direitos trabalhistas já conquistados pelas demais categorias profissionais, também ao empregado doméstico, e dessa maneira não haveria nenhuma violação aos direitos humanos, em respeito ao princípio da isonomia outorgada a todos os cidadãos conforme determinação constitucional. (Martinez, 2010).

5. CONCLUSÃO

As leis que se encontram em vigor atualmente de certa forma vieram propiciar ao empregado doméstico, e a empregada doméstica a garantia de seus direitos constitucionalmente garantidos, é certo de que ainda permanece parte dos empregadores, um tratamento um pouco diferenciado, que ainda impedem que o direito da e do trabalhador doméstico, se invistam de toda dignidade, da mesma forma que de qualquer outro trabalhador no Brasil.

Mas mesmo assim ainda se pode observar de que já existe em andamento um desenvolvimento econômico que pode funcionar de um lado como fatores explicativos, e de outro como fatores econômicos tradicionais, que se interlaçam com o capital e o trabalho, e que na prática constitui-se como um conjunto de relações sociais e econômicas, que felizmente se observa no desenvolvimento do direito do trabalhador doméstico, e na sua eficácia jurídica e social.

Pois bem, com a equiparação dos direitos do empregado doméstico ao empregado comum felizmente atualmente se trata de uma realidade, que anteriormente era pensado o trabalho da doméstica como serviços que não tinham como característica a finalidade não lucrativa, e esse trabalho que era prestado no âmbito residencial à pessoa ou família, que a partir do me de novembro de 2017, quando vai ser implantada a Reforma Trabalhista no Brasil, mesmo assim não poderão ser modificados ou suprimidos pela Lei nº 13.467/2017, todos os direitos constitucionalmente adquiridos pelos trabalhadores brasileiros e que se encontram dispostos no Art. 7 da CF/88.

Observa-se, portanto que a categoria do trabalhador doméstico e que não foi contemplada pela CLT na época de sua entrada em vigor, foi pelo motivo do empregado doméstico era um trabalho que não visava lucros, ou seja, não tinha finalidade lucrativa, mas realmente esse argumento que utilizado na época não se justifica na atualidade, porque se podia ver que os empregados das instituições de beneficência, das associações recreativas ou outras instituições sem fins lucrativos foram sim abrigados pela Consolidação das Leis do Trabalho, e receberam todos os seus direitos trabalhistas, e o mesmo tratamento mesmo naquela época histórica não foi destinado ao trabalhador doméstico.

Convém esclarecer de que outra forma de se justificar a negação dos direitos do trabalhador doméstico antigamente era à alegação de que o lar se trata de um asilo inviolável do indivíduo e que por conta do princípio constitucional disposto no Art. 5º, XI, CF/88, esbarraria no órgão fiscalizador e isso se daria por motivo de ordem jurídica.

Mas o que se pode perceber é que não existe justificativa para que exista uma legislação que não seja comprometida com o bem estar, a vida e dignidade do empregado doméstico, com a prática da igualdade entre todos os trabalhadores da Nação, e que até as diferenças possam ser tratadas diferentes, pelo princípio da isonomia.

No Direito Moderno, todos os princípios fundamentais do trabalhador devem ser considerados, como a igualdade, o direito ao trabalho, ao lazer, a moradia, a saúde, e a educação, e a violação de algum dos princípios constitucionais, como a dignidade humana que se faz representar na força e na dedicação ao trabalho, pode e vai com certeza gerar conflitos valorativos e de certa forma ainda cercear o alcance de uma vida digna e honrada, ao trabalhador doméstico.

Portanto, o processo de desenvolvimento econômico é que provoca todas as transformações dinâmicas, que ocorre não só nos modos de produção e na tecnologia, mas também transforma as instituições políticas e econômicas, o que é incontestável para que o Estado Democrático de Direito venha cumprir seu papel e elimine definitivamente a injustiça e a negação de direitos fundamentais aos empregados domésticos, e que possa ser totalmente equiparado na sua plenitude todos seus direitos aos demais trabalhadores do Brasil, e dessa maneira tratando com simetria, respeito e dignidade o trabalhador doméstico.

6. REFERÊNCIAS

Brasil. (1916). Lei nº 3.071. In: *Código Civil.*

Brasil. (1973). Decreto nº 71.885, DE 9 DE MARÇO DE 1973.

Neto, J. A. (2009). *Guia Prático do Empregado Doméstico.* Elsevier.

Nascimento, A. M. (2004). *Curso de Direito do Trabalho.* Saraiva.

Martins, S. P. (2003). *Direito do Trabalho.* Atlas.

Alexandrino, M. (2010). In: V. Paulo, *Manual de direito do trabalho.* Metodo.

Nino, C. S. (2011). *Ética e Direitos Humanos.* Unisinos.

Barros, A. M. (2009). *Curso de Direito do Trabalho.* Ltr.

Normando, C. C. (2005). *Trabalho Doméstico: valores jurídicos e dignidade humana.* Fabris Editor.

Carrion, V. (2008). *Comentários à consolidação das leis do trabalho.* Saraiva.

Süssekind, A. (1996). *Instituições de Direito do Trabalho.* Ltr.

Martinez, L. (2010). *Curso de direito do trabalho: relações individuais, sindicais e coletivas do trabalho.* Saraiva.

Bossa, S. (1998). *Direito do trabalho da mulher – no contexto social brasileiro e medidas antidiscriminatórias.* Oliveira Mendes.

Valeriano, S. S. (1998). *Trabalhador Doméstico.* Editora de Direito.

Ávila, H. (2010). *Teoria dos princípios da definição à aplicação dos princípios jurídicos.* Malheiros.

Júnior, J. C. (2016). *Curso Processual de Direito do Trabalho.* Juspodvim.

Souza, O. A., & Carneiro, R. J. (2008). *Direito e processo do trabalho.* Forense.

Gomes, O., & Gottschalk, É. (2004). *Curso de Direito do Trabalho.* Forense.

Souza, O. A., & Mercês, R. J. (2008). *Direito e Processo do Trabalho.* Forense.

Bonavides, P. (2010). *Curso de Direito Constitucional.* Malheiros.

Ferraz, F. B. (2003). *Empregados domésticos.* Ltr.

Moraes, A. d. (2004). *Direito constitucional.* Atlas.

Cunha, A. d. (2002). *Dignidade da pessoa humana: conceito fundamental do direito civil.* RT.

Silva, J. A. (2002). *Curso de direito constitucional positivo.* Malheiros.

GESTIÓN DE UNA CRISIS DE COMUNICACIÓN INSTITUCIONAL: EL CONFLICTO ENTRE EL GOBIERNO DE LA COMUNIDAD DE MADRID Y RTVM EN 2019-2021

María Eugenia Lozano López, Yolanda Ortiz de Guinea Ayala, José Luis Martín Sáez[1]

1. INTRODUCCIÓN

El debate científico en torno a los medios públicos autonómicos se ha visto opacado en los últimos tiempos, debido, entre otros factores, a una cierta resignación ante las carencias que algunos de ellos presentan respecto al papel democrático que debieran desempeñar en la sociedad, y en el que se siguen constatando vicios intervencionistas por parte de la mayoría de los gobiernos autonómicos. Aun así, encontramos autores que siguen sosteniendo su rentabilidad social y apuestan por la recuperación de la credibilidad perdida (Díaz Nosty, 2014).

En el caso del Ente Público Radio Televisión Madrid, cuya Ley fundacional data de 1984, nos encontramos, durante la primera década del siglo XXI, ante una de "las muestras más evidentes de gubernamentalización de las televisiones públicas autonómicas en España" (Fernández Alonso y Fernández Viso, 2012, p. 130). Esta instrumentalización política del medio autonómico aboca a Telemadrid a los índices de audiencia más bajos de su historia y a una palpable desafección social.

Tras las elecciones autonómicas de 2015, con el objetivo de revertir este proceso, Ciudadanos y Partido Popular impulsan una nueva ley reguladora, la Ley 8/2015 de 28 de diciembre, en cuyo preámbulo destacan como ejes principales la "despolitización", la "profesionalización" y la "sostenibilidad económica". Esta nueva norma, que presentaba modificaciones importantes en favor de una mayor democratización en la elección de los órganos de gobernanza del medio autonómico, presentaba, sin embargo, una modificación sustancial que, a nuestro juicio, obra en menoscabo de su independencia política, como es el hecho de que con esta nueva ley reguladora, la radiotelevisión pública autonómica madrileña deja de ser un Ente Público para pasar a ser una sociedad mercantil con un accionista único: el Gobierno de la Comunidad de Madrid.

La nueva Ley entra en vigor finalmente en 2017 bajo el mandato de Cristina Cifuentes como Presidenta de la Comunidad de Madrid, y con un Director General propuesto, por primera vez, por el Consejo de Administración, y ratificado por mayorías parlamentarias reforzadas en la Asamblea de Madrid, incluyendo el Partido Popular. Esta nueva andadura del ya extinto Ente Público, que pasará a denominarse Radio Televisión

1. Universidad Rey Juan Carlos (España)

Madrid (en adelante, RTVM), estará caracterizada por la puesta en marcha de una nueva programación, por la internalización de la producción informativa, externalizada tras la ejecución del Expediente de Regulación de Empleo de 2013, por la adaptación al mercado digital y por una mayor pluralidad en la línea editorial de Telemadrid.

En 2019, tras el nombramiento de Isabel Díaz Ayuso como Presidenta de la Comunidad, la relación institucional entre el Gobierno autonómico y la Dirección ejecutiva de RTVM entra en una fase de enfrentamiento abierto, nunca antes conocido en la historia del medio público autonómico. Esta crisis traerá consigo un ataque mediático, financiero y reputacional por parte del propio Gobierno autonómico hacia la dirección de la radiotelevisión pública, y desembocará en el cese del Director General a través de una reforma legislativa que impondrá la figura de un administrador suplente y restringirá competencias fundamentales al Consejo de Administración. Con esta medida el Gobierno de la Comunidad de Madrid retomará el control político de RTVM.

2. OBJETIVOS

El objetivo principal es explicar cuáles son los hitos que definen la evolución de esta crisis, y de qué manera se gesta este conflicto institucional. Se parte de la idea de que las acciones analizadas obedecen a una estrategia planificada por el Gobierno autonómico para situar a RTVM en una cota de tensión no sólo política sino también económica, dificultando la financiación, la gestión, la contratación de personal, y otros desempeños propios de un servicio público esencial. Todo ello con el objetivo, por parte de la Comunidad de Madrid, de recuperar el control político de la radiotelevisión pública autonómica.

Como objetivo secundario se pretende exponer las estrategias de comunicación que ambos actores implicados en esta crisis (Gobierno de la Comunidad de Madrid y RTVM), llevan a cabo tanto en el ámbito público-mediático como en el ámbito público-parlamentario.

3. MARCO TEÓRICO

Esta investigación se desarrolla en el marco de los estudios sobre los medios públicos de comunicación y en concreto, sobre las radiotelevisiones públicas autonómicas (en adelante, RTTAA). La aportación científica respecto a estos medios es prolija desde la puesta en marcha del modelo de televisiones de régimen autonómico (De Moragas, 2015, p. 28). La primera regulación que contempla la posibilidad de que las Comunidades Autónomas gestionen un tercer canal de televisión se encuentra en el Estatuto de RTVE de 1980 (Guimerà i Orts, Blasco Gil, 2012, p. 36). Al amparo de la Ley del Tercer Canal (Ley 46/1983, de 26 de diciembre), entre 1982 y 1985, se regulan las radiotelevisiones de las autonomías denominadas "históricas", cuya razón de ser se encuentra en el hecho diferenciador de tener una lengua propia, si bien tanto la televisión vasca ETB (1982) como la catalana TV3 (1983) comenzaron sus emisiones antes de la aprobación de dicha normativa.

Siguiendo la clasificación temporal planteada por Guimerà i Orts y Blasco Gil (2012), en una segunda fase (1986-1998) se ponen en marcha "las televisiones autonómicas socialistas": Canal Sur en Andalucía, Canal 9 en la Comunidad Valenciana y Telemadrid en la Comunidad de Madrid. En una tercera fase, entre 1999 y 2011, aparecen otras siete RTTAA, alcanzando el número de las trece corporaciones públicas autonómicas que se mantiene hasta hoy.

La discusión sobre su justificación, necesidad, independencia y financiación ha acompañado a la propia existencia de estos medios prácticamente desde su creación. Sin embargo, es con la crisis económica de 2007 cuando muchos de estos medios alcanzan un fuerte endeudamiento (Miguel de Bustos, 2012), circunstancia ésta que es aprovechada por las corrientes neoliberales para poner en cuestión su propia existencia (Marzal-Felici, 2015), y convirtiéndolos en símbolo de despilfarro público en época de crisis (Bustamante y Corredor, 2012).

Se ha escrito con asiduidad sobre el papel que debe desempeñar el modelo público de proximidad ante los retos de internet y la digitalización (Moragas y Prado, 2010 ; Campos-Freire, 2015 ; Marzal y Zallo, 2016; Azurmendi y Huarte, 2016). Así como sobre la financiación de las televisiones públicas autonómicas (Mateo y Bergés, 2009 ; Bas Portero, 2012 ; Campos-Freire, 2012 ; Diaz-Nosty, 2014 ; Campos-Freire y Valencia-Bermúdez, 2017).

Otras investigaciones centran su atención en aspectos directamente relacionados con la injerencia gubernamental, tales como la manipulación informativa o la independencia de los medios públicos autonómicos (López-Cepeda, 2012; Carrillo-López, Fernández-Rodríguez, Linde-Paniagua, Salvador Martínez, Solozabal-Echavarría, y Villaverde-Menéndez, 2015; Guimerà i Orts y Bonet, 2020; Aguilar, Gómez y Villanueva, 2016; Boix, Guichot y Manfredi, 2020;) y sus sistemas de gobernanza (Linares y Porto, 2011; Sánchez y Sarabia, 2012 ; Fernández Alonso y Fernández Viso, 2012; López-Cepeda, A.-M., Soengas-Pérez, X., y Campos-Freire, F., 2020).

Respecto a Telemadrid, la literatura científica ha sido más abundante tras el masivo Expediente de Regulación de Empleo ya citado anteriormente, siendo éste objeto de estudio en las investigaciones de García Santamaría y Pérez Serrano (2015) y Guimerà i Orts i Blasco Gil (2017), a los que habría que añadir el estudio sobre las movilizaciones de "Salvemos Telemadrid" (Álvarez y Núñez, 2016). Sin embargo, las últimas modificaciones legislativas de 2015, 2021 y 2022, apenas han tenido eco, de momento, en la academia, siendo muy escasos los autores que se han acercado a este objeto de estudio (Marzal-Felici y Casero-Ripollés, 2021 ; Guimerà i Orts y Blasco-Gil, 2017; Lozano-López, 2022).

Por último, resulta oportuno apuntar que, tal y como señalan Casado, Miguel de Bustos y Sarabia (2017, p. 197), nueve de las trece radiotelevisiones autonómicas existentes han visto cómo se reformaba la legislación que les afecta, para adaptarse a las nuevas exigencias respecto a la transparencia de su gestión y en la búsqueda de un mayor afán democrático.

4. METODOLOGÍA

La metodología aplicada en esta investigación está basada en la triangulación metodológica, en la que se parte del análisis documental de Fuentes Primarias y Secundarias para cruzarlo con el análisis de contenido de dichas fuentes.

Entre las Fuentes Primarias consultadas se encuentran: los Diarios de Sesiones de la Asamblea de Madrid, la propia legislación, los documentos institucionales generados por RTVM, las publicaciones efectuadas por parte de los actores principales de la investigación a través de las redes sociales, en concreto, Twitter, y las declaraciones efectuadas a los medios de comunicación por parte de la Presidenta de la Comunidad de Madrid, Isabel Díaz Ayuso.

El análisis de estas Fuentes Primarias se ha combinado con el análisis de Fuentes Secundarias, constituidas en dos ejes: por un lado, el vaciado de la bibliografía científica ya pormenorizada en el capítulo anterior, que nos ha permitido conocer el "estado de la cuestión" respecto a nuestro objeto de estudio. Por otro, la abundante producción periodística existente en torno a Telemadrid, que permite completar la información ofrecida por las Fuentes Primarias.

5. DESARROLLO DE LA INVESTIGACIÓN

La metodología triangulada empleada en esta investigación, permite extraer una serie de resultados relevantes respecto a los objetivos planteados :

- La reiteración de la Presidenta de la Comunidad de Madrid a la hora de asegurar que Telemadrid no es un servicio público esencial deja al descubierto un afán patrimonialista e intervencionista sobre la radiotelevisión pública autonómica.
- Se verifica el nivel de rudeza lingüística empleado tanto a través de las redes sociales por parte del jefe de Gabinete de Díaz Ayuso, y de la portavoz parlamentaria del Grupo Popular contra el Director General de RTVM, con el objetivo de crear un daño reputacional al directivo.
- En la campaña electoral de las elecciones autonómicas de 2021, se intenta deslegitimar el papel institucional de Telemadrid al favorecer a la Academia de Televisión, una institución privada sin medios propios, para que sea esta organización quien emita el debate.
- El Gobierno de la Comunidad de Madrid excluye a Telemadrid para retransmitir los Actos oficiales del 2 de mayo, Día de la Comunidad de Madrid, y la toma de posesión de la Presidenta de la Comunidad en 2021, privatizando y externalizando un servicio para el que la Ley 8/2015 otorga un papel preferente a Telemadrid. Estos hechos constituyen otro episodio insólito en la historia de la televisión autonómica madrileña.
- Se efectúa una falsa acusación de déficit a RTVM con el objetivo de cesar al director general bajo el supuesto legal que prevé la Ley 8/2015.

Los desencuentros entre Isabel Díaz Ayuso y la Dirección de RTVM son frecuentes prácticamente desde su primer nombramiento como Presidenta, tanto tras las elecciones del 26 de mayo de 2019, en la XI Legislatura, en la que gobierna gracias al apoyo de Ciudadanos, como tras las elecciones del 4 de mayo de 2021, en la XII Legislatura, en la que gobierna gracias al apoyo de VOX.

En ninguna de las dos ocasiones se concede a Telemadrid la primera entrevista de la Presidenta tras su nombramiento, como había sido habitual con los anteriores Presidentes y Presidentas autonómicas, prescindiendo de "la norma no escrita de sus antecesores de acudir en primer lugar al plató de Telemadrid", (Belver, 2021). De hecho, sus primeras entrevistas "post elecciones" son concedidas a medios privados, como ocurre, por ejemplo, tras las elecciones de mayo de 2021, cuando es entrevistada por Carlos Herrera en la Cadena Cope[2].

Se considera oportuno abrir aquí un paréntesis para señalar que la incomodidad de Díaz Ayuso con la Ley 8/2015, de la que ella misma había sido ponente en calidad de Portavoz

2. La entrevista a Ayuso en COPE el día después de su victoria el 4-M, entre lo más visto de la semana, (Redacción digital, Cadena COPE, 7 de mayo de 2021) https://shre.ink/9892

del Partido Popular en la Comisión de Control del Ente Público Radio Televisión Madrid (EPRTVM), era patente desde su tramitación, cuando, en sede parlamentaria aseguró :

> *[...] no nos podemos engañar: la televisión pública es un servicio público muy importante, pero no es esencial; no es esencial. Lo esencial es un colegio, lo esencial es un quirófano, las televisiones públicas no son esenciales; no hay más que ver los debates que los propios ciudadanos tienen en todas partes para saber que esto no es esencial." (Diario de Sesiones de la Asamblea de Madrid, 2015 de 7 de octubre, p. 1210)*

Siendo ya Presidenta, Díaz Ayuso insiste en esta idea en una entrevista del Canal 24 horas de RTVE en la que manifiesta que "Telemadrid ya no es esencial" basando su argumentación en la existencia de Netflix y en la fragmentación de las audiencias (Moreno, 2019). Este escenario podría enmarcarse en lo que Fink, citado por Saura y García, denomina "etapa de incubación de la crisis" (2010, p. 43).

En enero de 2019 Díaz Ayuso ficha a Miguel Ángel Rodríguez -portavoz y secretario de Estado de Comunicación en el primer gobierno de José María Aznar-, para "asesorar a Díaz Ayuso en cuestiones de imagen y proyección pública" (Collado, 2019), de cara a la campaña electoral autonómica de ese mismo año. Rodríguez critica con profusión la gestión de Telemadrid a través de su perfil de Twitter, incurriendo en graves acusaciones, ataques y descalificaciones personales contra su Director General[3]. Algunas de estas publicaciones fueron borradas por el propio Rodríguez cuando fue nombrado jefe de Gabinete de la Presidenta de la Comunidad de Madrid en enero de 2020 (Ramos, 2020).

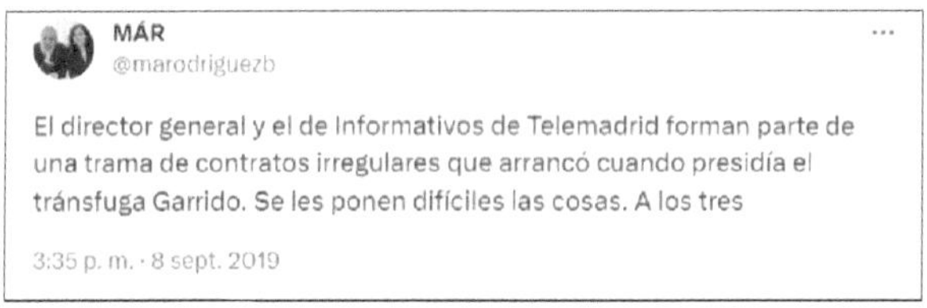

Figura 1. Tuit de Miguel Ángel Rodríguez. **Fuente:** Twitter

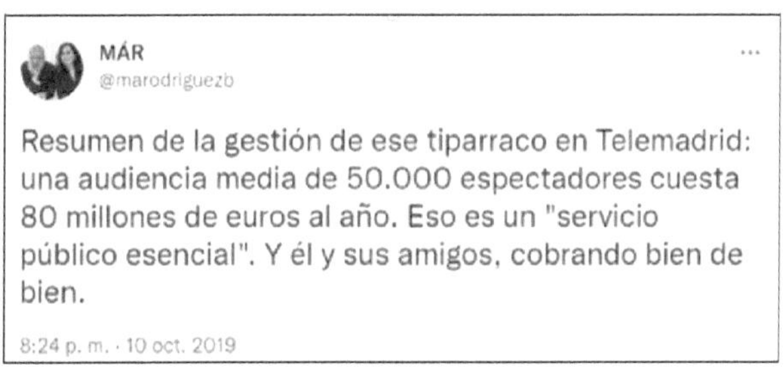

Figura 2. Tuit de Miguel Ángel Rodríguez. **Fuente:** Twitter

La crisis entre ambas instituciones se agudiza cuando en febrero de 2020, ya con Rodríguez como Jefe de Gabinete, Díaz Ayuso declara en una entrevista al periódico El

3. Véase Figuras 1 y 2.

Mundo: "Podría decir que soy la única presidenta autonómica y del Gobierno de España que tiene una televisión que le es crítica" (Belver, M y Boiza, F., 2020).

Estas declaraciones son contestadas por el entonces Director General de RTVM, José Pablo López en sede parlamentaria, ante la Comisión de Radio Televisión Madrid[4]:

> *Este fin de semana nos hemos enterado de que somos una Dirección crítica. Mire, señora Negro, yo no soy crítico ni los profesionales que trabajan en Telemadrid son críticos; somos profesionales e intentamos actuar conforme a unos principios que a mí me enseñaron en una escuela de periodismo. (DSAM, 2020 de 11 de febrero, p. 14).*

Esta intervención será sólo una muestra de la tensión que caracterizará las comparecencias de López durante la Legislatura XI, y en especial en la sesión señalada, que terminará siendo una de las más ásperas por el tono empleado tanto por el Director General como por la Portavoz del grupo Popular, Almudena Negro, quien protagoniza una intervención que supone una nueva escalada en el conflicto institucional:

> *¿Me puede decir qué hace usted trabajando para este Gobierno? Porque le quiero recordar que es alto cargo de este Gobierno. [...] Si usted fuera leal con el Gobierno para el que trabaja, la izquierda, que, en la legislatura pasada, le ponía verde, no estaría hoy aquí haciéndole la pelota, ¡que es exactamente lo que le hacen! (DSAM, 2020 de 11 de febrero, pp. 33-34).*

La intención fehaciente por parte del Gobierno autonómico de cesar al Director General de RTVM se pone de manifiesto en junio de 2020 cuando el Consejero de Hacienda y Función Pública, Javier Fernández-Lasquetty, acusa a RTVM de incurrir en déficit, único motivo legal por el que según la Ley 8/2015 puede ser cesado el Director General. Fernández-Lasquetty envía una carta al Consejo de Administración y a la Dirección de RTVM (Agencias, 2020), en la que se advierte que:

> *La Intervención General de la Administración del Estado sitúa a la empresa con un déficit de 4 millones de euros y la Intervención General de la Administración de la Comunidad de Madrid [...] llega a la conclusión de que el resultado de la empresa, en términos de Contabilidad Nacional, arroja un déficit de 4,599 millones de euros*

La Consejería de Hacienda, que, según Telemadrid, había realizado "su cálculo con un nuevo criterio contable y sin previo aviso" (Peinado, 2021), no sostiene su postura puesto que "un mes más tarde el Consejo de Gobierno de la Comunidad aprobó las cuentas" (Ídem). Aun así, esta acción ayuda a instalar en la opinión pública la imagen de una radiotelevisión pública mal gestionada y por tanto, horada aún más el presunto descrédito reputacional de su Dirección ejecutiva.

En octubre de 2020, ante la puesta en marcha del Hospital Isabel Zendal de Valdebebas, Díaz Ayuso entra por "dúplex" en una entrevista en directo para el Telenoticias del Fin de Semana. Este momento supondrá uno de los momentos más mediáticos en la crisis analizada en esta investigación. La periodista Silvia Intxaurrondo pregunta a la Presidenta por la dotación de recursos humanos destinados al Zendal: "Disculpe, Presidenta, pero no me salen las cuentas. Si coge a personal sanitario de otros hospitales y lo traslada al hospital de Valdebebas, sabiendo la presión que está habiendo en otros hospitales...". A lo que Díaz Ayuso, visiblemente molesta, contesta: "Se van a reorganizar, pero yo no soy la persona responsable de los recursos humanos de la Consejería de Sanidad. Creo que

4. La extinta Comisión de Control del Ente Público Radio Televisión Madrid cambia su nombre por el de Comisión de Radio Televisión Madrid en la Legislatura XI.

la presidenta de la Comunidad no tiene que entrar al detalle de cómo van a reorganizar los turnos, el material [...] Son preguntas que no se le hacen a un presidente autonómico, normalmente", (Telemadrid, TN Fin de Semana 25.10.2020).

Figura 3. Isabel Díaz Ayuso, entrevistada por Silvia Intxaurrondo el 25 de octubre de 2020. **Fuente:** Canal de Youtube de RTVM.

Ante la convocatoria de elecciones anticipadas en mayo de 2021 se produce otro hecho importante que tensa todavía más, si cabe, la relación entre la Comunidad de Madrid y Telemadrid. La radiotelevisión pública madrileña, atendiendo al Artículo 19 de su Carta Básica[5], sobre Cobertura institucional y comunicaciones oficiales, y siguiendo la lógica del cumplimiento de servicio público desempeñado a lo largo de su historia, de organizar los debates electorales autonómicos, se ofrece para emitir el tradicional Debate electoral entre los cinco candidatos de los partidos políticos concurrentes (Partido Popular, Partido Socialista Obrero Español, Ciudadanos, Unidas Podemos y VOX).

Sin embargo, el Director de Campaña de Díaz Ayuso anuncia, a través de su perfil en Twitter, que la Presidenta sólo acudirá a un debate y promociona de nuevo a una institución privada como es la Academia de Televisión para que sea ésta quien lo organice en base al "interés general" (Serrano, 2021). Finalmente, la presión del resto de los grupos parlamentarios, que "reclamaban al menos un debate en la televisión pública" (Mateo, 2021), forzará a Díaz Ayuso a acudir al Debate.

En esta ocasión, además, el Consejo de Administración de RTVM interviene en la crisis enviando una carta a todos los grupos parlamentarios en la que recuerda que RTVM "tiene entre sus principios inspiradores promover el debate político. Se trata de un objetivo al que debemos contribuir todos por lo que pedimos a todos los grupos con representación parlamentaria su apoyo decidido a RTVM como servicio público esencial" (Telemadrid, 2021).

5. "Radio Televisión Madrid realizará el seguimiento y cobertura informativa de la actividad político-institucional del Gobierno y de la Asamblea de la Comunidad de Madrid. En este sentido, prestará especial atención a los actos oficiales más importantes y significativos y a los grandes debates que se realicen en sede parlamentaria, todo ello sin menoscabo del cumplimiento estricto de los principios de pluralismo y neutralidad, teniendo en cuenta el interés informativo."

Tras las elecciones autonómicas de 2021, con la victoria de la candidata popular en las urnas, y ya sin Ciudadanos en el Gobierno autonómico ni en la Asamblea de Madrid, Díaz Ayuso toma la decisión de externalizar la retransmisión de su investidura, tal y como había hecho también con los Actos oficiales del 2 de mayo, apartando así a Telemadrid de su función institucional. El Consejo de Administración de RTVM emite un comunicado en el que critica la medida: "afecta al papel institucional de la televisión pública autonómica y supone un vaciamiento de las funciones que la ley 8/2015 prevé para la prestación del servicio público audiovisual. Resulta llamativo que sea el propio gobierno regional, accionista único de Telemadrid, quién adopte este tipo de decisiones" (Olmo, 2021).

Apenas transcurridas un par de semanas tras su toma de posesión, el Gobierno autonómico presidido por Isabel Díaz Ayuso aprueba la Ley 1/2021, de 9 de julio, por la que el Director General, José Pablo López es cesado de inmediato y sustituido por un administrador suplente nombrado unilateralmente por el Gobierno, sin consenso parlamentario.

6. CONCLUSIONES

Una vez referenciados los hechos más relevantes que definen la evolución de la crisis expuesta, se pueden extraer varias conclusiones.

Durante el período estudiado, 2019-2021, se puede asegurar que Radio Televisión Madrid es sometida a un ataque político, financiero y mediático, que no conoce precedentes en el panorama nacional entre un medio público autonómico y el Gobierno del que depende. En este conflicto se observa una desproporción entre los medios con los que cuenta la Comunidad de Madrid para ejercer su posición de ventaja como Accionista Único de la nueva sociedad, comparado con las acciones que puede ejercer la Dirección de RTVM, teniendo en cuenta que la radiotelevisión pública madrileña es una empresa pública que depende del Gobierno autonómico.

Se puede concluir, asimismo, que, durante la crisis analizada, al contrario que en otras crisis institucionales, no existe el ánimo de la resolución del conflicto, sino que éste es alimentado en intensidad por la institución más fuerte: el Gobierno de la Comunidad de Madrid. Éste utiliza todas las herramientas a su alcance (financieras, políticas y mediáticas) para atacar la imagen de la empresa y para poner en entredicho la reputación de los directivos de Telemadrid, en concreto de su Director General.

Y finalmente, se puede concluir que la crisis desatada tiene como objetivo el recuperar el control político de un medio que era considerado contrario a los intereses partidistas del Gobierno de la Comunidad, lo que no deja de ser paradójico teniendo en cuenta que el propio partido que sustentaba dicho Gobierno, el Partido Popular, había aprobado una nueva Ley reguladora que pretendía "despolitizar" Telemadrid.

7. REFERENCIAS

Agencias (2020, 24 de junio). *La Consejería de Hacienda detecta un déficit de casi 4,6 millones en Telemadrid en el último ejercicio.* Pressdigital. https://acortar.link/WjAwNT

Azurmendi, A. y Huarte, I. (ed.) (2016). Retos de futuro de la televisión autonómica: estructura, financiación, contenido y audiencia. [Ponencia] Actas del XXX Congreso Internacional de Comunicación (CICOM) Universidad de Navarra. Pamplona, 12 y 13 de noviembre de 2015

Azurmendi, A., Ortega-Mohedano, F. y Muñoz Saldaña, M. (2019). Encuesta y análisis sobre satisfacción, uso y consumo de televisiones públicas en España. La brecha generacional. *Revista Latina de Comunicación Social*, 74, 1834-1863. https://doi.org/10.4185/RLCS-2019-1413

Bas Portero, J. J. (2012). Impacto de la crisis económica en la financiación de las televisiones autonómicas: un estudio de caso a través de los presupuestos. [Ponencia] Comunicació i risc: III Congrés Internacional Associació Espanyola d'Investigació de la Comunicació (p. 84). Universitat Rovira i Virgili.

Belver, M. y Boiza, F. (2020, 9 de febrero). *Isabel Díaz Ayuso: "Defiendo que empecemos a plantear una confluencia con Cs en Madrid"*. El Mundo. https://acortar.link/ntxD1Y

Boix, A., Sierra, S. D. L., Guichot, E. y Manfredi, J. L. (2020). Hacia un modelo de regulación para garantizar la independencia de las televisiones públicas en España. *Cuadernos: Círculo cívico de opinión*, 27, 5-31.

Bustamante, E. y Corredor, P. (2012). La política audiovisual de los gobiernos de Zapatero. En: M. Lamuedra Graván (Coord.) *El futuro de la televisión pública. La necesaria alianza con la ciudadanía*. Edición Popular

Campos Freire, F. (2015). Nuevos medios audiovisuales públicos para la era digital. En: A. M. López Cepeda (ed.) (2015). *Nuevos y viejos paradigmas de la Televisión Pública. Alternativas a su gobierno y (des)control.* Comunicación Social

Campos Freire, F. (2012). Modelos de financiación de las televisiones públicas autonómicas. En: J. C. Miguel de Bustos, y M. A. Casado del Río (Coords.), *Televisiones autonómicas. Evolución y crisis del modelo público de proximidad.* Gedisa

Campos-Freire, F. y Valencia-Bermúdez, A. (2017). Los retos de la gobernanza, financiación y valor de las radiotelevisiones públicas. En: J. Marzal Felici, P. López Rabadán, y J. Izquierdo Castillo (Eds.) (2017). *Los medios de comunicación públicos de proximidad en Europa, RTVV y la crisis de las televisiones públicas.* Tirant Lo Blanch.

Casado, M. A., Miguel de Bustos, J. C. y Sarabia, I. (2017). Medios públicos autonómicos: Merma en la financiación, gobierno parlamentario y externalización creciente. En I. Fernández Alonso (Ed.) *Austeridad y clientelismo. Política audiovisual en España en el contexto mediterráneo y de la crisis financiera.* Gedisa.

Collado, A. (2019, 22 de enero). Ayuso ficha a Miguel Ángel Rodríguez, el exportavoz de Aznar, para su campaña. *El Confidencial.* https://acortar.link/RLTZsm

De Moragas, M. y Prado, E. (2010). Repensar la TV pública en el contexto digital. *Portal de comunicación* de la UAB.

De Moragas, M. (2015). La comunicación de proximidad 30 años después. *Comunicación de proximidad: cada vez más lejos: marco, experiencias y regulación. Servicio Editorial= Argitalpen Zerbitzua*, 21-35.

Diario de Sesiones de la Asamblea de Madrid (DSAM) (2015). nº 33, de 7 de octubre de 2015, X Legislatura. Comisión de Control del EPRTVM. https://acortar.link/wuyb2A

Diario de Sesiones de la Asamblea de Madrid (DSAM) (2020). nº 131 de 11 de febrero de 2020. XI Legislatura. Comisión de RTVM. https://acortar.link/VyRBqk

Díaz Nosty, B. (2014). Tres décadas de televisiones autonómicas: algo más que una crisis de financiación. *Cuadernos de periodistas: revista de la Asociación de la Prensa de Madrid*, 28, 20-26.

Fernández, I. y Santana, F. (2000). *Estado y medios de comunicación en la España democrática*. Alianza Editorial

Fernández Alonso, I. y Fernández Viso, A. (2012). ¿Cómo se gobiernan las radiotelevisiones públicas autonómicas?: órganos de gestión, injerencia política y fragilidad de los mecanismos de control. En J. C. Miguel de Bustos, y M. A. Casado del Río (Eds.), *Televisiones autonómicas: evolución y crisis del modelo público de proximidad*, (pp. 119-142). Gedisa.

García, F. G. y Pérez, P. S. (2010). La comunicación de crisis como elemento clave de la comunicación empresarial. *ICONO 14, Revista de comunicación y tecnologías emergentes, 8*(2), 42-56. https://www.redalyc.org/pdf/5525/552556586004.pdf

García Santamaría, J. V. y Pérez Serrano, M. J. (2015). Telemadrid: Crónica de un déjà vu en el contexto de las televisiones públicas autonómicas. En J. Marzal Felici (Ed.). *Las televisiones públicas autonómicas del siglo XXI. Nuevos escenarios tras el cierre de RTVV.* Aldea Global.

Guimerà i Orts, J. À. y Blasco Gil, J. J. (2017). Políticas de televisión en las comunidades autónomas. Los casos de Andalucía, Cataluña, Extremadura y Madrid. En I. Fernández Alonso (Ed.) *Austeridad y clientelismo. Política audiovisual en España en el contexto mediterráneo y de la crisis financiera*. Gedisa.

Guimerà Orts, J. À. y Bonet, M. (2020). A Fractured and Weaker Public Service Media: Territorial Organisation, Public Media Policy and Economic Crisis in Spain. *Javnost - The Public, 27*(3), 308-324. https://doi.org/10.1080/13183222.2020.1794417

Ley 13/1984 de 30 de junio, de creación, organización y control parlamentario del Ente público de "Radio Televisión" Madrid. BOCAM, núm. 158 de 4 de julio de 1984. https://www.bocm.es/boletin/CM_Boletin_BOCM/1984/07/04/15800.pdf

Ley 8/2015, de 28 de diciembre, de Radio Televisión Madrid, BOCM, núm. 309, de 29 de diciembre de 2015. https://acortar.link/RwCkw3

Ley 1/2021, de 9 de julio, de modificación de la Ley 8/2015, de 28 de diciembre, de Radio Televisión Madrid. BOCM, núm. 162, de 9 de julio de 2021. https://acortar.link/dyGXUP

Linares Rodríguez, V. y Porto Pedrosa, L. (2011). Televisiones autonómicas, aumenta el interés en la transparencia. En P. Cousido González, (Ed.). *Estudio teórico-práctico sobre la transparencia en el sector audiovisual español*. Trabucom.

López Cepeda, A. M., Soengas Pérez, X. y Campos-Freire, F. (2020). Gobernanza de las radiotelevisiones públicas europeas: poder estructural centralizado y politizado. *El Profesional de la Información, 28*(6). https://doi.org/10.3145/epi.2019.nov.18

Lozano López, M. E. (2022). La contrarreforma legal de Radio Televisión Madrid. De la Ley 8/2015 a la Ley 1/2021. *AdComunica*, 23, 227-249. https://doi.org/10.6035/adcomunica.6141

Marzal Felici, J. (2015). Introducción: las televisiones públicas autonómicas en el escenario de la crisis. En J. Marzal Felici (Ed.). *Las Televisiones públicas autonómicas del siglo XXI: nuevos escenarios tras el cierre de RTVV*. Servei de Publicacions Universitat Jaume I.

Marzal Felici, J., López Rabadán, P. e Izquierdo Castillo, J. (Eds.) (2017). *Los medios de comunicación públicos de proximidad en Europa, RTVV y la crisis de las televisiones públicas*. Tirant Lo Blach

Marzal Felici. J. y Zallo Elgezabal, R. (2016). Presentación: Las televisiones públicas de proximidad ante los retos de la sociedad digital. *Communication & Society, 29*(4) 1-7.

Marzal-Felici, J. y Casero-Ripollés, A. (2021). Editorial: El análisis de las imágenes en la era de las *fake news*. *AdComunica,* 22, 11-20. https://n9.cl/6bzdq

Mateo Pérez, R. y Bergés Saura, L. (2009). *Los retos de las televisiones públicas: financiación, servicio público y libre mercado*. Comunicación Social. Ediciones y Publicaciones.

Mateo, J. J. (2021, 15 de abril). Díaz Ayuso cede y acudirá al debate electoral de Telemadrid. EL PAÍS. https://acortar.link/1XX5Cs

Miguel de Bustos, J. C. (2012) Introducción. En J. C. Miguel de Bustos y M. A. Casado del Río (Eds.) *Televisiones autonómicas. Evolución y crisis del modelo público de proximidad.* Gedisa

Moreno, A. (2019, 10 de octubre). Ayuso asegura ahora que Telemadrid "ya no es un servicio esencial" por la presencia de Netflix. CADENASER.COM. https://acortar.link/gRjLWu

Olmo, J. (2021, 16 de junio). Ayuso desprecia de nuevo a Telemadrid: su toma de posesión la realizará una productora privada. INFOLIBRE. https://acortar.link/SKq0uM

Peinado, F. (2021, 30 de marzo). Telemadrid logra superávit en 2020 a pesar de las críticas de la derecha a su viabilidad. EL PAÍS. https://acortar.link/25mb3

Radio Televisión Madrid. (2020, 25 de octubre) *Isabel Díaz Ayuso explica de dónde saldrá el personal y material del hospital de Valdebebas.* [video] YouTube. https://acortar.link/5W0q1K

Ramos, A. B. (2020, 21 de enero). Los tuits que ha borrado Miguel Ángel Rodríguez tras ser nombrado por Ayuso. EL INDEPENDIENTE. https://acortar.link/n7GsO4

Rodríguez, M. A. [@marodriguezb]. (2019, 8 de septiembre). *El director general y el de Informativos de Telemadrid forman parte de una trama de contratos irregulares que arrancó cuando presidía el tránsfuga Garrido. Se les ponen difíciles las cosas. A los tres.* [tuit]. Twitter. https://acortar.link/nQMBWh

Rodríguez, M. A. [@marodriguezb]. (2019, 10 de octubre). *Resumen de la gestión de ese tiparraco en Telemadrid: una audiencia media de 50.000 espectadores cuesta 80 millones de euros.* [tuit]. Twitter. https://acortar.link/UIUNeW

Sánchez Martínez, J. y Sarabia Andúgar, I. (2012). Las estructuras de gobierno de los nuevos modelos de televisión autonómica pública en España. *Gapp. Revista Gestión y Análisis de Políticas Públicas* (Nueva Época), 8. 35-61

Serrano, A. [@SerranoAlfonso]. (2021, 13 de abril). *Creemos que la única opción y la mas justa para todos los que lo han solicitado, es que lo organice.* [tuit]. https://twitter.com/SerranoAlfonso/status/1381891388426584069

Telemadrid (2021, 7 de abril). RTVM mantiene su ofrecimiento para celebrar un debate electoral como medio público, independiente y neutral. TELEMADRID.ES https://acortar.link/X5mJvy

CRÍTICA DA NATURALIZAÇÃO DO DIREITO

António Eduardo Marques Moreira da Silva[1]

O presente texto nasce no âmbito de investigação sobre o tema da "Violência estrutural na política", com enquadramento em Filosofia Política.

1. INTRODUÇÃO

A crítica da naturalização do Direito, conduz a uma impossibilidade que só pode ser mitigada pela atribuição de um domínio para o conceito de Direito. Neste texto, essa atribuição materializa-se a partir da fixação daquilo que constitui o Direito Natural contemporâneo e, consequentemente, na relação que este tem com o primeiro. O âmbito adotado, isto é, o domínio, é o da temática desenvolvida por Walter Benjamin, no seu texto, *Sobre a crítica do poder como violência (Zur Kritic der Gewalt),* a saber: a violência como poder, ou melhor, a violência estrutural.

Constata-se que a conformação das sociedades com as leis que a regulam, apontam a uma obediência que se relaciona com a violência pelo seu lado coercivo. Contudo, não parece crível que sempre se tenham respeitado as leis apenas por serem leis como observou Pascal (2019, p. 68). As leis que constituem o corpo jurídico consubstanciado no Direito Positivo, demandam validação. Recorrente é a ideia formulada ao longo dos tempos, que esta validação ou valoração é fornecida pelo Direito Natural. Argumento, constantemente refutado, sobretudo pelos historicistas e positivistas, que apontam quer ao Direito Natural Clássico, quer ao Direito Natural Moderno, uma pretensão universal e à imutabilidade. Não obstante, a formulação jusnaturalista assumiu já tantas variações, que há que investigar e concetualizar o Direito Natural contemporâneo. Mas não só, há, ao mesmo tempo, que investigar o preceito jusnaturalista de hierarquização de uma vertente do Direito relativa à outra. Deve despistar-se, ainda, todo o desenvolvimento que, mesmo que inadvertidamente, possa fazer confundir o efeito da moral com o do Direito Natural na validação do Direito Positivo.

Uma vez que este Direito é que constitui o poder, portanto diretamente relacionado com a violência, tanto no seu exercício como no combate a ela, interessa saber de que maneira se dá esta validação tão necessária à preservação do Direito e consequentemente do regime de Poder instituído. Para tal, se se assumir a premissa de que é o Direito Natural que fornece o reconhecimento necessário às leis para serem obedecidas, então dá-se o processo de naturalização do Direito, cujo mecanismo importa apurar.

---

1. Universidade da Beira Interior (Portugal)

Este conjunto de indagações, que constituem a crítica da Naturalização do Direito, deve ser concretizada exteriormente ao Direito. Por isso, tal como Benjamin o fez, há que usar uma filosofia da história que permita a possibilidade de obtenção de respostas, num quadro que sai da relativização, isto é, que nos permita, justamente, empreender uma crítica, no sentido que Bernard Harcourt (2020) recupera, o qual é o de produzir alterações para além da interpretação. Justamente, o uso do termo Filosofia da História, surge nesta investigação, associado ao pensamento de que por mais "científica" que seja uma reflexão, não se pode concebê-la sem outra: "a crítica que não põe em causa o seu próprio funcionamento e que reajusta a um novo conteúdo as formas de análise (Védrine, 1976, p. 8)."

2. DA NECESSIDADE DE DETERMINAÇÃO DO DOMÍNIO PARA O CONCEITO DE DIREITO

Definir o Direito tem-se constituído como uma matéria sobre a qual os mais distintos autores se têm debruçado sem, contudo, chegar a uma estabilização do conceito. Mesmo o leigo que pretenda aferir o seu o significado de forma rápida, recorrendo a um vulgar dicionário, experimentará algum sentimento de inconsistência face ao que lhe é apresentado, como são exemplos as definições: "conjunto de normas e princípios legais que regulam as relações dos indivíduos em sociedade (Dicionário Priberam Online, 2023)" ou "conjunto de normas de comportamento que o Estado impõe aos cidadãos coercivamente (Costa & Melo, 1990)". Curiosamente, estas duas definições aparecem contidas na de Papiniano no volume correspondente ao Digesto do Corpus Iuris Civilis (2010) que define o Direito como "preceito comum, normas de sábios, coerção de delitos, cometidos voluntária ou involuntariamente, e pacto comum da República (p. 49)". Ideia contida, também, no Código Visigótico (Forum Judicum, 1910, tradução nossa), o qual, afirma que o Direito existe para "que a maldade humana seja contida pelo medo da sua execução; que a vida de inocentes esteja segura entre os criminosos; e que a tentação de cometer erros pode ser contida pelo medo da punição (p. 5)". Portanto, a despeito das diferenças semânticas que se notam nas caracterizações elencadas, é notória a manutenção do tronco tradicional da ideia de Direito.

Recorrendo-se a um dicionário técnico-jurídico, a definição de Direito, surge da palavra do latim popular *directu*, ciência "que sistematiza as normas necessárias para o equilíbrio das relações entre o Estado e os cidadãos e deste entre si, impostas coercivamente pelo Poder Público. Universalidade das normas legais que disciplinam e protegem os interesses ou regulam as relações jurídicas (Guimarães, 2012, p. 281)." Algo parecido com o estabelecido no insuspeito Oxford Dictionary of Law (Martin, 2003, tradução nossa) como "corpo de normas que governam qualquer sociedade (p. 280)". Esta palavra, *directu*, substitui aquela do latim clássico *jus* (Kant, 2017, p. 41; Pufendorf, 2009, p. 204 [2]), "que indicava as normas formuladas pelos homens destinadas ao ordenamento da sociedade (Guimarães, 2012, p. 281)".

Seguindo com os dicionários, agora no campo da filosofia (Abbagnano, 2007), o Direito é, na sua essência mais ampla e essencial, a técnica da coexistência humana, ou seja, uma técnica que se concretiza como um conjunto de normas que visam o comportamento intersubjetivo (p. 278). Uma definição deste tipo visa comportar as principais correntes do pensamento sobre o Direito: Direito Natural, Direito fundado na moral, Direito reduzido à

---

2. O termo jus, aparece, muitas vezes no campo delimitado ao Direito Natural, sem se sobrepor ao Direito Positivo, mas como componente do Direito.

força e Direito como técnica social. De alguma maneira, podemos notar nos significados de Direito, que já foram vistos anteriormente, o cruzamento destas conceções, o que amplia as possibilidades de significado de Direito.

Esta ilustração, a partir das definições inscritas em dicionários, permite, não só, verificar, expeditamente, a dificuldade em estabilizar o significado de Direito, mas, também, a necessidade de criar condições fronteira quando aspiramos a uma definição que nos permita realizar uma crítica. Com efeito, passando agora para o plano da ciência jurídica e da filosofia do Direito, esta necessidade, na busca de uma definição de Direito, torna-se absolutamente fundamental. A título de exemplo, veja-se como Herbert Hart (2001[3]) investiga o conceito de Direito a partir das três questões recorrentes com o qual é relacionado: a das ordens baseadas em ameaças, a da obrigação moral e a da assunção das leis como regras (pp. 10–22). Ou mesmo, quando Hermann Kantorowicz (1964[4]), parte da sua definição provisória de que o Direito é um corpo de normas que tem como finalidade a prevenção ou a solução ordenada de conflitos, para aquela, mais definitiva, de que se trata de um corpo de normas sociais que ordenam a conduta externa e que são *justiciáveis* (p. 57). Se no primeiro exemplo se tenta encontrar a ideia de Direito na interseção entre as possíveis respostas às questões que a propósito do mesmo se levantam amiúde, no segundo, a fronteira surge naquilo que Kantorowicz considera como *justiciável*: normas aptas para serem aplicadas por um órgão judicial em determinado procedimento. São, sobretudo, exemplos que atestam a tal necessidade do traçar de linhas, sentida, mesmo, por aqueles que se encontram à vontade com o uso diário da palavra e que não conseguem explicar a distinção entre uma coisa e outra. Um pouco como o sentimento expresso por Santo Agostinho à pergunta "O que é o por conseguinte, o tempo? Se ninguém me perguntar, eu sei; se o quiser explicar a quem me fizer a pergunta, já não sei (Santo Agostinho, 1973, liv. XI-XIV–17)".

3. DOMINIO DO DIREITO NA *GEWALT*

A condução da crítica da naturalização do Direito, é por uma espécie de mapa do domínio, que possa tornar explícito o princípio latente que guia o nosso uso da palavra Direito e que possa manifestar relações entre o tipo de fenómenos a que aplicamos a palavra e outros

3. Hart tem a necessidade de explicar o que entende por definição, com a inerência clara de existência de balizas, mas não acredita ser possível encontrar aí a resposta para a pergunta «O que é o Direito?». A impossibilidade é determinada pela amplitude do termo, podendo-se pensar sobre a resposta a esta pergunta a partir do que se encontra de comum quando se procura as respostas às «três questões fundamentais: Como difere o Direito de ordens baseadas em ameaças e como se relaciona com estas? Como a obrigação jurídica difere da obrigação moral e como está relacionada a esta? Qual é o conceito de regras e em que medida o Direito é uma questão de regras?

4. Neste ensaio, que seria uma introdução a uma obra composta por três volumes, o autor, como salienta David Deener (1959), critica a insuficiência das definições de dicionários, bem como a busca de uma definição científica para uma afirmação verdadeira, que, neste caso, assume o nome de "realismo verbal". A sua definição de Direito, que não considera a única possibilidade, é uma resposta à inutilidade da definição meramente formal. Para ele, a utilidade da definição, dentro do que ele chama de «pragmatismo conceptual», deve ser comprovada de forma formal e empírica. Contudo, Geoffrey Wilson (1959) sustenta que a clareza com que Kantorowicz descreve a necessidade de balizas não encontra paralelo com a demonstração da sua definição, que, apesar de dentro dos limites por ele enunciados, acaba por, de alguma forma, soçobrar à complexidade e amplitude que a ideia de Direito promove.

fenómenos (Hart, 2001, pp. 18–22). O domínio é o que se relaciona com o famoso artigo de Walter Benjamin, *Sobre a crítica da violência como Poder* (Zur *Kritic der Gewalt*)(2010), no qual, o termo *Gewalt* assume o caráter polissémico intercambiando o seu significado entre poder como violência e violência como poder, sobretudo com o intuito de se referir à violência estrutural própria do poder institucional (Balibar, 2009, p. 101).

Walter Benjamin (2010), afirma que é possível circunscrever uma crítica do Poder como apresentação das suas relações com o Direito e a Justiça, pois, independentemente da forma como uma causa atua, esta só se transforma em violência quando interfere com relações no campo da ética. O Direito, tem como condição elementar a dos meios e dos fins. Por princípio, a violência encontra-se no domínio dos meios e não no dos fins, por isso, ela pode ser usada para fins justos ou injustos. O problema está em saber - mesmo que se se admita um sistema de fins justos - se a utilização da violência para um qualquer fim justo seria defensável moralmente (p. 49).

Se o Direito Natural permite eliminar este tipo de indagação, pois na sua conceção nada há que obste à aplicação da violência para fins justos, já o Direito positivo atende, precisamente, à legitimidade dos meios. A justiça é o critério dos fins, ao passo que a legitimidade é o dos meios. Isto leva-nos ao dogma transversal às duas correntes dos fins justos serem atingidos por meios legítimos, e os meios legítimos serem usados para alcançar os fins justos. Obviamente que, tanto fins justos como meios legítimos implicam critérios independentes.

Colocando, aqui, de parte, qualquer discussão a propósito de critérios de justiça, pretende-se fazê-la no campo da legitimidade dos meios. Ora, Walter Benjamin (2010), descarta o Direito Natural nesta discussão, na medida em que os princípios desta corrente, se mostram incompatíveis com o objeto em causa. Estabelece o Direito Positivo como aquele que lhe permite iniciar a investigação, uma vez que distingue a violência sancionada – a que é historicamente reconhecida -, da que não é (pp. 50–51). Este reconhecimento histórico é fundamental na legitimação do poder que se manifesta na obediência aos seus fins. Designam-se estes como fins de Direito e os que prescindem deste reconhecimento como fins Naturais.

O interesse do Direito pela monopolização do poder face ao indivíduo aponta para uma explicação no âmbito da sua preservação e não no dos fins de Direito. Comporta em si uma violência do tipo estrutural: é vedado ao indivíduo todo o fim Natural que colida com os fins de Direito, desde que perseguido com algum de tipo de violência (instrumental). Contudo, o enquadramento – face às limitações do Direito Positivo e Direito Negativo - é mais amplo, o qual exige, segundo Benjamin(2010), um ponto de vista fora do Direito positivo e do Direito Natural (p. 51). Ocorre no estudo do Direito na esfera de uma "filosofia" da história (Derrida, 2003, p. 95 [5]), o das formas do Poder enquanto instituinte do Direito ou destinado a mantê-lo. Por outras palavras, no sentido de ultrapassar as limitações impostas quer pelo Direito Natural, quer do Direito Positivo, de alguma forma, vinculadas a determinado tipo de poder ou a determinado hiato temporal, a crítica da violência como poder, tem em vista compreender como "certos modos de justificação se tornaram parte do raciocínio legal e o seu poder (Butler, 2021, p. 105)". A forma, é a da oscilação dialética, o próprio efeito de conversão da *Gewalt,* como aponta Balibar (2015), onde a violência se torna poder e autoridade (p. 34). Nela, a violência conservadora entrega-se à

5. Derrida sublinha o facto de a palavra filosofia estar entre «inolvidáveis aspas» como que reforçando o caráter de proporcionalidade da crítica da violência como poder com a resposta na história e a respeito da história.

repressão das contra violências hostis. "Esta repressão - e o Direito, a instituição jurídica é essencialmente repressiva deste ponto de vista -, não cessa de enfraquecer a violência fundadora que representa (Derrida, 2003, p. 96)". A violência estrutural possui no seu processo interno uma função conservadora, para apresentação externa, da sua fundação, que se destina a ser repetida, reinstituída.

4. DIREITO NATURAL CONTEMPORÂNEO

Direito Natural corresponde à expressão mais extrema do ponto de vista que pretende que entre o Direito e a moral existe uma ligação necessária (Hart, 2001, p. 170). A necessidade do Direito Natural como regulador do Direito Positivo, isto é, como medida de justiça da lei prescrita pelos seres humanos que é abstrata,[6] foi defendida, praticamente, desde a fundação da filosofia política por Sócrates (Cícero, 2014, p. 395; Hobbes, 2002, p. 10; Strauss, 2009, p. 105). Esta conceção - função ético-política de justificação[7] - de algum modo, reúne as diferentes formulações de Direito natural, ainda que se possa sustentar, em termos históricos, duas grandes correntes agregadoras,[8] uma sob a forma clássica (que inclui a medieval) e a outra sob a forma da idade moderna (Bobbio, 1997, Capítulo 7; Strauss, 2009, Capítulo V–VI). Se bem que isto seja disputado pelos defensores do Direito Positivo fundamentado na experiência histórica, não se aspira, aqui, tratar, nem as diversas formulações do Direito Natural, nem, tampouco, dirimir os argumentos a favor e contra na disputa entre o Direito Natural e o Direito Positivo, bem como os que dizem respeito à dicotomia da moral e Direito. Importa, apenas, relevar os aspetos do tratamento dessas matérias no contexto do processo em estudo.

Com efeito, ao Direito Natural sempre se apontou a sua aspiração à validade universal sem condicionamento pela lei, porém, tal não significa que o mesmo era possuidor de um caráter supra-histórico imutável. Pelo contrário, desde cedo, que lhe foi reconhecida

---

6. Veja-se como Platão (2004, 631d,632a-c), a partir da ideia do que é justo e injusto para a cidade, descreve a necessidade da criação de leis necessariamente abstratas que se apliquem a todos os cidadãos. Esta mesma ideia é recuperada, por exemplo, por Jean-Jaques Rousseau (2023, Capítulo VI).

7. Esta é a expressão que Hans Kelsen (2019, p. 152) para caracterizar o efeito do Direito Natural sobre o Direito Positivo. Esclarece em resposta a Passerin d'Entreves (1961, p. 107), o qual caracteriza a norma fundamental da Teoria do Direito de Kelsen como uma proposição de Direito Natural, que este Direito determina ou aprecia o conteúdo de validade do Direito Positivo, ao passo que a norma fundamental o faz relativamente ao fundamento de validade do Direito Positivo.

8. Pode encontrar-se o tratamento da relação entre o Direito Positivo e o Direito natural dado, por exemplo, no tempo clássico, por Platão (2004b, 892a-d, 2022, 425a-c),Aristóteles (2004, 1134b, 2018, 1373b,1375b); na época medieval, por São Tomás de Aquino (2010); e na era moderna por Hugo Grotius (2004, p. 42), Blaise Pascal(2019, pp. 64–66) , Thomas Hobbes (1974, XXVI, 2002, p. 223), Bento Espinosa (2019, p. 177, 2020, p. 297), Pufendorf (2009, V), John Locke (2007, p. 144), Montesquieu (2021, pp. 127–128) e Kant (2017, p. 41).

capacidade de se modelar ao tempo e local em que se buscava a sua validação.[9] Na verdade, o engano da validade universal do Direito Natural, não advém da sua caracterização, e sim da conceção fornecida pelos legisladores naturais, não enquanto juristas, mas como filósofos, sujeitos às influências da sua época: no fundo, a imutabilidade limita-se à afirmação de validade do Direito Natural, independente do poder do Estado (Flavius, 2011, p. 2008 [10]). Arthur Kauffman (1959), sublinha que o Direito Natural e o caráter histórico do Direito não são adversários, a historicidade do Direito significa abertura ao Direito Natural, já que enxergando o que não pode alcançar, alcança o que é possível num lugar e num tempo determinados: o Direito historicamente justo. Neste contexto, como nota Carl Schmitt (2021a), depois de um século XIX marcado pelo positivismo, em pleno século XX,[11] já não é comum levantar este tipo de objeções ideológicas ao Direito Natural(p. 59) – chega mesmo a falar de um Direito Natural sem naturalismo (2021b, p. 211)-, cuja definição aparece na fórmula enunciada por Stammler (1929) como "Direito Natural de conteúdo variável", que equivale a dizer que se trata de um conjunto de regras jurídicas, as quais, perante circunstâncias condicionadas empiricamente, contêm o Direito teoricamente justo (p. 167). É esta conceção, que leva alguns autores, como, por exemplo, Kantorowicz (Flavius, 2011), a considerar a *ressurreição do Direito Natural em forma renovada* (p. 2008). Contudo, apesar da reivindicação do renascimento do Direito Natural, sobretudo ao longo do século XX, mormente, após as guerras mundiais, a verdade é a de que o *jusnaturalismo*, conforme se demonstrou, no seu fundamento, nunca morreu.

Recuemos um pouco, a bem do aperfeiçoamento da ideia do Direito Natural como ferramenta ética de validação. À pergunta "O que é o Direito?", Kant (2017) observa que uma resposta que remeta apenas para o campo do Direito Positivo é insuficiente: compara-a mesmo ao tipo de embaraço que envolve a interrogação sobre o que é a verdade (pp. 41–42). Embora o Direito Positivo possa dar indicações sobre a aplicação das leis em determinado momento e lugar, o mesmo não é possível quanto à fundamentação das mesmas. Prefigura-se, assim, a necessidade de circunscrever o domínio ético para as leis positivas. A ideia de domínio ético assume particular importância, enquanto o mesmo se consubstancia no Direito Natural contemporâneo. Mesmo para os detratores do Direito Natural na atualidade, como, por exemplo, Pietro Piovani (2000), as leis positivas apoiam-se na ética que, nos nossos dias, se baseia em princípios pluralistas. No entanto, a estes parece escapar, que o sentido da reflexão do Direito Natural, o jusnaturalismo, nas palavras de Bobbio (1997), é uma teoria da moral, a qual assenta sobretudo numa *conceção*

9. Passerin d'Entreves (1961) afirma que a acomodação do Direito Natural foi, não só reconhecida, como trabalhada pelos pensadores, mesmo aqueles que podemos enquadrar no Direito natural Clássico. A este propósito São Tomás de Aquino (2010, Questão 94-Art.o 4-o e 5.o) descreve a universalidade da Lei Natural, admitindo casos particulares bem como a possibilidade de mudança desse Direito, circunstância que parece alicerçar-se no tratamento, de certo modo, ambíguo que Aristóteles lhe confere. De facto, em Retórica (Aristóteles, 2018,1375b) induz à universalidade e imutabilidade da Lei Natural, enquanto em Ética a Nicómaco (Aristóteles, 2004, 1134b 30), aparentemente, identifica a universalidade com o reconhecimento de casos particulares, bem como a exposição à mudança da Lei Natural. A esta última ideia havia, também, aludido Platão (2022, 538b–539a).

10. Gnavius Flavius é um heterónimo de Hermann Kantorowicz (1877-1940).

11. No início do século XX, outros pensadores importantes na área do Direito, como, por exemplo, Otto von Gierke (1841–1921) e Ernst Landsberg (1860–1927), assinalaram, justamente, que o Direito Natural é tão firmemente condicionado individual e historicamente quanto qualquer outro tipo de Direito.

objetivista da ética: conceção que, tal como outras, "não designam uma determinada moral, mas uma maneira de conceber a origem e a validade dos valores morais" (p. 61).

É uma conceção que assenta numa teoria idealista do Direito, em que diversos autores consideram existir um dualismo entre o ser e o dever ser (d'Entrèves, 1961, p. 95; Kantorowicz, 1964, pp. 62–66; Kelsen, 2019, pp. 99–100). Não obstante, considero que o termo mais adequado é dicotomia. Como explica Val Plumwood (1993), dualismo implica uma relação de subordinação, isto é, trata as partes que o integram, não apenas como diferentes, mas como pertencentes a ordens radicalmente diferentes (pp. 47–48). Acresce, que nos remete para aspetos ainda não resolvidos do dualismo platónico razão/natureza. A perspetiva, aqui, é, justamente, da dicotomia, onde os seus componentes, embora diferentes, se constituam em complementaridade. Porque se pretende a aplicação a uma qualquer comunidade jurídica, a qual se localiza sempre no espaço e no tempo, que "protege a integridade dos que lhe pertencem na exata medida em que estes assumem o estatuto artificialmente produzido de *titulares de direitos subjetivos*", existe uma "relação onde a complementaridade prevalece sobre a subordinação" (Habermas, 2020, p. 126).

5. NATURALIZAÇÃO DO DIREITO

Especificar porque se fala de uma teoria da moral - *jusnaturalismo* - e não propriamente da moral, torna-se num imperativo de modo a evitar alguma confusão que o emprego do termo moral possa trazer. Embora o legislador e a justiça não se possam eximir da preocupação de sintonia entre e Direito e a moral, já que o Direito Positivo pode dispensar todo aquele que julga e age moralmente "das consideráveis exigências cognitivas, motivacionais e organizacionais de uma moral reconvertida à consciência subjetiva", o primeiro deverá ser compreendido como complemento funcional da segunda, enquanto esta, tendo por base as consequências empíricas, "apenas fornece resultados cognitivamente indefinidos e desprovidos de garantias motivacionais." A moral é insuficiente para a legitimação de algo tão concreto como é a regulação que constitui o Direito Positivo, pois a vinculação desta apoia-se, não só, em processos de formação de opinião e do juízo, como, também, em decisões coletivas vinculativas de instâncias de criação e aplicação do Direito. Portanto, existe a necessidade de uma partilha de papéis entre quem cria o Direito e os destinatários submetidos a esse Direito. Ao caráter monolítico da autonomia no campo da moral, porque imputa a cada indivíduo a conformação com regras que estabelece para si conforme o juízo, seja ele apenas do próprio ou alcançado em conjunto com outros, corresponde o caráter duplo, no campo jurídico, da autonomia privada e pública. Porém, são dois momentos que demandam conciliação para que a liberdade de ação subjetiva do sujeito do direito privado e a autonomia pública do cidadão do Estado se possibilitem mutuamente (Habermas, 2020, pp. 127–128).

Precisamente aqui, é que intervém o processo de naturalização do Direito, isto é, em que há lugar a uma teoria da moral, à tal *conceção objetivista da ética* na formação da ideia que perspetiva a autonomia da pessoa jurídica em função da compreensão, por parte desta, enquanto no exercício dos seus direitos como cidadão, como autora dos mesmos direitos a que obedece. Por assim dizer, constrói-se uma regra de reconhecimento que valida o Direito, ou seja, conforme Herbert Hart (2001) aborda, disponibilizam-se um conjunto de critérios dotados de autoridade que permitem quer aos particulares, quer às instituições jurídicas identificar as regras de obrigação. Esta regra não é sujeita a validação, ela valida. Não pode ser válida ou inválida, simplesmente aceite como apropriada. Existe, de facto, como prática complexa concordante dos particulares e atores do edifício jurídico, de identificação do Direito relativamente a determinados padrões (pp. 111–121).

O conjunto destes padrões, constitui o capital simbólico, percebido pelos agentes sociais cujas categorias de perceção apontam ao reconhecimento, concedendo-lhe valor. O capital simbólico, encontra a sua forma objetivada e codificada no processo de concentração do capital jurídico, o qual é exercido pelo Estado (Bourdieu, 1997, pp. 80–81). Ou seja, O Estado, neste enquadramento, assume o monopólio da violência, isto é, aplica a distinção básica entre os tipos de violência – sancionada e não sancionada – independentemente dos casos em que são utilizados.

Regressando assim a Benjamin (2010), ao âmbito da *Gewalt*, a construção deste capital, a formação da lei, de acordo com este autor, não se realiza organicamente ao longo do tempo, com a codificação de convenções ou normas existentes: as justificações são sempre posteriores à lei. "As leis instauradas não se justificam nem por uma lei anterior, nem através do recurso a uma justificação racional ou a um conjunto racional de fins (Butler, 2021, p. 106)." Com certeza, a esta ideia não é alheio o preceito assinalado por Schmitt (2021b), de que não é a lei que se explica apelando ao Poder, mas sim, o Poder que apela à lei, isto é, o Poder com apelo à Lei existe porque possui o direito: em face de determinado evento diz-se que quem tem o poder tem o direito (pp. 178–179). Por seu lado, a manutenção da lei, a preservação do Direito, do regime de poder instituído, exige a reiteração do caráter vinculativo da lei. Nas palavras de Derrida (2003), a conservação dá-se pelo paradoxo da iterabilidade, em que a origem deve originariamente repetir-se e alterar-se para valer *como origem.* A iterabilidade, desta forma, inscreve a conservação na estrutura essencial da fundação (p. 77). Aparece como uma espécie de mecanismo repressor, mas que, ao mesmo tempo, aponta à aceitação, por aqueles sujeitos, dessa coerção. Há como que uma recapitulação do gesto fundador, no sentido de preservação do sistema, cuja aceitação implica a naturalização das normas, ou seja, o reconhecimento valorativo da sua aplicação. Fundamental é a assunção do conceito de Direito Natural contemporâneo de conteúdo variável, pois o funcionamento deste mecanismo tem de ser garantido independentemente das contingências temporais. As transformações sociais são, normalmente, impregnadas de violência latente ou não, a qual tem de ser contida, evitada ou até conformada no sistema, para se garantir, como já foi dito, não os fins de Direito, mas o próprio Direito e, por consequência, o Estado – "o Direito não está no Estado, o Estado está no Direito" (Schmitt, 2021b, p. 194, tradução nossa).

Concordando com Benjamin, Robert Cover (1986), defendeu que o ato de interpretação legal é portador da sua própria violência. Desta maneira, concluiu que esta violência deve ser objeto de aceitação e organização plenamente justificadas e, que a responsabilidade sobre a mesma, deve ser partilhada pelos diferentes atores do sistema, para a violência ser exercida de forma segura e efetiva. Intrínseco a estas considerações está a distinção entre a legalidade violenta justa e a injusta.

Distingue, no seu artigo *Nomos and Narrative* (1983), dois padrões típicos ideais para combinar o *corpus,* o discurso e o compromisso para formar um *nomos,* tido como um universo normativo. O primeiro, mais adequado a comunidades de obrigações comuns, por exemplo, religiosas, que denomina *paideico* (relativo a *paideia*), uma vez que o termo sugere um corpo comum de preceitos e narrativas, uma maneira comum e pessoal de ser educado nesse *corpus,* e um senso de direção ou crescimento constituído à medida que, tanto, o indivíduo, como a sua comunidade elaboram as implicações da sua lei. O segundo, adequado à sociedade civil, a que ele chama *imperial,* caracterizando-o como de *manutenção do mundo*, é aquele onde não se necessita de ensino, o discurso tem como premissa a objetividade, os compromissos interpessoais são fracos: a base consiste, apenas, na obrigação de se abster da coerção e da violência que tornariam impossível o modo de discurso objetivo, bem como a aplicação imparcial e neutra das normas.

Não existe nenhum universo normativo – *nomos* – composto exclusivamente a partir de um padrão ou de outro. Portanto, torna-se obrigatória a constituição de um entendimento geral sobre a unidade primordial do *nomos*. Há que conformar as várias comunidades e formas de entendimento com uma lei comum. Trata-se de um processo que Cover (1983) nomeia como *jurisgenerativo,* o qual assenta numa mitose jurídica (p. 15). Este princípio, pelo qual o significado legal prolifera no universo a que diz respeito, nunca existe isolado da violência. Vão-se, constantemente, gerando leis por entre os interesses sectários em ordem a estabilizar o universo jurídico, já que de outra forma a tendência seria a da criação de uma série de "mundos" completamente instáveis e sectários na sua organização social, dissociativos e incoerentes no seu discurso, cautelosos e violentos nas suas interações. De maneira, que o padrão *imperial*, que, no fim, corresponde ao Direito Positivo, é essencial, à manutenção do *nomos*. Ainda assim, não deixa de ser indispensável o padrão *paideico*, o qual corresponde ao Direito Natural na sua conceção de conteúdo variável, para a aferição da autonomia desses "mundos". Assim, o processo *jurisgenerativo*, mais não é do que a própria imagem da naturalização do Direito, que visa a manutenção deste à custa do reconhecimento, que se renova perante as transformações sociais contingentes, preservando a coexistência entre as autonomias privada e pública. Utilizando outras palavras, para que o Direito se possa manter, as leis emanadas requerem justificações que se fundamentam em determinado conjunto de princípios enquadráveis no Direito Natural de conteúdo variável, enquanto se constituem naqueles que regulam a forma como o indivíduo ou conjunto de indivíduos encaram a vida em sociedade. Ora, as justificações são, normalmente, sujeitas a conflito, pelo que há que reiterar o processo de estabilização com a criação de novas leis, as quais, não só, respondem ao sectarismo, como às transformações que, entretanto, possam ter ocorrido com influência, ou melhor, com capacidade ameaçadora, sobre o edifício jurídico em causa.

Deve ainda observar-se, não ser de escamotear alguma perversão ou, até, corrupção a que este processo de naturalização se encontra sujeito muitas vezes. A necessidade de persuasão a partir da defesa de interesses estabelecidos ou perspetivados, recorrendo a meios sofisticados de divulgação em massa, levam a alguns efeitos que, independentemente da análise a que possam ser sujeitos, possuem um efeito sobre a sociedade, o qual, quase invariavelmente, se destina a uma maior dominação, ou por outra, a uma subordinação voluntária aos ditames dos tais interesses. Apesar disso, do ponto de vista da manutenção do Direito, estes factos, ou são irrelevantes, ou, quando muito, são propiciadores de nova iteração, para acomodar as consequências desse efeito. O Direito, com maior ou menor rapidez, alcança a forma de eliminar a ameaça ao seu poder.

6. CONCLUSÃO

Face à enorme dificuldade que é definir o Direito e, desde logo, tendo como certo que qualquer conceito, afinal, necessita da implementação de condições fronteira, a delimitação fornecida ao Direito no âmbito da *Gewalt*, de Benjamin, permitiu a construção de uma espécie de mapa no qual se foi encontrando caminho para uma crítica da Naturalização do Direito. Se Benjamin almejava a uma crítica da violência como poder, recorrendo a uma filosofia da história por imperativo de exterioridade às esferas do Direito Positivo e do Direito Natural, neste texto, houve que recorrer, também, a uma filosofia da história no sentido de libertar o conceito de Direito Natural da sua auréola de pretensão à universalidade e imutabilidade. Na verdade, não ocorreu nenhuma libertação, mas, tão somente, a constatação de que desde os seus primórdios, a sua dependência histórica e variabilidade, quer temporal, quer local, sempre lá estiveram. Fácil foi então fixar o conceito de Direito Natural contemporâneo – dito de conteúdo variável – como complemento ao Direito Positivo que está na base da constituição do Poder. No entanto, mesmo que notada, por exemplo, por Kant, essa necessidade de validação do Direito Positivo a partir do Direito Natural, há que entender, por um lado, que a ideia hierarquizante de alguns jusnaturalistas nesta matéria não é, de modo algum, útil, ou até, de alguma maneira, viável, devendo, isso sim, verificar-se a complementaridade entre essas tendências do Direito. Por outro lado, no sentido de afastar alguma ambiguidade que possa permanecer relativamente à relação do Direito com a moral, a investigação deu a conhecer não só o caráter monolítico da moral, como o caráter dual da autonomia – a da esfera privada e a da esfera pública – obtida a partir do reconhecimento valorativo proveniente do Direito Natural, atendendo ao conceito deste aqui defendido.

A necessidade de manutenção do Poder, portanto do Direito, implica uma reiteração do processo fundacional, uma espécie de reposição da origem, a qual se dá a partir da justificação da lei, ou seja, a lei é emanada, sujeita a justificação que, por sua vez, influenciada por fatores locais e temporais contingenciais relacionados com as movimentações sociais, levam à constituição de novas leis, para estabilizar o sistema. Todavia, esta estabilização é conseguida, sempre, à custa do reconhecimento, da atribuição de valor às leis, com a preservação da autonomia quer do campo privado, quer do campo público. Como está bom de ver, a atribuição de valor, implica um juízo ético objetivo, que conforme foi dito, é dependente das circunstâncias históricas e locais. Este juízo é aquele que está na base da conceção, aqui, adotada para o Direito Natural, a qual fundamenta, justamente, o processo de naturalização do Direito.

Com certeza, como todo o trabalho filosófico, este é, também, inacabado. Os aspetos que se relacionam o Direito com o poder, bem como as formas em que nele se constitui, com uma ambivalência relativa à violência, não deixam de ser objeto de uma sofisticação cada vez mais acelerada, talvez numa tentativa de ir ao encontro da ausência de "valoração" das leis, no fim, de uma ampla realização do Direito Positivo, tal como é concebido pelos positivistas. Mas não só, o Direito realizado desta maneira, é ao mesmo tempo, produto e fabricante de uma espécie de niilismo alicerçado na recusa de princípios ideológicos fundamentados, isto é, no seu processo de conservação, não é incomum, na contemporaneidade, que acomode ideologias que se apoiam mais na geração de fantasias na crença individual tendentes a uma igualação, do que na profundidade que as relações em sociedade carecem. O chamado "renascimento" do Direito Natural é invocado, frequentemente, para justificar o julgamento de ações que, do ponto de vista do Direito Positivo, são legais, porém, "humanamente" insustentáveis, como, por exemplo, nos julgamentos que se seguiram a seguir à 2.ª guerra mundial. Invocação que se verifica também, de algum modo até consequentemente, na reivindicação de direitos, independentemente da qualidade destes. Daí que, neste último contexto, seja de concentrar alguma da atenção prestada na crítica da Naturalização do Direito, à indução de valores, propriamente à naturalização de alguns princípios que, não obstante, alguns serem de absoluta justiça – veja-se, por exemplo, a importância que Seyla Benhabib (2011; 2006) atribui ao processo *jurisgenerativo* na consolidação de direitos -, em prol de uma humanidade mais fraterna, outros não passam da fixação de formas de estar um tanto ao quanto inócuas e tendentes ao esvaziamento de significado. Significado, que no final de contas, é essencial ao ser humano no seu relacionamento com o mundo: naturalização do Direito não pode, nem deve, ser confundida com normalização de tendências.

7. REFERENCIAS

Abbagnano, N. (2007). *Dicionário de Filosofia* (A. Bosi, Trad.; 5a edição). Martins Fontes.

Aristóteles. (2004). *Ética a Nicómaco* (A. de C. Caeiro, Trad.). Quetzal Editores.

Aristóteles. (2018). *Retórica* (A. P. Mesquita, Trad.; 5a. edição). Imprensa Nacional Casa da Moeda.

Balibar, É. (2009). *Reflections on Gewalt. Historical Materialism, 17*(1), 99–125. https://doi.org/10.1163/156920609X399227

Balibar, É. (2015). *Violence and civility: On the limits of political philosophy* (G. M. Goshgarian, Trad.). Columbia University Press.

Benhabib, S. (2011). *Dignity in adversity: Human rights in troubled times.* Polity.

Benhabib, S., Waldron, J., Honig, B., Kymlicka, W., & Post, R. (2006). *Another cosmopolitanism.* Oxford University Press.

Benjamin, W. (2010). Sobre a critica do poder como violência. Em J. Barrento (Trad.), *O anjo da história* (pp. 49–71). Assírio & Alvim.

Bobbio, N. (1997). *Locke e o direito natural* (S. Bath, Trad.). UnB.

Bourdieu, P. (1997). *Razões práticas: Sobre a teoria da ação* (M. S. Pereira, Trad.; 1a edição). Celta.

Butler, J. (2021). *A força da não violência* (H. Barros, Trad.). Edições 70.

Cícero, M. T. (2014). *Discussões Tusculanas.* Editora da Universidade Federal de Uberlândia.

Costa, J. A., & Melo, A. de S. e. (1990). *Dicionário da língua portuguesa* (6a. ed., corr.aum). Porto Editora.

Cover, R. M. (1983). Nomos and Narrative -The Supreme Court, 1982 Term. *Harvard Law Review, 97*(1), 4–68. https://doi.org/10.2307/1340787

Cover, R. M. (1986). Violence and the Word. *The Yale Law Journal, 95*(8), 1601–1629. JSTOR. https://doi.org/10.2307/796468

d'Entrèves, A. P. (1961). *Natural Law—An introduction to legal philosophy* (6a). Hutchinson University Library.

Derrida, J. (2003). *Força de Lei* (F. Bernardo, Trad.). Campo das Letras.

Dicionário Priberam Online. (2023). *Direito. Dicionário Priberam.* https://dicionario.priberam.org/direito

Espinosa, B. (2019). *Tratado Teológico-politico* (D. P. Aurélio, Trad.; 4a Edição). Instituto Nacional Casa da Moeda.

Espinosa, B. (2020). *Ética* (D. P. Aurélio, Trad.). Relógio d'água editores.

Flavius, G. (2011). The Battle for Legal Science. *German Law Journal, 12*(11), 2005–2030. https://doi.org/10.1017/S2071832200017673

Forum Judicum (Visigithic Code) (S. P. Scott, Trad.). (1910). The Riverdale Press.

Grotius, H. (2004). *O direito da guerra e da paz* / Vol. I (G. A. Bedin, Ed.; C. Mioranza, Trad.). Ed. Unijuí.

Guimarães, D. T. (2012). *Dicionário Técnico Jurídico* (15.a edição). Rideel.

Habermas, J. (2020). Sobre o nexo interno entre o Estado de direito e a democracia. Em L. Nahodil (Trad.), *Jürgen Habermas—Obras escolhidas. 4: Teoria política / Jürgen Habermas* (pp. 123–134). Edições 70.

Harcourt, B. E. (2020). *Critique & praxis: A critical philosophy of illusions, values, and action.* Columbia University Press.

Hart, H. (2001). *O conceito de direito* (A. R. Mendes, Trad.; 3.a edição). Fundação Calouste Gulbenkian.

Hobbes, T. (1974). *Leviatã ou matéria, forme e poder de Estado eclesiástico e civil* (J. P. Monteiro & M. B. N. Silva, Trads.; 1a). Abril Cultural.

Hobbes, T. (2002). *Do cidadão* (R. J. Ribeiro, Trad.; 3.a edição). Martins Fontes.

Justiniano. (2010). *Corpus Iuris Civilis*—(Livro 1) Digesto (E. A. Cunha, Trad.). ESMAF.

Kant, I. (2017). *A metafísica dos costumes* (J. Lamego, Trad.; 3a edição). Fundação Calouste Gulbenkian.

Kantorowicz, H. (1964). *La definicion del derecho* (A. H. Campbell, Ed.; J. M. D. L. Vega, Trad.). Revista de Ocidente.

Kaufmann, A. (1959). *Diritto naturale e storicità*. Jus - Rivista de Scienze Giuridiche, II, 178–196.

Kelsen, H. (2019). *Justiça e o direito natural* (J. B. Machado, Trad.). Almedina.

Locke, J. (2007). *Segundo tratado do governo* (J. Lamego, Trad.). Fundação Calouste Gulbenkian.

Martin, E. (2003). *A dictionary of law* (5th ed. reissued with new covers). Oxford university press.

Montesquieu. (2021). *Do Espírito das leis* (M. Morgado, Trad.). Edições 70.

Pascal, B. (2019). *Pensamentos* (M. S. Pereira, Trad.). Relógio d'água editores.

Piovani, P. (2000). *Giusnaturalismo ed etica moderna*. Liguori ed.

Platão. (2004a). *Leis: Vol. Volume I* (C. H. Gomes, Trad.; 1.a Edição). Edições 70.

Platão. (2004b). *Leis: Vol. Volume III* (C. H. Gomes, Trad.; 1.a Edição). Edições 70.

Platão. (2022). *Republica* (E. Gala, Trad.; 6a edição). Bookbuilders.

Plumwood, V. (1993). *Feminism and the mastery of nature*. Routledge.

Pufendorf, S. (2009). *Two books of the Elements of universal jurispurdence* (T. Behme, Ed.; W. A. Oldfather, Trad.). Liberty Fund.

Rousseau, J. J. (2023). *Do contrato social ou principios do direito político* (H. Barros, Trad.). Edições 70.

Santo Agostinho. (1973). Confissões. Em V. Civita (Ed.), & J. O. Santos & A. A. de Pina (Trads.), *Pensadores Vol. VI: Confissões. De Magistro*(do Mestre). (pp. 9–318). Abril S.A. Cultural e Industrial.

Schmitt, C. (2021a). Statute and Judgment. Em L. Vinx, & S. G. Zeitlin (Eds.), *Carl Schmitt's early legal-theoretical writings: Statute and judgment and the Value of the state and the significance of the individual* (pp. 39–155). Cambridge University Press.

Schmitt, C. (2021b). The value of the state and the significance of the individual. Em L. Vinx, & S. G. Zeitlin (Eds.), *Carl Schmitt's early legal-theoretical writings: Statute and judgment and the Value of the state and the significance of the individual* (pp. 159–242). Cambridge University Press.

Stammler, R. (1929). *Economia y derecho* (W. Roces, Trad.). Editorial Reus.

Strauss, L. (2009). *Direito Natural e história* (M. Morgado, Trad.). Edições 70.

Tomás de Aquino, S. (2010). *Suma teológica* (2.a Edição, Vol. 4). Loyola.

Védrine, H. (1976). *Filosofias da história—Declínio ou crise?*. Diabril Editora.

THE CRIME OF HATE SPEECH VERSUS THE RIGHT TO FREEDOM OF EXPRESSION IN TODAY'S SPANISH SOCIETY

Daniel Martínez Cristóbal[1]

1. INTRODUCTION

In recent years, the widespread use of hate crime as a weapon of war in public debate has made hate speech highly topical in some public opinion. There are frequent cross-claims between alleged inciters of hatred and the denunciation of speech whose dangerousness ends up falling into the more purely subjective sphere, and these are crimes whose punishment is neither unanimous nor peaceful due to their frequent collisions with the fundamental right to freedom of expression.

In Spain, the criminalisation of so-called hate speech through the offence of incitement to hatred contained in Article 510.1 a) of Organic Law 10/1995, of 23 November, of the Criminal Code (CP), a crime whose commission takes place on the occasion of the free exercise of fundamental rights and public freedoms, is still a recent development. For this reason, its practical application has yet to be refined, especially with the inclusion of the indirect modality thanks to the reform of the Criminal Code in 2015 and despite the clarification carried out by Circular 7/2019 of the State Attorney General's Office and the approval of Organic Law 6/2022, of 12 July, complementary to Law 15/2022, of 12 July, comprehensive for equal treatment and non-discrimination, amending Organic Law 10/1995, of 23 November, of the Criminal Code.

Despite several calls for reform to withdraw it or make it more precise, this claim was already ignored in the 2012 draft reform of the Criminal Code, which increased the criminality of the conduct of incitement to hatred and included family status as a ground for discrimination and made express mention of anti-Semitism (Alastuey Dobón, 2016, p. 16).

With the approval of LO 1/2015 of 30 March 2015, which amended LO 10/1995 of 23 November 1995 on the Penal Code, the regulation concerning hate crimes was utterly reformed under Council Framework Decision 2008/913/JHA of 28 November 2008 (Correcher Mira, 2022). This amendment, inspired by German hate crime legislation, not only brought together the offences of incitement to hatred and justification of genocide in a single article but also included new offences, six primary and two aggravated offences, which was in line with the jurisprudential line of the Constitutional Court, which years earlier had declared the crime of genocide denial unconstitutional and required direct

1. Universidad Rey Juan Carlos (España)

incitement for crimes of incitement to discrimination in STC 235/2007 of 7 November (Gascón Cuenca, 2015, p. 78).

The approval on 26 May 2022 of the proposed complementary LO to the Integral Equal Treatment Act, which modified LO 10/1995, specifically article 510.1 section a) with the incorporation of two new hate motives (anti-Gypsyism and aporophobia), responds to a reduced version of amendment nº87 proposed by the Parliamentary Group Unidas Podemos which suggested anti-Gypsyism, age, aporophobia, Afrophobia, Negrophobia and Islamophobia as hate motives.

2. METHOD

The study will analyse the possible dysfunctionality derived from the current criminalisation of the offence through the different positions of doctrine and jurisprudence. Moreover, it will be necessary to diagnose the abstract effects of the offence of incitement to hatred, especially in the indirect form, to specify the impact of the current configuration of the offence on freedom of expression and to examine the legal consequences of the delimitation of the motives of hatred and hostility that give rise to criminal liability.

However, when prosecuting this type of crime, it is essential to analyse the applicable jurisprudence according to a specific social context at the discretion of judges and magistrates, which imply an a priori moral judgement on which speeches potentially threaten coexistence.

Therefore, the concept of hate speech will be delimited as applicable to the crime of hate speech to diagnose the effects, especially around the indirect modality. It is necessary to specify the impact of the current configuration of hate crime on freedom of expression and to examine the legal consequences of the delimitation of motives of hatred and hostility that may give rise to criminal liability. It is essential to remember that the protection intended for the assets protected by this regulation often clashes with the freedom of expression enshrined in Article 20.1 of the Spanish Constitution (CE).

3. REGULATION OF HATE CRIME

Before introducing criminal offences of incitement to hatred with the 1995 reform, STC 214/1991 of 11 November stated that the deliberate intention to belittle and discriminate against persons or groups on the grounds of any personal condition or circumstance could not find refuge in freedom of expression. STC 176/1995 (SS=Hitler case) determined that any opinion, however mistaken or dangerous it may seem, even those that attack the democratic system itself, can be protected under freedom of opinion since the Constitution also protects those who deny it.

However, in STC 235/2007 (Librería Europa case), which focused on the crime of negationism, in FJ 7, it was stated that freedom of expression is limited to vilifying, racist or humiliating manifestations or those that directly incite such attitudes, which are constitutionally unacceptable. It also established that these manifestations must involve direct incitement to violence against these groups, in the same line of jurisprudence it had already followed in STC 176/1995 by requiring the concurrence of direct incitement to violence.

In a similar case, STS 259/2011 of 12 April (Librería Kalki case), in which the defendants were convicted of writing, distributing and publishing literature against the disabled, foreigners, blacks, Jews, North Africans and homosexuals, followed the same line, with the requirement of direct incitement and affirming the nature of the crime as an honest but abstract danger. The requirement of direct or indirect provocation, to which the Constitutional Court alluded as a criterion for measuring the harm and excluding it from freedom of expression, would not be a provocation to action, which would be typical of the crime of proposition and provocation to genocide under Article 615 PC, but a provocation to hatred and sentiment. It also established the correspondence of the verb to provoke with the punishable preparatory act in order to meet the requirements of Article 18 PC, except for the requirement that the act provoked should constitute a crime, since by including the provocation to hatred, reference was made to a feeling or emotion whose mere existence is not a crime.

Based on these resolutions, STC 136/1999, FJ 14 established the limits to hate speech in the profusion of threatening or intimidating messages against citizens or part of them, STC 235/2007, FJ 5 conditioned the conception of the world or history based on humiliation, hatred and contempt for an entire people or ethnic group, and on the conscious search for contempt and discrimination towards persons or groups due to their personal, ethnic or social condition or the incitement to adopt these attitudes.

Following the reform, the STC 112/2016 of 20 June 2016 brought together both the case law of the ECtHR and its own and accepted the criminalisation of the manifestation of hate speech for promoting or encouraging, albeit indirectly, a situation of risk to persons or the rights of third parties or to the system of freedoms itself, continuing with the requirement of inciting or provoking the commission of criminal offences (Cámara Arroyo, 2017, p. 195). The vote of Judge Juan Antonio Xiol Ríos, who disagreed with this decision, was notable because it is necessary to study the impact on freedom of expression of the persecution of these speeches and to carefully analyse the context and the elements of the conduct. On the contrary, the Second Chamber of the SC seemed to opt for a more incriminating perspective, especially in social networks, dissociating itself from the line it had followed in the Librería Kalki case (Cámara Arroyo, 2017, p. 196).

In 2017, the Audiencia Nacional convicted a Twitter user of glorifying terrorism and incitement to hatred for inflammatory tweets between 2015 and 2016 that were anti-women and glorified jihadist terrorism, even though his main account was suspended. SAN 2/2017, of 26 January, found the defendant guilty of incitement to hatred due to the discriminatory and offensive nature of his expressions, which it considered to be outside the protection of freedom of expression.

In 2017, the Barcelona Criminal Court convicted the vice-president of the political party Democracia Nacional, Pedro Chaparro, for inciting hatred against journalist Jordi Borràs during the celebration of Columbus Day, on 12 October 2015, after the demonstration of different parties he called on his followers to look for the reporter to give him "a beating, not too violent lest they arrest you, but give him a good slap and let him go [...]". The court considered that the incitement to violence against the journalist, the accusation of provoking a beating and calling him a "rat", fell within the scope of Article 510 of the Criminal Code, even if the danger was not possible, as the affront was constituted by the dissemination of expressions that incite hatred, discrimination or violence against those referred to in Article 510.

The case of Batallón de Castigo became even more notorious in 2020, when the Barcelona Provincial Court sentenced the members of the music groups Más que Palabras and Batallón de Castigo to one year in prison for incitement to hatred (although they were acquitted of the offences of a criminal organisation, illegal possession of weapons and glorification of genocide), who at one of their concerts in 2010 in Sabadell performed several songs with national socialist, white supremacist, xenophobic and xenophobic content, illegal possession of weapons and glorification of genocide), who at one of their 2010 concerts in Sabadell performed several songs of national socialist, white supremacist, xenophobic and anti-Zionist content with a marked warmongering and provocative tone.

The appeal against this sentence was based on an improper application of article 510.1 CP and a lack of motivation. However, the Supreme Court in STS 675/2020 of 11 December rejected it, considering that the defendants were the composers of songs whose lyrics were directed in one direction and which, objectively considered, are offensive, outrageous, violent and discriminatory for racial and ideological reasons. He argued in FJ2 that the group's potentially provocative activity showed that this provocation had an effect, as evidenced by the phrases "Sieg Heil, Sieg Heil, Sieg Heil, Sieg Heil" or "Jon Freedom" (referring to an individual sentenced to 26 years in prison for an ideologically motivated murder), which they got the audience at their concert to chant.

Although the events in question took place in 2010, the Supreme Court understood that the debate on the nature or conception of the provocation should focus not on whether it should be direct or indirect but on its effectiveness in inciting hatred, violence or discrimination. It argued that Council Framework Decision 2008/913/JHA and Council Joint Action 96/443/JHA required the introduction of these criminal offences before the reform of the Criminal Code in 2015, stating in FJ1 that it was constitutionally legitimate to punish conduct which, even if it is not suitable for directly inciting the commission of crimes against the law of nations such as genocide, does indirectly incite or indirectly provoke discrimination, hatred or violence.

STS 646/2018, of 14 December, brought up the hate speech provided for in articles 510, 578 and 607 CP due to the need to weigh up the so-called hate speech with the scope of freedom of expression, sometimes having to take into account excessive circumstantiality, which makes it difficult to determine the scope of what is intolerable, between hate that incites the commission of crimes. This hatred sows the seeds of confrontation and erodes the essential values of coexistence and hatred that are identified with animosity or resentment, and between which the judge cannot omit some nuances because everything not covered by freedom of expression is necessarily criminal.

4. ABSTRACT AND REAL DANGER IN CASE LAW

STS 259/2011 (Librería Kalki case) confirmed the need to certify an abstract and real danger to appreciate this offence. While offences of abstract danger do not require an injurious result, they do require examining a minimum of injuriousness through a prognosis of their dangerousness based on foreseeable triggering events or actual danger and not on the act's consequences.

In this case, the behaviour was the moment of the action to produce harmful damage; However, a concrete situation of danger was not required (Cámara Arroyo, 2017, p. 223); it is necessary to prove an aptitude to generate an actual situation. The suitability of danger or abstract risk must be computed for its concurrence. It involves the punishment of a pre-delinquent climate but also behaviour considered a priori harmful to public peace or a diluted danger judgement of the pre-delinquent climate (Fuentes Osorio, 2017, p. 17).

In the Batallón de Castigo case, the Supreme Court was quite clear on this issue by referring to the character of a pure, potential or possible abstract risk offence in the sense that it was potentially suitable for incitement, regardless of whether it achieved what it was intended to achieve. The direct or indirect nature of the action is therefore irrelevant, since incitement to hatred in Article 510.1 a) is an abstract offence whose action itself is presumed to be dangerous, by its mere activity, without it being necessary to prove a dangerous result, and that the creation of a danger is implicit in the content of the hate speech itself (Cámara Arroyo, 2017, p. 147).

SAN 18/2021 (Tuiteros yijadistas case) FJ2 affirmed that the type of crime must be completed with the consequences for the social community caused by the maintenance of this type of behaviour, giving rise to acts that endanger essential human values, such as life, physical integrity or freedom, by themselves or by other subjects influenced by this message.

The Audiencia Nacional maintained a divergence between the jurisprudential line marked by STC 235/2007, which required the existence of a particular danger of creating a climate of violence or hostility. On the other hand, the SSTS 72/2018 (Tuitero machista case) and 675/2020 (Batallón de Castigo case) where the conduct was always considered dangerous and the only thing that was found was the suitability to generate a danger of favouring a climate of hatred or hostility.

In line with the thesis of the Europa bookshop case, the STS 645/2021, of 16 July, in FJ3, considered that the online publications of praises and videos extolling jihadism by a user in 2016 did not constitute a crime of glorification of terrorism or incitement to hatred, as at least an indirect incitement to violence was required. In this case, given the general nature of the messages, their length in time, the absence of any call to carry out violent acts and the omission of a judgement of proportionality in the terms, it was not considered that the conduct prosecuted had sufficient capacity to incite the perpetration of crimes indirectly, understood as the promotion of a climate of hatred in which the idea of using violent means to pursue political ends could germinate in third parties, which abstract danger in the case of indirect incitement would make the perpetrator liable for the likelihood that his expressions would be misinterpreted in the future as incitement to commit intolerant criminal acts(Cámara Arroyo, 2017, p. 207).

Therefore, the characterisation of the danger required by the crime of incitement to hatred as an abstract and absolute risk is presumed in action itself, in the mere activity of broadcasting the message, and a real danger understood as the prior aptitude for the creation of a hostile climate of hatred, violence or discrimination.

4.1. Assessing the real danger

Prior to the reform of the PC in 2015, the Constitutional Court stated that the expression must represent a specific danger of generating a climate of violence and hostility that could lead to specific acts of discrimination, which was emphasised by the Prosecutor's Circular, which reflected the hypothetical or abstract nature of the danger that the repression of hate speech is intended to prevent. Aware of the difficulty of objectifying a situation or climate of danger or violence, the Prosecutor's Office urged the Prosecutors to assess the suitability of the manifestations for creating such a danger or risk of violence, hostility, discrimination or hatred on a case-by-case basis. Therefore, the punitive barrier was brought forward to punish conduct that could initiate a psychological situation that would compromise the serenity of the target groups so that the judgement of dangerousness cannot be subject to empirical material or natural questions but of a socio-political nature presumed by the legislator and which must, in turn, be weighed by judges. The existence of danger must consider the context or the society to which it is directed and the concrete dangerousness that could be unleashed at the time of the events.

Concerning adopting electoral circumstances as an element of abstract and real danger, the mayor of Badalona, Xavier García Albiol, was acquitted for describing the Romanian Roma in the city as a "scourge" or "plague". However, no animus injuriandi or a call to the population to change their attitude was identified (JP nº18 of Barcelona 574/2013, Gitanos de Badalona case). Subsequently, STC 177/2015 remarked that, in the face of conduct that could be considered manifestations of hate speech, it is necessary to determine whether the events that took place are an expression of a legitimate political option, which could stimulate debate aimed at transforming the political system, or whether they seek to trigger an emotional reflex of hostility, inciting and promoting hatred and intolerance incompatible with the democratic system.

It is necessary if provocation Suppose o violence and discrimination have no place in freedom of expression. In that case, try to separate them from the profusion of speeches that make up public debate, however virulent or apt they may be to foment rejection. The ECHR confirmed this in the case of Otegi Mondragón v. Spain. Spain, in which Arnaldo Otegi as spokesman for the Sozialista Abertzaleak Parliamentary Group, made statements in which he claimed that the King was the "chief of torturers" and "the one responsible for torturers and the one who protects torture", stating that it is permissible to resort to a certain amount of exaggeration, or even provocation.

Despite this, in the most recent rulings of the Supreme Court, especially 72/2018, the jurisprudence moves away from the analysis of a specific danger or even a hypothetical judgement of harm, moving closer to the old concept of bad tendency (Cámara Arroyo, 2017, p. 25), whereby punishment is allowed only for the hateful or provocative appearance of the message (Teruel Lozano, 2017, p. 17).

The current wording of Article 510.1 PC leaves it up to the judge to assess the aptitude of the real danger to the protected legal asset, opting for an unlimited interpretation of the text (Tapia Ballesteros, 2021). Thus, the doctrine widely criticised the modality of indirect incitement without any delimiting element of its scope (Alastuey Dobón, 2016, p. 17), as it allowed indirect incitement to be measured as dangerousness (Andrés Domínguez, 2021, p. 608).

4.2. Relationship with criminal law principles

The criminal prosecution of hate speech involves the repression of simple acts of complicity (Andrés Domínguez, 2021, pp. 609), preparatory acts of sentiment or preparatory acts of crime, or the prohibition of preparatory acts of a preparatory act since what is prohibited is not harmful conduct but the generation or promotion of sentiment or opinion. According to STC 235/2007, the mere transmission of ideas and opinions cannot be punished according to our legal system since criminal law cannot punish the feelings of hatred of citizens (Cámara Arroyo, 2017, p. 153), which is why it is a matter of controlling an internal jurisdiction that does not automatically imply any conduct (Cueva Fernández, 2012, p. 105).

The Supreme Court's conceptualisation of punishable hate speech establishes that the required danger and malice are presumed in the content itself and the broadcasting of the message, moving away from the principle of the ultima ratio and the principle of culpability in criminal law. Criminal law is concerned with the acts, breaches or endangerment of the protected legal good, but not with the indirect ability to generate a feeling in others (Cámara Arroyo, 2017). On the other hand, in STS 4/2017, of 18 January 2017, in its FJ 1, it admitted that it is necessary to move away from the temptation to construct the judgement of criminality by drawing a conventional and artificial line between hate speech and the ethics of speech. Criminal law cannot prohibit hatred or punish the citizen who hates.

4.3. Numerus clausus

The fact that the grounds on which criminal liability for hate crime can arise are defined is one of the most difficult to interpret, both expansively and restrictively (Correcher Mira, 2022). In this sense, in STC 235/2007, the dissenting judge Rodríguez-Zapata stated that the risk of anti-pluralist groups is not limited today to mere anti-Semitism, as contempt and vilification also threaten African, Arab and Asian minorities and non-European immigrants who converge in significant numbers on the European continent.

The regulation of hate speech in Spain runs the risk of incurring criminal inflation due to the misunderstanding of these crimes since their genesis in the 60s and 70s as crimes aimed at ethnic-racial conflicts, which in Spain have been expanding to all types of groups, such as LO 8/2021, of 4 June, on the comprehensive protection of children and adolescents against violence, or the final provision of the Comprehensive Equal Treatment Act (Landa Gorostiza, 2021).

In this sense, the express reference to specific cases of hatred, such as anti-Semitism, is an unjustifiably privileged protection of the Jewish community over other groups, which the recent reform to the Roma community, could also predict (Díaz López, 2018, p. 65). This open-ended character has been shared by CERI Recommendation 15 because the justification for such manifestations is based on a non-exhaustive list of personal characteristics or statuses, including race, colour, language, religion or belief, nationality or national or ethnic origin as well as ancestry, age, disability, sex, gender, gender identity and sexual orientation, as well as on LO 14/2015, Military Criminal Code, in Article 50.

Following the Prosecutor's statement that incitement to hatred within the assumptions does not require proof of vulnerability or the formulation of an ethical judgement, it is understood that the ethical judgement was made by the legislator when listing the groups susceptible to hatred, an inconsistency is made that distorts the objective of the article in the face of hate speech (Correcher Mira, 2022). For this reason, it is not unusual to find decisions of jurisdictional bodies that at first sight would relativise the condition of vulnerability (the Order of the Reus Court of Instruction that in 2018 admitted the complaint against some demonstrators who were said not to be directed against the police, but against the Spanish police, considering a possible crime of incitement to hatred on the grounds of belonging to a nation) and to the point of rejecting notoriously vulnerable groups, such as STS 1160/2006, of 9 November, which excluded aporophobia as a motive of hatred (Díaz López, 2018, p. 59).

Despite everything, the incoherence is accentuated with the STS 3124/2019, of 9 October (Alsasua case), applying a judgement of vulnerability and ethical considerations by withdrawing the category of a vulnerable group from the Civil Guard, following the precedent of the ECtHR in the case of Sacca Terentyev v. Russia, of 28 August 2018, in which the consideration of the police force as a minority or discriminated group was ruled out. However, the dissenting opinion of Judge Vicente Magro Servet, supported by Judge Antonio del Moral García in favour of incorporating the victims into the group, was marked by the ideology represented by the authors (Tapia Ballesteros, 2021).

A phenomenon during the Covid-19 pandemic has been the multitude of complaints and lawsuits for hate speech against the "unvaccinated". They have usually been closed, such as ATS 16193/2021, which closed the complaint against the President of Andalusia

Moreno Bonilla for his statements on vaccination in 2021. Although the Gran Canaria PA Order 273/2021 affirmed that the "non-vaccinated" or "anti-vaccine" collective was not a homogeneous or cohesive group, nor was it incited to hatred for some harm since the isolation and marginalisation measures requested coincided with those being applied by governments in some states. On the other hand, the JI nº 27 of Madrid processed the complaint filed against the broadcaster Federico Jiménez Losantos, who said on his programme Es la mañana de Federico that people not vaccinated against the coronavirus were "rats and cockroaches that should be killed and exterminated" (Pascual, 2022).

As for incitement to hatred on religious grounds, the religion must be registered in the Register of Religious Entities to address the criterion of the homogeneity of the group (Díaz López, 2018, p. 60), with the possibility of overlap with the offence of desecration of religious feelings in Article 524 PC or the offence of mockery of beliefs in Article 525 PC, as contempt for symbols can generate a negative reputational effect on the community as a whole and will depend on interpretative nuances (Alcácer Guirao, 2021, p. 129), although complaints for this reason hardly prosper, such as the Pamplona JI Order of 10 November 2016, in which the word "pederasty" was written on consecrated hosts or the Valencia JI Order of 23 June 2016 for the kissing of two Virgins.

About motivation by national or ethnic origin, the range is even extended to Autonomous Communities. In the JI nº8 of Cerdanyola del Vallés 25/2017, the court found incitement to hatred in the tweet "little shit I see on Twitter for a plane full of Catalans to have crashed" after the Germanwings airline crash, whose passengers included many Catalans, considering the Catalan nationality as a motive for hatred. The double reference to nationality and national origin, which at first sight would appear duplicitous, is striking but would encompass "belonging to a nation" and "place of origin", respectively (Tapia Ballesteros, 2021, p. 295).

4.4. Infringement of the principle of proportionality

The conducts described in Article 510.1 PC carry the same criminal sanction, violating the principle of proportionality by similarly punishing direct and indirect incitement (Alastuey Dobón, 2016, p. 19). Furthermore, seriously inciting hatred is punished like the mere elaboration, production or possession for dissemination or sale of suitable material. Even the conduct of elaborating or possessing and that of disseminating or distributing, which is a preparatory act of the other (Andrés Domínguez, 2021, pp. 613), it is incomprehensible that those who generate hate speech are punished the same way as those who transmit it (Correcher Mira, 2022, p. 118).

The lack of differentiation in Article 510.1 b) between effective and non-materialised distribution has been criticised, as it is an offence of abstract danger and mere activity. Hence, its materialisation only requires the carrying out of the proscribed conduct. On the other hand, its higher penalty compared to the collective insult of 510.2 can lead to the fact that it becomes common among the accusations to incriminate by the first type of conduct subsumed in the second section (Gascón Cuenca, 2015).

Although the 2015 reform removed the term "provoke", the difficulty in the interpretation of the verbs "encourage, promote and incite" concerning the provocation and apology set out in Article 18.1 PC could imply a violation of the principle of proportionality by reacting disproportionately to the act of expression, even if it does not constitute a legitimate exercise of the fundamental right in question and even if it is legitimately envisaged as an offence in the criminal precept" (STC 110/2000, 5 May, FJ 5).

On the other hand, there are discrepancies regarding the aggravation of article 510.3 PC; since the primary type requires publicity, the use of communication or electronic media (there is no distinction between private accounts or websites or WhatsApp groups) only guarantees a more significant reach but not a greater rooting. Therefore, it does not result in an increase that justifies the aggravation (Cámara Arroyo, 2016, p. 215), considering that it constitutes the general means of communication nowadays, in addition to the fact that it would be necessary to discern between Facebook or WhatsApp groups closed or open to the public (Tapia Ballesteros, 2021, p. 311).

As for the singer César Strawberry, framed in what has been called black humour negro (Gorjón Barranco, 2018, pp. 624), the Def con Dos singer had to request protection from the Constitutional Court to annul STS 4/2017, which condemned him for the glorification of terrorism, and established in STC 35/2020, of 25 February 2020, FFJJ 6 and 3 that his action did not pursue the defence of the postulates of a terrorist organisation nor did it seek to scorn the victims. However, it reached the public in its entirety without clarifying nuances of the author's true intention was satire and the fruit of acid criticism, being irrelevant in terms of criminality.

The question of disagreement between the Constitutional Court and the Supreme Court was integrating the conduct within the hate speech framework. Therefore the strict application does not require a double malice but a generic one. However, in the exercise of freedom of expression, it would take into account the intention and effects of the appellant, according to SSTC 89/2010, of 15 November, FJ 3, and 177/2015, of 22 July, FJ 2, which specify that the proven facts cannot be assessed at the same time as acts of exercise of a fundamental right and as conduct constituting a crime.

4.5. The Impact on Freedom of Expression

Crimes classified as "crimes of opinion" frequently come up against the fundamental right to freedom of expression (Alastuey Dobón, 2016, p. 7), as defined in Article 20 CE, due to the criminal prosecution without apparent limits of hate speech, calling into question certain freedoms, even more so when it tries to camouflage itself with other conducts that are punishable as provocation and apology for violence or discrimination (Cámara Arroyo, pp. 156-158).

The non-absolute nature of freedom of expression has been expressed on several occasions by the Constitutional Court since freedom of expression is a fundamental value of the democratic system. However, a use that denies human dignity is outside constitutional protection (STC 76/1995). However, it has also reflected that it protects all types of opinions, even those that are offensive or disagree with the democratic State (SSTC 214/1991 and 176/1995), and freedom of expression is valid not only for information considered inoffensive or indifferent but also for information that would be contrary to, shock or disturb the State or any part of the population (STC 235/2007).

Moreover, the censorship of hate speech originates in a political context. In that case, it may also interfere with the ideological freedom determined in Article 16 CE and the right to participate in public affairs as specified in Article 23 CE, which would call into question the principles of democracy and political pluralism enshrined in Article 1 CE. Therefore, STC 235/2007 states that our political system is not configured as a German-style Militant Democracy with an objective order of values that it must defend. However, expressing opinions that transgress constitutional values is protected by freedom of expression (Cámara Arroyo, 2017, p. 175).

As a consequence, part of the doctrine defends that the object of protection of the criminal offence is freedom of expression, while for others, it is one of the essential political-criminal instruments available to the Spanish criminal justice system in the fight against racism, xenophobia, homophobia and all types of discrimination (Gómez Martín, 2016, p. 2).

Both jurisprudential interpretation and comprehensive legislation on hate speech can produce a "dissuasive effect" on exercising freedom of expression (Teruel Lozano (2017, p. 18). However, it cannot ignore the "silencing effect" that the climate of hatred would have on groups because faith in the criminal sanction of hatred can leave the door open to censorship of ideological divergence in political contexts (Correcher Mira, 2021, p. 93), to the point of doubting the constitutionality of article 510.1 a) PC.

5. CONCLUSIONS

Both the reproached 1995 Penal Code, which was interpreted restrictively by the judiciary, and the reforms of 2015 and the modest one of 2022 remain unaware of the criticisms, and difficulties pointed out by a large part of the doctrine. The journalistic and political dissemination of the expression "hate speech" has favoured the abuse of this category, which has found the perfect judicial niche in the crime of incitement to hatred in its current configuration.

The need for more discussion and debate on verifying this type of conduct in Spain and the need and adequacy of the type of conduct to the Spanish sociological reality is surprising. However, reforming the Criminal Code with the Equal Treatment Act introduces anti-Gypsyism and aporophobia as hate crimes, which are more appropriate to the Spanish social reality.

Despite the criticism of the apparent formal equality of the precept, a judgement of the fixed vulnerability of each group is not acceptable, as not all groups are subject to structural vulnerability. However, they may be subject to a climate of hatred and violence, as such fixed vulnerability is ill-suited to a dynamic society and human collectives that are not static groupings.

An aptitude is sufficient to convict the subject for the manifestation, expression or message that is apt directly or indirectly to incite others to hatred, hostility, violence or discrimination, and which, in many cases, is not even measured based on results or intent but based on feelings of hatred or hostility so that its wrongfulness is presumed in the message itself. When the concept of hate speech is laden with emotivism and fuzzy boundaries ranging from glorifying terrorism to simple politically incorrect opinions, it inexorably causes a "deterrent effect" on exercising freedom of expression.

The indeterminacy of the type of offence and its clash with freedom of expression demonstrates the few convictions. Many of these reflect the discrepancy in criteria between a Supreme Court that is strict in applying criminal law and a Constitutional Court that focuses on fundamental rights. It is necessary to take into account an intentional and contextual element when prosecuting hate speech and not to be satisfied with the assessment of mere generic malice as the majority of the Supreme Court has advocated.

There is no justification for including in hate crimes certain groups or collectives that start from a disadvantage or threat within society, and jurisprudential practice shows a progressive abandonment of this proposal, with hate speech being considered a catch-all for the incrimination of behaviour consisting of the public manifestation of rejection or animosity towards a specific group.

6. REFERENCES

Alastuey Dobón, C. (2016). Discurso del Odio y Negacionismo en la Reforma del Código Penal de 2015. *Revista Electrónica de Ciencia Penal y Criminología*, n. 18-14. http://criminet.ugr.es/recpc/18/recpc18-14.pdf

Alcácer Guirao, R. (2021). Protección de sentimientos religiosos y discurso de odio. *Azafea: Revista de Filosofía*, 23(1), pp. 107-134. https://doi.org/10.14201/azafea202123107134

Andrés Domínguez, A. C. (2021). Los denominados delitos de odio: análisis dogmático y tratamiento jurisprudencial. *Estudios Penales y Criminológicos, 41*, pp. 593- 654. https://doi.org/10.15304/epc.41.7599

Barranco Gorjón, M. C. (2018). La inflación penal del discurso discrepante: un análisis a través de la jurisprudencia más reciente. *Revista Brasileira de Ciências Criminais, 147*, pp. 615-642. https://n9.cl/yft087

Cámara Arroyo, S. (2017). El concepto de delitos de odio y su comisión a través del discurso. Especial referencia al conflicto con la libertad de expresión. *Anuario de derecho penal y ciencias penales*, t. 70, pp. 139-225. https://dialnet.unirioja.es/descarga/articulo/6930585.pdf

Correcher Mira, J. (2022). La banalización del discurso del odio: una expansión de los colectivos ¿vulnerables?". *InDret, 2*, pp. 86-149. https://indret.com/wp- content/uploads/2021/04/1626.pdf

Cueva Fernández, R. (2012). A propósito de la Sentencia del Tribunal Supremo 259/2011: Discurso del odio, incitación y derecho al honor colectivo. ¿Una nueva vuelta de tuerca contra la prohibición del hate speech? *Eunomía. Revista en Cultura de la Legalidad*, n. 2, pp. 99-108. https://e-revistas.uc3m.es/index.php/EUNOM/article/view/2066/1000

Díaz López, J. A. (2018). Informe de Delimitación Conceptual en Materia de Delitos de Odio. *Comisión de Seguimiento del Convenio de colaboración y cooperación Interinstitucional contra el racismo, la xenofobia y otras formas de intolerancia*. https://n9.cl/kcs5l

Fuentes Osorio, J. L. (2017). El odio como delito. *Revista Electrónica de Ciencia Penal y Criminología*, n. 19-27, pp. 1-52. http://criminet.ugr.es/recpc/19/recpc19-27.pdf

Gascón Cuenca, A. (2015). La nueva regulación del discurso del odio en el ordenamiento jurídico español: la modificación del artículo 510 CP. *Cuadernos Electrónicos de Filosofía del Derecho (CEFD)*, n. 32. https://ojs.uv.es/index.php/CEFD/article/view/7785/843

Gómez Martín, V. (2016). Incitación al Odio y Género. Algunas reflexiones sobre el nuevo artículo 510 CP y su aplicabilidad al discurso sexista. *Revista Electrónica de Ciencia Penal y Criminología*, n. 18-20. http://criminet.ugr.es/recpc/18/recpc18-20.pdf

Landa Gorostiza, J. M. (2021). El delito de incitación al odio (artículo 510 CP): Quo vadis. *Azafea: Revista de Filosofía, 23*, pp. 57-81. https://revistas.usal.es/index.php/0213-3563/article/view/26776/27481

Pascual, A. M. (28 de febrero de 2022). Una jueza admite dos denuncias contra comunicadores y tertulianos por presunto delito de odio contra los antivacunas. *Diario Público*. https://n9.cl/rw5lc

Tapia Ballesteros, P. (2021). El discurso de odio del artículo 510.1.a) del Código Penal español: la ideología como un Caballo de Troya entre las circunstancias sospechosas de discriminación. *Polít. Crim, 31*(16), pp. 284-320. http://politcrim.com/wp-content/uploads/2021/07/Vol16N31A11.pdf

Teruel Lozano, G. M. (2017). Discursos extremos y libertad de expresión: un análisis jurisprudencial. *Revista de Estudios Jurídicos, 17*. https://revistaselectronicas.ujaen.es/index.php/rej/article/view/3713/3090

EL SISTEMA DE PREVENCIÓN Y PROTECCIÓN DE LA INFANCIA Y LA ADOLESCENCIA: METODOLOGÍAS PARA REDUCIR LA INSTITUCIONALIZACIÓN

Teresa Marzo, Eva Palasí, Txus Morata[1]

El presente texto nace en el marco de un Proyecto de investigación cualitativa e innovación pedagógica para la reducción de la institucionalización de la infancia vulnerable, del Grupo de Investigación Innovación y Análisis Social y la Cátedra de Ocio Educativo y Acción Sociocultural de la Facultad de Educación Social y Trabajo Social Pere Tarrés-Universidad Ramon Llull, la Fundación Canaria MAIN y Bosco Social, y financiado por el Ministerio de Derechos Sociales y Agenda 2030.

1. INTRODUCCIÓN

Según el Observatorio de Infancia (2020), un total de 49.171 niños/as y adolescentes (en adelante NNA) fueron atendidos/as por el sistema público de protección español en el año 2020 y, en los últimos cinco años, la medida de protección de acogimiento residencial de NNA ha aumentado un 18%.

En este capítulo se presentan algunos resultados de una investigación centrada en elaborar un diagnóstico que permita detectar las causas que están incidiendo en la institucionalización de NNA en situación de vulnerabilidad para, a partir de las evidencias encontradas, crear un modelo de innovación pedagógica que la reduzca y/o evite.

2. MARCO TEÓRICO

Los/as NNA están en situación de desprotección cuando tienen sus necesidades básicas sin cubrir durante el tiempo suficiente como para provocar un daño en su desarrollo integral o situarle en riesgo de sufrirlo, o cuando se ejerce algún tipo de maltrato o violencia activa y/o pasiva (Arruabarrena y De Paul, 1999).

El acompañamiento y la atención a los NNA y familias en situación de desprotección y vulnerabilidad social es un encargo complejo que, formalmente, recae en los Servicios sociales municipales, en coordinación con instituciones y servicios del ámbito de la salud pública, los centros educativos, los servicios socioeducativos y, en algunos casos, la administración judicial. Este acompañamiento requiere, de abordajes diversos, que actúan desde diferentes áreas y ámbitos, y de estrategias políticas, también diversas, que se han de construir de forma integrada, con el fin de garantizar que NNA vivan en entornos

---

1. Universidad Ramon Llull (España)

seguros y de buen trato (Ley Orgánica 8/2021, de 4 de junio, de protección integral a la infancia y la adolescencia frente a la violencia), ofreciéndoles oportunidades educativas que hagan posible su desarrollo integral.

Para dar respuesta a estas necesidades y situaciones son esenciales los sistemas de protección infantil, en cuanto que comprenden un conjunto de elementos formales (establecidos por las Administraciones Públicas, y orientados por los marcos legales, los reglamentos y las políticas establecidas en cada territorio), e informales (como son las normas sociales, las prácticas culturales y los valores) orientados, también, a la prevención de situaciones de riesgo y/o desprotección, así como a responder ante situaciones de abuso, negligencia, explotación y otras formas de violencia contra NNA.

Con el objetivo de prevenir y proteger a NNA que se encuentran en situación de vulnerabilidad y/o riesgo y, evitar su institucionalización, las Comunidades Autónomas del Estado Español (en adelante C.C.A.A.), mediante la Cartera de servicios, recogida en las leyes de Servicios Sociales, cuenta con recursos de atención diurna de carácter preventivo, que en cada territorio presentan denominaciones diferentes, como, por ejemplo, Centros socioeducativos/ Centros de Día/Centros de Atención Diurna (en adelante, CSE). Este tipo de recursos actúa fuera del horario escolar, de lunes a viernes y, ocasionalmente en fines de semana, aunque también ofrece algunas actividades especiales en otros momentos del año, como colonias y campamentos de vacaciones, y participación a nivel comunitario, como por ejemplo, en fiestas y eventos populares.

El encargo que asumen estos recursos se realiza en coordinación y cooperación con la red comunitaria y el tejido asociativo del territorio donde se ubican, y se fundamenta en el trabajo conjunto con Servicios sociales básicos (Riera *et al.*, 2018; Ruiz-Román *et al.*, 2018). Así pues, se potencia la integración e inclusión del NNA y sus familias en actividades sociales, lúdicas y/o deportivas de su entorno, con el fin de trabajar procesos de normalización en el propio territorio. Son servicios que ayudan a prevenir y/o evitar el deterioro de las situaciones de riesgo, compensando déficits socioeducativos y evitando, de este modo, posibles procesos de institucionalización que, de no existir, muchos de estos NNA padecerían y tendrían que afrontar. Esta tipología de recursos puede ser de titularidad pública o gestionarse por entidades del Tercer Sector Social.

Desde estos servicios se facilita el aprendizaje, a través del acompañamiento y apoyo educativo, el desarrollo de competencias profesionales y la preparación para la ocupación laboral mediante la participación de adolescentes en proyectos de trabajo en equipo, diseñados para aprender habilidades interpersonales, cooperación, planificación y organización, y emprendimiento (Marzo et al., 2019).

Según datos de Eurochild, en Europa, cientos de miles de NNA ingresan y viven en instituciones, entornos residenciales que, en muchas ocasiones, se caracterizan por la despersonalización y la rutina. Así mismo, existen evidencias científicas que muestran que dichas instituciones, a pesar de los beneficios que comportan en situaciones de alto riesgo al/ a la NNA, también le conduce a serios retrasos y déficits en el desarrollo físico, psicológico, emocional, educativo, social y bienestar mental (UNICEF, 2013; Browne *et al.* 2007; De la Iglesia y Moure, 2007), por falta de unos vínculos parentales estables y sólidos. En general, se observan trastornos del apego (Zeanah Y Boris, 2000); retrasos en el lenguaje (Goldfarb, 1944, 1945; Windsor *et al.*, 2011); retrasos cognitivos (O'Connor *et al.*, 2002); problemas de alimentación (Fisher *et al.*, 2002) y, a medida que se hacen adultos/as, problemas emocionales y de conducta (Hodges y Tizard, 1989). Y, además, esta situación, genera diferencias en los/as NNA en relación con sus iguales, que suelen sumarse a otras que estos/as ya presentan, como puede ser la clase social (Goffman, 1963).

Desde esta perspectiva cabe señalar la importancia y los beneficios que aporta la existencia y el desarrollo de este tipo de recursos y servicios para la infancia y la adolescencia, ya que actúan como un factor de prevención y protección clave para evitar o disminuir los procesos de institucionalización de NNA, tan emergente en nuestras sociedades actuales.

3. OBJETIVOS

Se presentan a continuación los objetivos que han guiado el desarrollo de la investigación.

Objetivo general:

Elaborar un diagnóstico que permita detectar las causas que están incidiendo en la institucionalización de NNA en situación vulnerable que aporte información para la creación de un modelo de innovación pedagógica que la reduzca y/o evite.

Objetivos específicos:

1. Detectar las variables que inciden en la institucionalización de NNA en España, a partir de la identificación de sus causas.
2. Analizar los sistemas públicos de prevención y protección de la infancia a partir de la revisión de la legislación de las CC.AA. participantes en el estudio, los indicadores y sistemas de identificación del riesgo existentes en las mismas y los modelos de cuidados promovidos desde las administraciones públicas.
3. Proponer recomendaciones a las administraciones públicas y entidades del tercer sector para la mejora del sistema de prevención y protección a la infancia a partir de las conclusiones de la investigación.
4. Identificar los principales ejes y áreas de actuación que orienten la construcción del modelo de innovación pedagógica.

4. METODOLOGÍA

Se trata de una investigación cualitativa, liderada por tres investigadoras del Grupo de Investigación, Innovación y Análisis Social (GIAS) y de la Catedra de Ocio Educativo y Acción Sociocultural de la Facultad de Educación Social y Trabajo Social Pere Tarrés de la Universidad Ramon Llull y tres investigadoras de Consultoría y Estudios, de la Fundación Pere Tarrés, con la colaboración del grupo motor/equipo de seguimiento, constituido por catorce profesionales de cada una de las entidades participantes en el proyecto.

4.1. Contexto y muestra

La investigación se ha realizado en trece CC.AA.: Andalucía, Aragón, Canarias, Cantabria, Castilla-La Mancha, Castilla y León, Cataluña, Comunidad de Madrid, Comunidad Valenciana, Galicia, Islas Baleares, La Rioja y la Región de Murcia. Han participado CSE de 9 Federaciones y Entidades de la Coordinadora Estatal de Plataformas Sociales Salesianas, la Fundación Pere Tarrés, la Fundación Canaria Main y la Fundación Boscosocial. Esta diversidad territorial permite analizar y profundizar en las diferentes realidades del Estado español, con el fin de construir un modelo de intervención válido y ajustado, que responda a las necesidades del conjunto de territorios.

En la tabla 1 se detalla el perfil de la muestra y las funciones atribuidas en el marco de la investigación:

Perfiles de la muestra	Funciones en el marco de la investigación
Expertos/as en la temática	Aportar información que ayude a la comprensión de la realidad estudiada desde diversas perspectivas y disciplinas (ámbito jurídico, pedagógico y trabajo social, políticas de infancia y sistema protección). Esta información es la base para crear las categorías y las preguntas para cada perfil de participantes de las entrevistas en profundidad.
Educadores/as sociales de CSE Profesionales de Servicios Sociales Básicos Profesionales de Servicios Sociales Especializados	Aportar información acerca de: 1) Variables y causas que están incidiendo en la aplicación de la medida de acogimiento residencial (factores de riesgo y causas que llevan al acogimiento residencial); 2) Sistema de prevención y protección (entrada de los casos en los CSE, trabajo con NNA, trabajo con las familias y normativa y procesos); 3) Profesionales (encargo profesional y figuras profesionales, trabajo en red y formación profesionales y equipos); y 4) Metodologías de trabajo con familias y con la comunidad en los CSE (modelo educativo, diseño y planificación, evaluación de seguimiento y evaluación de resultados).
Monitores/as de ocio educativo y tiempo libre Profesionales del Sistema salud Maestros/as	Aportar información acerca de: 1) Variables y causas que están incidiendo en la aplicación de la medida de acogimiento residencial (factores de riesgo y causas que llevan al acogimiento residencial); 2) Acompañamiento de infancia y adolescencia en situación de riesgo social y sus familias o adultos de referencia (trabajo con NNA en situación de riesgo social, trabajo con familias o adultos de referencia, formación profesional y equipos, normativa y procesos); y 3) Trabajo en red (relación con profesionales de Salud-Servicios Sociales Básicos, relación con profesionales de Salud-CSE, otros espacios de trabajo en red).
Cuerpos de seguridad Jueces	Aportar información acerca de: 1) Variables y causas que están incidiendo en la aplicación de la medida de acogimiento residencial (factores de riesgo y causas que llevan al acogimiento residencial); 2) Sistema de protección y prevención (el sistema de protección a la infancia, entrada de los casos en comisaría, diligencias y actuaciones policiales con NNA, diligencias y actuaciones policiales con familias, seguimiento de diligencias y actuaciones policiales, normativa y procesos); y 3) Profesionales (trabajo en red y formación profesionales y equipos).
Familias participantes en los CSE	Aportar información acerca de: 1) Servicio y ayuda a NNA; 2) Servicio y ayuda a núcleo familiar; 3) Relación con el CSE; 4) Ayuda del CSE para ampliar redes; y 5) Ayuda del CSE con otros servicios.
NNA participantes en los CSE	Aportar información acerca de: 1) Mejora que perciben desde que asisten al CSE (a nivel relacional, formativo, de ocio y de salud; propuestas que ayuden a mejorar la actividad del CSE respecto a las áreas mencionadas; mejoras que perciben en sus familias); 2) Vivencia acerca de su participación en el proceso de ingreso, estancia y alta en el CSE; 3) Descripción del CSE a una tercera persona.

Tabla 1. Perfiles de la muestra y funciones en el marco de la investigación.
Fuente: Elaboración propia

4.2. Instrumentos

Para abordar los objetivos del estudio, se utilizan diversas técnicas de carácter cualitativo aplicadas a los diferentes perfiles:

Perfiles de la muestra	Técnica / Instrumento	Nº
Expertos/as en la temática: ámbito jurídico (2), pedagógico y trabajo social (4), políticas de infancia y sistema protección (6).	Entrevista exploratoria,	12
Perfiles profesionales: educadores/as sociales (32), profesionales de salud (3), Servicios sociales básicos (2), Servicios sociales especializados (4), cuerpos de policía (2), escuelas (4), juezas (2), monitores/as de ocio educativo y tiempo libre (4).	Entrevista en profundidad: Guion específico para cada perfil profesional Grupo focal (2): Guion de la sesión	53
Familias participantes en los CSE	Entrevista en profundidad	12
NNA participantes en los CSE	Taller deliberativo: Guion del taller	28
	TOTAL	105

Tabla 2. Número de participantes total teniendo en cuenta la técnica utilizada y su perfil. Fase 2 de la investigación. **Fuente:** Elaboración propia

Todas las personas han participado de forma voluntaria y en todos los casos se contó con el consentimiento y/o asentimiento informado[2].

4.3. Procedimiento de recogida y análisis de datos

El equipo investigador ha realizado las entrevistas exploratorias con cada uno/a de los/as expertas, así como los dos grupos focales con profesionales de diferentes servicios del Sistema de prevención y protección de diferentes CC.AA, en formato virtual, mientras que las entrevistas en profundidad a profesionales del Sistema y a las familias las ha realizado el grupo motor/seguimiento de profesionales de las entidades participantes, de forma presencial en los territorios, y con una duración de una hora y media, en todos los casos.

Los talleres deliberativos con NNA se han desarrollado como una actividad más del programa de curso de los CSE, en una única sesión de una hora y media. Los han guiado miembros del grupo investigador y el/la referente educativo del grupo, para crear un clima de seguridad y confianza, y animar a la participación. Los/as educadores/as conocían con antelación el planteamiento y objetivo del taller para adaptarlo didácticamente a las características del grupo.

En la utilización de las tres técnicas, se grabaron las sesiones para facilitar la transcripción y el análisis del contenido, mediante el procesador Atlas.ti (versión 7), y posteriormente se procedió a la triangulación de este entre perfiles y técnicas.

5. DESARROLLO DE LA INVESTIGACIÓN

El Modelo de innovación pedagógica a implementar en CSE, que se ha diseñado a partir de las conclusiones de la investigación realizada, pretende mejorar el actual sistema de prevención y protección a la infancia.

Consta de los siguientes ejes: el sistema de prevención y protección, un conjunto de metodologías que permiten su aplicación en la práctica de la intervención, una, determinada

2. Consentimiento informado de aceptación del uso de los datos recogidos con fines de investigación, confidencialidad de los datos y participación voluntaria y sin retribución. CER URL_2021_2022_009.

concepción del encargo, funciones y roles de los/as profesionales, unos programas que se adaptan a la realidad de cada caso (NNA y familia), así como también a los contextos donde se desarrolla la actividad de los centros, aquellos aspectos organizativos necesarios para la aplicación del Modelo y, finalmente, el modelo evaluativo que se llevará a cabo. Todos estos ejes se orientan a partir de una serie de enfoques que ofrecen fundamentos y principios desde los que se nutre la actividad configuradora del Modelo.

En este capítulo nos centramos en la descripción de las cinco metodologías que, a partir de las necesidades detectadas, se han establecido como esenciales del modelo de innovación pedagógico diseñado.

5.1. Acompañamiento

Se entiende el acompañamiento socioeducativo como el trabajo con personas inmersas en procesos vitales de cambio, que necesitan de espacios facilitadores para su incorporación a la sociedad, y lograr la autonomía para hacerlo sin apoyo profesional (Planella, 2013; Funes y Raya, 2001). Acompañamiento, orientado a facilitar el desarrollo personal, la maduración social y la autonomía de las personas (Mendia, 2013; Pérez Eransus, 2003) mediante el aprendizaje de la toma de responsabilidades para organizar la propia existencia, utilizando los recursos que tiene a su alcance los NNA y sus familias (Pérez Eransus, 2004).

Este proceso requiere de la creación de climas y estilos educativos que ofrezcan el apoyo necesario para la construcción de los itinerarios personales y sociales (Garcia-Pérez y Mendia, 2015). En el Modelo de innovación pedagógica que se describe es especialmente importante el acompañamiento en los CSE/CdD/CAD, y en los contextos de desarrollo cultural y comunitario (Morata, 2014; Planella, 2013; Morata y Garreta, 2012), pero también en el ámbito formativo (escuelas de educación especial, escuelas de adultos, en las aulas taller, en los institutos) y otros contextos de desarrollo e interacción social.

Los componentes básicos del acompañamiento (Alonso y Funes, 2009; Pérez Eransus, 2004; Funes y Raya, 2001) se concretan en: a) relación de ayuda y apoyo en un proceso de cambio; b) se inicia con la construcción de una relación, a partir de una forma adecuada de acogida; c) requiere de la elaboración de un itinerario personal, a partir de un trabajo compartido, su revisión y la permanencia a lo largo de un período de tiempo determinado; d) trabajo a partir de la discusión, la negociación y el pacto; e) profesional que acompaña como referente de la persona acompañada y facilitador/a entre situaciones y recursos; y f) acompañamiento como proceso que se desarrolla en equipo.

La persona educadora establece una relación de ayuda, a partir de una crítica constructiva orientada a estimular al grupo/a la persona para la construcción de su proyecto personal (Garcia-Pérez y Mendia, 2015). Su rol principal es crear y promover las condiciones idóneas para que las personas acompañadas puedan desarrollar sus recursos personales y, puedan resolver las situaciones que han motivado la intervención (Fundación SES, s.f), como resultado de recobrar la confianza en ellas mismas y sin generar dependencia a las instituciones externas (Mendia, 2013). El adulto que acompaña lo hace ofreciendo sus competencias y experiencia profesional para contribuir a la construcción de itinerarios personales y sociales de las personas y de los grupos en el marco de un proceso educativo (Garcia-Pérez y Mendia, 2015; Arija Gisbert, 2012). La figura educativa, por tanto, potencia a la persona o grupo, para que puedan protagonizar su propio proyecto personal/grupal a partir de las capacidades existentes, desarrollando iniciativas con el fin de conseguir los objetivos marcado en su proyecto de vida (Planella, 2008).

Algunos elementos clave a tener en cuenta en las intervenciones profesionales desde la metodología del acompañamiento (Caramés *et al.*, 2020): a) Reconocer autoridad a la persona acompañada como protagonista de su vida; b) Valorar y reconocer los valores y potencialidades de las personas, de las situaciones y de los contextos; c) Adaptarse a los tiempos y ritmos de la persona acompañada; d) Trato de cercanía y seguridad; e) Desencadenar cambios que aumenten su autonomía, su autoestima y su motivación; f) Evidenciar los roles, funciones y carencias de las personas y realidades acompañadas; g) Facilitar el acceso y conocimiento de los recursos y, h) Realizar un proceso de cierre del acompañamiento, de derivación si es necesario.

En los procesos de acompañamiento en los CSE, las tutorías emergen como el espacio que garantiza y ofrece atención individualizada y personalizada a cada uno de los NNA y a sus familias. A través las mismas, se generan procesos de relación interpersonal orientados al desarrollo de la autoconfianza, el aprender a aprender, el trabajo con otros, etc. (Fundación SES, s.f.). La acción tutorial es un espacio de planificación, seguimiento y evaluación de los planes de trabajo que se caracteriza por: a) ser motivadora, que el NNA o familia sienta la necesidad creciente de su ayuda y asesoría; b) dinámica, que facilite una secuencia de actividades interesantes y retadoras que permita la estructuración de nuevas adquisiciones personales; c) desarrolladora, que conecte las actividades con el diagnóstico dinámico y el plan de trabajo establecido; d) participativa, que favorezca que NNA y familias expongan sus opiniones y necesidades, las discutan y decidan en consecuencia con esa discusión, en las que el tutor/a trata de orientar y no imponer su opinión, y e) asequibles, desarrolladas con un vocabulario de fácil comprensión para el niño/a y la familia.

5.2. Mentoría

La mentoría social, como modalidad de voluntariado, promueve la relación entre personas que se ofrecen para proporcionar soporte individual a personas en situación de riesgo de exclusión (Carta Europea de mentoría, 2010). Esta metodología ayuda a las personas para que puedan desarrollar su potencial a partir de las relaciones estables que se establecen de forma voluntaria, para proporcionar ayuda, consejo, amistad o refuerzo, a personas que requieren de estos apoyos (Balsells *et al.*, 2019). En esta relación se intercambian experiencias y saberes por ambas partes, por lo que el beneficio es mutuo, mediante la promoción y fortalecimiento de redes de apoyo y ayuda mutua en un entorno de proximidad y en coordinación con otros agentes implicados. Estos procesos permiten dar respuesta a necesidades de diferente índole: mejora de la dimensión personal mediante el desarrollo de habilidades y la adquisición de conocimientos, mejora en el acceso al mercado laboral y/o a procesos formativos, ampliación de la red social, mejora en etapas de transición (crisis, procesos migratorios, etc.) o especiales dificultades derivadas de problemas económicos, de salud, de vivienda, etc., entre otros (Kumpher y Alvarado, 2003).

Algunas características de una relación basada en la mentoría (Carta Europea, 2010) son: a) ambas partes muestran el compromiso de compartir su experiencia y conocimiento, con el apoyo de una organización; b) el compromiso escrito se fija por un período de tiempo, acordado por las partes implicadas, y se basa en la confianza, el respeto mutuo y la confidencialidad; c) se definen objetivos a conseguir a través de un proceso de aprendizaje mutuo fruto del rol activo de ambas partes; d) las organizaciones garantizan que la persona que recibe el acompañamiento lidere su proceso, a partir de sus necesidades, decisiones y objetivos; e) las organizaciones forman a los/as voluntarios/as eficientemente para ayudarles a desarrollar su rol y revisen regularmente sus funciones; f) la supervisión de cada relación es responsabilidad de la organización; por este motivo se establece un seguimiento riguroso y continuado, y se establecen procesos de evaluación.

Como toda metodología, tiene unas fases de aplicación que guían el proceso de desarrollo en los CSE: 1.Captación de familias mentoras; 2. Plan de trabajo: Emparejamiento familia mentora-familia mentorada; 3. Fase de formación a las familias mentoras; 4. Supervisión y apoyo por parte del equipo de profesionales; 5. Autogestión, por parte de las familias mentoras que gestionan las actividades, promueven los encuentros, etc..; 6.Proceso de salida del centro y 7. Sucesión de familias mentoras; las familias que hayan sido mentoradas se conviertan en familias mentoras para otras, de manera que se vayan sucediendo cambios y se dé continuidad al programa.

5.3. Trabajo en red

Entendido en el marco del Modelo, como un conjunto de relaciones e interacciones que se generan entre actores plurales (sujetos e instituciones), que se identifican al compartir necesidades y que requieren del establecimiento de espacios de coordinación estables en los que intercambiar recursos, negociar prioridades y contribuir a la resolución conjunta de una finalidad común. Un trabajo conjunto que debe evitar duplicidades, competencias entre recursos o descoordinación. Un espacio común, abierto y diversificado, en el que se pueden ir sumando nuevas iniciativas, propuestas y retos. Este espacio de trabajo comporta tener en cuenta algunos aspectos básicos como, por ejemplo: priorizar las relaciones respecto de las personas, ampliar el campo de observación y ordenar y activar vías de relación y de comunicación (Martínez Virto y Azcona Martinez, 2020; González y Rodriguez, 2020; Lopes-Dos-Santos et al., 2020; Varela, 2010); el trabajo de las educadoras y educadores sociales necesita de la colaboración de otros profesionales que asuman un compromiso compartido en la planificación, desarrollo y evaluación de procesos educativos encaminados a potenciar la vida comunitaria a través de nuevos marcos de relación, como el representado por el "trabajo en red" (Ballester et al., 2008 ; Rizo, 2006; Aguilar, 2005; Chadi, 2000). Formar parte de redes posibilita a las entidades y servicios de los territorios optimizar las funciones que les son propias, ampliar su perspectiva de actuación y, por tanto, incrementar su incidencia social.

Los CSE pueden liderar las redes de trabajo en sus comunidades y posibilitar la construcción de un sistema abierto y dinámico de intercambio entre los integrantes de colectivos de la comunidad (familia, equipo de trabajo de los centros, servicios sociales, servicios de salud, escuela, entre otros) y con integrantes de otros colectivos que potencian los recursos existentes y la creación de nuevas respuestas para la resolución de necesidades y problemáticas sociocomunitarias dado que existen varios usos posibles de la red. Uno, el implementado por defecto, implica basar el trabajo en red en una permanente derivación de los casos, de acuerdo con protocolos de coordinación previos, que no siempre evita que el sujeto reste a la deriva. El otro modelo, requiere construir una opción colectiva, implica unos requisitos ineludibles que no siempre resultan fáciles. Por el contrario, es una apuesta que permite una continuidad de la atención y un aprendizaje mutuo entre los profesionales y servicios que intervienen (Ubieto, 2027). Las redes socioeducativas formadas por todos los/as profesionales y organizaciones que trabajan de forma conjunta hacen posible el ingreso y la salida de NNA y sus familias de las instituciones que forman parte de la misma, así como el cambio en las funciones que éstos desarrollan; de esta forma se producen una serie de intercambios orientados a buscar los beneficios de todos los integrantes de la red (Ballester, *et al.*, 2004; Ballester, *et al.*, 200). Algunas características básicas que lo definen a modo de síntesis: 1) dinamismo, en tanto que los componentes de la red y los objetivos compartidos se adaptan al proceso evolutivo de cambio en la comunidad; 2) reciprocidad, basada en la influencia y complementariedad entre los componentes; 3) interdependencia e interconexión entre los sujetos de la red y las acciones que desarrollan; 4) flexibilidad, versatilidad y adaptación a las necesidades que emergen de forma constante; 5) incremento exponencial de recursos y el valor que aportan; 6) Toma de control y auto-organización, que posibilita la detección precoz de nuevas necesidades; 7) formación y aprendizaje entre iguales y 8) voluntariedad de formar parte de la red.

5.4. Atención personal, grupal y comunitaria

El Modelo propone que el acompañamiento y la atención a NNA se lleve a cabo desde una triple perspectiva: [a] la atención personalizada, [b] la vivencia grupal y [c] la intervención en y con la comunidad.

[a] Atención personalizada: clave para elaborar el diagnóstico social y proponer los planes de trabajo individuales de NNA, así como los planes de trabajo familiares para poder reducir las situaciones de riesgo, especialmente en los casos de negligencia o incompetencia parental.

[b] Vivencia /experiencia grupal de las familias: favorece el pensamiento crítico y una actitud activa, flexible y creativa de búsqueda de soluciones ante problemáticas o situaciones cotidianas compartidas (Custo y Bilavcik, 2016, Bilavcik y Custo, 2022). Así mismo, la intervención en el grupo potencia la calidad de las relaciones interpersonales, el crecimiento individual y el desarrollo personal. Los grupos que se plantean en este Modelo pedagógico se centran en la tarea, por lo que emergen como espacios privilegiados para el esclarecimiento de las dificultades y obstáculos que las familias y NNA pueden y deben afrontar para avanzar hacia una vida de mayor calidad y espacios de desarrollo seguros y nutrientes.

Incorporar en los CSE espacios de trabajo grupal permite y posibilita: [1] Ayudar a padres/madres a desarrollar habilidades que les permitan intervenir de manera positiva ante comportamientos difíciles, y mejorar su comunicación y relación con sus hijos/as; [2] Potenciar el intercambio de experiencias entre personas que están en situaciones similares y, con ello, el fomento de las redes de apoyo social informal, tan necesarias siempre para el desempeño de la maternidad y la paternidad y especialmente en situaciones de dificultad y [3] Construir conocimiento conjunto en el que se potencia el respeto ante la diversidad de puntos de vista y el aprendizaje de comportamientos alternativos. Así mismo, la intervención grupal, facilita economizar tiempo y esfuerzo a los profesionales responsables de la atención a las familias y también permite la reconstrucción del conocimiento en un contexto de aprendizaje sociocultural.

[c] Intervención en y con la comunidad: un proyecto, como el que se presenta que parte de la perspectiva de derechos de las personas y que pretende situarlas en el centro de las intervenciones y del proceso socioeducativo requiere, necesariamente, contemplar el contexto comunitario en el marco de sus intervenciones, por ser esta una parte extremadamente significativa de la realidad en la que se encuentra la persona como ser social. La perspectiva comunitaria del programa pretende: 1) ofrecer por parte de los CSE información necesaria sobre los recursos de la comunidad; 2) acompañar a los NNA y sus familias a incorporarse de forma progresiva en los recursos del territorio; 3) facilitar que NNA y familias se sientan acogidos e incluidos en los programas de la comunidad, mediante la adaptación de actividades a necesidades diversas (culturales, funcionales,

conductuales, etc...) realizada por los/as profesionales, y 4) Convenir plazas en recursos del territorio, de cara a facilitar su acceso.

5.5. Mediación

La mediación otorga la posibilidad de tomar decisiones orientadas al cambio (Gorjón Gómez, 2021). Esta se entiende como enfoque para la gestión del conflicto, en este caso, en contextos educativos (Avilés Martínez y Alonso Elvira, 2017; Pinto et al., 2016) que genera el empoderamiento de las personas al producir una sinergia de fuerzas que posibilitan al mediador/a ser un agente de cambio social para la búsqueda de espacios de convivencia tranquilos. Estos espacios se orientan por principios pacíficos que posibilitan entornos seguros y de mayor bienestar social y emocional (Gorjón Gómez, 2017).

En los CSE el conflicto se presenta, principalmente en dos niveles: 1) en referencia a personas, familia y entidad, y 2) en lo relativo a sociedades y estados (Iglesias y Ortuño, 2018).

Los CSE deben plantear la dimensión pedagógica del conflicto a partir de estrategias de resolución pacíficas como son el diálogo, el entendimiento y la negociación, en los que esta última permite trabajar de forma conjunta los acuerdos necesarios que benefician a todas las partes, las personas participantes incorporan las estrategias y las podrán aplicar a sus contextos de vida.

El modelo apuesta especialmente por la *mediación entre iguales,* como herramienta pedagógica orientada construir contextos promotores de valores sociales, de comunicación, de tolerancia y de autocontrol (Pérez-Serrano y Pérez-de-Guzmán, 2011). Trabajar estos elementos posibilitará el aprendizaje de la convivencia desde posiciones de respeto y reconocimiento del otro como estrategia proactiva de gestión de los conflictos que posibilita a los participantes hacerse conscientes de los mismos, generando identidades pacíficas y responsables (Leiva-Olivencia, *et al.*, 2021; Boqué, 2013; 2018).

6. CONCLUSIONES

Las metodologías que propone el modelo de innovación pedagógica modernizan la respuesta social y educativa y, a su vez, la actualización del modelo de atención a los/as NNA y sus familias en situación de vulnerabilidad, corresponsabilizándolas. Estas metodologías destacan por garantizar la mejora de la calidad de vida de las personas y de las comunidades, desde enfoques basados en el marco de derechos, en la acción comunitaria y en la intervención preventiva.

7. REFERENCIAS

Aguilar, M. J. (2005). *Dinamización, ASC y Desarrollo Comunitario: convergencias, divergencias y retos de futuro. Ponencia presentada en el Primer Congrés Internacional i interdisciplinar sobre Participació, animació i intervenció socioeducativa*. Barcelona.

Alonso, I. y Funes, J. (2009). *L'acompanyament social en els recursos socioeducatius. Revista Educació Social*, 42, 27–45..

Arija Gisbert, B. (2012). Acompañamiento con grupos en Trabajo Social. Un modelo interfocal para la comprensión y sistematización de la praxis. *Cuadernos de trabajo social*, *25*(2), 427-438.

Arruabarrena, I. y De Paul Ochotorena, J. (1999). *Maltrato a los niños en la familia. Evaluación y tratamiento*. Pirámide.

Avilés Martínez, J. M. y Alonso Elvira, N. (2017). Sistemas de apoyo en la escuela para el desarrollo de la convivencia y la prevención de la violencia escolar. *International Journal of Developmental and Educational Psychology. Revista INFAD de Psicología*, *7*(1), 257-266. https://doi.org/10.17060/ijodaep.2014.n1.v7.797

Balsells, M. À., Vaquero, E., Fernández Rodrigo, L., Fuentes Peláez, N. y Mateos Inchaurrondo, A. (2019). *Estrategias de innovación para el apoyo social de las familias. Voluntariado, mentoría y e-parenting*.

Ballester, G., Caballer, M. y Hernandez, A. (2008). *Competencias profesionales asociadas al trabajo en red. Itinerarios de inserción desde la perspectiva del trabajo en red*. Consorcio Pactem Nord.

Ballester, L., Orte, C., Oliver, J. L. y March, M. (2004). *Metodología para el trabajo socioeducativo en red*. In Comunicación presentada en el IV Congreso Estatal de/la Educador/a Social. Colexio de Educadores Sociais de Galicia, Santiago de Compostela.

Caramés Boada, M., Bardés y Llorensí, N. (2020). A de Abecedario del acompañamiento socioeducativo a familias. *Educació Social. Revista d'Intervenció Socioeducativa*, 74, 169-193. https://doi.org/10.34810/EducacioSocialn74id365147

Bilavcik, C. y Custo, E. (2022). Reflexiones acerca de la estrategia de intervención grupal en el campo del Trabajo Social. *Margen: revista de trabajo social y ciencias sociales*, 104, 1-11.

Boqué, M. C. (2013). *Guía de mediación escolar: programa de comprensivo de actividades de 6 a 16 años*. Octaedro.

Boqué, M. C. (2018). *La mediación va a la escuela. Hacia un buen plan de convivencia en el centro*. Narcea.

Browne, K., Chou, S., Hamilton-Giachritsis, C., Johnson, R., Ostergren, M., Pritchard, C. y Zeytinoglu, S. (2007). Moving Children from Institutions to Family Based Care. *The Link, Official Newsletter of the International Society for Prevention of Child Abuse and Neglect* (ISPCAN), 16.

Carta Europea de Mentorage (2010). www.mentoringandbefriending.eu

Custo E. y Bilavcik C. (2016). Reflexiones desde el Trabajo Social acerca del pensamiento crítico y autónomo en el campo profesional y grupal. *Boletín Electrónico Sura*, 236.

Chadi, M. (2000). *Redes sociales en el trabajo social*. Espacio Editorial.

De la Iglesia, M. y Moure, A. P. (2007). *Institucionalización vs. Desinstitucionalización o de dos males el menos malo. XIV Jornadas de Investigación y Tercer Encuentro de Investigadores en Psicología del Mercosur*. Facultad de Psicología - Universidad de Buenos Aires.

Fisher, J., Mitchell, D., Smiciklas, H. y Birch, L. (2002). Parental influences on young girls' fruit and vegetables, micronutrient and fat intake. *Journal of the Academy of Nutrition and Dietetics*, 102, 58–64. https://doi.org/10.1016/S0002-8223(02)90017-9

Fundación SES (SF). *Acompañamiento psicosocial individual, familiar y comunitario.* DIALOGAS, Adelante, Agcid Chile, MESACTS CAF-banco de desarrollo de América Latina.

Funes, J. y Raya, E. (2001). *El acompañamiento y los procesos de incorporación social.* Gobierno Vasco, Ed.

García-Pérez, Á. y Mendía, R. (2015). Acompañamiento Educativo: El rol del educador en Aprendizaje y Servicio Solidario Profesorado. *Revista de Currículum y Formación de Profesorado, 19*(1), 42-58.

Goffman, E. (1963). *Estigma. La identidad deteriorada.* Amorrortu Editores.

Goldfarb, W. (1944). Infant rearing as a factor in foster home replacement. *American Journal of Orthopsychiatry,* 14, 162-166. https://n9.cl/y4dxe

Goldfarb, W. (1945). Psychological privation in infancy and subsequent adjustment. *American Journal of Orthopsychiatry,* 14, 247-255. https://n9.cl/2gy5s

González, L. P. y Rodríguez, A. (2020). El trabajo en red colaborativo: desafíos y posibilidades. *Cuadernos de Trabajo Social, 33*(1), 141-151.

Gorjón Gómez, F. J. (2021). El Poder de la mediación. *MSC Métodos De Solución De Conflictos, 2*(2). https://doi.org/10.29105/msc2.2-27

Gorjón Gómez, F. J. (2017). *Mediación, su valor intangible y efectos operativos. Una visión integradora de los métodos alternos de solución de conflictos.* Tirant Lo Blanch.

Hodges, J. y Tizard, B. (1989). Social and Family Relationships of Ex-Institutional Adolescents. *Journal of Child Psychology and Psychiatry, 30*(1), 77-97. https://doi.org/10.1111/j.1469-7610.1989.tb00770.x.

Iglesias Ortuño, E. y Ortuño Muñoz, E. (2018) Trabajo Social y mediación para la convivencia y el bienestar escolar. *Cuadernos de trabajo social, 31*(2), 381-392. https://doi.org/10.5209/CUTS.53374

Kumpfer, K. L. y Alvarado, R. (2003). Family strengthening approaches for the prevention of youth problem behaviors. *American Psychologist, 58*(6/7), 457-465. https://doi.org/10.1037/0003-066X.58.6-7.457

Leiva Olivencia, J., González Sodis, J. L. y Matas Terrón, A. (2021). Percepción de la violencia verbal entre estudiantes de educación secundaria obligatoria. Análisis y propuestas de mejora de la convivencia a través de la mediación. Revista Interuniversitaria de Formación del Profesorado. Continuación de la antigua. *Revista de Escuelas Normales, 96*(35.2). https://doi.org/10.47553/rifop.v97i35.2.87151

Lopes-Dos-Santos, M. C., Irujo, J. y Sala López, O. (2020). Trabajo en red: rompiendo el aislamiento. *Cuadernos Gerontológicos, 1*(27), 37-41.

Marzo, M., Pulido, M. A., Morata, T. y Palasí, E. (2019). Aportacions de les entitats de lleure educatiu i centres socioeducatius en el desenvolupament de competències acadèmiques i d'ocupabilitat dels infants i adolescents que hi participen. *Educació social. Revista d'intervenció socioeducativa,* 73, 117-138. https://doi.org/10.34810/EducacioSocialn73id361310

Martínez Virto, L. y Azcona Martinez, A. (2020). Trabajo en red como metodología de intervención con la infancia y adolescencia: claves para su consolidación. *Revista sobre la infancia y la adolescencia,* 18, 37–59. https://doi.org/10.4995/reinad.2020.12936

Mendia, R. (2013). *Guía 6, aprendizaje y servicio solidario: el acompañamiento educativo.* Zerbikas Fundazioa.

Morata, T. y Garreta, F. (2012). El lleure com a dinamitzador i/o activador de comunitats. Educació Social. *Revista d'intervenció Sòcioeducativa, 50,* 11–30.

Morata, T. (2014). Pedagogía Social Comunitaria: un modelo de intervención socioeducativa integral. *Educación Social. Revista de Intervención Socioeducativa,* 57, 13-32. https://doi.org/10.34810/EducacioSocialn57id278526

Observatorio de Infancia (2020). Boletín de datos estadísticos de medidas de protección a la infancia. Informes, estudios e investigación 2021. Ministerio de Derechos Sociales y Agenda 2030.

O'Connor, T. G., Heron, J., Golding, J., Beveridge, M. y Glover, V. (2002). Maternal antenatal anxiety and children's behavioural/emotional problems at 4 years. Report from the Avon Longitudinal Study of Parents and Children. *The British journal of psychiatry: the journal of mental science,* 180, 502–508. https://doi.org/10.1192/bjp.180.6.502

Pérez Eransus, B. (2003). Las entidades sociales en la lucha contra la exclusión. En Rodríguez Cabrero, G. (coord.). *Las entidades voluntarias de acción social en España.* Fundación Foessa.

Pérez Eransus, B. (2004). El acompañamiento social como herramienta de lucha contra la exclusión. *Documentación Social,* 135, 89–107.

Pérez-Serrano, G. y Pérez-de-Guzmán, M. V. (2011). *Aprender a convivir. El conflicto como oportunidad de crecimiento.* Narcea.

Pinto, M. E. G., Torrego, J. C. y Martins, A. (2016). Gabinetes de mediação de conflitos: estruturas de pacificação, dinámica e resultados. En A. M. Costa, M. L. Carvalho y L. R. Oliveira (Eds.). *Sustentabilidade da mediação social: processos e práticas* (pp. 107-118). Universidade do Minho.

Planella, J. (2008). Educación social, acompañamiento y vulnerabilidad: hacia una antropología de la convivencia. *Revista Iberoamericana De Educación, 46*(5), 1-14. https://doi.org/10.35362/rie4651955

Planella, J. (2013). Pedagogía Social y diversidad funcional: de la rehabilitación al acompañamiento. *Educatio Siglo XXI, 31*(2), 113–128.

Riera, J., Longás, J., de Querol, R., Úcar, X. y Ciraso-Calí, A. (2018). Redes de acción socioeducativa contra la pobreza infantil. Evaluación de la percepción de impacto del programa CaixaProinfancia. *REXE. Revista de Estudios y Experiencias en Educación, 2*(1),109-126. https://doi.org/10.21703/rexe.Especial2_20181111286

Rizo, M. (2006). *Redes. Una aproximación al concepto.* III Encuentro Internacional de Promotores y Gestores Culturales, Guadalajara. Coordinación de Patrimonio Cultural, Desarrollo y Turismo del CONACULTA.

Ruiz-Román, C., Molina, L. y Alcaide, R. (2018). Trabajo en red y acompañamiento socioeducativo con estudiantes de secundaria en desventaja social. Profesorado. *Revista de Currículum y Formación de Profesorado, 22*(3), 453-474. https://doi.org/10.30827/profesorado.v22i3.8011

Ubieto, J. R. (2007). Modelos de trabajo en red. *Educació Social. Revista d'intervenció Sòcioeducativa,* 36, 26–39.

Varela Crespo, L. (2010). La Educación Social y los Servicios Sociales en los procesos de desarrollo comunitario: revitalización del trabajo en red. *Pedagogía Social. Revista Interuniversitaria,* 17, 137-148.

Windsor, J., Benigno, J. P., Wing, C. A., Carroll, P. J., Koga, S. F., Nelson, C. A., Fox, N. A. y Zeanah, C. (2011). Effect of foster care on young children's language learning. *Child development, 82*(4), 1040-1046. https://doi.org/10.1111/j.1467-8624.2011.01604.x

Zeanah, C. H., Jr. y Boris, N. W. (2000). Disturbances and disorders of attachment in early childhood. En C. H. Zeanah, J. (Ed.), *Handbook of infant mental health* (pp. 353-368). The Guilford Press.

UNICEF (2013). *Estado Mundial de la Infancia 2013: Niñas y niños con discapacidad.* UNICEF.

BÚSQUEDA DE ORÍGENES EN PROCESOS ADOPTIVOS: DIFICULTADES, TENSIONES Y DESAFÍOS

María del Valle Medina Rodríguez, Aránzazu Gallego Molinero[1], Chandra Kala Clemente Martínez[2]

El presente texto nace en el marco del proyecto ID2020-112692RB-C21 de la Universidad Autónoma de Barcelona, "Reproductive governance and mobilities in Europe, North Africa and Latin America: questioning reproductive justice and rights in a context of austerity and fertility decline".

1. INTRODUCCIÓN

La importancia del acceso a los orígenes de las personas adoptadas queda regulada en la normativa internacional en numerosos instrumentos internacionales, en especial la Convención sobre los Derechos del Niño arts. 7.1 y 8, el Convenio de La Haya de 1993 relativo a la Protección del Niño y a la Cooperación en Materia de Adopción Internacional arts. 9 y 30, así como el párr. 42 de las Directrices de las Naciones Unidas sobre las modalidades alternativas de cuidado de los niños.

La correcta aplicación de la Convención se ve reforzada por las recomendaciones del Comité de los Derechos del Niño a sus Estados Partes. En 2013, el Comité de los Derechos del Niño publicó la Observación General nº14 sobre el derecho del niño a que su interés superior sea una consideración primordial. En su párrafo 56 dispone que: "la debida consideración del interés superior del niño entraña que los niños tengan acceso a la cultura (y el idioma, si es posible) de su país y su familia de origen, y la oportunidad de acceder a información". Disponemos de otros textos jurídicos que también tratan la cuestión de los orígenes, como el Convenio del Consejo de Europa en materia de adopción de menores revisado en 2008, la Convención Interamericana sobre conflictos de leyes en materia de adopción de menores de 1994 o incluso la Carta africana sobre los derechos y el bienestar del niño.

Si bien constituye un avance y es una normativa vinculante para los países signatarios, no es suficiente ya que deja el desarrollo de la regulación a criterio de los estados miembros. Esto implica contradicciones y menoscabo del derecho a conocer los orígenes en las personas adoptadas internacionalmente, a diferencia de las adopciones nacionales, que en principio tienen menos dificultad para acceder a la información de que se disponga (Marre, 2022; Van Wichelen, 2019).

1. Universidad de Granada (España)
2. Universidad Autónoma de Barcelona (España)

Por lo que respecta a la normativa en nuestro estado español existe un alto consenso en torno al derecho de las personas adoptadas a saber o conocer sus orígenes, lo que se ha traducido en un reconocimiento a nivel legal. La Ley 54/2007, de 28 de diciembre de Adopción internacional (LAI), en su artículo 12, supuso un impulso para que las respectivas leyes autonómicas sobre mediación familiar propiciaran la puesta en marcha de servicios de apoyo postadoptivo y de mediación en la búsqueda de los orígenes en cada una de las comunidades autónomas.

Esta normativa se amplió por el Real Decreto 165/2019, de 22 de marzo, que aprueba el Reglamento de Adopción Internacional, y supuso el desarrollo de las modificaciones introducidas por la anterior Ley 54/2007, y por la Ley 26/2015, de 28 de julio, de modificación del sistema de protección a la infancia y la adolescencia. Esta Ley recoge las principales modificaciones del Código Civil (art. 180.5 y 6) en relación a la conservación de la información relativa a los orígenes del menor durante al menos cincuenta años con posterioridad al momento en que la adopción se haya hecho definitiva.

Si bien, compartimos las críticas consideradas por Marre y Salvo (2019) y Marre (2022), de que se trata de una legislación restrictiva y "adultocéntrica" en cuanto las personas adoptadas sólo pueden acceder a sus orígenes una vez alcanzada la edad adulta de los dieciocho años, o a través de sus padres si es menor de dicha edad, impidiendo que puedan activar la búsqueda a edades muy tempranas si los padres no dan el apoyo o son contrarios en el cumplimiento de este derecho.

La conservación de la información a cincuenta años, indica una limitación, sabiendo que las búsquedas de orígenes pueden ser iniciadas por la persona adoptada, o incluso sus descendientes, muchos años después de la adopción. Algunos países han digitalizado los expedientes de adopción, con vistas a una mejor preservación que respete el derecho de estas personas a conocer su pasado. Según el SSI/CIR, y de conformidad con las obligaciones internacionales, la imposición de un plazo mínimo constituye un avance y cierta garantía, sin embargo, éste merece incrementarse a un mínimo de 100 años, o por un periodo ilimitado, tal y como lo recomendó la Comisión Especial de 2010 (Jeannin y Roulez, 2019).

El anterior marco normativo propició, a nivel autonómico, el desarrollo de los diferentes servicios postadoptivos y de mediación en la búsqueda de orígenes en las diferentes comunidades autónomas además del desarrollo de diferentes entidades que ofrecen servicios que apoyan, complementan y ofrecen servicios especializados en temáticas afines.

La ratificación de los acuerdos internacionales expuestos y aplicación de las normativas por la administración autonómica a través del personal técnico responsable de la gestión de los procesos de adopción dejan entrever, con los resultados del estudio que presentamos complejidades y desafíos en el derecho de las personas adoptadas a conocer sus orígenes biológicos, entre otras porque venimos de una cultura de la adopción sustentada en el secretismo evidenciándose un "silenciamiento" de las familias de nacimiento de las personas adoptadas (Fuentes, 2004; Marre, 2022).

En este sentido consideramos revelador presentar la investigación realizada, cuáles han sido los objetivos, metodología empleada, los resultados articulados en tres ejes: organización y servicios postadoptivos prestados, búsqueda de orígenes, mediación y dificultades en el ámbito de las adopciones internacionales, para concluir en los retos y desafíos en torno a la búsqueda de orígenes de las personas adoptadas.

2. OBJETIVOS

Los objetivos de la investigación se centran en conocer la evolución seguida de las entidades que prestan servicios postadoptivos tanto relacionados con la búsqueda de orígenes como con los servicios de mediación, así como conocer las condiciones, dificultades, tensiones y nuevos retos y desafíos que se están produciendo en torno a la búsqueda de orígenes.

3. METODOLOGÍA

Esta investigación combina el trabajo documental y de revisión legislativa, así como entrevistas semiestructuradas realizadas durante los meses de mayo a diciembre de 2022 a profesionales de instituciones que ofrecen servicios postadoptivos.

La metodología cualitativa se basa en muestras reducidas permitiendo profundizar en los discursos, prácticas y percepciones de las personas participantes en relación a su experiencia en la búsqueda de orígenes y los diversos servicios postadoptivos en los que ejercen su práctica profesional. El artículo utiliza datos de entrevistas semiestructuradas realizadas a profesionales de distintas instituciones tanto públicas como privadas que ofrecen servicios postadoptivos, donde se incluyen la mediación y la búsqueda de orígenes. En este cuadro se muestran algunos datos sobre los profesionales y las entidades entrevistadas. La mayoría de los y las profesionales entrevistadas pertenecen a entidades privadas. En la elección de los y las profesionales se ha respondido a una muestra de tipo bola de nieve, es decir que unas entidades nos han puesto en contacto con otras al conocer la labor desempeñada por las mismas y la importancia para los objetivos de la investigación. Esta cuestión ha suplido, la imposibilidad que, por diversos motivos, se ha tenido para poder entrevistar a profesionales que prestan sus servicios en entidades con competencia en los servicios de postadopción.

El estudio contó finalmente con una muestra total de 10 personas, que trabajan en instituciones públicas y privadas en España (Tabla 1). Las entrevistas fueron grabadas con el consentimiento informado de los y las participantes y se transcribieron a través del programa Trint. El análisis de la información obtenida se realizó utilizando la relación de temas y categorías de análisis identificadas en las matrices intertextuales a partir de un sistema de conceptos interconectados que se reiteraban. Los temas emergentes en las entrevistas fueron: identificación de servicios prestados en torno a la adopción, características de las personas que solicitan la búsqueda de orígenes y la mediación, motivaciones, países de origen de las personas adoptadas, búsqueda de orígenes en tiempos de COVID 19, dificultades en el desarrollo de los procesos de búsqueda de orígenes, dificultades y desafíos en la búsqueda de orígenes. Desde estos temas emergieron las siguientes categorías de análisis: organización y servicios que se prestan, características de las búsquedas de orígenes, características de las mediaciones, búsqueda de orígenes en pandemia, dificultades y desafíos.

Entrevistado/a	Carácter Entidad	Servicios prestados
E1	Privado	Búsqueda de orígenes y mediación
E2	Privado	Búsqueda de orígenes y mediación
E3	Privado	Búsqueda de orígenes y mediación
E4	Privado	Preparación búsqueda de orígenes y seguimiento postadopción
E5	Privado	Atención personas con TEAF
E6	Privado	Búsqueda de orígenes y mediación
E7	Privado	Preparación para la búsqueda de orígenes
E8	Privado	Preparación para la búsqueda de orígenes
E9	Público	Búsqueda de orígenes y mediación
E10	Público	Búsqueda de orígenes y mediación

Tabla 1. Participantes entrevistas **Fuente:** Elaboración propia.

4. DISCUSIÓN Y RESULTADOS

Los resultados que se exponen parten de las categorías de análisis surgidas a través de los temas sobre los que se preguntaron a los y las participantes.

4.1. Sobre la organización y servicios postadoptivos prestados

El primer resultado obtenido pone de manifiesto cómo pese a lo estipulado legalmente sobre la creación de servicios postadoptivos en cada una de las Comunidades Autónomas, en alguna de ellas, no se dispone de ningún servicio postadoptivo. Este es el caso, por ejemplo, de la ciudad de Ceuta. Junto a ello, existe una dispersión de recursos, especialmente en el caso de las adopciones internacionales. Esta falta de apoyo por parte de los gobiernos resulta mayor en servicios limitados (Lin *et al.*, 2021), pues en aquellos países donde no hay una entidad encargada de dispensar los expedientes con la información pertinente, la búsqueda de orígenes resulta casi imposible. En estos casos, los servicios postadoptivos recurren a entidades privadas que por su estructura espacial y funcional pueden realizar una labor complementaria y con posibilidades de conseguir esa búsqueda de orígenes a nivel internacional:

> *Nosotros, tenemos un proceso paralelo, a la vez y complementario de las administraciones, cualquier persona que, que, que por una cuestión humanitaria necesite conocer su origen biológico, independientemente que haya sido un tema adopción o haya sido de otra naturaleza.* (E1)

A veces si desconocen estas entidades las personas adoptadas deciden iniciar investigaciones informales a través de internet con todos los riesgos que esta situación conlleva: "...les hace buscar por sus propios medios y ese es el peligro de las redes o pagar para que te digan el ADN..." (E2).

En el caso de las adopciones nacionales se cuenta con toda la información necesaria sobre el proceso de adopción, facilitando así el acceso a los orígenes además de disponer de servicios postadoptivos relacionados con el acompañamiento y la mediación durante todo el proceso.

4.2. Búsqueda de orígenes

La primera cuestión que se expone se relaciona con los países de procedencia de las personas que deciden iniciar una búsqueda de orígenes. Los datos obtenidos, muestran de forma mayoritaria países como Bulgaria, Rumanía, Rusia, Etiopía, China, Colombia y Chile, como los principales países de origen de las personas adoptadas incidiendo en que existen importantes diferencias entre unos y otros con respecto a la disposición de información mínima necesaria para poder desarrollar la búsqueda de orígenes. En este sentido, de entre los países dónde dicha búsqueda resulta casi imposible, se destacan China y Rusia. En estos últimos casos, la información de la que se dispone es escasa, nula e incluso falsa: "no tiene nada que ver la adopción en Etiopía con la adopción en Rusia" (E9); China no, claramente de estos casos que no hay donde tirar, no, no hay nada (E2)

Con respecto a la persona o personas a las que se buscan, de forma prioritaria, se dirige hacia las madres biológicas, seguida de hermanos y hermanas: "yo diría que dos tercios buscan a la madre y un tercio buscan a hermanos" (E10); "normalmente por cuestiones emocionales a la madre. Y cuando son adolescentes hermanas les interesa muchísimo saber si tienen el malestar general que ellos han tenido" (E4). La madre se sitúa en primera opción por motivos diferenciados: Es verdad que las madres tienen dos funciones, una porque bueno, porque piensa en la madre y porque es directamente donde realmente tengo un vínculo más cercano. Y en otras ocasiones es porque es la llave para encontrar a otros familiares, porque a lo mejor es el único dato que se tiene en el expediente (E3). Estos datos son diferentes a los obtenidos en investigaciones realizadas en España, donde de forma mayoritaria, la búsqueda se produce hacia los hermanos (Ortiz y Rosso, 2007). Otras personas desean contactar con las familias acogedoras con las que vivieron en su país de origen de forma transitoria:

> *A veces vamos a tener un expediente, que es lo que hacemos a veces en China, que tienen, que han estado en la familia de acogida durante unos meses, un tiempo. Entonces también son sus orígenes, aunque biológicamente no haya ningún vínculo, es parte de sus orígenes. (E3)*

También hay personas que desean contactar con amigos y amigas con las que convivieron durante el tiempo que estuvieron en el centro u orfanato: "...a veces cuidadores también del orfanato. Eso, Rusia, que también lo hacen como llave porque tenían intención de encontrar a otras niñas" (E3).

En relación a las motivaciones que las personas tienen para iniciar una búsqueda de orígenes, priman las relacionadas con el conocimiento sobre las causas, motivos y circunstancias que acompañaron a la adopción: "Muchas veces la sensación de que piensan de que puede haber sido una adopción no convencional y ser un niño robado y que su madre está llorando" (E9); "El objetivo principal de la búsqueda es, construir esa historia, rellenar esos huecos y esas respuestas a las preguntas" (E3) y también las relacionadas con la necesidad de desarrollar y afianzar las identidades:

> *¿A quién me parezco? Entonces el verse en el espejo también de cara a ver cómo voy a ser de mayor, por ejemplo, si voy a tener que tener cuidado porque yo voy a estar barriguita o no sé qué. (E10)*

El conocimiento de cuestiones relacionadas con la salud, con enfermedades es otra de las motivaciones que llevan a la búsqueda de orígenes: "Hay chicos mayores que nos dicen, me gustaría saber si tienen alguna enfermedad genética" (E6). "Hay mucha gente que se pone en marcha con su búsqueda de orígenes con motivo de algún problema de salud" (E6).

En ocasiones las motivaciones surgen en determinadas etapas vitales: "Porque muchos, se han quedado solos, se quedan sin padres y sin hermanos y sin nadie. Entonces está también esa búsqueda de encontrar una red no familiar" (E10). Estos resultados están en consonancia con estudios precedentes donde la construcción de identidades, los motivos de salud y las motivaciones en determinadas etapas vitales, son los principales motivos para iniciar una búsqueda de orígenes (Sánchez *et al.*, 2019)

La preparación de la persona adoptada para iniciar la búsqueda de orígenes resulta fundamental: "Entonces lo que les hemos ayudado es a prepararse ante distintas situaciones que se pueden encontrar cuando lleguen a este país, pues para que no haya ese desborde emocional" (E8); "Ponerles todos los escenarios posibles. Por ejemplo, puede que no sea fácil encontrar a la madre, puede ser que ésta esté muerta. A veces es hacerles ver que desde el otro lado hay familias que pueden querer abusar" (E4)

Otra cuestión de interés se relaciona con las características respecto a la edad y el sexo de las personas que muestran interés y/o inician la búsqueda de sus orígenes. Mayoritariamente son mujeres y en edad adulta: "La mayoría son adultos, la mayoría son mujeres" (E6); "más mujeres que hombres, claramente, yo diría que un sesenta por ciento de mujeres" (E10), en consonancia con los perfiles que se muestran en algunas investigaciones tanto dentro como fuera de nuestras fronteras (Curtis y Pearson, 2010; DGFM, 2018; O'Neill *et al.*, 2016; Ortiz y Rosso, 2007).

Menor consenso existe con respecto a la búsqueda de orígenes que pueda partir de menores y adolescentes. Para algunas de las entrevistadas, la búsqueda de orígenes en el caso de los niños, niñas y adolescentes, se inicia a edades tempranas, no desde el deseo de viajar al lugar de origen, pero sí desde las preguntas que realizan en torno a su nacimiento: "lo más normal estadísticamente es que hagan sus preguntas a partir de la adolescencia, cuando son chiquititos ¿no? desde esta pregunta, mamá ¿yo estuve en tu tripa?" (E4); "nosotros hemos recibido algunas solicitudes de menores. Y sí, tuvimos uno con Francia y uno con Latinoamérica" (E2).

Algunos de los profesionales confirman la bajada en la edad de las personas adoptadas que muestran su deseo de iniciar una búsqueda de orígenes, por distintos motivos, bien con motivo de conflictos intergeneracionales producidos en la adolescencia:

> *Sí, ahora está bajando bastante, ha habido una explosión de niños también más pequeños. Pero yo, lo asocio a que cuando hay problemas en casa van a un psicólogo y al chico se le dice que habría que ver el tema de los orígenes y entonces hacen esa petición (E10)*

y también a factores culturales: "Creo que también la cultura de la adopción, es decir, si como eres moderno y eres del siglo veintiuno has educado a tus hijos en el conocimiento de sus orígenes" (E9). Esta bajada de edad también se ha detectado en otras investigaciones (Clemente Martínez, 2022; Gallego, 2016).

Para otros profesionales entrevistados, no resulta significativo el número de menores que plantean un deseo de búsqueda de orígenes. Y en los casos en los que se da, las personas solicitantes presentan edades más próximas a los 18 años: "La mayor parte de los menores suelen ser ya casi cercanos a los 18, son personas de 16, 17" (E3). En opinión de algunas de las personas entrevistadas, en la adolescencia, justamente, la búsqueda de orígenes comporta una dificultad para sentirse integrado en sus grupos de iguales:

> *Porque los chavales que se acercan a (entidad anonimizada) son muy pocos y no están en este momento vital de necesitar saber de dónde vienen. Están más en una lucha adolescentes de ser aceptados, de no sentirse diferentes y para no sentirse diferentes, se olvidan de que son adoptados y de que necesitan saber de dónde vienen. Al contrario, se esfuerzan bastante en desconectar de su adopción y después de su diferencia racial, étnica, cultural. (E6)*

Finalmente, interesaba conocer si durante la pandemia motivada por el virus COVID se había producido alguna diferencia con respecto al aumento o disminución de los deseos de emprender una búsqueda de orígenes. Prácticamente todas las personas entrevistadas coinciden en afirmar, que si bien hubo una preocupación inicial para saber sobre la salud de su familia de origen, finalmente no se correspondió con un aumento de solicitudes: "Al principio parece como que hubo mucho interés, pero en 2020, cuando estábamos confinados y cuando ya estaba ya normalizado todo, no se ha ido con tanta impaciencia" (E3).

4.3. Mediación

Los servicios postadoptivos creados en las diferentes comunidades autónomas, contemplan la mediación como parte de las actuaciones que pueden desarrollarse dentro de los procesos de búsquedas de orígenes (Junta de Andalucía, 2022; CFJPS, 2021). La mediación como método de gestión de los conflictos ha sido definida desde diferentes perspectivas y enfoques, teniendo cabida su metodología en los diferentes ámbitos donde se generan conflictos. Uno de los más desarrollados es el de la mediación familiar, debido fundamentalmente a su inclusión en las diferentes recomendaciones y normativas a nivel internacional, estatal y autonómico (Medina, 2015). Aunque, tradicionalmente, la mediación en el ámbito familiar se ha enfocado en la gestión de los conflictos derivados de las rupturas de pareja, también tiene su sentido en la gestión de conflictos intergeneracionales, y en la adopción (Ledesma del Busto *et al.*, 2012). Este nuevo campo de la mediación en la búsqueda de orígenes, con mayor o menor especificidad, se recoge en prácticamente todas las Leyes Autonómicas que regulan la mediación familiar (Fernández, 2019-2020). La mediación en la búsqueda de orígenes, adquiere particularidades en el caso de las adopciones internacionales, en relación a cuatro aspectos: la legislación existente en cada país de origen, la existencia o no de organismo o agentes dedicados a las prácticas de búsqueda de orígenes, el idioma y la cultura del país (Junta de Andalucía, 2022, p. 18).

Para el desarrollo de los procesos de mediación, las personas adoptadas podrán recurrir a los servicios postadoptivos de su comunidad autónoma, o a entidades y profesionales que colaboran y/o complementan a las entidades públicas (Ledesma del Busto *et al.*, 2019)

Los resultados obtenidos con respecto a los procesos mediadores exponen la importancia del trabajo con las expectativas y motivaciones de las personas adoptadas favoreciendo que la misma pueda situarse en los diferentes escenarios en los que puede encontrarse y reflexionar sobre sus motivaciones:

> *En esa primera etapa es un análisis, trabajamos con un aquí, pues primero escribiendo cuáles son tus motivaciones, cuáles son tus expectativas, y vamos una a una, después analizando, analizando desde un punto de vista muy incómodo, ubicable, pero es en el que va habiendo, pues bueno, cómo reaccionaría en una situación, en otra, en una expectativa no deseada. (E3)*

Esta fase finaliza con la elaboración de una carta por parte de la persona adoptada que el/la mediador/a hará llegar a la persona localizada en esa búsqueda de orígenes.

La respuesta por parte de la persona que la recibe marcará el inicio de la segunda fase del proceso de mediación, donde se prepara a las partes para la elección del tipo, frecuencia y forma en la relación futura entre ambas partes, incluyéndose diferentes posibilidades, como el encuentro físico o el desarrollo de un carteo. En esta etapa, aún en los casos en que la familia de origen no quiere establecer ningún tipo de relación con la persona adoptada la mediación puede proporcionar algunas respuestas que la persona adoptada necesita:

> *Yo trato de hacer una entrevista con la madre biológica para ver un poco si se muestra interesada y un poco incluso aunque no se muestre interesada y no quiera ningún contacto, pues para que nos narre un poco con sus palabras que es todo lo que pasó, por lo menos que le cuente un poco, que es lo que ocurrió e historias de su familia, de donde eran originarios y si sabe algo del padre… (E9)*

Tras los acuerdos alcanzados sobre la forma de relacionarse en un futuro, los servicios de mediación realizan un acompañamiento y seguimiento durante un tiempo, y en algunas ocasiones, también se utiliza la mediación para poder acompañarlos en los conflictos que puedan aparecer en esa relación que se ha iniciado:

> *Y después un poco, un seguimiento también de cómo va yendo las cosas que a veces entramos en una mediación más clásica en cuanto a que pueda haber surgido un conflicto, pues, por ejemplo, de mucha demanda, de una parte a la otra. (E3)*

Por tanto, la mediación incluye cuatro etapas fundamentales; la preparación previa al inicio de la mediación donde se evalúa que la persona adoptada reúne las condiciones necesarias para participar en este proceso; el trasvase de información entre las partes (persona adoptada, persona con la que se quiere contactar o saber de ella), el desarrollo de los contactos y sesiones necesarias con todas partes; la preparación para un posible encuentro o un contacto y el desarrollo de una posible relación en el futuro; y el seguimiento tras los acuerdos alcanzados (Ledesma del Busto *et al.*, 2012; Ledesma del Busto *et al.*, 2019).

Las motivaciones de las personas adoptadas para iniciar un proceso de mediación, según las personas entrevistadas, son tres: el encuentro físico, la reconstrucción de su historia y el establecimiento de algún tipo de relación en el futuro: "El objetivo principal de la búsqueda, es construir esa historia, rellenar esos huecos y esas respuestas a las preguntas" (E3); "La mayoría quiere seguir hacia adelante, hacia el encuentro, dos tercios por lo menos, pero es verdad que hay algunos que dicen que no quieren. Quieren saber qué pasó, pero no conocer a la familia biológica" (E10). Por tanto, la motivación principal se dirige a la construcción de la historia personal como parte necesaria en la construcción identitaria (Gómez-Bengoenchea, 2008).

Pese a las motivaciones y expectativas iniciales, los resultados de estos procesos de mediación son diferentes en el caso de las adopciones nacionales y las internacionales. En el caso de las primeras, casi en todos los procesos se produce al menos un encuentro y el tipo de relación que se establece forma parte de las circunstancias y acuerdos que alcancen las partes:

> *Pues hay de todo. Hay desde, desde "nos volvemos inseparables", no sabemos quiénes somos, pero de repente nos volvemos como lapas y somos inseparables, esto es lo que hay, eso es lo que te puedo satisfacer, pero de aquí ya no me pidas más porque seguimos siendo desconocidos y tú has de seguir con tu vida y yo con la mía (E6).*

En el caso de las segundas, si bien en un alto porcentaje se manifiesta intención por parte de las personas adoptadas de viajar al país de origen para conocer a su familia biológica, el encuentro, la ejecución de dicho viaje no siempre se produce. Bien porque no se pudo localizar a la persona con la que se quería contactar: "La intención siempre es conocer, llegar a conocerse, pero en algunos casos cuando no se da con el familiar o la persona dicen que se buscaba, pierden algo de interés" (E3); bien porque los contactos (generalmente a través de cartas), yan han cubierto sus expectativas, les ha servido para poder reconstruir su historia: "yo ya he cumplido con esto, no necesito ir allí, si algún día viajo, pues ya les conoceré" (E3); en algunas ocasiones, las decisiones sobre ese encuentro requieren de un proceso de maduración: "algunos casos nos han llevado dos años antes de que se iniciara la búsqueda, porque no está madura, una parte no está madura" (E9). Finalmente, en algunos casos, el viaje no puede ser emprendido por dificultades económicas: "Ahora mismo no me lo puedo permitir, pero quiero ahorrar y en cuanto tenga mi idea es ir" (E3).

4.4. Búsqueda y mediación en adopciones internacionales: dificultades

Los procesos de búsqueda de orígenes requieren de una preparación y acompañamiento previo que ayuden a la persona adoptada a situarse ante todas las posibles situaciones que en ese viaje puede encontrar. En opinión de algunas de las personas entrevistadas, no siempre los servicios postadoptivos pertenecientes a la administración pública, contempla esa preparación previa con la persona adoptada, especialmente en los casos de adopción internacional:

> *Porque no están especializados. No están especializados en adopción. Aquí mismo ahora lo tiene (nombre anonimizado), entonces bueno, estos servicios salen a concurso público y la realidad es que se lo gana al precio que más barato tiene. Pero en adopción o postadopción no tienen la formación. (E7)*

La búsqueda de orígenes y los procesos de mediación en la adopción nacional, no revierte dificultad en adopciones que se realizaron con posterioridad a 1987, más allá de que en alguna ciudad o comunidad autónoma como se señaló con anterioridad, no dispongan de servicios postadoptivos y/o protocolos de actuación para la búsqueda de orígenes. Toda persona adoptada tiene derecho a solicitar información sobre sus orígenes y a obtener toda la información existente en su expediente de adopción. En el caso de la adopción internacional, la dificultad aumenta en cuanto a las búsquedas que se realizan en países donde no existen convenios ni entidades o agencias dedicadas a las mismas. Este es el caso de países como China o Rusia donde los servicios postadoptivos pertenecientes a las administraciones públicas no tienen acceso a ninguna información que permita iniciar la búsqueda de orígenes. Las personas adoptantes recurren, cuando disponen de esta información, a gabinetes privados que ofrecen servicios de búsqueda de orígenes y mediación o a entidades privadas sin ánimo de lucro que por su carácter internacional, pueden complementar y apoyo a las entidades tanto públicas como privadas para obtener y contactar con familias de orígenes: "Pues muchas veces nos piden apoyo y aunque ellos siguen haciendo su trabajo, claro, pero sí que para la parte de la preparación o de algún acompañamiento, sí que cuentan con nosotros" (E3)

Junto a esta dificultad, las personas entrevistadas se encuentran con informaciones falsas:

> *Es más, si había algo era irreal, se habían manipulado fechas y esa es la realidad con la que a veces trabajamos en cosas que es que son mentira, o sea, partidas de nacimiento, que son irreales, falsificadas, que pone que ha nacido en un hospital y no nació en ese hospital (E2)*

O países donde la revelación de orígenes está prohibida: "Ahí tenemos de todo. Lo primero, países donde está prohibida la revelación de Orígenes" (E9).

Una vez que se inicia la búsqueda de orígenes, otra de las dificultades o riesgo que han encontrado algunas de las personas entrevistadas en los casos donde no existe entidad homóloga a la Española dedicada a la búsqueda de orígenes es el poder contar con personas o agencias que realicen esas funciones de forma fiable:

> *Sobre todo, en cuanto a que, por ejemplo, el intérprete que han buscado, sí le hemos pedido que tienen acceso allí, que investiguen y que sea un poco más de garantía de que era una persona fiable de por lo menos, que al menos no tenga antecedentes y estas cosas (E3).*

Por tanto, las principales dificultades están relacionadas con la inexistencia de legislaciones en los países de origen que permitan y/o colaboren aportando los datos y las informaciones necesarias, así como la utilización de medios poco fiables por parte de las personas adoptadas o personas que en los países de orígenes pueden ofrecer estos servicios sin la preparación y sin la ética necesaria (Ledesma del Busto *et al.*, 2012).

Se finaliza este apartado de resultados con una nueva situación sobre la que las personas entrevistadas han mostrado su preocupación. Se trata del conflicto entre los derechos de la persona adoptada a conocer sus orígenes y el derecho de las madres biológicas a preservar su anonimato:

> *Está el derecho a saber, el derecho del adoptado a buscar sus orígenes. Pero luego también está el derecho a la intimidad de esa familia, de esa madre biológica. Y yo creo que aquí, aquí nos queda mucho por hacer (E10).*

Esta situación es especialmente difícil en contextos culturales donde el descubrimiento de la identidad de la madre biológica puede poner en riesgo su vida:

> *Los riesgos a los que se puede ver sometida una mujer encontrada, por ejemplo, en Túnez, a una mujer de origen tunecino que ha dado a luz, ha entregado a un hijo en adopción y ahora, treinta o cuarenta años después, aparece una persona adulta a desvelar aquella situación delictiva, en aquel país (E6).*

Las estrategias que los y las profesionales utilizan, pueden resolver o evitar estas situaciones críticas, a través por ejemplo de la mediación: "¿Pero cómo? ¿Cómo hacemos coincidir los dos dolores con las dos satisfacciones, de forma que ninguna de las dos partes irremediablemente y negativamente afectadas, poniendo incluso en riesgo su propia vida? Pues con mediación" (E6); y/o de una mayor regulación jurídica de ambos derechos: "Pues el jurista, el legislador, ha dicho existe el derecho a conocer los orígenes, que está relacionado con la identidad, es ahora un derecho superior al de la intimidad" (E9).

La colisión de estos dos bienes jurídicos ha sido ampliamente analizado por diferentes autores y autoras generando un debate sobre las condiciones que deben determinar la elección de uno o de otro derecho (Ballesteros de los Ríos, 2008; Fernández, 2019-2020). Y si bien, la Ley Internacional de Adopción de 2007 pudo zanjar esta cuestión, en la práctica el conflicto entre ambos derechos sigue produciéndose. Las personas entrevistadas utilizan diferentes estrategias, para poder equilibrar estos dos derechos, y entre ellas, la mediación, resulta ser una de las más efectivas y que ofrecen mayores garantías para custodiar ambos derechos (Fernández, 2019-2020).

5. CONCLUSIONES

Las condiciones que acompañan al derecho de acceder a los orígenes varían, en algunos casos considerablemente, de una Comunidad Autónoma a otra. No en todas ellas existen servicios postadoptivos y/o tienen servicios de búsqueda de orígenes y mediación. Junto a ello, el acceso a entidades y profesionales formados y competentes en estos servicios, no siempre resulta fácil fundamentalmente por el desconocimiento sobre ellos. Además, el derecho de acceso a los orígenes presenta diferencias notables en adopción nacional respecto a la adopción internacional. El desarrollo legislativo a nivel internacional sigue siendo insuficiente en tanto que aquellos países que no ratificaron el Convenio de la Haya o con los que no existen convenios bilaterales en ocasiones no cuentan con legislación que reconozca y apruebe el acceso a los orígenes. Junto a ello algunos organismos acreditados en adopción internacional no han preservado la información, existiendo un vacío en los expedientes, cuando no, fueron destruidos, o algunos de estos organismos, han desaparecido como es el caso de las extinguidas ECAIS (Entidades Colaboradoras en Adopción Internacional), hoy denominadas OAAI (Organismos Acreditados en Adopción Internacional). En estos casos, resulta casi imposible que la persona adoptada pueda acceder a sus orígenes propiciando en ocasiones que las mismas recurran a medios y a profesionales poco fiables.

Estos riesgos y peligros pueden ser múltiples y variados y se encuentran documentados (Ledesma del Busto *et al.*, 2019). Trabajar con las expectativas y prepararse para los diferentes resultados que la persona puede encontrarse en este proceso; trabajar con las emociones que pueden ir apareciendo durante el mismo; preparar y acompañar a la persona adoptada y también a la de origen para un posible encuentro y el establecimiento de una nueva relación van a minimizar dichos riesgos y propiciar que el proceso de búsqueda sea exitoso. La mediación se constituye como una de las estrategias que más y mejores garantías ofrece para alcanzar este éxito (Ledesma del Busto *et al.*, 2012; Ledesma del Busto *et al*, 2019; Fernández 2019-2020). Igualmente, la mediación puede ser una herramienta muy potente para resolver los conflictos que se producen entre los derechos al acceso a los orígenes de la persona adoptada y el derecho a la intimidad y al anonimato de la familia biológica.

Otras de las dificultades encontradas es la carencia y el ocultamiento de información. A nivel estatal, por ejemplo, no se contemplan datos en el Boletín de datos estadísticos de medidas de protección a la infancia publicado por el Ministerio (Secretaría de Estado de Derechos Sociales, 2021). A nivel autonómico, o bien no facilitan los datos como es el caso de la CCAA Andaluza, o no lo tienen publicitado en sus webs. En el trabajo de campo realizado, se puede decir que son muy pocas las comunidades autónomas que aportan datos anuales, actualizados y/o con poca información.

La búsqueda de orígenes plantea retos y desafíos que muestran la necesidad de adoptar medidas dirigidas a mejorar las condiciones del ejercicio del derecho de las personas adoptadas a acceder a sus orígenes. Lo que se traduce en crear una red fortalecida a nivel internacional que aliente a los estados miembro crear los medios para dar respuesta a la búsqueda de orígenes, por ejemplo mediante una base de datos de ADN, con recursos y herramientas para proporcionar servicios a nivel internacional, y a nivel nacional, así como la realización, hoy por hoy escasa, de trabajos de investigación en España sobre el tema que hemos expuesto en este capítulo.

6. REFERENCIAS

Ballesteros de los Ríos, M. (2008). El derecho del adoptado a conocer los orígenes. *Aranzadi civil: revista quinquenal*, 3, 2727-2758.

Clemente-Martínez, CK. (2022). *Volver a los orígenes. Una etnografía de la adopción transnacional.* Bellaterra Ediciones

Consejería de Familia Juventud y Política Social. (2021). *Programa de búsqueda de orígenes (Asesoramiento, ayuda y mediación para las personas adoptadas que soliciten conocer sus orígenes biológicos).* Comunidad de Madrid.

Curtis, R. y Pearson, F. (2010) Contact with birth parents: Differential psychological adjustment for adults adopted as infants. *Journal of Social Work, 10*(4), pp. 347–67.

Dirección General de Infancia (2022). *Protocolo de intervención en la búsqueda de orígenes de personas adoptadas.* Consejería de Igualdad, Políticas Sociales y Conciliación de la Junta de Andalucía.

Fernández Echegaray, L. (2019-2020). La mediación en la búsqueda de orígenes del hijo adoptado. *Anuario de Mediación y Solución de Conflictos,* 7, 47-66.

Fuentes, N. (2004). La adopción internacional desde una perspectiva conceptual. En D. Marre, y J. Bestard (Eds), *La adopción y el acogimiento: presente y perspectivas* (pp. 223-254). Estudis d`Antropologia Social i Cultural.

Gallego, A. (2016) "Mi hijo me reclama ver a su familia...": la búsqueda de orígenes en el contexto hispano-etíope. En A. Gallego, y M. Espinosa (Eds.) *Miradas no adultocéntricas sobre la infancia y la adolescencia: transexualidad, orígenes en la adopción, ciudadanía y justicia juvenil* (pp. 67-84). Comares.

Gómez Bengoechea, B. (2008). La protección del derecho a la identidad en adopción internacional. En A. Berástegui, y B. Gómez Bengoechea (Coords), *Los retos de la postadopción: balance y perspectivas.* Ministerio de Trabajo y Asuntos Sociales. https://n9.cl/fe3dn

Jeannin, C. y Roulez, J. (2019). *Acceso a los orígenes: Panorama de los aspectos jurídicos y prácticos.* Servicio Social Internacional. https://n9.cl/bp5q7

Ledesma del Busto, J. (Coord.), Berástegui, A. y Vila E. J. (2012). *Mediación familiar en búsqueda de orígenes. El reencuentro con mi espejo biológico.* Grupo 5.

Ledesma del Busto, J., Louse, H., García Garrido, V., illar Losa, C. y Serrano Ávila, I. (2019). *Manual de Recomendaciones para la búsqueda de orígenes.* CORA.

Lin, C. H., Chen, Y. W., Wang, C. W., Wright, A. C., Spencer, M. y Van Wichelen, S. (2021). Changing nature of adoption and need for post-adoption services: Intercountry adoption practice in Taiwan and Australia. *International Social Work, 66*(3), 1–19. https://doi.org/10.1177/0020872820969773

Marre, D. (2022). Adopción y Búsqueda de Orígenes. En J. M. Rodriguez, B. San Román y D. Marre (Coords.), *Infancia y adopción: una perspectiva sociocultural.* Síntesis

Medina Rodríguez, M. V. (2015). *Prácticas profesionales en mediación penal juvenil: una propuesta desde y para el trabajo social* [tesis doctoral, Universidad de Granada]. Universidad de Granada. http://hdl.handle.net/10481/42197

O'Neill, D., Mcauley, C. y Loughran, H. (2016) Post-adoption reunion sibling rela- tionships: Factors facilitating and hindering the development of sensitive relation- ships following reunion in adulthood. *Child & Family Social Work,* 21, 218–27.

Ortiz, P. y Rosso, D. (2007). El servicio de atención post-adoptiva en Andalucía'. *Anuario de Psicología, 38*(2), 265–72.

Sánchez Sandoval, Y., Jiménez Luque, S., Luque, V. y Verdugo, I. (2020). Support Meeds and Post-Adoption Resources for Adopted Adults: A Systematic Review. *British Journal of Social Work,* 50, 1775-1795. http://dx.doi.org/10.1093/bjsw/bcz109

Secretaría de Estado de Derechos Sociales (2021). *Boletín de datos estadísticos de medidas de protección a la infancia y la adolescencia*. Boletín número 24. Ministerio de Derechos Sociales y Agenda 2030

Van Wichelen, S. (2019). Revisiting the Right to Know: The Transnational Adoptee and the Moral Economy of 'Return'. *Journal of Intercultural Studies*, *40*(3), 347–362. https://doi.org/10.1080/07256868.2019.1598956

EFECTIVIDAD DEL DERECHO FUNDAMENTAL A MORIR DE FORMA DIGNA EN COLOMBIA: EUTANASIA Y SUICIDIO MÉDICAMENTE ASISTIDO

Carlos Jesús Molina-Ricaurte[1]

1. INTRODUCCIÓN

Las reformas legislativas más recientes en torno a los temas de la eutanasia y el suicidio médicamente asistido (SMA) han vuelto al foco del debate público. En Colombia, el Congreso ha pospuesto la urgente tarea de legislar sobre la materia. En España, se ha expedido la Ley Orgánica 3 de 2021, que regula la eutanasia e introduce cambios importantes en la legislación del país, y, en Portugal, después de haber sido rechazado en dos ocasiones el proyecto de ley por el Tribunal Constitucional y vetado en dos ocasiones por el Presidente de la República, fue promulgada la ley que regula las condiciones especiales en las que la muerte médicamente asistida no es punible y modifica el Código Penal. Los dos ejemplos evidencian que el tema persiste aún y demanda una priorización en las agendas políticas estatales.

El derecho fundamental a morir dignamente (DFMD) está consagrado constitucionalmente y forma parte del bloque de constitucionalidad. Ha sido objeto de una prominente jurisprudencia de la Corte Constitucional de Colombia, que, al mismo tiempo, ha puesto en evidencia el déficit de protección; por tanto, el máximo tribunal constitucional ha insistido ante el Congreso de la República de Colombia para regular el DFMD, sin mucho éxito.

Es imperativo que se implementen modificaciones legislativas para asegurar de manera efectiva el DFMD a través de cualquiera de los medios admitidos, ya que aún persisten barreras por parte de los intermediarios, tales como las administradoras del sistema de seguridad social en salud, las instituciones prestadoras de servicios de salud y, en ocasiones, por parte del personal médico, que impiden a los solicitantes de ayuda para morir acceder a los servicios asistenciales.

En el año 2014, se emitió la Ley 1733, la cual estableció la regulación de los servicios de cuidado paliativo para el manejo integral de pacientes con patologías terminales, crónicas, degenerativas e irreversibles. A partir de entonces, el Ministerio de Salud y Protección Social de Colombia ha emitido varias resoluciones con el fin de regular el DFMD, sin lograr los resultados deseados.

1. Universidad Cooperativa de Colombia (Colombia)

2. OBJETIVOS

Se ha planteado en este estudio ofrecer soluciones jurídicas apropiadas al problema de regulación de la eutanasia y el SMA con el objetivo de garantizar la efectividad y garantía del DFMD en Colombia.

3. METODOLOGÍA

La metodología es cualitativa. El método empleado es analítico-sintético; es analítico, en tanto hace una descomposición del fenómeno en sus elementos ; y es sintético, en cuanto hace una reunificación de estos elementos en una nueva unidad, mucho más general y abstracta que la anterior.

Tiene un componente dogmático, en tanto "propone estudiar el ordenamiento jurídico para conocerlo, transmitir ese conocimiento, operarlo, optimizarlo, mejorarlo" (Courtis, 2006, p. 106) y busca la mejor solución a un problema jurídico no en el derecho positivo vigente, sino fuera de él, propugnando su modificación (Courtis, 2006, p. 115), solución que está destinada, paradigmáticamente, a convencer de la necesidad de su adopción al legislador (Courtis, 2006, p. 125).

El material empleado es derecho comparado y jurisprudencia, el cual sirve para identificar la necesidad de modificación normativa y como fuente de inspiración para la articulación de propuestas de *lege ferenda* (Courtis, 2006, p. 139).

Para la recolección de información, se fijaron, primero, los conceptos de cuidados al final de la vida, derechos fundamentales, eutanasia y suicidio médicamente asistido antes de hacer la búsqueda de material legislativo y jurisprudencial en el derecho interno y el derecho foráneo en repositorios electrónicos y bases de datos oficiales.

La información recolectada fue sometida a una valoración a partir de criterios de autoridad, organización editorial, punto de vista o parcialidad, referencia o conocimiento de la literatura, exactitud y veracidad de los detalles y actualidad de los materiales (Betancur, 2017, pp. 18-21). Por último, el análisis de los contenidos arrojó los resultados obtenidos.

4. DESARROLLO DE LA INVESTIGACIÓN

Un primer análisis de la información permitió identificar y sistematizar la legislación vigente en Colombia sobre la eutanasia y el SMA. El segundo análisis realizado permitió hacer lo propio respecto de la legislación vigente en otros países, caso concreto de España y Portugal, que han optado por la vía legislativa para regular la prestación de la ayuda para morir o la muerte médicamente asistida, el cual permite hacer contrastes con el caso colombiano, y, principalmente, establecer un referente.

4.1. Derecho interno

El derecho fundamental a vivir dignamente así como el derecho fundamental a morir dignamente, en Colombia, están consagrados constitucionalmente y hacen parte del bloque de constitucionalidad; ambos son objeto de una prominente jurisprudencia de la Corte Constitucional, pero principalmente el derecho fundamental a morir dignamente muestra, al día de hoy, el mayor déficit de protección, al menos así lo han puesto en evidencia las sentencias C-239/1997, T-970/2014, T-423/2017 y la T-721/2017, en las que el máximo tribunal constitucional ha exhortado de manera insistente, al Congreso de la

República, a regular el derecho fundamental a morir dignamente, sin que ese clamor haya sido escuchado. En reciente fallo, la Corte Constitucional estableció nuevas condiciones para solicitar, tramitar y recibir la eutanasia, ampliando, de esta forma, el derecho a morir en forma digna (Sentencia C-233 de 2021). En un último fallo, la Corte terminó aprobando también el SMA (Sentencia C-164 de 2022).

En el año 2014, se expidió la Ley 1733, por medio de la cual se regularon los servicios de cuidados paliativos para el manejo integral de pacientes con enfermedades terminales, crónicas, degenerativas e irreversibles en cualquier fase de la enfermedad de alto impacto en la calidad de vida. Desde ese momento, ha sido el Ministerio de Salud y Protección Social que ha emitido sendas resoluciones con el objeto de regular el derecho fundamental de morir dignamente, pero con resultados infructuosos.

La Resolución 1216 de 2015 estableció, por primera vez, las directrices para la organización y funcionamiento de los Comités Científico-Interdisciplinarios para el Derecho a Morir. Estos Comités fueron pensados como órganos adscritos a las Instituciones Prestadoras de Servicios de Salud (IPS), encargados de recibir las solicitudes de procedimiento para morir con dignidad y de decidir sobre éstas.

Esta misma resolución contemplaba la objeción de conciencia del médico designado para la realización del procedimiento, y establecía, en su Art. 18, que, formulada la objeción de conciencia por escrito y debidamente motivada por el médico, la IPS debía reasignar otro médico que realizara el procedimiento dentro de las 24 horas siguientes a la presentación de la objeción de conciencia. Esto no impedía que el médico reasignado apelara también a la objeción de conciencia, de modo que la IPS debía iniciar nuevamente el proceso de reasignación, y, así sucesivamente, trayendo como consecuencia que la práctica del procedimiento se postergara indefinidamente con perjuicio de la solicitud del paciente. Esta Resolución fue derogada por la Resolución 971 de 2021.

Por su parte, la Resolución 229 de 2020, en su Art. 4.2.3.4., que se encuentra vigente, establece la obligación de las IPS de conocer, con antelación y por escrito, la objeción de conciencia de sus médicos, pero no establece cómo pueden hacerlo; acusando un vacío en la norma que ni siquiera la última resolución ha podido colmar.

La Resolución 2665 de 2018, que reglamenta la Ley 1733 de 2014 en lo atinente al Documento de Voluntad Anticipada (DVA), establece tres modalidades para formalizar el DVA: a) ante notario, b) ante dos testigos y C) ante el médico tratante. Llama la atención que sólo en el primer caso, ante notario, el DVA se eleva a un instrumento público, pero en los dos últimos casos, no; por tanto, el DVA toma un carácter privado, y presenta las mismas dificultades probatorias que cualquier documento privado, además, que resulta mucho más fácil para realizar ocultamiento o alteración. Respecto a la modificación, sustitución y revocación del DVA, hay que decir que queda al arbitrio del declarante, lo cual tendría sentido si, al menos, se exigiera la actualización de la declaración inicial de forma periódica. Si la última voluntad del declarante es la misma que fue plasmada varios años atrás en el DVA, posiblemente ésta sea muy distinta a lo que podría ser hoy la última voluntad, lo que resulta muy poco fiable; por consiguiente, debería exigirse una actualización del DVA en cierto período, de suerte, que este documento pudiera reflejar o, al menos, pueda estar lo más cerca posible de esta última voluntad.

La Resolución 825 de 2018, por la cual se reglamenta el procedimiento para hacer efectivo el derecho a morir con dignidad de los niños, niñas y adolescentes, en su Art. 2, da entender que la edad es un requisito para hacer efectivo dicho derecho: establece la edad de 12 años; sin embargo, en su Art. 3, establece excepciones a este criterio, tales como el desarrollo neurocognitivo y psicológico y un concepto adecuado de la muerte, aun así, la Resolución exige para la solicitud de la eutanasia, tanto a niños como a adolescentes (hasta los 14 años), la concurrencia de quien ejerza la patria potestad (Art. 10). Ahora bien, el Art. 15 establece que "el desistimiento es exclusivo del niño, niña o adolescente", sin dar las directrices para dirimir los casos en que se presenta conflicto entre la decisión del menor de edad y quien ejerce la patria potestad si el menor llegase a desistir de la solicitud, creando un nuevo problema jurídico a resolver.

La más reciente resolución del Ministerio de Salud y Protección Social se emitió el 1 de julio de 2021, la Resolución 971 de 2021, y deroga la Resolución 1216 de 2015. Esta norma, ciertamente, es mucho más garantista que las anteriores, en el sentido que confiere al paciente inconforme con la decisión que niega la activación del Comité Científico-Interdisciplinario para el Derecho a Morir la posibilidad de requerir una segunda opinión a otro médico, y, en caso de que ésta también fuese negativa, tiene derecho a dirigir su solicitud de manera directa al Comité (Art. 12). Incluso, prevé la posibilidad de requerir una segunda opinión de un Comité conformado por integrantes diferentes a los que hayan sesionado previamente, en caso de que se haya denegado su solicitud (Art. 15). Anteriormente, las normas no hacían referencia a un derecho de revisión de las decisiones negativas, con lo cual, los derechos de los pacientes quedaban desprotegidos, en el sentido de que no había garantías al debido proceso, pues el médico tratante monopolizaba, casi siempre, el procedimiento. Sin embargo, debe decirse, que la enumeración de las funciones de los Comités que se encuentra en la Resolución resulta todavía incompleta y vaga, pues no determina el alcance que pueda tener la decisión del Comité en relación con la decisión del médico.

La Resolución 971 constituye, indudablemente, un avance importante en la protección y garantía del derecho a morir dignamente, sin embargo, aún quedan muchos interrogantes por resolver. En primer lugar, al extender la competencia a cualquier médico para recibir las solicitudes de eutanasia, aparentemente establece mayores garantías para el ejercer el derecho a morir dignamente, sin embargo, en la realidad, quizá sean más los problemas que genere de ahora en adelante la norma, que aquéllos que pueda solucionar. En segundo lugar, parece hoy que la solicitud de la eutanasia está sujeta a la recepción de cuidados paliativos (Art. 14), cosa que no ocurría antes. En tercer lugar, a pesar de que la Resolución no regula directamente el DVA, restringe los efectos conferidos a éste en virtud de la Resolución 2665 de 2018 (Art. 10.4.5.). En cuarto lugar, en lo relacionado con la objeción de conciencia, en vez de completar o precisar la normatividad anterior, parece, más bien, dificultar la aplicación de la nueva norma, pues impide, de plano, el ejercicio de la objeción de conciencia a aquellas personas relacionadas con la atención y cuidado del final de la vida o que se encuentren atendiendo los requerimientos de trámite de las solicitudes (Art. 16).

La legislación vigente, como se ha hecho notar, aparece dispersa y contradictoria, lo que hace de la solicitud de la ayuda para morir un procedimiento algo farragoso y complicado, obligando a los interesados a recurrir, sin duda, a estrados judiciales para hacer efectivo el derecho a morir dignamente, lo que justifica que sea el legislador quien intervenga y expida una ley que sirva para colmar los vacíos existentes en la norma o para precisar el sentido o alcance de la misma. No obstante, aún no se avizora una solución cerca, pues al Congreso poco parece importarle que se perpetúe el déficit de protección de los derechos fundamentales, en este caso de los usuarios del sistema de salud, con su omisión legislativa. No por nada ya han pasado 14 iniciativas legislativas por el Congreso con objeto de regular el derecho a morir dignamente sin obtener éxito; la última de estas iniciativas se hundió en el año 2023, debido a que no cursó la totalidad de los debates impuestos por ley, lo cual impidió que se convirtiera en ley de la República.

4.2. Derecho foráneo

Mientras que, en Colombia, el Congreso ha venido postergando la urgente tarea de legislar sobre la materia, en España, fue expedida la Ley Orgánica 3 de 2021 (LORE), que regula la eutanasia e introduce cambios importantes en la legislación del país, y, en Portugal, después de haber sido rechazado en dos ocasiones el proyecto de ley por el Tribunal Constitucional y vetado en dos ocasiones por el Presidente de la República, fue promulgada la ley que regula las condiciones especiales en las que la muerte médicamente asistida no es punible y modifica el Código Penal (Lei 22/2023). Mientras que la LORE contempla indistintamente la eutanasia y el SMA como modalidades de la prestación de ayuda para morir, la Lei 22/2023 hace énfasis en el SMA, y condiciona la práctica de la eutanasia a que el SMA sea imposible de realizar por incapacidad física del paciente. Ambas leyes ponen como requisito que los solicitantes de la ayuda para morir o muerte médicamente asistida sean nacionales o residentes establecidos legalmente en el país, aunque el marco normativo español admite el tiempo de permanencia en el territorio superior a 12 meses para cumplir con el requisito, y, en todo caso, que sean mayores de edad. Los ejemplos de España y Portugal demuestran que el tema se mantiene aún vigente y reclama priorización en las agendas políticas de los países.

En la región latinoamericana, Perú es el único que admite la eutanasia, y sólo de manera excepcional (Pulido Del Pino *et al.*, 2023); México tiene una ley de voluntad anticipada que asiste al paciente para la suspensión de tratamientos curativos, pero no acepta aún la eutanasia en ninguna de sus formas (Bravo Argüello *et al.*, 2022); pasa lo mismo en Uruguay, donde hay una ley de voluntad anticipada, la cual regula el derecho del paciente a rehusar un tratamiento, incluidos los cuidados paliativos en caso de enfermedad terminal, incurable e irreversible, sin embargo, la eutanasia no está permitida todavía. En Chile, se sabe que se han tramitado recientemente, en el Congreso Nacional, cuatro iniciativas de ley, sin ningún resultado (Carvajal *et al.*, 2021).

La evidencia muestra una falta de regulación de la eutanasia y el SMA generalizada en los países de la región, y que, antes, por el contrario, se mantiene la prohibición en casi todos ellos para su práctica; solo de manera excepcional se permite la eutanasia. La principal preocupación es que, en Colombia, debido a que son permitidos la eutanasia y el SMA, pueda sobrevenir un nuevo problema, el del turismo de suicidio o de eutanasia, si no hay la adecuada regulación.

Precisamente, ya Europa pasó por ese problema cuando los primeros países, como Bélgica, Luxemburgo y Países Bajos, legalizaron la eutanasia y el suicidio asistido, o Suiza, sólo el suicidio asistido, y atrajeron personas provenientes de todos los países de Europa que buscaban la prestación de ayuda para morir (Rodríguez Abella, 2019, pp. 9-10). Con la nueva regulación en los demás países de la Unión, se busca mitigar ese problema, ya que se garantiza el derecho a los nacionales y residentes en el territorio de cada país a acceder a la prestación de ayuda para morir si cumplen con los requisitos establecidos en la ley.

En Colombia, a pesar de que se permitan la eutanasia y el SMA, no se ha hecho aún una evaluación exhaustiva de la experiencia de otros países, especialmente aquellos que han establecido o contemplado la eutanasia y el SMA como formas de ejercicio del DFMD a través de medidas legislativas. Teniendo en cuenta la posición que ocupa en este momento en la región, podría pensarse que es vital que tome un liderazgo en la regulación de estos temas, y ayude a evitar el problema del que se ha venido hablando.

5. CONCLUSIONES

Cada vez más países optan por regular la eutanasia y el SMA, y, aunque es cierto que esto no obliga a los demás a adoptar un régimen permisivo, tampoco pueden impedir que sus nacionales vayan a otros países en búsqueda de la prestación de la ayuda para morir.

El hecho de que las personas tengan que abandonar su país de origen, para ir a morir a un país extranjero – literalmente hablando – sometiéndose a tener que pasar el final de sus vidas lejos de su propio hogar, privadas seguramente de la compañía de sus familiares y más cercanos, aumenta por sí la angustia que ya tienen las personas con un estado clínico terminal, que padecen alguna enfermedad grave e incurable o tienen algún padecimiento grave, crónico e imposibilitante, lo que ciertamente riñe con cualquier noción de dignidad humana que se tenga.

Debe hacerse claridad que con que los Estados permitan, incluso garanticen la prestación de la ayuda para morir, no significa que se estén desligando, por ello, de su deber de proteger la vida y de procurar las mejores condiciones de vida digna posibles a todos sus ciudadanos y residentes, al contrario deben ser capaces de garantizar la dignidad de las personas, incluso en esta etapa final de sus vidas, aun cuando haya sido producto de la decisión individual.

Ciertamente, Colombia, al adoptar una regulación de la eutanasia y el SMA, puede asegurar, a nivel interno, la efectividad del derecho fundamental a morir de forma digna, preciso, en cumplimiento del mandato constitucional, pero también asumir una posición de liderazgo frente a los demás países de la región en relación con un tema que necesita una atención conjunta.

6. REFERENCIAS

Betancur, D. (2017). *Competencias de Gestión de Información y Conocimiento. Elemento de Competencia 1 Hacer. Usar las fuentes de información*. Fondo Editorial Ediciones Universidad Cooperativa de Colombia.

Bravo Argüello, O. U., Reyes Guillén, F. I. y Gómez Domínguez, F. (2022). Eutanasia y la necesidad de regulación en materia de salud en México. *Revista Dycs Victoria*, *5*(1), 06–15. https://doi.org/10.29059/rdycsv.v5i1.157

Carvajal C. S., Portales V. B. y Beca I. J. P. (2021). Eutanasia: aclarando conceptos. *Revista médica de Chile*, *149*(10), 1502-1506. https://n9.cl/57u6x

Courtis, C. (2006). *Observar la ley: ensayos sobre metodología de la investigación jurídica*. Editorial Trotta, S. A.

Ley 22/2023. (2023, 25 de mayo). Assembleia da República. D. R. No. 101/2023 Série I de 2023-05-25, pág. 10 – 20.

Ley 1733 de 2014. (2014, 8 de septiembre). Congreso de la República de Colombia. D. O. No. 49.268.

Ley Orgánica 3 de 2021. (2021, 24 de marzo). Las Cortes Generales de España. BOE No. 72.

Pulido Del Pino, N. J., Chero Vergaray, R. C., Arias Soto, N. y Pulido Capurro, V. M. (2023). Reflexiones sobre la normativa de la eutanasia, el derecho a la vida y la dignidad: el caso Ana Estrada, Perú. *Revista de Derecho y Desarrollo Sostenible*, *11*(1), e0251. https://doi.org/10.37497/sdgs.v11i1.251

Resolución 1216 de 2015. (2015, 20 de abril). Ministerio de Salud y Protección Social de Colombia. D. O. No. 49.489.

Resolución 825 de 2018. (2018, 9 de marzo). Ministerio de Salud y Protección Social de Colombia. D. O. No. 50.530.

Resolución 2665 de 2018. (2018, 25 de junio). Ministerio de Salud y Protección Social de Colombia. D. O. No. 50.635.
Resolución 229 de 2020. (2020, 20 de febrero). Ministerio de Salud y Protección Social de Colombia. D. O. No. 51.234.
Resolución 971 de 2021. (2021, 1 de julio). Ministerio de Salud y Protección Social de Colombia. D. O. No. 51.660.
Rodríguez Abella, R. M. (2019). Nuevas palabras para nuevas realidades. Algunas notas sobre las creaciones neológicas a partir del sustantivo turismo. Ponencia presentada en la XI Conferencia Internacional Lingüística, Cuba.
Sentencia C-239/1997. (1997, 20 de mayo). Corte Constitucional de Colombia (Carlos Gaviria Díaz, M.P.). https://www.corteconstitucional.gov.co/Relatoria/1997/C-239-97.htm
Sentencia T-970/2014. (2014, 15 de diciembre). Corte Constitucional de Colombia (Luis Ernesto Vargas Silva, M.P.). https://www.corteconstitucional.gov.co/relatoria/2014/t-970-14.htm
Sentencia T-423/2017. (2017, 4 de julio). Corte Constitucional de Colombia (Iván Humberto Escrucería Mayolo, M.P.) https://www.corteconstitucional.gov.co/relatoria/2017/t-423-17.htm
Sentencia T-721/2017. (2017, 12 de diciembre). Corte Constitucional de Colombia (Antonio José Lizarazo Ocampo, M.P.). https://www.corteconstitucional.gov.co/Relatoria/2017/T-721-17.htm
Sentencia C-233/2021. (2021, 22 de julio). Corte Constitucional de Colombia [Diana Fajardo Rivera, M.P.]. https://www.corteconstitucional.gov.co/relatoria/2021/C-233-21.htm
Sentencia C-164/2022. (2022, 11 de mayo). Corte Constitucional de Colombia. [Antonio Lizarazo Ocampo, M.P.]. https://www.corteconstitucional.gov.co/relatoria/2022/C-164-22.htm

EVOLUCIÓN DEL CONCEPTO JURÍDICO DE MEDIO AMBIENTE EN LA LEGISLACIÓN ESPAÑOLA Y EUROPEA A TRAVÉS DEL CASO DEL MAR MENOR

Ana Montoro López[1]

1. INTRODUCCIÓN

Para cumplir con los objetivos propuestos en la presente investigación, se ha realizado un estudio sobre la protección jurídica del medio ambiente partiendo de la revisión del propio concepto jurídico destacando la actual discusión sobre la consideración del medio ambiente no como bien jurídico, sino como sujeto de derecho. Este planteamiento nace del reciente reconocimiento del Mar Menor, la laguna salada más grande de Europa sita en la Región de Murcia, como persona jurídica en virtud de la Ley 19/2022, de 30 de septiembre, para el reconocimiento de personalidad jurídica a la laguna del Mar Menor y su cuenca mediante iniciativa legislativa popular.

Este debate pone de manifiesto la importancia que ha alcanzado la preservación del medio ambiente y como se ha plasmado en la Ley, en la que se puede vislumbrar una transformación de la concepción del medio ambiente desde una postura antropocéntrica hacia el ecocentrismo, es decir, el paso de la visión del medio ambiente como bien útil para el desarrollo de la vida humana, hacia la concepción del medio ambiente como un bien valioso por sí solo.

El núcleo central de la problemática jurídica es que esta técnica, aplicada con el objetivo de mejorar la protección del entorno natural, no encaja en el ordenamiento jurídico español por plantear problemáticas jurídicas tales como privatizar la tutela del medio ambiente, así como, la conversión del medio ambiente en sujeto con derechos, pero también de obligaciones.

Esta acción inédita en el ordenamiento jurídico español, requiere de un estudio exhaustivo para determinar si es la mejor manera para mejorar la protección o si, por el contrario, se deben establecer otras medidas tradicionales como dotar de recursos a la Administración para ejercer la tutela del medio ambiente como corresponde.

2. OBJETIVOS

El objetivo principal de este trabajo de investigación es el estudio de la acepción jurídica del medio ambiente, revisando el debate que suscita la consideración del mismo como bien jurídico o como sujeto de derecho. En dicha discusión, se pone de manifiesto la

---

1. Universidad Católica San Antonio de Murcia (España)

importancia que ha alcanzado la preservación del medio ambiente y como se ha plasmado en el ordenamiento jurídico español.

En ella se puede observar una transformación de la concepción del medio ambiente desde una postura antropocéntrica hacia el ecocentrismo, es decir, el paso de la perspectiva del medio ambiente como bien jurídico protegido desde una visión meramente utilitarista para el desarrollo de la vida humana, hacia la perspectiva del medio ambiente econcentrísta, convirtiéndose en un bien valioso por sí solo, hasta el punto de reconocer jurídicamente a un entorno natural concreto como persona jurídica.

Por lo tanto, en la presente investigación se revisará el primer caso de reconocimiento de un entorno natural como persona jurídica que se ha producido en Europa, concretamente al Mar Menor, la laguna salada situada en la Comunidad Autónoma de la Región de Murcia, así como experiencias previas producidas principalmente en los países de Latinoamérica.

3. METODOLOGÍA

La metodología empleada en el trabajo de investigación ha sido el análisis doctrinal, artículos científicos y ordenamientos jurídicos en base a conocer como se ha producido la transformación de la concepción del medio ambiente desde la perspectiva antropocéntrica a ecocéntrica en el ordenamiento jurídico español, revisando las experiencias de otros países y estudiando de forma más concreta el caso del Mar Menor y las dificultades que plantea dicha transformación.

4. DESARROLLO DE LA INVESTIGACIÓN

4.1. Aproximación a la transformación del concepto jurídico de medio ambiente

Sobre esta cuestión, se debe apuntar que cuando se habla de protección ambiental normalmente no se hace referencia ni a los edificios, ni infraestructuras de las ciudades, ni al patrimonio socio-cultural, sino que se hace referencia generalmente a sus elementos naturales, es decir, agua, aire, tierra, flora y fauna (Pérez Sola, 2017).

Por tanto, se precisa establecer si el fundamento de la protección ambiental se deriva de los elementos naturales por sí mismos o por la repercusión que tienen sobre las personas (De Luis García, 2019).

En este sentido, no existe consenso, es más, nos arroja a dos teorías opuestas, la teoría del antropocentrismo y el ecocentrismo que tratan de fundamentar la protección jurídica del medio ambiente.

Por un lado, la teoría del ecocentrismo, defiende que la naturaleza por sí sola es un bien valioso que tiene derecho a ser protegida; por otro lado, la teoría antropocentrista no considera ese valor intrínseco del medio ambiente, sino que, la protección de la naturaleza tiene su origen en la necesidad de preservarla para las generaciones venideras (López *et al.*, 2012).

La postura predominante es el antropocentrismo y se base en la creencia de que la humanidad está en el centro de la existencia. Esta creencia, construida y reforzada durante miles de años de erudición, se basa en la idea de que la humanidad, al ser seres racionales, son diferentes al resto del mundo natural, quedando la naturaleza aislada y sin valor pues se ha proporcionado como un instrumento para el beneficio del hombre (Terol Becerra, 2000).

El término antropocéntrico fue acuñado por primera vez en la década de 1860, en medio de la controversia sobre la teoría de la evolución de Darwin para representar la idea de que los humanos somos el centro del universo (Kortenkamp y Moore, 2001).

Este fundamento antropocéntrico no solo ha proporcionado la base para la mayoría de las justificaciones de la explotación de recursos del mundo natural, sino que, irónicamente, también ha servido de base para la justificación de su conservación. En consecuencia, el antropocentrismo también está en el centro de la política ambiental[2]. Históricamente, esto ha significado que el mundo natural solo se conservará debido a los valores instrumentales que le atribuyen los humanos al medio natural, en lugar de ser protegido por su propio valor intrínseco (Lorenzetti y Lorenzetti, 2020).

Teniendo presente esta corriente dominante, es necesario hacer una distinción entre el derecho a un medio ambiente adecuado y la tutela medioambiental. Por una parte, el derecho a un ambiente adecuado es un derecho subjetivo que tienen las personas. Y, por otra parte, la tutela del ambiente se concentra en el bien colectivo. La primera es una idea antropocéntrica y previa al paradigma ambiental, porque mira la totalidad desde el sujeto; la segunda es una noción ecocéntrica, concentrada en el bien colectivo y típica del ambientalismo (Ortega Álvarez, 2013).

Hay siete formas comunes de argumentos que ejemplifican este precepto central y son propuestas económicas de interés directo, justificaciones religiosas, estéticas, culturales y recreativas, y finalmente argumentos que trabajan sobre la idea de preservar el medio ambiente para las generaciones futuras. Estas mentalidades intelectuales conducen a discursos y juicios que inician acciones, crean preferencias y cimentan actitudes sobre por qué se debe proteger el medio ambiente (Gillespie, 2014).

La búsqueda del interés propio como justificación para proteger el medio ambiente subyace a todo pensamiento antropocéntrico para la conservación. En este contexto, el ecocentrismo se relaciona más con los beneficios directos, como los relacionados con la salud mental o el bienestar físico. Por ejemplo, la vida silvestre se conserva porque es buena para el espíritu humano, la biodiversidad se protege debido a su valor como alimento o medicina, mientras que el clima se mantiene estable porque de lo contrario, pueden producir efectos negativos sobre la humanidad. En consecuencia, se protegen especies y ecosistemas o se evita la contaminación, porque las acciones benefician directamente a la humanidad (Canosa, 1996).

Finalmente, el argumento del interés propio asume que tanto los costes como los impactos serán compartidos por igual por aquellos que deberían cooperar para compartir el mismo resultado de conservación.

En muchas áreas, como puede ser la lucha contra el cambio climático, donde la cooperación es más necesaria que en cualquier otro lugar, produce que las diferencias políticas, filosóficas, históricas y económicas apuntan a interpretaciones muy diferentes de cómo y por qué los países eligen responder a este problema. Por lo tanto, la búsqueda

---

2. La Declaración de 1972 de la Conferencia de las Naciones Unidas sobre el Medio Humano reflejó su base antropocéntrica en su propio título; En 1986, la Declaración de las Naciones Unidas sobre el Derecho al Desarrollo reconoció que "La persona humana es el sujeto central del proceso de desarrollo y, por tanto, la política de desarrollo debe convertir al ser humano en el principal participante y beneficiario del desarrollo"; La Declaración de Río sobre el Medio Ambiente y el Desarrollo de 1992 se determina que "Los seres humanos constituyen el centro de las preocupaciones relacionadas con el desarrollo sostenible."

del interés propio directo en esta esfera no conduce necesariamente a resultados exitosos de conservación cooperativa.

Por otro lado, el ecocentrismo proviene del término biocéntrico acuñado por primera vez en 1913 por el químico estadounidense, Lawrence Henderson para representar la idea de que el universo es el originador de la vida. Este término fue adoptado por los llamados ecólogos profundos en la década de 1970 para referirse a la idea de que toda vida tiene un valor intrínseco. La teoría del ecocentrismo, se centra en que la naturaleza tiene consideración moral porque tiene un valor intrínseco, es decir, un valor aparte de su utilidad para los seres humanos (Cassola, 2005).

Hoy en día, los estudios del derecho ambiental independientemente de su inclinación metodológica, se encuentran cada vez más una premisa unificadora común en el reconocimiento de que la crisis ecológica en desarrollo es fruto de la fundación antropocéntrica del derecho ambiental, y producto de la cosmovisión antropocéntrico de la modernidad occidental; sin embargo, el antropocentrismo del derecho ambiental suele ir acompañado también de un camino a seguir, y no es otro que el ecocentrismo (De Lucía, 2017).

Esta discusión entre antropocentrismo y ecocentrismo plantea a su vez un debate sobre cómo se debe considerar al medio ambiente, puesto que el derecho ambiental moderno está experimentado un cambio de tendencia de esa configuración inicial antropocéntrica hacia una visión ecocéntrica.

Es precisamente esta tendencia la que plantea el cambio de visión del medio ambiente como sujeto de derecho en vez de como bien jurídico que se ha puesto recientemente sobre la mesa. Al respecto y siguiendo con las consideraciones aportadas por el profesor Sanz Rubiales en un seminario impartido en la Universidad Católica de Chile, para iniciar el debate se debe partir del concepto de naturaleza, pues no sólo está constituida por bienes o recursos, sino que también por relaciones y, por tanto, se habla de un concepto dinámico y con una gran resiliencia.

Teniendo en cuenta las características del término medio ambiente que, ya se han revisado en el apartado anterior, se debe tener en consideración las Teoría de Gaia o Pacha Mama, que determinan no ser suficiente la consideración de la naturaleza desde una perspectiva patrimonial, sino que además se debe tener en cuenta esa perspectiva funcional, siendo necesario cambiar la visión antropocéntrica utilitarista que se tiene del medio ambiente. Esto quiere decir que el medio ambiente natural, por sí mismo debe ser defendido, respetado y conservado, aunque no genere una utilidad directa para las personas (Terol, 2013).

Partiendo de esta premisa, el principal motivo por el que se ha planteado la personificación del medio ambiente es para protegerlo mejor, pues, si no es este el motivo no tendría ningún sentido, así como la consideración de que la naturaleza es vida más los argumentos que van asociados a este movimiento.

Teniendo presente los motivos que han iniciado este movimiento, no se cree que ésta sea ni la única ni la mejor forma para proteger adecuadamente el medio ambiente natural desde una perspectiva jurídica (Alpa, 2022).

Por el contrario, los motivos jurídicos por los que no se debe personificar la naturaleza son, en primer lugar, porque si lo que se pretende es proteger mejor a la naturaleza lo que se necesita es que se tengan unos conocimientos técnicos adecuados, requisito que se ha exigido sistemáticamente por la UE, sobre todo, desde el Séptimo Plan de Acción sobre el medio ambiente.

En segundo lugar, que exista una normativa técnica adecuada, que conozca la naturaleza y los impactos que produce la acción humana en la naturaleza. Además, esa normativa debe ser de carácter preventivo y que esté dotada de suficiente fundamento de normas sancionadoras y correctivas, que se puedan llevar a la práctica correctamente mediante una administración bien dotada que goce de recursos económicos, materiales y personales. Así como, que exista una acción pública que permita a todos los sujetos denunciar estas situaciones y que la administración pueda poner remedio a la problemática que se plantee.

Estas serían las medidas a adoptar para una mejor protección y conservación del medio ambiente sin tener que llegar a la subjetivación del medio ambiente, pues si a la naturaleza se le otorga personalidad jurídica no se va a proteger más encontrándose esta acción en el ámbito del derecho simbólico (Capella, 2000).

4.2. Experiencias de otros países en la personificación del medio ambiente

La subjetivación de la naturaleza como medida para ejercer una mayor protección sobre el medio ambiente, es inédita dentro del ordenamiento jurídico español y europeo, si bien es cierto que existen otros países en los que, si se ha practicado, sobre todo en países Latinoamericanos. Esta novedosa técnica introducida en el Derecho español con el objetivo de aumentar la protección del entorno natural, hubiera necesitado previo a su entrada en vigor un análisis más exhaustivo teniendo en cuenta que las deficiencias de protección ambiental radican en la falta de medios y de voluntad por parte de las entidades públicas (Lozano Cutanda y García De Entrerría, 2022).

Los primeros derechos constitucionales del medio ambiente natural de la historia aparecieron en Ecuador en 2008, y hasta el momento es el caso más destacado de reconocimiento constitucional de derechos al medio ambiente natural (Borràs-Pentinat y Sánchez, 2022). Teniendo en cuenta la Sentencia del Tribunal Constitucional ecuatoriano sobre esta situación y analizando los argumentos del Tribunal, el principal argumento que se defiende es que exista una reserva de ley sobre la protección de los derechos medioambientales. Pero no se puede negar que la reserva de Ley en los derechos del medio ambiente no tiene por qué ser mejor que la reserva de Ley en la actuación de las personas o en la ejecución del deber público que reconocen de manera general las Constituciones (Pineda Reyes y Vilela Pincay, 2020).

La subjetivación del medio ambiente plantea algunas problemáticas. En primer lugar, determinar quien ostenta la representación jurídica del medio ambiente, porque claramente por sí misma no puede representarse, ni por sí misma puede ejercer sus derechos ni puede ejercer sus deberes que quizá como persona jurídica debería tener.

Por lo tanto, se plantea la cuestión de quien ostentaría esa representación. Se entendería que es una representación colectiva o, por el contrario, por un conjunto de especialistas biólogos que toman las decisiones, y con ello, se va a abandonar la legitimidad representativa para otorgar poderes a tecnócratas/técnicos en esta materia (Ortuño y Vicente Giménez, 2022).

Otros estados han implementado el modelo general de derechos a la naturaleza, en Bolivia se aprobó en año 2010 la Ley de los Derechos de la Madre Tierra (Ley nº071 de 21 de diciembre 2010) y en 2012 la Ley Marco de la Madre Tierra y Desarrollo Integral para vivir Bien (Ley 300 del Estado Plurinacional de 15 de octubre del 2012). En Nueva Zelanda, se han reconocido en dos ocasiones derechos a la naturaleza como persona jurídica, en primer lugar, a un antiguo parque regional llamado Te Urewera y, en segundo lugar, al río Whanganui. Otros países que han decidido otorgar derechos a la naturaleza más recientemente como en Colombia. Este es un caso curioso porque ya en 1998 se incluye la consideración y reconocer derechos al medio ambiente en la Constitución, pero no es hasta la Sentencia de 2016 (Sentencia T-622 de 2016 expediente T-5.016.242) en el caso del río Atrato cuando adquirió derechos en el que finalmente se le ha considerado sujeto de derecho (Bachman Fuentes y Navarro Caro, 2021). También, en India se les reconocen derechos a los ríos Ganges y Yamuna (Tănăsescu, 2020). Las últimas novedades respecto al debate de la subjetivación de la naturaleza, se ha producido durante el proceso de revisión constitucional chilena (Aguilar Cavallo, 2016).

4.3. Del contenido de la Ley 19/2022, para el reconocimiento de personalidad jurídica a la laguna del Mar Menor y su cuenca

Por lo revisado hasta el momento, la personificación de determinados entornos naturales ha sido una tendencia seguida principalmente en Latinoamérica que no había llegado a Europa hasta ahora, puesto que recientemente se ha reconocido al Mar Menor, la laguna salada más grande de Europa situada en la Región de Murcia, personalidad jurídica solicitada mediante una iniciativa legislativa popular que ha sido aprobada en el Senado (Álvarez Carreño y Soro Mateo, 2023).

Las principales motivaciones de este movimiento liderado por Vicente Giménez, profesora Titular de la Facultad de Derecho de la Universidad de Murcia, son los graves perjuicios ocasionados al ecosistema derivado de la ineficacia de las normas jurídicas vigentes que velaban por su protección.

Así se pone de manifiesto en el preámbulo de la Ley 19/2022, de 30 de septiembre, para el reconocimiento de personalidad jurídica a la laguna del Mar Menor y su cuenca que consta de siete artículos se reconoce personalidad jurídica a la laguna del Mar Menor y su cuenca, los motivos de la aprobación de la misma. En este sentido se determina que el primer motivo es, por la grave crisis que presenta tanto a nivel socio-ambiental, ecológica y humanitaria la laguna del Mar Menor, y los habitantes de sus municipios ribereños y, en segundo lugar, por la falta de protección jurídica del entorno natural a pesar del desarrollo que ha experimentado en los últimos años (Ley 19/2022 de 30 de septiembre).

Además, el preámbulo se menciona el principal objetivo de la Ley que no es otra que otorgar personalidad jurídica a la laguna del Mar Menor para así dotarle de una serie de derechos que se enumeran y especifican en el artículo 2 de la misma tales como el derecho a existir y a evolucionar naturalmente, el derecho a la protección, derecho a la conservación y el derecho a la restauración sin especificar en ningún caso cuando se entienden vulnerados.

A su vez en el preámbulo se argumenta la transformación del concepto de medio ambiente del antropocentrismo al ecocentrismo justificando el apoyo del reconocimiento como persona jurídica al entorno natural en base a las evidencias científicas tanto en el área de las ciencias de la vida como de la Tierra (Lozano Cutanda y García De Entrerría, 2022).

Resulta llamativo que sólo se recoge como fundamento jurídico para avalar la transformación mencionada el pronunciamiento de la Sala de lo Penal del Tribunal Supremo en la Sentencia nº3851/1990 de 30 de noviembre en el que se realiza una interpretación del artículo 347 bis del Código Penal vigente en ese momento. En esta sentencia básicamente el Tribunal pone de manifiesto la perspectiva antropocéntrica del derecho penal como fundamento de la disconformidad punitiva concretamente cuando hace referencia a la "diferenciación entre males que afectan a la salud de las personas y riesgos que dañan otras especies animales o vegetales y el medio ambiente se debe, en gran medida, a que el hombre no se siente parte de la naturaleza sino como una fuerza externa destinada a dominarla o conquistarla para ponerla a su servicio. Conviene recordar que la naturaleza no admite un uso ilimitado y que constituye un capital natural que debe ser protegido" (STS nº3851/1990 de 30 de noviembre).

Por tanto, este pronunciamiento del TS, modifica el artículo 45 de la Constitución Española que recoge el derecho a un medio ambiente adecuado, pero en ningún caso como derecho fundamental, sino como un principio rector del ordenamiento jurídico cuyo cometido es tutelar la defender e intereses colectivos, así se pone de manifiesto en otros pronunciamientos del Tribunal Constitucional, en Sentencia 84/2013, de 11 de abril o Sentencia 233/2015, de 5 de noviembre.

Continuando con el análisis del contenido de la Ley, como se ha mencionado anteriormente se estructura en siete artículos, el primero de ellos dedicado a delimitar el entorno natural al que se le otorga la condición de persona jurídica y a continuación en su artículo 2 determina los derechos adquiridos. De los derechos adquiridos se encuentra el

1. Derecho a existir y a evolucionar naturalmente que consiste en "el respeto a esta ley ecológica, para asegurar el equilibro y la capacidad de regulación del ecosistema ante el desequilibrio provocado por las presiones antrópicas procedentes mayoritariamente de la cuenca vertiente"
2. Derecho a la conservación, "exige acciones de preservación de especies y hábitats terrestres y marinos y la gestión de los espacios naturales protegidos asociados"
3. Derecho a la protección, "implica limitar, detener y no autorizar aquellas actividades que supongan un riesgo o perjuicio para el ecosistema"
4. Derecho a la restauración, "requiere, una vez producido el daño, acciones de reparación en la laguna y su cuenca vertiente, que restablezcan la dinámica natural y la resiliencia, así como los servicios ecosistémicos asociados."

En su artículo 3, recoge los organismos que ostentan su representación compuesta por el Comité de representantes, constituido por trece miembros, seis de ellos pertenecientes a la Administración pública, tres a la administración General del Estado y tres a la Comunidad Autónoma, y sietes de ellos pertenecientes al Grupo promotor de la iniciativa Legislativa popular. Entre sus funciones se encuentra principalmente la de proponer actuaciones de protección, conservación, mantenimiento y restauración y vigilar el cumplimiento de los derechos de la laguna.

Otro de los organismos que ostentan la representación del Mar Menor como persona jurídica es la Comisión de Seguimiento, constituida por una persona titula y un suplente de cada municipio ribereño designadas por el Ayuntamiento y un titular y suplente representantes de los principales sectores económicos, sociales y defensores del medio ambiente[3]. Su principal función es la de difundir información sobre el contenido de la ley, así como el seguimiento y control del respeto a los derechos de la laguna y su cuenca, y el periódico control de su cumplimiento.

Por último, y no por ello menos importante se encuentra el Comité Científico, formado por científicos y expertos sobre la laguna, cuya principal función es la de asesor al resto

3. Asociaciones empresariales, sindicales, vecinales, de pesca, agrarias, ganaderas –con representación de la agricultura y ganadería ecológica y/o tradicional–, de defensa medioambiental, de lucha por la igualdad de género y juveniles.

de organismos representase sobre el estado ecológico del ecosistema, sus riesgos y las medidas adecuadas de restauración.

En relación al resto del articulado, los preceptos 4 y 5 recogen la responsabilidad derivada de la vulneración de los derechos recogidos en la normativa tanto a su jurisdicción como de forma más concreta, a la nulidad de las actuaciones de por parte de la Administración que vulneren lo establecido en la normativa (Álvarez Carreño y Soro Mateo, 2022).

El precepto cuarto, se debe de considerar como una reiteración de los tipos de responsabilidades que se derivan de la vulneración de lo establecido en la presente norma, sin ningún tipo de novedad puesto que, de lo contario, las responsabilidades administrativa y penal, serían contrarias al ordenamiento jurídico español partiendo de que carecen de rango de ley orgánica requerida en esta materia, así como la infracción del principio de legalidad establecido en el art. 25 de la CE.

Respecto al precepto quinto, se muestra igualmente como una reiteración, pues establece la anulabilidad o nulidad de los actos por parte de la Administración en caso de vulnerar los derechos recogidos en la norma y su posible revisión por vía judicial o administrativa, ya se regula en el ordenamiento jurídico.

Siguiendo con el análisis del contenido de la Ley, su disposición sexta hace referencia a la legitimación en la defensa del Mar Menor, estableciendo que se encuentra legitimado para la defensa del mismo toda persona física o jurídica podrán ejercer dicha acción judicial en nombre del ecosistema Mar Menor.

Y, por último, la séptima disposición enumera una serie de obligaciones de las Administraciones Públicas, como desarrollar políticas públicas de protección de la laguna, promover campañas de concienciación social, realizar estudios sobre el estado y recuperación del ecosistema, restringir las actividades que perjudican y dañan el ecosistema y prohibir la introducción de organismos y materiales orgánicos que alteren el patrimonio biológico del Mar Menor.

4.4. Complejidades que plantea la conversión del medio ambiente de bien a sujeto de Derecho

4.4.1. Efectos en el Ordenamiento Jurídico Español

De este reconocimiento de derechos al Mar Menor como persona jurídica se derivan cambios sustanciales en los conceptos jurídicos de la teoría del derecho tradicionales, por ejemplo, al no existir una relación de reciprocidad puesto que no es sujeto de deberes y, por tanto, se trata sólo de una relación jurídica de complementariedad. Además, modifica la temporalidad y el espacio del ámbito jurídico al hacer alusión a las generaciones futuras y las implicaciones planetarias del ecosistema. Todas estas modificaciones, desde la teoría del derecho, se deben trasladar a toda la dogmática jurídica y a los distintos ámbitos del Derecho. Como determina Vicente Giménez,

> *"Se trata de avanzar en igualdad y distribución de derechos, que ya no sólo serán titularidad de las personas, las corporaciones, las fundaciones o las entidades mercantiles y asociativas, sino también de la Naturaleza, de los ecosistemas como unidades básicas de la vida, para la protección de la Tierra tal y como la conocemos" (Ortuño y Vicente Giménez, 2022).*

Además, este reconocimiento a la naturaleza como sujeto de derecho no es compartida por toda la doctrina pues la mayoría considera el medio ambiente como un bien jurídico pues se encuentra regulado por el Derecho en tanto se expande su protección a los intereses colectivos, con una importante trascendencia social, también denominado como bien jurídico colectivo. En esencia, siendo el medio ambiente un bien colectivo cuya titularidad ostenta la generalidad de las personas y comparten la inquietud de su protección. Además, se muestra como una necesidad para todos, que se traduce en que todos tienen un interés común de proteger y conservar el medio ambiente (Ochoa Figueroa, 2014).

Por tanto, se puede considerar como bien jurídico aquel que contiene valor esencial para el ser humano y para la sociedad en donde habita y debe protegerse mediante tutela del Derecho.

Por consiguiente y desde el punto de vista del Derecho Administrativo, el problema que plantea la personificación del medio ambiente es que está generado una privatización de su tutela. Pues la consideración del entrono natural como persona jurídica, no se puede considerar una persona jurídica pública, porque carece de poder público y por lo tanto tendría que incluirse en la *summa divisio*, es decir, tendría que incluirse dentro de la subjetividad privada.

La cuestión a plantear sería si es esto necesario y no basta con la teoría tradicional del deber público donde es la Ley la que crea los derecho y deberes de toda la ciudadanía y ese sujeto pasivo, es decir, que sea la Administración la que tutele esos bienes y tiene para sí las potestades correspondientes, el deber jurídico de proteger y conservar el ambiente. Tanto es así que se trata de un deber público que tenemos todos sin que exista la subjetividad del medio ambiente (Steve Pardo, 2022).

Por lo expuesto la subjetividad lo que supondría es convertir una relación jurídico-pública entre Administración y naturaleza, en una relación jurídico-privada entre la Administración y otras personas físicas o jurídicas en la que la Administración tiene que mediar.

Además, de esta premisa se desprende que la subjetividad del medio ambiente es contraria a la división territorial, pues si hablamos de la naturaleza en sí misma considerada es la misma en territorio español que en cualquier parte del mundo. Por lo tanto, se trataría de un sujeto que se encuentra personificado por partes, que es persona en algunos lugares y no en otros, pero es el mismo ser desde esta perspectiva.

A su vez la personificación del medio ambiente natural planeta la problemática en cuanto a la propiedad puesto que la consideración de la naturaleza como sujeto jurídico o sujeto de derechos colisiona con los efectivos derechos propietarios que tenemos en la actualidad sobre los bines de la naturaleza considerados como dominio público, propiedad colectiva o dominio privado y que la mera consideración de la naturaleza como sujeto jurídico derrumbaría toda esta configuración tradicional.

No es posible que la naturaleza sea objeto y sujeto simultáneamente, quizá estamos ante una situación poliédrica desde el punto de vista de la naturaleza jurídica ciertamente complicada. Por lo tanto, la naturaleza no encaja como personalidad jurídica, sino que es otra cosa. Una situación de una supuesta persona jurídica si se llega a constituir como tal, que no responde a los cánones, a la categorización tradicional, a la institución como tal de las personas jurídicas porque no es fruto de una creación humana, carece de voluntad propia, o quizás sí, pero es alguien quien tiene que interpretarla.

En principio tampoco tiene deberes, por lo tanto, no estamos ante una persona jurídica y aceptarla como tal, puede suponer la desconfiguración de la categoría de institución de personalidad jurídica, es decir, si se constituye como una persona jurídica que carece de características tales como no es fruto de la voluntad humana, no tiene deberes, etc., no estamos ante una persona jurídica sino ante otra cosa, otra institución (Bachman Fuentes y Navarro Caro, 2021).

En este sentido, quizá la alternativa sería la de crear una tercera categoría entre la personalidad jurídica y la mera objetividad material, la misma idea que se plantea en relación con los animales como seres sintientes.

4.4.2. Efectos en el Ordenamiento jurídico europeo

Una vez analizado los efectos del reconocimiento del Mar Menor como persona jurídica en el ordenamiento jurídico español, se debe realizar una mención, aunque sea breve, sobre los efectos de esta normativa en el ordenamiento jurídico europeo.

Lo primero que se debe poner de manifiesto es que la competencia en materia de protección ambiental es compartida entre los Estados Miembros, en adelante EM, y la Unión Europea, en adelante UE. Esto quiere decir que, en cuanto a la capacidad legislativa en esta materia, en el caso de España en cuanto al otorgamiento de personalidad jurídica al Mar Menor en aras de evitar la contaminación, detener los vertidos de residuos, es perfectamente posible, además se debe mencionar que sobre todo en cuanto a la legislación previa a esta ley aprobada por la Comunidad Autónoma de la Región de Murcia, se ha basado en la legislación de la UE (Krämer, 2023).

Por lo tanto, la cuestión surge en el caso en que se reconoce al Mar Menor como persona jurídica en aras de hacer cumplir la aplicación de la legislación de la UE en la Región de Murcia.

Respecto a la legislación de la UE sobre el agua y la protección de la naturaleza se basa en directivas, que se dirigen a los EM de la UE y les piden que alcancen un resultado específico, por lo que son los EM los que determinan las formas y los medios para alcanzar este resultado requerido. El artículo 263, apartado 4, del Tratado de Funcionamiento de la Unión Europea, en adelante TFUE,

> *"Toda persona física o jurídica podrá interponer recurso, en las condiciones previstas en los párrafos primero y segundo, contra los actos de los que sea destinataria o que la afecten directa e individualmente y contra los actos reglamentarios que la afecten directamente y que no incluyan medidas de ejecución" (Art. 263.4 TFUE).*

La primera apreciación respecto al contenido de la disposición es que la consideración de persona jurídica es en base a la legislación nacional puesto que no existe un término europeo. Por lo tanto, continuando con este razonamiento en el que al Mar Menor se le ha otorgado la condición de persona jurídica podría encajar en lo establecido en el art. 263 del TFUE.

Por ello una persona jurídica en virtud del art. 263.4 del TFUE puede emprender acciones judiciales frente a actos de la UE siempre que este directamente e individualmente afectada por ellas como puede ser la contaminación por residuos, aguas residuales, nitratos, turismo, etc.

Si bien es cierto que todas estas acciones anteriores afectan al Mar Menor y su cuenca, también sucede con numerosas otras aguas costeras e interiores españolas, lagunas y lagos. Considerando esta situación se debe hacer alusión al pronunciamiento del TJUE, en el sentido de que no se puede considerar al Mar Menor en una posición distinta de todo el resto de aguas del territorio español que experimentan el mismo tipo de contaminación (Sentencia del Tribunal de Justicia de la Unión Europea nº 25/62). Sin embargo, Mar Menor es la única laguna, que es persona jurídica; ninguna otra agua española o europea podría llevar un caso ante el Tribunal de Justicia de la UE. Por lo tanto, Mar Menor podría verse afectado individualmente por las medidas de la UE.

Para verse afectado directamente, la situación jurídica de un solicitante debe, según el pronunciamiento del TJUE, estar afectada. Evidentemente, no es así, ya que el estatus jurídico del Mar Menor no cambia en función a una mayor o menor contaminación, o a la fijación de valores límite, condiciones para obtener un permiso u otras condiciones, de las diferentes medidas de la UE. De ello se deduce que el Mar Menor no podía emprender acciones legales contra las medidas de legislación ambiental, que se adoptaron a nivel de la UE. De ello se deduce que Mar Menor no podía emprender acciones legales contra las medidas de legislación ambiental, que se adoptaron a nivel de la UE (Krämer, 2023).

El artículo 265, apartado 3, del TFUE permite la acción judicial ante los tribunales de la UE cuando la UE, en infracción de los Tratados, no haya dirigido a una persona física o jurídica un acto jurídicamente vinculante. Sin embargo, dado que la protección del medio ambiente es una competencia compartida entre España y la UE, no se impide que España tome medidas para proteger el Mar Menor. Y la legislación medioambiental de la UE no exige que la UE tome medidas para proteger el medio ambiente dentro de las regiones de los EM.

5. CONCLUSIONES

En cuanto a la naturaleza jurídica del concepto medio ambiente en el ordenamiento jurídico español, se desprende que el derecho al medio ambiente de hoy día es la muestra de que existen derechos que ya no se ajustan a los criterios que se han utilizado hasta el momento, en función de las jurisdicciones y las manifestaciones tradicionales de la misma.

Muestra de ello es el caso de la determinación del Mar Menor como persona jurídica, a consecuencia de que la legislación actual no es suficiente y se ha buscado una alternativa para lograr alcanzar una mayor protección a este entono natural que se encuentra en pésimas condiciones. No podemos saber qué piensa Mar Menor, principalmente porque carece de dicha capacidad, sobre todas las medidas sugeridas o previstas para acudir en su ayuda. Pero lo que se sabemos es el estado ecológico del mismo y su cuenca que se ha deteriorado lenta pero progresivamente desde la década de 1960 y que hubo y hay una enorme falta de medidas efectivas para mejorar la situación.

Esta circunstancia que ya se ha producido en otros lugares sobre todo de Latinoamérica denota, que no es la medida definitiva ni más adecuada para proteger el medio ambiente desde una perspectiva jurídica.

Por el contrario, los motivos jurídicos por los que no se debe personificar el medio ambiente natural son, en primer lugar, porque si lo que se pretende es proteger mejor a la naturaleza lo que se necesita es que se tengan unos conocimientos técnicos adecuados, así como que exista una normativa técnica adecuada que refleje verdaderamente la incidencia de la acción humana en la naturaleza.

Esta normativa debe ser de carácter preventivo y estar dotada de las sanciones y medidas coercitivas que permita poder llevarlas a la práctica junto a una Administración que goce de recursos económicos, materiales y personales. Por lo tanto, estas son las medidas a adoptar frente a la mejora y conservación del medio ambiente, antes que llegar al otorgamiento de personalidad jurídica.

Como resultado, el reconocimiento del Mar Menor como sujeto de derecho es una Ley diferente que no se ajusta del todo al ordenamiento jurídico que verdaderamente no contribuye a la solución del problema que presenta y que afecta de manera directa al Estado de Derecho, incurriendo en indefensión jurídica tanto a los ciudadanos como a la Administración Pública.

6. REFERENCIAS

Aguilar Cavallo, G. (2016). Las deficiencias de la fórmula "derecho a vivir en un medio ambiente libre de contaminación" en la constitución chilena y algunas propuestas para su revisión. *Estudios constitucionales, 14*(2), 365-416. https://n9.cl/iek9q

Alpa, G. (2022). De la tutela del medio ambiente al reconocimiento de la "natura" como sujeto de derecho. ¿Una revisión de las categorías del derecho civil? *Revista de Derecho Privado*, 43, 73-90. https://doi.org/10.18601/01234366.43.04.

Álvarez Carreño, S. M. y Soro Mateo, B. (2022). El reconocimiento de personalidad jurídica y derechos propios al mar menor y su cuenca como respuesta a la crisis del derecho ambiental. En S. M. Álvarez Carreño, B. Soro Mateo y P. Serra Palao. *Estudios sobre la efectividad del Derecho de la biodiversidad y del cambio climático* (pp. 151-187). Tirant lo Blanch.

Álvarez Carreño, S. M. y Soro Mateo, B. (2023). Las nuevas vías de respuesta jurídica ante la crisis ambiental: el caso de la ILP que reconoce la personalidad jurídica del mar menor. En L. Sánchez Gallardo, *Mirando a los ríos desde el mar. Viejos y nuevos debates para una transición hídrica justa* (pp. 238-246). Universidad de Murcia, Servicio de Publicaciones. Fundación Nueva Cultura del Agua.

Bachmann Fuentes, R. I. y Navarro Caro, V. (2021). Derechos de la naturaleza y personalidad jurídica de los ecosistemas: nuevo paradigma de protección medioambiental: Un enfoque comparado. *Revista internacional de pensamiento político, 16*, 357-378. https://doi.org/10.46661/revintpensampolit.6336

Borràs-Pentinat, S. y Sanchez, M. M. (2022). Los derechos de la naturaleza: ¿el camino hacia la paz ecológica? *Revista Catalana de Dret Ambiental, 13*(1), 1-15. http://doi.org/10.17345/rcda3371

Canosa Usera, R. (1996). Aspectos constitucionales del Derecho Ambiental. *Revista de estudios políticos*, 94, 73-109.

Capella, V. B. (2000). El contenido del derecho al medio ambiente. *Anales de la Cátedra Francisco Suárez*, 34, 199-220.

Cassola Perezutti, G. (2005). *Medio ambiente y Derecho penal: Un acercamiento.* B de F.

De Lucia, V. (2017). Beyond anthropocentrism and ecocentrism: a biopolitical reading of environmental law. *Journal of Human Rights and the Environment, 8*(2), 181-202. https://doi.org/10.4337/jhre.2017.02.01

De Luis García, E. (2019). *El Derecho al Medio Ambiente de su Tutela Penal a la Respuestas Procesal.* Tirant lo Blanch.

Gillespie, A. (2014). *International environmental Law, Policy & Ethics.* OUP Oxford.

Krämer, L. (2023). Rights of Nature in Europe: The Spanish Lagoon Mar Menor Becomes a Legal Person, *Journal for European Environmental & Planning Law, 20*(1), 5-23. https://doi.org/10.1163/18760104-20010003

Kortenkamp, K. V. y Moore, C. F. (2001). Ecocentrism and anthropocentrism: Moral reasoning about ecological commons dilemmas. *Journal of Environmental Psychology, 21*(3), 261-272. https://doi.org/10.1006/jevp.2001.0205

López, J., García, J., Cano, C. J. y Casado, M. P. (2012). Antropocentrismo y ecocentrismo en emprendedores potenciales de base tecnológica. *Revista Bilingüe de Psicología ambiental*, 2, 169-177. https://doi.org/10.1174/217119712800337837

Lorenzetti, R. L. y Lorenzetti, P. (2020). *Derecho Ambiental.* Tirant lo Blanch.

Lozano Cutanda, B. y García De Enterría, A. (2022). La declaración del Mar Menor y su cuenca como persona jurídica: un "embrollo jurídico". *Diario la Ley*, 10163, 1-4.

Ochoa Figueroa, A. (2014). Medioambiente como bien jurídico protegido, ¿visión antropocéntrica o ecocéntrica? *Revista de derecho penal y criminología*, 11, 253-294.

Ortega Álvarez, L. I. (2013). Concepto de medio ambiente. En L. I. Ortega Álvarez (Dir.), M. C. Alonso García (Dir.) y R. De Vicente Martínez (Coord.), *Tratado de Derecho Ambiental,* (pp. 31-54). Tirant lo Blanch.

Ortuño, E. y Vicente Giménez, T. (2022). La iniciativa legislativa popular para el reconocimiento de personalidad jurídica y derechos propios al Mar Menor y su cuenca. *Revista Catalana de Dret Ambiental, 13*(1), 1-38. http://doi.org/10.17345/rcda3312

Pérez Sola, N. (2017). El derecho-deber de protección del medio ambiente. *Revista de Derecho Político, 1*(100), 949-986. https://doi.org/10.5944/rdp.100.2017.20723

Pineda Reyes, C. R. y Vilela Pincay, W. E. (2020). La naturaleza como sujeto de derecho en el ordenamiento jurídico ecuatoriano. *Revista Universidad y Sociedad, 12*(1), 217-224.

Steve Pardo, J. (2022). *Derecho del medio ambiente.* Marcial Pons.

Tănăsescu, M. (2020). Rights of nature, legal personality, and indigenous philosophies. *Transnational environmental law, 9*(3), 429-453.

Terol Becerra, M. J. (2000). Acerca del carácter más razonable que racional de la jurisprudencia constitucional relativa al medio ambiente. *Revista Española de Derecho Constitucional*, 59, 331-344.

6.1. Legislación y Jurisprudencia

Ley 300 del Estado Plurinacional, 15 de octubre 2012 Ley Marco de la Madre Tierra y Desarrollo Integral para Vivir Bien.

Ley Nº 071 Ley de 21 de diciembre de 2010, Ley de derechos de la Madre Tierra.

Ley 19/2022, de 30 de septiembre, para el reconocimiento de personalidad jurídica a la laguna del Mar Menor y su cuenca mediante iniciativa legislativa popular.

Sentencia T-622 de 2016 expediente T-5.016.242 caso del río Atrato.

Sentencia del Tribunal Supremo, sala de lo penal, nº3851/1990 de 30 de noviembre.

Sentencia del Tribunal Constitucional nº84/2013, de 11 de abril.

Sentencia del Tribunal Constitucional nº233/2015, de 5 de noviembre.

Sentencia del Tribunal de Justicia de la Unión Europea 25/62 de 15 de julio de 1963.

O DIREITO E A REVOLUÇÃO

Maria João Pereira de Melo[1]

1. INTRODUÇÃO

O presente ensaio pretende efetuar um enquadramento compreensivo do modo como se poderá conceber a relação entre o direito e a revolução, considerando para o efeito a seguinte pergunta: a revolução provoca uma descontinuidade no direito?

Entre continuidade e rutura, defende-se uma resposta negativa, propondo-se um certo modo de conceber a revolução e o direito, por oposição à visão apresentada por Hans Kelsen em *Teoria Pura do Direito*, à luz de casos recentes, designadamente e pleonasticamente, à luz dos casos apresentados pela Primavera Árabe, ainda que os não se considerando individualmente, mas em abstrato. Nesse preciso sentido, para melhor concretizar o tema, dividiu-se a investigação em duas partes.

Na primeira parte, efetuou-se uma contextualização histórica do termo revolução, delimitando-se as fronteiras dos seus significados possíveis e explicando-se a importância dessa delimitação. Para tanto, avaliou-se a questão do tipo de revolução jurídica e conclui-se com uma reflexão sobre a revolução jurídica que ocorre fruto da revolução política, bem como com uma resposta à questão inicial de saber se uma revolução provoca ou não uma rutura no direito. Consequentemente, realizou-se nesta parte o que podemos designar por enquadramento inicial.

Na segunda parte, realizou-se uma distinção dos dois modos de compreender a relação entre o direito e a revolução, distinguindo-se entre uma perspetiva de rutura e uma perspetiva de continuidade. Na perspetiva de rutura, dilucidou-se o trabalho de Hans Kelsen. Na perspetiva de continuidade, continuou-se o raciocínio empreendido, mediante a consideração dos diferentes modos de compreender os princípios jurídicos e a defesa de uma determinada forma de os perspetivar. Finalmente, analisou-se a consideração abstrata dos casos oferecidos pela Primavera Árabe, como exemplo de um fenómeno recente e de um caso de estudo da maior pertinência.

2. OBJETIVOS

O objetivo principal consiste em avaliar o impacto do fenómeno da revolução no direito. Os objetivos específicos da análise são:

---

1. Universidade Lusófona (Porto, Portugal)

- Refletir e enquadrar os conceitos de revolução e de direito;
- Comparar crítico-reflexivamente duas posições clássicas relativamente ao impacto do fenómeno da revolução no direito, designadamente a perspetiva de descontinuidade e a perspetiva de continuidade;
- Identificar os fenómenos práticos que a Primavera Árabe revelou;
- Apresentar e refletir os resultados da análise empreendida.

Este artigo apresenta uma estrutura organizada em cinco pontos. Primeiro, desenvolveu-se uma introdução à questão que se pretendeu discutir ao longo da investigação. Segundo, apresentaram-se os objetivos que orientaram a investigação. Terceiro, apresentou-se a metodologia que informou a investigação. Quarto, desenvolveu-se a investigação, apresentando-se um enquadramento teórico devidamente fundamentado. Quinto, apresentaram-se as conclusões finais.

3. METODOLOGIA

A investigação realizada cabe no domínio do ensaio científico. Pretendeu-se, portanto, discutir o tema identificado, expor enquadramentos teóricos distintos e apresentar uma posição concreta à luz de casos recentes. Assim, a metodologia adotada consistiu no devido enquadramento jurídico, histórico e doutrinal, nomeadamente através:

- Do enquadramento teórico dos conceitos de revolução e de direito, recorrendo a autores clássicos e contemporâneos, designadamente: Platão, Aristóteles, Cícero, Cohen, Hatto, Kumar, Arendt, Castanheira Neves;
- Da identificação da doutrina da descontinuidade, através da análise do contributo de Hans Kelsen, no livro Teoria Pura do Direito, como autor que pela primeira vez expôs sistematicamente o problema da continuidade do direito em articulação com o estudo da revolução;
- Da identificação da doutrina da continuidade, como defendida por autores como Finnis, e Dworkin, refletindo-a à luz da interpretação do significado das conclusões de Nimer Sultany, presentes no livro *Law and Revolution: Legitimacy and Constitucionalism After the Arab Spring*.
- E, por último, da tomada de posição, considerando uma certa compreensão do direito e dos princípios jurídicos, fundamentada na doutrina essencial, inter alia: Castanheira Neves, Faria Costa, Gomes Canotilho, Aroso Linhares.

4. DESENVOLVIMENTO DA INVESTIGAÇÃO

Observando com prudência a requintadíssima bibliografia que se pode encontrar sobre as revoluções modernas, não raramente se manifestam posições distintas sobre o significado do termo revolução e sobre a relação deste conceito com o direito. Na maioria das vezes, o alcance de tais reflexões é tanto, e tão complexo, que não é incomum achar-se a confundir domínios distintos e entrelaçados, sem uma nuance de consistência. Foi precisamente para afastar esse risco, e sistematizar justamente o pensamento, que se decidiu refletir especificamente o significado real de uma revolução jurídica, tocando com uma distância de segurança as relações que se apresentam em domínios outros, e mesmo os exemplos paradigmáticos das revoluções modernas. Contudo, seria impossível o sobredito exercício sem uma breve contextualização histórica do termo revolução, ou do que foi inicialmente o pensamento sobre a ideia de revolução. Tanto assim é, que será precisamente mediante esta compreensão histórica que se procurará responder a alguns dos problemas que se põem hoje em volta de saber quando é que existe uma revolução jurídica e qual a distinção entre a revolução jurídica e revoluções outras.

A palavra revolução deriva do latim *revolutio*, e encontra o seu sentido primeiro na astronomia, paradigmaticamente com a publicação de *De revolutionibus orbium coelestium*, em 1543, por Nicolau Copérnico. Nessa medida, é frequentemente escrito que estamos perante um termo astronómico, associado ao movimento de translação do planeta Terra em torno do Sol, como recuperação do pensamento de Aristarco de Samos, do heliocentrismo, e rejeição do pensamento ptolemaico, do geocentrismo (Cohen, 2001).

Ainda que assim seja, e que se afigure sobremodo importante esta compreensão, é igualmente caro procurar a origem da ideia de revolução, tanto quanto possível, como hoje se compreende nos domínios político e jurídico. Neste exato sentido, e preservando a imagem astronómica do movimento regular e rotativo, e mesmo da ideia do retorno, considere-se o percurso deste conceito. Na antiguidade existiram três autores cujo contributo merece atenção. Em primeira ordem, Platão, que associa a revolução a um processo de evolução (a timocracia tende a deteriorar-se e transformar-se numa oligarquia, a oligarquia em democracia e a democracia em tirania) (Platão, 2017).

De seguida, Políbio, conhecido nesta matéria por defender pela primeira vez que aquele processo é cíclico e que se repetiria *ad aeternum*, bem como por aprofundar aquela formulação (a monarquia tenderia a deteriorar-se e a transformar-se numa tirania, a tirania em aristocracia, a aristocracia em oligarquia, a oligarquia em democracia, a democracia em governo da multidão, o governo da multidão em estado natureza e o estado natureza em monarquia outra vez, iniciando um novo ciclo). Neste contributo, há dois aspectos que importa destacar especialmente: por um lado, a ideia do destino (*tyche*) como uma força irresistível; e, por outro lado, a imagem concetual da roda ou do ciclo (*anakyklosis*), alimentada por essa força indominável (Hatto, 1949).

Por último, Aristóteles, que através de uma extensa análise empírica, se afasta do determinismo anterior, e, reconhecendo a hipótese das diferentes constituições se transformarem, acrescenta a possibilidade de resistir a essas mudanças, mediante a boa governação (Aristóteles, 2019).

De todo o modo, o que estaria em causa, desde Platão, seria a mudança da Constituição da cidade: "Não é uma regra simples e invariável que em toda a forma de constituição a revolução tem o seu começo naquela parte mesma que detém o poder, quando a dissensão se origina no seu seio. E que, quando está de acordo consigo mesma, por pequena que seja, a inovação é impossível?" (Platão, 2017).

Primo conspectu, servem estas contribuições para que se constate que sempre se verificaram revoluções, assim como para que se compreenda o que poderá ser considerada uma revolução jurídica propriamente dita. Neste sentido, uma resposta frequentemente veiculada na doutrina é a de que a revolução jurídica acontece quando existe uma "mudança do local" onde reside o poder (Krishnan Kumar, 1967), alterando a presunção de validade do ordenamento jurídico. Não sendo esta inteiramente a tese que se partilha, e para que se possa justificar razoavelmente o motivo de discórdia, é preciso prosseguir a iniciada contextualização histórica do termo revolução. Nada obstante, avançar-se-á a um ritmo mais rápido, tocando apenas aqueles autores fundamentais para a evolução do conceito, bem como para a linha de raciocínio formulada, sem prejuízo do contributo de autores outros. Considere-se então, neste momento, o contributo de Cícero para a evolução do conceito. É bem certo que existe uma continuação do que havia sido o pensamento grego, notadamente, encarando o autor com naturalidade as transformações da constituição do Estado, assim como admitindo a possibilidade da moderação do curso dos acontecimentos. Contudo, há uma distinção insubstituível que se deve destacar em *Da República*, pois não está presente antes, assinalavelmente a maleabilidade com que se aborda o conceito. Deveras, quando Cícero escreve sobre "um horrível transtorno, uma completa revolução", segundo o que parece, afasta-se da ideia de passagem de um ponto para outro, contemplando a imagem de uma volta completa, em que num curto período de tempo se retorna ao ponto inicial (Cícero, 2001). Transporta-nos, pois, para uma imagem concetual que se reproduzirá do seguinte modo: várias revoluções, vários pontos do círculo, enquadradas em uma só. Esta representação que se extrai é necessária porque sugere o que alguns pensadores modernos viriam a demonstrar, a saber: embora se possam achar lugares-comuns, não existe um modelo único de revolução. Faça-se aqui uma breve nota para levantar a seguinte questão: existe apenas uma única forma de revolução jurídica? Note-se o seguinte exemplo: quando se substituiu o paradigma jusnaturalista dominante por um paradigma juspositivista, que passou a dominar, assistiu-se a uma revolução jurídica? Dito de outro modo, poderá a doutrina confinar a revolução jurídica aos contornos da revolução política?

Na Idade Média, não houve nenhum autor que mudasse significativamente o conceito de revolução. Assim, quando revoluções existiam, eram comummente associadas a uma ideia de restauração ou de retorno. Será apenas na modernidade que o modo de compreender a revolução se volta a alterar, levando muitos autores a fazerem sua incumbência cogitar o fenómeno revolucionário. Neste ponto, não podendo abordar as reflexões diversas, ou mesmo algumas distinções clássicas, escolhemos privilegiar o contributo de Hannah Arendt em *Sobre a Revolução*. Na obra é apresentada uma miríade de contributos assinaláveis, dos quais são certamente incontornáveis a comparação forte estabelecida entre a revolução americana e a revolução francesa, bem como a visão única da autora sobre a violência física. E se se poderia assinalar a importância de revoluções outras, ou a violência física como apenas um dos traços caracterizadores possíveis da revolução(nunca traço maestro), não menos se considera o modo como é desenvolvida a obra, fundamentada essencialmente em uma distinção importantíssima que marca o afastamento entre um tempo e outro: entre as revoluções antigas e as revoluções modernas. Aqui, pode achar-se um retorno – não expresso (!) – à ideia ciceriana– ainda que apenas sugerida (!) – de "um horrível transtorno, uma completa revolução", acrescentando-lhe um novo horizonte fundamentante: uma nova forma de inteligir a liberdade. Assim, assumindo a violência e a mudança como uma constante, separam-se as revoluções modernas de outras pela rejeição da teoria cíclica, associando-as, ao invés, "à noção de que o decurso da história começa subitamente de novo" (Arendt, 2019, p. 30). Com efeito, distingue-se libertação – como o desejo de estar livre de opressão e resistir a governos que exorbitem os seus poderes, violando direitos antigos fortemente enraizados – de liberdade – como direito inalienável do Homem, associado a um princípio republicano (Arendt, 2019). Ora, a importância da ideia de um novo começo da história é marcante e coloca sérias questões. No direito, concretamente, a seguinte: existe uma verdadeira rutura no ordenamento jurídico ou apenas uma restauração? E, em boa verdade, uma resposta a esta questão não deixa de ser problemática, na medida em que revela tão-só uma determinada compreensão da revolução e do direito.

O que se expôs torna indispensável o desenho de um determinado pensamento sobre a matéria, ainda que alicerçado no reconhecimento modesto de que não se o pode lidimamente impor. Por conseguinte, neste momento, traçar-se-á o modo de ver os materiais que estudados, com a firmeza suficiente para privilegiar uma conceção em relação às demais. Assim sendo, só é razoável que se inicie por destacar certos traços caracterizadores de uma revolução. A saber: a necessidade de mudança (transformação); a irresistibilidade dessa mudança; a rotatividade (ideia de retorno); a aceleração e intensidade (desse processo); e a novidade (ideia de começo). Nestes traços elencados, facilmente se depreende uma violência que nasce do paradoxo entre o que é – naquele momento presente – e o que deve ser – contemplando-se o passado e/ou o futuro, o retorno e/ou o começo. Não se partilha, pois, a tese de Hannah Arendt da violência física como traço sempre presente, nem tão pouco da interrupção do curso da história moderno. Defende-se, antes, uma violência metafísica, fruto daquele paradoxo entre o que é e o que deve ser. Com efeito, uma revolução pode dar-se em domínios diversos, sempre que esteja em causa este paradoxo, e, mesmo em um só domínio, não existirá uma única forma de revolução. Focando-se no direito, fruto de uma revolução política, existe uma revolução jurídica – não se o contraria; contudo, não será menos certo afirmar que a passagem de um paradigma jusnaturalista para um paradigma juspositivista consubstanciou uma revolução semelhante.

Desse modo, fica avançada a resposta à questão inicial desta investigação: uma revolução jurídica acontece quando existe no espírito coletivo uma violência que nasce do paradoxo entre o que é – naquele momento presente – e o que deve ser – contemplando-se o passado e/ou o futuro, o retorno e/ou o começo. Afasta-se da revolta pelo seu carácter de irresistibilidade, fundado na certeza de que não há nada a fazer para a controlar (Arendt, 2019). Resultará, por exemplo, do político, razoavelmente, porque o direito não se compreende isolado, mas como um domínio próprio e autónomo em contacto com domínios outros. Foi esta a definição que se conseguiu alcançar, reforçando, cientes da complexidade do problema e da perigosidade de definições axiomáticas, que resulta da contextualização histórica que se efetuou e de um modo de compreender o direito e a revolução. Temos apenas de dizer uma palavra acerca do que se acaba de referir, pois se parece clara a definição que se alcançou de revolução, fruto dos materiais já referidos, o mesmo não se poderá dizer da perspetivação do direito. Dir-se-á, com alguma firmeza, partilhara a conceção onto-antropológica do direito, em que o direito resulta da essência do homem, manifestada na procura constante do "sentido ou razão das coisas". Nessa procura, constrói-se como "ordem de agregação e pacificação", como "disciplina da razão prática", propondo-se resolver os problemas do quotidiano. Pensar o direito é, com efeito, compreender o que nos faz assumir a obediência à lei, bem como a obediência ao direito (Faria Costa & Oliveira Moura, 2021). E será neste pensamento dinâmico e comprometido que se deverá reconhecer a revolução jurídica, como uma crise de validade no direito, e de direito, ainda que muito influenciada por domínios outros. O ensaio focar-se-á especialmente na revolução jurídica que acontece fruto de uma revolução política. Na verdade, pese embora se tenha nomeado a possibilidade de abordagens outras, apenas se o fez para compreender desde início a complexidade do tema, apresentando uma certa compreensão dos materiais apresentados e limitando adequadamente o âmbito da investigação. De resto, quando se pensa a revolução e o direito desta forma, surge de imediato uma questão já levantada: significa a revolução uma verdadeira rutura no ordenamento jurídico ou apenas uma restauração? Segundo o que se virá a concluir, uma revolução jurídica acaba sempre por ser uma renovação do direito, ou do sentido do direito, articulando dialeticamente o passado e o futuro, e procurando criar um "dever-ser que é", no presente. Em todo o caso, pela aceleração e intensidade em que se opera, poderá muito bem aparentar uma rutura com o ordenamento jurídico anterior, mas que significará tão-só uma "degradação" temporária de ordem. Recorde-se o exposto por Castanheira Neves: o direito não se esgota "numa qualquer ordem" (Castanheira Neves, 1976). Naturalmente, para chegar a esta ideia foi necessário o confronto com diferentes modos de conceber a relação entre o direito e a revolução. Não podendo aqui fazer uma análise acabada de todas as diferenças ténues, de todos os pormenores, de todas as minúcias em que se afastam e aproximam umas e outras conceções, trataram-se duas perspetivas opostas em que se podem dividir com suficiente consistência os modos de conceber aquela relação, designadamente a perspetiva de descontinuidade e a perspetiva de continuidade.

A perspetiva de descontinuidade incorpora em si todos os modos de conceber a relação entre o direito e a revolução que propõem existir, como consequência de uma revolução, uma rutura com o ordenamento jurídico anterior, com um direito, e o começo de um ordenamento jurídico novo, um outro direito, separado e com autonomia em relação ao anterior (Barkun, 1971; Green, 2005). Frequentemente associado ao paradigma juspositivista, este modo de ver tornou-se particularmente discutido pela doutrina quando alguns tribunais concluíram que na sequência de uma revolução eficaz a ordem jurídica anterior desapareceria por completo. Como exemplos paradigmáticos temos o Supremo Tribunal do Paquistão (1958) e o Supremo Tribunal do Uganda (1967). Deveras, tanto em *Estado v. Dosso* (1958) como em *Matovu v. Uganda* (1967) os juízes do antigo regime decidiram que, porque a revolução tinha tido sucesso, a ordem jurídica anterior tinha desaparecido, e, portanto, não só lhes era permitido reconhecer o novo regime como juridicamente válido como eram juridicamente obrigados a tal (Harris, 1971; Sultany, 2017). Para tanto, nos dois casos se citou a mesma passagem de Hans Kelsen. Note-se a passagem citada: "Mudança da Norma Fundamental: O fenómeno da revolução demonstra de forma clara a significação da norma fundamental. Suponha-se que um grupo de indivíduos tente conquistar o poder pela força, a fim de depor o governo legítimo de um Estado até então monárquico e introduzir uma forma republicana de governo. Se forem bem sucedidos, se a velha ordem terminar e a nova ordem começar a ser eficaz, porque os indivíduos cuja conduta a nova ordem regula efetivamente se conduzem – de um modo geral – em conformidade com a nova ordem, então essa ordem é considerada como uma ordem válida. Agora, é de acordo com essa nova ordem que a conduta dos indivíduos é interpretada como sendo lícita ou ilícita. Mas isso significa que se pressupõe uma nova norma fundamental. Não é mais a norma segundo a qual a velha constituição monárquica era válida, mas uma norma segundo a qual a nova constituição republicana é válida, uma norma que investe o governo revolucionário de poder legal. Se os revolucionários fracassarem, se a ordem que tentam estabelecer permanecer ineficaz, então, por outro lado, seu empreendimento é interpretado não como um ato criador de direito, como um ato lícito, como o estabelecimento de uma constituição, mas como um ato ilícito, como crime de traição, e isso segundo a velha constituição monárquica e a sua norma fundamental específica" (Kelsen, 2000, p. 173).

Que assim se tenha sucedido não é certamente coincidência. Como constatou Galvão Teles em *Revolution, Lex Posteriori and Lex Nova*, foi a *Teoria Pura do Direito* que introduziu sistematicamente o problema da continuidade do direito em articulação com o estudo da revolução, enão se conhecem muitas investigações sem referência ao jurista austríaco. Assim, não obstante se discorde da conceção kelseniana, ou talvez precisamente por isso, é mister considerá-la atentamente. Hans Kelsen concebia o direito como um sistema de normas cuja unidade residia no facto de todas terem o mesmo fundamento de validade: a Grundnorm. Com efeito, o fundamento de validade de uma norma (norma inferior) residiria em outra norma (norma superior) e existiria sempre uma norma última e mais elevada da qual se poderia deduzir logicamente o conteúdo de todas as outras: a norma fundamental (Kelsen, 2018).

Naturalmente, esta seria pressuposta quando o ato constituinte fosse objetivamente interpretado como facto fundamental da produção jurídica. Estaríamos então perante o ponto de partida do processo de criação do direito positivo. Não uma norma posta, não uma norma positiva, mas uma norma pressuposta ("como se"). Nessa exata medida, a instância constituinte seria considerada a autoridade mais elevada, não recebendo o seu poder de nenhuma autoridade superior (Kelsen, 2018). Por outras palavras, não pretendendo o raciocínio kelseniano, ao (re)conduzir-se regressivamente à Constituição histórica, atribuir a validade do ordenamento jurídico a uma autoridade metajurídica, como Deus ou a natureza, fez-se mister que a norma fosse por nós pressuposta. *Ultima analysis*, o direito não seria um complexo de normas válidas colocadas umas ao lado das outras, mas "uma construção escalonada de normas supra-infra-ordenadas umas às outras", em razão de um fundamento de validade comum, por nós pressuposto (Kelsen, 2018).

Partindo deste ponto de vista, uma revolução significaria sempre uma rutura no ordenamento jurídico, visto que ao desaparecer a validade da norma pressuposta desapareceria a validade de todo o ordenamento jurídico (Kelsen, 2018). Assim sendo, é necessário esclarecer adequadamente o modo de conceber o período que ocorre entre a perda de eficácia da Constituição anterior e o ganho de eficácia da Constituição posterior. Isto porque também o autor reconhece que, não obstante a revolução, há normas promulgadas pelo regime anterior que não desaparecem.

Aí está a pedra-de-toque. Se há autores que defendem que estas normas permanecem em vigor, adotando uma perspetiva de continuidade do direito, outros há que propõem que "permanecer em vigor não é a expressão adequada". Antes, deverá dizer-se que existe uma receção dessas normas ao abrigo da nova Constituição, de onde a sua validade agora se deduzirá, verificando-se não obstante uma rutura do direito. Sintomaticamente, quando Kelsen defende a existência de um sistema jurídico inteiramente novo após a revolução não significa que não reconheça a receção de direito anterior(nesse sentido não inteiramente novo), mas apenas que se deduzirá a sua validade de uma nova norma pressuposta: esse direito é "como se" produzido de novo (Kelsen, 2018).

Tem ainda que se dizer um ponto essencial sobre este período de transição, relacionado especificamente com o modo como o autor equaciona a relação entre validade e eficácia. Para este: a eficácia não seria fundamento de validade, isto é, resposta à questão de saber por que devem as normas de uma determinada ordem jurídica ser observadas e aplicadas. Esse fundamento seria a norma fundamental pressuposta. Mas sabemos com segurança que a norma fundamental teria de ser obrigatoriamente eficaz para ser válida. Aqui, ao arrepio da contradição, argumenta: uma condição não pode identificar-se com aquilo que condiciona (!). De outro modo, uma ordem jurídica não perde a sua validade pelo facto de uma norma singular perder eficácia, uma ordem jurídica é considerada válida quando as suas normas são, numa consideração global, eficazes (Kelsen, 2018). Sobre este modo de ver, vários autores defenderam que não existe nenhum teste factual puro sobre eficácia que possa ser aplicado quando acaba de ocorrer uma revolução, dos quais destacamos A. M. Honore e R. W. Dias (Honore, 1967; Dias, 1968).

Nada obstante, Galvão Teles acompanha com a devida distância o pensamento de Hans Kelsen, defendendo que a norma fundamental constituída pela lei nova poderia não ser o único critério de unidade do sistema jurídico, mas forneceria o ponto de referência para a sua unidade, tal qual um ponto arquimediano. Por assim ser, a nova norma fundamental interromperia inevitavelmente a continuidade, pois seria por referência a esta que o estatuto do direito anterior teria de ser definido. Consequentemente, ainda que a unidade pudesse ser reconstituída do presente em direção ao passado, tratar-se-ia não obstante de uma nova unidade (Galvão Teles, 2014).

Bem vistas e ponderadas as matérias, não se pode com justeza negar a importância da norma fundamental em qualquer ordenamento jurídico. Contudo, recuperando a famosa imagem piramidal, não deixam de existir algumas inquietações cuja expressão é necessária. Primeiro, se é a norma fundamental pressuposta que tem "competência-competência", como se justifica que não exista apenas a receção, mas que se busque o reconhecimento de validade nos tribunais, como acontece em um plano prático? E, ainda, é possível manter a imagem da pirâmide, atendendo à complexidade do direito?

As respostas propor-se-ão contrariar a perspetiva de descontinuidade (rutura) do direito. Nesse sentido, inicie-se por destacar o seguinte. Notou-se com alguma surpresa que nas decisões jurisprudenciais sobreditas se convocou o princípio da necessidade, segundo o qual medidas extrajurídicas seriam justificáveis por não existirem outras alternativas possíveis. Com efeito, tanto em *Estado v. Dosso* (1958) como em *Matovu v. Uganda* (1967) se defendeu a necessidade de reconhecer como juridicamente válidos atos extraconstitucionais de modo a obter estabilidade no ordenamento jurídico. O princípio da necessidade invocado pelos tribunais, bem como a possibilidade do reconhecimento da validade do poder obtido em resultado de uma revolução mediante decisão do Supremo Tribunal de Justiça dos respetivos ordenamentos jurídicos, não abona especialmente a favor de uma perspetiva de descontinuidade ou rutura do direito. Muito pelo contrário, os tribunais de um determinado ordenamento jurídico, deparados com uma crise de validade do direito naquele momento historicamente situado, recorrem a um princípio do próprio ordenamento jurídico – que afinal não se rompeu (?) – para justificar excluir ilicitude e reconhecer como válidos atos extraconstitucionais. Não parece, portanto, o nascimento de um ordenamento jurídico inteiramente novo. Aliás, também não deixa de ser curioso o facto de se recorrer a juízes, investidos de poder pelo antigo regime, para se obter o reconhecimento da validade do novo sistema jurídico. Aqui, M. S. Green, discípulo de Kelsen, afirma com clareza que colocar os tribunais como autoridade última de validação da norma básica seria colocar a soberania nos tribunais. Esta norma, como axioma jurídico, não teria de ser juridicamente justificada nem existiria na verdade uma justificação jurídica que nos conduzisse a escolher o axioma da soberania popular ou o axioma da soberania régia, por exemplo. Com efeito, toda a justificação que pudesse existir seria extrajurídica, não particularmente relevante, e aquela norma não deveria ser confundida com factos sociais e políticos (Green, 2005). Este ponto é importante, pois se se referenciou aquelas decisões jurisprudenciais por serem paradigmáticas nas investigações realizadas pela doutrina, não se ignora esta prática em casos mais recentes, designadamente nos múltiplos exemplos de estudo que a Primavera Árabe ofereceu. Muito pertinentemente, N. Sultany, em *Law and Revolution: Legitimacy and Constitutionalism After the Arab Spring*, realiza um estudo completo sobre aqueles exemplos, constatando a prática reiterada do recurso aos tribunais para aferir da validade das novas constituições, bem como o recurso aos princípios jurídicos como modo de harmonização do ordenamento jurídico (Sultany, 2017). Assim, contribuindo para a defesa de uma perspetiva de continuidade.

Por fim, tendo já sido revista suficientemente a questão do recurso aos tribunais para aferir da validade do que possa ser considerado o novo ordenamento jurídico, ocupemo-nos por ora do recurso aos princípios jurídicos como modo de harmonização do ordenamento jurídico. Em primeiro lugar, é preciso esclarecer que não entendemos os princípios do ordenamento jurídico como uma mera "racionalização cognitivo-sistemática", nem tão-pouco como meros compromissos de "índole pré-jurídica moral, em que a sua juridicidade se reduz à prescrição" (Aroso Linhares, 2013). Por outras palavras, afastamo-nos do pensamento de Kelsen, bem como de quaisquer outros autores que proponham existir uma rutura no ordenamento jurídico. Alinhemos o pensamento: ao defendermos que o direito resulta de uma "procura dinâmica de sentido", a presunção de validade que determina a vigência e o caráter vinculativo destes princípios há-de ser testada na resolução concreta dos problemas do quotidiano. Fruto dessa experiência, pode acontecer que alguns princípios permaneçam inalterados, outros desapareçam e outros ainda sofram uma mudança ao nível da compreensão do seu conteúdo axiológico. Consequentemente, não são estes fundamentos constitutivos da validade do direito fechados. Deste raciocínio simples se conclui que a revolução, causando um problema de validade no direito, não consubstancia uma rutura como fenómeno profundamente antijurídico, mas sim uma recompreensão de alguns daqueles princípios e a eliminação de outros. Deveras, os problemas são decisivos para uma eventual recompreensão dos princípios, os quais, como manifestação de historicidade constitutiva, têm um contexto axiológico que não é apenas regulativo, mas que se vai constituindo "fruto da novidade dos problemas". Nessas "práticas de estabilização os principais protagonistas serão a jurisprudência, a doutrina e o legislador constitucional". Contudo, a vigência destes não depende destas práticas, são vigentes enquanto tal (Eekelaar, 1973). *Ad exemplum*: se fruto de uma revolução socialista existisse uma recompreensão do princípio da propriedade privada, o seu núcleo enquanto tal, a sua juricidade, não seria afetado – apenas a forma como o compreenderíamos naquele momento historicamente situado. Outro exemplo: se a norma fundamental do ordenamento jurídico A, em resultado de uma revolução, deixasse de ter validade e eficácia, alguns dos princípios dessa ordem, embora pudessem vir a ser recebidos pelo ordenamento jurídico B, ao abrigo da nova norma fundamental, e posteriormente positivados, durante esse interregno (porque a eficácia não se verifica de imediato), não deixariam de ter validade e eficácia enquanto tais, ainda que não estivessem positivados em lado algum. Em suma, a sua validade jurídica não resulta de uma racionalização cognitivo-sistemática nem tão-pouco se reduz à prescrição. De resto, como normas jurídicas de "optimização" com grau relativamente elevado de abstração e de indeterminabilidade, com caráter de fundamentalidade e de aproximação da ideia de direito, e com natureza normogenética, permitem a harmonização do ordenamento jurídico, mediante o balanceamento de valores e interesses, traduzindo a possibilidade de uma autêntica racionalidade prática (Gomes Canotilho, 2003). Assim, ainda que existam princípios que sofram uma mudança ao nível da compreensão do seu conteúdo axiológico ou que desapareçam, não se faz *tabula rasa* do direito. Mais modestamente: a eliminação de princípios fundamentais de direito público, não significa uma rutura no ordenamento jurídico nos termos enquadrados. Por fim, destaquemos uma vez mais a questão essencial do recurso dos regimes revolucionários aos tribunais como forma de reconhecimento de validade e sublinhemos dois pontos. Primeiro, o recurso ao direito significa que não existe verdadeira rutura com o ordenamento jurídico anterior nem ausência de direito temporária. Podemos dizer que a revolução, ainda que inove, traz sempre em si uma pretensão de restauração do direito, pelo que a "nova ordem aparente" será sempre informada por elementos jurídicos a todos conhecidos. Segundo, a população terá de fazer uma análise irresistível das relações de cuidado-de-perigo naquele momento historicamente situado. Neste aspecto, notamos claro o conflito entre dois valores – o da segurança e o da liberdade – e sublinhamos a posição de Faria Costa, apontando a necessidade de não se confundir a exigência objetiva de segurança com a sensação subjetiva de segurança: "Por isso a segurança que releva onto-antropologicamente é aquela que está ao serviço da liberdade e em equilíbrio com ela (...) a segurança é um valor de expansão da autodeterminação e realização das mulheres e dos homens historicamente situados" (Faria Costa & Oliveira Moura, 2021).

O que acontece é que a presunção de validade do direito não deriva apenas daqueles princípios estruturantes que possam resultar de uma revolução política, mas também de princípios outros que, se se mantiverem inalterados, podem levar uma população a preferir manter um regime político instaurado com um golpe militar e sem apoio popular, tão-só para manter a ordem (ou parte dela). Rebatendo a perspetiva de Hans Kelsen, uma revolução política (e portanto jurídica) feita através de um golpe militar, e sem o apoio da população, poderá ter sucesso precisamente por não existir nenhuma rutura no direito. Dir-se-á nesses casos que a população prefere manter parte da ordem a ter que passar pela desordem total para restabelecer uma ordem antiga ou até renová-la. É na validade do direito que se mantém que encontra aquela mudança não autorizada força para subsistir. O que isto nos diz é que os princípios de direito têm força por si mesmos, não dependendo a sua vigência da norma fundamental. Se pensássemos no exemplo do sistema jurídico piramidal através da imagem de um castelo de cartas, poderíamos arguir que ao tirar as cartas do topo não desabariam as demais. Finalmente, aproveitemos a figura da pirâmide para abordar outra questão já levantada, em relação à possibilidade de se manter esta representação geométrica atendendo à complexidade do direito. Acompanhando Gomes Canotilho, diremos que não. Na verdade, a articulação entre o direito constitucional, o direito comunitário e o direito internacional, não se poderá reduzir àquela figura, verificando-se um "pluralismo de ordenamentos jurídicos superiores" (Gomes Canotilho, 2003). Além disso, acompanhando igualmente o defendido por Faria Costa, será mister acrescentar que o direito não se basta em um sistema, ainda que aberto, precisamente porque esta categoria "pressupõe um conjunto de preposições em que o léxico e a sintaxe se fixam, se cristalizam, de modo não equívoco". Antes, o direito é uma ordem e, pese embora trabalhe com elementos que são tendencialmente não equívocos, existe "um espaço mínimo de interpretação" (Faria Costa & Oliveira Moura, 2021). Por assim ser, os princípios jurídicos são a chave das situações revolucionárias, permitindo a continuidade do direito (Eekelaar, 1973; Dworkin, 1967), como a continuidade e identidade da sociedade em cuja existência ordenada o direito participa (Dworkin, 1986; Finnis, 1973; Raz, 1971).

5. CONCLUSÕES

Em conclusão, o direito é uma ordem que não se esgota em uma certa ordem, melhor dizendo, cuja carga axiológica ultrapassa as suas objetivações históricas, sendo mister distinguir entre "as suas cristalizações e os seus fracassos" (Castanheira Neves, 1976). Exatamente assim, conclui-se com este ensaio que existe continuidade no ordenamento jurídico, não obstante a revolução, e que se alcança esta compreensão observando os princípios jurídicos, com os valores que exprimem – liberdade, democracia, segurança, dignidade (...) – e com a "optimização" que permitem – abertos a ponderações e a compromissos (Gomes Canotilho, 2003). São os princípios que permitem "respirar, legitimar, enraizar e caminhar" o direito, sem uma rutura – ainda que assim se pareça.

Em suma, a revolução não é um fenómeno antijurídico. Efetivamente, será sempre um desvalor em relação a uma certa ordem. Contudo, até por "convocar os valores que o direito reclama" e "se arrogar detentora de direito próprio" (Castanheira Neves, 1976), se verifica que nem na aparente desordem o direito deixa de existir.

6. REFERÊNCIAS

Arendt, H. (2019). *Sobre a Revolução.* Relógio D'Água.

Aristóteles (2019). *Política.* Editora Nova Vega.

Aroso Linhares J. (2013). Princípios e Casos Difíceis: O papel das diferentes concepções dos princípios na defesa e superação do binómio casos fáceis/casos difíceis. *Projecto "Desafios Sociais, Incerteza e Direito"*. Coimbra, Portugal.

Aroso Linhares, J. (2012). Na "coroa de fumo" da teoria dos princípios: Poderá um tratamento dos princípios como normas servir-nos de guia. Em: F. Alves Correia, J. Machado, & J. Carlos Loureiro (org.). *Estudos de Homenagem ao Prof. Doutor José Joaquim Gomes Canotilho*. Coimbra Editora.

Barkun, M. (1971). Law and Social Revolution: Millenarianism and the Legal System. *Law & Society Review, 6*(1), 113-141. https://doi.org/10.2307/3052915

Berman, H. (1990). *Law and Revolution: The Formation of the Western Legal Tradition.* Harvard University Press.

Castanheira Neves, A. (2022, 25 de fevereiro). *A Revolução e o Direito: A situação de crise e o sentido do direito no actual processo revolucionário*. Ordem dos Advogados Portugueses. https://n9.cl/ui2y12

Cícero, M. T. (2001). *Da República.* Ridendo Castigat Mores.

Cohen, I. B. (2001). *Revolution in Science.* Harvard University Press.

Dias, R. (1968). Legal Politics: Norms Behind the Grundnorm. *Cambridge Law Journal, 26*(2), 233-259. https://www.jstor.org/stable/4505243

Dworkin, R. (1967). The model of rules. University of Chicago Law Review, 35 (1), 14-46. https://doi.org/10.2307/1598947

Dworkin, R. (1986). *Law's Empire.* Harvard University Press.

Eekelaar, J. (1973). Principles of Revolutionary Legality. Em: A. Simpson. *Oxford Essays in Jurisprudence*. Clarendon Press.

Faria Costa, J., & Oliveira Moura, B. (2021). *Filosofia do Direito*. Âncora Editora.

Finnis, J. (1973). Revolutions and Continuity of Law. Em: A. Simpson. *Oxford Essays in Jurisprudence*. Clarendon Press.

Galvão Teles, M. (2014). *Escritos Jurídicos.* Edições Almedina.

Gomes Canotilho, J. (2003). *Direito Constitucional e Teoria da Constituição*. Edições Almedina.

Green, M. S. (2005). Legal Revolutions: Six Mistakes About Discontinuity in the Legal Order. *North Carolina Law Review*, 83, 331-409. https://scholarship.law.wm.edu/cgi/viewcontent.cgi?article=1173&context=facpubs

Harris, J. W. (1971). When and why does the Grundnorm change. *Cambridge Law Journal, 29*(1), 103-133. https://www.jstor.org/stable/4505440

Hatto, A. (1949). Revolution: an enquiry into the usefulness of an historical term. *Mind, 58*(232), 495-517. https://www.jstor.org/stable/pdf/2250974.pdf

Honore, A. M. (1967). Reflections on Revolutions. *Irish Jurist, 2*(2), 268-278. https://www.jstor.org/stable/44026034

Kelsen, H. (2018). *Teoria Pura do Direito.* Martins Fontes.

Kelsen, H. (2000). *Teoria Geral do Direito e do Estado.* Martins Fontes.

Kraminick, I. (1972). Reflections on Revolution: Definition and Explanation in Recent Scholarship. *History and Theory, 11*(1), 26-63. https://doi.org/10.2307/2504623

Krishnan Kumar, J. (1967). What is a Revolution. *Government and Opposition, 2*(2), 301-311. https://n9.cl/k2dhn

Platão (2017). *República.* Edição Letras Errantes.

Raz, J. (1971). The identity of legal systems. *California Law Review*, 59, 795-815. https://doi.org/10.2307/3479604
Sultany, N. (2017). *Law and Revolution: Legitimacy and Constitutionalism After the Arab Spring*. Oxford University Press. https://doi.org/10.1093/oso/9780198768890.001.0001

REFORMA A LA ADMINISTRACIÓN EDUCACIONAL EN CHILE: EFECTOS EN LA ASOCIATIVIDAD ESCUELA-UNIVERSIDAD

Marta Quiroga-Lobos, Óscar Valenzuela-Flores, Paula Soto-Lillo[1]

1. INTRODUCCIÓN

La formación inicial docente requiere contextos reales para la realización de prácticas (Darling-Hammond 2012; McNeilly *et al.*, 2022). Por ello, es fundamental la existencia de vínculos entre universidades y escuelas para asegurar la realización de estas experiencias formativas.

Aun cuando existe amplia investigación sobre la asociatividad escuela- universidad en la formación inicial de profesores, es escasa la investigación sobre cómo se lleva a cabo la formación práctica en el contexto de una reforma educativa que crea una nueva institucionalidad. Tal es el caso de la creación y puesta en funcionamiento de los Servicios Locales de Educación Pública (SLEP) en Chile y de ahí la importancia de este estudio.

El año 2017 se promulgó la ley 21.040, que en su artículo 3 establece la creación de los SLEP que implica, entre otras cosas, el traspaso de las escuelas administradas por el municipio al estado. La promulgación de esta ley es un giro importante para la educación en Chile, pues modifica el rol del estado en la provisión de servicios educativos; sin intermediaciones de sostenedores, ya sea municipales o particulares. Este proceso ha significado importantes cambios para las comunidades escolares (Consejo de Evaluación del Sistema de Educación Pública, 2021) y sin duda tiene implicancias para las posibles relaciones de asociatividad que se dan con las universidades, ante lo cual se hace necesario investigar que ocurre desde esta perspectiva con el cambio de administración.

1.1. Formación inicial docente en Chile

En Chile, la formación inicial docente está regulada por ley de desarrollo profesional docente, que establece la obligatoriedad para las universidades que forman profesores de acreditar los programas ante la Comisión Nacional de Acreditación (CNA), de lo contrario, deben cerrar. Para acreditar, las universidades deben, entre otros aspectos, demostrar la existencia de convenios con escuelas para la realización de la formación práctica. Estos convenios se realizan entre los representantes de la universidad y el sostenedor de los establecimientos escolares.

1. Pontificia Universidad Católica de Valparaíso (Chile)

1.2. Servicios Locales de Educación Pública y Formación Práctica docente

La Ley 21.040 (2017) que crea el Sistema de Educación Pública estableció la instalación paulatina de esta nueva institucionalidad; y se relacionan con el Ministerio de Educación a través de la Dirección de Educación Pública. La creación de los SLEPs implica una mayor tuición del Estado sobre los establecimientos educacionales y eventualmente la desprivatización de una parte importante de la matrícula nacional. Los SLEP no están exentos de dificultades y presiones de la Nueva Gestión Pública que trae consigo métodos, ideales y conceptos del sector privado (planificación de objetivos, recursos humanos, supervisión del rendimiento y rendición de cuentas) al sector público (Balls y Youndell, 2008).

En el contexto de nuestro estudio, es importante considerar que la Ley 21.040, específicamente en su artículo 14 establece el trabajo en red entre sus establecimientos y con instituciones de educación superior de su territorio. Esto es una oportunidad para que las universidades formadoras de profesores se articulen para el logro de objetivos comunes y cumplir así con el requerimiento de la acreditación. Esta oportunidad es también un desafío, considerando que, la colaboración, no ha sido una característica de la relación universidad- escuela, aspecto que será desarrollado en la siguiente sección.

1.3. Experiencias internacionales de vinculación Escuela-Universidad

Los programas exitosos de formación inicial docente (FID) reúnen una serie de características, (Darling-Hammond, 2012), entre ellas, la realización de actividades prácticas en contextos auténticos (establecimientos escolares) para lo que se requiere la vinculación de la escuela con la universidad, en torno a la formación práctica. Este aspecto es recogido en la ley de carrera docente chilena y en la de acreditación de las universidades, estableciendo que las prácticas deben ser incrementales a lo largo de la formación y estar respaldadas en convenios entre las instituciones formadoras de profesores y los sostenedores de establecimientos. En este sentido, la ley se fundamenta en los acuerdos de la literatura.

Entre las iniciativas de vinculación escuela-universidad, una que destaca a nivel internacional es *Professional Development Schools (PDS)* modelo que establece como uno de sus principios, la investigación colaborativa escuela - universidad, de tal forma de contribuir a la mejora de los aprendizajes de los estudiantes de la escuela y de los profesores en formación. Este modelo es visto como un ideal que permitiría avanzar a la construcción de un "tercer espacio" (Zeichner, 2010) constituido en conjunto entre la escuela y la universidad y ofrecer formación docente con una visión compartida, lo que significa que la escuela y la universidad trabajan juntas, en lugar de hacerlo en paralelo.

Desde la perspectiva de la relación escuela - universidad, un estudio de Teitel (2008) explica que la relación puede ser definida en un continuo, desde escasa o nula, a transaccional y transformadora. Estas tres formas no deben ser comprendidas linealmente. Las asociaciones *Escasa o de Nula Conexión* se caracterizan por la ausencia de un propósito compartido y la carencia de conexiones institucionales y personales para lograr un aprendizaje mutuo. En este tipo de asociatividad hay una desvalorización mutua sobre el conocimiento. Las asociaciones *transaccionales* apuntan a que, tanto la escuela como la universidad reconocen propósitos comunes y realizan adaptaciones o ajustes, lo que les permite alcanzar ciertos objetivos; sin embargo, no se logran generar estructuras compartidas. Finalmente, las asociaciones *Transformadoras* entre escuela y universidad se refieren a estar dispuestos a aprender de y con los demás, y desear alcanzar colaborativamente cuatro propósitos: mejorar la formación de futuros profesores, mejorar aprendizajes de los estudiantes del centro escolar, desarrollar la formación profesional continua de los mentores y, el desarrollo de investigación colaborativa con profesores del centro escolar para mejorar las prácticas de enseñanza (Soto y Cortez, 2015).

Un modelo de asociatividad diferente es el modelo de formación docente basado en la escuela. En este modelo el docente del establecimiento escolar tiene un doble rol (White *et al.*, 2015), ya que enseña tanto a los estudiantes de sus cursos como a los profesores en formación en el "tercer espacio" (Zeichner, 2010) ya antes mencionado. El estudio de White *et al.* (2015) concluye que el tercer espacio, bajo la guía de un docente experimentado que actúa como agente de fronteras, tiene la posibilidad de desarrollar habilidades de enseñanza de segundo orden, es decir, que docentes de aula sean también formadores de profesores. Los docentes universitarios, por su parte, tienen la oportunidad de revisar sus prácticas de asociación y asumir el papel de intermediario de límites para apoyar a sus colegas de la escuela en su nuevo rol como profesionales de segundo orden.

De las experiencias documentadas podemos concluir que la asociación universidad/escuela es compleja (Mitescu, 2011), y se encuentra situada histórica y socialmente. Para tener éxito, la relación debe basarse en la confianza y el respeto mutuo, ya que ambas partes trabajan juntas y se valoran mutuamente (Vernon-Dotson, 2012). Cuando estos dos elementos no están presentes, las asociaciones no prosperan y también se debilitan por las luchas de poder, los roles indefinidos y los malentendidos sobre el prosósito de la asociación (Strier, 2011).

Más allá de las experiencias exitosas antes citadas, la investigación también ha establecido que tradicionalmente el vínculo Universidad-Escuela se centra en la ubicación de cupos de práctica, sin generar un trabajo colaborativo entre docentes formadores universitarios y profesores que realizan clases en el contexto escolar (Soto y Cortez, 2015; Ponz -Miranda *et al.*, 2019).

1.4. Investigaciones en Chile

La literatura en el contexto chileno es coincidente con la investigación internacional. De ella emerge que existen desafíos en torno a la articulación y metas comunes entre las instituciones (Ruffinelli *et al.*, 2020), o como señala Hirmas (2014) "la desarticulación se refleja en el choque de expectativas y presiones de una y otra parte y en los desacuerdos acerca del saber de la enseñanza" (Hirmas, 2014, p.136). Al respecto, Montecinos et al. (2015) sostienen que el vínculo entre las universidades y las escuelas es de tipo burocrático, centrado en la asignación de cupos para las prácticas y ligado a tareas administrativas, replicando las dificultades que la literatura internacional recoge. Por lo tanto, la investigación plantea que las alianzas requieren un esfuerzo institucional mayor donde existan metas alineadas entre ambas instituciones. Por ello se promueve la necesidad de fortalecer alianzas en función de mejores aprendizajes de los estudiantes del sistema escolar, los profesores en formación y los docentes de las escuelas (Montecinos y Walker, 2010)

Uno de esos aspectos claves de vinculación debe ser la atención a las características que son propias de los contextos escolares con los cuales se establecen convenios, es decir, considerar las necesidades de las comunidades que pueden ser abordadas en un trabajo conjunto con las instituciones de educación superior. Schilling y Sánchez (2020) abordan las posibilidades de bidireccionalidad escuela-universidad y sostienen que no es suficiente realizar ajustes curriculares a los programas de formación del profesorado sin complejizar las relaciones escuela-universidad e incorporar el enfoque territorial por medio de "superar concepciones puramente instrumentales y avanzar hacia la construcción de una experiencia vivida y compartida con los distintos territorios escolares" (Schilling y Sánchez, 2020, p.79), comprendiendo que son las escuelas portadoras de un conocimiento contextual que nutre los procesos formativos de la universidad.

2. OBJETIVOS

Considerando la reciente creación de los SLEP, la relación universidad - escuela se encuentra en un proceso de reconfiguración, especialmente en lo referente a la formación práctica de los profesores en formación. De allí que este estudio tiene por objetivo indagar sobre las oportunidades y desafíos de vinculación universidad - SLEP para la realización de actividades prácticas de profesores en formación en establecimientos bajo su dependencia. De ello surge la siguiente pregunta de investigación:

Desde la perspectiva de los encargados de coordinar las prácticas en las escuelas ¿Cuáles son los desafíos y oportunidades para desarrollar espacios de cooperación con las universidades luego del traspaso al SLEP?

3. METODOLOGÍA

Se realizó un estudio cualitativo de carácter descriptivo-exploratorio a partir de siete entrevistas reflexivas (Yunes y Szymanski, 2005), seis de ellas realizadas a los encargados de las prácticas de cada establecimiento y una al encargado de coordinar la vinculación con las universidades al interior de la estructura del servicio local.

El guión de las entrevistas reflexivas se elaboró a partir de tres dimensiones: en la primera parte se solicitó a los entrevistados describir su trayectoria profesional y la forma en que llegaron al cargo que actualmente desempeña, la segunda agrupa preguntas que permitieron al entrevistado comunicar su forma de trabajo con las diferentes universidades y comparar su experiencia anterior a la actual y la tercera sección se analizaron los desafíos y oportunidades bajo la nueva institucionalidad para acompañar el proceso de formación práctica de los futuros profesores. Las entrevistas fueron grabadas y posteriormente transcritas. Se asignó a cada transcripción un número correlativo. El análisis fue realizado utilizando el método comparativo constante (Strauss y Corbin, 2002). Cada investigador en forma independiente, realizó una categorización selectiva para luego, en reuniones, compartir y ajustar los análisis para asegurar la consistencia lógica (Guba y Lincoln, 1989).

El estudio se realizó en un SLEP de reciente creación, con 56 establecimientos escolares a su cargo. Se efectuó un muestreo por intensidad (Patton, citado por Flick 2015, p. 50), invitando a participar a diez establecimientos de educación parvularia, básica y media, ya que reunían las siguientes características: más de 20 años de experiencia como centro de práctica para profesores en formación, tener más de tres especialidades de pedagogía con profesores en formación realizando prácticas y experiencia de recibir estudiantes en práctica de por lo menos dos universidades. Seis establecimientos que cumplían con los criterios aceptaron participar del estudio y además se realizó una entrevista al encargado de prácticas del SLEP, sumando un total de siete.

La tabla 1 muestra el número de profesores que realizaron su proceso de práctica durante el primer semestre 2022 (marzo a julio), en cada uno de los establecimientos en que se realizó el estudio. El caso E, corresponde a un jardín infantil, por ello no cumple con el criterio de diversidad de carreras, no obstante, es importante incluir en nuestro estudio este tipo de centros educativos ya que también han sido traspasados a los SLEP.

Programa de estudio	**Caso A**	**Caso B**	**Caso C**	**Caso D**	**Caso E**	**Caso F**
Filosofía	1	1	3	0	0	0
Física	1	0	0	0	0	0
Música	6	6	2	0	0	0
Química	2	0	0	0	0	0
Inglés	4	7	0	0	0	0
Biología	0	4	0	2	0	4
Ed. Especial	0	2	0	10	0	0
Ed. Física	0	2	0	3	0	2
Matemáticas	0	3	5	0	0	4
Castellano	0	0	3	2	0	3
Ed. Básica	0	0	0	3	0	0
Ed. Parvularia	0	0	0	0	4	0
Total, profesores en formación	14	25	13	20	4	13

Tabla 1. Cantidad de profesores en formación por programa de estudio en cada centro analizado. **Fuente:** Elaboración propia.

La entrevista reflexiva se realizó de manera presencial y se informó a cada entrevistada/do sobre los objetivos del estudio, el uso de la información y confidencialidad y resguardo de ellos. Inicialmente se contactó al director de cada establecimiento y se socializaron los objetivos del estudio, posteriormente cada uno de ellos identificó y contactó al integrante de la comunidad educativa que interactúa directamente con los estudiantes en práctica. La tabla 2 presenta las características sociodemográficas de los entrevistados.

Entrevistado 1	Entrevistado 2	Entrevistado 3	Entrevistado 4	Entrevistado 5	Entrevistado 6
Profesor con 16 años de experiencia en aula.	Jefe de UTP 20 años de experiencia en el establecimiento.	Subdirector 3 años de experiencia en el cargo. Subdirectora con 2 años de experiencia en el cargo.	Jefe de UTP, 3 años de experiencia en el cargo.	Directora, con 8 años de experiencia en el cargo.	Jefe de UTP con 20 años de experiencia en el cargo.

Tabla 2. Características sociodemográficas de los entrevistados.
Fuente: Elaboración propia.

Además, se realizó la entrevista a un profesional del área de gestión de personas del SLEP y que es responsable de coordinar la ubicación de prácticas en los centros escolares según las solicitudes que cada institución de educación superior (IES) realiza. Es responsable de contrataciones y reemplazos del personal del SLEP, junto con la función de coordinar prácticas. Es profesora, con 25 años de experiencia en el sistema público, había sido funcionaria municipal y continuó en el rol una vez realizado el traspaso de sostenedor.

La información de esta entrevista permitió contextualizar la visión del SLEP frente a los convenios con las Universidades. Se señaló que, en marzo, a cada jardín, escuela y liceo, se solicitó el nombramiento de un profesional responsable de prácticas.

4. RESULTADOS OBTENIDOS

A partir del análisis de datos, a través del método comparativo constante (Strauss y Corbin 2002), emergieron cuatro categorías de análisis, las que son presentadas separadamente para facilitar la comprensión de los lectores.

4.1. Tipos/mecanismos de vinculación Universidad- Escuela

A partir de las entrevistas, podemos señalar que la vinculación entre las universidades y las escuelas ha cambiado con el nuevo sostenedor. La mayor parte de los entrevistados señala explícitamente que antes del funcionamiento del SLEP la relación era más directa con la universidad, especialmente con los jefes de carrera o encargados de práctica, quienes solicitaban cupos para los practicantes, sin vínculos que fueran colaborativos o permanentes en el tiempo, como lo sostiene uno de las coordinadores "previo al SLEP, la vinculación con los establecimientos era directa, incluso con un estudiante y un mentor, no había un vínculo más allá de la práctica... Independiente de la U era muy similar, nunca hubo un trabajo colaborativo o algún proyecto" (E1)

Ante la figura del nuevo sostenedor SLEP, los encargados de coordinar las prácticas en los centros escolares reconocen que cambia la forma de vinculación, "ya que ahora se requiere la existencia de un convenio" (E6) y eso ha vuelto "más engorroso el proceso" (E2). Esto se asume como un proceso en instalación, ya que aún existen algunas vinculaciones directas que el SLEP no ha gestionado, o en algunos casos se resuelve primero entre IES y Escuela a la espera del convenio, dando por hecho que contarán con ello.

4.2. Función de docentes y directivos que cumplen la tarea

Casi todos los entrevistados cumplen funciones directivas en sus establecimientos, principalmente como jefes de UTP, con jornadas completas para esas tareas. La solicitud del SLEP de contar con alguien que coordine las prácticas en cada establecimiento escolar es considerado como una tarea más a las funciones que ya realizaban, salvo el caso del establecimiento 1, donde su coordinación quedó a cargo de una profesora de aula, que no forma parte del equipo directivo y con experiencia como mentora.

Su rol se centra en la gestión de cupos, y en algunos casos en realizar procesos de inducción a la cultura escolar, por medio de reuniones de bienvenida como se realiza en el establecimiento 3 y 6. No hay evidencias de tareas que den continuidad a los procesos de vínculo, salvo de nivel informativo como se señala en el establecimiento 4.

En el caso del establecimiento que tiene una coordinación con horas específicas para la tarea se observa un trabajo más abierto a generar proyectos de colaboración durante todo el semestre, así como mayor necesidad de contar con directrices más específicas desde el SLEP "deberían existir algunos criterios articuladores del SLEP ya que ellos establecen el convenio" (E1).

4.3. Dificultades y desafíos de la vinculación a través de las prácticas

Las principales dificultades son de tipo administrativas, en cuanto se hace referencia a las complejidades que ha significado que exista un rol intermediario entre las universidades y las escuelas; que dado el cambio de sostenedor, hoy recae en el SLEP, no necesariamente se cuenta con toda la información. Los encargados señalan que el SLEP recibe la solicitud de cupos para las prácticas y lo derivan a los establecimientos, lo que necesariamente debe ser ajustado de acuerdo con los profesores que realizarán la labor de mentoría, por lo que advierten que no puede ser una decisión unilateral del SLEP sino de la propia comunidad educativa: "en una reunión me pasaron el documento con los cupos que correspondían a mi establecimiento y yo señalé que no era tan así, que lo tengo que consensuar con los profesores, no nos pueden nominar directamente desde el SLEP" (E6).

Respecto a los desafíos, recaen en el mismo nivel administrativo. Se señala en las entrevistas que existe un documento compartido en línea donde se registran las prácticas y se advierte ciertos problemas en la gestión de esa información entre el SLEP y los centros escolares "Hay problemas este año con la planilla que se trabajó, porque se va actualizando permanentemente y se ha perdido mucha información, (...)"me faltan practicantes que no están en esa planilla, pero sí en las salas de clase" (E4). Por lo tanto, es un desafío asegurar que estos aspectos previos, de instalación de las prácticas signifique mantener las asociaciones jardín-escuela/universidad y no sea una limitación, como se plantea en una de las entrevistas "Hemos perdido algunas cosas a raíz de estas formalidades: en algún momento este vínculo era directo con la Universidad; ahora se puede, pero significa un papeleo, carta y que solo pone trabas a la buena comunicación directa que teníamos con la Universidad" (E5).

4.4. Aportes de la vinculación para la realización de prácticas docentes

En las entrevistas realizadas es posible identificar una percepción positiva respecto a la incorporación de estudiantes en práctica en los centros educativos, tanto a nivel del trabajo directo en aula con estudiantes y profesores, así como a nivel institucional. Se reconoce que el acompañamiento a profesores en formación permitiría potenciar las propias capacidades y herramientas que tienen los docentes, ya que se espera que quienes vienen de la universidad puedan aportar con conocimientos pedagógicos y didácticos más recientes. Tal como se señala en la entrevista 2:

"Contribuyen principalmente a que el profesor pueda disponer de más tiempo y de más elementos para desarrollar una clase, ya sea contextualizada en el aula o fuera del aula, entonces el estudiante en práctica cuando demuestra sus capacidades potencia al profesor de la asignatura es un elemento potenciador, terminan alivianando la carga del profesor porque es un complemento" (E2).

Por otro lado, se menciona el aporte de contar con profesores en formación, pues podrían apoyar en otros ámbitos institucionales, como se señala en la entrevista 1:

"A partir de los convenios, se da la posibilidad de que los estudiantes puedan participar en proyectos dentro de la escuela, como la colaboración en espacios que trabajan el patrimonio histórico, depende del área, en ciencias van a colaborar con el orden de los laboratorios, en inglés realizarán talleres para nivelar a los estudiantes o los de educación física van a proponer pausas activas para profesores" (E1).

Así también, se evidencia que el vínculo con las universidades puede ser un aporte para cumplir algunos objetivos de las escuelas. En todas las entrevistas realizadas, se señala que una forma de retribución de la universidad puede ser por medio de apoyos en algunas áreas pedagógicas y didácticas a los profesores. Pese a ello, no hay una única percepción sobre cómo deben ser esas acciones, ya que por un lado se posiciona la idea de la capacitación a docentes y por otro, un apoyo que pueda potenciar las capacidades que ya tienen los equipos pedagógicos de la comunidad educativa, pero coinciden en que debe atender a sus propias necesidades:

"Lo ideal sería que nos preguntaran, ya ¿qué necesidades tienen ustedes como institución? ¿Cómo nosotros, como universidad, los podemos apoyar? ¿Cuáles son los puntos débiles de ustedes para ayudarles a reforzar? No se po, una pequeña capacitación de metodologías, de estrategias de enseñanza, diversidades en las evaluaciones, porque hay que estar siempre renovándonos. Los profesores no tienen tiempo o plata para capacitarse y ahí las universidades nos pueden ayudar con metodologías, planificación o evaluación" (E3)

5. DISCUSIÓN DE RESULTADOS

En cuanto a la vinculación entre escuela-universidad vemos que la creación de los SLEP ha implicado cambios en la forma en que se realiza. Las relaciones son formales y avaladas por convenios de colaboración, respondiendo así a las exigencias de acreditación para las universidades y al plan estratégico del SLEP, lo que constituye un primer acercamiento a lo que la literatura (Darling-Hammond, 2012) define como importante para una vinculación exitosa. No obstante, este primer paso, los encargados de cada escuela sostienen que esto ha implicado una centralización en la toma de decisiones sobre la formación práctica en cada establecimiento y la gestión documental asociada. En ambos aspectos hay elementos de la Nueva Gestión Pública, que instala prácticas de centralización de la información y su posterior distribución. Los jefes de UTP entrevistados, con prácticas autónomas de vinculación con las universidades previo al SLEP, ven esto como una traba a su propia gestión. Extrañan la autogestión pues podían utilizar diferentes mecanismos de vinculación, especialmente los personales, directos con los coordinadores de cada carrera, lo que les aseguraba continuidad.

Al analizar lo referente a la función de docentes y directivos que cumplen la tarea de vinculación con las universidades, un aspecto nuevo es que el SLEP haya solicitado a cada equipo directivo nombrar un encargado de coordinar las prácticas en cada establecimiento con el cual el nivel central del SLEP mantendrá contacto permanente para la gestión de la formación práctica de las universidades. De los seis casos estudiados, solo uno nombró a un docente de aula en el cargo, en los otros cinco casos el Jefe de UTP realiza la actividad, pues ya cumplían ese rol antes del traspaso al SLEP. La continuidad de jefes de UTP, puede ser interpretada de dos formas: la primera es mantenerse vinculado con el nivel central en todos los temas, cautelando que no exista pérdida de información y la segunda asociada a su experiencia previa de establecer vínculos personales con diferentes agentes de las universidades y lograr ciertos beneficios para la escuela, por ejemplo asesorías o formación para el cuerpo docente. En todos los casos estudiados si se evidencia un interés por avanzar desde transaccional a transformacional, utilizando la terminología de Teitel (2008).

Respecto a las dificultades, se evidencia que la desarticulación entre la formación inicial y los centros escolares se mantiene, lo que se presenta en que el foco de desafíos se posiciona en asuntos administrativos por parte de los responsables de práctica. Esto da cuenta de que una vez que se asignan los cupos de práctica, y no hay dificultades en ello, deja de observarse algún problema. Lo anterior, perjudica la inserción y formación de los futuros docentes (Hirmas, 2014).

Un desafío de la vinculación con las universidades, a través de las prácticas, es asegurar que se cumplan las tareas administrativas asociadas a este proceso, tales como contar con los certificados necesarios para realizar la práctica o completar la planilla a tiempo, para que el centro de la vinculación sean temas pedagógicos que aporten a la formación de profesores.

En el ámbito de los aportes de la vinculación práctica se observa que quienes participan de esta investigación mantienen una mirada positiva al rol de las prácticas dentro de las comunidades educativas, especialmente en la forma que puede aportar al desarrollo profesional de los profesores que cumplen el rol de mentores (Soto y Cortez, 2015).

Finalmente, se mantiene la concepción de las escuelas de que la colaboración con las universidades es el resultado de una retribución a la apertura de cupos para realizar prácticas, tal como ocurría antes de la creación del SLEP (Montecinos et al., 2015) y se espera que se traduzcan en capacitaciones para equipos docentes, participación en actividades formativas de la universidad como diplomados o magíster, donaciones de materiales o facilitar espacios para realización de actividades, avanzando así a relaciones más bidireccionales, como sostienen Schilling y Sánchez (2020)

6. CONCLUSIONES

A pesar de los cambios que la legislación ha promovido para la acreditación de las universidades en materias de formación práctica, se mantiene una relación unilateral con las escuelas ya que la colaboración se activa cuando se requieren cupos para prácticas de profesores en formación. Además, los convenios no establecen acciones concretas para la retribución de las universidades hacia los establecimientos. La firma de convenios entre las escuelas y las universidades podría ser una oportunidad para afianzar la asociación, ya que permitiría establecer objetivos comunes que justifiquen la realización de los esfuerzos mutuos de cooperación.

En el estudio presentado se observa que, en la medida que dichos convenios son firmados con la institución sostenedora puede perjudicar la relación existente entre cada jardín, escuela o liceo con instituciones formadoras de profesores, lo que se evidenció en este estudio. La principal barrera es de carácter administrativo, ya que, al tener un rol de intermediario de gestión, entre quienes se asocian, puede significar que se instale una percepción de burocratización y entorpecimiento y puede incluso poner en riesgo las alianzas. La percepción positiva sobre la gestión de coordinar prácticas por parte de los entrevistados, previo a la instalación del SLEP, puede marcar la diferencia con la situación actual.

Tanto para las instituciones escolares como para el propio SLEP, la formación de profesores no está dentro de sus objetivos, y menos podría estarlo cuando los desafíos a corto, mediano y largo plazo están puestos en consolidar su instalación. Por lo tanto, se plantea un desafío para las universidades en cuanto deberán buscar cómo madurar una relación con los centros escolares, con los que ya existe un vínculo inicial en el contexto de la nueva institucionalidad. Un espacio que se puede proyectar son los planes estratégicos de cada establecimiento y, especialmente, el plan local de Formación Docente para el Desarrollo Profesional en la Escuela, como instrumento de mejoramiento continuo de los docentes, ya sea en la línea de asesorías y capacitaciones, como se señala en la respuesta de los participantes de este estudio, así como en la colaboración docente, tal como se plantea en el Marco para la Buena Enseñanza (2021) en su estándar 11 donde señala explícitamente que el docente apoya a profesores en formación.

Una limitación que presenta este estudio es que el proceso de instalación de los SLEP ha sido complejo y reciente, por lo que la percepción de quienes participaron en este estudio podría estar determinada por su experiencia general frente al nuevo sostenedor, a quienes atribuyen serios problemas de gestión en general y desconocimiento de los territorios.

7. REFERENCIAS

Ball, S. J. y Youdell, D. (2008). *Hidden privatization in public education. Institute of Education*. University of London.

Consejo de Evaluación del Sistema de Educación Pública. (2021). Informe anual de seguimiento de la puesta en marcha del Sistema de Educación Pública.

Darling-Hammond, L. (2012*). Powerful teacher education: Lessons from exemplary programs.* John Wiley & Sons.

Flick, U. (2015). *El diseño de la investigación cualitativa.* Ediciones Morata.

Guba, E. y Lincoln, Y. (1989). *Fourth Generation Evaluation*. Newbury Park.

Hirmas, C. (2014). Tensiones y desafíos para pensar el cambio en la formación práctica de futuros profesores. *Estudios Pedagógicos,* XL(1), 127-143.http://dx.doi.org/10.4067/S0718-07052014000200008

Ley 21.040. (2017). *Crea el sistema de educación pública*. https://www.bcn.cl/leychile/navegar?idNorma=1111237&idParte=9853009

Marco para la Buena Enseñanza (2021). Ministerio de Educación, Chile https://estandaresdocentes.mineduc.cl/wp-content/uploads/2021/08/MBE-2.pdf

McNeilly, E., Nickel, J., Burns, A., Danyluk, P., Kapoyannis, T. y Kendrick, A. H. (2022). The Canadian Preservice Teacher Education Practicum: An Examination of Fostering

University and School Collaboration, Mentor Teacher Guidance, and Re-centring the Practicum. *Interchange, 53*(1), 65-74. https://doi.org/10.1007/s10780-022-09455-7

Mitescu, M. (2011). A cultural-historical activity theory approach to collaborative learning in programs of pre-service teacher education: Exploring implications for educational policy and practice. *Procedia - Social and Behavioral Sciences,* 29, 13-32. https://doi.org/10.1016/j.sbspro.2011.11.201

Montecinos, C. y Walker, H. (2010). La colaboración entre los centros de práctica y las carreras de pedagogía. *Docencia,* 42, 64-73. https://n9.cl/bjfro

Montecinos, C. Walker, H. y Cortéz, M. (2015). Sugerencias de docentes directivos para mejorar la formación práctica en las carreras de pedagogía: Transitando de acciones fragmentadas a una participación legítima en los colegios. *Estudios Pedagógicos,* XLI(2), 157-176. http://dx.doi.org/10.4067/S0718-07052015000200010

Ponz Miranda, A., Abarca Sos, A. y Ramo Garzarán, R. M. (2019). Valoración del Prácticum de los Grados de Magisterio de Teruel (España) ante una experiencia de gestión coordinada entre la universidad y la administración educativa. *Revista Electrónica Interuniversitaria de Formación del Profesorado, 22*(2), 153-165. http://dx.doi.org/10.6018/reifop.22.2.34467

Ruffinelli, A., Morales, A., Montoya, S., Fuenzalida, C., Rodríguez, C., López, P. y González, C. (2020). Tutorías de prácticas: representaciones acerca del rol del tutor y las estrategias pedagógicas. *Perspectiva educacional, 59*(1), 30-51. http://dx.doi.org/10.4151/07189729-vol.59-iss.1-art.1004

Schilling, C. y Sánchez, G. (2020). Cambios en las políticas de formación docente en Chile: análisis del currículum de formación práctica de una universidad regional del Maule. *Revista Form. Doc., Belo Horizonte, 12*(23), 67-82. https://doi.org/10.31639/rbpfp.v12i23.288

Soto, P. y Cortez, M. (2015). Asociación Universidad-Escuela: compartiendo experiencias para la mejora mutua. *Revista Docencia*, 56, 71-79. https://n9.cl/bz5f0

Strauss, A. y Corbin, J. (2002). *Bases de la investigación cualitativa. Técnicas y procedimientos para desarrollar la teoría fundamentada*. Editorial Universidad de Antioquía.

Strier, R. (2011). The construction of university-community partnerships: entangled perspectives. *Higher Education, 62*(1), 81-97. https://n9.cl/pwm67

Teitel, L. (2008). School/university collaboration: The power of transformative partnerships. *Childhood Education, 85*(2), 75-80. https://doi.org/10.1080/00094056.2009.10523067

Vernon-Dotson, L. O. (2012). Building leadership capacity via school partnerships and teacher. *Clearing House, 85*(1), 38. https://doi.org/10.1080/00098655.2011.607477

White, E., Dickerson, C. y Weston, K. (2015). Developing an appreciation of what it means to be a school-based teacher educator. *European journal of teacher education, 38*(4), 445-459. https://doi.org/10.1080/02619768.2015.1077514

Yunes, M. A. M. y Szymanski, H. (2005). Entrevista reflexiva e grounded-theory: estratégias metodológicas para compreensão da resiliência em famílias. *Revista Interamericana de Psicología/Interamerican Journal of Psychology, 39*(3), 431-438.

Zeichner, K. (2010). Rethinking the connections between campus courses and field experiences in college and university-based teacher education. *Journal of Teacher Education, 61*(1-2), 89-99. https://doi.org/10.1177/0022487109347671

LA ENSEÑANZA DEL DERECHO FINANCIERO Y TRIBUTARIO EN LA UNIVERSIDAD DE CASTILLA-LA MANCHA A TRAVÉS DEL MÉTODO DEL CASO Y LA "FLIPPED CLASROOM"

Luis María Romero Flor[1]

El presente texto nace en el marco del Proyecto de Innovación Docente que, con el título "El método del caso y la "Flipped Clasroom" aplicados a la enseñanza del Derecho Financiero y Tributario en la UCLM", concedió el Vicerrectorado de Estudios, Calidad y Acreditación de la Universidad de Castilla-La Mancha en su XII convocatoria de Proyectos de Innovación y Mejora Docente 21-23.

1. INTRODUCCIÓN

Se han vertido ríos de tinta sobre la enseñanza del Derecho Financiero y Tributario en la Universidad y, en general, cómo debe ser la docencia que ha de impartirse en esta Institución condicionada por las directrices del Espacio Europeo de Educación Superior (EEES). Se han plasmado en el papel muchas ideas y proyectos, a veces expuestos de forma un tanto farragosa, y casi siempre no han pasado de ser una manifestación de buenas intenciones que no se han visto realizadas en la vida universitaria.

Actualmente, cuando abundan los conocimientos teóricos sobre la Universidad pero persisten los problemas que desde hace muchos años la aquejan, nos parece especialmente importante ofrecer un conjunto de ideas claras que, lejos de ser un sinónimo de simplificación o de escasez de elaboración, faciliten la mejor comprensión del tema que vamos a abordar. Sólo así entenderemos que es posible arrojar abundante luz sobre unas cuestiones que, quizá, se han oscurecido por el excesivo desfase entre el elevado nivel de especulación teórica y la pasividad para acometer las necesarias reformas en el plano docente.

Teniendo en cuenta que siempre nos hemos declarado partidarios de promover el empleo de metodologías de aprendizaje activo, nuevas o no, pero en todo caso, diferentes de la mera recepción pasiva de conocimientos por el alumnado, intentaremos ofrecer una propuesta realista, basada en nuestra propia experiencia, que tenga en cuenta las condiciones previsibles de la enseñanza a impartir en las asignaturas "Derecho Financiero y Tributario I" y "Derecho Financiero y Tributario II", insertas ambas en los distintos Planes de Estudios de la Universidad de Castilla-La Mancha (UCLM), y más concretamente en la Facultad de Derecho de Albacete, de la Facultad de Derecho y Ciencias Sociales de Ciudad Real, de la Facultad de Ciencias Sociales de Cuenca y de la Facultad de Ciencias Jurídicas y Sociales de Toledo, principalmente en el Grado en Derecho, aunque también

1. Universidad de Castilla-La Mancha (España)

en el Doble Grado en Derecho y Administración y Dirección de Empresas, e incluso en el Doble Grado en Derecho y Estudios Internacionales.

La asignatura "Derecho Financiero y Tributario I" constituye una materia obligatoria de carácter anual con una carga de trabajo de 9 créditos ECTS, equivalentes a 225 horas de trabajo del estudiantado, que se reparten entre clases magistrales, clases prácticas, pruebas de evaluación, elaboración de informes y trabajos, talleres, participación en plataformas virtuales y estudio autónomo por parte del estudiantado.

De esos 9 créditos ECTS, 6,30 créditos corresponden a trabajo autónomo por parte del estudiantado, y sólo 2,70 créditos corresponden a trabajo presencial, lo que equivale a 67,50 horas a lo largo de todo el curso académico, limitándose la actividad docente a tres horas a lo largo de cada una de las semanas que conforman el periodo lectivo en los dos cuatrimestres en los que se divide el curso académico.

ACTIVIDAD FORMATIVA	METODOLOGÍA	ECTS	HORAS
Enseñanza presencial (Teoría)	Método expositivo/Lección magistral	1,68	42
Enseñanza presencial (Prácticas)	Estudio de casos	0,9	22,5
Pruebas de progreso	Pruebas de evaluación	0,06	1,5
Estudio o preparación de pruebas	Trabajo Autónomo	3,77	94,25
Elaboración de informes o trabajos	Resolución de ejercicios y problemas	2	50
Prueba final	Pruebas de evaluación	0,06	1,5
Otra actividad no presencial	Otra metodología	0,28	7
Foros y debates on-line	Debates	0,25	6,25
Total		9	225
Créditos totales de trabajo presencial: 2,7	Horas totales de trabajo presencial: 67,5		
Créditos totales de trabajo autónomo: 6,3	Horas totales de trabajo autónomo: 157,5		

Tabla 1. Configuración docente de la asignatura "Derecho Financiero y Tributario I". **Fuente:** Universidad de Castilla-La Mancha (2023a)

Lo anterior es importante, puesto que la asignatura "Derecho Financiero y Tributario I" aglutina el contenido esencial que, en el Plan de Estudios de la desaparecida Licenciatura de Derecho implantando en la UCLM en el año 2000, correspondía a las asignaturas "Derecho Financiero y Tributario I" y "Derecho Financiero y Tributario II"; asignaturas troncales impartidas en cuarto curso de la Licenciatura, en el primer y segundo semestre respectivamente, con 6 créditos cada una. Esta circunstancia conllevó a una reducción significativa del número de horas de docencia presencial con las que cuenta el profesorado para desarrollar los contenidos; circunstancia que aconseja plantear una metodología docente coherente y realista en la que se establezca una adecuada correspondencia entre los contenidos fundamentales de la asignatura y el periodo temporal en el que aquéllos deben desarrollarse.

Y, por lo que respecta a la asignatura "Derecho Financiero y Tributario II", ésta constituye una materia obligatoria de carácter cuatrimestral con una carga de trabajo de 6 créditos ECTS, equivalentes a 150 horas de trabajo del estudiantado, que se reparten entre clases magistrales, clases prácticas, pruebas de evaluación, elaboración de informes y trabajos, talleres, participación en plataformas virtuales y estudio autónomo por parte del estudiante.

De esos 6 créditos ECTS, 4,20 créditos corresponden a trabajo autónomo del estudiantado y sólo 1,80 créditos corresponden a trabajo presencial, lo que equivale a 45 horas a lo largo de todo el curso académico, limitándose la actividad docente a cuatro horas a lo largo de cada una de las semanas que conforman el periodo lectivo del segundo cuatrimestre en el que se imparte la asignatura.

ACTIVIDAD FORMATIVA	METODOLOGÍA	ECTS	HORAS
Enseñanza presencial (Teoría)	Método expositivo/Lección magistral	1,08	27
Enseñanza presencial (Prácticas)	Estudio de casos	0,6	15
Pruebas de progreso	Pruebas de evaluación	0,04	1
Estudio o preparación de pruebas	Trabajo Autónomo	3,2	80
Elaboración de informes o trabajos	Resolución de ejercicios y problemas	1	25
Prueba final	Pruebas de evaluación	0,08	2
Total		6	150
Créditos totales de trabajo presencial: 1,8	Horas totales de trabajo presencial: 45		
Créditos totales de trabajo autónomo: 4,2	Horas totales de trabajo autónomo: 105		

Tabla 2. Configuración docente de la asignatura "Derecho Financiero y Tributario II". **Fuente:** Universidad de Castilla-La Mancha (2023b).

En cambio, la configuración sustantiva de la asignatura "Derecho Financiero y Tributario II" ha sufrido menos cambios que la anterior, al asumir los contenidos antes impartidos en la asignatura troncal "Derecho Financiero y Tributario III" de la antigua Licenciatura en Derecho. En ambos casos se trata de asignaturas cuatrimestrales de 6 créditos, aunque impartidas en cursos diferentes: tercer curso del Grado frente a quinto curso de la Licenciatura.

2. OBJETIVOS

Tanto la asignatura "Derecho Financiero y Tributario I", como la asignatura "Derecho Financiero y Tributario II", están planteadas sobre tres elementos esenciales: conocimientos teóricos, herramientas conceptuales y aplicación a los problemas concretos; y todo ello con el objetivo esperado de alcanzar los cinco siguientes resultados (Universidad de Castilla-La Mancha 2023a y 2023b):

- Aprender a utilizar las instituciones jurídico-financieras
- Adquirir una visión crítica del ordenamiento jurídico-tributario y ser capaz de utilizar los principios y valores constitucionales en el análisis de las Instituciones tributarias.
- Capacidad de buscar, identificar y utilizar fuentes del Derecho en la obtención de la información jurídico-tributaria y su análisis y síntesis.
- Ser capaz de razonar y argumentar jurídicamente, así como de exponer con precisión y claridad los conocimientos adquiridos.
- Resolver los problemas que se plantean en la aplicación de las distintas normas del sistema tributario.

En consecuencia, los objetivos generales que deben perseguirse en ambas asignaturas son que el estudiantado desarrolle las siguientes competencias específicas:

- Comprender el carácter sistemático del ordenamiento jurídico y la interdisciplinariedad de los problemas jurídicos.
- Aprender a utilizar los principios y valores constitucionales como herramienta de trabajo en la interpretación del ordenamiento jurídico.
- Capacidad de buscar, identificar y utilizar fuentes jurídicas (legales, jurisprudenciales y doctrinales)
- Analizar con espíritu crítico el ordenamiento jurídico que permita la identificación de los valores sociales subyacentes en las normas y principios jurídicos.
- Aplicar el ordenamiento jurídico desde los valores y principios éticos de las distintas profesiones jurídicas.
- Resolver los problemas que plantea la aplicación de los principios generales del Derecho y las normas jurídicas a supuestos fácticos.
- Adquirir la capacidad de asesorar jurídicamente a Entidades públicas, privadas y particulares.
- Comprender el marco jurídico y fiscal que condiciona la actividad económica y empresarial.

Atendiendo a ello, los programas, la metodología docente y el sistema de evaluación de conocimientos del estudiantado del método que planteamos están diseñados con el objetivo de que la formación que reciban éstos sean un reflejo de dichos componentes, pudiendo descomponer los objetivos de nuestro proyecto en generales y específicos.

Como objetivos generales encontramos:

1. Para el profesorado: lograr una implicación entre ellos/as destinada a potenciar la comunicación como vehículo imprescindible para mejorar la interrelación de los conocimientos impartidos, junto con una planificación óptima del desarrollo de las materias a desarrollar e impartir en cada Facultad de los distintos Campus de la UCLM donde se imparten las asignaturas “Derecho Financiero y Tributario I” y “Derecho Financiero y Tributario II”. Lo anterior se materializa en la elaboración conjunta de unos supuestos prácticos por parte de todos/as los/as profesores/as que imparten las mencionadas asignaturas.
2. Para el estudiantado: por un lado, se busca la obtención de una visión integradora del Derecho Financiero y Tributario aplicado a la situación concreta, es decir, el análisis de cómo el ordenamiento jurídico-tributario influye en la configuración de determinados hechos; y, por otro, el correcto tratamiento, comprensión, gestión y aplicación de la información obtenida a través de la utilización de los medios informáticos junto con las herramientas clásicas aplicadas al caso concreto.

Por lo que respecta a los objetivos específicos, cabe señalar los siguientes:

1. Crear nuevos métodos docentes integradores de una misma disciplina jurídica al caso concreto
2. Facilitar la comunicación entre el profesorado integrante del grupo de trabajo a la hora de exponer los materiales docentes propios y comunes.
3. Facilitar la planificación y desarrollo del conjunto de las distintas actividades a desarrollar a lo largo de los cursos académicos que se pone en marcha.

4. Potenciar la visión completa de la disciplina de Derecho Financiero y Tributario, no de manera aislada por lecciones, sino desde la conexión entre todas ellas como vehículo de resolución del conflicto concreto planteado.
5. Fomentar el trabajo del estudiantado en relación a la búsqueda de información, su análisis crítico, su exposición y defensa de su posición.

La obtención de los mencionados objetivos no es una tarea sencilla pues requiere de un esfuerzo particular del profesorado (Harana Suano, 2022) que, sin duda, participa bajo la creencia de que el fomento de los mismos colabora sobremanera en el alcance de las competencias que demanda la titulación y exige el mercado laboral. Entre ellas destacamos especialmente las siguientes capacidades: autoaprendizaje, liderazgo, síntesis y análisis crítico, comunicación y expresión oral, búsqueda de la información y aplicación al caso concreto.

3. METODOLOGÍA

El establecimiento del EEES fue decisivo en la implantación de una enseñanza del Derecho basada en los siguientes instrumentos de aprendizaje: las explicaciones teóricas del profesorado, el estudio autónomo del estudiantado, las clases prácticas, y la discusión de documentos de trabajo que, en nuestro caso, son legislativos, jurisprudenciales y/o doctrinales.

Una vez superada la metodología unilateral en la que el profesorado explicaba y el estudiantado asimilaba para posteriormente reforzar memorísticamente lo entendido en clase a través del estudio de un manual, la metodología actual reclama una actitud activa por parte del alumnado. El profesorado ya no debe ser un mero transmisor de conocimientos sino un orientador que, tras la ineludible explicación de conceptos básicos que estructuren la mente jurídica del alumnado, le acompañe en el entrenamiento de los problemas prácticos y en el descubrimiento de su solución. Para ello, es necesario que el profesorado desarrolle nuevas prácticas docentes que reconozcan mayor protagonismo al estudiantado, que le posibiliten desarrollar habilidades y competencias orientadas a identificar desde una perspectiva jurídica los problemas planteados y, a buscar las respuestas jurídicas a dichos problemas (Soto Moya, 2018).

La importancia de aplicar los conceptos teóricos a situaciones reales y concretas obliga al estudiantado a profundizar en las ideas presentes en los temas teóricos, facilitando el aprendizaje de los distintos conceptos y el desarrollo de diferentes capacidades, a saber: aplicación de reglas generales a casos particulares, interpretación de supuestos reales, y asociación de ideas de diferente contexto teórico en una misma situación real. Ello ayuda a fomentar el sentido crítico del estudiantado al enfrentarse a situaciones que se corresponden con problemas reales. El estudiantado consigue, de esta forma, desarrollar una capacidad crítica para discernir entre soluciones que son aceptables y otra que no lo son. Asimismo, potencia la creatividad del estudiantado por medio de la resolución de problemas abiertos que admitan soluciones múltiples. El futuro jurista se enfrenta así, bajo la dirección del profesorado, a lo que será una constante en su vida profesional: la elección de alternativas.

Por ello, la metodología debe basarse en un reparto entre las explicaciones teóricas del profesorado con los aspectos conceptuales de la materia, con la ayuda de la pizarra y de los medios audiovisuales (entre los que cobran cada vez más protagonismo los materiales digitales tales como videos, *Massive Open Online Courses* [MOOCs] y *Small Private Onlien*

Courses [SPOCs]) y el análisis y resolución de problemas prácticos. Esta segunda vertiente implica para su éxito el trabajo previo y autónomo del estudiantado.

Esta configuración como un método interactivo es importante, no sólo porque es el más idóneo para potenciar el aprendizaje de esa destreza del estudiantado, sino también porque la evaluación de casos prácticos constituye el 30% de la calificación total de la asignatura, y dicha evaluación sólo puede llevarse a cabo a través de métodos docentes que aseguren la actuación o interactuación de los estudiantes a medida que se desarrolla el curso y el aprendizaje.

Atendiendo a todo lo aseverado con anterioridad, se hace necesario diseñar una metodología docente que tenga por objeto que la formación que reciba el estudiantado sea un reflejo de dichos componentes, resultando imprescindible un método que contenga aquello que el estudiantado medio sea capaz de aprender y no del conocimiento del profesorado o, expresado en otros términos, una metodología elaborada de forma equilibrada y adecuada a las capacidades del estudiantado (Pablos Mateos, 2021). Esto resulta fundamental para un desarrollo eficaz de la enseñanza universitaria en tanto en cuanto siempre resultará preferible enseñar correctamente las cuestiones más relevantes que tratar de ver todo de forma superficial, por lo que debe existir una adecuada correspondencia entre los contenidos fundamentales de las asignaturas y el marco temporal en que aquéllos deben desarrollarse. De ahí que apostemos por llevar a la práctica la metodología *flipped classroom* o invertir el orden de la clase, en donde primero el estudiantado trabaja en casa con el material elaborado por el profesorado; y, posteriormente, en el aula, se aprovecha el tiempo en resolver dudas y en trabajar las cuestiones con mayor dificultad jurídica.

4. DESARROLLO DE LA INVESTIGACIÓN

Con la concepción de clases que indicábamos en el apartado anterior, a continuación procedemos a la descripción de las actividades y procedimientos utilizados para alcanzar los objetivos planteados, concretadas en siete actuaciones, insertas en cinco fases, en relación con el estudio de cada uno de los temas de los programas que componen las asignaturas "Derecho Financiero y Tributario I" y "Derecho Financiero y Tributario II":

4.1. Actuación 1. Preparación del material docente

Fase 1.- Preparación y selección de los problemas prácticos.

El profesorado debe seleccionar los problemas jurídico-tributarios que considera adecuados desde la perspectiva de su utilidad como punto de apoyo del alumnado en el estudio de la materia sobre la que versa, teniendo en cuenta además que servirán como base de una mayor profundización del tema por parte del profesorado en la clase presencial. Los casos debían ir en orden de dificultad creciente.

Para poder llevar a cabo esta fase, en un primer momento (al que podemos denominar previo) el profesorado debe observar la realidad donde se va a implementar las actividades, su adecuación al contexto y planificación del trabajo a realizar.

Fase 2.- Publicación de los enunciados correspondientes a los casos que van a resolverse en cada clase.

La publicación debe realizarse a través de la plataforma institucional (ej. Campus Virtual – Moodle) con la suficiente antelación, preferiblemente al inicio del curso académico, con el objetivo de que el estudiantado pueda trabajarlos previamente al disponer de todo el material de casos prácticos de la asignatura; y se publicará junto con un cronograma de resolución de éstos en clase. De esta forma, mediante la entrega de los problemas correspondientes a cada sesión con una antelación de varios días respecto de cada sesión se perjudica al buen estudiante que quiere tener una visión de conjunto de los problemas que se plantean en la disciplina.

4.2. Actuación 2. Estudio autónomo del tema docente

Fase 3.- Estudio de los materiales de referencia y de la bibliografía recomendada, así como el análisis de los supuestos planteados y de las soluciones posibles.

Los supuestos prácticos seleccionados son con el objetivo de que el estudiantado reflexione y estudie los problemas jurídicos. Por ello, el estudiantado debe estudiar el tema antes de ir a clase, para así poder emplear la docencia con el profesorado en la resolución de dudas y en la profundización de determinados puntos.

El objetivo de la resolución autónoma antes de la clase de los problemas prácticos planteados no es conseguir una respuesta correcta a una cuestión concreta; sino más bien que el estudiantado estudie la totalidad de la materia al hilo del análisis de un problema concreto. Por ello, los enunciados de los casos prácticos se redactan desde esa perspectiva de globalidad y de soluciones abiertas, para que el estudiantado reflexione y estudie los problemas jurídicos.

La bibliografía básica que todo estudiantado debe estudiar es algún Manual actualizado de entre los que se proponen en la "Guía electrónica (e-Guía)". No consideramos pertinente recomendar lectura suplementaria, pues es mejor que el estudiantado se centre en la lectura de los Manuales, la consulta de la legislación y el análisis de la jurisprudencia que se menciona en cada supuesto práctico.

Para un mayor éxito en su estudio, el estudiantado debe hacer uso de las tutorías personalizadas que se le ofrecen semanalmente, pues esta es una actividad imprescindible de ayuda al estudiantado dentro del EEES.

Por otro lado, la incorporación de las Tecnologías de la Información y Comunicación (TICs) de forma masiva a la sociedad ha obligado a replantearse la docencia. Los métodos y herramientas educativas han partido de varias premisas ineludibles: en primer lugar, el estudiantado tiene acceso ilimitado y masivo a la información; además de acceder a dicha información de forma más audiovisual a través de su consulta online. Por otra parte, la información ya no les llega solo del profesorado y de las fuentes que éstos/as les aportan, sino que la obtienen de iniciativas del ámbito global como son los MOOCs y SPOCs. Era obvio que la disminución de horas de clase dedicadas a cada asignatura (conforme al enfoque del EEES y las directrices normativas) y la necesaria ralentización de la enseñanza como consecuencia de la aplicación de métodos docentes interactivos se debe ver compensada con el trabajo del estudiantado fuera del aula. Por supuesto, el éxito de esta metodología requiere de un alto nivel de exigencia del estudiantado, así como del profesorado (Harana Suano, 2022).

4.3. Actuación 3. Docencia en clase

Fase 4.- Explicación teórica de las cuestiones estructurales que sirvan para centrar el tema.

Junto a la importancia del desarrollo de las habilidades, destrezas y competencias que otorga el enfrentarse a problemas concretos, la formación de un jurista requiere el aprendizaje teórico de conceptos jurídicos. El jurista debe ser capaz de identificar y aplicar las reglas jurídicas existentes que contienen una solución justa ya formalizada en la ley.

Por ello es esencial en su formación el aprendizaje teórico de las principales reglas del ordenamiento jurídico que le permitan, con mayor o menor habilidad, aplicar el método jurídico basado en el aprendizaje en términos jurídicos del problema, la identificación de las normas aplicables a ese problema, y la interpretación e integración de la normativa aplicable.

Teniendo en cuenta estas premisas, el profesorado, al principio de cada clase, debe realizar una exposición oral de los aspectos teóricos y conceptuales de la materia con ayuda de la pizarra y los medios audiovisuales que tenga a su disposición, que permita que el estudiantado reciba una sistematización de todas las cuestiones a las que se ha aproximado anteriormente. Esta forma es la más eficaz para proporcionar al estudiantado una visión global de la cuestión.

A continuación, se debe ir tratando cada uno de los epígrafes del tema entrelazando una breve explicación-recordatorio teórica y las preguntas que se plantean en cada supuesto.

La clase no debe convertirse ni en una clase magistral teórica ni en una resolución sucesiva de los casos prácticos con la solución única. La docencia en clase debe plantearse desde la revisión de la Lección en cuestión a través del planteamiento de problemas jurídicos y de sus posibles soluciones. Se debe tratar, en definitiva, no de una mera transmisión de conocimientos al estudiantado, sino de una identificación de los problemas y de la viabilidad jurídica de las diferentes soluciones.

Fase 5.- Resolución conjunta de los casos prácticos planteados.

En esta fase es donde se produce el asentamiento de las cuestiones teóricas, se resuelven las dudas que tenga el alumnado, y se profundiza en su pensamiento jurídico. Sirve, asimismo, para que el profesorado pueda evaluar el trabajo continuado del estudiantado. Se debe incidir, fundamentalmente, en la metodología, de forma que su exposición sirva de ejemplo al estudiantado.

Los aspectos que se deben tratar específicamente son: asimilación del enunciado; elaboración del método de resolución; resolución propiamente dicha; e interpretación y evaluación de las diferentes posibilidades.

Como ya ha sido comentado, se trata del método pedagógico *flipped clasroom* en el que se transfiere el trabajo de determinados procesos de aprendizaje personal fuera del aula. De esta forma se maximiza el trabajo dentro del aula entre el profesorado y el estudiante centrándose en aquello que aporta valor añadido.

4.4. Actuación 4.- Estudio autónomo del estudiantado

Fase 6.- Recapitulación de lo explicado en clase y de los problemas resueltos, así como el estudio de los materiales teóricos.

El estudio posterior del estudiantado es imprescindible en su formación como jurista que aspira a tener un conocimiento integral del ordenamiento jurídico-tributario y una capacidad de entendimiento y resolución de los problemas que se le pueden plantear en su futuro profesional.

Actuación 5.- Evaluación de los conocimientos del estudiantado.

Fase 7.- Evaluación de la resolución de los casos prácticos.

La evaluación de los conocimientos del estudiantado adquiridos por la resolución de este tipo de problemas o casos prácticos se realiza de manera continua, basada en pruebas realizadas en clase, y cuyo valor será del 30% de la calificación final.

No creemos conveniente evaluar al estudiantado por la entrega de los supuestos prácticos que deben resolver para las clases, siendo el principal motivo la dificultad de controlar la copia entre ellos.

En nuestra opinión, la mejor forma de realizar la evaluación de los conocimientos prácticos del estudiantado es a través de tres pruebas a lo largo del curso académico, a realizar en clase, consistentes en tres o cuatro casos prácticos con respuestas tipo test razonadas.

Además, durante el curso académico, junto con la evaluación continua de la resolución de los problemas o casos planteados es imprescindible realizar varias pruebas de progreso consistentes en enunciados tipo test en los que se recojan problemas con soluciones múltiples que el estudiantado debe escoger razonadamente, y en la que demuestre tener un conocimiento completo de la asignatura a través de un estudio integral de la misma, correspondiéndole a éstas últimas pruebas de evaluación conjunta un valor del 70% de la calificación final.

5. CONCLUSIONES

Llegados a este punto, a modo de conclusiones, conviene resaltar cuáles han sido los resultados obtenidos y los objetivos que no se han alcanzado y requieren seguir trabajado y revisando.

Comenzando por los resultados obtenidos, encontramos un pequeño incremento del 3% y del 2% en el número de aprobados en las evaluaciones, tanto ordinaria como extraordinaria, de las asignaturas "Derecho Financiero y Tributario I" y "Derecho Financiero y Tributario II", en las diversas titulaciones existentes en cada una de las Facultades que componen los diversos campus de la UCLM, si comparamos las calificaciones del curso académico 2022-2023, con las obtenidas en los cursos académicos 2021-2022 y 2020-2021.

Los anteriores resultados también han visto su reflejo en el estudiantado, a quiénes se les hizo partícipes de manera anónima de una encuesta virtual, sin importar la asignatura que estaban cursando, para saber cuál había sido su grado de satisfacción, y en donde los resultados connotan un alto grado de satisfacción del alumnado con el método seguido.

Con respecto a los objetivos que no se han alcanzado y requieren seguir trabajado, cabe destacar que la puesta en marcha de esta iniciativa, aunque sea fruto de nuestra experiencia docente, no tiene carácter cerrado ni valor vinculante absoluto, sino que más bien constituye ineludiblemente un proyecto *ad futurum*, que dado los buenos resultados que se están obteniendo será aplicado en los cursos académicos venideros, y que ello será susceptible de modificaciones y depuraciones, máxime si se tiene en cuenta que el Derecho, y en especial el Derecho Financiero, es un organismo vivo en constante transformación, debido a la constante mutabilidad de las normas financieras y a la excesiva proliferación normativa existente en este sector del ordenamiento jurídico.

Ello obliga al profesorado a realizar una labor de síntesis capaz de concertar y simplificar los temas objeto de análisis, prestando mayor atención a aquellos aspectos que se consideren, en cada momento, más relevantes; e incluso a la propia evolución de nuestra disciplina puede obligar a poner el acento a determinados aspectos de su contenido e incluso incluir algunos otros no tratados con anterioridad.

Creemos, en definitiva, que se han cumplido con creces todos los objetivos propuestos; es más, creemos firmemente que la puesta en práctica de este sistema ha permitido conocer las cuestiones básicas del sistema financiero y tributario español, pues la metodología empleada a través de casos prácticos y de la *flipped clasroom* ha sido elaborada de forma equilibrada y adecuada a las capacidades del estudiantado, en tanto en cuanto siempre resulta preferible enseñar las cuestiones más relevantes de esta manera que tratar de ver toda la materia de forma superficial a través de la lección magistral.

6. REFERENCIAS

Harana Suano, E. (2022, 8-9 de junio). *El flipped classroom como técnica de innovación docente en el área del Derecho Financiero y Tributario* [Ponencia]. III Congreso Internacional de Innovación en la Docencia e investigación de Ciencias Sociales y Jurídicas-INNOC, España https://shorturl.at/DLX16

Pablos Mateos, F. (2021). Experiencia de flipped classroom en la asignatura derecho financiero y tributario. En J. Conde Fuentes (Dir.), y C. Ruíz González (Car.), *Clases invertidas: una aplicación multidisciplinar* (pp. 49-58). Ratio Legis http://iberoprinter.net/clasesinvertidas/

Soto Moya, M. M. (2018). Flipped classroom y Derecho Financiero: un binomio necesario. *REJIE: Revista Jurídica de Investigación e Innovación Educativa*, 18, 31-42. http://www.revistas.uma.es/index.php/rejie

Universidad de Castilla-La Mancha (2023a). *Guía-e de la asignatura "Derecho Financiero y Tributario I".* https://guiae.uclm.es/*vistaGuia*/335/35312/2023-24

Universidad de Castilla-La Mancha (2023b). *Guía-e de la asignatura "Derecho Financiero y Tributario ".* https://guiae.uclm.es/vistaGuia/335/35322/2023-24

LA REGULACIÓN TARDÍA DE LOS DESAFÍOS DEONTOLÓGICOS DEL PERIODISMO EN LA RED

Marina Santín[1]

1. INTRODUCCIÓN

El desarrollo del periodismo en Internet ha variado el modo de trabajar en la profesion y ha planteado nuevos retos a las empresas periodísticas y a sus profesionales. La red se ha mostrado como un espacio donde la propagación de noticias falsas y la desinformación constituyen serios problemas a los que los periodistas deben dar respuesta. Además, la revolución tecnologica y el desarrollo de las redes sociales ha obligado a refefinir los modelos de negocio de la industria periodística y a hacer frente a nuevos problemas deontológicos de los que se da cuenta en las próximas páginas.

La adaptación de las normas éticas y estéticas del periodismo al nuevo entorno digital ha sido lenta, pues en un primer momento desde la profesión periodística se asumió que era posible simplemente aplicar las normas existentes al nuevo entorno digital. Algo que el paso del tiempo ha demostrado que no era factible.

2. OBJETIVOS Y MÉTODOS

El objetivo de este trabajo es identificar las problemáticas deontológicas que han surgido con la digitalización en el ámbito de la prensa e indagar en las acciones que sobre esas materias se están llevando a cabo desde los medios de comunicación e instituciones periodísticas de referencia en España. Cuestiones como el uso que los periodistas hacen de las redes sociales, la presencia de contenidos patrocinados en los medios, el periodismo de marca, la originalidad de los contenidos informativos y el problema del plagio, la gestión del derecho al olvido, el *clickbait* y la presión a la que se ven sometidos los periodistas para la captación de lectores, la ausencia del concepto de horario infantil para la web o el uso de la inteligencia artificial para la elaboración de las noticias se presentan como algunas de las disyuntivas éticas emergentes del entorno digital.

El proceso metodológico parte de una fase exploratoria que consiste en la revisión de los manuales de estilo, códigos de conducta de los principales medios y los códigos deontológicos de la profesión periodística en España. De forma complementaria, se ha realizado una revisión de la literatura sobre la materia de estudio.

1. Universidad Rey Juan Carlos (España)

3. RESULTADOS

Los periodistas reconocen de forma habitual que los cambios introducidos por la digitalización influyen en su comportamiento ético (Suárez Villegas, 2015), pues se incrementa la presión por captar y contentar a las audiencias en la red (Fondevila, 2013: 34) y la exigencia de la inmediatez se ha llevado a veces a unos extremos donde en ocasiones el rigor, la calidad y el deber de contrastar y verificar siempre los datos de la información parecen haber perdido cierto valor. Los medios fueron rápidamente conscientes de que el desarrollo de la prensa en la red implicaba grandes ventajas, pero igualmente percibieron pronto que aparecían nuevas dificultades directamente relacionadas con el quehacer periodístico. A pesar de ello en líneas generales, los códigos éticos y códigos de conducta de los medios no se modificaron ni se adaptaron a la nueva realidad, mostrando inicialmente un cierto desinterés hacia internet y hacia las problemáticas que empezaba a implicar el periodismo digital. Así lo mostraba una investigación realizada por Díaz-Campos y Segado-Boj en 2014 que evaluó 45 códigos de ética periodística en Europa y comprobó que en 37 de ellos no se hacía ninguna referencia al periodismo digital, y que los que los que lo hacían en su mayoría se limitaban a "enunciar que el periodismo online está sujeto a los mismos principios que el periodismo tradicional" (Díaz-Campos y Segado-Boj, 2014: 96).

En España, la situación no era muy distintas por esas fechas. Cuando la prensa digital ya estaba consolidada, algunas investigaciones (Micó et al., 2008; Santín, 2016) seguían advirtiendo que la deontología y los mecanismos de autorregulación no estaban contemplando los efectos de las nuevas tecnologías y descuidaban e incluso ignoraban las versiones digitales de los medios tradicionales. A modo de ejemplo, podemos señalar que la defensora del lector del diario *El País*, diario de referencia en materia de autorregulación en España, señalaba en 2014 que solo ejercía las funciones de defensora del lector de la edición impresa del diario, pero no de la digital (Santín, 2016, citando a Aznárez 2004).

La dimensión que fueron adquiriendo las cabeceras digitales y el incremento de problemáticas nuevas –el uso de que las redes sociales hacen los periodistas, la gestión de las solicitudes de derecho al olvido, el incremento de los contenidos patrocinados...- evidenció que era imprescindible adaptar las normas de autorregulación al nuevo entorno digital. De forma natural, la versión digital de *El País* pasó a ser también competencia de la figura del defensor/a del lector de esa cabecera y libros de estilo y códigos de conducta empezaron a hacer frente al cambio.

Ese camino de adaptación fue lento y desigual en España, pues son solo algunos medios los que han incorporado a sus normativas internas de funcionamiento respuestas a posibles dudas que le puedan surgir al periodista en el ámbito digital. A modo de ejemplo, en España, el diario *El País* renovó su libro de estilo en 2014 para adaptarlo a las profundas transformaciones que estaba experimentando el periodismo en la red. Las principales asociaciones de la prensa iniciaron la renovación de sus códigos deontológicos años después. El Código deontológico promovido por el Colegio de Periodistas de Catalunya (CPC) aprobado en 1992 no adaptó su articulado a los problemas de la digitalización hasta 2016. Un año más tarde, en 2017, la Federación de Asociaciones de Periodistas de España (FAPE) renovó su código deontológico que databa de 1993. Algunos de los aspectos sobre los que se posicionan se abordan en los siguientes epígrafes.

3.1. La permanencia de la información frente al derecho al olvido

La facilidad para acceder y recuperar desde cualquier lugar las noticias que la prensa ha ido publicando a lo largo de su historia y el deseo de muchos ciudadanos de superar episodios de su vida que fueron noticia, ha conllevado que los periódicos reciban peticiones de particulares que reclaman que sus nombres desaparezcan de informaciones en las que en su día figuraron (Santín, 2017). Son pocos los medios que han fijado su posición pública sobre este asunto -la gestión del derecho al olvido desde un planteamiento deontológico- y aquellos que se han posicionado y han elaborado resoluciones que sirvan de guía o referencia se han visto en la necesidad de perfilar sus posiciones de manera progresiva atendiendo a las situaciones que se les planteaba a diario (Santín, 2017). En España, fue *El País* el primer medio en establecer un protocolo público para resolver las peticiones que sobre el derecho al olvido llegasen al diario. Acordó no borrar los archivos digitales, pero si poder considerar la posibilidad de ocultar informaciones a los buscadores de Internet cuando esas noticias puedan perjudicar a la persona reclamante en su vida familiar o profesional y hayan trascurrido más de 15 años desde el momento que se publicó la información que se quiere ocultar. (El País, 2021). En estos casos, la decisión queda en las manos de la asesoría jurídica del diario que no considera las reclamaciones que se refieren "a hechos que figuran en sentencias firmes de los tribunales de justicia y se refieran a actos de violencia" (El País, 2021), aunque exista arrepentimiento.

Desde el ámbito asociativo, destaca el Colegio de Periodistas de Catalunya que se posicionó sobre la permanencia indefinida en la red de la información dos años más tarde, en 2016, señalando en su Código deontológico que, como norma general, las peticiones de derecho al olvido no deben de ser atendidas y que no es suficiente alegar un cambio de opinión, de imagen u otras consideraciones de estricto orden personal. Si contempla la posibilidad de aceptar esas solicitudes ante situaciones gravemente nocivas contra los derechos fundamentales de las personas.

> *"Los responsables editoriales deben prevenir o paliar los posibles perjuicios provocados a las personas que han prestado su testimonio (imagen, voz o documentación), teniendo en cuenta el hecho singular de la pervivencia, la facilidad de acceso, reproducción y manipulación de los materiales presentes en Internet. Esta actitud tiene que ser especialmente cuidadosa cuando las personas afectadas sean menores de edad o jóvenes en situación de indefensión o riesgo sobre el eventual uso de su presencia en la red" (Código deontológico del Colegio de Periodistas de Catalunya, 2016).*

3.2. El perfil del periodista en las redes sociales

Las redes sociales se han convertido en un canal de comunicación con gran influencia en la opinión pública. En ellas, medios y periodistas tienen un papel activo. De forma habitual en esos espacios los periodistas promocionan sus noticias, adelantan contenido noticioso, opinan o participan en debates... Todas esas posibilidades comunicativas hacen que la línea entre lo público y privado se diluya en las redes sociales a veces y que los medios deseen regular la actividad de sus periodistas en esos espacios. Los medios sobreentienden que el comportamiento individual de los profesionales de la información en las redes sociales puede dañar la "credibilidad de la organización, ganada sobre la base de la imparcialidad, la veracidad y la precisión de la información que brinda" (Ure, 2013: 74-75) y por ese motivo llevan años regulando su uso. De ello han dado cuenta diferentes estudios (Tascón, 2012, Herrera-Damas, 2013, Ure, 2013,).

En España, se han pronunciado, por ejemplo, la agencia *EFE*. Esta última publicó en 2011 su *Guía para empleados de EFE en redes sociales*, en la que diferencia entre cuentas profesionales –para las que hay que solicitar autorización y sobre las que la agencia se reserva la propiedad– y las personales. En 2015, la televisión pública establecía una normativa muy similar e impone un control sobre las cuentes en la que sus usuarios se identifiquen como trabajadores de TVE, de RNE o de RTVE.es.

El grupo Unidad Editorial, editora de periódicos como *El Mundo*, *Marca* o *Expansión*, abrió en 2012 un proceso de reflexión no sin polémica sobre el uso que de las redes sociales hacían sus periodistas con el deseo de que cristalizase en fututo código ético.

elDiario.es aprobó en 2023 su Estatuto de Redacción y en él dedica un artículo a la gestión que de sus perfiles personales en redes sociales hagan sus periodistas. El diario recomienda en su artículo 64 aplicar los mismos criterios que marca el Estatuto para su trabajo profesional. "Para no comprometer su imagen profesional y la de sus compañeros, *elDiario.es* aconseja a sus periodistas que sean tan cuidadosos con lo que publican en estas redes como lo son cuando firman un artículo de información o de opinión" (diario.es, 2023).

Más allá de la gestión del perfil social de los periodistas, también los códigos deontológicos y los diarios han dado indicaciones a los periodistas sobre el uso que de las redes sociales hagan como fuente de información. En líneas generales, piden a los periodistas cautelas en la publicación de informaciones obtenidas a través de las redes sociales, sobre todo cuando procedan de cuentas no verificables. Además, es habitual la recomendación de realizar capturas de pantalla para documentar comentarios que puedan ser borrados con posterioridad.

3.3. Los contenidos patrocinados

Las informaciones patrocinadas no eran desconocidas antes del desarrollo del periodismo digital, pero la crisis económica y la búsqueda de nuevas vías de financiación ha incrementado los contenidos patrocinados y el debate sobre estas fórmulas. Entre los periodistas existen diferentes opiniones respecto a estas fórmulas, así se desprendió de la III Edición del Estudio sobre la Profesión Periodística (2016) organizado por la Asociación de Periodistas de Información Económica (APIE).

Los periodistas que se posicionan a favor de los contenidos patrocinados por las empresas argumentan que suponen una importante fuente de recursos económicos para los medios de comunicación y que son una técnica que las empresas utilizan para acercarse a los clientes, sin intención de venta, es decir, basado en un modelo no intrusivo. En contra de los contenidos patrocinados, los periodistas afirman que se asemeja a una publicidad encubierta o una información comprada y que puede llevar a las audiencias a desconfiar de los periodistas. Sobre esta cuestión, en los medios españoles no se percibe que haya habido una gran actualización desde el punto de vista deontológico. La norma básica de que la publicidad siempre debe estar diferenciada tipográficamente de los textos elaborados en la Redacción parece ser la pauta en teoría seguida por la mayoría de los medios que no han avanzado en sus regulaciones.

Son pocos los que han regulado sus apuestas por fórmulas publicitarias alejadas de los diseños clásicos. Uno de los que sí lo ha hecho es *El País*. Este diario desde 2021 en su libro de estilo identifica la normativa a seguir para incluir contenido de marca en el medio. Señala que esas piezas deben estar encabezadas siempre por una de estas tres fórmulas: "Un proyecto de (la marca correspondiente)", "Noticia patrocinada" o "Especial Publicidad"

(El País, 2021:27). Otros medios como Ctxt, La Marea, El Salto o *infoLibre* rechazan de plano esos formatos publicitarios (Sánchez Castrillo, 2018).

3.4. La necesidad de una mejor regulación del plagio: el respeto a la propiedad intlectual

El plagio entendido como el acto de copiar en lo sustancial obras ajenas, dándolas como propias es conducta muy antigua, existente en los medios impresos que "el cambio del formato físico al digital solo ha servido para continuar, o bien excarcelar" (Ramírez-Plasencia, 2015: 118). Los primeros códigos deontológicos en España inicialmente no hacían referencia a la conducta del plagio, aunque este se remonta al propio origen del periodismo moderno. La renovación de los principales códigos deontológicos de las asociaciones gremiales de la prensa supuso un avance en esta materia (Santín, 2021). El Colegio de Periodistas de Cataluña dedica hoy un apartado específicamente a la autoría y al plagio y establece que "las facilidades para `copiar y pegar´ que brindan los productos digitales, hasta el punto de convertirse en una práctica redaccional mecánica y cotidiana, nunca deben ser un pretexto para el plagio y la usurpación".

La FAPE también con su renovación del código deontológico comenzó a exigir desde 2017 de manera más categórica el respeto a los derechos de autor y condenar el plagio explícitamente. Concretamente la nueva redacción señala: "

> *El periodista respetará y hará respetar los derechos de autor y propiedad intelectual que se derivan de toda clase de actividad creativa. Evitará toda forma de plagio y prestará especial atención a que la reproducción de contenidos a través de medios tecnológicos no vulnere los referidos derechos" (FAPE, 2017).*

Los medios de comunicación son pocos los que prestan atención a este problema de manera explícita en sus normativas internas y, desde el punto de vista de la tipología de los medios, las agencias de noticias parecen ser las más comprometidas en la lucha contra este ilícito. Se percibe en los medios una resistencia a establecer mecanismos de control en las redacciones a pesar del riesgo que para su reputación implica que un contenido propio se base en otro de la competencia (Santín, 2021).

3.5. La inteligencia artificial en el periodismo, el último reto ético

El uso de la inteligencia artificial (IA) en el periodismo es uno de los últimos retos éticos a los que está enfrentando la profesión y sobre el que posiblemente más se haya escrito en 2023. Los medios llevan años utilizando la IA para generar etiquetas de búsqueda en las informaciones en la web, incrementar sus suscripciones, detectar tendencias informativas, moderar comentarios, redactar breves noticias o procesar grandes cantidades de datos, entre otras más funciones. En definitiva, el algoritmo acaba determinando la estructura de las noticias y el contenido de los medios. Y desde esa perspectiva, se puede decir que los medios de comunicación favorecen la publicación de aquellos contenidos que los algoritmos de Google posicionan mejor y esto implica que esos "contenidos terminen poblando los espacios digitales en busca de la atención y el clic del usuario (García-Marín y Murolo, 2023: 87)

Estos usos no planteaban grandes dilemas para los medios, pero los avances en materia de IA y sobre todo la irrupción del ChatGPT ha abierto en los últimos meses un debate ético de urgencia en el periodismo. Esta discusión, como en otras problemáticas, era prácticamente inexistente hace unos años, pues en 2019 se consideraba la parte ética en el uso de la IA algo residual (García Avilés, 2023).

El *Consell de la Informació de Catalunya* (CIC) ha elaborado un estudio en el que ha el uso que de la IA están haciendo los medios catalanes y ha indagado en la opinión de los expertos sobre la IA para concluir con una serie de recomendaciones para dotar a la IA en su uso como herramienta editorial de los valores éticos del periodismo que resume en los siguientes puntos:

- Velar por el origen y la diversidad de los datos y mantener una vigilancia constante sobre su representatividad
- Asegurar la calidad técnica de los procesos de tratamiento de los datos para minimizar los riesgos y mitigar los errores.
- Hasta donde sea posible, dar a conocer a los usuarios la existencia de los algoritmos y las características básicas de su funcionamiento.
- Recoger únicamente los datos personales necesarios, convertirlos en anónimos si no son relevantes y preservarlos de un mal uso por terceros.
- Evitar que el uso de algoritmos para hacer información `a medida´ contribuya a socavar el pluralismo o perjudique a personas vulnerables.
- No olvidar que es el profesional quien tiene el talante ético que no tiene la máquina.
- Adquirir los grados de capacidad suficiente para aunar el conocimiento de la técnica y la aplicación de los principios éticos.
- Promover la investigación encaminada a explorar la convergencia entre la eficacia técnica de los sistemas y los valores de un periodismo ético. (Ventura, 2021: 34-37)

El citado estudio pretende estimular el proceso de reflexión y constituirse como una referencia que ayude a los medios a determinar cómo debe ser su práctica algorítmica.

Ese debate ya ha comenzado en algunas cabeceras en España. Recientemente *El País* ha informado que ha iniciado "una reflexión interna para delimitar los usos de herramientas como el ChatGPT en la Redacción" y en línea con algunos de sus principios siempre que se utilice la IA para elaborar un texto señala que debería de identificarse (El País, 2023).

La revista *CTXT* ha reforzado su libro de estilo ético para reafirmarse en un modelo de periodismo artesanal y lento y se ha comprometido con sus lectores a abrir un debate profundo sobre la IA y a no usar ésta para elaborar artículos o fotografías, realizar entrevistas, simular conversaciones en redes sociales o dejar de contar con los servicios de traductores profesionales humanos (Mora, Adrade y Jiménez, 2023).

4. CONCLUSIONES

Los cambios introducidos por la digitalización han influido en el comportamiento ético de los periodistas y, con algo de retraso, han tenido lugar en los últimos años revisiones de los códigos deontológicos tanto de asociaciones y colegios de periodistas como de los propios medios para adaptarse al entorno digital. El avance en los últimos años en esta materia es muy significativo, aunque todavía sean pocos los medios que han dado respuesta pública a retos éticos que plantea el periodismo en la red. A pesar de ello, sus esfuerzos tienen un gran valor. Esos medios pioneros en la autorregulación marcan el camino a seguir para abordar cuestiones como la protección de la privacidad en entornos digitales o el respeto a la propiedad intelectual.

Existen cuestiones sobre las que los medios se van posicionando paulatinamente y otros aspectos sobre los que hay un vacío normativo. En este sentido, hay que advertir que la autorregulación solo se manifiesta cuando el problema adquiere dimensiones que impiden ignorar esa realidad si se desea ser un medio de referencia o apostar por un periodismo de calidad.

Los diarios dieron el salto a la red en los años 90 y los cambios desde entonces han sido vertiginosos. Afrontar tantos cambios requiere de una profunda reflexión y puede llevar tiempo el desarrollo de una propuesta regulatoria adecuada. Además, también se debe destacar que la digitalización ha demostrado bondades desde el punto de vista de la autorregulación y el autocontrol. Los mecanismos existentes en la red para que periodistas y medios rindan cuentas con su audiencia se han incrementado sustancialmente y son muchos los diarios que están aprovechando esas bondades.

5. REFERENCIAS

CIC (2016). Código deontológico del *Consell de la Informació de Catalunya.* https://fcic.periodistes.cat/es/codi-deontologic/

Cruz Álvarez, J. y Suárez Villegas, J. C. (eds). (2016). *Desafíos éticos en el periodismo digital.* Dykinson

Díaz Campos, J. y Segado Boj, F. (2014). La adaptación de los códigos de ética periodística europeos a internet y las TIC. *Ámbitos: Revista Internacional de Comunicación*, 26, 91-100.

El País. (2021). *Libro de estilo de El País.* Aguilar.

elDiario.es (2023). Estatuto de elDiario.es. https://n9.cl/tackbh

FAPE (2017). Código Deontológico de la FAPE. https://www.comisiondequejas.com/codigo-deontologico/

Fondevila Gascón, J. F. (2013). Periodismo ciudadano y cloud journalism: un flujo necesario en la sociedad de la banda ancha. *Comunicación y Hombre*, 9, 25–41. https://doi.org/10.32466/eufv-cyh.2013.9.163.25-41

García-Marín, D. y Murolo, L (2023). Plataformas, ficción y medios de comunicación. El algoritmo como cultura. En J. A. Gabelas-Barroso, D. García-Martín, y R. Aparici (Coords). *La invasión del algoritmo.* (pp. 69-94). Gedisa.

Herrera-Damas, S. (2013). Indicaciones recurrentes en las normativas para el uso periodístico de las redes sociales. *El profesional de la información, 22*(1), 46-53. http://dx.doi.org/10.3145/epi.2013.ene.06

Marqués-Pascual, J. y González-Peláez, M. (2020). Pros y contras del remozado código deontológico de los periodistas catalanes. *Estudios sobre el Mensaje Periodístico, 26*(1), 207-213. https://doi.org/10.5209/esmp.67300

Micó, J. L., Canavilhas, J., Masip, P. y Ruiz, C. (2008). La ética en el ejercicio del periodismo: credibilidad y autorregulación en la era del periodismo en internet. *Estudos em Comunicação,* 4, 15-39.

Mora, M., Andrade, M. y Jiménez, V. (2023, 21 de mayo). Un decálogo contra la IA y la industria del engaño. *CTXT.* https://n9.cl/95sehl

Ramírez-Plascencia, D. (2015). El periodismo digital y las políticas editoriales en materia de plagio: una discusión necesaria pero ausente. *Palabra Clave, 18*(1), 111-130. https://doi.org/10.5294/pacla.2015.18.1.5

Sánchez Castrillo, A. (2018, 19 de febrero). El nuevo 'camuflaje' de las marcas publicitarias en los medios de comunicación. *InfoLibre.* https://n9.cl/yx96e

Santín, M. (2016). Los dilemas éticos del periodismo digital desde la perspectiva de los artículos del defensor del lector de El País. *Palabra Clave, 19*(2), 630-659. https://doi.org/10.5294/pacla.2016.19.2.12

Santín, M. (2017). The problem of the right to be forgotten from the perspective of self-regulation in journalism. *El Profesional de la información, 26*(2) 303-310. https://doi.org/10.3145/epi.2017.mar.17

Santín, M. (2021). El control del plagio en la profesión periodística en España: un tímido avance ante un gran reto de la era digital. *Estudios sobre el Mensaje Periodístico, 27*(4), 1215-1225. https://doi.org/10.5209/esmp.75509

Suárez Villegas, J. C. (2015). Aspectos éticos y deontológicos de la actividad periodística online. Su percepción por los profesionales. *Revista Latina de Comunicación Social,* 70, 91-109. https://doi.org/10.4185/RLCS-2015-1036

Tascón, M. (2012). Guías de uso de las redes sociales para periodistas: entre el afán didáctico y el mecanismo de control. *Cuadernos de periodistas: revista de la Asociación de la Prensa de Madrid,* 24, 80-87.

Ure, M. (2013). Dilemas éticos y modelos deontológicos para el periodista usuario de medios sociales. *Cuadernos de Información,* 32, *67-76. http://dx.doi.org/10.7764/cdi.32.492*

Ventura, P. (2021). Algoritmos en las redacciones: Retos y recomendaciones para dotar a la inteligencia artificial de los valores éticos del periodismo. *Consell de la Informació de Catalunya.* https://n9.cl/g99qi

BASES PARA LA CONSTRUCCIÓN DEL RÉGIMEN JURÍDICO-ADMINISTRATIVO DE LA PUBLICIDAD INSTITUCIONAL

Miguel Ángel Sendín García [1]

1. INTRODUCCIÓN

Una de las más marcadas características de las sociedades actuales es el protagonismo que asumen las comunicaciones. Vivimos en un mundo conectado en la que la imagen y la comunicación han pasado a primer plano. La Administración pública no es ajena a esta tendencia y ha pasado a desarrollar una amplia labor comunicativa. Dentro de este proceso se ha producido una auténtica revolución en la manera en que los poderes públicos se entienden con los ciudadanos.

Si anteriormente la Administración se limitaba en gran medida a comunicar a través de los mecanismos formales de publicidad fijados legalmente, con los que hacía llegar a los ciudadanos sus disposiciones y actos administrativos, ahora ha abierto otros cauces, a través de los cuales persigue una comunicación más fluida y permanente con la ciudadanía. Dentro de esta actividad comunicativa asume desde hace ya algunos años un papel relevante la llamada publicidad institucional. A través de ella, la Administración comunica con el conjunto de la sociedad datos de naturaleza diversa, desde el anuncio de la aparición de nuevos servicios o funciones, a la incentivación de conductas o actitudes consideradas positivas por los poderes públicos. Esta amplia gama de comunicaciones asume como rasgo común su articulación a través de las técnicas propias del lenguaje publicitario, esto es, adquieren un carácter sugestivo o persuasivo (Moreu Carbonell, 2005), en el sentido de que tratan de orientar la percepción del ciudadano hacia una determinada valoración o modo de acción.

El lenguaje publicitario tradicional trata de ofrecer una imagen atractiva de los productos, servicios o la imagen de un determinado operador del mercado, para facilitar con ello la contratación de sus productos o servicios. La publicidad institucional es ajena a esa finalidad comercial, en cuanto asume la persecución de determinados objetivos de interés público. Ahora bien, lo hace desde ese intento de influir en las decisiones del administrado, bien tratando de instaurar una imagen favorable de la Administración pública o sus actividades, bien difundiendo determinadas actitudes, comportamiento o valoraciones sociales. Se abre con ello una vía especialmente importante de influir en la opinión de la sociedad y su modo de pensar, a la vez que de dirigir su acción. Esta acción ofrece un abanico de posibilidades en atención a la consecución de los objetivos propios de los poderes públicos, pero también entraña un conjunto de riesgos nada desdeñables.

1. Universidad de Las Palmas de Gran Canaria (España)

Todo esto determina que esa publicidad institucional asuma una conflictividad jurídica relevante, que hace necesaria su regulación. Así lo entendió el legislador estatal, que se enfrentó a la tarea de regularla a través de la *Ley 29/2005, de 29 de diciembre, de Publicidad y Comunicación Institucional* (en adelante LPCIAGE). Dicha normativa contiene un breve régimen básico, que vincula a todas las Administraciones públicas. Una regulación de mínimos que los legisladores autonómicos pueden completar dictando normas específicas para su propia Comunidad Autónoma en la materia.

Ha transcurrido ya un tiempo importante desde que el régimen jurídico de la publicidad institucional asomase por la puerta. Un lapso de tiempo lo suficientemente amplio como para haber dejado precisado de una manera más o menos completa su régimen jurídico. Cosa que nos parece, sin embargo, no se ha logrado de manera satisfactoria, pues sigue siendo una materia sometida a una regulación mínima y fragmentaria que sigue dejando sin resolver muchos interrogantes. No deja de ser extraño, tanto por la importancia de las cuestiones que desde el punto de vista del estudio académico suscita una materia como ésta, como por el hecho de que constituye una temática que está dotada de una problemática económica innegable. En último término, no es cuestionable que las Administraciones públicas son el mayor anunciante en cualquier país desarrollado (Rey y Pineda, 2009). Sea por unos motivos u otros, el Régimen Jurídico de la Publicidad Institucional sigue en siendo en España una cuestión pendiente de clarificación y concreción.

2. OBJETIVOS

La delimitación completa del régimen jurídico de la publicidad institucional es una tarea necesitada de un espacio bastante mayor que el que un estudio como éste proporciona. De ahí que más que a completar esa labor, nuestro objetivo sea fijar las bases de la metodología jurídica a seguir para poder completar dicha tarea. Se trata de proporcionar los elementos claves que deben servir de guía para delimitar y concretar el régimen jurídico de la publicidad institucional. Lo que implica proporcionar elementos esenciales para interpretar y aplicar correctamente la normativa vigente en materia de publicidad institucional.

3. METODOLOGÍA

El elemento determinante de la metodología empleada viene marcado por un factor no lo suficientemente enfatizado, en nuestra opinión, como es la consideración de que esta materia se enmarca de lleno en el ámbito del Derecho administrativo, lo que demanda que esa concreción jurídica se construya necesariamente desde los principios, procedimientos y perspectiva propios de esta rama del derecho.

Ahora bien, esa afirmación inicial no puede ignorar las peculiaridades que marca esa realidad compleja que es el Derecho de la publicidad, en el que esta materia que es la publicidad institucional también se enmarca.

Desde aquí, este trabajo asume, como propuesta metodológica esencial, la lectura de la normativa reguladora de la publicidad institucional desde una correcta articulación de las dos esferas del ordenamiento jurídico en las que se sitúa el régimen jurídico de la publicidad institucional: el Derecho administrativo y el Derecho de la publicidad. De tal modo que se trata de aquilatar en que medida se debe utilizar el andamiaje axiológico propio de cada uno de estos sectores del ordenamiento jurídico para interpretar y aplicar el derecho positivo en la materia.

4. DISCUSIÓN Y RESULTADOS

Una de las más remarcables y atractivas características para el estudio jurídico del régimen de la publicidad institucional es su situación, podríamos decir, "de frontera", el hecho de desarrollarse a caballo entre dos disciplinas científicas dotadas de notables diferencias. El régimen jurídico de la publicidad institucional es radicalmente Derecho administrativo. No puede ser de otra forma, al constituir un conjunto de actividades realizadas subjetivamente por los poderes públicos, lo que ya apunta de por sí al Derecho administrativo. A lo que se añade, además, que dichas actividades se desarrollan en atención a la consecución de objetivos de interés público, lo que determina que también desde el punto de vista objetivo o material se ubica en el ámbito de la acción administrativa (Bermejo Vera, 2005).

Ahora bien, esa naturaleza administrativa no puede ignorar el hecho de que las materias objeto de regulación por este régimen jurídico se insertan en una problemática que ha venido desde siempre resuelta por otro conjunto normativo: el Derecho de la publicidad.

Antes de examinar el modo en que se van a relacionar estos dos sectores del ordenamiento jurídico, conviene hacer una breve presentación de estos. Comenzando por el Derecho administrativo, es éste sin duda una de las ramas en las que se divide idealmente el ordenamiento jurídico, estando dotado de una clara autonomía, que le proporciona el construirse sobre un elemento diferencial, el interés público, que marca una manera de interpretar y aplicar sus normas de manera característica. De tal modo que las cuestiones de Derecho administrativo deben resolverse desde los principios y reglas de interpretación propias que le proporciona la necesidad de hacer prevalecer ese interés público, que constituye su propia razón de ser, siempre buscando vías que permitan salvaguardar o proteger de manera correcta los derechos e intereses particulares que puedan chocar contra ese interés público.

Frente a ello, el Derecho de la publicidad no es propiamente una rama del ordenamiento jurídico dotada de autonomía. Es uno de esos conjuntos normativos que han ido cobrando cada vez más sustantividad en su estudio y tratamiento científico, fundamentalmente por la existencia de un sector característico de la sociedad, dotado de considerable potencia económica y notable transcendencia práctica, que requiere un análisis especializado del conjunto de normas que la regulan (Vallés Copeiro del Villar, 2005). En este caso, la publicidad. Estos sectores jurídicos específicos no constituyen, sin embargo, ramas autónomas del ordenamiento jurídico. El elemento decisivo es que no cuentan con un sustrato axiológico propio, de principios jurídicos, desde los que articular la respuesta a los problemas de interpretación o aplicación que se puedan plantear en su ámbito propio. De este modo, encuentran sustantividad en la unidad del sustrato material que regulan, pero no en los fundamentos axiológicos que sirven de base a sus instituciones, que no los proporciona en este caso su adscripción al Derecho de la publicidad, sino la rama del ordenamiento jurídico al que se anudan las diferentes normas que lo componen (Valpuesta Gastaminza, 2001; García Rivas, 2004).

De este modo, el Derecho de la publicidad se configura como una realidad compleja, formada por normas derivadas de diferentes ramas del ordenamiento jurídico. Así, las normas relativas a la publicidad comercial son esencialmente Derecho mercantil, pero si se trata de los delitos publicitarios entraría el juego el Derecho penal y sus principios o, lo que a nosotros nos interesa en mayor medida, si se trata de cuestiones relacionadas con la publicidad institucional, entra en juego el Derecho administrativo.

El caso de la publicidad institucional asume unos tintes, sin embargo, un tanto peculiares. Si bien es cierto, como ya adelantamos, que la base axiológica y por lo tanto la estructura última del régimen jurídico se sitúa en el Derecho administrativo, también lo es que falta en esta rama del derecho el estudio, y por tanto también las soluciones, para una gran parte de las preguntas y problemas jurídicos que en la práctica va a plantear.

Pongamos un ejemplo, en cuanto que la publicidad institucional constituye actividad administrativa dirigida a la satisfacción del interés público, va a entrar en juego, como veremos, la tradicional institución administrativa de la desviación de poder, que obliga a que toda acción administrativa vaya dirigida, bajo sanción de invalidez, a la consecución del interés público para el que el ordenamiento jurídico atribuye esa potestad. Esto supone traducido a la problemática de la publicidad institucional que nos ocupa, que sólo será lícita cuando se utiliza para conseguir los intereses públicos que con ello se pretende (informar a la ciudadanía de sus derechos y obligaciones legales, difundir el contenido de determinadas disposiciones normativas, etc.); pero no será válida cuando se utiliza para una finalidad distinta, incluso aunque sea legal, en particular cuando se trata de buscar un rendimiento en términos electorales para las personas o partidos políticos que ocupan esas instituciones.

Para este tipo de cuestiones, el Derecho administrativo ofrece un acervo jurídico en el que se pueden encontrar criterios o soluciones para resolver los problemas a los que deba de enfrentarse el régimen jurídico de la publicidad institucional. Sin embargo, si se buscan respuestas para los supuestos de publicidad institucional ilícita, bien por tener carácter engañoso, por ser publicidad desleal o publicidad encubierta, pocas soluciones se pueden esperar del Derecho administrativo. Simple y llanamente porque el ordenamiento jurídico administrativo nunca ha tenido que enfrentarse a estas cuestiones, que hasta el momento en que se produce la entrada de la publicidad institucional no tenían nada que ver con su problemática y ámbito de acción.

Para encontrar soluciones a estas cuestiones hay que recurrir al Derecho mercantil, que es el que ha lidiado durante años con este tipo de problemas, construyendo una base de doctrina que es la llave para la solución de estos problemas.

Ahora bien, esas soluciones aportadas por el Derecho mercantil, y más particularmente por el Derecho de la publicidad, no son extrapolables sin más a un ámbito regido por unos principios distintos, como es la publicidad institucional. Esto determina, a nuestro juicio, que la construcción del régimen jurídico de la publicidad institucional requiere para muchos aspectos bucear en las técnicas, procedimientos y soluciones que el Derecho de la publicidad ha previsto para ellos, pero no desde su extrapolación acrítica al marco de la publicidad institucional, sino una vez filtrados desde la perspectiva propia del Derecho administrativo y, en consecuencia, adaptado a las necesidades y exigencias de éste.

Una vez descrito la peculiar posición del régimen jurídico de la publicidad institucional, a medio camino entre el Derecho de la publicidad y el Derecho administrativo, vamos a examinar las bases fundamentales desde las que se construye su régimen jurídico. Para ello, comenzaremos identificando su campo de acción, precisando los elementos que definen una determinada comunicación como publicación institucional, tras lo cual examinaremos el régimen jurídico esencial al que está condicionada su legalidad, distinguiendo entre los requisitos de validez a los que se somete por su condición de actividad administrativa, de aquellos que derivan de su condición de comunicación publicitaria.

Comenzando con la delimitación del concepto de publicidad institucional, debemos señalar que no se trata aquí de realizar una delimitación conceptual acabada de este tipo de publicidad. Nuestro objetivo, más modesto, consiste en identificar los rasgos esenciales que sirven para precisar ese concepto tan sólo en cuanto que nos van a proporcionar las claves que deberían guiar el proceso de construcción del régimen jurídico de esta forma de publicidad.

En principio, la publicidad institucional está revestida de un conjunto de rasgos que la equiparan a las demás formas de publicidad, ya sea comercial o política. Así, en primer lugar, la publicidad institucional se caracteriza por ser una comunicación colectiva, dirigida al conjunto de la colectividad. Elemento que deja fuera de este concepto las comunicaciones individuales que realiza la Administración a una persona o personas determinadas (Esteba Ramos y Rubio Perea, 2009). Así lo confirma la normativa reguladora de la publicidad institucional, que caracteriza a ésta como la difusión de un mensaje u objetivo común, dirigida a una pluralidad de destinatarios (art. 2 LPCIAGE; art. 2 *Ley 6/2010, de 23 de diciembre, de Publicidad y Comunicación Institucional de Euskadi* (en adelante LPCIE).

A ello se añade, en segundo lugar, que se realiza en los mismos tiempos y espacios a través de los que se realiza la comunicación comercial (Cortes González, 2011). Así lo confirma el art. 2.a LPCIAGE, que distingue la comunicación institucional de la publicidad institucional, en cuanto que esta última utiliza "un soporte publicitario", mientras que la comunicación institucional utiliza "formas de comunicación distintas de las estrictamente publicitarias".

Esta primera caracterización, en realidad, pone de manifiesto que la publicidad institucional no es más que una forma más de publicidad. Este factor no se debe olvidar, pues supone que la construcción de su régimen jurídico debe tener presente la necesidad de pautarse a las reglas básicas que informan la comunicación publicitaria.

Debe destacarse que, el hecho de que utilice formas de comunicación de tipo publicitario va a ser fundamental a la hora de examinar su régimen jurídico, que va a venir marcado por la consecuente necesidad, propia de todo mensaje publicitario, de tener un carácter sugestivo, de tratar de llevar al espectador a un determinado lugar. Esto implica que, cualesquiera exigencias de rigor y objetividad que se puedan exigir a la publicidad institucional, no deja de ser una forma de publicidad, que como tal no es nunca un mensaje de carácter puramente neutral y objetivo, sino que implica siempre un propósito más o menos intenso de orientar la voluntad del administrado en un determinado sentido.

A partir de aquí comienza su caracterización específica con un rasgo propio, como lo es su imputabilidad a un ente público. La publicidad institucional viene necesariamente promovida o contratada por un sujeto público (Orenes Ruiz, 2007; Fernández Poyatos y Feliu García, 2012). Así lo confirma en el ámbito estatal el art. 2.1 LPCIAGE, que considera como tales las "promovidas o contratadas por la Administración General del Estado y por las demás entidades integrantes del sector público estatal, enumeradas en el artículo 2.1 de la Ley 47/2003, de 26 de noviembre, General Presupuestaria". En sentido similar, las diferentes normativas autonómicas delimitan las entidades de su sector público que pueden emitir publicidad institucional (por ejemplo, art. 3 Ley 12/2018, de 24 de mayo, Ley de publicidad institucional para el interés ciudadano y la concepción colectiva de las infraestructuras públicas de la Comunidad Valenciana, en adelante LPIVAL).

Es éste un rasgo necesario para la caracterización de la publicidad institucional como tal, pero no suficiente, pues nada impide que la Administración pública pueda poner en marcha también campañas de publicidad puramente comerciales, que quedarían fuera del campo de aplicación de la publicidad institucional. Para acabar de perfilar el concepto es necesario dar entrada a un carácter especialmente relevante, que va a individualizar a la publicidad institucional respecto a las demás formas de publicidad: se realiza necesariamente para la satisfacción de un interés público (Orenes Ruiz, 2008). Así lo confirma el art. 3.2 LPCIAGE afirmando que las "campañas institucionales de publicidad y de comunicación se desarrollarán exclusivamente cuando concurran razones de interés público".

Este es probablemente el rasgo más estructural y decisivo de la publicidad institucional. El auténtico epicentro de esta institución jurídica, que condiciona de manera transcendental todo su régimen jurídico. Por una parte, lo hace en cuanto sitúa esta figura jurídica en la dinámica propia del Derecho administrativo, determinando la entrada en juego de algunos de los parámetros esenciales a los que el ordenamiento jurídico administrativo condiciona la legalidad de la acción administrativa: desviación de poder, procedimiento, etc. Elementos todos ellos deudores de la idea de interés público, sobre la que se construye la entera disciplina del Derecho administrativo.

Por otro lado, va a proporcionar la especificidad propia que particulariza a la publicidad institucional respecto a otras formas de publicidad, en particular respecto a la publicidad comercial, lo que a su vez implica que es el rasgo desde el que vamos a obtener el instrumental desde el que filtrar las figuras y procedimientos del Derecho general de la publicidad, en esencia, mercantiles, para adaptarlas a la realidad y a las necesidades propias de la publicidad institucional.

Antes de eso hay es preciso, no obstante, delimitar la trascendencia que esa referencia al interés público conlleva en la delimitación del régimen jurídico de la publicidad institucional respecto a la publicidad comercial. Para ello debemos partir de una breve conceptualización de cada una de estas dos formas de publicidad, sin más pretensión que la de obtener los elementos para poder cumplimentar los objetivos que pretendemos en este estudio.

La publicidad comercial, aparece delimitada en el art. 2 de la *Ley 34/1988, de 11 de noviembre, General de Publicidad*, que la define como toda "forma de comunicación realizada por una persona física o jurídica, pública o privada, en el ejercicio de una actividad comercial, industrial, artesanal o profesional, con el fin de promover de forma directa o indirecta la contratación de bienes muebles o inmuebles, servicios, derechos y obligaciones". Esta definición nos deja bastante claro cuál es el elemento diferencial que distingue la publicidad comercial de la publicidad institucional, desde el cual irradian las diferencian entre el régimen jurídico de ambas formas de publicidad: la publicidad comercial es un elemento instrumental de la actividad económica del anunciante, que persigue facilitar la contratación y, con ello, un elemento al servicio de los intereses egoístas del promotor de la publicidad; frente a ello, la publicidad institucional trata de conseguir objetivos públicos, objetivos socialmente deseables, que la sitúan no en la esfera de los objetivos e intereses de su promotor, sino en la de la consecución de objetivos deseables para la propia sociedad, para el bien común.

De este modo, hay quien ha señalado que la publicidad comercial se realiza a favor del interés del anunciante, esto es, del promotor del mensaje; mientras que la institucional se realiza a favor del interés de la sociedad, esto es, del destinatario del mensaje (Cortes González, 2011). No nos parece esta una afirmación incorrecta, pero si necesariamente matizable. Es efectivamente cierto que en lo que podríamos denominar como el punto de vista más inmediato, el más superficial, la publicidad comercial no persigue el interés público, sino que sirve a los propósitos del anunciante. Ahora bien, esta afirmación no es mantenible sin objeciones desde una segunda visión más detenida. La publicidad comercial no sirve directamente a los intereses públicos, pero si indirectamente. No debe olvidarse que la publicidad comercial es parte irrenunciable del instrumental desde el que el Derecho mercantil protege el mercado y la competencia. Protección que no es obviamente fútil, sino que responde a una salvaguarda del interés público. En definitiva, el ordenamiento jurídico protege la competencia y el mercado porque es la mejor manera de servir a los intereses públicos en un conjunto de relaciones jurídicas, en las que el mercado y la competencia son supuestamente el mejor regulador.

No queremos entrar en discusiones sobre un tema tan espinoso como es el del reparto de papeles entre la iniciativa pública y la competencia, que sobrepasa ampliamente nuestros conocimientos. Se trata tan sólo de buscar la esencia de las instituciones jurídicas tal como nuestro ordenamiento jurídico las regula. Desde esa perspectiva, la publicidad comercial no es un elemento ajeno al interés público. Deberíamos decir, entonces, de manera más precisa, que no persigue directamente el interés público, pero sí indirectamente. En definitiva, la publicidad comercial sirve directamente a los intereses del operador económico que promueve la publicidad, y con ello contribuye directamente al correcto funcionamiento del mercado y la competencia, y sirve indirectamente al interés público que, sin duda, existe en el correcto funcionamiento del mercado.

Esto nos dice mucho más de lo que a primera vista podría parecer acerca del régimen jurídico de la publicidad institucional. Por un lado, nos va a proporcionar importantes elementos de juicio respecto a una cuestión básica para el régimen jurídico de la publicidad institucional, como es cuándo es lícito y legítimo que la Administración ponga en marcha este tipo de campañas. En tal sentido, hay que tener presente que por más que en la práctica sea una cuestión discutible y necesariamente discutida, hay una diferenciación más o menos clara desde un punto de vista teórico entre la forma el que la acción pública y el mercado y la competencia sirven al interés público. Desde esta perspectiva se puede decir que el ordenamiento jurídico entiende que en determinados ámbitos la mejor manera de proteger el interés público es garantizando el libre funcionamiento del mercado y la competencia. Sin embargo, en otros ámbitos, como el de la publicidad institucional se entiende que el mercado fracasaría como regulador, y es necesario una intervención pública que haga prevalecer esos intereses.

Ese es, nos parece, el elemento determinante que debería servir teóricamente para poner en marcha una campaña de publicidad institucional, que en última instancia no es más que un supuesto de acción administrativa y debe, por tanto, justificarse del mismo modo que se justifica ésta, por la necesidad de una acción pública que permita que la sociedad cumpla determinados objetivos que no se verían satisfechos sin esa acción pública.

Veamos un ejemplo claro. El art. 4.1.c LPCIE establece que uno de los objetivos que permite realizar campañas de publicidad institucional es el de difundir "el contenido de aquellas disposiciones normativas que, por su novedad y repercusión social, requieran medidas complementarias para su conocimiento general". No se puede decir que sea ésta una disposición oscura, que entrañe dificultades de comprensión y con ello de interpretación. Sin embargo, si es una disposición en la que es difícilmente delimitar su ámbito de aplicación práctica, pues acaba remitiendo la cuestión a un concepto jurídico indeterminado que no va a ser fácil de precisar: que las disposiciones normativas "requieran medidas complementarias para su conocimiento general". ¿Debemos, entonces, considerarla como una mera cláusula habilitante que dota de libertad a la Administración actuante en cada caso para realizar publicidad institucional respecto a cualquier normativa que le parezca oportuno?

A nosotros no nos parece que sea así. El ámbito del concepto jurídico indeterminado que recoge este precepto puede ser delimitado de manera bastante precisa si reflexionamos cuando van a ser precisas medidas complementarias para su conocimiento general. El criterio habilitante es, en la línea de lo que estamos tratando, si la propia sociedad por si sola va a encargarse de difundir esa información o, si más bien va a haber presumiblemente una falta de interés por los operadores sociales en llevar a cabo esa difusión. A nuestro juicio, la realización de una campaña institucional en el primer caso sería una mala práctica. No porque la medida objetivamente considerada no la requiera, sino porque es innecesaria porque la propia sociedad la va a difundir sin necesidad de una intervención pública.

De este modo, si nos tomamos en serio la regulación de la publicidad institucional debemos limitar la discrecionalidad de su ejercicio en un doble sentido. Por un lado, atendiendo a que venga referido a uno de esos supuestos dotados de interés público que de forma más o menos precisa delimitan las normativas en la materia. Por otro lado, debe hacerse un juicio de necesidad de realización de la propia campaña, basada en la probabilidad de que esa información sea debidamente conocida por la sociedad o no.

Este aspecto puede resultar trivial, pero es en la práctica decisivo, pues, de no realizarse, abre la puerta a la posibilidad de que los poderes públicos emprendan, como de hecho ha ocurrido frecuentemente en la práctica, campañas para resaltar los logros de gestión de quienes ocupan esas instituciones. Lo que en última instancia supone malgastar los medios públicos inútilmente para dar satisfacción a los intereses egoístas de la personas y grupos políticos en el gobierno, en vez de dirigirlos adonde deben ir: donde hay una verdadera necesidad de comunicación con el administrado por motivos de interés público.

Por otro lado, la diferenciación entre los objetivos de la publicidad comercial de protección al mercado y la competencia y los de satisfacción directa del interés público, nos va a proporcionar los elementos de juicio precisos para valorar y adaptar las figuras tradicionales del Derecho general de la publicidad de base mercantil, a la problemática y necesidades propias de la publicidad institucional y del Derecho administrativo.

En tal sentido, a la hora de fijar la aplicabilidad de figuras como la publicidad engañosa y la publicidad desleal al ámbito de la publicidad institucional se debe tener en cuenta que una y otra vienen inspiradas por parámetros y bases diferentes. Más particularmente, se deben de valorar esencialmente los siguientes elementos diferenciales. En primer lugar, el régimen jurídico de la publicidad comercial tiene como elemento de protección última el mercado; mientras que el de la publicidad institucional protege a la propia sociedad, garantizando su pluralidad, diversidad y heterogeneidad. En segundo lugar, el régimen jurídico de la publicidad comercial protege siempre al ciudadano en cuanto que consumidor y usuario; mientras que el de la publicidad le protege como ciudadano dotado de derechos y libertades fundamentales.

Así, por poner sólo un ejemplo, si nos enfrentamos a un caso de posible publicidad engañosa por omisión de alguno de sus datos fundamentales, a la hora de valorar su licitud desde el punto de vista del consumidor debemos verificar si esté cuenta con todos los criterios esenciales que le pueden llevar a tomar la decisión económica de adquirir o no ese producto o servicio, como precio, calidad, garantía, etc.; sin embargo, si estamos ante una campaña de publicidad institucional, debemos valorar si se ofrecen todos los datos indispensables para enjuiciar todos los intereses socialmente relevantes desde el punto de la protección de los derechos y del pluralismo político (efectos sobre los diferentes grupos sociales, transcendencia para el medio ambiente, etc.).

A partir de aquí, como ya dijimos, elaborar una doctrina completa de la teoría de la ilicitud en la publicidad institucional es una labor ingente, que no podemos asumir, pero si debemos, sin embargo, dejar trazadas las esferas en torno a las cuales esa teoría se debe construir, lo que nos aporta una radiografía bastante definida de la metodología que debe seguirse para su elaboración.

Por lo pronto debe partirse de la diferenciación de dos grandes ámbitos en las causas determinantes de la nulidad en la materia que nos ocupa. Por un lado, vamos a descubrir un conjunto de causas de nulidad procedentes estrictamente del Derecho administrativo y que se derivan directamente de la naturaleza de actividad administrativa de la publicidad institucional. De otro lado, nos encontramos con otro grupo de causas de invalidez que tienen su origen en la naturaleza publicitaria de la publicidad institucional, que se vinculan en consecuencia con el Derecho general de la publicidad y, por lo tanto, generadas y construidas por el Derecho mercantil. Este segundo grupo de causas no se pueden, sin embargo, exportar sin más al ámbito de la publicidad institucional, sino que deben ser, como ya adelantamos, revisadas para su adaptación a la luz de los principios y caracteres de la acción administrativa y, por tanto, desde una perspectiva de Derecho administrativo.

Comenzado por los motivos de los que pueden derivarse la invalidez de la publicidad desde una perspectiva estricta de Derecho administrativo, podemos identificar tres grandes elementos que pueden determinar esa invalidez: la desviación de poder, la falta de competencia o ignorar el procedimiento legalmente establecido. No podemos desarrollar estas causas en profundidad, pero si debemos perfilarlas de manera suficiente para ver como operan en este ámbito.

La primera de ellas y, sin duda, la más relevante tiene su origen en la necesidad, ya previamente reseñada, de dar satisfacción al interés público. La institución de la desviación de poder concreta de manera más precisa esta obligación, que no lo es de dar satisfacción a un interés público cualquiera, sino al concreto interés público que motivó la atribución de la potestad. De este modo, debería quedar, al menos teóricamente, severamente limitada la discrecionalidad de la Administración pública para el ejercicio de esta potestad. La publicidad institucional no es, así, un instrumental del que las autoridades y las fuerzas políticas que la sustentan pueden hacer uso para dar satisfacción a sus propios intereses, sino que es un elemento estrictamente subordinado a la consecución del conjunto de intereses públicos concretos que motivan su atribución a la Administración.

A dichos efectos, las normas de publicidad institucional han intentado perfilar un conjunto de objetivos concretos de interés público que son los que estrictamente se debe perseguir con la publicidad institucional, pues en caso contrario se produciría una desviación de poder que invalidaría esa situación. Sin embargo, este planteamiento claro desde el punto de vista teórico, encuentra en la práctica enormes dificultades. Probar una desviación de poder implica probar intencionalidades de la Administración, lo que no es en absoluto sencillo. De este modo, es frecuente en la práctica, aunque esté teóricamente prohibido, que los poderes públicos emprendan lar realización de campañas institucionales que se justifican en esos motivos que indica el ordenamiento jurídico, pero en realidad persiguen otras finalidades distintas, casi siempre dirigidas a mejorar la imagen de las personas o partidos políticos en el poder, con vistas a obtener un rendimiento electoral.

La aplicabilidad de la doctrina de la desviación de poder es fácilmente deducible de la sujeción antes señalada de toda actividad institucional a la persecución de un interés público. A ello se añade que la normativa de propiedad institucional prohíbe expresamente el supuesto más relevante de desviación de poder que se puede producir en el ámbito de la publicidad institucional: la utilización de ésta no para su finalidad legítima, sino para destacar los logros de su promotor. En tal sentido, el art. 5.1.a LPCIE prohíbe las campañas institucionales, que "tengan como finalidad destacar los logros de gestión o los objetivos alcanzados por los sujetos" que promueven esta publicidad.

En cuanto a la competencia, es evidente que los poderes públicos sólo pueden emprender acciones de publicidad institucional en relación a sus propios ámbitos de competencia, pues en caso distinto se estaría produciendo una intromisión ilegítima en las atribuciones de otros órganos. La exigencia de competencia para poder realizar válidamente campañas de publicidad institucional está recogida expresamente en la normativa de publicidad institucional, que afirma que las campañas institucionales de publicidad se realizarán exclusivamente en el ejercicio de competencia propias (art. 3.2 LPCIAGE; art. 4.2 LPCIE; art. 2.3 LPIVAL).

Por último, una exigencia relevante de toda actividad administrativa es la de seguir el procedimiento legalmente establecido. Como es sabido, con ello se garantiza una valoración meditada de las decisiones administrativas, en las que se tenga en cuenta los diferentes factores concurrentes y se permita la debida defensa de las personas afectadas y la participación de los ciudadanos y grupos que los representan. La importancia de estas tareas debería desembocar en una exigencia estricta de este requisito, que debe garantizar una auténtica tramitación procedimental, que permita el acceso real, con auténticas posibilidades de influencia, de los sectores afectados, así como la debida participación de la sociedad en la toma de decisiones.

Respecto a este último aspecto es necesario recalcar la importancia de celebrar un trámite de información pública que, aunque no es obligatorio en todo procedimiento, si debería de serlo en todos aquellos que van a tener transcendencia para la colectividad. Debiéndose tener presente que la publicidad institucional es por su propia naturaleza acción administrativa dirigida a producir efectos en el imaginario colectivo, en el modo de pensar de la propia sociedad, a la que se debería, en consecuencia, dar la posibilidad de participar de manera efectiva en la toma de decisiones sobre dicha materia.

No se debe olvidar aquí que los remedios procesales, incluida la propia acción de cesación, son remedios *a posteriori*, que ya no pueden remover los daños generados. Frente a ello la tramitación correcta del debido procedimiento administrativo actúa como un elemento preventivo, que puede poner freno antes de que el daño se produzca a campañas institucionales negativas. Piénsese que una campaña institucional dotada de una cierta hostilidad o negatividad indebida para un determinado grupo social, una vez puesta en marcha, ya queda difundida, por lo que su retirada posterior puede ofrecer en muchas ocasiones una escasa tutela para las personas perjudicadas.

La exigencia de la tramitación del oportuno procedimiento para la validez de la actividad de publicidad institucional ha sido señalada expresamente por la jurisprudencia, que ha afirmado que en caso contrario se produciría una vía de hecho (STSJ de Castilla-La Mancha 83/2018. FJ. 3).

Este instrumental básico de Derecho administrativo para enfrentarse a la ilegalidad de la publicidad institucional, que no es poco, debe de convivir con un conjunto de instituciones adaptadas a las características propias del lenguaje y actividad publicitaria: publicidad engañosa, publicidad desleal y publicidad encubierta o inauténtica.

La publicidad engañosa es aquella que por cualquier vía puede generar error en el destinatario de esa publicidad. Dicha publicidad viene prohibida expresamente por las normativas de publicidad institucional, que afirman que la publicidad institucional no debe conducir a errores (art. 5.3 LPCIE; art. 4.5 LPIVAL).

La publicidad desleal es aquella que produce un daño ilegítimo a los competidores en el mercado. La esencia de esta regla, adaptada al ámbito del Derecho administrativo, subyace en la prohibición que introducen expresamente algunas normas de publicidad institucional de que las campañas institucionales menoscaben, obstaculicen o perturben las políticas públicas o cualquier actuación legítimamente realizada por otro poder público en el ejercicio de sus competencias (art. 5.b LPCIE).

En lo que se refiere a la publicidad encubierta o inauténtica hacer referencia a una regla clásica de la publicidad, que obliga a que ésta se identifique como tal, siendo si no lo hace publicidad encubierta prohibida por el ordenamiento jurídico. La normativa de publicidad institucional ha prohibido expresamente este tipo de publicidad, afirmando que no se podrán difundir campañas institucionales de publicidad que no se identifiquen claramente como tales (art. 5.4 LPCIE; art. 4.4 LPIVAL).

Estas disposiciones normativas introducen en el ámbito de la publicidad institucional la dinámica y la experiencia del Derecho general de la publicidad. Su lógica incuestionable, pues no dejan de ser el resultado de décadas de experiencia de regulación del fenómeno publicitario, las hace claramente aplicables en sus aspectos esenciales a toda forma de publicidad institucional, con independencia de lo que diga o deje de decir expresamente la normativa que la regula en el territorio del que se trate.

Ahora bien, esas fragmentarias referencias normativas no son suficientes para enjuiciar la validez de las diferentes campañas de publicidad institucional, lo que obliga a recurrir para realizar esta tarea al acervo normativo que regula estas figuras en el Derecho general de la publicidad. Si bien esa tradición normativa, jurisprudencial y de autorregulación no puede ser, como ya sea ha dicho, trasferible sin más a un ámbito informado por principios diferentes como lo es la publicidad institucional. De este modo para una correcta articulación legal de la publicidad institucional, es necesario construir una doctrina propia que tome pie en la experiencia que el Derecho mercantil de la publicidad aporta, pero examinada desde los principios y las bases del Derecho administrativo.

5. CONCLUSIONES

1. El régimen jurídico de la publicidad institucional se debe construir desde una correcta articulación de los elementos propios de los dos sectores jurídicos más relevantes de su normativa: el Derecho administrativo y el Derecho de la publicidad, de base esencialmente mercantil.

2. El Derecho administrativo proporciona soluciones para algunas de las cuestiones jurídicas que plantea la publicidad institucional, pero carece soluciones para otras, reguladas tradicionalmente por el Derecho de la publicidad y totalmente ajenas al derecho administrativo.

3. Esas soluciones no pueden extrapolarse sin más desde el Derecho de la publicidad al régimen jurídico de la publicidad institucional, sino que tienen que revisarse desde los presupuestos y principios propios del Derecho administrativo.

4. Esto supone valorar las instituciones propias del Derecho de la publicidad desde la dinámica y exigencias que impone el interés público, base de toda acción administrativa.

6. REFERENCIAS

Bemejo Vera, J. (2005). Prólogo. *La Administración anunciante. Régimen Jurídico de Publicidad Institucional*. Thomson/Aranzadi.

Cortes González, A. (2011). La publicidad institucional en España. Una década en perspectiva". *Razón y Palabra*, 75. http://www.razonypalabra.org.mx/N/N75/varia_75/varia2parte/17_Cortes_V75.pdf

Esteba Ramos, D. y Rubio Perea, E. (2009). En torno a la publicidad institucional de la Junta de Andalucía. *AnMal Electrónica*, 27. https://dialnet.unirioja.es/servlet/articulo?codigo=3098965

Fernández Poyatos, M. D. y Feliu García, E. (2012). La publicidad institucional de la Junta de Andalucía. *Pensar la Publicidad 2012* 6(1). https://revistas.ucm.es/index.php/PEPU/article/view/38659/37383

García Rivas, N. (2004). Prólogo. *El delito publicitario en el Código Penal Español.* Tirant lo blanch. Valencia.

Moreu Carbonell, E. (2005). *La administración anunciante.* Thomson/Aranzadi, 2005.

Orenes Ruiz, J. C. (2007). La publicidad institucional en el período electoral. *Actualidad Jurídica Aranzadi* 735/2007, parte opinión, Cito por su reproducción en Aranzadi/Insignis (BIB 2007/1505).

Orenes Ruiz, J. C. (2008). La prohibición de la publicidad política en televisión. *Actualidad Jurídica Aranzadi* 764/2008. Cito por su reproducción en Aranzadi/Insignis (BIB 2008/2977).

Rey, J. y Pineda, A. (2009). Propaganda y publicidad institucional: algunas consideraciones técnicas. *Questiones publicitarias. Revista Internacional de Comunicación y Publicidad* (2009) Número extraordinario 3. https://idus.us.es/handle/11441/13057

Vallés Copeiro del Villar, A. (2005). *Curso de Derecho de la Comunicación Social.* Tirant lo Blanch. Valencia.

Valpuesta Gastaminza, E. (2001). Contratos publicitarios. En: J. M. Cuesta Rute, (director): *Contratos Mercantiles I.* Barcelona.

EN TIEMPOS DE PANDEMIA: JUSTICIA, DESAFÍO GLOBAL

Rodrigo Serrano Castro[1]

El presente texto nace en el marco de un proyecto de estudio y difusión de la Universidad Autónoma de Baja California Sur y la Academia Mexicana de Derecho, Juan Velásquez A.C, ante los desafíos que vinieron enfrentando las Cortes, los Tribunales de Justicia y Órganos Jurisdiccionales, en el contexto Internacional, en la impartición de Justicia en tiempos de pandemia Covid-19

1. INTRODUCCIÓN

La pandemia, representó un reto mayúsculo desde luego; en primer lugar, para los sistemas de salud y para las economías de todo el mundo y por lo que hace al tema de la educación e investigación generó una rápida adaptación y desafío. De igual trascendencia fue el impacto y consecuencias que significaron un enorme reto para las instituciones de administración de justicia y los derechos humanos. En un contexto de emergencia sanitaria, es imprescindible garantizar el acceso a la justicia para que las personas puedan hacer valer sus derechos, sin poner en riesgo la salud, la vida y la integridad de la población.

Como lo apunta el Juez José Igreja Matos (Igreja, 2020) El terrible momento que se vivió con la pandemia de coronavirus planteó arduos desafíos para quienes trabajan en el sistema judicial. El alcance mundial de la crisis de Covid-19 nos ha confrontado, nuevamente en nuestra historia, con la eterna fragilidad de la humanidad. Como sabemos, la Asociación Internacional de Jueces (IAJ) representa a asociaciones de 92 países de los cinco continentes. La dimensión global de dicha organización en su propia reflexión, ha implicado una obligación particular de reiterar los graves deberes de los jueces en relación con esta pandemia y sus enseñanzas. Ciertamente, la perspectiva para la impartición de justicia, desde la visión de los jueces agrupados internacionalmente en esta asociación, tiene un gran valor para efecto de nuestro estudio, ya que, los derechos fundamentales por su naturaleza, deben estar bajo la tutela permanente de las cortes y poderes judiciales y en los casos excepcionales en todos los países que se decide implementar restricciones al orden constitucional, inevitablemente surgirá el riesgo de socavar el papel del poder judicial en un Estado de Derecho.

De esta manera, los poderes judiciales coadyuvan de forma preponderante a la preservación del Estado de Derecho, preservar el orden constitucional y la seguridad jurídica. El Estado

1. Universidad Autónoma de Baja California Sur (México)

de Derecho, alude a aquel Estado cuyo poder y actividad, están regulados, limitados y controlados por el derecho, contrario sensu, se opone a cualquier forma de ejercicio arbitrario o abusivo del poder, al denominado Estado absoluto o totalitario. Recordemos la Teoría de la División de Poderes de Montesquieu, (Montesquieu, 1748), que desarrolló en su obra "*El espíritu de las leyes*" y afirmó que la ley es lo más importante del Estado. Fue uno de los filósofos y ensayistas ilustrados más relevantes, en especial por la articulación de la Teoría de la Separación de Poderes, que ha sido introducida en diversas Constituciones de varios Estados y que como sabemos, el Poder Judicial, se convierte en garante del orden constitucional ante los Poderes, Ejecutivo y Poder Legislativo.

La pandemia de covid-19, inició en China a finales del año 2019, se expandió posteriormente en Italia y España, y en México se presentó el primer caso, a partir del 27 de febrero del 2020, así como el primer fallecimiento por esta enfermedad ocurrió el 18 de marzo del 2020. El 30 de marzo del 2020, se declaró "emergencia sanitaria por causa de fuerza mayor", como consecuencia de la evolución de casos confirmados y muertes Por enfermedad en el país, lo cual dio lugar a la ejecución de acciones adicionales para su prevención y control. Asimismo, el 21 de abril del mismo año, comenzó la fase 3, mediante la cual se extienden las actividades de prevención y control realizadas en las anteriores fases al menos hasta mediados o finales de mayo.

Como lo advierte María Constanza Gutiérrez, (Gutiérrez, 2022): Él confinamiento, fue una decisión tomada por muchos países no sólo en el ámbito educativo, también en los servicios administrativos del Estado y en la impartición de justicia, pues como primera prioridad, la finalidad era evitar contagios masivos a causa de la pandemia. Varias organizaciones emitieron diversos documentos como el Informe "*La educación en tiempos de la pandemia de COVID-19*".

En México, nuestro país, el Poder Judicial de la Federación actuó con rapidez y responsabilidad ya que aun antes de la declaratoria de emergencia sanitaria, referida en párrafos anteriores, desde el 18 de marzo del 2020, decidió suspender actividades presenciales, para prevenir contagios en sitios de gran afluencia, como son los órganos jurisdiccionales, marcando de alguna forma la pauta para un número importante de tribunales en cada una de las entidades federativas del país. Lo anterior desde luego, implicó una planeación para la implementación de protocolos sanitarios y, por otra parte, una serie de medidas para continuar atendiendo casos urgentes. Como sabemos, la impartición de justicia, es un servicio esencial, que si bien tuvo ajustes y pausas, no se detuvo con la pandemia. Por otra parte, debemos señalar en el sector educativo, que a partir de la pandemia por COVID-19, en la que se estuvo inmersa durante más de dos años, las instituciones educativas mexicanas y de diversas naciones, tomaron medidas emergentes. Se envió a la comunidad de los distintos niveles escolares a un confinamiento domiciliario, para continuar sus estudios a través de la educación a distancia, pasando de un modelo presencial a uno no presencial.

Este panorama intempestivo llevó a los docentes, entre estos al profesor del nivel medio superior y superior, a orientar el proceso de enseñanza aprendizaje a medios digitales replanteado su práctica docente, incursionando en la educación a distancia para poder seguir contribuyendo en la formación integral del estudiante.

2. OBJETIVOS

Los objetivos del estudio, más allá de las implicaciones económicas, sociales y políticas que la pandemia covid-19, propició en un contexto internacional, con afectación mayor o menor en países específicos de América latina y Europa, son: La revisión del tema de la impartición de justicia en tiempos de pandemia, y los retos que se enfrentaron por los Órganos Jurisdiccionales, Poderes Judiciales, Juzgados, Tribunales y Cortes, además de las medidas adoptadas por estas instancias, para no paralizar el derecho a la administración de justicia como un derecho fundamental y humano.

3. MARCO TEÓRICO

Documentos básicos y fundamentales en la historia de la humanidad, lo son los instrumentos internacionales que las naciones, en ejercicio de su soberanía, en un contexto regional o global, han adoptado para la creación de sistemas de promoción y protección de los derechos humanos. Así tenemos la aprobación de la Declaración Universal de Derechos Humanos por parte de la Asamblea General de las Naciones Unidas el 10 de diciembre de 1948, la Declaración Americana de los Derechos y Deberes del hombre del mismo año de 1948, la propia Convención Americana sobre derechos humanos "Pacto de San José", expedida en el año de 1969, la Convención Europea de derechos humanos (CEDH), del año 1950 en Roma, instrumento destinado a la protección de los derechos civiles y políticos, y hasta el año 1961 la adopción de la Carta Social Europea, reconociéndose los derechos de carácter socioeconómico.

A nivel global, debemos señalar como referentes institucionales los propósitos y marco normativo alrededor de la Organización Mundial de la Salud, constituida en el año 1948, la integran 194 Estados Miembros, esparcidos por seis regiones y desde más de 150 oficinas, está unido bajo un compromiso común: mejorar la salud de todos en todo el mundo.

El Reglamento Sanitario Internacional (RSI) es un instrumento legalmente vinculante que cubre medidas para prevenir la propagación internacional de enfermedades infecciosas. El RSI, aprobado por la 58.ª Asamblea Mundial de la Salud en el 2005, constituye el marco jurídico que, entre otros aspectos, define las capacidades nacionales básicas, incluso en los puntos de entrada, para el manejo de los eventos agudos de salud pública de importancia potencial o real a escala tanto nacional como internacional, así como los procedimientos administrativos conexos.

En el contexto internacional, desde luego, debe considerarse los tratados internacionales y convenciones. El derecho internacional de los derechos humanos establece las obligaciones que los Estados deben respetar; al pasar a ser partes en los tratados internacionales, los Estados asumen las obligaciones y los deberes, en virtud del pacto de voluntades de las naciones soberanas correspondientes, de respetar, proteger y hacer realidad los derechos humanos.

De tal manera, que son derechos fundamentales previstos en diversos tratados internacionales, por una parte el derecho a la salud y por otra, el derecho de acceso a la justicia. Derechos que se encuentran previstos asimismo, en los ordenamientos constitucionales de los países latinoamericanos y España. La Unión Europea, dispone de un órgano legislativo y ejecutivo propio, así como de un sistema judicial independiente y de un banco central que se apoyan y complementan en otras instituciones y órganos, cuyas atribuciones se derivan de los Tratados constitutivos

En nuestro país, México, a nivel Constitucional, debemos de considerar la coexistencia de derechos fundamentales para las personas, que de alguna manera tendrían que coincidir ambos ante la adversidad y emergencia sanitaria que se generó por la pandemia. Nos referimos, por una parte, al *Derecho a la salud* y por la otra al *Derecho a la administración de justicia*.

El Artículo 4º de la Constitución Política de los Estados Unidos Mexicanos, dispone: "Toda Persona tiene derecho a la protección de la salud. La Ley definirá las bases y modalidades para el acceso a los servicios de salud y establecerá la concurrencia de la Federación y las entidades federativas en materia de salubridad general, conforme a lo que dispone la fracción XVI del artículo 73 de esta Constitución".

Lo anterior, está íntimamente ligado a la concepción y certeza jurídica de que la ley definirá un sistema de salud para el bienestar, con el fin de garantizar la extensión progresiva, cuantitativa y cualitativa de los servicios de salud para la atención integral y gratuita de las personas que no cuenten con seguridad social. Toda persona tiene derecho a un medio ambiente sano para su desarrollo y bienestar. El Estado garantizará el respeto a este derecho. El daño y deterioro ambiental generará responsabilidad para quien lo provoque en términos de lo dispuesto por la ley.

Por otra parte, debemos destacar lo que se dispone en los Artículos 17 18, 19 y 20 Constitucionales, que en resumen mandatan que "Toda persona tiene derecho a que se le administre justicia por tribunales que estarán expeditos para impartirla en los plazos y términos que fijen las leyes, emitiendo sus resoluciones de manera pronta, completa e imparcial. Su servicio será gratuito, quedando, en consecuencia, prohibidas las costas judiciales". Siendo relevante también, para esta investigación el principio que se establece relativo a que siempre que no se afecte la igualdad entre las partes, el debido proceso u otros derechos en los juicios o procedimientos seguidos en forma de juicio, las autoridades deberán privilegiar la solución del conflicto sobre los formalismos procedimentales.

En tal sentido y atendiendo el espíritu de dicho principio, es que la impartición de justicia siendo un servicio esencial, los poderes judiciales a nivel global en mayor o en menor medida, tomaron medidas y acciones en la pandemia con el propósito fundamental de no detener la administración de justicia.

4. METODOLOGÍA

Se ha recurrido a la utilización de los métodos deductivo y comparativo, investigación bibliográfica y estudio de protocolos sanitarios emitidos por órganos jurisdiccionales de algunos países de América latina y España, consulta documental, entrevistas con actores de la vida jurídica jurisdiccional, análisis de legislación y confrontación entre dos derechos fundamentales, a) El *derecho a la salud* por una parte y b) El *derecho a la administración de Justicia* por la otra.

Se basa la investigación en una revisión de literatura y consulta de fuentes de información jurídica sobre las medidas adoptadas en el contexto global por los Órganos Jurisdiccionales impartidores de Justicia, América Latina y España y en su caso, el estudio y tratamiento diferenciado en la legislación y normativa emergente para su regulación. El método comparativo y el método deductivo, nos permite analizar similitudes y diferencias y el tratamiento legal que se ha dado para enfrentar en su momento los desafíos de la pandemia covid-19 en otros países y desde luego en México, para enriquecer la visión de las enseñanzas y retos por venir.

5. DESARROLLO DE LA INVESTIGACIÓN

La impartición de justicia es una de las funciones públicas más importantes del Estado en cualquier nación civilizada, pero de nada serviría su ejercicio, si antes no se prioriza la salud de quien la imparte y desde luego de los usuarios de los servicios jurisdiccionales, los denominados justiciables, sus representantes legales o mandatarios judiciales, la población y las personas en general en una sociedad organizada. El ejercicio de la función jurisdiccional, desde el punto de vista orgánico, es aquella ejercida con carácter exclusivo por los jueces y tribunales, aplicando las normas jurídicas en los juicios civiles, penales, laborales, agrarios y contencioso-administrativos, juzgando en sus distintas fases para llegar a la definitividad de sus sentencias y resoluciones, y causar estado, con ello ejecutando lo juzgado.

En este contexto, se enfrenta por los impartidores de justicia y los propios usuarios de sus servicios o justiciables la pandemia, a la que hemos venido refriéndonos en esta investigación, pandemia entendida como una enfermedad que se extiende rápidamente de una región a otra, de un país a otro, y de un continente a otro. Se trata de una epidemia que cruza las fronteras internacionales, y generalmente afecta a las personas en su salud a escala mundial.

Los servicios jurisdiccionales, en Latinoamérica y Europa, se vieron seriamente amenazados y afectada su actividad ante la inesperada emergencia sanitaria, principalmente porque se trataba de un virus entonces desconocido, y para el cual no existían vacuna o antídotos para enfrentarla desde el punto de vista médico.

Como sabemos, en los países latinoamericanos, se tiene un importante número de asuntos y conflictos jurídicos entre particulares, como en las materias, *civil, familiar y mercantil*, que son las que registran numéricamente un alto o el mayor porcentaje de asuntos judicializados. Lo anterior, no obstante, de que ya se cuentan con diversos ordenamientos jurídicos que promueven salidas alternas o mecanismos alternativos de solución de conflictos, pero debemos reconocer que están en fase de instrumentación su uso y confiabilidad. Lo anterior ha implicado que, en pandemia, precisamente se desatendiera este rubro tan importante por el distanciamiento social y el confinamiento. Sin embargo, siempre es oportuno insistir en la necesidad de promover el uso de medios alternativos de solución de controversias: Los Medios Alternativos para resolver Controversias, han experimentado un rápido desarrollo en los poderes judiciales de los diversos países latinoamericanos. Los tribunales de justicia de las naciones, en su mayoría, cuentan ya con áreas especializadas que ofrecen servicios alternativos de justicia. Si bien el desarrollo de la justicia alternativa es todavía incipiente, las experiencias muestran el importante potencial de instituciones como la mediación, que complementan y hacen más eficiente el servicio que se da a través de la justicia ordinaria. (Mediación y conciliación), y que la pandemia evidenció la necesidad de fortalecer estos mecanismos.

En materia penal, las autoridades jurisdiccionales en tiempos de pandemia, tuvieron que continuar con los servicios esenciales jurisdiccionales, siendo prioritario concentrar la atención en los siguientes cuatro ejes:

1. Sistema penitenciario,
2. Sistema integral de justicia para los adolescentes,
3. De los derechos de toda persona imputada,
4. De los derechos de la víctima o del ofendido.

El punto a considerar en materia penal, tiene que ver sobre la discusión del mayor o menor impacto de la pandemia en los principales indicadores delictivos y de la justicia penal, debiéndose para ello contar con una visión inter-institucional, con mediciones y análisis de protocolos policiacos con la procuración de justicia y el papel de fiscalías y ministerios públicos, así como el confinamiento de reos, internos y reclusos en el sistema penitenciario, de cara a la situación extraordinaria provocada por el covid-19.

Como resultado de la pandemia de COVID-19, las administraciones de las prisiones nacionales se encontraron bajo presión para limitar los efectos del virus en el entorno vulnerable de las penitenciarías o reclusorios. Entre las medidas para evitar la propagación del virus, podemos señalar la suspensión temporal de visitas familiares y de actividades con personas externas, tales como el deporte y la formación profesional.

Si bien en Latinoamérica, ya se venían implementando y en proceso de consolidación, los denominados juicios orales, y la opción de participación remota en las audiencias se ofrecía solamente en casos aislados para personas recluidas en centros penitenciarios; derivado de la emergencia sanitaria se autorizaron las audiencias completamente virtuales, donde las partes, sus abogados y los jueces pueden conectarse por video desde sus oficinas, desde sus casas o desde las penitenciarias. Destacándose en el impulso a las llamadas *Tele-audiencias* en países como Chile, Costa Rica y Ecuador.

Ahora bien, en materia de justicia desde una perspectiva de género, diversos autores coinciden en que, particularmente, por lo que hace al acceso de las mujeres a la justicia, la brecha podría haberse ampliado por los efectos de la emergencia sanitaria mundial, considerándose que el covid-19 ha creado nuevos obstáculos en este sentido para los grupos vulnerables en general y concretamente para mujeres migrantes, discapacitadas o indígenas, ampliándose las disparidades jurídicas basadas en el género (además de los asuntos penales, los asuntos civiles y familiares relativos a pensiones alimenticias y manutención de sus hijos, violencia familiar y sexual y falta de acceso a la seguridad social, entre otras).

En el análisis de los diversos efectos en poderes judiciales para llevar a cabo sus actividades de impartición de justicia, podemos destacar los siguientes a) Suspensión o diferimiento de plazos judiciales, b) Atención de causas urgentes (materia penal, civil y familiar) c) Atención limitada y por citas (turnos judiciales) d) Suspensión de audiencias presenciales y celebración de éstas de forma virtual y remota.

Dentro del análisis de las medidas y recomendaciones asumidas durante la pandemia por los poderes judiciales y de la revisión de las mismas, podemos señalar aquellas que fueron más recurrentes, con el ánimo de darle continuidad a los servicios jurisdiccionales y por otra parte proteger al personal y a los ciudadanos justiciables del riesgo de contagio y propagación del coronavirus:

1. Con respecto a las audiencias del Sistema Penal Acusatorio, estas se llevaron a cabo a puerta cerrada. (El caso de México)
2. Asimismo, las audiencias fueron diferidas de manera oficiosa, cuando en virtud de lo reducido de los espacios que existían en los juzgados, implicara la aglomeración de personas, las cuales pudiesen presentar posibles síntomas a manifestación de las partes, peritos o testigos, o bien cuando a instancia de parte, mediante promoción se solicitara el diferimiento de la audiencia por los motivos antes expuestos o bien por tratarse de la escucha de menores y donde se manifieste por los padres bajo protesta de decir verdad que presenta algún síntoma de enfermedad respiratoria, sin necesidad de que presentara constancia médica.
3. Por lo que se refiere a los Centros de Convivencia Familiar, la mayoría de ellos, permanecieron cerrados en las distintas fases de la pandemia y pos-pandemia.
4. Se hicieron exhortos a los abogados litigantes para que hicieran uso en su caso del Tribunal Electrónico, para efecto de consultas de expedientes, presentación de promociones y recepción de notificaciones.

5. De igual manera, se suspendieron los registros digitales en el Sistema de control para procesados que se encontraban en libertad provisional bajo caución, por lo que este trámite se realizó por medio de listas.
6. Se suspendieron las clases presenciales y eventos masivos en aquellos poderes judiciales que contaban con programas académicos y de capacitación, siendo que algunas Escuelas Judiciales, incrementaron las medidas necesarias para garantizar su desarrollo a distancia, a través de diversos sistemas de capacitación virtual.

Adicionalmente, cabe destacar que una de las medidas concretas tomadas por los Poderes Judiciales en sus distintos niveles Jurisdiccionales, la mayoría de ellos, en Latinoamérica y España, fue el darle continuidad a los trabajos de impartición de justicia, pero sin contravenir los lineamientos de las autoridades sanitarias correspondientes, lo fue la elaboración de protocolos sanitarios preventivos desde el ingreso a los edificios de los poderes judiciales, hasta las medidas de interacción de jueces, magistrados, ministros y personal auxiliar con los justiciables y/o sus representantes legales o mandatarios judiciales, cuyos derechos o intereses dependen precisamente sobre lo que resuelvan sobre ellos los tribunales de justicia.

Sin duda alguna, la pandemia implicó una adecuación y adaptación de los procedimientos y la forma de celebración de los juicios y al mismo tiempo un replanteamiento crítico del sistema judicial tanto a nivel organizativo como procedimental.

En el caso de España y la Unión Europea, un estudio sobre el particular, es el de Francisco Pleite, al escribir sobre el desafío de la justicia ante la pandemia en la península Ibérica. En los momentos de mayor vulnerabilidad en este país, así como en muchos otros, se volvió trascendental disponer de material y programa informático adecuado para trabajar a distancia, reducir actividad presencial en sedes judiciales y potenciar el uso de medios telemáticos y la digitalización de los expedientes, así como la consulta electrónica de los mismos. Se habló de la necesidad de un replanteamiento del sistema judicial, tanto a nivel organizativo como procedimental y desde luego en los tribunales, ya de por si sobrecargados, se estimaba en aquel momento, el crecimiento de retraso acumulado por la paralización o semiparalización derivado de la pandemia y se decía que era indispensable adaptar el sistema judicial a las nuevas necesidades.

Sin duda, la pandemia cambio la vida de todos nosotros y España no fue la excepción, principalmente porque el sistema judicial español se caracteriza por el predominio de los procedimientos verbales, en las sedes judiciales se acumulan gran cantidad de personas, como abogados, procuradores, las partes, testigos, peritos, las salas de vistas y las antesalas pequeñas, a veces abarrotadas y estrechos pasillos que no permiten el distanciamiento adecuado. (Pleite, 2020)

El Consejo General del Poder Judicial Español, en aquellos difíciles momentos y una vez levantado el estado de alarma, anuncio la elaboración de un plan de choque, de cara a la reanudación y normalización paulatina de la actividad Judicial. El Tribunal de Justicia de la Unión Europea adoptó medidas para continuar trabajando, dictándose disposiciones para que aun en confinamiento prosigan las actividades de los Órganos Jurisdiccionales y desde luego, dándole prioridad a los asuntos de mayor urgencia.

El tribunal mantuvo su actividad en 2020 pese a la crisis sanitaria, aunque los ciudadanos y las empresas presentaron menos demandas. Asimismo, se observa un decremento en los asuntos iniciados en 2020, respecto al año 2019, y como contraparte, una disminución de la actividad jurisdiccional, reduciéndose el número de asuntos terminados en 2020 respecto del 2019, y por consiguiente, un mayor número de asuntos por atender o pendientes en el año pandémico por dicho tribunal de justicia.

AÑOS	ASUNTOS INICIADOS	ASUNTOS TERMINADOS	ASUNTOS PENDIENTES
2019	939	874	1398
2020	847	748	1497

Tabla 1. Evolución y Actividad de Justicia Europea. Tribunal General Unión Europea. **Fuente:** Elaboración propia sobre datos de Cinco Días, 2021.

6. CONCLUSIONES Y RESULTADOS

Sin duda alguna, los poderes judiciales en México, España y otros países de la región, ante las circunstancias y adversidades que se presentaron por la emergencia sanitaria, actuaron con responsabilidad y solidaridad, sin dejar de reconocer que la propia pandemia evidenció debilidades estructurales en la impartición de justicia y como consecuencia, afectación en los derechos humanos de las personas. Recordemos que la prioridad fue la de contribuir a la protección de la salud pública y para seguir impartiendo justicia en los conflictos legales por atender.

Los poderes judiciales tuvieron como principal baluarte su capital humano, trabajadores jurisdiccionales y administrativos que cubrieron las guardias y que actuaron con profesionalismo, entrega y vocación. La tragedia pandémica nos afectó a todos y modificó nuestra forma de vida y los centros de impartición de justicia, no fueron la excepción.

Otros puntos por considerar y que implicarían una nueva investigación, ya que excede los propósitos y objetivos de este artículo, es el hecho mismo de que el sistema de justicia como tal, los poderes judiciales, si bien es cierto, tienen una función exclusivamente jurisdiccional, para el desarrollo eficiente de sus tareas, con pandemia o sin pandemia, se encuentran inmersos y en interacción con otras instancias de procuración de justicia y de seguridad pública. Es decir, su trabajo tiene que ver con lo que hagan las fiscalías generales o también llamadas procuradurías generales de justicia, las policías federales o estatales, la ahora denominada guardia nacional, la administración de los centros penitenciarios y también, desde luego, con la actividad de los distintos auxiliares de justicia, como lo son los agentes de investigación, los peritos especializados por materia, los servicios de psicología, la actualización de programas informáticos, el suministro de bienes y servicios y el auxilio en general de actuarios, oficiales de partes, secretarios de acuerdos, secretarios proyectistas y otros.

En cuanto a las conclusiones y resultados, la pandemia del covid-19, implicó un reto mayúsculo para todos los sistemas de salud y para las economías de todo el mundo, pero también para las instituciones de administración de justicia. Ningún tribunal estaba preparado para una situación como esta, y todos buscaron soluciones que permitieran no paralizar por completo la impartición de justicia. En un contexto de emergencia sanitaria, es imprescindible garantizar el acceso a la justicia para que las personas puedan hacer valer sus derechos, sin poner en riesgo la salud, la vida y la integridad de la población, cuya protección en esos momentos resultaba prioritaria para la efectividad y garantía de los derechos humanos. En efecto, el covid 19, le ha dado un impulso importante a la necesidad de redoblar los esfuerzos para la transformación digital en las Cortes, en particular al uso del expediente judicial electrónico y las audiencias orales virtuales en juicio.

Sin duda alguna, son diversas las reflexiones que nos ha dejado la pandemia como humanidad, como naciones y como sociedad en los diferentes escenarios económicos, políticos y sociales. Desde la perspectiva de la justicia y sus desafíos globales, entendemos que comprendimos con mayor claridad lo que son las leyes y el orden jurídico puesto en el papel y muy distinto lo que es el derecho y las leyes a garantizar su cumplimiento y eficacia en los hechos.

Asimismo, la pandemia nos impone la obligación y responsabilidad de abordar con seriedad los temas y discusiones que se han generado sobre el particular, en cuanto a la Bioética (entendida como el estudio sistemático de la conducta humana en el área de las ciencias de la vida y dela salud, examinadas a la luz de los valores y de los principios morales).

De igual manera, no debemos perder de vista lo que implican las restricciones individuales y sociales, lo que representa y los alcances de un estado de emergencia o un estado de excepción y por otra parte, la necesidad ineludible de avanzar en la cultura digital jurídica y propiciar, en todo momento, una tutela efectiva a todas las personas, poniendo énfasis en aquellas con vulnerabilidad. La pandemia, hay que decirlo con todas sus letras, evidenció violaciones estructurales de derechos humanos, ya presentes desde antes de la emergencia sanitaria, pero que esta, la emergencia, las llevó a un plano de mayor visibilidad y notoriedad social y jurídica. Como ejemplo, podemos señalar el caso de la violencia doméstica, que se incrementó fuertemente, por las presiones sociales y psicológicas del confinamiento de familias, y donde sus miembros más frágiles, adultos mayores y menores de edad, llevaron la peor parte en este sentido, sólo por mencionar algunas situaciones adversas al interior del núcleo básico de la sociedad, la familia.

La política judicial de un Estado no puede desvincularse de la política pública en general de una nación, máxime ante la presencia de un escenario de emergencia sanitaria, donde debemos reconocerlo, fue insuficiente la respuesta judicial para hacer efectiva e inmediata la tutela judicial, siguiendo los procedimientos clásicos.

Si bien es cierto, los juzgados, los órganos jurisdiccionales, las cortes, los poderes judiciales de las naciones en lo general, adaptaron procesos y adecuaron esquemas, para no interrumpir la impartición de justicia, sobre todo en caso de urgencia; por otra parte, fue evidente la falta de una cultura procesal abierta, con un enfoque de principio de adaptabilidad, ya que se privilegió un diseño de regulación de la norma sustantiva y adjetiva o procesal por las normas mismas, y se dejó de lado el principio de adecuación de la propia norma o disposición jurídica aplicable al caso concreto.

La emergencia pandémica mundial, sin duda, nos ha puesto a prueba y nos ha llevado a replantear temas como la Gobernabilidad, la revisión de Agendas Legislativas en cada una de las naciones afectadas en mayor o menor medida, revalorar asimismo la ponderación de derechos cuando se habla de "interés público" y cuando se habla de "interés individual", y como ya hemos dicho y lo reitero, visualizar los derechos humanos desde la perspectiva de la política pública y no sólo desde la perspectivas de los poderes judiciales.

7. REFERENCIAS

Constitución Política de los Estados Unidos Mexicanos, Constitución publicada en el Diario Oficial de la Federación el 5 de febrero de 1917. https://www.diputados.gob.mx/LeyesBiblio/ref/cpeum.htm

Constitución Española. Boletín Oficial del Estado, 311 del 29 de diciembre de 1978. https://www.boe.es/buscar/pdf/1978/BOE-A-1978-31229-consolidado.pdf

Gutiérrez Sánchez, M. C. (2022) Benemérita Universidad Autónoma de Puebla, México, 2022) file:///C:/Users/Magistrado1sc/Downloads/HUMAN-M14-A8.pdf

Igreja Matos J. (2020) *Acceso a la justicia en tiempos de cuarentena*. https://n9.cl/dufsm

Montesquieu, C. L. (1748) *De l'esprit des loix, primera edición*, 1 https://es.wikipedia.org/wiki/El_esp%C3%ADritu_de_las_leyes

OMS (1948). *Constitución de la Organización Mundial de la Salud*. https://bit.ly/3yqk4D0

OMS (1978). *Declaración de Alma Ata*. Conferencia Internacional sobre Atención Primaria de Salud. Alma-Ata, URSS: OMS. https://www.paho.org/hq/dmdocuments/2012/Alma-Ata-1978Declaracion.pdf

OMS (1986). *Carta de Ottawa para la Promoción de la Salud*. https://bit.ly/3OKqba

Pleite F. (2020) *El desafío de la Justicia ante la Pandemia*. España. https://www.hayderecho.com/2020/05/26/el-desafio-de-la-justicia-ante-la-pandemia/

UNESCO. (2016). Educación 2030: *Declaración de Incheon y Marco de Acción para la Realización del Objetivo de Desarrollo Sostenible* 4: Garantizar una educación inclusiva y equitativa de calidad y promover oportunidades de aprendizaje permanente para todos. https://bit.ly/2CoBmna

UNESCO. (2017). *Informe de Seguimiento de la Educación en el Mundo*, 2016: La Educación al servicio de los pueblos y el planeta: creación de futuros sostenibles para todos. https://bit.ly/3HWhjN6

REGULAMENTAÇÃO DA ATIVIDADE DE LOBBYING EM PORTUGAL – O QUE PENSAM AS AGÊNCIAS DE COMUNICAÇÃO?

João Simão[1]

1. INTRODUÇÃO

A atividade de *Lobbying* é considerada, neste artigo, uma parte importante da Comunicação Estratégica. Acredita-se que todas as questões relacionadas com o desenvolvimento de estratégias de *Lobbying* devem estar a cargo de profissionais de comunicação – exatamente porque esta atividade é entendida enquanto uma prática legítima ao serviço daquilo que a literatura especializada denominada por Comunicação Organizacional. O *Lobbying*, enquanto Comunicação Estratégica, tem o seu próprio corpo de conhecimento teórico, bem como competências e ferramentas próprias de atuação. Como Moloney (1997), acreditamos que esta atividade deve ser percebida como uma série de ações de comunicação interligadas. Assim, define-se *Lobbying* neste artigo enquanto comunicação persuasiva em prol de um interesse legítimo.

Tendo por base a premissa da existência de interesses conflituantes em várias temáticas de interesse público, a atividade de *Lobbying* pode propiciar um menor conflito na expressão de um interesse particular – ou seja, pode ajudar a resolver ou mitigar diferentes conflitos através da apresentação de diferentes visões face a um mesmo problema ou assunto. Uma estratégia de *Lobbying* que seja eficaz terá sempre dois aspetos que se irão complementar: por um lado, o cidadão comum e a sociedade civil podem melhor defender as suas ideias (não se limitando, em termos de questões cidadãs, ao voto num partido político ou representante eleitoral), e por outro lado proporciona uma maior clareza na informação sobre um dado assunto, o que auxiliará o decisor político acerca do caminho a tomar face ao assunto em questão (dando-lhe a conhecer diferentes posições e diferentes interesses conflituantes).

Na verdade, não podemos falar de Política sem falar de Comunicação. É hoje amplamente reconhecido que falamos de conceitos que se complementam, o que por sua vez tem aumentado o interesse no entendimento de como diferentes *stakeholders* se envolvem numa decisão política, como a informação sobre os assuntos é transmitida e adaptada e, no fundo, em entender todo o circuito comunicacional estabelecido entre atores políticos e profissionais de *Lobbying*.

Embora exista literatura especializada sobre o tema em Portugal, como veremos, na realidade nacional nunca houve uma regulamentação da atividade de *Lobbying* – sendo

---

1. Universidade Católica Portuguesa (Portugal)

que só recentemente se deram os primeiros passos para se tentar encontrar pontos em comum para uma possível futura regulamentação. Ao contrário das instâncias da União Europeia e de outros estados-membro, em Portugal não existe enquadramento jurídico-legal da atividade. Interessa, por isso, perceber até que ponto o *Lobbying* é uma atividade desempenhada em Portugal – e, se sim, por que atores e com que designações – e porque não existiu até agora uma regulamentação que permitisse um melhor esclarecimento sobre a atividade.

Os poucos estudos (teóricos e/ou empíricos) existentes sobre *Lobbying* em Portugal são essencialmente trabalhos de investigação em Direito ou em Ciência Política, duas das áreas onde a atividade de *Lobbying* se insere. Existe pouca investigação e abordagem a este tema por parte das Ciências da Comunicação – sobretudo quando são as dificuldades e o desconhecimento que tornam mais difíceis as relações entre a sociedade e os seus representantes. São poucos os autores de referência[2] deste tema em Portugal, o que também acaba por ser compreensível pelo carácter pouco visível (e, muitas vezes, pouco credível) que a atividade de *Lobbying* assume neste país.

2. ENQUADRAMENTO TEÓRICO

Se se olhar para a Comunicação Estratégica enquanto fator de legitimidade organizacional, os profissionais de comunicação devem ter em consideração os aspetos simbólicos da comunicação (aspetos que alguns autores consideram como sendo o foco das Relações Públicas, por exemplo), de forma a permitir às diferentes organizações alcançarem uma maior legitimação juntos dos seus diferentes públicos. As ações de comunicação devem ser encaradas como algo que não é finito e que irão 'falar por si', ou seja, que uma ação bem planeada pode ser o ponto de partida para um melhor entendimento da mensagem que se quer passar e, consequentemente, do sucesso da estratégica (ao invés, uma ação descontextualizada e mal aplicada pode deitar por terra toda uma estratégia coerente e pensada ao pormenor)

Parece-nos também importante olhar para a definição que Paul (2011) faz desta área, indicando que a Comunicação Estratégica é um conjunto de ações e mensagens coordenadas, com intenção de informar, influenciar ou persuadir audiências selecionadas – definição que será importante quando desenvolvermos a noção de *Lobbying* e a defendermos como sendo parte da Comunicação Estratégica. Concordamos também com a ideia de "influência propositada" que Ruão (2016) indica como fazendo parte da Comunicação Estratégica.

Por outro lado, a necessidade de se pensar a função de comunicação como resolução (ou gestão) dos conflitos que existem da organização com os seus públicos (e tendo em vista a necessidade de ter em conta que diferentes ações podem ser efetuadas com diferentes intenções comunicativas), é relevante para uma perspetiva do exercício da profissão de Comunicação Estratégica que define a função de comunicação como legitimação da credibilidade organizacional – para assim demonstrar o papel fulcral que a Comunicação Estratégica pode ter como agente regulador e gestor de conflitos, bem como uma função de persuasão junto de diferentes públicos (Botan e Taylor, 2004).

2. Para além da bibliografia sobre o tema escrita por Martins Lampreia, o livro Direito ao Lobbying, de Nandin de Carvalho (essencial para um melhor entendimento jurídico do conceito de Lobbying), é a obra mais conhecida sobre este tema, em língua portuguesa. São também poucas as teses de Mestrado e Doutoramento existentes sobre a atividade de Lobbying e, em especial, sobre a sua relação com a Comunicação Estratégica.

Acreditamos, tal como Xifra (2003), que a aposta, na defesa de interesses, deve assentar numa estratégia de comunicação contínua de informação e persuasão em prol da visão que temos desses mesmo interesses – uma boa estratégia de *Lobbying* é aquela que faz coincidir um interesse privado com aquilo que é o interesse público.

Entendemos, nesta investigação, que falar em *Lobbying* é falar num processo de comunicação que se caracteriza por ser uma atividade contemporânea de pressão e influência da Sociedade Civil e de outros atores políticos. Uma estratégia de *Lobbying* bem executada pode permitir a uma organização obter diferentes vantagens competitivas, bem como criar diferentes sinergias que permitam que a sua voz chegue a diferentes canais decisórios (Scott, 2015). Muitas vezes a atividade é confundida com profissionais pouco legítimos – não é matéria deste trabalho a análise desses profissionais, que muitas vezes a desempenham de forma menos ética, mas sim a análise da atividade em si (a hipotética não-legitimidade de alguns dos profissionais não se pode imiscuir na real definição do que se entende por uma estratégia de *Lobbying* coerente e transparente).

Definir e explicar o *Lobbying* em ligação com a Comunicação Estratégica (visto que, como frisado anteriormente, não falamos numa mera comunicação a um nível operacional, meramente informativa e vocacionada para a produção de *outputs*, mas sim de uma comunicação estratégica que é pensada em prol de diferentes objetivos atitudinais e/ou comportamentais, visando determinados *outcomes*), é olhar para a atividade enquanto desempenhada por atores próprios que se empenham em construir relações a longo-prazo junto de decisores políticos e de outro tipos de atores políticos. Embora neste trabalho se defenda uma ligação estreita entre a atividade de *Lobbying* e a Comunicação Estratégica, não nos esquecemos que a atividade não é uma prerrogativa destes profissionais, bem como pode ser transversal às Ciências da Comunicação.

Nesta investigação, ao apresentarmos uma visão positiva do que se entende por *Lobbying*, defendemos que a atividade não só ajuda a influenciar decisões legislativas, como se constitui como uma importante função de análise e construção de assuntos. Neste trabalho pretendemos ir para além de Zetter (2011), que define a atividade de forma vaga: '*Lobbying is an effort designed to affect what the government does.*' (p.5). Iremo-nos âncorar nas definições que Moloney (1997) faz da actividade de *Lobbying*. O autor apresenta uma primeira definição mais lata, onde situa o *Lobbying* como uma atividade coletiva que procura alcançar objetivos comuns:

> *Lobbying can be defined in the first instance as persuasive activity to change public policy in favour of an organisation by groups of people who are not directly involved in the political process.* (p.169)

Importa perceber que a atividade de *Lobbying* requer uma compreensão vasta de diferentes questões, tais como o papel dos profissionais de *Lobbying*, o trabalho junto de diferentes tipos de decisores políticos, a vertente empresarial da atividade, a variedade de interesses que podem ser geridos, a multiplicidade de atores e de técnicas de *Lobbying*, bem como os seus diferentes graus de sucesso (Nownes, 2006; Navega *et al.*, 2008). É, por isso, nosso entendimento que a segunda definição que Moloney (1997) apresenta perfaz, de forma simples, aquilo que percecionamos como uma definição clara e concisa do que é o verdadeiro *Lobbying*, enquanto atividade de comunicação persuasiva que visa defender interesses legítimos:

Lobbying as monitoring public policy-making for a group interest; building a case in favour of that interest; and putting it privately with varying degrees of pressure to public decision-makers for their acceptance and support through favourable political intervention. (p.173)

Sendo inegável que o *Lobbying* é uma das premissas democráticas (Lampreia, 2005; 2006), que parte do princípio da existência de atividades livres na vida social e do princípio da necessidade de uma melhor Participação Política, é o *Lobbying* que pode permitir uma reciprocidade entre agentes políticos e públicos – logo, falar nesta atividade é falar na participação de interesses organizados legítimos na vida política (Bernhagen, 2011). Ou seja, olhamos para o *Lobbying* enquanto um processo de ação coletiva que conduz à expressão e defesa coletiva de interesses no sistema político (Jordana, 2004; Panke, 2011), executado de forma estratégica (Kober-Smith, 2000).

Parece-nos interessante elencar as mais-valias que advêm de uma maior transparência na atividade de *Lobbying*, indicadas por Mancuso e Gozetto (2011): o combate a contactos (e outras questões ilícitas) que possam existir entre atores políticos e atores que façam *Lobbying* de forma menos ética; o incentivo a que os interesses organizados apresentem argumentos fundamentados em sua defesa; uma melhor informação da atuação destes interesses organizados; um despertar de atenção do cidadão comum para os processos decisórios em curso, assim como para o tipo de interesses e políticas que lhe são inerentes, permitindo ter opiniões mais fundamentadas.

Desta forma, parece-nos também relevante referir aquilo que Mitrović (2017) indica como principais premissas quando pretendemos conceptualizar e operacionalizar a Comunicação Estratégica: as responsabilidades éticas que a organização (e, consequentemente, a sua comunicação) tem de ter, para além das suas obrigações económico-legais; o aconselhamento à gestão sobre quais os principais assuntos que interessam aos *stakeholders* da organização; a gestão e mapeamento de *stakeholders*; a análise e mapeamento de todos os assuntos e tendências que, para além da sua importância para os *stakeholders* e para a organização, podem ter uma importância e influência societal.

Embora vinculado à Comunicação Estratégica, é importante ressalvar que o *Lobbying* não é uma ação de Marketing. O foco não está num produto ou consumidor, mas no processo de influenciar a realização de um dado objetivo. É interessante notar que estamos perante oportunidades para os cidadãos verem a sua voz e as suas opiniões serem assumidas por representantes políticos numa base regular.

A ligação que Xifra (2004) faz entre a Comunicação Estratégica e a atividade de *Lobbying* parece servir de base para analisar alguns pontos-chave sobre o que se entende por *Lobbying*: a existência de conflitos de interesses que têm de ser geridos; a necessidade de perceber um pouco melhor o papel dos representantes políticos; o fato de falarmos de uma atividade não meramente informativa, mas também persuasiva; a necessidade de profissionais que se preocupem com a defesa e satisfação de determinados interesses. A Comunicação Estratégica deve ser encarada como uma função de gestão de uma organização - parece fazer sentido olhar para o *Lobbying* como campo de atuação da Comunicação Estratégica, se a atividade for encarada também como análise e prossecução de diferentes objetivos organizacionais (através da resolução de conflitos e defesa de diferentes interesses com diferentes públicos).

3. METODOLOGIA

É objetivo deste trabalho primeiramente esclarecer e clarificar os conceitos associados à atividade de *Lobbying*, para que seja então possível perceber se a atividade existe em Portugal no cenário atual de não-regulamentação - e, num possível cenário de regulamentação, quais podem ser as principais vantagens e desvantagens - no entendimento dos profissionais de Comunicação. Assim, após se ter avançado em termos de leituras e de delimitação de conceitos, este trabalho terá a seguinte questão de partida:

Tendo em conta a questão da regulamentação do Lobbying em Portugal o que pensam os profissionais das Agências de Comunicação?

Em traços gerais, podemos dizer que a pesquisa qualitativa se orienta para perceber determinados aspectos da vida em sociedade - a própria questão de partida ajuda-nos a perceber se estamos perante a necessidade de utilização de uma metodologia qualitativa (Bowen, 2005). Assim, as ideias orientadoras de uma investigação qualitativa devem ser a escolha acertada de métodos e teorias apropriadas, o reconhecimento e respetiva análise de diferentes perspetivas, e a própria reflexão do investigador sobre a investigação (Flick, 2005). Diferentes métodos qualitativos providenciam diferentes informações resultantes do contexto social e diferentes interações entre o investigador e o seu objeto de estudo. Cada método tem diferentes aplicabilidades e, no âmbito deste trabalho, iremos aprofundar as entrevistas individuais. As entrevistas são dos métodos de recolha de dados qualitativos mais familiares para os investigadores (DiCicco-Bloom e Crabtree, 2006) - no campo das Ciências da Comunicação, e em particular das Relações Públicas e do Marketing, as entrevistas são o método mais usual, como apontam Daymon e Holloway (2011) e Fischer *et al.,* (2014). As entrevistas trazem informação detalhada sobre um determinado fenómeno, sendo um método importante para estudos onde o que se está a estudar é ainda pouco conhecido (Flick, 2005; Günther, 2006).

Na escolha das Agências de Comunicação a entrevistar optou-se pelo universo das Agências associadas da APECOM (Associação Portuguesa das Empresas de Conselho em Comunicação e Relações Públicas). Do total das suas associadas, todas elas contactadas pelo autor deste trabalho, foram entrevistadas um total de onze Agências de Comunicação. Procurou-se que os diferentes entrevistados tivessem cargos de chefia na respetiva Agência.

As entrevistas foram codificadas e, posteriormente, procedeu-se a uma análise de conteúdo qualitativa dos resultados. A análise de conteúdo qualitativa vai envolver procedimentos especializados que permitem perceber a validade e os assuntos mais significativos em estudo. Uma análise de conteúdo pode ser efetuada de variadas formas, tendo em conta o objetivo do estudo e o tipo de descrição de dados que se pretende (White e Marsh, 2006; Oliveira, 2008). No âmbito deste trabalho baseamo-nos nas ideias de Margrite Schreir, no livro *Qualitative Content Analysis in Practice* (2012), sobre a Análise de Conteúdo Qualitativa (ACQ). É uma metodologia de análise de dados qualitativos e interpretação dos seus significados. A ACQ permite uma melhor interpretação dos resultados - todo o significado retirado dos dados são interpretações, ou seja, é uma construção. O objetivo da ACQ é também uma estandardização destas construções quando o significado dos dados é menos óbvio.

Assim, foram consideradas categorias essenciais para a análise das entrevistas:

1. Lobbying - o que é
2. Lobbying - o que não é

3. Designações da atividade
4. Como se pratica a atividade
5. Profissionais de Lobbying
6. Posição face à regulamentação
7. Lobbying em Portugal

4. RESULTADOS

Os resultados sugerem que o *Lobbying*, como visto também ao longo da revisão bibliográfica, é uma atividade de Comunicação Estratégica e uma atividade integrante do *core business* da maioria dos profissionais de comunicação. Isto é percetível não só junto de Agências de Comunicação, mas também de representantes políticos que enquadram a actividade de *Lobbying* em estratégias de comunicação mais alargadas.

Os entrevistados são unânimes ao indicarem que a atividade de *Lobbying* existe em Portugal, mesmo não estando regulamentada. A grande maioria das Agências de Comunicação entrevistadas salientam o facto de estarmos perante um tema cada vez mais premente na realidade portuguesa.

Por outro lado não há consenso sobre se se considera o *Lobbying* uma atividade de pressão ou não. Se encontramos resultados que equiparam o *Lobbying* a influência e a pressão, encontramos também resultados que mostram claramente uma separação entre o que é influência e o que é pressão. Mesmo nas propostas legislativas para a regulamentação da atividade que estão em cima da mesa é raro encontrarmos o termo pressão associado à regulamentação da atividade. O foco, indicado pelas Agências de Comunicação, está sobretudo na explicação do que é o seu próprio entendimento da atividade, e não tanto na definição sobre se, concretamente, se se está a influenciar ou a pressionar outrem. Porém, frisa-se que, aquando da definição, a expressão também que aparece quase sempre é a de influência.

Os resultados sugerem ainda que há um leque variado de vantagens e desvantagens que são apontadas consoante se tem uma posição favorável ou contrária à regulamentação do *Lobbying*. Importa referir que, mesmo quando os resultados eram favoráveis à perspetiva de regulamentação, alguns entrevistados apresentaram possíveis desvantagens que poderia surgir com uma futura regulamentação.

Tal como visto, embora os entrevistados indiquem a atividade como existente, não há consenso em termos de posições face à regulamentação. Junto das Agências de Comunicação encontramos maioritariamente posições favoráveis à regulamentação – com exceção de alguns entrevistados[3] que assumem que a atividade não faz, sequer, parte do seu *core business* (embora, por outro lado, também assumam não só a sua existência na realidade portuguesa, como o facto dela poder ser desempenhada por profissionais de comunicação).

De facto, são as próprias Agências de Comunicação que olham para a regulamentação como sendo positiva para o desenvolvimento do seu negócio. Mas não só – os resultados mostram também que, se pensarmos que o papel de uma agência de comunicação é também muitas vezes mal-entendido pelo público em geral, a regulamentação de uma

3. Ressalvamos que uma das entrevistadas, embora à data associada da APECOM, não se apresenta como Agência de Comunicação ou Consultora de Comunicação, mas sim como Consultora de Gestão de Stakeholders.

atividade que é tida como pouco transparente poderia ser favorável para os atores que também a desempenham, nomeadamente as próprias agências.

Percebe-se, então, a ligação existente entre os profissionais de *Lobbying* e a Comunicação Estratégica – a primazia da execução desta atividade é dada, sobretudo, a profissionais de comunicação e a Agências de Comunicação. E aqui referimo-nos não só a resultados de quem é favorável à regulamentação, como de quem é desfavorável – nestes casos, embora se critique o papel do lobista como intermediário, há um reconhecimento de que os diferentes interesses têm todo o direito a elaborar estratégias de comunicação para fazer valer os seus pontos de vista.

5. CONCLUSÕES

Neste artigo a atividade de *Lobbying* emerge como um processo de diálogo, informação e persuasão, entre os seus profissionais e os representantes políticos. As próprias organizações começam a perceber o papel relevante que este fenómeno pode ter, quer na sua vertente informacional quer na sua vertente persuasiva.

Falar em *Lobbying* é falar em mensagens simples e precisas, adaptadas à audiência em questão, tendo em conta diferentes vetores comunicacionais. Há, por isso, uma ideia de intencionalidade e de adaptação ao contexto que não pode ser descurada. Olhamos para a Comunicação Estratégica como uma área que identifica os seus públicos como cidadãos (e não apenas como consumidores), e que procura diferentes consensos e convergências.

Assim, a atividade de *Lobbying*, no ponto de vista das Agências de Comunicação, permite refinar e melhorar a comunicação que se estabelece com diferentes atores políticos, a linguagem utilizada numa estratégia de *Lobbying* deve ser precisa e adaptada aos assunto em questão, para que possa ser mais persuasiva.

Defende-se, então, que os profissionais de comunicação das diferentes Agências de Comunicação podem estar capacitados para exercer a atividade – nomeadamente na preparação de informação especializada e credível junto de órgãos decisórios e na capacidade de defender diferentes interesses. É assim inevitável concluir que uma maior participação cidadão nas tomadas de decisões públicas é um elemento saudável de qualquer Democracia. Exatamente porque acredita-se que o processo democrático tem de estar aberto a qualquer cidadão ou grupo de interesse que nele queira participar – o que irá trazer mais informação para um representante político.

6. REFERÊNCIAS

Bernhagen, P. (2011). Lobbying and Political Influence in Britain – Evaluating a Signalling Model of Group-Government Interaction. *Arbeitspapiere – Working Papers*, 141, Universität Manheim.

Botan, C., e Taylor, M. (2004). Public Relations: State of Field, *Journal of Communication*, *54*(4), 645-661.

Bowen, G. (2005). Preparing a Qualitative Research-Based Dissertation: Lessons Learned. *The Qualitative Report*, *10*(2), 208-222.

Daymon, C., e Holloway, I. (2011). *Qualitative Research Methods in Public Relations and Marketing Communications.* Routledge.

DiCicco-Bloom, B., e Crabtree, B. (2006). The qualitatitve research interview. *Medical Education.* 40, 314-321.

Fischer, E., Castilhos, R., e Fonseca, M. (2014). Entrevista qualitativa na pesquisa de marketing e do consumidor: Abordagens paradigmáticas e orientações'. *Revista Brasileira de Marketing – ReMark*, edição especial –*13*(4), 67-79.
Flick, U. (2005). *Métodos Qualitativos na Investigação Científica*. Monitor.
Gunthër, H. (2006), Pesquisa Qualitativa Versus Pesquisa Quantitativa: Esta é a questão?, *Psicologia: Teoria e Pesquisa*, *22*(2), 201-210.
Jordana, J. (2004). 'La acción colectiva e las asociaciones de intereses'. In M. C. Badia. *Manual de Ciencia Política* (pp. 290-316). Tecnos.
Kober-Smith, S. (2000). *Legal Lobbying: How To Make Your Voice Heard*. Cavendish Publishing Limited.
Lampreia, J. (2006). *ABC do Lóbi*. Texto Editora.
Lampreia, J. (2005). *Lóbi – Ética, Técnica e Aplicação*. Texto Editora.
Mancuso, W., e Gozetto, A. (2011). Lobby: instrumento democrático de representação de interesses. *ORGANICOM*, 14, 119-128.
Mitrović, M. (2017) *"Lobbying – Managing with Strategy orientated Communication"*, http://dx.doi.org/10.2139/ssrn.2942002
Moloney, K. (1997). Government and Lobbying Activities. In J. Kitchen (org.) *Public Relations: Principles and Practices*. Thomson Learning.
Navega, A., Rocha, M., e Neves, M. (2008). "Estudo no direito comparado acerca da tentativa de regulamentação do lobby para possível aplicação e adaptação ao ordenamento jurídico brasileiro", *Anais do XVII do CONPEDI*, Brasília.
Nownes, A. (2006). *Total Lobbying – What lobbyists want (and how they try to get it)*. Cambridge University Press.
Oliveira, D. (2008), Análise de Conteúdo Temático-Categorial: Uma proposta de sistematização, *Revista de Enfermagem UREJ*, *16*(4), 569-576.
Panke, D. (2011). 'Lobbying institutional key players: how states seek to influence the European Commission, the Council Presidency and the European Parliament', *Journal of Common Market Studies*, *50*(1), 129-150
Paul, C. (2011). *Strategic Communication – Origins, Concepts, and Current Debates*. Praeger.
Ruão, T. (2016). *A Organização Comunicativa: Teoria e Prática em Comunicação Organizacional*, Braga, CECS - Centro de Estudos de Comunicação e Sociedade.
Schreier, M. (2012). *Qualitative Content Analisys in Practice*. SAGE Publications.
Scott, C. (2015). Lobbying: a critical dimension of business strategy. *International Journal of Law and Management*, *57*(1), 17 – 27.
Xifra, J. (2004), El Lobbying, in José Carlos Losada Díaz (org.), *Gestión de la Comunicación en las Organizaciones*. Ariel.
Xifra, J. (2003). *Teoría y Estructura de las Relaciones Públicas*. McGraw Hill.
White, M., e Marsh, E. (2006). 'Content Analysis: A Flexible Methodology', *Library Trends*, *55*(1), 22-45.
Zetter, L. (2011). *Lobbying, The Art of Political Persuasion*. Harriman House LTD.

O PRESIDENTE DA REPÚBLICA E O PODER DE DISSOLVER O PARLAMENTO

António Tavares[1]

"Ninguém põe em dúvida que, nos termos da Constituição, o Presidente da República é o parteiro e o coveiro dos governos, visto que os nomeia e demite ou exonera"[2]

1. INTRODUÇÃO

A argumentação discursiva, a retórica política e o direito constitucional misturam-se e encontram-se quando se procura definir uma linha comum no momento em que o Presidente da República decide intervir num cenário de crise política.

Assim o parece justificar o texto constitucional, no seu artigo 133º, na sua alínea e), quando lhe dá a competência para dissolver a Assembleia da República, e lhe permite, na sua alínea f), nomear o Primeiro-Ministro e, na alínea g), lhe permite demitir o Governo e exonerar o mesmo Primeiro-Ministro. Claro está que tudo isto tem condições, que a própria Constituição de 1976 impõe, sendo a mais critica a referida no artigo 195º onde, no seu numero 2, se diz que "o Presidente da República só pode demitir o Governo quando tal se tornar necessário para assegurar o regular funcionamento das instituições democráticas ouvido o Conselho de Estado".

A utilização da figura jurídica da dissolução da Assembleia da República foi utilizada por todos os Presidentes durante esta III República.

2. OBJETIVOS

O objetivo do nosso estudo será procurar encontrar a melhor fundamentação para o modo de exercício desse poder presidencial e de que forma o mesmo pode conflituar com um Parlamento eleito e onde pode existir, por exemplo, uma maioria parlamentar absoluta. Entre a forma e o modo da tomada de decisão o procedimento adotado terá os necessários efeitos jurídico-políticos. Esta dogmática de cruzamento, entre o direito com a ciência política, motiva um acesso debate na doutrina já que não sendo um sistema presidencial puro também não exerce nele um papel de um mero monarca.

---

1. Universidade Lusófona (Portugal)

2. Deputado Francisco Salgado Zenha - in Diário da Assembleia da República, I série nº 91, de 23 de agosto de 1978, pág. 3367

3. METODOLOGIA

A metodologia a utilizar será concretizada através do método do estudo de caso a exemplo de Yin (2005) após se proceder à pergunta de partida.

Partindo de duas questões – porquê? ou como? são utilizados esses poderes. Iremos procurar comparar o uso desse poder pelos cinco Presidentes, democraticamente eleitos, no período entre 1976 e 2023, recorrendo aos métodos quantitativo, com a medição e a quantificação dos resultados, e ao qualitativo, através de uma análise em profundidade da dogmática constitucional, resultante do texto da Constituição portuguesa de 1976, na ótica da ciência política para a análise do caso. O estudo de caso como estratégia de investigação pretende enquadrar as características e as problemáticas que o estudo vai permitir desenvolver enquanto se procura encontrar respostas para o caso em concreto. A metodologia será qualitativa e quantitativa colocando a enfâse em processos e análises que são medidos em termos de fenómenos descritivos relativamente a pessoas e factos políticos. Depois de definida a problemática tentaremos construir um modelo de análise através da observação do campo político e da recolha de informações assentes em casos reais apresentado as conclusões acreditando que "a axiologia da ciência (política) não é estática, mas dinâmica" (Echeverría,2003:317)

4. O PERFIL PRESIDENCIAL E O ENQUADRAMENTO CONSTITUCIONAL

Desde que, através do Decreto do Presidente da República nº 98-A/ 79 de 11 de setembro, onde o Presidente Eanes terminou com a primeira parte da I Legislatura (1976/1980) até ao atual Presidente Marcelo Rebelo de Sousa foram várias as circunstâncias que motivaram a morte de governos e, mesmo, de maiorias parlamentares interrompendo as respetivas legislaturas.

Em 1979, o Presidente Eanes invocou a quebra da coligação parlamentar entre o Partido Socialista e o Centro Democrático Social bem como os consequentes falhanços dos governos de iniciativa parlamentar.

Em 1983, o mesmo General Ramalho Eanes invocou a instabilidade política interna na coligação eleitoral da Aliança Democrática apesar dos pareceres contraditórios do Conselho de Estado.

Em 1985, de novo o Presidente Eanes terminou a experiência política da coligação entre o PS e o PSD, conhecida por Bloco Central, por rutura deste último.

Em 1987, o Presidente Mário Soares, na sequência da aprovação de uma moção de censura, também decidiu dissolver não tendo aceitado um Governo imanado do Parlamento entre o PS e o PRD. Esta situação parecia consubstanciar uma forma de moção de censura construtiva que nunca foi adotada em sede de revisão constitucional.

Em 2002, o Presidente Jorge Sampaio aceitou o pedido de demissão do primeiro-Ministro do XIV Governo Constitucional, António Guterres para evitar o "pântano".

Em 2004, de novo o Presidente Sampaio, por razões de instabilidade política e pese embora uma maioria parlamentar de suporte ao Governo de Pedro Santana Lopes.

Em 2011, o Presidente Cavaco Silva dissolve o Parlamento na sequência da recusa por parte da oposição da atualização do Programa de Estabilidade e Crescimento, o chamado PEC 4 e na sequência do pedido de demissão do Primeiro-Ministro, José Sócrates.

Em 2021, o Presidente Marcelo Rebelo de Sousa convoca eleições após o chumbo na votação na generalidade do Orçamento de Estado para 2022.

Daí que alguns autores acabam mesmo por concluir que existe uma "conexão jurídica entre os institutos da dissolução da Assembleia da República e da demissão do Governo" a qual se apresenta como "especialmente nítida" (Barbosa Rodrigues, 2012: 534).

Como lembra Manuel Braga da Cruz (1994) "os poderes presidenciais, encarados do ponto de vista real e não meramente formal, dependem mais da posição do Presidente da República em face do sistema de partidos do que propriamente do enquadramento constitucional."

Aqui vai residir a diferença entre a Constituição nominal, como refere o constitucionalista austríaco Karl Loewenstein ou como Constituição formal no entender do alemão Ferdinand Lassalle, e a Constituição Real aquela que o Presidente interpreta conforme a circunstância e o momento político.

O Presidente da República tem sido, muitas vezes, atraído para a solução de usar a chamada "bomba atómica" dos poderes presidenciais. Sempre que tal acontece o Presidente mede sempre a sua capacidade de intervenção e o respetivo resultado eleitoral.

Tal evidência tem sido uma constante em toda a atuação presidencial, nunca, nem mesmo no caso do Presidente Mário Soares, em que lhe foi oferecida uma solução parlamentar de um governo de maioria, o Presidente receou ou se enganou na solução encontrada.

Não podemos esquecer que a "dissolução parlamentar se situa na nevralgia do funcionamento do sistema estadual de governo, postulando uma especifica interação entre os seus três mais importantes órgãos: o Presidente da República, a Assembleia da República e o Governo." (Bacelar Gouveia, 2007) Poderemos dizer que a "dissolução se afirma como um instrumento político-institucional de ultrapassagem de crises." (Barbosa Rodrigues, 2013:83)

Tal situação tem respaldo na posição do constitucionalista Marcelo Rebelo de Sousa (1988:12) o qual considerava que o sistema de governo semipresidencial na Constituição de 1976 " se definia pela convergência da legitimidade do sufrágio direto e universal como forma de designação do Chefe de Estado com a manutenção dos mecanismos da responsabilidade política do Governo perante o Parlamento."

Esta posição era coincidente com a do constitucionalista francês Maurice Duverger (1978:27) que desenvolvia uma análise comparativa dos sistemas políticos semipresidenciais onde considerava que o sistema semipresidencial nascia das fraquezas do sistema parlamentar. "Não se elege um presidente por sufrágio universal para que ele inaugure exposições, mas sim para que possa agir" e, por isso, considerava que em Portugal a função arbitral do Presidente era ultrapassada permitindo a este influenciar a prática governamental corrente.

Ao utilizar a figura da dissolução da Assembleia da República o Presidente não recorre só a argumentos jurídicos, mas também a argumentos políticos os quais resultam da avaliação sucessiva que vai fazendo da atuação do governo e da sua capacidade para realizar o cumprimento do seu programa. Esta situação é muito mais critica quando não existe uma maioria parlamentar coerente e sólida. Aliás este caso foi testado pelo Presidente Cavaco Silva quando, concluído o mandato da legislatura, o governo Passos Coelho voltou a ganhar as eleições (2015) mas sem uma maioria absoluta. O seu governo haveria de cair no Parlamento por uma coligação negativa entre o PS, o PCP e o Bloco de Esquerda. Como o Presidente estava no final do seu mandato, e sem o seu poder de dissolução, acabou por dar posse a um Governo do Partido Socialista liderado por António Costa. Nesta circunstância o Presidente procurou acautelar um princípio de acordo expresso entre as partes numa forma de antecipação de uma posterior moção de censura construtiva.

Em momentos de coabitação, em que não existe sintonia política entre o Presidente e o Governo, também aqui o Presidente usou o poder de dissolução do Parlamento ainda que de forma mitigada. Com efeito, Jorge Sampaio foi confrontado com o pedido de demissão do primeiro-Ministro socialista, António Guterres na sequência de uma profunda derrota eleitoral nas eleições autárquicas. De certa forma o Presidente não tinha alternativa já que existia um empate no Parlamento de 115 deputados para o Partido Socialista e outro tanto para a Oposição.

O equilíbrio do mandato presidencial de Marcelo Rebelo de Sousa, depois de um mandato de pendor mais de influência, passou para um pendor de maior interferência na vigilância ao papel do Governo. Quando dissolveu o Parlamento o Presidente sabia que existiam as condições para uma vitoria do Partido Socialista.

A figura da dissolução do Parlamento tem sido utilizada pelo Presidente em cenários de resposta a crises políticas graves e onde o normal funcionamento das instituições poderia ficar afetado.

Podemos assim constatar que as razões que motivam esta intervenção se podem evidenciar do seguinte modo:

Presidente Ramalho Eanes

1979 - Rutura de coligação PS/CDS e insucesso de dois governos de iniciativa presidencial. Parecer vinculativo do Conselho da Revolução.

1983 – Instabilidade política interna da coligação da Aliança Democrática (PSD/CDS/PPM). Estará na origem de um pedido de intervenção externa do FMI. Parecer negativo do Conselho de Estado, por maioria, de 20 de janeiro.

1985 - Rutura da coligação de Bloco Central entre o PS e o PSD. Parecer positivo do Conselho de Estado, por maioria, de 26 de junho.

Presidente Mário Soares

1987 - Aprovação de uma moção de censura ao governo minoritário do PSD (Cavaco Silva) parecer positivo do Conselho de Estado, por maioria, de 28 de abril de 1987.

Presidente Jorge Sampaio

2002 – Pedido de demissão do primeiro-ministro António Guterres. Parecer do Conselho de Estado por unanimidade de 27 de dezembro.

2004 – Após a saída do primeiro-ministro Durão Barroso para Presidente da Comissão Europeia e existindo instabilidade política no Governo de Pedro Santana Lopes decide intervir. Parecer positivo do Conselho de Estado, por maioria, de 10 de dezembro.

Presidente Cavaco Silva

2011 – Na sequência da recusa do Programa de Estabilidade e Crescimento, PEC 4 pelo Parlamento. Esta situação motivou um pedido de ajuda externa à Comissão Europeia, ao BCE e ao FMI. Parecer do Conselho de Estado, por unanimidade, de 31 de março.

Presidente Marcelo Rebelo de Sousa

2021 – Na sequência da não aprovação do Orçamento de Estado para 2022. Parecer do Conselho de Estado favorável, por maioria, de 3 de novembro.

De acordo com o artigo 141º da Constituição o Conselho de Estado "é o órgão de consulta do Presidente da República" e tem como competência própria, nos termos do artigo 145º alínea a), pronunciar-se sobre a dissolução da Assembleia da República e das Assembleias Legislativas das regiões autónomas e o respetivo parecer deve ser público.

Tem o Conselho de Estado uma posição decisiva na decisão presidencial? Desde logo tem uma competência consultiva obrigatória, não vinculativa e especifica. Intervém numa fase prévia que se poderia chamar de fase instrutória de consulta, onde o Presidente ouve os partidos políticos com assento parlamentar. Na versão original da Constituição, antes da revisão de 1982, o parecer do Conselho da Revolução era vinculativo. "Agora trata-se de encontrar uma aceitação político-constitucional da decisão de dissolver o Parlamento, ouvindo de órgãos públicos a opinião que cada um deles tem a emitir, num caleidoscópio círculo de entidades que inclui ainda órgãos estaduais que não são de soberania e até órgãos que não são estaduais" (Bacelar Gouveia, 2003:77)

O Conselho de Estado só por duas vezes foi unanime na decisão de dissolução parlamentar, das restantes vezes foi por maioria dos seus elementos cuja composição é representativa de vários interesses institucionais. Nunca o Conselho de Estado teve uma posição completamente adversa á opinião do Presidente.

A intervenção presidencial acaba por estar justificada e foi sempre entendida de forma positiva pelo eleitorado que deu nas urnas a resposta jurídica e política que permitiu ultrapassar a crise gerada pelos eventos referidos.

O Presidente Marcelo Rebelo de Sousa no seu discurso de tomada de posse, em 2016, deixava claro qual o espaço político e a forma onde se iria, institucionalmente, mover. "O Presidente da República é o Presidente de todos. Sem promessas fáceis, ou programas que se sabe não pode cumprir, mas com determinação constante. Assumindo, em plenitude, os seus poderes e deveres. Sem querer ser mais do que a Constituição permite. Sem aceitar ser menos do que a Constituição impõe."

A coerência do uso deste poder de dissolução do Parlamento, pelo Presidente, no sentido de ultrapassar a crise política pode acabar por estar ligado à origem daquilo que, a atual juíza do Tribunal Constitucional, Mariana Canotilho definia como "uma das razões do sucesso da Constituição da República Portuguesa é de ter nascido do conflito e não de falsos consensos" (Mariana Canotilho.2017:40) A vitalidade do texto constitucional pode encontrar aqui a raiz da sua elasticidade e permitir a tal geometria variável que cada titular função presidencial sabe utilizar de um modo prudente de forma a viabilizar o funcionamento das instituições democráticas.

5. CONCLUSÕES

Será que o Presidente da República pode ser um fator de instabilidade no sistema quando dissolve o Parlamento como Ramalho Eanes, Mário Soares, Jorge Sampaio, Cavaco Silva ou Marcelo Rebelo de Sousa ou, pelo contrário, interpreta o desejo popular e o eleitorado dá-lhe razão quando elege uma maioria parlamentar para um novo Primeiro-Ministro como foi o caso de Francisco Sá Carneiro, Cavaco Silva, José Sócrates, Pedro Passos Coelho ou António Costa?

Da leitura da jurisprudência constitucional é possível constatar que existe uma ausência de fiscalização de um ato de dissolução parlamentar por parte do Presidente da República o que mostra também as cautelas quando do uso desta figura. Aliás as dificuldades costumam colocar-se em volta das questões de competência dos chamados governos de gestão. Parece ter razão o deputado Salgado Zenha quando proclamava a imagem que o Presidente da República seria o parteiro e o coveiro dos governos.

Um dos deputados com maior intervenção na Assembleia Constituinte, Vital Moreira, referindo-se ao "poder moderador" do Presidente Cavaco Silva, a propósito da demissão do II Governo de José Sócrates, lembra que no "nosso sistema político, o Presidente da

República, apesar dos poderes e das responsabilidades que tem, não é politicamente responsável pelos seus atos e omissões, muito menos pelas suas declarações ou opiniões, só respondendo perante o "tribunal" da opinião pública." Lembra ainda que "só uma assumida norma de equilíbrio, contenção e self-restraint é que pode resguardar o Presidente da República de suscetivismos reativos ou excessivos emocionais nos seus juízos políticos., por definição, o "poder moderador" tem de primar pela moderação". (Vital Moreira,2011)

O processo de decisão do Presidente da República tem motivações políticas que precisam de se consubstanciar numa forma legislativa, através de decreto presidencial, que é aliás a única modalidade de jurídico-publico da sua autoria e que deve conter os seguintes elementos:

- O efeito da dissolução parlamentar
- A data da emissão
- A assinatura do Presidente da República.

Sendo o conceito de "crise político-institucional" um conceito jurídico indeterminado a necessitar de ser axiologicamente preenchido resta a questão de que forma o uso deste poder pode extravasar o quadro constitucional da sua admissibilidade?

Se for o caso fica a hipótese da avaliação sugerida por Bacelar Gouveia (2003:160): "o facto de ser indeterminado não quer dizer que seja de interpretação livre, pelo que ainda assim é ajustado um juízo jurídico, de eventual apreciação judicial da constitucionalidade do comportamento presidencial". Assim sendo, então já está em causa o regular funcionamento de todas as instituições democráticas e já não temos o arbitro moderador para intervir.

6. REFERÊNCIAS

Bacelar Gouveia, J. (2003). *A Dissolução da Assembleia da República.* Almedina.
Barbosa Rodrigues, L. (2012). *O Primeiro-Ministro.* ULE.
Barbosa Rodrigues, L. (2013). *As funções do Presidente da República.* Quid Juris.
Barbosa Rodrigues, L. (2017*) Semipresidencialismo português.* Quid Juris.
Caetano, M. (1978). *Constituições Portuguesas.* Verbo.
Caldeira, M. (2016). *O Poder neutro.* Chiado.
Caldeira, M. (2018). *A nomeação do Primeiro-Ministro.* Chiado.
Canotilho, M. (2017). Quarenta anos de Constituição, trinta de integração europeia; entre passado e presente, abertura e pertença. *UNIO, EU Law Journal, 3*(1).
Cruz, M. B. (1994). "O Presidente da República na génese e evolução do sistema de governo português". em *Análise Social, XXIX*(125-126). ICS.
Duverger, M. (1978). *Xeque-Mate.* Rolim.
Echeverría, J. (2003). *"Introdução à metodologia da ciência".* Almedina
Ferreira, A. C. (2019). *Sociologia das Constituições.* Vida Económica.
Lassalle, F. (1969). *Que é uma Constituição?.* Laemmert.
Moreira, V. (2011). *O poder moderador.* Publico.
Sousa, M. R. (1988). *O sistema de governo português – antes e depois da revisão constitucional.* Cognitio

O REGULAMENTO MICA: PRIMEIRA ABORDAGEM AO SEU ÂMBITO DE APLICAÇÃO

Maria Emília Teixeira[1]

O presente texto insere-se no âmbito do projecto de investigação sobre "Regulação e Literacia Financeira", o qual se encontra integrado na Linha de Investigação "Património" do Instituto Jurídico Portucalense, sendo a autora do presente texto a investigadora responsável pelo projecto.

1. INTRODUÇÃO

Os criptoativos são ainda um fenómeno suscetível de gerar desconfiança nos consumidores. Este facto contribui de forma decisiva para o atraso na integração destes ativos e seu desenvolvimento no mercado, a par dos ativos mais tradicionais.

A União Europeia reconheceu que isto conduz à perda de oportunidades na implementação e adesão dos consumidores a novas formas de prestação de serviços digitais, novas formas de financiamento e, até, para o surgimento de novas formas de instrumentos de pagamento alternativos. Acresce ainda que a inexistência de uma regulamentação uniforme dos criptoativos no seio da União Europeia provoca insegurança jurídica e fomentará uma concorrência enviesada no âmbito do mercado único. Com tal divergência regulatória, a expansão dos prestadores de serviços de criptoativos fica destinada ao insucesso e só incrementa o recurso à arbitragem regulamentar. Urgia clarificar o quadro jurídico aplicável e, acima de tudo, uniformizá-lo, eliminando desde logo as barreiras geográficas. A União Europeia, através do Regulamento MiCA, pugna pela existência de um quadro normativo aplicável aos prestadores de serviços de criptoativos que lhes permita expandir os seus negócios além fronteiras e que viabilize o seu acesso a serviços bancários. À medida que o fenómeno dos criptoactivos evoluiu, também a estabilidade financeira ficou mais vulnerável a novos riscos ou agravamento dos existentes.

> *El rápido crecimiento de estos activos en los últimos años, su potencial uso como medio de cambio o de ahorro y sus posibles riesgos para la estabilidad financiera como resultado de, entre otros motivos, sus interconexiones con el sector bancario han exigido la atención de las autoridades públicas nacionales e internacionales. (Anguren Martín, García Alcorta, García Calvo, Hernández García y Valdeolivas Casillas, 2023, p. 121)*

1. Universidade Portucalense (Portugal)

Assim, existindo a necessidade de controlar e mitigar os riscos associados ao crescimento do mercado de criptoactivos, como o branqueamento de capitais e a desproteção do consumidor e investidor, a nova regulamentação surgiu como oportunidade de fomento da inovação de forma segura e como elemento de estabilidade financeira, dado que mitiga aqueles riscos, providenciando pela segurança e certeza jurídica que a harmonização das regras a seguir pelos *players* desta actividade e serviços conexos propicia.

> *With this regulation, the European Commission has taken the first step towards establishing a new and standard regulatory framework for crypto-assets. The new rules will allow entities authorised in a Member State to provide their services and sell cryptocurrencies in the EU. The regulation specifically helps to solve many problems of financial crime, such as insider trading, money laundering, secondary market manipulation, etc. One of the main goals of the MiCA is clearly to protect crypto-asset issuers. (Varga, 2021, p. 113)*

Neste seguimento, publicou-se a 9 de junho de 2023, no Jornal Oficial da União Europeia, o Regulamento UE 2023/1114, do Parlamento Europeu e do Conselho, de 31 de maio de 2023, doravante designado por Regulamento MiCA, cuja entrada em vigor se prevê para finais de 2024, inícios de 2025, que versa sobre o mercado de ativos criptográficos na União Europeia e capacitará os Estados-Membros de regulamentação harmonizada no que concerne aos requisitos necessários para os emitentes e prestadores de serviços de criptoativos, aos deveres de informação, às regras de divulgação e do registo aplicáveis, tendo como propósito essencial a proteção dos consumidores e investidores. Simultaneamente, com esta regulamentação pretende-se um equilíbrio entre garantir a estabilidade financeira e potenciar a normal progressão da inovação. O Regulamento também procura atenuar o impacto ambiental das criptomoedas, que é uma das principais preocupações dos reguladores.

2. OBJETIVO

Não obstante as diversas finalidades e vertentes reguladas pelo Regulamento MiCA, este tem como principal valência contribuir para desmistificar e clarificar conceitos que ilusoriamente transmitem a ideia de se tratarem da mesma realidade mas que não são confundíveis e estão sujeitos a regras muito distintas, aliás, muitas vezes, nem sequer estão sujeitas a regulamentação.

O principal objetivo do presente texto será delimitar o âmbito de aplicação objetivo do Regulamento e elencar a categoria de produtos a que se aplica, uma vez que, antes deste Regulamento, já se encontram em vigor Regulamentos Europeus que versam sobre ativos, incluido os emitidos com auxílio da *distributed ledger technology* (DLT) e que se encontram excluídos do âmbito de aplicação do Regulamento MiCA. Assim, pretendemos delimitar a que ativos se aplica o Regulamento, considerando que esse é o primeiro passo para entender o alcance e impacto nos mercados de criptoativos desta nova regulamentação. Neste estudo, não nos debruçaremos sobre as entidades a quem o Regulamento MiCA se aplica, nem quais as medidas de supervisão implementadas.

Pretendemos ainda analisar se esta regulamentação será suficiente para acompanhar o constante e rápido processo evolutivo e inovador do fenómeno regulado, indicando o que consideramos serem as primeiras valências e quais as nossas primeiras críticas ao diploma.

3. METODOLOGIA

A metodologia principal que utilizamos para realizar o presente estudo traduziu-se na pesquisa descritiva, comparando os diversos âmbitos de aplicação objetivos dos diferentes regulamentos europeus sobre ativos financeiros, usem ou não na sua emissão a *distributed ledger techonology* (DLT). Na pesquisa, privilegiamos a consulta de fontes primárias, enquanto materiais de pesquisa originais e não interpretados por terceiros. Entre estas, demos prevalência, desde logo, aos próprios Regulamentos Europeus e trabalhos preparatórios que versam sobre outros instrumentos financeiros não abrangidos pelo Regulamento MiCA, mas que cujo âmbito de aplicação objetivo deve ser definido em conjunto com este Regulamento. A razão para escolhermos o método de consulta de fontes primárias consiste na possibilidade de assim obtermos informações diretas e confiáveis para uma análise precisa dos criptoativos objeto do Regulamento MiCA, alcançando-se assim o propósito do presente estudo. Assim, utilizando como metodologia a combinação da pesquisa descritiva com a consulta de fontes primárias, a abordagem que pretendemos dar neste estudo é factual, fornecendo informações concretas e confiáveis sobre o tema objeto de pesquisa, contribuindo, segundo cremos, de forma significativa para a melhor compreensão do *quid* regulado pelo Regulamento MiCA.

4. ÂMBITO DE APLICAÇÃO OBJETIVO DO REGULAMENTO MICA

O Regulamento MiCA surge como a regulamentação europeia do mercado de criptoativos, mas o conceito de criptoativo (*crypto-assets*) funciona como um chapéu que acolhe vários ativos financeiros registados de forma digital, que dependem de criptografia e de tecnologia de registo distribuído que integra o seu valor. Porém, nem todos os criptoativos estão sujeitos à mesma regulamentação e, por conseguinte, nem todos estão abrangidos pelo Regulamento MiCA. Mais, apesar do Regulamento MiCA prever um quadro regulamentar dedicado especialmente aos ativos digitais que utilizem tecnologia de registo descentralizado (DLT), isso não significa que um instrumento financeiro emitido com auxílio da DLT esteja necessariamente no âmbito de aplicação objetivo do Regulamento MiCA, pois pode, por exemplo, estar abrangido pela Diretiva 2014/65/UE, relativa aos mercados de instrumentos financeiros (DMIF II), como adiante veremos. Assim, desde já estabelecemos como ponto de partida que para definir o âmbito de aplicação objetivo do Regulamento MiCA não é relevante a forma de emissão e funcionamento do produto, podendo ser ou não, emitido com recurso a tecnologia.

Acrescenta-se ainda se encontra excluido do âmbito de aplicação do MiCA o fenómeno DeFi e a falta de regulamentação das plataformas e instrumentos DeFi acarretará custos e riscos.

> *Los costes y riesgos asociados a la falta de regulación de plataformas e instrumentos DeFi (muchos quedarán fuera de la reglamentación MiCA al caer fuera de su ámbito de aplicación) agrava las consecuencias para el mercado y para los inversores que acarrea la existencia misma de la paradoja, pues si ya es contradictoria la existencia de un mecanismos (central) gobierno sobre estructuras tecnológicas descentralizadas, más lo es la ausencia de un control (público) sobre gobiernos autónomos de naturaleza privada, donde la situación de desprotección de los operadores se agrava por el hecho mismo de la descentralización técnica asociada al uso de la DLT. (Ibáñez Jiménez, 2022, p. 4)*

Isto posto, refere o art. 1.º, n.º 1 do Regulamento MiCA que estão abrangidos por esta regulamentação a "oferta pública e a admissão à negociação numa plataforma de negociação de criptoativos que não sejam criptofichas referenciadas a ativos nem criptofichas de moeda eletrónica, de criptofichas referenciadas a ativos e de criptofichas de moeda eletrónica". Analisemos então os criptoativos abrangidos e quais os excluídos. Existem três tipos que cumpre analisar previamente para comprender o âmbito de aplicação objetivo do Regulamento MiCA.

4.1. Definição e tipologia de criptoativos

Entende-se por um criptoativo a representação digital de valor ou direito que gere vantagens para os intervenientes do mercado onde este seja transacionado. O seu valor é externo e não intrínseco e a sua atribuição é subjetiva, dependendo do interesse do comprador do criptoativo.

Existem diversas tipologias de criptoativos, e este Regulamento procede à distinção e classificação de três tipos de criptoactivos e o critério que preside a esta categorização centra-se na seguinte característica: os criptoativos procurarem ou não estabilizar o seu valor por referência a outros ativos.

Com base neste critério, temos, em primeiro lugar, a criptoficha referenciada a ativos, conhecida como *Asset-Referenced Token* (ART), que se traduz num «tipo de criptoativo que não é uma criptoficha de moeda eletrónica e que procura manter um valor estável por referência a outro valor ou direito, ou a uma combinação de ambos, nomeadamente uma ou várias moedas oficiais», como refere o art. 3.º, n.º 6 do Regulamento MiCA. Poderemos dar como exemplo um ativo indexado ao valor do petróleo por exemplo.

Depois, existe a criptoficha de moeda eletrónica, conhecida como *E-Money Token* (EMT), que se traduz num «tipo de criptoativo que procura manter um valor estável por referência ao valor de uma moeda oficial», de acordo com o art. 3.º, n.º 7 do Regulamento MiCA. Estes criptoativos são substitutos eletrónicos de moedas e notas e têm uma função semelhante à moeda eletrónica, definida na Diretiva 2009/110/CE, podendo ser usados para efectuar pagamentos, o que pode suscitar dúvidas sobre a legislação aplicável aos seus emitentes, bem como à sua supervisão, como a seguir abordaremos.

E, finalmente, existe ainda a criptoficha de consumo, conhecida como NON ART/ NON EMT ou *utility token*, que se traduzem num criptoativo que permite o acesso a um bem fornecido pelo seu emissor e que não se qualifica como um ART ou um EMT.

Há quem entenda que o Regulamento MiCA classifica não três mas quatro tipos diferentes de criptoativos dependendo da finalidade e arquitetura do *token.*

> *MiCA diferencia cuatro tipos diferentes de cripto-activos dependiendo del propósito y la arquitectura del token: (1) Utility token (token de utilidad) que se define como "un cripto-activo destinado a proporcionar acceso digital a un bien o servicio, disponible en una DLT y que solo es aceptado por el emisor de ese token." (Descripción basada en el propósito) (2) Asset-referenced Token (token respaldado por activos) que se define como "un cripto-activo que pretende mantener un valor estable al referirse al valor de varias monedas fiduciarias que son de curso legal, una o varias comodities, o uno o varios cripto-activos, o una combinación de dichos activos". (Descripción basada en la arquitectura) (3) E-money Token (token de dinero electrónico) se define como "un cripto-activo cuyo propósito principal es ser utilizado como medio de intercambio y que pretende mantener un valor estable al referirse al valor de una moneda fiduciaria que es de curso legal". (Descripción basada en propósito y arquitectura) (4) Security*

> *Tokens (token valor) que se definen indirectamente como instrumentos financieros que están expresamente excluidos de la aplicación de MICA y que siguen la regulación financiera. (Parrondo, 2021, p.3)*

Mas além deste tipo de *tokens*, definidos pelo Regulamento MiCA, existem outros que este regulamento não definiu. Sabendo o que significa o conceito de *token*, questionamos se poderemos perante outros *tokens* que, embora não se subsumam nos três tipos de crioptoativos definidos no Regulamento MiCA, considerar abrangidos pelo âmbito de aplicação do MiCA. Veja-se o seguinte exemplo:

> *For instance, we may have a token that uses cryptography for security, provides digital access to a good or service, does not purport to maintain a stable value, and is accepted by entities other than its issuer. Thanks to this example, we can see that these three categories are not comprehensive. (Tomczak, 2022, p. 380)*

A resposta não é clara.

O Regulamento MiCA também não definiu o que entende por *stablecoin token*, e os *asset-referenced tokens* e os *E-Money Token* podem ser classificados como tal.

4.2. Delimitação do âmbito de aplicação do Regulamento MiCA à luz da vigência de outros atos legislativos da União Europeia em matéria de serviços financeiros

Não se encontram abrangidos pelo Regulamento MiCA os instrumentos financeiros especificados no Anexo I, Secção C da Diretiva 2014/65/UE, ou seja, não se encontram abrangidos os valores mobiliários, os instrumentos do mercado monetário, unidades de participação em organismos de investimento coletivo, derivados para a transferência do risco de crédito, contratos diferenciais financeiros por diferenças, opções, futuros, swaps, contratos a prazo de taxa de juro e quaisquer outros contratos derivados relativos a valores mobiliários, divisas, taxas de juro ou de rendibilidades, licenças de emissão ou outros derivados, índices financeiros ou indicadores financeiros que possam ser liquidados mediante uma entrega física ou um pagamento em dinheiro, entre outros aí especificados. Na verdade, estes instrumentos estão já abrangidos pela DMIF II e por um conjunto amplo de outras regulamentações europeias, como o Regulamento UE 236/2012, o Regulamento UE 596/2014, o Regulamento UE 909/2014 e o Regulamento UE 2017/1129, ao que acrescem a Diretiva 98/26/CE e a Diretiva 2013/50/UE do Parlamento Europeu e do Conselho.

Tal facto é assim ainda que esses instrumentos financeiros sejam considerados «Instrumentos financeiros DLT», isto é, emitidos, registados, transferidos e armazenados utilizando a tecnologia de registo distribuído, nos termos do referido no art. 2.º, n.º 11 do Regulamento UE 2022/858, aplicável desde 23 de março de 2023, relativo a um regime-piloto para as infraestruturas de mercado baseadas na tecnologia de registo distribuído. O que comprova o que acima referimos quando destacamos como ponto de partida que para definição do âmbito de aplicação objetivo do Regulamento MiCA que a emissão e funcionamento do produto, com ou sem recurso a tecnologia, não é relevante.

Também não se encontra abrangido pelo Regulamento MiCA os criptoativos que sejam qualificados como fundos à luz da Diretiva UE 2015/2366 do Parlamento Europeu e do Conselho, que alterou a Diretiva 2009/110/CE (EMD2), relativa ao acesso à actividade das instituições de moeda electrónica, ao seu exercício e à sua supervisão prudencial. Apesar das semelhanças, uma das principais diferenças para os detentores de moeda eletrónica e os detentores de criptoativos que têm por referência uma moeda oficial é que os primeiros possuem, nos termos da Diretiva 2009/110/CE, um direito de crédito sobre o emitente da referida moeda electrónica pelo valor nominal e a qualquer momento, já os segundos não possuem este direito de crédito e estão fora do âmbito de aplicação da Diretiva 2009/110/CE. Assim, para evitar que haja tratamento diferenciado e contorno das regras aplicáveis, o Regulamento MiCA que não se aplica a detentores de moeda electrónica, abrangidos pela Directiva 2009/110/CE, consagrou uma definição ampla do conceito de «criptofichas de moeda eletrónica» indicando que deverá abranger qualquer tipo tipo de criptoativo que tenha por referência uma única moeda oficial, e previu, expresamente, no art. 48.º, n.º 2, que as criptofichas de moeda eletrónica sejam consideradas como moeda eletrónica, mandando aplicar-se a este criptoativo os títulos II e III da Diretiva 2009/110/CE, embora ressalvando algumas situações. Já no art. 49.º procede à derrogação do disposto no art. 11.º da Diretiva 2009/110/CE, aproximando as figuras, referindo que os detentores de criptofichas de moeda eletrónica têm direito de crédito sobre os seus emitentes, instituindo-se assim o *right to claim nos EMT.*

O Regulamento MiCA não abrange também depósitos tal como definido no art. 2.º, n.º 1, ponto 3, al. a), b) e c) da Diretiva 2014/49/UE, nem aplicável a depósitos estruturados definidos no art. 4.º, n.º 1, ponto 43, al. a), b), c), e d) da Diretiva 2014/65/CE, nem abrange as posições em risco sobre uma titularização (posição de titularização), tal como consta do art. 2.º, ponto 19 do Regulamento UE 2017/2402 do Parlamento Europeu e do Conselho.

De fora do âmbito de aplicação objetivo do Regulamento ficam também os instrumentos financeiros do ramo de seguro de vida ou não vida, os instrumentos financeiros referentes a regimes de pensões e regimes de segurança social.

Mas uma das matérias que vale a pena destacar que ficou fora do âmbito de aplicação do Regulamento MiCA e que vagueia actualmente por um vazio legal são os *non-fungible tokens* (*NFT's*).

> *Um NFT, Non Fungible Token ou Token Não Fungível, é um registro único de informação numa blockchain e (...) a criação do token não fungível, uma espécie de registro único, imprime escassez a determinado artefato digital, e portanto cria valor na circulação de ativos, entre eles os direitos autorais. (Pesserl, 2021)*

O Regulamento é claro ao expresamente afirmar no seu considerando 10 que não se aplica a "criptoativos que sejam únicos e não fungíveis com outros criptoativos, nomeadamente a arte digital e os artigos digitais colecionáveis", bem como também não se aplica a "criptoativos que representem serviços ou ativos físicos únicos e não fungíveis, como garantias de produtos ou bens imóveis".

As partes fracionárias de um NFT não devem ser consideradas únicas e não fungíveis e se ocorrer a emissão em larga escala de um NFT, isso será indicativo e demonstrativo da sua fungibilidade e estará sob o âmbito de aplicação do Regulamento MiCA, isto é, não bastará atribuir-se um código ou identificador ao NFT para que ele seja único e não fungível, é necessário que o direito que ele representa seja único e não fungível.

Excluído também do âmbito de aplicação do Regulamento encontram-se as transações intragrupo e de algumas entidades públicas, entre as quais estão o Fundo Monetário Internacional e o Banco de Pagamentos Internacionais. De fora estão também "ativos digitais emitidos por bancos centrais que atuem na qualidade de autoridade monetária, incluindo a moeda de banco central em formato digital, ou criptoativos emitidos por outras autoridades públicas, incluindo administrações centrais, regionais e locais", conforme dispõe o considerando 13 do Regulamento.

Não se aplica ainda o Regulamento MiCA a ativos digitais que não possam ser transferidos para outros detentores, como é o caso dos sistemas de fidelização, pois aqui os pontos que o detentor possui apenas podem ser objecto de troca por benefícios ou vantagens proporcionadas pelo emitente desses pontos.

Por exemplo, o Regulamento MiCA, regulando *tokens* referenciados a ativos, abrangerá os que sejam emitidos pelas *BigTech*, como Amazon, Google ou Facebook, as quais, devido à sua dimensão e presença no mercado, estabelecem modelos de negócio baseados no recurso a uma enorme quantidade de dados e ferramentas analíticas, tendo a capacidade de transformar o mercado dos serviços financeiros.

> *BigTechs use a platform-based business model and profit from strong network effects that may lead to the "winner-take-all" dominance. All these factors grant BigTechs with competitive advantages over smaller companies and start-ups. (Kotovskaia, & Meier, 2022, p. 3)*

Os tokens emitidos pelas *BigTech* poderão servir de moeda de troca em transações efetuadas nas respetivas plataformas digitais, podendo vir a formar-se um sistema alternativo de pagamento ou de financiamento, o que poderá conduzir a um certo desiquilíbrio no ecosistema financeiro, fitando assim um dos desígnios prosseguidos pelo Regulamento MiCA, o fomento e garantia da estabilidade financeira.

5. CONCLUSÕES

Aqui chegados, e feita a delimitação da aplicação do MiCA, não podemos deixar de realçar três aspectos finais.

Cremos que se deveria ter aproveitado a oportunidade e ter-se regulamentado os *non-fungible tokens,* dada a sua crescente expressão nos mercados de criptoativos.

O Regulamento MiCA introduziu uma dualidade regulatória nas finanças distribuídas ou que utilizam DLT, segmentando ou separando dois mercados: o de criptoativos negociáveis em bolsas de valores reguladas ou de operação regular, onde se usa tecnologia de registo distribuído, e o de criptoativos ou *tokens* negociáveis fora do mercado de ações ou de capitais. Os primeiros abrangidos pela DMIF II, os segundos pelo MiCA. Esta dualidade pode não trazer vantagens para os emitentes de criptoativos, porquanto podem estar sujeitos a regras distintas.

> *Este dualismo regulatorio tiene relación con la paradoja de las DeFi, en cuanto que determinados criptoactivos presuntamente descentralizados (como los ARTs que constituyen monedas estables según criterios reglados) sean ahora objeto de mediación regulada y supervisión prudencial de su tráfico, en el caso europeo conforme a la nueva regulación MiCA; perdiendo así desde el punto de vista de su control externo a la red (de nuevo, paradójicamente y sin perjuicio del desenvolvimiento automatizado de las transacciones en la cadena de bloques), buena parte de sus cualidades de anonimato operativo y deslocalización geográfica, desnaturalizadas por la entrada en acción del legislador, conforme a las exigencias de uno o varios concretos ordenamientos o sistemas heteronormativos impuestos a los operadores. (Ibáñez Jiménez, 2022, pag. 19)*

Todavia, apesar dos riscos e críticas que fomos apontando quanto à abrangência do âmbito de aplicação objetivo do Regulamento MiCA, não podemos deixar de se realçar e reconhecer que o Regulamento representa um marco histórico no processo de identificação e harmonização das regras para emissão e troca de criptoativos e resta-nos aguardar para perceber como decorrerá na prática a implementação das novas medidas e como funcionará o mercado com base nestas novas regras.

6. REFERÊNCIAS

Anguren Martín, R., García Alcorta, J., García Calvo, L., Hernández García, D. y Valdeolivas Casillas, E. (2023). La regulación de los criptoactivos en el marco internacional y europeo en curso. *Revista de Estabilidad Financiera*, 44, 119-148. https://doi.org/10.53479/30054

Ibáñez Jiménez, J. W. (2022, January 13). Defi paradox: La Necesaria Centralización de las finanzas descentralizadas. *repositorio.comillas.edu.* https://repositorio.comillas.edu/xmlui/handle/11531/65598?show=full

Kotovskaia, A. y Meier, N. (2022). *BigTech cryptocurrencies-European regulatory solutions in sight*, 97. SAFE Policy Letter.

Parrondo, L. (2021). Tipología y Clasificación de los cripto-activos en base al marco regulatorio de MiCA. Sus aportaciones y limitaciones. *Revista Técnica Contable y Financiera*, 46, 78-85.

Pesserl, A. (2021). NFT 2.0: blockchains, mercado fonográfico e distribuição direta de direitos autorais. *Revista Rede de Direito Digital, Intelectual & Sociedade*, *I*(1), 255-294. https://revista.ioda.org.br/index.php/rrddis/article/view/14/11

Tomczak, T. (2022). Crypto-assets and crypto-assets' subcategories under MiCA Regulation. *Capital Markets Law Journal*, *17*(3), 365-382.

Varga, Z. (2021). The innovative response of the european union to managing the digital finance. *European Integration Studies*, *17*(2), 106-116.

MARCO JURÍDICO, CONTEXTO SOCIAL Y PERFIL SOCIODEMOGRÁFICO DE LA GERONTOINMIGRACIÓN Y LA DEPENDENCIA EN ESPAÑA

Ana Tomás López[1]

El presente texto nace en el marco del Grupo de Investigación de Derechos Humanos, Bioética y multiculturalismo (Código: 105). Departamento de Filosofía Jurídica. Facultad de Derecho. Universidad Nacional de Educación a Distancia (UNED).

1. INTRODUCCIÓN

La gerontoinmigración constituye un fenómeno demográfico y migratorio de indiscutibles dimensiones y un auténtico reto jurídico y social para los poderes públicos españoles y europeos, al adolecer de una verdadera convergencia y conciencia nacional y comunitaria en materia de protección sociosanitaria. Un reto creciente, al ser España uno de los principales Estados receptores de inmigración de la Unión Europea y contar con una de las poblaciones más envejecidas (Durán Muñoz, 2021, p. 2). Además, este colectivo se caracteriza tradicionalmente por necesitar de una específica cobertura a nivel social y sanitario, al ser dependiente en un porcentaje muy elevado (Hall, 2021).

La Ley 39/2006 emerge en este contexto social para tratar de dar respuesta a esta situación de necesidad o especial vulnerabilidad en el que se enmarca el fenómeno de la gerontoinmigración en España (Durán Muñoz, 2022 a), motivado por el fuerte impacto que ha provocado en el pasado, que todavía estimula el presente y que seguirá creciendo en un futuro inmediato en el conjunto de la ciudadanía española y, en especial, en los extranjeros que residen de forma permanente o temporal en nuestro país; así como para los dependientes españoles residentes en el extranjero y emigrantes españoles que retornan.

Todo ello justifica la importancia de desarrollar este estudio sobre el impacto de la denominada "inmigración de dependientes" en nuestro país, en las últimas décadas (Maldonado, 2007), por su creciente y singular relevancia jurídico-social, como objeto de debate y análisis en los últimos años, y cuyo marco jurídico, contexto social y perfil sociodemográfico trataremos de plasmar, analizar y sistematizar a través de esta investigación.

---

1. Universidad Nacional de Educación a Distancia (UNED) (España)

2. OBJETIVOS

La presente investigación tiene como objetivo principal realizar un análisis del fenómeno de la movilidad internacional de retirados, también conocido como "gerontoinmigración" y sus diferentes implicaciones jurídicas, sanitarias y sociales; ya que, sin ser específico de España, es en nuestro país donde encuentra su máxima expresión y su mayor potencial.

De forma paralela, se pretende lograr los siguientes objetivos secundarios:

- Analizar el contexto jurídico-social y el perfil sociodemográfico de la gerontoinmigración en España y la Unión Europea.
- Analizar los resultados de la ecuación 'gerontoinmigración y dependencia' en España, al hilo de la Ley 39/2006, de 14 de diciembre, de Promoción de la Autonomía Personal y Atención a las personas en situación de dependencia.
- Examinar y evidenciar las particularidades del régimen jurídico de prestaciones de dependencia de aplicación a los extranjeros comunitarios y no comunitarios, según el artículo 5.2 de la Ley 39/2006.

3. MARCO TEÓRICO DEL CONTEXTO JURÍDICO Y SOCIAL DE LA GERONTOINMIGRACIÓN EN ESPAÑA

La Ley 39/2006, de 14 de diciembre, de Promoción de la Autonomía Personal y Atención a las personas en situación de dependencia[2] (en adelante, LAAD) ha supuesto un importante revulsivo para garantizar el derecho a la atención y promoción de la autonomía de las personas en situación de dependencia[3], en consonancia con los artículos 9 y 53 de la Constitución Española. A través de ellos, se establece la obligatoriedad de los poderes públicos de extender la protección social al conjunto de la ciudadanía.

La conocida popularmente como "Ley de dependencia" abarca no solo a la población española dependiente, residente en nuestro territorio, sino también al numeroso colectivo de extranjeros con residencia permanente o temporal en nuestro país; así como a los dependientes españoles residentes en el extranjero, junto a los emigrantes españoles que retornan a España (Durán Bernardino, 2011, pp. 824-825).

Su impacto ha sido significativo, ya que España ha sido históricamente uno de los Estados miembros de la Unión Europea en los que la situación de dependencia ha venido siendo más elevada[4]. Así se constató, sin ir más lejos, en un estudio publicado por la Oficina Estadística de la Unión Europea (Eurostat), que la situaba como el quinto país de la Unión

---

2. BOE núm. 299, de 15 de diciembre de 2006. https://www.boe.es/eli/es/l/2006/12/14/39/con
3. La Ley 39/2006 inició su andadura el 1 de enero de 2007. Desde entonces se han aprobado como normas de desarrollo el Real Decreto 504/2007, de 20 de abril, por el que se aprueba el baremo de valoración de la situación de dependencia establecido por la ley de 39/2006; el Real Decreto 174/2011, de 11 de febrero, por el que se aprueba el baremo de valoración de la situación de dependencia; el Real Decreto 1050/2013, de 27 de diciembre, por el que se regula el nivel mínimo de protección establecido en la Ley 39/2006; el Real Decreto 1051/2013, de 27 de diciembre, por el que se regulan las prestaciones del Sistema para la Autonomía y Atención a la Dependencia, establecidas en la Ley 39/2006; y el Real Decreto 291/2015, de 17 de abril, por el que se modifica el Real Decreto 1051/2013.
4. De forma específica, a fecha 1 de enero de 2019, la tasa de dependencia de las personas mayores en España era del 29,5%, mientras que la media de la UE era del 31,4%. https://tinyurl.com/bdhrh2p3

con mayor número de personas mayores en el año 2010[5] (p. 815). En la actualidad, y según un reciente Informe de esta misma Oficina sobre "Estructura demográfica y envejecimiento de la población" (cuyos datos son relativos a agosto de 2020), se señalaba a Italia, Grecia, Portugal y Finlandia como los Estados miembros con mayor porcentaje de población de personas de 65 años o más en el total de la población[6]; mientras que Irlanda (14,1 %) y Luxemburgo (14,4 %) registraron los más bajos (Eurostat, 2020).

Ello se debe a la actual configuración sociodemográfica de nuestro país, en la que las personas mayores han adquirido un peso creciente. Ello ha estado motivado, entre otros, por tres factores esenciales: la baja tasa de natalidad, el aumento progresivo de la esperanza de vida y el incremento de las enfermedades que constituyen el origen de situaciones de dependencia. A estos se suma la masiva incorporación de la mujer al mercado laboral, por asumir tradicionalmente el cuidado de personas dependientes.

De forma paralela, la regulación jurídica de la situación del inmigrante extranjero en nuestro país ha conllevado históricamente el reconocimiento de su derecho a la asistencia sanitaria, entendida como el conjunto de prestaciones de carácter médico y farmacéutico dispensadas por el Estado. Su origen lo encontramos asociado, en este caso, a las condiciones sanitarias que presentan los inmigrantes mayores de 65 años, coligadas a situaciones de dependencia o de especial vulnerabilidad.

Estos fenómenos jurídicos y sociodemográficos han impactado indefectiblemente en los poderes públicos, al reclamar su intervención y respuesta firme, sostenida y adaptada a las crecientes demandas sociales, en base al nuevo modelo de sociedad que se establece en los artículos 49 y 50 de la Constitución Española (en adelante, CE), y al derecho a la asistencia sanitaria regulado en los artículos 13 CE (que reconoce con carácter general la concesión de derechos a los extranjeros), 41 CE (relativo al sistema de la Seguridad Social) y 43 CE (reconocimiento del derecho a la protección de la salud), junto a otras normas específicas introducidas por la Ley Orgánica 4/2000, de 11 de Enero, sobre Derechos y Libertades de los Extranjeros en España y su Integración Social (LOEx, en adelante)[7].

Tal como destacan Rodríguez y Casado, todo ello se ha visto agravado por la denominada "inmigración de dependientes" en las últimas décadas. También conocida como "gerontoinmigración" y, de forma más amplia, como "migración internacional de retirados" (2005, p. 19). Un fenómeno que hace referencia a aquellas personas potencialmente dependientes que proceden mayoritariamente del resto de la Unión Europea.

Su concepto fue acuñado en 2003 por el Grupo Interdisciplinario de Investigación Eur-IN&EN, Inmigración y Envejecimiento en Europa, de la Universidad de Málaga[8]. Según

5. Informe disponible en: https://tinyurl.com/26zdcmf7
6. En concreto, Italia (22,8 %), Grecia (22,0 %), y Portugal y Finlandia (21,8 % en ambos casos). https://tinyurl.com/bdhrh2p3
7. Esta fue modificada, pasados unos meses, por la Ley Orgánica 8/2000, de 22 de diciembre, de reforma de la Ley Orgánica 4/2000, de 11 de enero, sobre derechos y libertades de los extranjeros en España (LOEx 4/2000) y su integración social; y con posterioridad por la Ley Orgánica 14/2003, de 20 de noviembre, de Reforma de la Ley Orgánica 4/2000, de 11 de enero, sobre derechos y libertades de los extranjeros en España y su integración social. A estas reformas hay que añadir las efectuadas por las Leyes Orgánicas 2/2009 de 11 diciembre, 10/2011, de 27 de julio y la última por la Ley Orgánica 4/2013, de 28 de junio.
8. Toda la información relativa al actual Grupo de investigación EURIE (PAIDI SEJ-267) y del Observatorio Europeo de Gerontoinmigraciones (OEG), https://www.gerontomigracion.uma.es/v2, puede ser consultada en su web: https://ofertaidi.uma.es/inmigracion-envejecimiento-europa.php#gsc.tab=0

Echezarreta y Rodríguez, hace referencia al "fenómeno complejo que estudia la movilidad transfronteriza de los adultos mayores y ulterior asentamiento en los lugares de acogida" (2006, p. 28). De esta forma, la gerontoinmigración sería el resultado de la emigración al sur de Europa y a la edad de jubilación de ciudadanos extranjeros, particularmente del centro y norte del continente, del retorno a España de españoles emigrantes y de sus descendientes, del reagrupamiento familiar de los ascendientes extranjeros de estos últimos y de los residentes extranjeros y, en menor medida por el momento, del envejecimiento de la población extranjera inmigrante laboral.

Este colectivo se caracteriza, asimismo, por su enorme heterogeneidad. Como ya hemos avanzado, engloba, entre otros, a los dependientes extranjeros en sentido amplio (debiendo diferenciar entre comunitarios y extracomunitarios), a los nacionales retornados a España y sus familiares, y a los españoles que emigraron y se encuentran en situación de dependencia en el extranjero.

Otra de las características de este fenómeno es su particular evolución histórica. Los primeros "retirados" europeos que empezaron a asentarse en nuestro país en la década de los sesenta procedían de Gran Bretaña, Alemania y Francia. Vivían en comunidades prácticamente cerradas, al margen del resto de población nativa, instalándose principalmente en las costas mediterráneas y en territorios insulares. Junto a ellos llegaron inversores, empresarios y trabajadores europeos que cubrían las necesidades de los primeros (Durán Muñoz, 2012 c). En décadas posteriores, el número de comunitarios residentes en España ha crecido exponencialmente con la llegada de población activa. Además, ahora no solo afecta a zonas turísticas, sino también a grandes ciudades como Madrid y Barcelona, sumado al espectacular aumento de ciudadanos extracomunitarios. Lo cual ha generado un problema social, que ha llevado a una nueva conceptualización de la dependencia y a convertirse en uno de los principales retos de la política social nacional. No en vano, los poderes públicos han debido atender las necesidades de estos colectivos por encontrarse en una situación de especial vulnerabilidad, al requerir apoyo para desarrollar las actividades esenciales de la vida diaria y, de esta forma, ejercer plenamente sus derechos de ciudadanía (Durán Muñoz, 2022 a, p. 72; Monereo *et al.*, 2008, p. 1259, citado en Durán Bernardino, 2011, p. 816).

Analicemos a continuación los resultados que hemos podido obtener tras el análisis minucioso del marco jurídico, el contexto social y el perfil sociodemográfico de la gerontoinmigración en España.

4. METODOLOGÍA

Para lograr los objetivos de investigación propuestos, utilizaremos la metodología propia del análisis sociológico, jurídico y jurisprudencial en el marco del Derecho de la Unión Europea y el Derecho Constitucional español, a través de un exhaustivo estudio de los numerosos programas, medidas y políticas que se arbitran en torno a la Ley 39/2006, la cual confiere un nuevo *corpus* jurídico para la Promoción de la Autonomía Personal y Atención a las personas en situación de dependencia en nuestro país, con especial referencia a los extranjeros mayores de 65 años.

5. RESULTADOS

5.1. Perfil sociodemográfico de la gerontoinmigración

Según el Instituto Nacional de Estadística (en adelante INE)[9], si bien las cifras del padrón de España de 2020 y 2022 son similares, la pirámide de población ha variado y está más envejecida. De hecho, con respecto al padrón de 2020, mientras que la población actual de más de 45 años ha aumentado en 726.000 personas, la población hasta esta edad se ha reducido en 742.000 habitantes. Así pues, el grupo de edad que más ha descendido desde 2020 es el de la población de entre 35 y 39 años, específicamente en 260.000 personas. Mientras que el grupo de edad que más población ha sumado es el de 60 a 64 años, incrementándose en 174.000 personas.

Si a continuación nos centramos en los datos de población extranjera inscrita en el padrón (datos provisionales, a 1 de enero de 2022) vemos que en España residen casi 5,4 millones de extranjeros, el 11,3% de la población. Los nacidos en el extranjero son algo más de 7,2 millones. Esto significa que la población extranjera ha crecido un 1,33% con respecto al año 2020, mientras que la nacional ha descendido un -0,05%.

La mayor proporción de población extranjera se registra en las islas (22,4% en Illes Balears y 16,3% en Canarias) y la menor en Extremadura (3,5%) y Galicia (4,5%). Entre los extranjeros, predominan los nacionales de Marruecos (14,4%), Rumanía (12,3%) y Reino Unido (5,8%). Los principales países de origen de la inmigración exterior son Colombia, Marruecos y Reino Unido, y los destinos más frecuentes entre los emigrantes: Rumanía, Reino Unido y Francia. (INE, 2022)

	Valor	**Variación anual**
TOTAL NACIONAL	47.435.597	0,11
Españoles	41.923.039	-0.05
Extranjeros	5.512.558	1,33

Tabla 1. Población inscrita en el padrón. **Fuente:** Elaboración propia, a partir de los datos de la Estadística del Padrón Continuo del INE (datos provisionales a 1 de enero de 2022).

En base a los datos analizados, podemos confirmar que el perfil sociodemográfico de los extranjeros residentes es muy heterogéneo. La edad media de la población extranjera residente se sitúa en torno los 40 años y los hombres predominan sobre las mujeres. Sin embargo, encontramos grupos bastante envejecidos entre los procedentes de la UE y Reino Unido (Durán Muñoz, 2022 b; Álvarez, 2022). Por ejemplo, los británicos (con una edad media de 54 años), los alemanes (49 años), que contrastan con otros mucho más jóvenes entre los no europeos, como son los pakistaníes y marroquíes (33 años). En contrapartida, la distinción nacional-UE-nacional de fuera de la UE nos ayuda a explicitar las diferencias entre la tasa de masculinidad, ya que mujeres superan a los hombres entre las personas procedentes de Ucrania, Venezuela, Colombia, Polonia y Alemania, con un porcentaje que oscila entre el 57 y 52%. De este modo, los extranjeros, en general (especialmente

9. https://tinyurl.com/mhzy2ad6

los de régimen general) y, en menor medida, los familiares de ciudadanos UE-AELC, han contribuido al rejuvenecimiento y crecimiento de la población residente en España. Ya que, mientras que el número de efectivos de 65 y más años representa el 21% del total de la población española, dicho porcentaje con relación a la población extranjera residente es solo del 9%, siendo la diferencia significativa si nos ceñimos a la población extranjera en régimen general con autorización de residencia (4% de 65 años y más sobre el total), o a los residentes con certificado de registro o Tarjeta de Identificación de Extranjero (TIE)-Acuerdo de Retirada (12% de 65 y más, sobre el total). (Observatorio Permanente de la Inmigración, 2022, p. 8)[10]

De forma paralela, por edades, si establecemos una comparativa por grupos quinquenales, a partir de 65 años, de población española y extranjera empadronada en España en el año 2021, podemos evidenciar que el grupo más numeroso (tanto de españoles, como de extranjeros) es el de entre 65 y 69 años, representando el de españoles un 94,1% del total nacional en ese rango de edad y el de extranjeros un 5,9%. Le sigue el grupo de entre 70 y 74 años, significando el de españoles, un 95% y el de extranjeros, un 5%.

	65-69 años	70-74 años	75-79 años	80-84 años	85-89 años	90-94 años	95-99 años	100 años y más
TOTAL[1]	**2.480.872**	**2.199.993**	**1.767.146**	**1.294.253**	**991.099**	**446.746**	**112.699**	**18.020**
Españoles	2.334.438	2.090.330	1.699.116	1.256.333	975.901	441.382	111.517	17.850
Extranjeros	146.434	109.663	68.030	37.920	15.198	5.364	1.182	170

Tabla 2. Población por edad en España (grupos quinquenales, a partir de 65 años), Españoles/Extranjeros, Año 2021. **Fuente:** Elaboración propia, a partir de los datos de la Estadística del Padrón Continuo del INE (datos provisionales a 1 de enero de 2022).

Si lo comparamos con el total de la población inscrita en el padrón en 2021 (47.435.597), observamos que el primer grupo de edad (65-69 años) representa el 5,2% del total de la población nacional (4,9% españoles y 0,3% extranjeros, respectivamente), y el segundo (70-74 años), el 4,6% (4,4% españoles y 0,2% extranjeros).

Seguidamente, si sumamos el total de población de entre 65 y 100 años y más (9.310.828 personas empadronadas), este colectivo de edad representa el 19,63% de la población nacional total (exactamente, 8.926.867 españoles, el 18,82%, y 383.961 extranjeros, el 0,81%).

Si nos detenemos en el marco comunitario, observamos de nuevo que en España ha habido un considerable crecimiento de la población de edad superior a los 65 años en las dos últimas décadas, pasando del 16% de la población total en 2001, al 21% en 2020 (algo inferior en 2021, un 19,63%, como acabamos de señalar). Con respecto al grupo de 80 años o más, advertimos que su porcentaje casi se ha duplicado en este mismo periodo, siendo casi un 6% en 2020; mientras que en 2001 representaba el 3,4%. Este hecho contrasta con el descenso de la población joven (de 0 a 19 años) en la UE: del 23% en 2001, al 20% en 2020.

En esta misma línea, los porcentajes más elevados de personas de 65 años o más con respecto a la población total en la UE los encontramos en Italia (23%) y en Grecia, Finlandia, Portugal, Alemania y Bulgaria (todos ellos con un 22%); siendo Irlanda (14%) y

10. https://tinyurl.com/2chet3p7

Luxemburgo (15%) los más bajos. Asimismo, en el periodo de análisis (2001-2020) tuvo lugar un aumento de la proporción de personas de 65 años o más en todos los Estados miembros, teniendo lugar el mayor incremento en Finlandia (+7 p. p.) y el menor en Luxemburgo (+1 p. p.). Lo cual conlleva problemas de dependencia en las últimas etapas de la vida.

Estos datos constatan un hecho indiscutible y es que la proporción de personas en edad laboral de la EU-27 está reduciéndose, mientras que el número relativo de personas jubiladas está aumentando. Una tendencia que irá al alza, ya que se prevé que la proporción de personas mayores en el total de la población aumentará significativamente en las próximas décadas. Tal como se indica en el informe de Eurostat, ello implicará un "aumento de la carga sobre las personas en edad laboral a fin de hacer frente al gasto social exigido por el envejecimiento de la población para una serie de servicios conexos"[11]. (Eurostat, 2020)

5.2. Gerontoinmigración y dependencia

5.2.1. Beneficiarios

Según el artículo 5.1 de la Ley 39/2006, los titulares de los derechos establecidos en la misma son aquellos ciudadanos españoles que se encuentran en situación de dependencia en alguno de los grados establecidos, que residan en territorio español y lo hayan hecho durante cinco años (de los cuales dos deberán ser inmediatamente anteriores a la fecha de presentación de la solicitud). Para los menores de cinco años, el periodo de residencia se exigirá a quien ejerza su guarda y custodia.

Por añadidura, este derecho se extiende también a ciudadanos extranjeros, a españoles no residentes en España y a emigrantes españoles retornados en situación de dependencia, tal como se establece en los apartados 2, 3 y 4 de este mismo artículo.

En concreto, el apartado 2 especifica que:

> *Las personas que, reuniendo los requisitos anteriores, carezcan de la nacionalidad española se regirán por lo establecido en la Ley Orgánica 4/2000, de 11 de enero, sobre derechos y libertades de los extranjeros en España y su integración social, en los tratados internacionales y en los convenios que se establezcan con el país de origen. Para los menores que carezcan de la nacionalidad española se estará a lo dispuesto en las Leyes del Menor vigentes, tanto en el ámbito estatal como en el autonómico, así como en los tratados internacionales*[12].

Tal como destaca Tarabini-Castellani (2007, p. 174), con independencia de cuál sea la situación administrativa de los menores en situación de dependencia que carezcan de nacionalidad española en nuestro país, (por ejemplo, permiso de residencia), estos estarán protegidos en base a normas como los artículos 2 ó 23.2 de la Convención sobre los Derechos del Niño[13], adoptada por la Asamblea General de la Organización de Naciones Unidas, el 20 de noviembre de 1989, y ratificado por España el 30 de noviembre de 1990.

De forma paralela, "el Gobierno podrá establecer medidas de protección a favor de los españoles no residentes en España" (art. 5.3 LAAD), así como las condiciones de acceso

11. https://tinyurl.com/mwttwjrv
12. BOE núm. 299, de 15 de diciembre de 2006. https://www.boe.es/eli/es/l/2006/12/14/39/con
13. Puede ser consultada en https://www.un.org/es/events/childrenday/pdf/derechos.pdf

al Sistema de Atención a la Dependencia de los emigrantes españoles retornados" (...), previo acuerdo del Consejo Territorial del Sistema para la Autonomía y Atención a la Dependencia" (art. 5.4 LAAD).

Con relación a estos preceptos, se han de contemplar las limitaciones previstas en la Directiva 2004/38/CE del Parlamento Europeo y del Consejo, de 29 de abril de 2004, relativa al derecho de los ciudadanos de la Unión y de los miembros de sus familias a circular y residir libremente en el territorio de los Estados Miembros[14]. En su artículo 16 recuerda que el derecho de residencia permanente no se verá afectado por ausencias temporales no superiores a un total de seis meses al año u otros períodos de mayor duración por motivos tasados. Además, una vez adquirido el derecho de residencia permanente solo se perderá por ausencia del Estado miembro de acogida durante más de dos años consecutivos (Durán Bernardino, 2011, p. 818).

A cada una de las limitaciones señaladas, se suman aquellos criterios específicos y diferenciadores que las Comunidades Autónomas han venido exigiendo a los destinatarios de estos derechos. Por ejemplo, relativos a la edad para tener acceso a las prestaciones o por la carencia de rentas. Estos se contraponen a lo establecido en la Ley 39/2006, generando desigualdades, en función del lugar de residencia de los solicitantes (Márquez Prieto y Quesada Segura, 2005, p. 239).

Sus diversas casuísticas han originado numerosas lagunas y problemas interpretativos, que se han ido solventando estas últimas décadas a través de la jurisprudencia del Tribunal de Justicia de la Unión Europea (en adelante TJUE), interpretando, entre otros, y en sentido amplio, el concepto de Seguridad Social (Martínez, 2020, pp. 169-204; Jimeno, 2021, pp. 79-95), insertando la prestación por dependencia dentro del seguro de enfermedad (a pesar de que la LAAD incluya la cobertura de dependencia en un sistema autónomo, el Sistema Nacional de Dependencia y no dentro de la Seguridad Social).

Dentro de las sentencias del TJUE que constituyen el ámbito material de los reglamentos comunitarios en este ámbito, para la delimitación del contenido de las ramas de la Seguridad Social, podemos mencionar el Asunto 122/84, Kenneth Scrivner and Carol Cole V. Centre public d'aide sociale de Chastre, STJ de 27 de marzo de 1985[15]; el Asunto C-25/95, Siegfried Otte V. Bundesrepublik Deutschland, STJ de 11 de julio de 1996[16]; el Asunto C-433/13, Comisión V. República de Eslovaquia, STJ 16 de septiembre de 2015[17]; o el Asunto C-679/16, A (Asistencia a persona con discapacidad), STJ de 25 de julio de 2018[18] (consúltese, asimismo, Martínez, 2020, p. 191).

En especial, entre todas ellas, cabe destacar la sentencia del TJUE en el asunto C-160/9638 (caso Molenaar), por ser el que inició el camino de una asentada jurisprudencia del TJUE, por fijar su inclusión en el ámbito de aplicación material del Reglamento 883/2004, al entender que las prestaciones por dependencia se relacionan con prestaciones de

14. Por la que se modifica el Reglamento (CEE) núm. 1612/68 y se derogan las Directivas 64/221/CEE, 68/360/CEE, 72/194/CEE, 73/148/CEE, 75/34/CEE, 75/35/CEE, 90/364/CEE, 960/365/CEE y 93/96/CEE (DO L 158, de 30 de abril de 2004).

15. ECLI: EU: C: 1985:145.

16. ECLI: EU: C: 1996: 295.

17. ECLI: EU: C: 2015: 602.

18. ECLI: EU: C: 2018: 601.

enfermedad, supuesto incorporado específicamente en el Reglamento 883/2004 [art. 3.1.a)][19].

Señalamos, asimismo, el supuesto Da Silva Martins, por su incidencia en el asunto Jauch[20]; el Asunto C-286/03, Silvia Hosse V. Land de Salzburgo, STJ de 21 de febrero de 2006[21]; el Asunto C-502/01, Silke Gaumain-Cerri V. Kaufmännische Krankenkasse-Pflegekasse, STJ de 8 de julio de 2004[22]; el Asunto C-31/02, María Barth V. Landesversicherungsanstalt Rheinprovinz, STJ de 18 de enero de 2002[23]; y el Asunto C-208/07, Petra Von Chamier-Glisczinski V. Deutsche Angesteliten-Krankenkasse, STJ de 16 de julio de 2009[24] (al respecto, Jimeno, 2021, p. 88).

Veamos a continuación cómo afectan estas limitaciones a cada uno de los colectivos detallados en los apartados 2, 3 y 4 del artículo 5 LAAD.

5.2.2. Prestaciones de dependencia a extranjeros, según el artículo 5.2 LAAD

Desde el ingreso de España a la Comunidad Económica Europea (actualmente UE) con la firma del Tratado de adhesión, el 12 de junio de 1985, hemos de distinguir dos tipos de extranjeros: los nacionales de los Estados miembros de la Unión y los nacionales de terceros Estados. A cada uno de ellos se le aplica un régimen jurídico diferente, como podremos evidenciar a continuación.

5.2.2.1. Régimen jurídico de aplicación a los extranjeros comunitarios

Si bien la Ley 39/2006 no hace referencia expresa a los comunitarios en su art. 5.2, esto no significa que los excluya como titulares del derecho, en base al principio de no discriminación por razón de nacionalidad y la aplicación del régimen comunitario de libre circulación de ciudadanos y trabajadores[25], junto a lo establecido en los Reglamentos comunitarios que coordinan la Seguridad Social de los trabajadores emigrantes. Específicamente, los Reglamentos 1408/1971[26] y 883/2004 (este último modificado *a*

19. Cfr. Asunto C-160/96, Molenaar V. Allgemeine Ortskrankenkasse Baden-Württemberg, STJ de 5 de marzo de 1998, [ECLI: EU: C: 1998: 84].

20. Cfr. Asunto C-215/99, F. Jauch V. Penssionsversicherungsanstaltder Arbeiter, STJ de 08 de marzo de 2001, [ECLI: ES: TS: 2001: 1848].

21. ECLI: EU: C: 2006:125.

22. ECLI: EU: C: 2003:649.

23. OJ C 109, de 4 de mayo de 2002, p. 24.

24. ECLI: EU: C: 2008: 493.

25. Previsto en la Directiva 2004/38/CE del Parlamento Europeo y del Consejo, de 29 de abril de 2004, relativa al derecho de los ciudadanos de la Unión y de los miembros de sus familias a circular y residir libremente en el territorio de los Estados Miembros; por la que se modifica el Reglamento (CEE) núm. 1612/68 y se derogan las Directivas 64/221/CEE, 68/360/CEE, 72/194/CEE, 73/148/CEE, 75/34/CEE, 75/35/CEE, 90/364/CEE, 960/365/CEE y 93/96/CEE [DO L 158 de 30 de abril de 2004]. Versión consolidada disponible en https://tinyurl.com/bdcmrmxn

26. Cfr. Reglamento (CEE) núm. 1408/1971 del Consejo, de 14 de junio de 1971, relativo a la aplicación de los regímenes de seguridad social a los trabajadores por cuenta ajena, a los trabajadores por cuenta propia y a los miembros de sus familias que se desplazan dentro de la comunidad. [Versión consolidada DO L 28, de 30 de enero de 1997, p. 1]. https://tinyurl.com/2a34xs9x

posteriori por los Reglamentos 988/2009 y 1231/2010)[27]. Por lo que, desde el punto de vista jurídico, no puede haber diferencias entre los nacionales españoles y los de otros Estados miembros de la UE.

De esta forma, el Derecho comunitario prevé la coordinación de los regímenes de Seguridad Social para que las personas puedan desplazarse sin perder sus derechos en este ámbito. No obstante, es necesario tener en cuenta las circunstancias personales para el reconocimiento de las prestaciones recogidas en la LAAD. Para tal fin, habrá que atender a las legislaciones nacionales que regulen la materia, la normativa comunitaria y la naturaleza de las propias prestaciones sociales.

5.2.2.2. El régimen jurídico de los extranjeros no comunitarios

En el caso de los ciudadanos extracomunitarios será necesario hacer una distinción entre aquellos que tienen residencia legal de los que no la tienen.

En el primer supuesto, el régimen de los extranjeros no comunitarios residentes legalmente en España se establece en el artículo 14.2 LAAD, el cual les extiende el derecho a los servicios y a las prestaciones sociales (generales, básicos y específicos) equiparándolos a los nacionales. Si bien, estos deberán cumplir los requisitos previstos en el art. 5, sobre declaración de la situación de dependencia y residencia previa.

Con relación a los extranjeros en situación irregular será necesario determinar si las prestaciones de dependencia tienen carácter básico o específico, lo cual determinará su reconocimiento o denegación. Supuesto que dependerá, por otro lado, del libre arbitrio de cada Comunidad Autónoma a la hora de calificar estos supuestos, originando una situación de desigualdad de trato, en función del lugar de residencia (Durán Bernardino, 2011, p. 822).

Por su parte, y como destaca Jimeno, el Reglamento 1231/2010 ha ampliado la aplicación a los nacionales de terceros países que, debido a su nacionalidad, no estén cubiertos por los mismos; también a su familia, siempre que residan legalmente en un Estado miembro y que su situación no esté circunscrita al interior de un solo Estado miembro (2021, p. 87).

6. DISCUSIÓN Y CONCLUSIONES

Como hemos podido evidenciar, la gerontoinmigración constituye una realidad con un peso indiscutible en nuestro país. No solo por su fuerte impacto sociodemográfico o sanitario, sino también migratorio e, indiscutiblemente, jurídico. Todo ello, a pesar de contar con un marco legal específico para la protección social del conjunto de la ciudadanía en España. En primer lugar, a través de nuestra Carta Magna, la cual garantiza la protección de toda la población en situación de especial vulnerabilidad en sus artículos 9 y 53. En segundo lugar, con la entrada en vigor de la Ley 39/2006, que configura el entramado institucional necesario para materializar el derecho a la atención y promoción de la autonomía de las personas en situación de dependencia. Y en el que tiene cabida no solo la

27. Cfr. El Reglamento (CE) núm. 883/2004 del Parlamento Europeo y del Consejo, de 29 de abril de 2004, sobre la coordinación de los sistemas de Seguridad Social [DOUE L 166, de 30 de abril de 2004] derogó y sustituyó, a partir del 1 de mayo de 2010, al Reglamento 1408/1971, salvo lo previsto en su artículo 90. Este, a su vez, ha sido modificado posteriormente por el Reglamento 988/2009, de 16 de septiembre de 2009 [DOUE de 30 de octubre de 2009, L 284/43] y el 1231/2010, de 24 de noviembre de 2010 [DOUE L 344/1, de 29 de diciembre de 2010].

población española dependiente, sino también el numeroso colectivo de extranjeros con residencia permanente, junto a los dependientes españoles residentes en el extranjero y los emigrantes españoles que retornan a nuestro país.

No obstante, y a pesar de reconocer su significación y relevancia jurídicas, todavía persisten lagunas y problemas interpretativos, que se han ido solventando gracias a la jurisprudencia del TJUE a lo largo de estas últimas décadas, interpretando en sentido amplio el concepto de Seguridad Social e insertando la prestación por dependencia dentro del seguro de enfermedad.

Indefectiblemente, para tener acceso a las prestaciones por dependencia es necesario cumplir con una serie de requisitos. Para españoles y extranjeros, tan solo la declaración de un grado de dependencia y la residencia previa en territorio español. En el caso de ciudadanos comunitarios, y en base al derecho a la libre circulación en el territorio comunitario (regulado en la Directiva 2004/38/CE), no existen diferencias entre los nacionales españoles y los de otros Estados miembros de la Unión, siempre y cuando reúnan los requisitos contemplados en el artículo 5 LAAD.

Sin embargo, en esta línea hemos observado cómo las diferencias en la estructura de edad y sexo de la población extranjera residente se acentúan cuando del régimen de libre circulación UE-AELC descontamos el efecto rejuvenecedor en él de quienes disfrutan de la libre circulación por parentesco con ciudadanos UE-AELC. Así pues, mientras que el número de efectivos de 65 y más años representa el 21% del total de la población española, dicho porcentaje en relación a la población extranjera residente es solo del 9%, siendo la diferencia significativa si nos ceñimos a la población extranjera en régimen general con autorización de residencia (4% de 65 y más sobre el total), o a los residentes con certificado de registro o Tarjeta de Identificación de Extranjero (TIE)-Acuerdo de Retirada (12% de 65 y más, sobre el total) (Observatorio Permanente de la Inmigración, 2022, p. 8)[28]. Según los datos ofrecidos por el Observatorio sobre el número de extranjeros residentes en España, a 31 de diciembre de 2021, el 80% de los ciudadanos de la UE-AELC y Reino Unido pertenece al tramo de edad laboral (16-64) frente al 88% de sus familiares. En aquellos ciudadanos con autorización de residencia, el porcentaje se eleva al 78%, ya que, si bien el porcentaje de personas mayores de 65 años es menor, el porcentaje de menores de edad es superior. Algo similar ocurre en la estructura por sexo, que se encuentra mucho más feminizada entre los familiares de ciudadanos UE-AELC (60%) que entre los propios ciudadanos UE-AELC y Reino Unido (47%), o incluso los de régimen general (46%).

Otra situación paralela es la de los españoles que han salido de nuestro país y se encuentran en el extranjero. Para ellos, al igual que nuestro sistema de Seguridad Social, el Sistema Nacional de Dependencia también contempla la extensión de la cobertura fuera de las fronteras españolas y al colectivo de emigrantes retornados. Una cuestión relevante que analizaremos en futuros estudios, como líneas de investigación trasversales al fenómeno de la gerontoinmigración en España. Siendo de nuestro especial interés el análisis de tres temas en paralelo: la evolución de las prestaciones de dependencia en la última década, el binomio "gerontoinmigración *versus* derechos sanitarios" *stricto sensu,* y la medición del impacto de la pandemia sanitaria en las prestaciones sociosanitarias dirigidas a las personas mayores de 65 años y en especial el colectivo de "gerontoinmigrantes" retirados, reagrupados y envejecidos (Echazarreta, 2011, p. 1).

Finalmente, tras los datos analizados, llegamos a la siguiente conclusión final: y es que la gerontoinmigración representa un gran reto para nuestros poderes y administraciones

---

28. https://tinyurl.com/2chet3p7

públicas, agravado por la ausencia de una verdadera convergencia y conciencia nacional y comunitaria en materia de protección sociosanitaria de la población mayor de 65 y, dentro de ella, de los "inmigrantes dependientes" (Rodríguez y Casado, 2005, p. 19). Indefectiblemente, y coincidiendo con las tesis de Jimeno (2021, p.79) y Durán Bernardino, "la posibilidad de extender la cobertura de la prestación pasa por una coordinación eficiente entre los regímenes de la seguridad social, que permita el desplazamiento de las personas manteniendo sus derechos de origen" (2011, p. 825). Cuestión sobre la que todavía no existen acuerdos concluyentes, que deberían materializarse en plazo más breve posible, y de cuya evolución seguiremos estando muy pendientes a través de sucesivas investigaciones.

7. REFERENCIAS

Álvarez González, E. M. (2022). La asistencia sanitaria tras el Brexit: Impacto y consecuencias jurídicas. En R. Durán Muñoz (dir.). *Inmigración y retiro en tiempos de Brexit: vulnerabilidad y nuevas realidades de la gerontoinmigración* (pp. 105-144). Tirant lo Blanch.

Durán Bernardino, M. (2011). Protección jurídico-social de los extranjeros dependientes. En F. J. García Castaño, y N. Kressova (coords.). *Actas del I Congreso Internacional sobre Migraciones en Andalucía* (pp. 815-826). Instituto de Migraciones.

Durán Muñoz, R. (2022a). El lado vulnerable de la gerontomigración de retiro: dimensión personal, heredada, social e institucional. En R. Durán Muñoz (dir.). *Inmigración y retiro en tiempos de Brexit: vulnerabilidad y nuevas realidades de la gerontoinmigración* (pp. 71-104). Tirant lo Blanch.

Durán Muñoz, R. (2022b). Gerontoinmigrantes en España: un colectivo diverso. En R. Durán Muñoz (dir.). *Inmigración y retiro en tiempos de Brexit: vulnerabilidad y nuevas realidades de la gerontoinmigración* (pp. 31-70). Tirant lo Blanch.

Durán Muñoz, R. (2022c). La gerontoinmigración entre dos mundos: vulnerabilidades y diversidad del fenómeno. En R. Durán Muñoz (dir.). *Inmigración y retiro en tiempos de Brexit: vulnerabilidad y nuevas realidades de la gerontoinmigración* (pp. 13-30). Tirant lo Blanch.

Durán Muñoz, R. (2021). Perfiles gerontomigratorios. De la España de retiro a una realidad más diversa. *RIPS: Revista de Investigaciones Políticas y Sociológicas, 20*(1), 1-23.

Durán Muñoz, R. (2012). Atractivo de España para los jubilados europeos: del turismo a la gerontoinmigración. *Panorama Social*, 16, 151-165.

Echezarreta Ferrer, M. T. (2011). La gerontoinmigración española. *Boletín OEG de Investigación*, 0, 1-4. https://tinyurl.com/35d7c5ps

Echezarreta Ferrer, M. T. y Rodríguez-Vergara Díaz, A. (2006). La protección de los gerontoinmigrantes comunitarios en España. *Revista de Derecho de la Unión Europea*, 11, 28-29.

Echezarreta Ferrer, M. (dir.) (2005). *El lugar europeo de retiro. Indicadores de excelencia para administrar la gerontoinmigración de ciudadanos de la Unión Europea en municipios españoles*, 383. Comares.

Eurostat (21 de diciembre de 2020). *Estructura demográfica y envejecimiento de la población.* https://tinyurl.com/mwttwjrv

Hall, K. (2021). Care precarity among older British migrants in Spain. *Ageing & Society*, 1-19. https://doi.org/10.1017/S0144686X21001392

Instituto Nacional de Estadística (INE) (2022). *España en Cifras 2022.* https://tinyurl.com/x2mnt377

Instituto Nacional de Estadística (2021). *Demografía de Europa. Estadísticas visualizadas* (Edición 2021). Documentos de la Comisión Europea. Unión Europea. https://www.ine.es/prodyser/demografia_UE/

Jimeno Jiménez, F. M. (2021). La coordinación de las prestaciones de asistencia personal en el Derecho de la Unión Europea. *e-Revista Internacional de la Protección Social, VI*(1), 79-95. https://dx.doi.org/10.12795/e-RIPS.2021.i01.04

Maldonado Molina, J. A. (2007). Ámbito de aplicación subjetivo. En J. L. Monereo Pérez, C. Molina Navarrete, M. N. Moreno Vida, J. A. Maldonado Molina, y R. M. González de Patto. *La protección Jurídica de las Situaciones de Dependencia: Estudio sistemático de la ley 39/2006, de 14 de diciembre, de protección de la autonomía personal y atención a las personas en situación de dependencia* (pp. 157-195). Comares.

Maldonado Molina, J. A. (2007). La protección de los migrantes-dependientes. *Documentación administrativa*, 276-277, 631-662.

Márquez Prieto, P. y Quesada Segura, R. (2005). Pensiones, salud y servicios sociales en torno a las personas mayores inmigrantes comunitarias: un ejemplo sobre la necesaria convergencia europea en materia de protección social. En M. T. Echezarreta Ferrer (dir.). *El lugar europeo de retiro: indicadores de excelencia para administrar la gerontoinmigración de ciudadanos de la Unión Europea en municipios españoles* (pp. 239-257). Comares.

Martínez Martínez, V. L. (2020). Intervención del Tribunal de Justicia de la Unión Europea en el ámbito de coordinación de los sistemas de seguridad social europeos. *Estudios de Deusto, 68*(2), 169-204. https://doi.org/10.18543/ed-68(2)-2020pp169-204

Observatorio Permanente de la Inmigración (2022). *Estadística de extranjeros residentes en España, a 31 de diciembre de 2021.* Observatorio Permanente de la Inmigración de la Secretaría General de Inclusión. Ministerio de Inclusión, Seguridad Social y Migraciones de España. https://tinyurl.com/2chet3p7

Tarabini-Castellani, M. (2007). Los beneficiarios de los servicios y prestaciones de dependencia. En R. Roqueta (coord.). *La protección de la Dependencia, Comentario a la Ley 39/2006, de 14 de diciembre, de Promoción de la Autonomía Personal y Atención a las personas en situación de dependencia* (pp. 163-192). Consejo Económico y Social.

CAPACIDADES DINÁMICAS Y APRENDIZAJE ORGANIZACIONAL CÓMO ESTRATEGIA DE VENTAJA COMPETITIVA

Marino Valencia Rodríguez[1]

El presente texto nace de la tesis de doctorado en "Gestión tecnológica e innovación" de la Universidad Autónoma de Querétaro- México

1. INTRODUCCIÓN

En la actualidad, las organizaciones se enfrentan a entornos cada vez más turbulentos, más cambiantes. En este sentido, "las capacidades dinámicas son el marco que puede ayudar a guiar a los gerentes con respecto a cuándo y cómo administrar bajo una profunda incertidumbre" (Teece *et al.*, p. 29). Por tanto, el desarrollar capacidades de adaptación puede explicar el interés hacia el aprendizaje organizacional. Teece (2017) explica que "la visión de las capacidades también reconoce que la tecnología y el conocimiento no caen como maná del cielo, sino que son el resultado de actividades de creación de valor, que incluyen búsqueda, aprendizaje, I+D y procesos de orquestación de activos dirigidos por la gerencia" (p. 295). Estratégicamente el aprendizaje organizacional es entendido como un conjunto de características, como una estrategia que le permite a las organizaciones aprender, la existencia de espacios para aplicar nuevas ideas, la posibilidad de estimular la sinergia entre las capacidades y el talento individual, orientándolas hacia la aprehensión en grupo a nivel organizacional.

Asimismo, algunas investigaciones realizadas sobre el aprendizaje organizacional señalan que esté puede ser comprendido como el resultado de una repetición y mejora de acciones, como un proceso de detección y corrección de errores, de adquisición de nuevos conocimientos o como un cambio en las estructuras de cognición y actuación individual o colectiva. Además, hay pocos estudios que investigan el impacto de los activos de conocimiento sobre el rendimiento a través de los mecanismos de las capacidades dinámicas (Tseng and Lee, 2014 citados por Mohammed and Rosli, 2015).

1.1. Capacidades dinámicas

Para las organizaciones, uno de los propósitos de la estrategia es el establecer una ventaja competitiva, a través de renovar, adaptar y reconfigurar sus recursos y capacidades (Grant, 2006). Luego, "las capacidades surgen en parte del aprendizaje, de la combinación de recursos y del aprovechamiento de activos complementarios" (Teece, 2017, p. 695).

1. Universidad Libre seccional Cali (Colombia)

Autores como Amit y Schoemaker (1993); Henderson y Cockburn (2002); Teece, *et al.*, (1997) señalan la importancia del uso de recursos y capacidades para la producción y distribución de nuevos productos y servicios. Para Teece, Pisano y Shuen (1997) las capacidades dinámicas son habilidades de la organización para integrar, construir y reconfigurar las competencias y alinearlas a los cambios del mercado. Eisenhardt y Martin (2000) citados por Carattoli (2013) las definen como los procesos organizacionales para integrar y reconfigurar recursos, para incluso crear cambios en el mercado. Lavie (2006) y Teece (2007, 2009) citados por Ortega (2012, p. 118) coinciden en señalar la "detección de los estímulos del entorno como punto de partida que proporciona el conocimiento necesario para emprender un proceso de transformación que culmine en una configuración de recursos y capacidades más ventajosa".

Para Barreto (2010) la capacidad dinámica le permite a la empresa resolver problemas en forma sistemática, detectar las oportunidades y amenazas, para tomar decisiones oportunas y orientadas al mercado, y para cambiar su base de recursos. Karabag (2019) señala que "de acuerdo con el enfoque de las capacidades dinámicas, las empresas que identifiquen nuevas oportunidades de mercado y desarrollen sus estructuras organizativas de manera eficaz y eficiente para explotarlas superarían a sus rivales y tendrían un desempeño exitoso y sostenible" (p. 12). Por tanto, la empresa debe estar preparada para aprender de los diferentes cambios que se presentan en el entorno, absorbiendo e interiorizando el nuevo conocimiento procedente del exterior, es decir, a través de su propia capacidad de absorción (Camisón y Forés, 2010). Teece (2022) señala que "las capacidades dinámicas son un recurso de alto nivel que guía la implementación y renovación de otros recursos empresariales a medida que cambian las circunstancias" (p. 4)

1.2. El aprendizaje organizacional

Nonaka y Takeuchi (1999) señala que el aprendizaje organizacional consiste en dos tipos de actividad: el aprendizaje de un solo ciclo, con el cual se obtiene el know-how para resolver problemas específicos con base en premisas existentes, está relacionado con los conocimientos y habilidades que adquieren las personas para cumplir con su trabajo y sus responsabilidades, y se fundamenta en procesos de formación y entrenamiento. El aprendizaje de doble ciclo, establece nuevas premisas para superar las existentes, forma a las personas para reflexionar y generar nuevos significados sobre sus acciones. Senge (2005) define el aprendizaje "como el proceso de alinearse y desarrollar la capacidad de un equipo para crear los resultados que sus miembros realmente desean (p. 296)".

Para Cohen y Levinthal (1990); Zahra y George (2002) "el aprendizaje y el desarrollo de capacidades son procesos que dependen de la historia previa, donde lo que las empresas aprenden depende de lo que ellas conocen previamente" (Carattoli, 2013 p. 175). Además, Carattoli (2013) cita que las empresas confían en diferentes modalidades de aprendizaje y desarrollan diversas capacidades para transformar las capacidades operativas en capacidades dinámicas.

1.3. Las capacidades dinámicas y el aprendizaje organizacional

El aprendizaje organizacional es un proceso para dar respuesta a los cambios del entorno, para adquirir nuevos conocimientos que permitan el cambio en las estructuras de actuación individual y colectiva de las personas. Por tanto, el aprendizaje organizacional externo, enfatiza la relación existente entre la organización y su entorno y el aprendizaje organizacional interno acentúa la labor de la organización consigo misma. No obstante,

Alegre y Chiva (2007) señalan que las innovaciones en los productos y en los procesos productivos están vinculadas entre ellas y constituyen un proceso muy complejo, envolviendo *nuevas capacidades* y todas las funciones y *capacidades empresariales existentes.*

En este sentido, Danneels (2002) indica que en la empresa *las capacidades* tecnológicas *y las comerciales* son dos tareas clave para la innovación y el desarrollo de nuevos productos (Cooper, 1993; Song y Parry, 1997a citados en Danneels, 2002). El autor considera las capacidades tecnológicas como un conjunto de recursos, para adquirir habilidades para el diseño y fabricación de un producto, se generan a partir de recursos como: la planta de producción y su equipamiento (conjunto de instalaciones fijas que hacen posible el desarrollo de una actividad industrial o social) y las capacidades comerciales o de mercado (recursos inmateriales), para servir a ciertos consumidores e involucran recursos como: el conocimiento de las necesidades de los clientes, los canales de distribución y de comunicación, la reputación y la imagen de la marca (p. 1102). Teece (2020) expone que la capacidad tecnológica de la empresa se relaciona con el conjunto de conocimientos (recursos tecnológicos) utilizados para realizar las mejores prácticas y con la capacidad para anticipar, desarrollar, coordinar y combinar tecnologías existentes e inventar otras nuevas (p. 1080).

Helfat y Raubitschek (2000), citados por Bravo (2005) indican que "la secuencia de un producto puede parecerse a la secuencia de un sistema estructurado de conocimiento integral, el cual depende de un continuo aprendizaje individual y colectivo dentro de la organización". No obstante, el marco de las capacidades dinámicas tiene demostrada la relevancia del aprendizaje continuo, con el objeto de introducir productos innovadores y la adaptación a los cambios del mercado.

Según, la literatura sobre el marco de las capacidades dinámicas, en los primeros trabajos se reconoce la utilidad del desarrollo de nuevos productos para mantener la organización convenientemente renovada; sin embargo, de manera progresiva, se va utilizando cada vez más la distinción entre capacidad dinámica y capacidad operativa (Karim y Mitchell, 2000; Eisenhardt y Martin, 2000; Helfat y Raubitschek, 2000; Danneels, 2002; Salvato, 2009; Newey y Zahra, 2009; Parente *et al.*, 2011).

En consecuencia, el estudio propone las siguientes hipótesis de investigación:

Hipótesis 1: Ho. - El aprendizaje organizacional en las Pymes del sector cárnico de la ciudad de Cali no está relacionado significativamente con la capacidad tecnológica como estrategia de ventaja competitiva.

H1. - El aprendizaje organizacional en las Pymes del sector cárnico de la ciudad de Cali está relacionado significativamente con la capacidad tecnológica como estrategia de ventaja competitiva.

Hipótesis 2: Ho. - El aprendizaje organizacional en las Pymes del sector cárnico de la ciudad de Cali no está relacionado significativamente con la capacidad de mercado como estrategia de ventaja competitiva.

H1. - El aprendizaje organizacional en las Pymes del sector cárnico de la ciudad de Cali está relacionado significativamente con la capacidad de mercado como estrategia de ventaja competitiva.

Hipótesis 3: Ho. - El aprendizaje organizacional en las Pymes del sector cárnico de la ciudad de Cali no está relacionado significativamente con nuevas capacidades como estrategia de ventaja competitiva.

H1. - El aprendizaje organizacional en las Pymes del sector cárnico de la ciudad de Cali está relacionado significativamente con nuevas capacidades como estrategia de ventaja competitiva.

2. OBJETIVO

El propósito de este estudio es examinar la relación entre las capacidades dinámicas y el aprendizaje organizacional como estrategia de ventaja competitiva.

3. METODOLOGÍA

La investigación es un estudio descriptivo de tipo *cuantitativo* que se realizó a partir de una muestra de 34 empresas del sector cárnico ubicadas en la ciudad de Cali, región del Valle del Cauca. Según datos de la Cámara de Comercio, recuperados a febrero de 2020 en la ciudad de Cali se encuentran ubicadas 54 Pymes de la División 10: Código CIIU 1011, que corresponde a la Producción, transformación y conservación de carne y de derivados cárnicos. Para la base muestral se utilizó una selección no probabilística, a conveniencia con los siguientes criterios de inclusión: el tamaño de la empresa, el tiempo de existencia en el mercado y el portafolio de productos, aunque se consideran las características de las empresas del sector cárnico de la región muy similares.

Para registrar los datos sobre las variables de estudio se construyó dos cuestionarios, a saber: un cuestionario sobre el aprendizaje organizacional (variable dependiente) y otro cuestionario sobre la capacidad de innovación (variable independiente). En la medición de las variables se utilizó la escala tipo Likert con cinco categorías de respuesta, siendo el valor mínimo 1 (Totalmente en desacuerdo) y el máximo 5 (Totalmente de acuerdo), relacionada con el contenido de la afirmación expresada. Esta escala supone que la actitud de una persona viene dada por el valor obtenido en cada ítem. Por consiguiente, se redactaron los ítems que se consideraron representativos del dominio a evaluar.

La redacción de las preguntas de los cuestionarios, en el aprendizaje personal, la persona asimila nuevos conocimientos procedentes del entorno. En el aprendizaje interno se tuvo en cuenta la información de los sistemas de las comunidades de práctica, las cuales se producen de manera espontánea, informal, por la interacción entre las personas con intereses en común, y sobre todo facilitando la información para aprender a realizar alguna actividad o tarea (Wenger, 1998). En este sentido, las personas compartan ideas, pensamientos, experiencias e impresiones, que se realicen e involucren con lo que están haciendo, y que se sientan unidos por la acción y por el significado que esa acción tiene para ellos a nivel individual, colectivo y organizativo (Liedtka, 1999).

Lord y Ranft (2000) señalan que la información sobre las prácticas de aprendizaje externo relaciona el análisis formal del mercado. Para Scott (2000), se relaciona la información procedente de los proveedores. Igualmente, las barreras para el aprendizaje son una limitante de las prácticas organizacionales que impiden un aprendizaje significativo para el logro de metas y objetivos (Pérez y Cortés, 2007).

La confiabilidad de los cuestionarios fue evaluada a través del coeficiente de consistencia interna alfa de Cronbach (Gerbing, 1988). Para la variable aprendizaje organizacional (variable dependiente) su fiabilidad fue de 0.85, la cual se estima aceptable y, la fiabilidad para el cuestionario sobre la variable capacidad de innovación (variable independiente) fue de 0.86; igualmente, se estima aceptable.

4. DESARROLLO DE LA INVESTIGACIÓN

El conjunto de preguntas de los cuestionarios sobre aprendizaje organizacional y capacidad de innovación, se agrupan en las capacidades: tecnológica, de mercado y nuevas capacidades, y en la variable aprendizaje organizacional. Se ajustó y evaluó qué componentes de cada dimensión están altamente correlacionados y se construyó uno nuevo con los componentes significativos de cada dimensión. Finalmente, se ajustó un modelo de regresión lineal múltiple. El análisis estadístico se realizó en el programa R versión 2.15 y las pruebas estadísticas fueron contrastadas con un nivel de significancia del 5%.

El comportamiento de los componentes que hacen parte de la dimensión aprendizaje organizacional (tabla 1); se destacan: aprendizaje personal, aprendizaje organizativo, trabajo en equipo, cultura y valores, estructura, recursos, entorno y cultura de innovación, presentaron una ponderación alta, con resultados medianamente de acuerdo (4) y totalmente de acuerdo (5), mientras que los componentes barreras de aprendizaje y obstáculos a la innovación, tuvieron mayor ponderación en puntuaciones bajas que fueron medianamente en desacuerdo (2).

Característica	Puntuación				
	1	2	3	4	5
Aprendizaje personal	2(5.88)	1(2.94)	3(8.82)	16(47.06)	12(35.29)
Aprendizaje organizativo	0(0)	1(2.94)	7(20.59)	21(61.76)	5(14.71)
Trabajo en equipo	0(0)	2(5.88)	4(11.76)	10(29.41)	18(52.94)
Cultura y valores	0(0)	2(5.88)	4(11.76)	14(41.18)	14(41.18)
Estructura	1(2.94)	4(11.76)	9(26.47)	9(26.47)	11(32.35)
Recursos	0(0)	5(14.71)	4(11.76)	12(35.29)	13(38.24)
Entorno	5(14.71)	4(11.76)	9(26.47)	12(35.29)	4(11.76)
Barreras de aprendizaje	6(17.65)	12(35.29)	7(20.59)	8(23.53)	1(2.94)
Cultura de la innovación	0(0)	2(5.88)	6(17.65)	13(38.24)	13(38.24)
Obstáculos a la innovación	7(20.59)	9(26.47)	4(11.76)	9(26.47)	5(14.71)

Tabla 1. Comportamiento de los componentes dimensión aprendizaje.
Fuente: Elaboración propia.

La tabla 2 muestra el comportamiento de los componentes que hacen parte de la dimensión *capacidades tecnológicas*; los aspectos de esta dimensión fueron altamente valorados y siempre estuvieron medianamente de acuerdo (4) y totalmente de acuerdo (5).

Característica	Puntuación				
	1	2	3	4	5
Entorno	0 (0)	1(2.94)	2(5.88)	9(26.47)	22(64.71)
Despliegue de estrategia innovación	0 (0)	1(2.94)	1(2.94)	10(29.41)	22(64.71)
Innovación en la cadena de valor	0 (0)	4(11.76)	4(11.76)	16(47.06)	10(29.41)
Experiencia en innovación	0 (0)	3(8.82)	6(17.65)	10(29.41)	15(44.12)

Tabla 2. Comportamiento de los componentes dimensión capacidades tecnológicas. **Fuente:** Elaboración propia.

En la tabla 3 se observa el comportamiento de los componentes que hacen parte de la dimensión *capacidades de mercado*. Éstos tuvieron altos porcentajes en los ítems medianamente de acuerdo (4) y totalmente de acuerdo (5) en los componentes: estructura, recursos, entorno y despliegue de la estrategia de innovación. No obstante, se observó porcentajes más altos con totalmente en desacuerdo (1) en los ítems barreras de aprendizaje y obstáculos a la innovación.

Característica	Puntuación				
	1	2	3	4	5
Estructura	0(0)	5(14.71)	4(11.76)	16(47.06)	9(26.47)
Recursos	1(2.94)	5(14.71)	3 (8.82)	13(38.24)	12(35.29)
Entorno	0(0)	1(2.94)	5(14.71)	10(29.41)	18(52.94)
Barreras de aprendizaje	10(29.41)	6(17.65)	7(20.59)	8(23.53)	3 (8.82)
Despliegue de estrategia innovación	1(2.94)	0(0)	0(0)	14(41.18)	19(55.88)
Cultura de la innovación	2(5.88)	2(5.88)	8(23.53)	19(55.88)	3(8.82)
Obstáculos a la innovación	11(32.35)	5(14.71)	5(14.71)	8(23.53)	5(14.71)

Tabla 3. Comportamiento de los componentes de la dimensión capacidades de mercado. **Fuente:** Elaboración propia.

La tabla 4 muestra el comportamiento de los componentes que hacen parte de la dimensión *nuevas capacidades*. Se observó que todos tuvieron porcentajes altos en los ítems medianamente de acuerdo (4) y totalmente de acuerdo (5).

Característica	Puntuación				
	1	2	3	4	5
Liderazgo y visión	1 (2.94)	2 (5.88)	5 (14.71)	15 (44.12)	11(32.35)
Estructura	1 (2.94)	7 (20.59)	7 (20.59)	12 (35.29)	7(20.59)
Cultura y valores	4 (11.76)	3 (8.82)	7 (20.59)	14 (41.18)	6(17.65)
Barreras para el aprendizaje	3 (8.82)	4 (11.76)	5 (14.71)	14 (41.18)	8(23.53)
Estrategia de innovación	0 (0)	1 (2.94)	2 (5.88)	14 (41.18)	17(50)
Despliegue estrategia innovación	0 (0)	2 (5.88)	6 (17.65)	16 (47.06)	10(29.41)
Cultura de la innovación	4 (11.76)	1 (2.94)	8 (23.53)	8 (23.53)	13(38.24)
Innovación en la cadena de valor	1 (2.94)	1 (2.94)	3 (8.82)	23 (67.65)	6(17.65)
Experiencia en innovación	1 (2.94)	1 (2.94)	4 (11.76)	22 (64.71)	6(17.65)
Obstáculos a la innovación	6 (17.65)	4 (11.76)	8 (23.53)	10 (29.41)	6(17.65)

Tabla 4. Comportamiento de los componentes de la dimensión nuevas capacidades. **Fuente:** Elaboración propia.

En la tabla 5 se muestra las correlaciones entre pares de componentes para la dimensión aprendizaje; se destacan correlaciones significativas ($p<0.05$) en: aprendizaje personal, cultura y valores, aprendizaje organizacional, cultura de la innovación, trabajo en equipo, recurso y entorno. Con estos componentes se construyó la dimensión aprendizaje, a partir del ítem modal.

Combinación	Correlación	p		Combinación	Correlación	p
AP - AO	0.59	<0.05		TE - OI	-0.14	0.44
AP - TE	0.09	0.63		CV - ES	0.45	<0.05
AP - CV	0.62	<0.05		CV - RE	0.53	<0.05
AP - ES	0.33	<0.05		CV - EN	0.17	0.35
AP - RE	0.51	<0.05		CV - BA	-0.23	0.19
AP - EN	0.09	0.62		CV - CI	0.72	<0.05
AP - BA	-0.19	0.28		CV - OI	-0.21	0.24
AP - CI	0.47	<0.05		ES - RE	0.35	<0.05
AP - OI	-0.28	0.11		ES - EN	0.01	0.94
AO - TE	0.35	<0.05		ES - BA	0.10	0.57
AO - CV	0.39	<0.05		ES - CI	0.38	<0.05
AO - ES	0.39	<0.05		ES - OI	-0.32	0.06
AO - RE	0.62	<0.05		RE - EN	0.10	0.59
AO - EN	0.31	0.07		RE - BA	0.12	0.51
AO - BA	-0.18	0.30		RE - CI	0.51	<0.05
AO - CI	0.46	<0.05		RE - OI	-0.37	<0.05
AO - OI	-0.33	0.06		EN - BA	-0.31	0.07
TE - CV	0.16	0.36		EN - CI	0.42	<0.05
TE - ES	0.23	0.20		EN - OI	0.06	0.72
TE - RE	0.23	0.19		BA - CI	-0.14	0.42
TE - EN	0.38	<0.05		BA - OI	0.06	0.72
TE - BA	0.09	0.60		CI - OI	-0.28	0.11
TE - CI	0.26	0.13				

Tabla 5. Correlación entre los componentes de la dimensión aprendizaje.
Fuente: Elaboración propia.

La tabla 6 incluye las correlaciones entre pares de componentes para la dimensión *capacidades tecnológicas*. Se encontraron correlaciones significativas ($p<0.05$) en: despliegue de la estrategia de innovación, experiencia en innovación e innovación en la cadena de valor. Con éstos, se construyó la dimensión capacidades tecnológicas, a partir del ítem modal.

Combinación	Correlación	p
EN - DEI	0.112	0.530
EN - ICV	0.173	0.329
EN - EI	0.220	0.211
DEI - ICV	0.367	<0.05
DEI - EI	0.403	<0.05
ICV - EI	0.421	<0.05

Tabla 6. Correlación entre los componentes de la dimensión capacidades tecnológicas. **Fuente:** Elaboración propia.

En la tabla 7 se observan las correlaciones entre pares de componentes para la dimensión *capacidades de mercado*. Se destacan correlaciones significativas (p<0.05) en los componentes: estructura, recursos, despliegue de la estrategia de innovación, barreras de aprendizaje, cultura de la innovación y obstáculos a la innovación. Con estos componentes se construyó la dimensión capacidades de mercado, a partir del ítem modal.

Combinación	Correlación	p
ES - RE	0.44	<0.05
ES - EN	0.42	<0.05
ES - BA	-0.20	0.27
ES - DEI	0.36	<0.05
ES - CI	0.22	0.22
ES - OI	-0.21	0.23
RE - EN	0.29	0.10
RE - BA	-0.47	<0.05
RE - DEI	0.33	0.06
RE - CI	0.45	<0.05
RE - OI	-0.39	<0.05
EN - BA	-0.19	0.29
EN - DEI	0.59	<0.05
EN - CI	0.14	0.42
EN - OI	-0.34	<0.05
BA - DEI	-0.23	0.18
BA - CI	-0.05	0.77
BA - OI	0.25	0.16
DEI - CI	0.28	0.10
CEI - OI	-0.20	0.26
CI - OI	0.04	0.81

Tabla 7. Correlación entre los componentes de la dimensión capacidades de mercado. **Fuente:** Elaboración propia.

En la tabla 8 se muestran las correlaciones entre pares de componentes para la dimensión *nuevas capacidades*. Se destacan correlaciones significativas (p<0.05) en: liderazgo y visión, cultura y valores, experiencia en innovación, despliegue de la estrategia de innovación, cultura de la innovación, estructura, experiencia en innovación y obstáculos a la innovación. Con estas componentes se construyó la dimensión nuevas capacidades, a partir del ítem modal.

Combinación	Correlación	p	Combinación	Correlación	p
LV - ES	0.36	0.04	CV - ICV	0.48	<0.05
LV - CV	0.50	<0.05	CV - EXI	0.42	<0.05
LV - BA	-0.01	0.95	CV - OI	-0.14	0.44
LV - EI	0.43	<0.05	BA - EI	0.11	0.53
LV - DEI	0.60	<0.05	BA - DEI	0.14	0.42
LV - CI	0.54	<0.05	BA - CI	-0.01	0.94
LV - ICV	0.48	<0.05	BA - ICV	0.07	0.71
LV - EXI	0.58	<0.05	BA - EXI	0.05	0.77
LV - OI	-0.26	0.13	BA - OI	0.08	0.65
ES - CV	0.40	<0.05	EI - DEI	0.38	<0.05
ES - BA	0.11	0.54	EI - CI	0.32	0.06
ES - EI	-0.02	0.92	EI - ICV	0.39	<0.05
ES - DEI	0.19	0.29	EI - EXI	0.40	<0.05
ES - CI	0.25	0.15	EI - OI	-0.34	<0.05
ES - ICV	0.49	<0.05	DEI - CI	0.57	<0.05
ES - EXI	0.37	<0.05	DEI - ICV	0.58	<0.05
ES - OI	-0.22	0.22	DEI - EXI	-0.26	0.14
CV - BA	0.08	0.64	DEI - OI	0.93	<0.05
CV - EI	0.47	<0.05	ICV - EXI	-0.32	0.07
CV - DEI	0.52	<0.05	ICV - OI	-0.28	0.11
CV - CI	0.63	<0.05	EXI - OI	0.58	<0.05

Tabla 8. Correlación entre componentes de la dimensión nuevas capacidades.
Fuente: Elaboración propia.

4.1. Dimensiones para la construcción del modelo de regresión múltiple

Una vez terminadas las correlaciones entre pares de componentes para las dimensiones *capacidades tecnológicas, capacidades de mercado* y *nuevas capacidades,* se contrastan las dimensiones e identifican cuáles se relacionan con el aprendizaje organizacional en la innovación de productos en las Pymes del sector cárnico de la ciudad de Cali. En la realización del análisis de regresión múltiple se plantearon los siguientes modelos:

a) En una primera etapa se ajustó el *modelo 1* de regresión múltiple:

Aprendizaje= $\beta_0 \beta_0 + \beta_1 \beta_1$ *Capacidad Tecnológica +* $\beta_2 \beta_2$ *Capacidad Mercado +* $\beta_3 \beta_3$ *Nuevas capacidades +* $\in_i \in_i$

Donde,

$\beta_0 \beta_0$: Es el coeficiente asociado al intercepto del modelo.

$\beta_1 \beta_1$: Es el coeficiente asociado a la variable *capacidad tecnológica.*

$\beta_2 \beta_2$: Es el coeficiente asociado a la variable *capacidad de mercado.*

$\beta_3 \beta_3$: Es el coeficiente asociado a la variable independiente *nuevas capacidades.*

$\in_i \in_i$: Es la componente aleatoria del modelo.

De acuerdo, con la tabla 9, se observó que las dimensiones que explicaron el *aprendizaje organizacional* fueron la capacidad tecnológica y las nuevas capacidades; además, en conjunto, el modelo fue importante ($p<0.05$) con un porcentaje de variabilidad explicada del 45.03% (*R^2 ajustado)*.

Coeficientes	Estimación	Error estándar	Estadístico de prueba	p
Intercepto	2.165	0.593	3.654	0.001
Capacidad tecnológica	0.631	0.112	4.110	<0.05
Capacidad de mercado	-0.071	0.130	3.120	0.592
Nuevas capacidades	0.644	0.146	4.412	<0.05

Tabla 9. Estimaciones del modelo 1. **Fuente:** Elaboración propia.

Por tanto, el modelo definitivo (*modelo 2*) contiene sólo dos dimensiones: capacidad tecnológica y nuevas capacidades:

Aprendizaje = $\beta_0 \beta_0$ + $\beta_1 \beta_1$ *Capacidad Tecnológica* + $\beta_2 \beta_2$ *Nuevas Capacidades* + $\in_i \in_i$

Donde,

$\beta_0 \beta_0$: Es el coeficiente asociado al intercepto del modelo.

$\beta_1 \beta_1$: Es el coeficiente asociado a la variable *capacidad tecnológica.*

$\beta_2 \beta_2$: Es el coeficiente asociado a la variable independiente *nuevas capacidades.*

$\in_i \in_i$: Es la componente aleatoria del modelo.

En la tabla 10 se muestran las estimaciones del *modelo 2*, en el cual se destaca un porcentaje de variabilidad explicada del 46.29% (*R^2 ajustado)*. El modelo 2 se comparó con el modelo 1; se encontró que hay un incremento en el porcentaje de variabilidad explicada del aprendizaje; es decir, éste es el *mejor modelo* para interpretar la variable respuesta. Con el análisis realizado, se concluyó que hay una relación significativa entre el aprendizaje y la capacidad tecnológica y entre el aprendizaje y las nuevas capacidades.

Coeficientes	Estimación	Error estándar	Estadístico de prueba	p
Intercepto	1.97	0.47	4.21	<0.05
Capacidad tecnológica	0.51	0.10	3.89	<0.05
Nuevas capacidades	0.60	0.12	4.95	<0.05

Tabla 10. Estimaciones del modelo 2. **Fuente:** Elaboración propia.

Como consecuencia, los resultados anteriores permitieron comprobar las hipótesis de trabajo: la hipótesis alternativa 1, a saber: H1 y la hipótesis alternativa 3, a saber: H1. Por consiguiente, la hipótesis alternativa 1 y la hipótesis alternativa 3 permiten afirmar estadísticamente que la *capacidad tecnológica y* las *nuevas capacidades (estratégicas)* tienen un aporte importante en el *aprendizaje organizacional*.

4.2. Discusión

El estudio permitió desde un análisis cuantitativo demostrar las hipótesis siguientes:

Hipótesis 1- H1. El aprendizaje organizacional en las Pymes del sector cárnico de la ciudad de Cali está relacionado significativamente con la capacidad tecnológica como estrategia de ventaja competitiva.

Por consiguiente, con un nivel de significancia del 5% se puede afirmar estadísticamente que la *capacidad tecnológica* tiene un aporte importante en el *aprendizaje organizacional*; esto se demuestra en el ajuste del modelo de regresión lineal múltiple, en el cual esta dimensión aportó en la explicación del aprendizaje un 0.51 (tabla 10). Por tanto, se confirma la hipótesis alternativa H1. En este sentido, Teece (2020) expone que "las capacidades tecnológicas necesarias para generar y gestionar el cambio técnico incluyen habilidades, conocimientos y experiencia que a menudo (pero no siempre) difieren sustancialmente de los necesarios para operar los sistemas técnicos existentes" (p. 1080)

Hipótesis 3- H1.- El aprendizaje organizacional en las Pymes del sector cárnico de la ciudad de Cali está relacionado significativamente con nuevas capacidades como estrategia de ventaja competitiva.

En este contexto, con un nivel de significancia del 5% se puede afirmar estadísticamente que las *nuevas capacidades (estratégicas)* tienen un aporte importante en el *aprendizaje organizacional*; esto se demuestra en el ajuste del modelo de regresión lineal múltiple, el cual esta dimensión aportó en la explicación del aprendizaje de 0.60 (tabla 10). Por tanto, se confirma la hipótesis alternativa H1. De ahí, Teece (2022) expone que "la adquisición de recursos y el desarrollo de capacidades por parte de la empresa deben guiarse por la intención estratégica de un equipo de gestión empresarial para que resulten en una actividad rentable" (p. 19). Así mismo, Teece (2018) señala que "las capacidades dinámicas de una empresa determinan la velocidad y el grado en que los recursos idiosincrásicos de la empresa pueden alinearse de manera consistente con la estrategia de la empresa" (p. 366) .

5. CONCLUSIONES

El aprendizaje organizacional a nivel operativo, como el modo de actuar, produce rutinas, prácticas que reemplazarán las existentes y generan cambios en los marcos cognoscitivos; por ello, el contenido del aprendizaje se centra en el conocimiento generado a partir de la práctica y es específico del contexto. Luego, el aprendizaje organizacional difiere del aprendizaje de las personas; el aprendizaje se sitúa en la gestión de las organizaciones como un fenómeno compuesto y complejo, instalado en los sistemas, estructuras, estrategias, rutinas y prácticas, y explica indirectamente que las organizaciones deben actualizar permanentemente sus conocimientos, comportamientos, estructuras de representación, mejora por repetición, rutinas organizativas, innovación y sus competencias, lo cual permite explotar el conocimiento, y el nuevo aprendizaje llega por añadidura para dar respuesta a los cambios del entorno que beneficien la posición de la empresa y su ventaja competitiva.

Por tanto, las capacidades dinámicas surgen como resultado del aprendizaje y constituyen métodos sistemáticos, con los cuales las organizaciones pueden modificar sus rutinas, prácticas organizativas y competencias; es decir, los comportamientos estables de ciertas reacciones organizativas. Luego, en un entorno relativamente estático para una organización, un proceso de aprendizaje la puede dotar con rutinas operativas adecuadas, incluso de ventaja durante un largo periodo de tiempo, a través de la acumulación tácita de experiencia y acontecimientos creativos ocasionales.

En este contexto, las capacidades dinámicas tienen un fuerte vínculo con el aprendizaje organizacional, son estructuradas y persistentes, favorecen el cambio, la adaptación y la flexibilidad. De ahí que desarrollar capacidades implica un proceso de aprendizaje organizativo. Luego, una organización debe poseer una capacidad de absorción adecuada para asimilar, almacenar y aplicar el conocimiento asimilado, para planificar y ejecutar con eficiencia los procesos de integración pos-adquisición, lo cual implica la modificación de rutinas operativas a través de actividades relativamente estables destinadas a la mejora. En consecuencia, de las diferentes formas de coordinar, combinar los recursos y capacidades, y de la estructuración de la organización dependerá su ventaja competitiva.

6. REFERENCIAS

Alegre, J. y Chiva, R. (2007). La innovación a través de la capacidad del aprendizaje organizativo. *Revista de Contabilidad y Dirección,* 6, 103-120. https://n9.cl/rksq9

Amit, R. y Schoemaker, P. J. H. (1993). Strategic assets and organizational rent. *Strategic Management Journal, 14*(1), 33-46. http://www.jstor.org/stable/2486548

Barreto, I. (2010). Dynamic capabilities: A review of past research and an agenda for the future. *Journal of Management, 36*(1), 256-280. https://doi.org/10.1177/0149206309350776

Bravo Ibarra, A. (2005). *Identificación y caracterización de las capacidades dinámicas que intervienen en el contexto de la innovación de producto: (estudio de casos).* [Tesis doctoral] Universidad Politécnica de Cataluña. https://upcommons.upc.edu/bitstream/handle/2099.1/6952/PT-Edna_Bravo.pdf

Camisón, C. y Forés, B. (2010). Knowledge absorptive capacity: new insights forits conceptualization and measurement. *Journal of Business Research, 63*(7), 707–715. https://doi.org/10.1016/j.jbusres.2009.04.022

Carattoli, M. (2013). Capacidades dinámicas: Líneas promisorias y desafíos de investigación. *Cuadernos de administración, 26*(47), 165-204. http://www.scielo.org.co/scielo.php?script=sci_arttext&pid=S0120-35922013000200008

Cohen, W. M. y Levinthal, D. A. (1990). Absorptive capacity: A new perspective on learning and innovation. *Administrative Science Quarterly, 35*(1), 128–152. https://doi.org/10.2307/2393553

Danneels, E. (2002), The dynamics of product innovation and firm competences. *Strategic Management Journal, 23*(12), 1095-1121. https://doi.org/10.1002/smj.275

Eisenhardt, K. M. y Martin, J. A. (2000). Dynamic capabilities: What are they? *Strategic Management Journal, 21*(10-11), 1105-1121. https://n9.cl/7ml8m9

Gerbing, D. W. y Anderson, J. C. (1988). An updated paradigm for scale development incorporating unidimensionality and its assessment2. *Journal of Marketing Research,* 25, 186-192. https://doi.org/10.1177/002224378802500207

Grant, R. M. (2006). *Dirección Estratégica: Conceptos, Técnicas y Aplicaciones.* Civitas

Helfat, C. E. y Raubitschek, R. S. (2000). Product Sequencing: Co-Evolution of Knowledge, Capabilities and Products. *Strategic Management Journal, 21*(10-11), 961-979. https://doi.org/10.1002/1097-0266(200010/11)21:10/11<961::AID-SMJ132>3.0.CO;2-E

Henderson, R. y Cockburn, I. (2002). Measuring Competence? Exploring Firm Effects in Drug Discovery. In Dosi, G.; Richard R. N., R. y Sidney Winter (eds.) (2001). *The nature and dynamics of organizational capabilities* (Oxford University Press), 55-182. https://doi.org/10.1093/0199248540.001.0001

Karabag, H. (2019). Dynamic capabilities and entrepreneurial management: a review of selected works of David J. Teece. *Journal of Social and Administrative Sciences, 6*(1), 10-15. http://kspjournals.org/index.php/JSAS/article/view/1850

Karim, S. y Mitchell, W. (2000). Path-dependent and path-breaking change: reconfiguring business resources following acquisitions in the U.S. medical sector, 1978-1995. *Strategic Management Journal, 21*(10-11), 1061-1081. http://hdl.handle.net/2027.42/34610

Lavie, D. (2006). Capability reconfiguration: An analysis of incumbent responses to technological change. *Academy of Management Review, 31*(1), 153–174. https://ssrn.com/abstract=744126

Liedtka, J. (1999). Linking competitive advantage with communities of practices. *Journal of Management Inquiry, 8*(1), 5 – 16. https://doi.org/10.1177/105649269981002

Lord, M. D. y Ranft, A. L. (2000). Organizational learning about new international markets: exploring the internal transfer of local market knowledge. *Journal of International Business Studies, 31*(4), 573-589. https://doi.org/10.1057/palgrave.jibs.8490923

Mohammed Ibrahim, A. y Rosli M. (2015). Mediating role of dynamic capabilities on the relationship between intellectual capital and performance: a hierarchical component model perspective in PLS-SEM path modeling. *Research Journal of Business Management, 9*(3), 443-456. https://doi.org/10.3923/rjbm.2015.443.456

Newey, L. R. y Zahra, S. A. (2009). The evolving firm: How dynamic and operating capabilities interact to enable entrepreneurship. *British Journal of Management,* 20, 81-100. https://doi.org/10.1111/j.1467-8551.2008.00614.x

Nonaka, I. y Takeuchi, H. (1999). *La Organización Creadora de Conocimiento.* Oxford University Press. https://n9.cl/l5t6p

Ortega Álvarez, A. M., García Merino, T. y Santos Álvarez, M. V. (2012). El desarrollo de nuevos productos a la luz y a la sombra de las capacidades dinámicas. *Cuadernos de Administración, 25*(45), 113-135. https://doi.org/10.11144/Javeriana.cao25-45.dnpl

Parente, R. C., Baack, D. W. y Hahn, E. D. (2011). The effect of supply chain integration, modular production and cultural distance on new product development: A dynamic capabilities approach. *Journal of International Management, 17*(4), 278-290. https://n9.cl/w0xe3

Pérez Zapata, J. y Cortés Ramírez, J. A. (2007). Barreras para el aprendizaje organizacional. Estudio de casos. *Pensamiento & Gestión,* 22, 256-282. https://www.redalyc.org/pdf/646/64602208.pdf

Salvato, C. (2009). Capabilities unveiled: The role of ordinary activities in evolution of product development processes. *Organization Science, 20*(2), 348-409. https://doi.org/10.1287/orsc.1080.0408

Scott, J. E. (2000). Facilitating interorganizational learning with information technology. *Journal of Management Information Systems, 17*(2), 81-103. https://www.jstor.org/stable/40398483

Senge, P. M. (2005). *La Quinta Disciplina. Cómo impulsar el aprendizaje en la organización inteligente.* Ediciones Granica, S.A. https://clea.edu.mx/biblioteca/files/original/94ce0359b5ac5efaccca3a941d41d396.pdf

Teece, D. J., Pisano, G. y Shuen, A. (1997). Dynamic capabilities and strategic management. *Strategic Management Journal, 18*(7), 509–533. https://www.jstor.org/stable/3088148

Teece, D. J. (2007). Explicating dynamic capabilities: the nature and microfoundations of (sustainable) enterprise performance. *Strategic Management Journal, 28*(13), 1319-1350. https://doi.org/10.1002/smj.640

Teece, D. J. (2009). *Dynamic capabilities and strategic management: organizing for innovation and growth.* Oxford University Press.

Teece, D., Peteraf, M. y Leih, S. (2016). Dynamic capabilities and organizational agility: Risk, uncertainty, and strategy in the innovation economy. *California Management Review, 58*(4), 13-35. https://doi.org/10.1525/cmr.2016.58.4.13

Teece, D. J. (2017). Towards a capability theory of (innovating) firms: implications for management and policy. *Cambridge Journal of Economics 41*(3), 693-720. https://doi.org/10.1093/cje/bew063

Teece, D. J. (2018). Dynamic Capabilities as (Workable) Management Systems Theory. *Journal of Management and Organization, 24*(3), 359–368. https://doi.org/10.1017/jmo.2017.75

Teece, D. J. (2020). Innovation, governance, and capabilities: Implications for competition policy. *Industrial and Corporate Change* (forthcoming), *29*(5), 1075-1099 https://doi.org/10.1093/icc/dtaa043

Teece, D. J. (2022). Dinámica de la estrategia y la teoría de la empresa: homenaje a Richard Rumelt. *Revisión de gestión estratégica, 3*(2), 265-294. https://dx.doi.org/10.1561/111.00000044

Wenger, E. (1998). Communities of Practice: learning, meaning and identity. *Journal of Mathematics Teacher Education.* *6*(2), 185-194. https://doi.org/10.1023/A:1023947624004

Zahra, S. A. y George, G. (2002). Absorptive capacity: A review, reconceptualization and extension. *Academy of Management Review, 27*(2), 185–203. https://doi.org/10.2307/4134351

LA REGULARIZACIÓN DEL PRINCIPIO DE RAZONABILIDAD EN LOS PROCEDIMIENTOS ADMINISTRATIVOS PARA LA REGULARIZACIÓN DE MIGRANTES EN ECUADOR

Cristina Vera Mendoza, Gyomar Pérez Cobo[1]

El presente texto nace en el marco del proyecto "Estatus migratorio, acompañamiento y regularización de personas extranjeras en el Ecuador", aprobado en Resolución USGP N° 021-01-2022 del Consejo Universitario de la Universidad San Gregorio de Portoviejo, dirigido por la Ab. Cristina Vera Mendoza Mgs. Este artículo contó con la colaboración de la estudiante María Cristina Vera del 8 nivel de la Carrera de Derecho de la Universidad San Gregorio de Portoviejo.

1. INTRODUCCIÓN

Revela la Comisión Interamericana de Derechos Humanos (2015) que, desde sus orígenes, los seres humanos han migrado en busca de mejores condiciones de vida para poblar otros lugares del planeta o para huir y sobrevivir a amenazas causadas por el hombre o la naturaleza, reconociendo que, a pesar de que "la movilidad humana ha sido una constante a lo largo de la historia de la humanidad, fue con la creación del Estado-Nación, a partir de los Tratados de Westfalia de 1648, lo que trajo consigo el fenómeno que hoy se conoce como migración internacional". (p. 11)

En este contexto, debemos advertir que, la migración internacional según explica la Comisión Interamericana de Derechos Humanos (2015):

> *"comprende el movimiento de una persona o grupo de personas fuera de su lugar de residencia habitual, ya sea de manera voluntaria o forzada, a través de una frontera internacional hacía otro país, con el propósito de establecerse por un periodo de tiempo o de manera permanente en este" (p.11)*

Basándose en el atributo de la soberanía, múltiples Estados han regulado la migración a través de políticas públicas, leyes, reglamentos y prácticas migratorias, mismas que, sirven para ejercer autoridad y control sobre las personas que ya están dentro de sus límites, así como, respecto de las que intentan ingresar a sus territorios. De modo que así pueden los gobiernos llevar una contabilización de los ciudadanos que entran y salen de su jurisdicción.

Desde finales de 1990 hasta la actualidad, el Ecuador no ha sido la excepción y ha enfrentado diversos procesos migratorios complejos que han requerido la adaptación

1. Universidad San Gregorio de Portoviejo (Ecuador)

de su institucionalidad y la creación de políticas públicas a nivel nacional. Conforme lo expuesto por el Ministerio de Relaciones Exteriores y Movilidad Humana (2018):

> *"ahora que el Ecuador pasó de ser solo un país de origen a uno de tránsito, destino y refugio de personas en movilidad humana, ha tenido que intensificar su trabajo y construir un marco legal e institucional adecuado, para que se vele por los derechos y la protección de estos grupos prioritarios". (p. 1)*

Es menester reconocer que el atributo de la soberanía no exime a los Estados de fijar políticas públicas y leyes en el marco del respeto y garantía de los derechos humanos de las personas migrantes. Puesto que, si bien los Estados tienen el derecho a controlar sus fronteras, definir los requisitos de ingreso y de permanencia, entre otros, no significa que pueda desconocer los derechos y libertades que se derivan de la dignidad humana. (Asamblea Nacional, 2017).

La contextualización de la aplicación del principio de razonabilidad en los procedimientos administrativos para la regularización de migrantes en el Ecuador permitió entonces reconocer que la política migratoria del Ecuador tiene un enfoque de derechos humanos, que se refleja con claridad en la Constitución de la República del Ecuador sancionada en octubre del año 2008.

Sin duda el texto supremo de la nación contempla principios vanguardistas a nivel internacional, entre los cuales, cabe destacar la ciudadanía universal, la libre movilidad de las personas, el que ningún ser humano sea considerado como ilegal por su condición migratoria, la no discriminación e igualdad de derechos para ecuatorianos y extranjeros y el fin progresivo de la condición de extranjero. Estos principios, según el Ministerio de Relaciones Exteriores y Movilidad Humana (2018) se han visto fortalecidos con la vigencia de la Ley Orgánica de Movilidad Humana y su Reglamento, misma que nace "de una mirada integral a los procesos migratorios y el derecho a solicitar protección internacional". (p. 2)

A pesar de la existencia de una vasta normativa jurídica que respalda los derechos de los migrantes en el Ecuador, el desafío más importante que enfrenta la nación en relación con la movilidad humana, es el poder regularizar a grandes flujos de migrantes de forma eficiente. En nuestro criterio, esto ocurre ya que no se ha aplicado e interpretado, bajo el principio de razonabilidad, las políticas migratorias y las leyes que regulan este tópico. Ciertamente, el principio de razonabilidad permitirá a los servidores y servidoras públicas, evaluar la proporción entre las condiciones y los requisitos normativos exigidos y los derechos que se deben tutelar en cada caso en concreto.

Visto que la regularización de grandes masas de migrantes de forma eficiente implica la utilización de procedimientos administrativos fijados en la ley, la exigencia de servidores y servidoras que actúen bajo el principio de razonabilidad en la toma de decisiones y en la calificación de los requisitos y condiciones que se presentan para el otorgamiento de cada tipo de visa de acuerdo con la situación particular de los solicitantes se convierte en un imperativo ético de cara a la defensa de la dignidad humana.

En razón de lo expuesto, se plantea la siguiente interrogante: ¿De qué manera la aplicación del principio de razonabilidad, en los procedimientos administrativos para la regularización de migrantes en el Ecuador, ayuda a regularizar a grandes flujos de migrantes de forma eficiente, reconociendo la dignidad humana de cada uno de los solicitantes?

2. OBJETIVOS

El objetivo central del estudio consistió en contextualizar la aplicación del principio de razonabilidad en los procedimientos administrativos para la regularización de migrantes en Ecuador. Frente a esto fue necesario abordar aspectos sustanciales sobre la movilidad humana como un aspecto inherente de los seres humanos, destacando la necesidad de conocer el fenómeno de la migración, voluntaria o forzada, y como se relaciona este tópico con la soberanía de cada nación, lo cual se revela mediante el diseño y ejecución de la política pública, las leyes y reglamentos, pero también con las acciones y prácticas migratorias que despliega el Estado, mismas que han servido para ejercer autoridad y control sobre las personas que ya están dentro de sus límites.

3. METODOLOGÍA

La metodología utilizada está centrada en el enfoque cualitativo, matizada con la utilización de herramientas propias de la investigación jurídica como el método teórico-jurídico, para el manejo de las categorías que se generan del Derecho, y en el particular en el Derecho Procesal Administrativo. En este orden ideas, como parte de la revisión bibliográfica se identificaron, organizaron, analizaron e interpretaron las fuentes bibliográficas más relevantes de autores clásicos, que constituyen referentes fundamentales en el tema de investigación; y autores contemporáneos de los últimos quince años que ilustran el debate académico generado. Análogamente, como parte de la revisión bibliográfica se consultó en las fuentes normativas que constituyen el marco jurídico básico y de la normativa en desarrollo sobre el objeto de estudio, con especificidad en la Constitución de la República del Ecuador de 2008, Código Orgánico Administrativo de 2017 y Ley Orgánica de Movilidad Humana de 2017.

4. DESARROLLO DE LA INVESTIGACIÓN

4.1. El Estado-nación y la movilidad humana

La forma o manera como los Estados se han organizado políticamente es un tema de larga data, reconociendo en todo momento que el territorio y la población son aspectos sustantivos de toda organización, y aunque la idea de un país, como el concepto que se tiene hoy en día, surgió durante el siglo XVII con la firma de la Paz de Westfalia, no es menos cierto, que en todos los tiempos se han realizado esfuerzos ingentes para mantener el orden de estos espacios.

El impacto innegable de este hecho histórico es que, el tratado marcó el inicio del Derecho Internacional y la diplomacia como componente indispensable para la organización del mundo. Puesto que con esto se trataba de respetar a las otras naciones como entes individuales capaces de fomentar el diálogo entre sí, formar convenios y lograr sus objetivos. Se derivan de este también, el establecimiento de conceptos como el de soberanía y la integridad nacional que se convierten en las bases para el denominado Estado-Nación.

Es así que, para el siglo XIX, el Estado-Nación se impuso y las identidades nacionales comenzaron a florecer. Como advierte la Comisión Interamericana de Derechos Humanos (2015), aunque, la movilidad humana siempre se había dado, con la reorganización de la comunidad internacional como un conjunto de Estados territoriales con fronteras geográficas definidas, estos han podido ejercer autoridad sobre las personas que se han establecido dentro de sus fronteras. Así como, de aquellas que intentan ingresar a sus territorios, lo cual se relaciona con la migración internacional.

Expresa Calduch (1991), que se puede distinguir al "Estado" como el conjunto de instituciones que regulan el desarrollo y comportamiento de una sociedad mediante leyes y acuerdos, de la "nación", la cual se concibe como el espacio político y jurídico que se extiende sobre un territorio determinado. Es así que, cuando estos dos conceptos se unen nace una estructura institucional sobre un territorio político y cultural, que se conoce como Estado-Nación.

Es fundamental tener en cuenta que estos tipos de desplazamientos son tan antiguos como la propia historia de la humanidad, debido a que, como es de conocimiento general, la sociedad desde el inicio de los tiempos era nómada y, por intervalos de tiempos, estaban de un lugar a otro buscando su bienestar y satisfacción propia. Pero, con la creación de las fronteras estatales, se comenzó a definir como migración internacional, lo cual está estrechamente relacionado con aspectos como la soberanía estatal, como se verá a continuación.

4.2. Soberanía estatal y movilidad humana

Según la teoría de los tres elementos del Estado, se establece que para que, el Estado exista materialmente debe contener al menos lo siguiente: población, territorio y los mecanismos organizacionales para el ejercicio de sus poderes, que son en sí el ejercicio de su soberanía. Lo que hace que se establezca a la soberanía como un atributo del Estado donde este último no puede existir sin la primera.

Refiere Kaiser (2010) que "la soberanía y la calidad de ser un Estado son características que están intrínsecamente interconectadas" (p. 86). Por tanto, la soberanía es uno de los principios cardinales de la teoría del Estado, que advierte que, este tiene el derecho y la autoridad para actuar, en consecuencia, "Si un Estado no tuviera soberanía, este no tendría fundamentos legales para el ejercicio de sus poderes". (Kaiser, 2010, p. 86)

Estas consideraciones también son advertidas en el caso de la aplicación de los instrumentos internacionales o en la intervención de los organismos internacionales que se dedican a la protección de los derechos humanos, cuando se interpreta la vigencia de sus normas o de sus decisiones en temas puntuales, bajo el tamiz de la soberanía estatal, que muchas veces actúa como una limitación que retarda los procesos del reconocimiento (Arcentales, 2021).

Ahora bien, si por soberanía estatal se entiende el poder supremo y absoluto que ejerce un Estado sobre su territorio, la relación incita con el tema de que la migración es latente, ya que se podría afirmar según Arcentales (2021) que:

> *"Este concepto se construye y sostiene sobre la idea de ciudadanía que es un dispositivo clave en la preservación del Estado-Nación. Dado que, al establecerse como un sinónimo de la nacionalidad, restringe el reconocimiento de derechos solo para quienes pertenecen a dicho Estado, por lo que constituye una forma generalizada de desigualdad y discriminación". (p. 35)*

Destacamos entonces que, la condición de ciudadanía o nacionalidad, según muchos Estados, para Aguerre (2016) no solo determina cuáles son los derechos y las obligaciones a los que están sujetos los ciudadanos de su orden político, sino también a quienes les autorizan estos a tenerlos. No obstante, los derechos humanos deben ser concebidos como innatos y pertenecientes a la misma condición del ser humano.

Por tanto, en constatación de la crisis que asola el término soberanía y de la necesidad de la deconstrucción de este concepto, cuya versión restrictiva no tiene cabida en el contexto mundial actual y menos aún desde su concepción originaria de potestad absoluta. Debe, en esencia, primar el respeto en la construcción de normas y políticas migratorias que garanticen, primero, los derechos humanos, para que así se pueda reemplazar la idea de soberanía como sustrato y fin del Estado (Arcentales, 2021).

Debido a que, si bien los Estados tienen el derecho a controlar sus fronteras, definir los requisitos de ingreso y permanencia, entre otros, no significa que se olviden de los derechos y libertades que se derivan de la dignidad humana. Esto debido a que el reconocimiento de la potestad del ser humano para movilizarse, sin obstáculos por todo el planeta, implica la portabilidad de sus derechos humanos sin importar su condición migratoria, nacionalidad y lugar de origen (Asamblea Nacional, 2017).

Es necesario comprender que los desplazamientos de migrantes a nivel mundial se convierten en verdaderos desafíos para las instituciones jurídicas y políticas de cada Estado. Siendo un problema de gran envergadura, dado que este tema está indisolublemente arraigado con la concepción tradicional de soberanía. Por tanto, la soberanía, como atributo del Estado-Nación, ya no debe ser concebida en su sentido originario, o sea, como una potestad ilimitada y absoluta del Estado. Todo esto determina lo que la soberanía no puede ser: imposición, homogeneidad, arbitrariedad e inmovilidad (Arcentales, 2021).

4.3. Aspectos sustantivos sobre la definición de la migración internacional como un aspecto de la movilidad humana

Definir qué es la migración y quién es un migrante no suele ser tan sencillo como parece, en vista del carácter interdisciplinario del tema en estudio. En este sentido, las definiciones siempre van a depender de las aristas de la investigación, de ahí que no siempre se va a encontrar una definición estandarizada, sino que será operativa. A pesar de esto, nos centraremos en algunos conceptos que han sido adoptados en la doctrina especializada para ilustrar adecuadamente el tema.

Mármora (2002), define de manera lacónica la migración como "el desplazamiento residencial de población desde un ámbito socio espacial a otro" (p. 460). Lo cual concuerda con lo que León (2015) afirmó sobre la migración como el cambio de domicilio de un lugar llamado "origen", que es donde se nace y se ha vivido por mucho tiempo hacia otro llamado "destino", con un carácter permanente por diferentes razones, ya sean económicas, políticas o sociales.

La Organización Internacional para las Migraciones- en adelante OIM- expresa que la migración es cuando una persona se traslada fuera de su lugar de residencia habitual, ya sea dentro de un país o a través de una frontera internacional, de manera temporal o permanente y por diversas razones.

Por su parte, la OIM en su libro "Glosario sobre Migración" ofrece una definición para cada tipo de migración que existe, reconociendo en este caso que la migración internacional se define como el movimiento de personas que salen de su país de origen para establecerse de forma temporal o permanente en otro país que no sea el de origen. Donde las personas debieron a travesar una frontera, puesto que si no serían migrantes internos (p. 6).

Con este enfoque descrito, se puede evidenciar que las migraciones internacionales no solo implican cambiarse de domicilio o de residencia, sino que implican cruzar las fronteras de un país para llegar a otro y tener la intención de residir ahí de forma temporal o mayormente permanente. Debido a que, muchas veces, su país de origen no cuenta con condiciones mínimas para vivir o existe alguna crisis social, política o económica que obliga e incita a las personas a que salgan de ahí y busquen mejores oportunidades.

En virtud de lo expuesto, se podría, entonces, comprender la migración como el desplazamiento o cambio de residencia de una persona o un grupo de personas a otro lugar, con el objetivo de residir o vivir ahí de forma permanente o temporal por distintas y justificadas razones. Sin embargo, estas definiciones pueden resultar insuficiente, por lo cual, es necesario seguir desarrollando este concepto para poder completar la construcción de una precisa definición de la migración internacional, que pueda comprender cada circunstancia y cada momento histórico en el que se desarrolla este fenómeno, involucrando a los distintos organismos nacionales e internacionales en la definición y determinación de su verdadero sentido y alcance.

4.4. La soberanía en la Constitución de la República del Ecuador y el fenómeno de la movilidad humana

El Ecuador tiene el deber de proteger y asegurar la plena vigencia de los derechos humanos dentro de su territorio, sin discriminación por la nacionalidad o condición migratoria, al perfilarse como un Estado constitucional de derechos y justicia en el artículo 1 de del texto fundamental. Por tanto, la incorporación de ciertos principios y derechos con relación a la movilidad humana en la Constitución de la República del Ecuador vigente desde el año 2008, ha sido fundamental para la debida interpretación y aplicación de los derechos humanos de estos grupos prioritarios.

Más aún, teniendo en cuenta que la garantía de los derechos humanos es el fin principal del Estado ecuatoriano, y así se colige del texto fundamental. El modelo político que asume la nación a partir del año 2008 se sustenta en políticas públicas, normas e instituciones estatales que tienen el deber de hacer efectivos los derechos humanos. A pesar de esto, es importante mencionar que los temas de movilidad humanan no siempre fueron visto desde o bajo un enfoque de derechos humanos en el Ecuador, y en algunos otros países del mundo. Las Constituciones del siglo pasado, tenían un fuerte sesgo en su redacción donde el concepto de soberanía desde un enfoque clásico ejercía su predominio.

En la actualidad, eso ha cambiado, debido a que la soberanía adquiere nuevos matices, revelándose no solo en el contenido del texto normativo, sino en las políticas migratorias que asume el Ecuador, las cuales tienen, un enfoque centrado en derechos humanos, que se refleja con claridad en principios como el de ciudadanía universal, pero también en la libre movilidad de las personas, y en la concepción de que ningún ser humano será considerado como ilegal por su condición migratoria. (Ministerio de Relaciones Exteriores y Movilidad Humana, 2018).

Los principios antes mencionados y demás derechos tratados en la Constitución de la República del Ecuador acerca de estos temas, se han visto fortalecidos con la vigencia de la Ley Orgánica de Movilidad Humana y su Reglamento, que nacen de una mirada integral a los procesos migratorios y el derecho a solicitar protección internacional. Lo cual ha tenido su fundamento en el artículo 392 de la Constitución de la República del Ecuador:

> *"Art. 392.- El Estado velará por los derechos de las personas en movilidad humana y ejercerá la rectoría de la política migratoria a través del órgano competente en coordinación con los distintos niveles de gobierno. El Estado diseñará, adoptará, ejecutará y evaluará políticas, planes, programas y proyectos y coordinará la acción*

> *de sus organismos con la de otros Estados y organizaciones de la sociedad civil que trabajen en movilidad humana a nivel nacional e internacional".*

Dicho artículo contiene directrices generales acerca de la movilidad humana y como se debe gestionar el proceso de migración dentro del país, convirtiéndose en el sustento de las disposiciones que ha generado el Estado para regular la entrada, permanecía y salida de los ciudadanos extranjeros. Pues, ahora que el Ecuador pasó de ser solo un país de origen a un país de tránsito, destino y refugio de personas en movilidad humana ha tenido que intensificar y construir un marco legal e institucional adecuado para que se vele por los derechos y la protección de estos grupos prioritarios (Ministerio de Relaciones Exteriores y Movilidad Humana, 2018).

En este aspecto, como respuesta ante tal desafío migratorio, en el 2017, el Ecuador, establece las diferentes visas que puede otorgar, cada una cuenta con un procedimiento específico que, según los organismos encargados para su tramitación, les permite acceder a un tipo de visado específico de acuerdo a su necesidad. Las visas que tiene el Estado ecuatoriano, según el artículo 66 de Ley Orgánica de Movilidad Humana, son las siguientes: la visa de residente temporal, la visa de residente peramente, la visa humanitaria, la visa diplomática, la visa de turista, la visa por convenio, la visa especial de turismo y la visa de residente temporal de excepción.

Respecto del tratamiento de la población migrante que hacen vida en el Ecuador, es relevante resaltar el pronunciamiento de la Corte Constitucional en su sentencia No 2120-19-JP/21, cuando señala que: "la movilidad humana tiene una especial importancia en la sociedad ecuatoriana en la población ecuatoriana" (p. 3). En este contexto, la crisis humanitaria de Venezuela ha provocado un éxodo migratorio vertiginoso que, desde el 2016 hasta la actualidad, ha conseguido generar dos grandes olas migratorias una entre el 2016 y 2017 y, la segunda, entre el 2018 y 2019. Aunque al principio, como señala el Banco Mundial (2020), el Ecuador por su ubicación geográfica fue un corredor para millones de venezolanos para llegar a países como Chile, Perú y Argentina. Debido al endurecimiento de políticas migratorias de otros países muchos migrantes han considerado a Ecuador como país de destino.

El problema que subyace en este cambio "de corredor a país de destino", lo advierte la UNICEF (2020) cuando señala que: "tanto la población venezolana que ingresó al Ecuador hasta agosto de 2019 que no se les solicitaba visa, como la que ingresa hoy día que, si se les solicita, se encuentran en situación de extrema vulnerabilidad" (p. 6). En razón de que los migrantes, al atravesar una crisis profunda y al huir de la violencia e inseguridad que se viven en sus países de origen, se les dificulta acceder a documentos de identidad o de viaje, lo cual, según la Corte, deviene después en limitaciones para acceder a la regularidad migratoria en los países de tránsito o destino.

Según fuentes del Banco Mundial (2020):

> *"La mayor parte de los venezolanos registró su ingreso al país, pero más de la mitad de los que se quedaron presenta estatus irregular. A julio de 2019, más del 80 % de las personas que ingresó al país registró su ingreso por un paso oficial, pero un 54 % de los que residen están en situación irregular. Entre los venezolanos que llegaron en 2016, 9 de cada 10 contaba con un documento válido. Sin embargo, la situación de quienes llegaron más tarde fue mucho más precaria" (p.23).*

Estos datos reflejan que, gran parte de la población venezolana que se encuentra en Ecuador presenta un estatus irregular, ya sea porque no cuenta con documentación o la tiene, pero no se encuentra vigente, puesto que, según otros datos que arroja esta misma institución: "Más del 80 % de los venezolanos en movilidad reportan poseer un pasaporte con caducidad entre 2019 y 2020" (Banco Mundial, 2020, p. 23).

De acuerdo con el informe de Acciones de incidencia en política pública realizado por la Defensoría del Pueblo (2018) en conjunto con representantes de la sociedad civil, la principal problemática que estos pudieron identificar por la falta de regularización de migrantes de nacionalidad venezolana se relaciona con otros problemas como: "trata de personas, mendicidad, discriminación, xenofobia, condiciones precarias, inoportuna prestación de servicios públicos como los de salud y educación, invalidez de documentos apostillados en instituciones públicas,..." (p. 2).

Lo antes expuesto refleja la realidad de los procesos de regularización de migrantes en el Ecuador, circunstancia que es contraria a todo lo que simboliza la Constitución de la República vigente desde el año 2008. Por tanto, es importante insistir, que el texto fundamental y las leyes de movilidad humana, en la praxis, quedan como simples declaraciones de derechos humanos sin un verdadero impacto en la sociedad.

En la doctrina, los textos enunciados han sido consideradas como normas progresistas, ya que algunas de sus contenidos superan los estándares internacionales de la protección de los migrantes y refugiados, pero nuevamente en la praxis se cuestiona su vigencia, en efecto, *Refugees International* (2019), expone las múltiples trabas que afrontan las personas venezolanas para lograr su regularización, lo que ha generado una grave vulneración a sus derechos fundamentales que proviene de particulares o autoridades públicas.

Esta situación ha sido advertida por el Estado ecuatoriano, quien emitió el 1 de junio de 2022 el Decreto ejecutivo 436, que contempla un procedimiento de regularización extraordinario y la amnistía migratoria para la regularización de los ciudadanos venezolanos. El cual según Rivera (s.f.) representa el esfuerzo más significativo por arribar a un tratamiento institucional y digno a la población migrante y sus familias.

Como un reflejo de esta decisión política, en la Ley Orgánica de Movilidad Humana se ha establecido que la residencia temporal de excepción es la condición migratoria que autoriza la estadía en el territorio nacional hasta por dos años a la que acceden las personas extranjeras que ingresan al territorio nacional, previa calificación y autorización de la máxima autoridad de movilidad humana en casos excepcionales.

Uno de esos casos excepcionales, según el Decreto 436 de 2022, son los ciudadanos venezolanos que según lo dispone el artículo 1. [...] hayan ingresado a través de los puntos de control migratoria oficiales al territorio del Ecuador y que se encuentren en situación migratoria irregular a la fecha de expedición del presente Decreto Ejecutivo".

En el caso de Ecuador, esta excepcionalidad se ve desde el 2022 con la emisión de la Visa VIRTE, en respuesta a los yacentes problemas que se han venido desencadenado. Además de ser una forma, según el subsecretario de Migración, Richard Karolys, de "conocer qué extranjeros tenemos aquí en el territorio, qué actividades vienen desarrollando para poder hacer una política pública sobre movilidad humana" (Orgaz, 2022, p. 1).

Lo cierto es que, como apunta Azócar (2016), la adopción de medidas como estas, no solo son coherentes con el espíritu de la ley, sino que reafirman la condición excepcional de la ley para garantizar su ejercicio pleno que, para el caso de las y los migrantes irregulares, quedando a disposición como una herramienta estratégica que permite aproximar al migrante y al Estado.

4.5. Aplicación del principio de razonabilidad en el procedimiento extraordinario de regularización para migrantes en el Ecuador

Para juristas como Cassagne (2009) existen principios fundamentales y otros denominados institucionales. Los primeros, según el autor, serían los que constituyen el basamento en que se fundamenta el ordenamiento positivo general, encontrándose, por lo general, en las Constituciones. Mientras que, los principios institucionales constituyen la clave de toda institución a partir de su idea organizativa y, según Cassagne (2009), la segunda clase de principios adquiere:

> *"Una importancia mayúscula en el campo del Derecho administrativo en la medida en que, al carecer la disciplina pública de tipificaciones adecuadas, se abre la perspectiva de la creación jurídica para alcanzar una justa respuesta a las situaciones concretas sobre la articulación de los valores superiores con la experiencia" (p. 686).*

Dentro de estos principios está el de razonabilidad, el cual, según Bidart (1975), no es fácil de definir o conceptualizar. Esto debido a que puede haber personas que consideren que la razonabilidad es solo pura apreciación subjetiva. Por lo que, es relevante señalar que, en el Código Orgánico Administrativo de la República del Ecuador, el artículo 18 contiene el principio de razonabilidad cuando establece que "los organismos que conforman el sector público, deben emitir sus actos según los principios de juridicidad e igualdad y no podrán realizar interpretaciones arbitrarias". Por lo que, deja claro que los actos que emita cualquier funcionaria o funcionario público deberán estar conforme con estos preceptos.

Es por esto que asegura Lucchetti (2009), que al momento de dictar un acto administrativo se debe evaluar lo siguiente: "la debida proporción entre los medios a emplear y los fines públicos que deba tutelar, a fin de que respondan a lo estrictamente necesario para la satisfacción del cometido estatal" (p. 485). Circunstancia que se relaciona con las exigencias de aquellos requisitos que se determinan en la ley en el marco de un procedimiento administrativo como el de regularización, donde se encuentran algunas condiciones de difícil cumplimiento (para los venezolanos) como es contar con un pasaporte vigente o con los antecedentes penales apostillados del país de origen, que demandan del solicitante de la visa VIRTE.

Martínez y Zúñiga (2011), advierten que, "si bien razonabilidad y proporcionalidad son conceptos parecidos, que apuntan al mismo objetivo de evitar la arbitrariedad, lo cierto es que un estudio más detenido de ambos lleva a concluir que estricta y formalmente no son lo mismo" (p. 201).

Si bien la proporcionalidad forma parte de la razonabilidad, lo cierto es que no siempre que exista proporcionalidad habrá razonabilidad, debido a que este último principio es superior a la relación medio-fin propia de la proporcionalidad. Además, en nuestro criterio, la razonabilidad se relaciona con la dignidad humana, al reconocer como Lucchetti (2009), que una administración pública eficiente no solo debe velar que exista un fin constitucional legítimo y que la medida sea adecuada o idónea para alcanzar la finalidad perseguida, sino que debe ser razonable bajo el estándar de maximización de los derechos humanos.

De tal modo, este principio exige que, para el dictamen de una decisión, la autoridad pública deba tener en cuenta un criterio de ponderación y equilibrio, a fin de no desbordar su actuación estatal (Bardales, 2013). Frente a esto, la Defensoría Pública está llevando muchos casos a apelación por la falta de aplicación del principio de razonabilidad en los actos que dictan los funcionarios públicos del Ministerio de Relaciones Exteriores y Movilidad Humana.

Sobre la base de dicha premisa se diría entonces que, aunque hay una proporción entre los medios y el fin, no existe muchas veces la razonabilidad frente a requisitos que rebasan las capacidades del solicitante y que desconocen las circunstancias particulares de cada caso, lo cual traba toda posibilidad de regularización, aun cuando estas normas y medidas ejecutivas, en su esencia, son compatibles con los fines del Estado constitucional de derechos y justicia.

Visto así, la regularización de grandes masas de migrantes de forma eficiente, como ocurre en el Ecuador, implica la utilización de los procedimientos extraordinarios dispuestos en ley, pero también, de operadores actúen bajo el principio de razonabilidad en la toma de decisiones y en la calificación de los requisitos y condiciones que se presentan para el otorgamiento de cada tipo de visa, de acuerdo con la situación particular de los solicitantes.

Lo expuesto se corresponde con lo expresado por la Corte Constitucional en la Sentencia N° 639-19-JP/20, que ha señalado que el derecho a migrar debe ser considerado en cada caso y resuelto con base en las circunstancias individuales de cada persona. Esto significa que cada persona tiene derecho a que las autoridades competentes realicen un análisis detallado de las circunstancias, razones y factores que ha provocado la movilidad. A título ilustrativo, se conoce de casos donde ha sido negada la regularización bajo la visa VIRTE, por funcionarios del Ministerio de Relaciones Exteriores ya que estos no poseen la cédula de identidad del país de origen, o esta se encuentra vencida, aun cuando cuentan con su pasaporte vigente, o viceversa.

Volvemos entonces a la proporción entre medio y fin, y en estricta relación con la aplicación del principio de favorabilidad, estos aspectos deben ser objeto de una revisión que permita valorar la satisfacción del cometido estatal que ha servido de base a creación del Decreto 436 de 2022, que sería contar con este grupo de personas regularizados.

Debido a que, de una u otra forma la regularización es un sinónimo de bienestar y un instrumento de gran potencial para el desarrollo de un Estado, ya que, como explica Arbito (2009) el ingreso de estas personas a la economía (formal e informal) permite un aumento en la recaudación fiscal y las aportaciones a la seguridad social del Estado, pero también aporta, en la disminución de la economía sumergida, como han podido demostrar aquellos países con migración segura y ordenada.

En síntesis, la aplicación del principio de razonabilidad en el procedimiento de regularización extraordinario para migrantes en el Ecuador que optan a la visa VIRTE es fundamental para el cumplimiento de los Objetivos del Desarrollo Sostenible razón de que:

> *"un mundo en el que sea universal el respeto de los derechos humanos y la dignidad de las personas, el estado de derecho, la justicia, la igualdad y la no discriminación; donde se respeten las razas, el origen étnico y la diversidad cultural y en el que exista igualdad de oportunidades para que pueda realizarse del todo el potencial humano y para contribuir a una prosperidad compartida; [...]. (Consejo de Derechos Humanos, 2016, p. 1)*

Sin embargo, para que todo esto sea posible es necesario adoptar medidas concretas que garanticen los derechos humanos de los migrantes y promuevan su integración social y económica. Bajo esta línea argumentativa destaca lo expuesto por la Organización Internacional para las Migraciones (2023), cuando expresa que:

> *"es necesario comprender que estos pueden aportar beneficios significativos en forma de capacidades, lo que fortalece la fuerza de trabajo la inversión y la diversidad cultural, y contribuye con el mejoramiento de las vidas de las comunidades en*

> *sus países de origen por medio de la transferencia de capacidades y de recursos financieros" (p. 1).*

De tal manera que todos estos beneficios son posibles si se comienza a aplicar de manera eficiente el procedimiento extraordinario de regularización. La propuesta, que nace de esta investigación apunta a la utilización del principio de razonabilidad al momento de evaluar la solicitud de muchos solicitantes, en vista de que, por la situación en que se encuentran, muchos profesionales no han tenido la oportunidad de regularizarse solo por no cumplir con uno de los requisitos, que en su mayoría son cuestiones de forma y no de fondo. La importancia de este reconocimiento es que si estos profesionales estuvieran regularizados podrían contratar legalmente, percibir salario justo, y aportar al Fisco.

Los resultados obtenidos apuntan a reconocer que el Ecuador ha enfrentado diversos procesos migratorios complejos que han requerido la adaptación de su institucionalidad y la creación de políticas públicas a nivel nacional, al pasar de ser un país de tránsito, destino y refugio de personas en movilidad humana ha tenido que intensificar su trabajo y construir un marco legal e institucional para velar por los derechos y la protección de estos grupos prioritarios. Pero esa facultad que tiene el Ecuador de fijar políticas y leyes migratorias deben garantizar los derechos humanos de todas las personas migrantes, puesto que, si bien los Estados tienen el derecho a controlar sus fronteras y definir los requisitos de ingreso, esto no significa la inobservancia de los derechos que se derivan de la dignidad humana.

5. CONCLUSIONES

Las migraciones internacionales son procesos complejos que deben asumir los Estados desde una visión de Derechos Humanos, en virtud de que la regularización plantea desafíos importantes en relación con la protección de los derechos de los migrantes y la integración de estos en la sociedad. La virtud de la Constitución de la República del Ecuador es que ha reconocido, el deber del Estado de proteger y asegurar la plena vigencia de los derechos humanos de todas las personas que habitan en su territorio, sin discriminación de ningún tipo. Por esto, la norma fundamental destaca por la incorporación de ciertos principios y derechos, con relación a la movilidad humana, que se convierten en verdaderos postulados de actuación para las y los servidores públicos.

La problemática que gira en torno a esta materia se advierte en la praxis, específicamente en los procedimientos de regularización, los cuales no se han implementado de forma eficiente. Este es el caso del procedimiento extraordinario para regularizar migrantes venezolanos que aplican para la obtención de la visa VIRTE, donde las y los servidores públicos, al momento de examinar el cumplimiento d los requisitos exigidos, no ponderan adecuadamente los medios y el fin del Decreto 436 de 2022, afectando con su actuación el espíritu normativo, la satisfacción del cometido estatal y su correspondencia con los derechos que tienen este grupo en movilidad humana.

Debido a que, si se adoptaran el principio de razonabilidad en este procedimiento, no solo se vería si existe proporción entre los medios y el fin en estos casos, sino también si es razonable la decisión de los funcionarios en materializar su regularización. Destacando que, la migración, cuando es bien manejada, puede tener un resultado positivo y ser un objetivo estratégico para el desarrollo de una nación, como está declarado en el artículo 423 de la Constitución de la República del Ecuador.

Por tanto, la aplicación de principios, como el de razonabilidad, invita a reflexionar y a visualizar las alternativas de enfrentar desafíos de forma eficiente, sobre todo en el marco de los procesos de regularización de personas migrantes. Mirada que debe centrarse en el cumplimiento de tratados, instrumentos o convenciones internacionales como el Pacto Mundial para una migración Segura, Ordenada y Regular, que tiene el objetivo de brindar bienestar a los migrantes, así como, a los ciudadanos de los países de destino.

Concluimos que, la política migratoria del Ecuador tiene un enfoque de Derechos Humanos, que se refleja claramente en la Constitución de la República, que contempla la ciudadanía universal; la libre movilidad de las personas; la no discriminación e igualdad de derechos para ecuatorianos y extranjeros; y el fin progresivo de la condición de extranjero. Estos principios se han visto fortalecidos con la vigencia de leyes migratorias, que nacen de una mirada integral a los procesos migratorios y el derecho a solicitar protección internacional.

El desafío más importante que enfrenta el Estado en relación con la movilidad humana es el poder regularizar a grandes flujos de migrantes de forma eficiente, ya que, hoy en día no se ha aplicado e interpretado de manera razonable los principios subyacentes en las políticas migratorias en el país, esto debido a que en el momento de evaluar la proporción entre los medios a emplear y los fines públicos que se deben tutelar, no aplican los criterios garantistas de derechos.

6. REFERENCIAS

Aguerre, L. (2016). *El fenómeno migratorio y su relación con la crisis de la noción moderna de ciudadanía: análisis de tres propuestas*. Universidad de Buenos Aires.

Arango, J. (1985). Las 'leyes de las migraciones' de E. G. Ravenstein, cien años después. *Revista española de investigaciones sociológicas [REIS]*, 32, 7-26. https://doi.org/10.2307/40183172

Arango, J. (1985). Las 'leyes de las migraciones' de E. G. Ravenstein, cien años después. *Revista española de investigaciones sociológicas [REIS]*, 32, 7-26.

Arbito, N. (2009). *Los Derechos en la movilidad humana: del control a la protección*. Ministerio de Justicia y Derechos Humanos.

Arcentales, A. (2021). *El derecho a migrar y la ciudadanía universal como límites a la soberanía estatal*. Universidad Andina Simón Bolívar.

Asamblea Constituyente de la República del Ecuador. (2008). Constitución de la República del Ecuador. Decreto Legislativo 0. Registro Oficial 449 del 20 de octubre de 2008.

Asamblea Nacional República del Ecuador. (2017). Código Orgánico Administrativo. Registro Oficial No 31 del 07 de julio de 2017.

Asamblea Nacional. (2017). Ley Orgánica de Movilidad Humana. Registro Oficial Suplemento 938 del 06 de febrero de 2017.

Azócar, P. (2016). De la amnistía migratoria al devenir migrante. El impasse de la ciudadanía en el contexto de la feminización de la migración en Chile. *Síntesis. Revista de Filosofía, 10*(2), 35-57. https://doi.org/10.15691/0718-5448Vol10Iss2a162

Banco Mundial. (2020). Retos y oportunidades de la migración venezolana en Ecuador. https://n9.cl/hdsp8

Bardales, P. (2013). *El principio de razonabilidad en materia de derecho sancionador: algunas notas sobre su necesaria aplicación en el ámbito tributario*. https://ahc1.short.gy/5a quNV

Bidart, G. (1975). *Manual de Derecho constitucional argentino*. Ediciones Ediar, Sociedad Anónima editora, comercial, industrial y financiera.

Calduch, R. (1991). *El Estado, el Pueblo y la Nación*. Ediciones Ciencias Sociales.

Cassagne, E. (2009). *El principio de razonabilidad en el Procedimiento Administrativo*. https://ahc1.short.gy/5aquNV

Comisión Interamericana de Derechos Humanos. (2015). Movilidad Humana: Estándares interamericanos. http://www.oas.org/es/cidh/informes/pdfs/MovilidadHumana.pdf.

Comisión Interamericana de Derechos Humanos. (2018). Resolución 2/18-Migración Forzada de Personas.

Consejo de Derechos Humanos. (2016). Protección de los derechos del niño en el marco de la aplicación de la Agenda 2030 para el Desarrollo Sostenible. https://n9.cl/dvlbv

Corte Constitucional del Ecuador. (2020). Sentencia No. 639-19-JP/20. CASO No. 639-19-JP y acumulado: https://n9.cl/8ad5b

Coviello, P. (2011). *El principio de razonabilidad (¿o proporcionalidad?) en el Derecho Público Argentino*. Editorial Abeledo Perrot.

Decreto Ejecutivo No 436. (2022). Quito: Tercer Suplemento Nro 84.

Defensoría del Pueblo. (2018). Informe acciones de Incidencias en política pública. https://n9.cl/nmg3e

Kaiser, S. (2010). El ejercicio de la soberanía de los Estados. *Apuntes electorales*, 65, 85-105. https://aelectorales.ieem.org.mx/index.php/ae

León, L. A. (2015). *Análisis económico de la población. Demografía*. Departamento Académico de Economía de la FACEAC de la Universidad Nacional "Pedro Ruiz Gallo" de Lambayeque. http://rua.ua.es/dspace/handle/10045/45026

Lucchetti, A. (2009). Algunos alcances en la aplicación del principio de razonabilidad de las decisiones administrativas. *Revista de Derecho Administrativo*, 7, 484-489.

Mármora, L. (2002). *Las políticas de migraciones internacionales*. Paidós.

Martínez, J. y Zúñiga, F. (2011). El principio de razonabilidad en la jurisprudencia del tribunal constitucional. *Estudios Constitucionales, 9*(1), 199-226.

Ministerio de Relaciones Exteriores y Movilidad Humana. (2018). Folleto Informativo sobre Derechos, Obligaciones y Servicios para Personas en Situación de Movilidad Humana en Frontera Norte y Sur.

Ministerio de Relaciones Exteriores y Movilidad Humana. (2018). Plan Nacional de Movilidad Humana.

Organización Internacional para las Migraciones. (2006). Glosario sobre Migración.

Organización Internacional para las Migraciones. (2023). Migración, desarrollo sostenible y la agenda 2030. https://n9.cl/y5jz27

Orgaz, C. J. (2022). *En qué consiste la amnistía migratoria que dará Ecuador a miles de inmigrantes venezolanos*. https://n9.cl/nd6aa

Refugees International. (2019). A fragile welcome: Ecuador's Response to The Influx of Venezuelan Refugees and Migrants.

Rivera, R. (s.f.). La amnistía migratoria en Costa Rica: La integración social de los migrantes en un contexto de precariedad socioeconómica y político-institucional. FLACSO-Costa Rica.

Secretaría General de Comunicación de la Presidencia. (2022). El Gobierno Nacional dignifica el trabajo de los ecuatorianos mediante el aumento del Salario Básico Unificado para el 2023. https://n9.cl/880ju

Unicef, E. (2020). *Respuesta de Unicef Ecuador a la Crisis de Movilidad Humana venezolana*. Fondo de las Naciones Unidad para la Infancia, Quito.

CIENCIAS SOCIALES EN ABIERTO

Editada por
David Caldevilla Domínguez y Almudena Barrientos-Báez

Vol. 1 Almudena Barrientos-Báez / David Caldevilla Domínguez / Javier Sierra Sánchez (eds.): Inteligencia Artificial ¿amiga o enemiga?. 2024.

Vol. 2 Ana Tomás López / Sara Navarro Lalanda / Paola Eunice Rivera Salas (eds.): Las artes como expresión vital. 2024.

Vol. 3 Carmen Paradinas Márquez / Juan Andrés Rodríguez Lora / Daniel Becerra Fernández (eds.): Empresa, empresariedad y comunicación mercantil. 2024.

Vol. 4 Tania Brandariz Portela / Xabier Martínez Rolán / Virginia Sánchez Rodríguez (eds.): Desde la óptica del género, el género como perspectiva. 2024.

Vol. 5 Sara Mariscal Vega / Carmen Cristófol Rodríguez / Fernando García Chamizo (eds.): Comunicar a través del idioma: Pensar y traducir. 2024.

Vol. 6 Arantza Lorenzo De Reizábal / Marta Talavera Ortega / Guillermina Jiménez López (eds.): Recursos, competencias y enfoques para la enseñanza de lenguas. 2024.

Vol. 7 José Luis Corona Lisboa / Encarnación Ruiz Callejón / Alba María Martínez Sala (eds.): Límites y potencialidades de la gobernanza. 2024.

Vol. 8 Blanca Tejero Claver / Carmen Dorca Fornell / Carmen Lucía Hernández Stender (eds.): El factor humano en la salud. 2024.

Vol. 9 Daniel Muñoz Sastre / Andrés Sánchez Suricalday / Manuel Osvaldo Machado Rivera (eds.): Futuro poliédrico del fenómeno social a principios del siglo XXI. 2024.

Vol. 10 Pedro Pablo Marín Dueñas / Alberto García Moreno / Basilio Cantalapiedra Nieto (eds.): Contenidos audiovisuales para un mundo de pantallas multivalentes. 2024.

Vol. 11 María Santamarina Sancho / Virginia Dasí Fernández / Mercedes Herrero De la Fuente (eds.): Perspectivas para la visibilización del género. 2024.

Vol. 12 Dolores Rando Cueto / Francisco Jaime Herranz Fernández / Coral Ivy Hunt Gómez (eds.): Internet al servicio de la modernidad en red. 2024.

Vol. 13 María Isabel Huerta Viesca / Ricardo Teodoro Alejándrez / María José Márquez Ballesteros (eds.): Legalidad derecho y política: Marcos jurídicos para un nuevo contrato social. 2024.

www.peterlang.com

www.ingramcontent.com/pod-product-compliance
Ingram Content Group UK Ltd.
Pitfield, Milton Keynes, MK11 3LW, UK
UKHW041830031026
15587UKWH00002B/671

9 783631 915998